ÉNIGMES ET SECRETS DU PASSÉ

SÉLECTION DU READER'S DIGEST

ÉNIGMES
ET
SECRETS
DU PASSÉ

PARIS, BRUXELLES, MONTRÉAL, ZURICH.

ÉNIGMES ET SECRETS DU PASSÉ

Cet ouvrage est l'adaptation française de QUEST FOR THE PAST,
conçu et rédigé par Dorling Kindersley Limited et publié
par The Reader's Digest Association, Inc,
© 1984   ISBN 0-89577-170-5

La traduction a été réalisée par Jean-Pierre QUIJANO
avec le concours de Danièle FRIEDMAN, Michèle JOORDEVANT
et Françoise NOTAIRE.

Les sources de la page 320 sont, par la présente, incorporées à cette notice.

PREMIÈRE ÉDITION

© 1985, Sélection du Reader's Digest, S.A.
212, boulevard Saint-Germain, 75007 Paris.
© 1985, N.V. Reader's Digest, S.A.
12-A, Grand-Place, 1000 Bruxelles.
© 1985, Sélection du Reader's Digest, S.A.
Räffelstrasse 11, « Gallushof », 8021 Zurich.
© 1985, Sélection du Reader's Digest (Canada), Limitée
215, avenue Redfern, Montréal, Québec H3Z 2V9.

ISBN 2-7098-0172-8

Légendes

Page de titre, illustration pleine page :
Détail d'un monument funéraire, recouvert d'or, de la tombe de Toutânkhamon
représentant le pharaon et son épouse lors d'une scène de chasse rituelle,
datant du XIVe siècle av. J.-C.

Page de titre, détail :
Partie de l'anse d'un récipient, découvert dans le cimetière à bateau viking
d'Oseberg, datant du IXe siècle de notre ère.

Page du sommaire :
Détail d'un bas-relief en pierre du palais de Sargon II à Khorsabab,
en Mésopotamie, datant du VIIIe siècle av. J.-C.

Couverture :
Statuettes sumériennes en pierre, retrouvées en Mésopotamie,
représentant des fidèles dans l'attitude de la prière.
Elles datent du IIIe millénaire av. J.-C.

INTRODUCTION

Comme l'exprimait si bien le poète anglais du XIXᵉ siècle, Henry W. Longfellow, ceux qui ont fait l'histoire ont laissé « leurs empreintes de pas dans les sables du temps ». Les empreintes pourront s'effacer, leur signification n'en sera pas pour autant balayée.

Pendant des centaines de siècles, nos ancêtres ne laissèrent aucun écrit sur ce qui était leur existence. Pendant plusieurs siècles encore, ils consignèrent des événements, majeurs ou mineurs, mais de façon fort décousue. Pourtant, des vestiges du passé entraînent toujours l'homme du XXᵉ siècle dans un passionnant voyage à rebours et, quelle qu'en soit leur importance, ils ont une valeur infinie puisqu'ils jalonnent des milliers et des milliers d'années repoussant progressivement la part de l'ombre.

Les clefs du passé ne cessent d'être exhumées un peu partout dans le monde. En Amérique du Nord, les fouilles d'une très ancienne coulée de terre révèlent l'existence d'un village indien oublié. Intrigué pendant près de quarante ans par un grand tumulus, un chercheur grec finit par pénétrer dans une chambre funéraire où il tombe en arrêt devant un portrait et des objets qui désignent cette sépulture comme celle de Philippe II de Macédoine. Les exemples sont multiples. Grâce aux moyens perfectionnés dont dispose l'archéologie moderne, aux progrès techniques, et aussi à leur inébranlable opiniâtreté, les chercheurs, historiens et savants élargissent peu à peu notre horizon historique.

Eux, mieux que personne, savent que, sous la légende, se cache un fait réel et que la vérité transparaît au cœur d'anecdotes les plus fantaisistes, qu'il soit question de Cléopâtre, du roi Arthur, du premier empereur du Japon, des ruines de Zimbabwe ou de peuplades obscures et d'endroits ignorés qui pourraient bien devenir de précieux maillons de l'histoire.

Énigmes et Secrets du passé s'est donné un double objectif : rétablir dans leur contexte historique des personnages, des faits, des moments souvent évoqués isolément et expliquer la démarche des chercheurs, l'ampleur de leurs travaux et l'inévitable multiplicité des thèses qui s'affrontent au moment des conclusions.

Des premiers hommes à la découverte du Nouveau Monde, le lecteur parcourera plus de 100 000 ans au hasard des pages, dans une approche chronologique traitée en quatre grands chapitres : *Les premiers hommes* (de 100 000 à 4 000 ans av. J.-C.), *Les grandes civilisations antiques* (jusque vers 600 ans av. J.-C.), *La période classique* (jusqu'à l'an 500 apr. J.-C.) et *Le monde médiéval* (jusqu'à l'an 1500 de notre ère).

Chaque récit de cette originale leçon d'histoire, dûment documenté et illustré, peut se lire comme une nouvelle, laissant intacte chez chacun la propension au rêve ou à la réalité.

SOMMAIRE

LA PÉRIODE CLASSIQUE
800 av. J.-C.-500 apr. J.-C.

LE MONDE MÉDIÉVAL
450-1500 apr. J.-C.

100 000 – 4000 Av. J.-C.

LES PREMIERS HOMMES

100 000 av. J.-C.   Place de cette période sur l'échelle chronologique

1500 apr. J.-C.

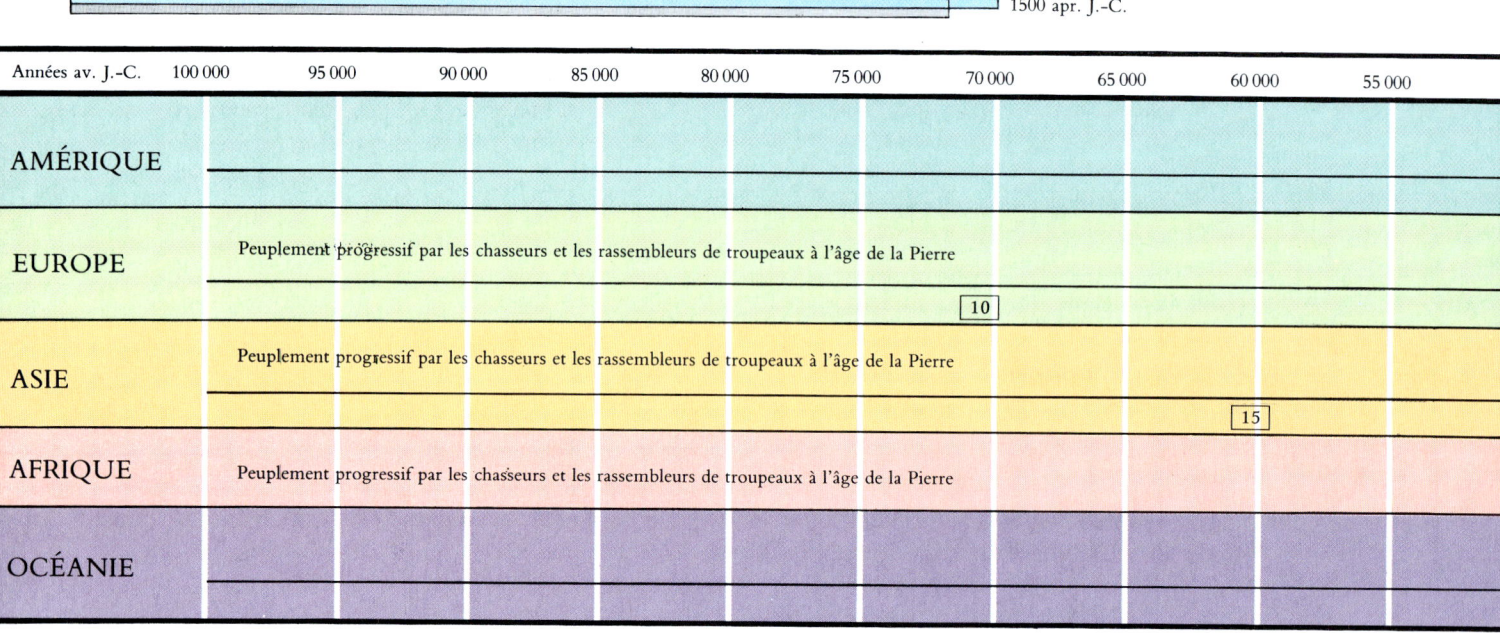

Années av. J.-C.	100 000	95 000	90 000	85 000	80 000	75 000	70 000	65 000	60 000	55 000
AMÉRIQUE										
EUROPE	Peuplement progressif par les chasseurs et les rassembleurs de troupeaux à l'âge de la Pierre						10			
ASIE	Peuplement progressif par les chasseurs et les rassembleurs de troupeaux à l'âge de la Pierre								15	
AFRIQUE	Peuplement progressif par les chasseurs et les rassembleurs de troupeaux à l'âge de la Pierre									
OCÉANIE										

Les premiers fondements de l'histoire de l'humanité remontent à une époque très lointaine et furent posés au cours d'une période extrêmement longue. Bien que, il y a 500 000 ans, des êtres humains qui nous ressemblaient eussent peuplé l'Afrique, l'Asie et l'Europe, il y a seulement 40 000 ans environ que des hommes pénétrèrent sur le continent américain, et ce n'est que bien plus tard que les premiers navigateurs préhistoriques colonisèrent les îles du Pacifique.

Peu à peu, l'espèce humaine laissa son empreinte presque partout à la surface de la planète, mais aucune preuve écrite de ces périodes reculées ne nous est parvenue, et les destinées individuelles et collectives se sont à jamais évanouies au plus profond de ces temps oubliés. Cependant, quelques minces indices ont pu être exhumés, et les travaux des archéologues, des ethnologues et des historiens de la préhistoire ont révélé des détails passionnants sur la vie de nos ancêtres. En ces temps-là, les premiers hommes ne subsistaient que grâce à la cueillette et à la chasse. Ils ne possédaient que des outils très primitifs en pierre, qu'ils adaptèrent progressivement à leurs nouveaux besoins.

C'est le recul des glaciers qui marque la fin de cette société primitive au relatif bien-être. Avec le changement de climat et de végétation, la population s'accrut, alors que le nombre des animaux sauvages allaient en diminuant. Vers 4000 av. J.-C., afin d'assurer l'approvisionnement des hommes en denrées alimentaires, on développa l'élevage des animaux et la culture des plantes. La manière de vivre des humains en fut radicalement transformée, et les chasseurs et les nomades pasteurs se fixèrent et fondèrent des communautés villageoises, point de départ des grandes civilisations antiques.

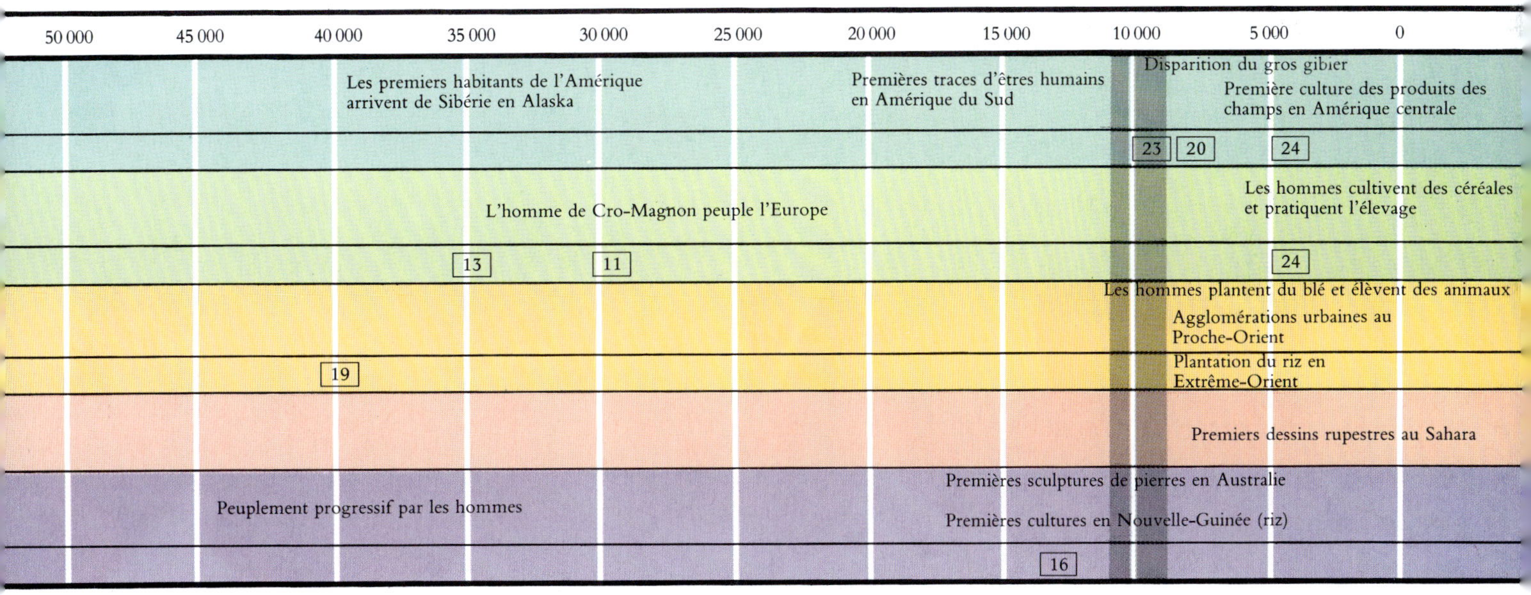

50 000	45 000	40 000	35 000	30 000	25 000	20 000	15 000	10 000	5 000	0

Les premiers habitants de l'Amérique arrivent de Sibérie en Alaska

Premières traces d'êtres humains en Amérique du Sud

Disparition du gros gibier

Première culture des produits des champs en Amérique centrale

23 20 24

L'homme de Cro-Magnon peuple l'Europe

Les hommes cultivent des céréales et pratiquent l'élevage

13 11

24

Les hommes plantent du blé et élèvent des animaux

Agglomérations urbaines au Proche-Orient

19

Plantation du riz en Extrême-Orient

Premiers dessins rupestres au Sahara

Premières sculptures de pierres en Australie

Peuplement progressif par les hommes

Premières cultures en Nouvelle-Guinée (riz)

16

L'homme de Neandertal est peu à peu supplanté par l'*Homo sapiens,* c'est-à-dire l'homme d'aujourd'hui

Fin de la dernière glaciation

Qu'est devenu l'homme de Neandertal?

Vivrait-il encore parmi nous?

L'homme de Neandertal chassait toutes sortes d'animaux comme le bouquetin, le renne, le cheval, l'éléphant, le bison, ainsi que des espèces aujourd'hui disparues telles que le rhinocéros laineux ou le mammouth. Armé de lances de bois à pointes de silex ou de massues, il chassait en groupe, et organisait battues et embuscades pour tuer un gibier souvent très rapide. Les carcasses des animaux étaient ramenées au camp où la viande servait à la nourriture et la peau à se vêtir ou à réaliser des abris rudimentaires.

Hirsute, à peine vêtu d'une peau de bête, il brandit un gourdin d'une main et empoigne la chevelure de sa compagne de l'autre : ainsi, l'imagerie populaire représente-t-elle l'homme des cavernes, une brute à la mâchoire épaisse et au front fuyant. Cette notion date de la découverte d'un squelette préhistorique dans la vallée de Neandertal, en Allemagne, au XIXᵉ siècle, et les premiers anthropologues qui étudièrent ces ossements y virent les restes d'une créature aux membres lourds, qui marchait le dos voûté, les bras ballants. Des études plus récentes ont montré qu'il s'agissait en réalité du squelette d'un vieillard, perclus de rhumatismes, et donc fort peu représentatif de son espèce.

L'*Homo erectus* a vraisemblablement fait son apparition il y a environ 500 000 ans ; l'*Homo sapiens* aurait vu le jour 250 000 années après. Beaucoup d'anthropologues font de l'homme de Neandertal une sous-espèce de l'*Homo sapiens* et ils lui donnent le nom scientifique d'*Homo sapiens neanderthalensis*. Son existence comme groupe identifiable est attestée entre 100 000 et 30 000 ans avant notre ère. Sa dénomination provient de la première découverte archéologique importante faite en 1856 de divers ossements et d'un fragment de crâne dans une vallée proche de Düsseldorf. Par la suite, d'autres traces de cette race dite de Neandertal furent trouvées en Europe, en Afrique du Nord et au Proche-Orient.

Sa principale caractéristique anatomique résidait dans la forme de son crâne. Au-delà des différences individuelles, l'homme de Neander-

tal possédait généralement une boîte crânienne bombée, des arcades sourcilières saillantes, une mâchoire puissante et de fortes dents. Bien que son apparence se rapproche vaguement de celle du singe, son cerveau était aussi volumineux que celui de l'homme contemporain, voire davantage. En fait, il semble qu'il ait été trapu et de constitution robuste, avec une stature assez semblable à celle des Esquimaux d'aujourd'hui.

Certains hommes de Neandertal vivaient dans des cavernes. D'autres creusaient des trous ou des tranchées pour s'abriter ou encore bâtissaient, à l'aide d'un assemblage de pierres, des murets de protection. Le plus souvent, ils s'installaient près des voies migratoires des animaux qu'ils chassaient. Ils attrapaient aussi des poissons et prenaient les oiseaux au collet. Ils savaient faire du feu. Avec des outils de pierre, ils grattaient les peaux et découpaient les fourrures des animaux pour s'en vêtir. Des archéologues ont retrouvé des pigments naturels qui indiquent que l'homme de Neandertal pratiquait une forme d'art décoratif. Les fouilles ont démontré qu'il vivait généralement plus vieux que les autres espèces d'*Homo erectus* qui l'avaient précédé. Il soignait les malades et les infirmes, et, surtout, il enterrait ses morts, ce qui tend à prouver l'existence de croyances religieuses.

Malgré son habileté et son organisation sociale, l'homme de Neandertal a apparemment disparu il y a environ 40 000 ans. N'a-t-il pu s'adapter à la fin de la période glaciaire ? A-t-il été supplanté par d'autres races ? A-t-il été absorbé par croisement avec des espèces plus modernes ?

Certains spécialistes pensent que le volume croissant de son crâne rendait les accouchements de plus en plus difficiles. Autant d'hypothèses qui ne peuvent être écartées.

Pourrait-il se faire que l'homme de Neandertal n'ait pas totalement disparu et que ses descendants continuent à vivre dans des régions reculées du globe ? Cette éventualité repose essentiellement sur les travaux de savants soviétiques et mongols, et notamment sur ceux de Boris Porchnev qui publia, il y a une dizaine d'années, plusieurs ouvrages sur la question. Durant les années 1950, l'Académie des sciences de l'U.R.S.S. signalait l'existence d'une peuplade sauvage, les Chuchunaa (c'est-à-dire « proscrits » ou « fugitifs »), dans une région froide et inhospitalière du nord-est de la Sibérie. Cette peuplade aurait des moyens d'expression vocale extrêmement limités. S'agirait-il d'une mutation génétique, ou de l'un des vestiges de son origine neandertalienne ? Cette question reste encore sans réponse et un rapport récent indique que cette peuplade se serait retirée très loin de la civilisation.

D'autres groupes humains mal connus vivraient aussi dans une vaste région de l'Asie centrale située entre le Caucase et le désert de Gobi. On leur a donné le nom d'Almas (Almati au pluriel), mot mongol qui signifie soit le croisement entre un singe et un homme, soit le chasseur. Dès le XVe siècle, des autochtones et des explorateurs affirment avoir vu ces êtres mystérieux. Au XXe siècle, à l'époque de la révolution russe, un officier de l'Armée rouge qui se trouvait en garnison dans le Pamir affirma que ses soldats avaient découvert la trace de l'une de ces créatures et qu'ils l'avaient abattue. Dans toutes leurs descriptions, les mêmes expressions revinrent sans cesse : « Un front fuyant..., les arcades sourcilières saillantes..., un nez camus..., une mâchoire proéminente..., une stature moyenne. » Ces traits ressemblent à ce que nous savons de l'homme de Neandertal. Ces soldats ont-ils tué le dernier de ses représentants ?

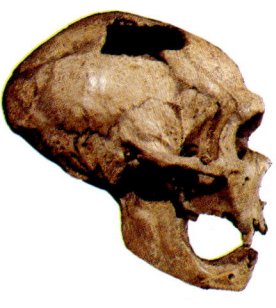

Ce crâne doté d'une visière sus-orbitaire et d'une mâchoire proéminentes, d'un menton et d'un front fuyant, ainsi que d'un « chignon » en saillie à la hauteur de l'occipital, est caractéristique du type neandertalien. Sa ressemblance avec la boîte crânienne d'un squelette retrouvé dans une région reculée d'Asie tendrait à montrer que des descendants de l'homme de Neandertal vivent peut-être encore parmi nous.

Les Vénus de l'âge de la Pierre

Les premières statues

Tout le monde connaît les admirables peintures rupestres du sud-ouest de la France et de l'Espagne — ces étonnantes images d'animaux aux couleurs toujours fraîches et intactes après 30 000 ans. Beaucoup moins connues, mais tout aussi surprenantes, sont ces figurines auxquelles on a donné le nom quelque peu impropre de « Vénus de l'âge de la Pierre ». Toujours de petites dimensions, souvent fort laides, elles furent retrouvées sur l'ancien continent, dans toute l'Europe, le long d'un grand arc de cercle qui va de la péninsule Ibérique au sud de la Russie, partout où vivaient les peuplades de chasseurs et de cueilleurs de l'âge de la Pierre.

Constituées d'os, d'ivoire ou de pierre tendre, elles sont le plus souvent l'image d'un être humain et presque toutes des représentations

UN MONDE DE GLACE

Le monde que connaissaient les peuplades de chasseurs et de cueilleurs de la dernière période glaciaire (de 35 000 à 10 000 ans avant notre ère) était fort différent du nôtre. La majeure partie de l'hémisphère Nord était recouverte de glaciers très étendus. Le niveau de la mer était plus bas d'une centaine de mètres, si bien que les îles Britanniques et la Sicile ne formaient qu'un tout avec le reste de l'Europe, que le nord de l'Adriatique était à sec, que le détroit du Bosphore était fermé, tout comme le détroit de Béring où un isthme reliait l'Asie à l'Amérique du Nord. Les continents étaient beaucoup plus secs et froids, ce qui favorisait la prairie au détriment des forêts.

Des régions aujourd'hui fertiles, comme le nord de l'Europe, n'étaient que des steppes désolées. En revanche, les régions méditerranéennes, comme le sud-ouest de la France, jouissaient d'un climat plus doux, un peu semblable à l'actuel climat de la Suède ou de certaines régions du Canada. Les grandes prairies regorgeaient d'animaux aujourd'hui disparus, comme les bisons, rhinocéros laineux, mammouths et élans géants. Le renne et le renard bleu de l'Arctique s'aventuraient jusqu'aux Pyrénées. Grâce à cette abondance de gibier, l'homme disposait alors à profusion de viande, de fourrure, d'os et d'ivoire.

Ce vaste territoire était sillonné par des bandes nomades fortes d'une trentaine de membres qui s'installaient en un endroit pour quelques mois ou quelques années, avant de poursuivre leur route. Pour se protéger du froid, qui était parfois très vif, l'homme de Neandertal savait assembler les peaux de bêtes et les fourrures pour en faire de chauds vêtements. Il avait également une grande habileté à construire des foyers qui dégageaient une chaleur intense. Il avait aussi appris à construire des habitations permanentes, sous un rocher en surplomb, à l'entrée d'une caverne, ou même à découvert. Certaines ressemblaient à des tentes de grandes dimensions dont les pans de cuir retombaient sur des murets de pierre.

Des vestiges découverts en Russie tendent à montrer que ces tentes se suivaient les unes les autres, formant une sorte de labyrinthe de fourrure. La nourriture était abondante, sauf en plein cœur de l'hiver où il fallait se contenter de racines, de noix, de baies et de feuilles. La vie était rude, et ce n'était pas le paradis terrestre. La mortalité, surtout parmi les enfants et les femmes en âge de procréer, était très élevée, et seuls les plus résistants étaient capables de survivre et de s'adapter. Pourtant, ces lointains ancêtres ignoraient la carie dentaire, fléau de notre époque.

C'est le perfectionnement des outils de silex qui donna naissance aux premières sculptures. L'arc, si utile pour la chasse, vit le jour et des pointes de silex furent placées à l'extrémité des flèches. La vie continua ainsi pendant des millénaires. A la fin de la période glaciaire, il y a 10 000 ans, l'humanité était prête à faire un nouveau pas en avant, à abandonner son existence nomade pour la vie sédentaire.

De formes sensiblement différentes selon leur origine, les statuettes féminines de l'âge de la Pierre, sculptées dans l'ivoire, le bois de renne ou la pierre tendre, possèdent de nombreux points communs, dont l'aspect ventru et une même stylisation des volumes de la tête et des membres qui sont à peine esquissés.

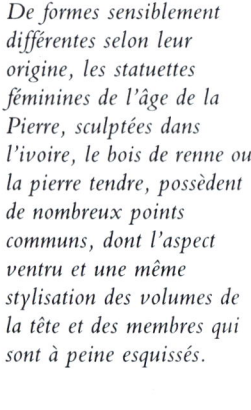
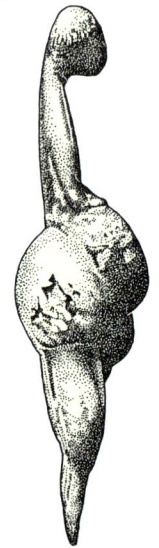

Ci-dessus, la Vénus d'ivoire de Lespugue (France), et, à droite, la Vénus de pierre de Willendorf (Autriche).

de femmes aux cuisses massives, aux mamelles énormes, aux fesses monstrueuses. A quoi servaient donc ces petites statuettes dont la tête, les bras et les pieds sont à peine esquissés ? S'agit-il de l'évocation religieuse d'une déesse mère, d'une image de la fertilité ou plus simplement la représentation pour l'homme préhistorique de ce qu'était alors l'idéal féminin : une beauté faite de volumes et de rondeurs exagérés ?

L'une des raisons qui pourraient expliquer l'extrême obésité de ces statuettes est qu'elles furent sculptées lors de la dernière glaciation, entre 35 000 et 10 000 ans avant notre ère. A cette époque, le corps humain, soumis aux rigueurs d'hivers interminables et rudes, ne pouvait survivre qu'en accumulant une épaisse couche de graisse durant l'été quand abondaient gibier, fruits, feuilles et racines.

C'est de la fin de l'âge de la Pierre que date la dernière phase de l'évolution anatomique vers l'homme moderne, ainsi que de nombreuses caractéristiques du comportement humain depuis la construction d'abris jusqu'à l'enterrement des morts. C'est aussi à cette période que l'homme a commencé à penser conceptuellement et à matérialiser sa pensée par diverses créations. Accroupis autour d'un feu, ces chasseurs ont sans doute commencé à sculpter pour occuper leurs mains oisives lorsque le mauvais temps les empêchait de sortir. La plupart de ces petites Vénus n'ont pour ainsi dire pas de visage, à quelques remarquables exceptions près. L'une d'elles, découverte en France, est une exquise miniature d'ivoire qui représente une femme arborant une coiffure fort recherchée. Une autre, provenant de Tchécoslovaquie, nous montre un personnage dont la bouche est déformée par un rictus semblable à celui que provoque la lésion d'un nerf facial. Les archéologues pensent que cette sculpture pourrait représenter une femme dont le crâne, affecté d'une lésion sur le côté gauche, fut retrouvé à proximité. S'agissait-il d'un personnage important ? L'hypothèse est probable, car les objets que façonnent aujourd'hui les aborigènes d'Australie montrent que l'homme a toujours cherché à préserver l'image des individus qui revêtent une importance particulière pour le reste de la tribu.

A nos yeux, les sculptures de l'âge de la Pierre paraissent grossières et évoquent un culte de la fertilité. Mais il pourrait s'agir d'un malentendu né de la conception moderne de la beauté et du bon goût. Même si la théorie selon laquelle nos lointains ancêtres voulaient être gras pour résister au froid est erronée, ces figurines pourraient traduire une tendance générale à la stéatopygie (dégénérescence graisseuse qui cause d'énormes accumulations de graisse dans les parties charnues de la région du bassin). De nos jours, dans les tribus du désert de Kalahari, les femmes tout particulièrement souffrent de stéatopygie, mais ne s'en considèrent pas moins belles pour autant.

Nous ne saurons probablement jamais quelle était la fonction exacte de ces premières sculptures, mais les grandes ressemblances que l'on relève entre elles, depuis les Pyrénées jusqu'au Don, sont la manifestation d'une certaine unité culturelle.

La dame d'ivoire de Brassempouy, près de Dax (Landes), est l'une des rares Vénus de l'âge de la Pierre dont le visage présente des traits humains reconnaissables.

Des empreintes de mains mutilées
150 mystérieuses empreintes vieilles de 35 000 ans

LES pratiques religieuses de nos ancêtres de l'âge de la Pierre voulaient-elles qu'ils se mutilent les mains ? C'est la question troublante, toujours sans réponse, que posent les parois de la grotte de Gargas, située dans les Hautes-Pyrénées — question peut-être aussi passionnante que les interrogations muettes des peintures rupestres de Lascaux en France ou d'Altamira en Espagne. Gargas, non loin de Lourdes, est connue comme la Grotte aux Mains. Sur ses parois sombres se détachent des empreintes, dont 350 siècles n'ont pu estomper la fraîcheur : certaines sont en négatif, noires sur fond rouge, d'autres en positif de couleur rouge. Sur la plupart d'entre elles, plusieurs phalanges sont clairement sectionnées.

Les mains de Gargas sont probablement la plus ancienne manifestation d'art rupestre que nous connaissions. Vieilles d'environ 35 000 ans, elles furent peintes à la fin de la période glaciaire par nos ancêtres directs, les hommes de Cro-Magnon (du nom d'une grotte de Dordogne). Ces hommes, qui vivaient à la fin du Paléolithique, ne furent cependant pas les premiers à laisser leur marque sur les parois de la grotte de Gargas. Les grands ours qui vivaient autrefois dans toute l'Europe occidentale les y avaient précédés : ils s'y faisaient les

griffes sur la pierre tendre, comme un chat le fait sur un pied de table. A côté de ces marques, des lignes sinueuses sont clairement l'œuvre d'une main humaine qui, peut-être, voulut imiter les traces laissées par les ours. Ces méandres graphiques sont certainement plus anciens que les empreintes de mains.

Plus de cent cinquante de ces empreintes se détachent sur les parois de la grotte, et la plupart d'entre elles sont des mains gauches. La couleur utilisée pour le contour des images en négatif comme pour les images en positif est surtout de l'ocre rouge. Recouvertes d'une fine pellicule de calcaire, les empreintes scintillent à la lumière des torches électriques.

LES ACCIDENTS DE LA ROCHE
Les peintres rupestres tiraient parti des anfractuosités et reliefs évocateurs, qu'ils se contentaient « d'améliorer ». Les figures humaines sont rares dans l'art rupestre. Certaines de celles que nous connaissons furent dessinées autour d'accidents de la roche qui évoquaient des parties de l'anatomie humaine. Dans la grotte de Gargas, une saillie de rocher fut ainsi transformée par les quelques coups de pinceau d'un brillant caricaturiste de la période glaciaire en une hure de sanglier parfaitement ressemblante.

L'empreinte de cette main gauche, dans la grotte de Gargas, montre que les doigts, excepté le pouce, sont sectionnés au niveau de la première articulation.

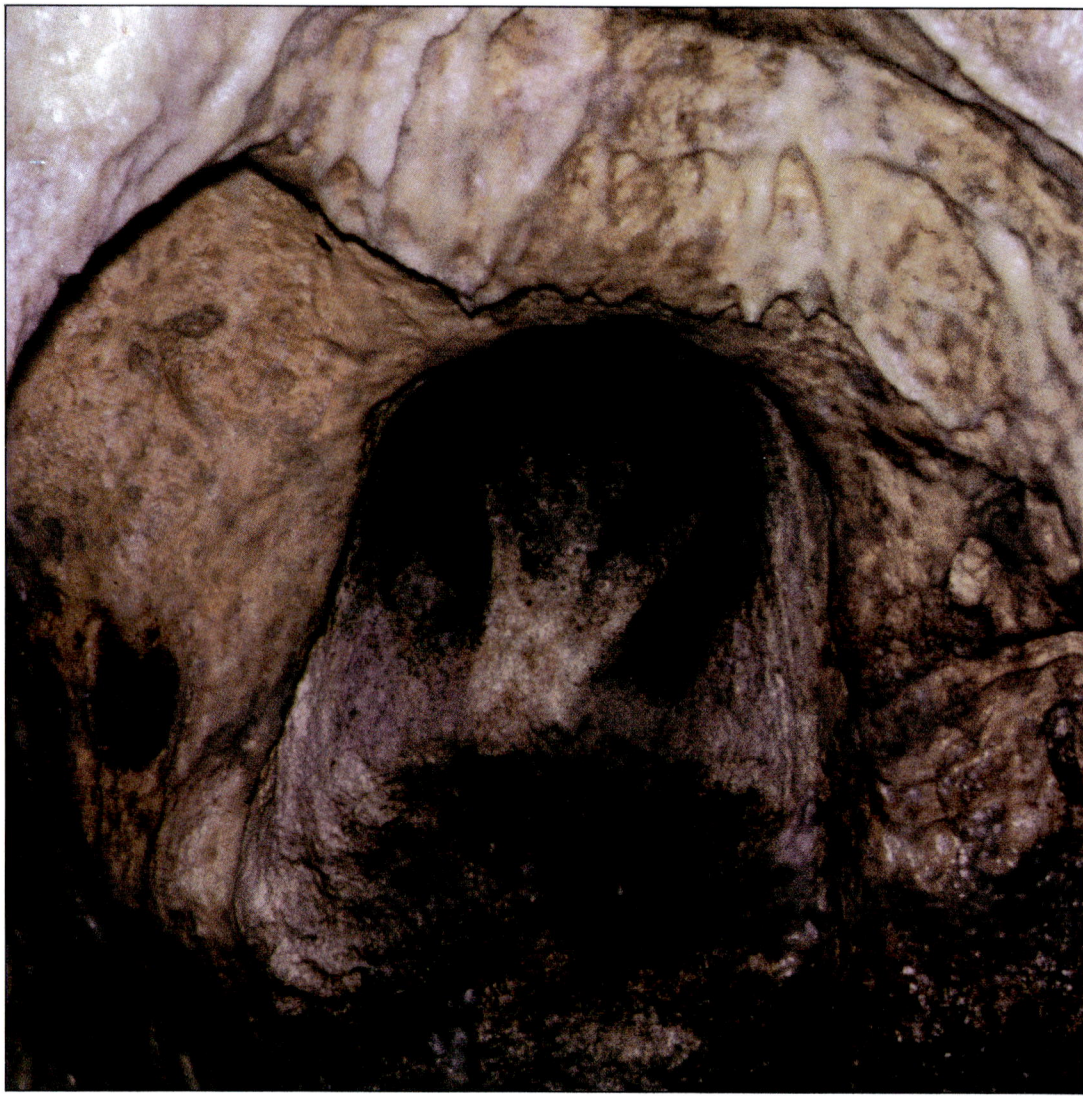

Certains archéologues ont émis l'hypothèse que ces mystérieuses empreintes s'inspiraient des pratiques toujours en vigueur dans certaines sociétés primitives actuelles, où l'on se peint le corps, comme parmi les aborigènes d'Australie ou chez certaines tribus africaines. Pour l'empreinte positive, il aurait suffi d'appliquer la paume couverte d'ocre sur la paroi lisse de la grotte. Pour l'image en négatif, on soufflait probablement un colorant liquide ou en poudre sur la main posée contre la paroi. Les mains gauches sont nettement plus nombreuses, ce qui laisse à penser qu'on projetait la couleur au moyen d'un roseau ou d'un morceau d'os creux tenu dans la main droite.

Mais pourquoi ces mains sont-elles presque toutes mutilées ? Généralement, les deux premières phalanges d'au moins deux doigts manquent ; parfois quatre doigts sont sectionnés, parfois tous sauf l'index, parfois le majeur et l'annulaire seulement, parfois l'annulaire et l'auriculaire — mais jamais le pouce. L'étude des empreintes a montré que les doigts étaient vraisemblablement sectionnés, et pas simplement repliés. Certains anthropologues pensent que les phalanges amputées ont pu l'être parce qu'elles avaient gelé dans le froid cruel de la fin de la période glaciaire. D'autres estiment qu'il s'agit d'une mutilation rituelle dont la signification nous échappe. Nous savons cependant que les Amérindiens et les Bochimans d'Afrique pratiquaient une mutilation semblable, soit pour s'attirer les faveurs des dieux de la chasse, soit en gage de bonne fortune à la naissance d'un enfant.

Tel un hommage rendu à quelque dieu aujourd'hui oublié, un grand nombre des empreintes se trouvent rassemblées en un même emplacement de cette vaste grotte qui s'ouvre à flanc de colline : rien d'étonnant que cet endroit soit de nos jours appelé le Sanctuaire des Mains.

Le culte des morts

Une tombe fleurie

S'IL EST VRAI que, dans les années 1960, San Francisco connut le mouvement hippy, auquel étaient liés le culte de la nature et un vif attrait pour les fleurs, ce n'est pourtant pas au bord du Pacifique que vécurent les premiers hommes, qui associèrent la flore et particulièrement les fleurs à certains rites de leur existence, mais au cœur de l'Ancien Monde il y a 60 000 ans.

A cette époque, dans le monde des hommes de Neandertal, amour et tendresse étaient certainement des sentiments rares. La vie « à l'état de nature », comme l'écrivait le philosophe anglais Thomas Hobbes au XVIIᵉ siècle, était « cruelle, brutale et courte ». Chaque jour était une lutte pour la survie, chaque chasse une entreprise périlleuse, chaque blessure un pas vers la mort, chaque changement de camp une expédition dans l'inconnu. Ainsi l'étude de squelettes neandertaliens montre que bien peu de ces hommes mouraient paisiblement et que beaucoup n'atteignaient même pas l'âge de vingt ans.

Pourtant, malgré l'âpreté de leur existence quotidienne, ils étaient capables de compassion pour les faibles et de respect pour les morts. C'est ce que démontra la découverte que fit, il y a quelques années, l'archéologue américain Ralph S. Solecki, lors de fouilles dans les montagnes du Zagros, près du village irakien de Shanidar.

Au cours de dix années de travaux patients qui lui permirent d'exhumer des vestiges humains datant de la fin de la dernière période glaciaire, le moment le plus fascinant et le plus extraordinaire fut la mise au jour d'une tombe autrefois jonchée de fleurs et dont le cadavre avait été celui d'un homme infirme.

Malgré son existence précaire, l'homme de Neandertal soignait les malades, prenait soin des infirmes et honorait les morts. Plutôt que d'abandonner les cadavres, il creusait des tombes individuelles. Les corps qui étaient parfois enterrés, comme à Shanidar, sur une litière de fleurs, sont peut-être la preuve d'une croyance en l'Au-Delà.

L'analyse des ossements fossilisés montre qu'il avait perdu le bras droit, encore enfant, et qu'il était déformé par l'arthrite.

La plupart des sociétés primitives n'auraient pas laissé une personne aussi infirme passer le cap de la petite enfance : les groupes dont la survie est une lutte de tous les instants ne peuvent guère nourrir et protéger les bouches inutiles. Et pourtant, cet homme qui ne pouvait pas suivre ses compagnons à la chasse fut soigné par sa tribu pendant une quarantaine d'années — plus du double de l'espérance de vie moyenne — jusqu'à ce qu'il meure, apparemment victime de la chute accidentelle d'une pierre tombée de la voûte de la caverne. On le coucha alors sur une jonchée de fleurs des champs et on l'inhuma.

Ces fleurs se décomposèrent et disparurent avec le temps, mais les botanistes ont pourtant pu les identifier, 60 000 ans plus tard, par leurs minuscules grains de pollen parfaitement conservés dans le sol humide. C'est ainsi qu'ils ont recensé huit espèces : le mille-feuille, le bleuet, la rose trémière, le séneçon, la jacinthe, le chardon étoilé, la prèle et la mauve. Il semble que les prèles servirent à faire la litière du mort, tandis que les jacinthes, les bleuets et les mauves n'y furent placés que pour décorer la dépouille. Nous savons également que plusieurs autres de ces fleurs étaient utilisées depuis les temps les plus anciens comme plantes médicinales. Il est donc probable que l'homme de Neandertal avait dès cette lointaine époque une connaissance des vertus curatives de certaines plantes, et que dans ce cas les fleurs auraient été placées dans la tombe non seulement en témoignage de tendresse, mais aussi pour secourir le malade dans l'Au-Delà.

L'analyse des pollens, l'une des premières qui ait été faite dans une sépulture préhistorique, a même permis aux botanistes de démontrer que l'enterrement s'était déroulé au mois de juillet, période pendant laquelle, dans les monts Zagros, de telles fleurs s'épanouissent.

Mais les analyses du sol des sépultures préhistoriques sont bien rares, et nous ignorons encore à quelle époque l'être humain commença à fleurir la tombe de ses morts. Le simple fait de creuser une tombe individuelle, au lieu d'abandonner tout simplement les cadavres, suppose cependant un certain degré de sensibilité et d'affection de la part des individus restant.

En fait, c'est en Chine, dans une grotte du village de Chou-k'ou-tien, juste au nord de la ville de Pékin, que se trouve la plus ancienne sépulture jamais découverte, vieille de 400 000 ans ! Le fait est significatif, non seulement parce qu'il se manifeste à un stade très précoce du développement de l'humanité, mais aussi, comme les fleurs médicinales de la tombe de Shanidar, parce qu'il montre que notre espèce a cru très tôt à une vie dans l'Au-Delà. L'enterrement des morts ne pouvait être une simple question d'hygiène : les populations humaines étaient peu nombreuses et les animaux sauvages auraient eu vite fait de dépouiller les cadavres abandonnés. Si nos ancêtres préhistoriques se donnaient tant de mal pour enterrer leurs morts en prenant la peine de creuser de grandes fosses à l'aide d'outils peu efficaces, c'est sans doute parce qu'ils croyaient en une forme de monde spirituel au-delà de la mort, une croyance en l'immortalité probablement aussi ancienne que l'esprit humain.

Les grands navigateurs polynésiens
Sur l'océan, sans carte ni boussole

LORSQUE les Européens sillonnèrent pour la première fois les eaux du Pacifique, au XVIe siècle, ils firent une étonnante découverte : sans aucun instrument de navigation, des peuplades de l'âge de la Pierre, au moins 26 000 ans plus tôt, avaient déjà visité des milliers d'îles dans cet immense océan. Les traditions locales parlaient de voyages longs de centaines et même de milliers de kilomètres, à bord de grands canots. Trois groupes d'îles semblent avoir été intentionnellement peuplés de la sorte. Les archéologues ont la certitude qu'une population à peau noire s'installa en Mélanésie (de deux mots grecs qui signifient « îles des Noirs »), arc insulaire qui s'étend de la Nouvelle-Guinée aux îles Fidji. Une peuplade à la peau brun clair colonisa la Micronésie (« petites îles »), groupe d'îles au nord de la Mélanésie. Enfin, une population de haute taille, à peau claire, s'installa en Polynésie (« îles nombreuses »), ensemble d'îles compris dans le triangle Hawaii, Nouvelle-Zélande (colonisée 1 000 ans avant notre ère) et île de Pâques.

Bien des Européens refusèrent de croire que ces navigateurs primitifs aient pu découvrir des îles si distantes sans l'aide d'aucun instrument pour suivre un cap ou connaître leur position. En 1595, le navigateur portugais Pedro Fernandes de Queirós soulignait que même les marins européens ne pouvaient « ni connaître ni déterminer leur position » dès lors qu'ils n'étaient plus en vue de la terre depuis plus de quelques jours. Ce scepticisme dura en fait jusqu'à notre époque, à la fin des années 1960, lorsque les exploits du Néo-Zélandais David Lewis prouvèrent aux incrédules qu'ils avaient tort : Lewis démontra que les habitants des îles, à bord de leurs catamarans traditionnels, faisaient toujours de longs voyages en mer, sans l'aide d'aucun instrument moderne. Alors que les anciennes techniques de navigation allaient disparaître, supplantées par les instruments modernes de navigation, Lewis décida d'apprendre tout ce qu'il pouvait avant que ces traditions ne s'évanouissent à tout jamais. En 1968 et 1969, il parcourut donc pendant neuf mois le Pacifique occidental, parfois piloté par des navigateurs autochtones dans des canots de haute mer, tantôt à bord d'un ketch de 12 mètres, sans boussole ni instruments. Ses compagnons, très habiles, bien qu'illettrés, se nommaient Tevake, un vieux Polynésien des îles Santa Cruz, et Hipour, un jeune Micronésien des îles Carolines. Il s'entretint longuement avec d'autres marins, membres d'une tribu des îles Tonga, où les techniques de navigation furent longtemps des secrets que l'on se transmettait de père en fils.

Dans son ouvrage, Lewis raconte ce long voyage de neuf mois et éclaire d'un jour nouveau ces techniques de navigation qui n'ont sans doute guère changé depuis l'âge de la Pierre. Par exemple, les marins se servent des étoiles pour se guider la nuit vers les petites îles, loin derrière l'horizon. Ils mettent simplement le cap sur une étoile dont ils savent qu'elle est à la verticale de leur destination.

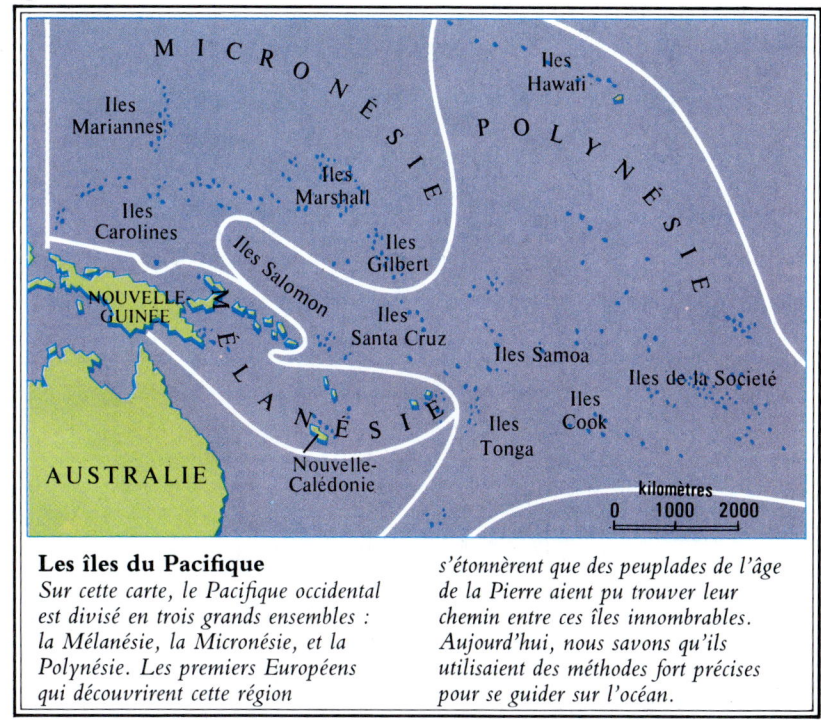

Les îles du Pacifique
Sur cette carte, le Pacifique occidental est divisé en trois grands ensembles : la Mélanésie, la Micronésie, et la Polynésie. Les premiers Européens qui découvrirent cette région s'étonnèrent que des peuplades de l'âge de la Pierre aient pu trouver leur chemin entre ces îles innombrables. Aujourd'hui, nous savons qu'ils utilisaient des méthodes fort précises pour se guider sur l'océan.

Mais chaque étoile n'est utile que tant qu'elle est très bas dans le ciel — à peine levée si vous naviguez en direction de l'est, sur le point de se coucher si vous allez vers l'ouest. Les navigateurs suivaient donc une véritable chaîne d'étoiles. Dès que l'une d'elles était trop haut dans le ciel ou avait disparu sous l'horizon, ils se guidaient sur une autre qui se levait ou se couchait à la même position. Au cours d'un voyage d'une nuit, Lewis parcourt 112 kilomètres en suivant neuf étoiles différentes.

Certains navigateurs utilisaient aussi une sorte de boussole céleste : les directions recherchées étaient déterminées grâce à trente-deux étoiles bien précises qui se lèvent et se couchent à des distances inégales sur l'horizon, et c'était un moyen pratiquement infaillible pour atteindre d'innombrables destinations. Lewis apprit que certaines îles étaient appelées *etak* (repère), parce que le déplacement apparent de leur position par rapport à une étoile au cours d'un voyage était connu avec précision. Ainsi, pour aller de l'île 1 à l'île 2, vous choisissiez par exemple l'île 3, à la verticale de l'étoile A, comme *etak*. Un peu plus loin, l'île 3 paraissait se trouver sous l'étoile B, le point suivant de la « boussole céleste », et ainsi de suite. Il avait fallu aux compagnons de Lewis des années d'efforts pour connaître par cœur les repères astronomiques qui les guideraient vers telle ou telle île. A terre, ils avaient appris à interpréter le ciel nocturne en plaçant des cailloux aux positions correspondant à celles des étoiles, comme le faisait le jeune Hipour, qui pouvait donner la position de son embarcation alors

qu'à peine quelques étoiles scintillaient un instant au travers d'un ciel nuageux.

De jour, les navigateurs se guidaient naturellement d'après la position du soleil. Mais ils avaient aussi une compréhension parfaite des vents, des vagues, des courants et des autres phénomènes naturels. En pleine tempête, alors qu'il faisait de nuit un voyage de plus de 60 kilomètres, le vieux Polynésien Tevake dirigea son embarcation tout droit entre deux îles distantes de moins de 1 kilomètre. Même dans des conditions difficiles, avec un vent violent, sans l'aide des étoiles ni du soleil, Hipour et Tevake disposaient de techniques ingénieuses pour se guider. Par exemple, ils savaient s'orienter vers une île invisible distante de 15 kilomètres en observant simplement les nuages dont les nuances et les couleurs diffèrent légèrement selon la nature du relief ou la profondeur des eaux qu'ils dominent. De même, ils savaient interpréter des signes aussi divers que le vol des oiseaux, les branches d'arbre à la dérive, ou les « vagues de terre » qui peuvent faire tanguer une embarcation à 80 kilomètres des côtes. Mais de tous ces signes, le plus étonnant est sans doute un phénomène que l'on appelle en Polynésie *te lapa, te mata* ou *ulo aetahi* (« gloire des mers »). Cette « gloire » est une lueur phosphorescente qui sourd par éclats sous la surface des eaux et qui est alignée avec la terre jusqu'à 150 kilomètres de distance.

Sans aucun instrument, les navigateurs de l'âge de la Pierre ont pu ainsi voyager sur les eaux du Pacifique et s'installer sur ses îles.

Le ndrua, *embarcation des îles Fidji, est un catamaran extrêmement maniable, malgré ses coques de longueurs inégales. Tous les grands canots du Pacifique ont en commun la voile « en pousse de bambou », calée ici à 45° des mâts.*

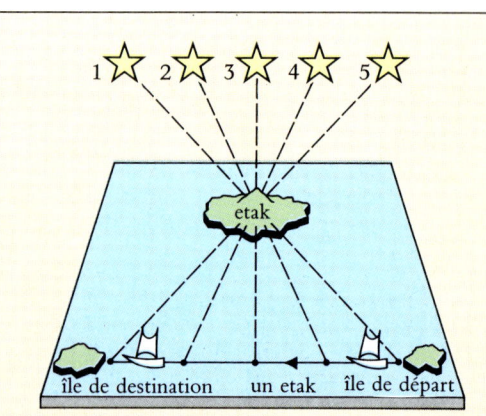

La navigation aux étoiles
Pour se rendre d'une île à une autre, les navigateurs se servent d'un etak, ou île repère. Dans notre exemple, au début du voyage, l'etak semble être à la verticale de l'étoile 1 ; plus tard, il se déplace vers le navigateur, passe par le travers de l'embarcation, puis recule. Le navigateur change donc de repère, passant de l'étoile 1 à l'étoile 2, et ainsi de suite. Lorsqu'il voit que l'etak est dans l'alignement de l'étoile 2, il sait qu'il a parcouru la distance d'un etak.

Une révolution technologique

Les premiers outils

On croit souvent que le progrès technologique est le propre des XIXe et XXe siècles. En fait, la première grande révolution technique remonte à la fin de l'âge de la Pierre durant la dernière période du Paléolithique (Paléolithique supérieur) — entre 40 000 et 12 000 années avant notre ère — au beau milieu de la dernière période glaciaire.

Pendant des centaines de milliers d'années, les ancêtres de l'homme s'étaient servis d'outils extrêmement rudimentaires : os d'animaux faisant office de massues ou de billots, éclats de pierre transformés en haches primitives, simples lances de bois aux pointes durcies par le feu. Puis, dans les derniers millénaires du Paléolithique, la fabrication des outils fit un extraordinaire bond en avant.

Ce gigantesque progrès lié à l'invention et au développement d'outils de plus en plus complexes fut l'œuvre de *l'Homo sapiens sapiens,* plus communément désigné sous le terme d'homme de Cro-Magnon, du nom de la grotte, située en Dordogne, dans laquelle ses ossements furent découverts en 1868. Il se multiplia dans les régions les plus chaudes de l'Europe et de l'Asie alors que la dernière période glaciaire atteignait son point culminant, il y a environ 20 000 ans. Ce peuple étonnamment inventif connaissait l'arc et la flèche, savait fabriquer des tentes et des vête-

ments avec des peaux d'animaux, pêcher avec des hameçons et des harpons à pointe amovible, tailler des propulseurs, semblables à ceux encore utilisés par les aborigènes d'Australie et les Indiens d'Amérique du Sud, qui augmentaient la force et la précision des armes de jet. Mais surtout il savait utiliser un outil pour en fabriquer un autre, notion apparemment bien simple, mais qui permit de fabriquer des outils de plus en plus perfectionnés.

C'est le cas de ces os percés d'un trou qui servaient à rendre droite les hampes en bois des sagaies, préalablement ramollies dans l'eau ou à la vapeur. C'est le cas aussi de ces nombreux burins de silex qui servaient à tailler tantôt d'autres pièces de silex, tantôt le bois, tantôt l'os. Grâce à ces inventions, il devenait possible de réaliser des outils spéciaux pour chaque type de travail. Les grattoirs, par exemple, permettaient de nettoyer les peaux d'animaux avant de les assouplir avec des huiles et de les coudre avec des lanières de cuir ou des cordes de boyau.

On comprit également, l'importance de choisir pour chaque type d'outil des matériaux aux qualités adaptées à leur usage. Ainsi, le silex des outils retrouvés à Kostienki, en U.R.S.S., provient de carrières distantes de 130 kilomètres, ce qui prouve que des chasseurs ou des marchands étaient prêts à franchir

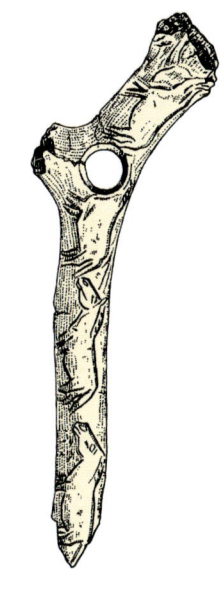

Ce bois de renne où sont gravés des animaux sauvages servait à dresser la hampe des lances. Il fut retrouvé dans une grotte, en Dordogne.

LA FABRICATION DES OUTILS

Avant que l'âge du Bronze ne commence avec la découverte de l'alliage de l'étain et du cuivre (vers 4 000 av. J.-C.), le silex servait à fabriquer des outils et des armes durables. Mais l'os, les bois de cerf et l'ivoire, plus tendres que la pierre, étaient aussi utilisés pour façonner des objets plus délicats.

Durant cette période, plusieurs techniques se succédèrent. La plus ancienne, dite industrie acheuléenne, consistait à modeler un outil à partir d'un nucléus (bloc de silex), en le frappant avec un percuteur fait d'une pierre moins cassante de manière à détacher les éclats selon les plans naturels de clivage jusqu'à l'obtention de la forme désirée. Le tranchant était ensuite retouché au moyen d'un maillet de bois ou d'os.

Il y a environ 200 000 ans la technique dite levalloisienne supplanta les anciennes méthodes. Cette technique, prolongée plus tard par l'industrie moustérienne, consistait à fabriquer des outils en utilisant des éclats de pierre, soigneusement débités à la forme voulue, à partir d'un nucléus lui-même travaillé à l'avance. Le

travail de finition s'effectuait alors en plusieurs phases : le dégrossissage, en tapant l'éclat de silex avec un percuteur en pierre qui permettait de détacher les morceaux les plus épais ; puis l'affinage du tranchant, pour lequel on utilisait un percuteur moins dur, en or carbonisé ou en bois de cervidé, avec lequel était exercée une pression selon un angle variable afin de faire sauter des éclats de forme voulue avec une précision remarquable ; enfin, l'aiguisage, par frottement de l'os ou du bois entre les encoches laissées par les éclats, qui achevait le travail. Pourtant, pour un outil façonné réussi, il en restait plusieurs dizaines inachevés, qui furent retrouvés sur les lieux qui servaient de carrière et d'ateliers. On fabriquait également les aiguilles et les alènes en creusant des sillons convergents dans un os, au moyen d'un burin de pierre. Lorsque le burin atteignait le canal médullaire, il ne restait plus qu'à détacher les éclats d'os entre les sillons et à les arrondir sur un bloc de grès.

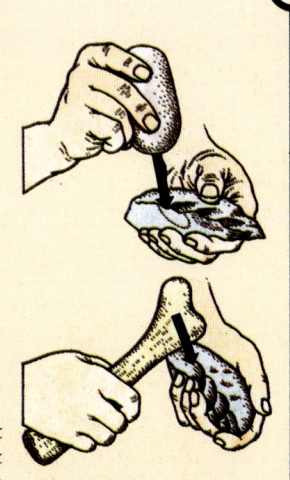

Une petite masse de pierre dure permettait de détacher de gros éclats, puis le tranchant était retouché à l'aide d'un maillet de bois ou d'os.

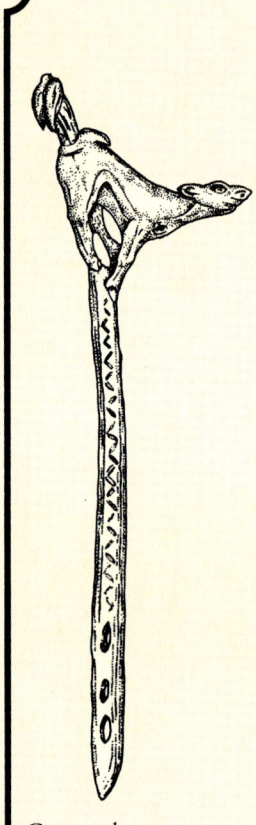

LES SPÉCIALISTES DU RENNE

A la fin de la dernière période glaciaire, il y a 10 000 ans, certaines des populations qui vivaient sur ce qui est aujourd'hui le territoire de la France et de l'Allemagne étaient devenues de véritables spécialistes de la chasse au renne. Des ossements d'animaux retrouvés près de Hambourg montrent que les chasseurs de la région se nourrissaient essentiellement de viande de renne. Ils blessaient les animaux avec les flèches de leurs arcs, puis les achevaient avec de solides gourdins pointus, faits avec des bois de renne.

La plus remarquable des cultures basées sur le renne est sans doute celle des Magdaléniens, qui vécurent entre 15 000 et 9 000 ans av. J.-C. et dont le territoire couvrait la majeure partie de la France et s'étendait du sud de l'Espagne jusqu'en Pologne, à l'est. Ils chassaient les chevaux, les aurochs et les cerfs, mais ce sont surtout les hardes de rennes qui leur servaient de garde-manger et de réserve de matières premières.

Les peaux de renne étaient transformées en couvertures, en tentes de cuir et en vêtements ; les tendons, en lanières pour coudre ou pour ligaturer les pointes des sagaies ; enfilées sur un lien, les dents devenaient des ornements ; quant aux os et aux bois, ils servaient à fabriquer des harpons et des propulseurs sur lesquels les Magdaléniens gravaient de fines images d'animaux.

Le propulseur se composait d'un long manche qui se terminait par une sorte de crochet où venait se loger l'extrémité de la sagaie. En allongeant le bras du chasseur, cet instrument lui permettait de lancer son arme avec beaucoup plus de force.

Ce propulseur magdalénien en bois de renne est orné d'un jeune bouquetin. L'extrémité de la sagaie vient se loger contre le crochet supérieur.

des distances considérables pour se procurer les meilleures pierres qui serviraient ensuite à fabriquer des outils. On apprit à utiliser les bois du renne qui sillonnait alors l'Europe jusqu'en Espagne et l'ivoire des défenses du mammouth, installé plus au nord. On découvrit le moyen de polir l'os et la pierre sur des meules primitives de grès. Pour manger, on inventa même des louches et cuillères d'ivoire.

En Sibérie, les archéologues ont retrouvé une pointe de lance en os dont l'extrémité est creusée d'un sillon pour faciliter l'écoulement du sang et hâter ainsi la mort de l'animal blessé. En Europe, on a retrouvé des vestiges de foyers où des rigoles disposées en étoile provoquaient un appel d'air qui attisait le feu. La découverte de figurines d'argile vieilles de 27 000 ans à Dolni Vestonice, en Tchécoslovaquie, montre aussi que l'on savait déjà durcir l'argile au feu, premier pas dans l'art de la poterie.

C'est le refroidissement du climat qui fut naturellement à l'origine de ces progrès. A cause du froid, il fallut s'abriter sous des tentes lorsqu'on ne pouvait le faire dans une grotte, se couvrir de fourrure et de cuir, trouver le moyen de chasser mieux et plus vite. La complexité des nouveaux outils fait aussi penser que cette époque fut l'aube d'une évolution qui allait changer totalement l'existence et la destinée de l'homme : l'apparition des premiers rudiments d'un langage complexe qui permettraient de transmettre le savoir dans l'espace puis dans le temps.

Chasseurs de gros gibier
A l'affût des grands bisons

Sous le chaud soleil de cet après-midi du printemps 1925, George McJunkin, un cow-boy, parcourait sur son cheval une ravine asséchée près de la ville de Folsom, dans le sud des États-Unis, au nord-est de l'État du Nouveau-Mexique. Il recherchait une vache dont il suivait les traces et son regard balayait de long en large la ravine lorsque soudain, au bord de la rivière à sec, il aperçut un objet qui brillait au soleil. Il mit pied à terre et fit quelques pas pour mieux voir ce petit amas d'os blanchis qui, sans aucun doute, devaient être ceux d'une vache morte de soif. Mais, de plus près, ces os étaient beaucoup trop gros pour être ceux d'une vache. En les soulevant,

George McJunkin découvrit une lame de silex soigneusement travaillée, tout à fait différente des pointes de flèches indiennes qu'il avait pu voir jusqu'alors. Cette découverte apparemment insignifiante allait en fait révolutionner notre connaissance de la préhistoire de l'Amérique du Nord. La lame de silex et les ossements de Folsom furent bientôt étudiés par un éminent naturaliste, J. D. Figgins, qui identifia les os comme appartenant à une espèce de bison disparue du territoire américain depuis 10 000 ans environ, le *Bison antiquus figginsi*, ainsi baptisée en l'honneur de Figgins. Mais plus importante encore fut la conviction qu'il acquit que cette étrange pointe de flèche était en fait un projectile préhistorique. Il émit l'idée qu'une société de chasseurs de gros gibier existait déjà en Amérique du Nord 10 000 à 12 000 ans avant notre ère. Jusqu'alors rien n'avait permis d'envisager une telle hypothèse.

Les archéologues doutèrent de la véracité de cette idée et restèrent encore sceptiques durant de nombreuses années. Tout d'abord, on n'avait jamais découvert le moindre vestige de ces grands chasseurs préhistoriques. Ensuite, il était possible que cette pointe de pierre, bien qu'inhabituelle, fut simplement celle d'une arme relativement moderne qui serait allée se perdre, charriée par les eaux, jusqu'au milieu de ces ossements préhistoriques. Ce n'est qu'en 1967, après de longues années de fouilles sur le site de Folsom, que Figgins et ses collègues découvrirent la preuve convaincante qui leur manquait. Ils avaient trouvé une pointe d'épieu en pierre enfoncée entre deux côtes du squelette d'un *Bison antiquus figginsi* et le doute n'était plus possible : l'énorme animal avait bien été délibérément tué par des armes préhistoriques fabriquées par l'homme.

Depuis cette date, les archéologues ont patiemment démontré que ces Américains de l'âge de la Pierre — les Paléo-Indiens — étaient des chasseurs experts et méthodiques. Vers la fin de la période glaciaire, la partie septentrionale de l'Amérique du Nord était encore recouverte par les glaces. Mais plus au sud, dans les régions aujourd'hui occupées par des déserts arides, de fertiles prairies nourrissaient de nombreuses espèces animales. Le canyon de George McJunkin avait été autrefois couvert d'un tapis de hautes herbes. Et les bisons qui venaient s'abreuver à la rivière furent sans doute des proies faciles pour les Paléo-Indiens armés de lances aux pointes finement travaillées, dures et tranchantes.

Des découvertes archéologiques récentes montrent que ces grands chasseurs préhistoriques ont laissé d'autres traces, ailleurs dans le sud-ouest des États-Unis. La plus remarquable de ces découvertes est celle qui fut faite dans un ravin de l'État du Colorado, où la position des ossements montre que des bisons y furent massacrés en masse. Il semble aujourd'hui certain que des Paléo-Indiens forcèrent un troupeau de près de 200 têtes à prendre la fuite et que plus de la moitié des animaux se précipitèrent dans le ravin où des chasseurs les attendaient, car on a retrouvé un certain nombre de pointes parmi les ossements.

A partir du fait que les restes de seize des bisons qui y furent retrouvés étaient ceux d'animaux seulement âgés de quelques jours,

DISPARITION DE LA FAUNE DE LA PÉRIODE GLACIAIRE EN AMÉRIQUE DU NORD

Environ 8 000 ans avant J.-C., avant la fin de la période glaciaire, les mammouths, bisons, paresseux géants, tapirs et autres énormes animaux des grandes plaines étaient la principale source de nourriture des peuplades préhistoriques de l'Amérique du Nord. Pourquoi 3 000 ans plus tard presque toutes les anciennes espèces avaient-elles disparu ?

Certains spécialistes pensent qu'un effroyable tremblement de terre et une série d'éruptions volcaniques ont pu anéantir un certain nombre d'espèces. D'autres auraient succombé à diverses maladies. La fin de la période glaciaire a pu aussi entraîner ou hâter la disparition des espèces qui n'ont pu s'adapter, puisqu'elle provoqua notamment un assèchement général du continent, ainsi que de profondes modifications du climat et de la composition des forêts. Les Paléo-Indiens ont peut-être également joué un rôle important dans cette tragédie. Ces animaux massifs et pesants étaient mal préparés à résister aux assauts de ce prédateur rusé. Le paresseux géant, par exemple, intimidait sans doute les autres bêtes, avec ses griffes aussi longues que des poignards. Pourtant ce n'était qu'un végétarien inoffensif, une proie facile pour les chasseurs auxquels il procurait 700 kilos de bonne viande.

Nous savons aussi que les chasseurs de l'âge de la Pierre se servaient du feu pour leurs battues : il a pu arriver qu'un changement de vent attise les feux de broussailles et que des milliers d'animaux périssent dans l'incendie.

Sur cette tunique en peau d'élan, peinte par un Indien de la tribu Shoshone à la fin du XIXᵉ siècle, des Indiens poursuivent un troupeau de bisons.

les archéologues ont pu établir que cette fantastique journée de chasse s'était déroulée à la fin de mai ou au début de juin et avait procuré en une seule fois d'incroyables réserves de viande pour de nombreuses semaines, sans parler des peaux pour les vêtements, des os et de la corne pour les outils.

Les indices recueillis montrent que ces tribus indiennes de l'âge de la Pierre étaient aussi habiles à dépecer leurs victimes qu'à les pourchasser. Il n'aurait fallu qu'une demi-journée à une centaine d'hommes pour faire ce travail. On commençait par dépouiller le bison de sa peau, puis les Indiens se divisaient en « brigades de bouchers ». Chacune découpait plusieurs bisons en même temps, mettait la viande à l'écart, puis entassait les os en les classant par catégories ; dans le ravin du Colorado, un grand nombre de crânes étaient ainsi empilés tous ensemble. De toute évidence, les chasseurs mangeaient certaines parties de leurs victimes tout en travaillant : des osselets provenant de langues de bison ont été retrouvés partout sur les lieux du massacre. Trois quarts environ des bisons tués paraissent avoir été dépecés, ce qui a dû procurer à la tribu environ 26 tonnes de viande, 2 tonnes et demie de graisse et près de 2 tonnes d'abats. La majeure partie de la viande était probablement consommée fraîche et le reste mis à sécher.

Naturellement, ce que nous savons du mode de vie des Paléo-Indiens repose en partie sur des suppositions. Leur vie de nomades en perpétuel déplacement et leur grande habileté à façonner des armes font qu'ils n'eurent jamais la possibilité d'accumuler des biens matériels et expliquent pourquoi ils abandonnaient souvent sur place des bêtes non dépecées, ainsi que des outils tels que leurs pointes de lance. En fait, la seule chose dont nous soyons sûrs est qu'ils étaient incroyablement adroits pour chasser le gros gibier. Malgré les nombreux vestiges qu'ils ont laissés derrière eux — armes, ossements des énormes animaux qu'ils massacraient, foyers où ils grillaient la viande — leur existence conserve une part de mystère.

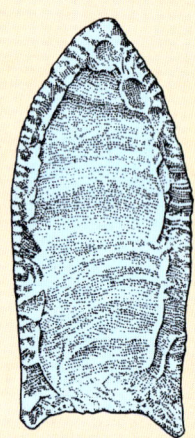

Les pointes des lances des Paléo-Indiens, émoussées à une extrémité et tranchantes à l'autre, s'emmanchaient sur de courtes hampes de bois. Avec un propulseur, le projectile avait une plus grande force de pénétration. Les pointes étaient taillées de façon à s'enfoncer profondément, mais aussi à les extraire facilement pour ensuite achever l'animal.

POURQUOI LAISSAIENT-ILS LEURS ARMES DERRIÈRE EUX ?

Les outils des Paléo-Indiens d'Amérique du Nord sont les seuls vestiges qu'ils nous ont laissés. Même s'ils vivaient à la fin de la période glaciaire, il y a au moins 10 000 ans, les pointes de leurs armes, souvent délicatement façonnées, montrent qu'ils possédaient une technique remarquablement avancée. Sur certains sites, on a retrouvé ce qui paraît bien être l'équipement complet des chasseurs : pointes d'armes, grattoirs pour nettoyer les peaux, divers outils pour aiguiser, gratter, découper, perforer et même graver la pierre. Les Paléo-Indiens façonnaient avec grand soin leurs armes. Pourquoi donc les laissaient-ils en si grand nombre sur les lieux de leurs chasses ? La réponse à cette question nous vient indirectement des travaux de l'archéologue américain Halvor L. Skavlem, qui consacra de longues années à recueillir des reliques des premiers Indiens. Un jour de l'année 1912, il eut soudain l'idée de se mettre dans la peau d'un Indien : « Comment fabriquerais-je des armes de pierre ? Comment utiliserais-je des outils de pierre ? »

Skavlem découvrit qu'on pouvait détacher des éclats d'un silex en exerçant une pression avec des os arrondis ou des bâtons de bois. Il y devint si habile qu'il lui suffisait de quelques minutes pour fabriquer une pointe de flèche et de quelques heures pour façonner une hache de pierre. Rien d'étonnant à ce que les chasseurs paléo-indiens aient abandonné parfois leurs armes derrière eux, car il ne leur fallait que très peu de temps pour en fabriquer d'autres.

Des ossements sont entassés en rangée au fond de la ravine asséchée de Kit Carson, dans le Colorado. Les crânes, les membres et les autres os, qui sont empilés séparément, montrent que les chasseurs dépeçaient systématiquement leurs victimes.

Le boomerang

Une invention américaine ?

On croit généralement que le boomerang est l'invention des aborigènes d'Australie. Le mot lui-même est sans doute la transcription phonétique du mot aborigène « bumarin », qui désigne une pièce de bois incurvée, qui, lancée d'un endroit précis, peut parfois y revenir après avoir décrit une courbe parfaite. Même si l'emploi moderne du boomerang comme arme et comme jeu est la spécialité du continent australien, où on le trouve en grand nombre et dans des formes les plus variées, des découvertes récentes font aujourd'hui penser qu'il a pu voir le jour dans une autre partie du monde.

Les boomerangs ont été utilisés dans le monde entier et les restes de nombre d'entre eux furent retrouvés en Europe, en Égypte et en Inde par exemple. Mais le plus ancien de tous connu à ce jour a été extrait de la vase d'un plan d'eau de Floride il y a seulement quelques années. Cette arme, qui remonte à environ 10 000 ans avant notre ère, prouve que le boomerang a peut-être été inventé en Amérique.

Le boomerang de Floride était resté enfoui dans la boue d'un entonnoir naturel, à 26 mètres sous la surface du profond lac de Little Salt Spring, situé près du golfe du Mexique au nord des Everglades. Une partie de la branche la plus longue de ce boomerang de chêne manque. On a cependant pu déterminer qu'il s'agissait d'un boomerang du type de ceux qui ne reviennent pas vers le lanceur.

On pourrait penser qu'il y a là contradiction dans les termes, car on croit généralement que la principale caractéristique d'un boomerang est de faire demi-tour à mi-course et de revenir à son point de départ. Rien n'est plus faux pourtant.. En Australie et ailleurs, il existe deux types de boomerangs, ceux qui reviennent à leur point de départ et ceux qui ne le font pas, ces derniers étant d'ailleurs souvent les plus appréciés, car ils peuvent être lancés plus loin du fait de leur trajectoire rectiligne et atteindre leur cible avec une précision remarquable. On a pu lancer des répliques du boomerang de Floride à près de 65 mètres, avec une précision relativement bonne, mais les boomerangs modernes lancés en ligne droite peuvent toucher leur but jusqu'à une distance de 200 mètres.

Les différences qui séparent les deux types de boomerangs ne sont pas toujours claires.

Généralement, le boomerang qui revient à son point de départ est plus un jeu qu'une arme de chasse et ses branches ont à peu près la même longueur et forment un angle très ouvert.

Le boomerang qui ne revient pas à son point de départ a des branches de longueurs inégales, qui forment entre elles un angle voisin de 90 degrés. Ce boomerang était une arme de chasse d'une précision et d'une efficacité sans pareil, utilisée sur presque tous les continents. Souvent, ce type de boomerang est plus épais et légèrement plus lourd que l'autre. L'expérience prouve qu'il n'existe pas de forme idéale et que l'on trouve, parmi les boomerangs anciens comme parmi ceux qui sont encore fabriqués de nos jours, des variations de configuration, parfois presque imperceptibles, qui peuvent modifier considérablement les trajectoires de vol et ainsi demander des techniques de lancer différentes. Il est aussi possible de transformer un boomerang qui ne revient pas à son point de départ en un boomerang qui y revient, et vice versa, en chauffant simplement, puis en tordant les deux extrémités afin de lui donner une forme sensiblement différente.

Comme le boomerang de Floride, le spécimen le plus ancien précédemment connu, découvert en Europe dans le Jutland et datant d'environ 5 000 av. J.-C., n'était pas conçu pour revenir à son point de départ.

La très ancienne technique de fabrication des boomerangs est toujours très vivante dans certaines régions de l'Australie où les aborigènes en fabriquent surtout pour les touristes.

La matière première est généralement une branche largement coudée d'acacia ou d'eucalyptus, à laquelle l'artisan donne la forme d'une lame étroite ayant de 8 à 16 mm d'épaisseur et une longueur de 45 à 95 cm, avec les extrémités façonnées suivant un plan différent pour lui permettre de retourner à son point de départ.

UN MUSÉE NATUREL

Les bancs de sédiments qui se sont déposés sur les bords d'un entonnoir naturel, à Little Salt Spring, en Floride, renfermaient des restes humains, des fossiles et d'autres objets d'origine paléo-indienne, vieux de 12 000 ans. L'entonnoir, qui a 48 m de profondeur et 25 m de diamètre, s'ouvre sur le fond d'un lac beaucoup plus étendu.

A première vue, Little Salt Spring paraît n'être qu'un lac peu profond. Pourtant, des hommes-grenouilles découvrirent en 1959 qu'un entonnoir aux parois presque verticales s'ouvrait au fond de ce lac de Floride. Ces formes de relief sont fréquentes dans les paysages karstiques. Il s'agit ici d'une doline d'effondrement. Il y a 12 000 ans, le niveau des eaux était beaucoup plus bas, et l'entonnoir servait probablement de source d'eau potable aux habitants de l'endroit. C'était aussi un très bon lieu de chasse, car il arrivait que des animaux venus boire s'y noient ou ne puissent remonter ses pentes abruptes. Depuis 1959, et plus particulièrement depuis le début des années 1970, la fouille des bancs de sédiments déposés à mesure que le niveau de l'eau fluctuait au cours des âges a permis de retrouver des vestiges extraordinairement bien conservés de sociétés anciennes. Les restes humains et les objets retrouvés sont si nombreux que les chercheurs parlent d'un véritable « musée naturel ». Outre le plus ancien boomerang du monde, les plongeurs ont remonté à la surface d'autres objets fort intéressants. Par exemple, dans le premier banc de sédiments, ils ont découvert un certain nombre de pieux de bois qui constituaient sans doute une sorte de piège. Un peu plus bas, là où le boomerang a été retrouvé, se trouvait la carapace d'une tortue géante dont l'espèce a aujourd'hui disparu. L'énorme carapace de plus d'un mètre de long renfermait des débris d'argile durci au feu et des fragments d'un pieu de bois. Sans aucun doute, l'animal avait-il été pris au piège, puis tué en le transperçant avec un bâton avant d'être cuit pour le manger. Il est d'ailleurs possible que les hommes de l'âge de la Pierre soient à l'origine de l'extinction de cette espèce.

Il y a 9 000 ans de cela, le niveau de la nappe phréatique (niveau des eaux souterraines) remonta dans la région. Little Salt Spring fut progressivement déserté à mesure que les sources d'eau douce se multipliaient dans d'autres régions plus accueillantes. Environ 2 000 ans plus tard, le niveau de l'eau tomba à nouveau et la région se repeupla. Dans un marécage voisin, on a retrouvé un ossuaire vieux de 6 000 ans qui renfermait plus de 1 000 corps, l'un des plus grands cimetières préhistoriques jamais découverts en Amérique du Nord. Certains des cadavres étaient remarquablement bien conservés dans la tourbe humide : un crâne renfermait encore une partie de son cortex dont les circonvolutions étaient toujours visibles. Les corps, partiellement enveloppés d'herbes, avaient été ensevelis au milieu de branchages et d'objets.

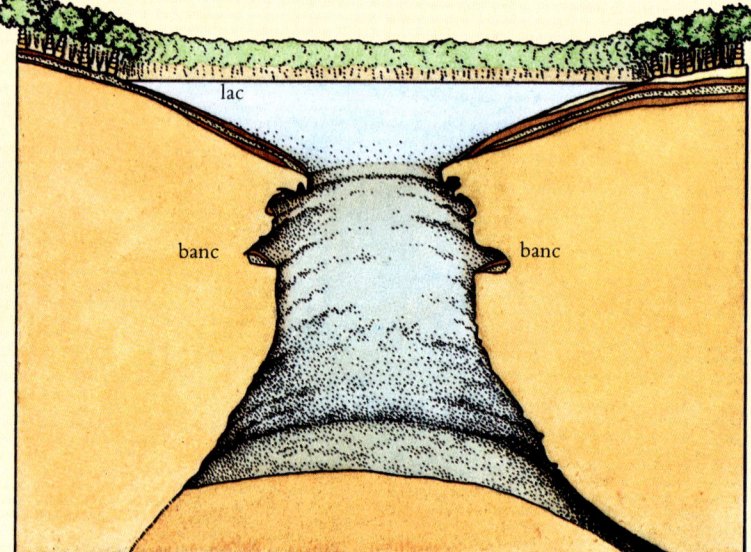

lac

banc

banc

Chirurgie du cerveau à l'âge de la Pierre
Motifs et techniques

Au Pérou, au cours des années 1860, le diplomate et anthropologue américain Ephraim Squier, dont la passion était la préhistoire, fit une étonnante découverte : le crâne d'un homme de l'âge de la Pierre, où deux minces sillons parallèles étaient gravés. Deux autres sillons croisaient les premiers, formant un rectangle. Au centre, l'os avait été enlevé pour mettre le cerveau à nu. Nul doute possible : il s'agissait d'une trépanation, pratiquée à l'âge de la Pierre. Squier envoya le crâne à un anthropologue français, le docteur Paul Broca, qui confirma que le crâne avait été trépané du vivant du patient et indiquait que les os concernés présentaient des signes d'infection prouvant que l'homme avait tout au plus vécu quinze jours après l'opération.

Pendant les vingt années qui suivirent, l'étude de crânes découverts en Europe confirma que la trépanation était aussi pratiquée ailleurs dans le monde, de l'ouest de la Russie jusqu'à l'Atlantique. Ces crânes dataient de l'âge de la Pierre, de l'âge du Bronze et de l'âge du Fer. Leurs ouvertures, de forme et de dimension variées, étaient le plus souvent circulaires, ovales, en losange ou en carré. En 1936, on découvrit en Palestine deux crânes trépanés qui présentaient des sillons parfaitement identiques à ceux du crâne que Squier avait découvert à des milliers de kilomètres de là, au Pérou.

Au début du xxᵉ siècle, la pratique se maintenait dans les îles du Pacifique, ce qui a permis aux anthropologues d'interroger ces chirurgiens semblables à ceux de l'âge de la Pierre. Que cherchaient-ils à faire ? Comment enrayaient-ils l'hémorragie ? Comment le patient pouvait-il supporter la douleur de l'opération ?

Les réponses recueillies nous donnent des indications sur les motifs et les techniques des chirurgiens de l'âge de la Pierre. Tout d'abord, ils ignoraient tout des fonctions du cerveau et n'hésitaient donc pas à entreprendre des opérations aussi radicales. Si l'un de leurs compagnons, blessé à la tête, entrait dans le coma, ils cherchaient à nettoyer la blessure et à retirer les fragments brisés de la boîte crânienne. Ils croyaient aussi que les convulsions, les maux de tête chroniques, les états léthargiques et les dépressions étaient le signe que le crâne contenait quelque chose qu'il valait mieux libérer : il fallait laisser les mauvais esprits sortir du crâne pour que les bons puissent y entrer.

Ces interventions ne se limitaient pas seulement aux guerriers blessés au combat, à ceux dont la communauté dépendait pour sa survie, mais, de la Pologne au Portugal, du Pérou à l'Alaska, les archéologues ont constaté que les trépanés de l'âge de la Pierre étaient aussi bien des hommes que des femmes et des enfants, âgés de six à soixante ans. Un crâne découvert à Cuzco, au Pérou, présentait pas moins de sept ouvertures, dont les ossifications postopératoires, toutes saines, montraient que les opérations avaient réussi.

Si l'on en juge par les signes de cicatrisation, le taux de succès de ces trépanations était étonnamment élevé. Une étude a montré que, parmi un groupe de crânes découverts en Pologne et en Tchécoslovaquie, plus de quatre-vingts pour cent s'étaient cicatrisés. Sur 214 crânes trépanés, exhumés dans les Amériques, près de cinquante-six pour cent s'étaient complètement cicatrisés et seize partiellement. Lorsque l'on sait que durant la Première Guerre mondiale le taux de réussite n'était que de vingt-cinq pour cent, ces trépanations, les premières opérations chirurgicales connues, n'en sont que plus remarquables.

Mais comment ces chirurgiens parvenaient-ils à pratiquer des incisions d'une précision aussi étonnante avec des lames de pierre taillée ou même polie ? En fait, parmi les diverses techniques qu'ils utilisaient, la plus courante consistait vraisemblablement à découper l'os en grattant longuement sur le même axe de découpe, plutôt qu'à le scier. L'intervention

durait alors très longtemps, car une pression excessive de l'outil aurait facilement laissé de minces éclats de pierre dans la plaie.

La chirurgie moderne utilise l'anesthésie pour supprimer la sensibilité à la douleur et les antiseptiques pour combattre l'infection. Il est probable que les hommes préhistoriques qui arrivaient, grâce à leur constitution extrêmement robuste, à passer le cap de l'enfance, supportaient beaucoup mieux la douleur et résistaient davantage à l'infection que nous.

Néanmoins, les chirurgiens de l'âge de la Pierre pansaient les plaies avec le plus grand soin, car les traces d'infection sont rares. Les anthropologues savent aussi que les peuplades primitives utilisent les préparations à base de plantes pour confectionner des médecines et des analgésiques. Au Pérou, on connaissait, dès l'âge de la Pierre, les propriétés d'une drogue particulièrement puissante, la cocaïne, contenue dans les feuilles d'un arbre des Andes, le coca. Plus de crânes trépanés ont été retrouvés au Pérou que partout ailleurs dans le monde, mais on en découvrit également de nombreux, en France dans la région parisienne et le Massif central, ainsi qu'en Tchécoslovaquie près de Prague.

A l'âge du Bronze et du Fer, la trépanation se transforma davantage en pratique rituelle. L'opération survenait après le décès et consistait à découper des disques d'os que l'on polissait et perçait d'un trou pour les porter en guise d'amulettes. Cette pratique subsista en Europe orientale, pendant tout le Moyen Age : on transperçait le crâne des morts pour les soustraire aux griffes des vampires.

Les traces de deux trépanations sont visibles sur ce crâne vieux de 2 000 ans, découvert sur la côte nord-ouest de l'Amérique du Sud.

Au cours des années 1930, Wilson Parry, médecin anglais, a pratiqué des trépanations en se servant d'instruments semblables à ceux des chirurgiens de l'âge de la Pierre. Sur l'illustration, ses instruments sont munis de manches de bois. Les autres sont des scalpels néolithiques.

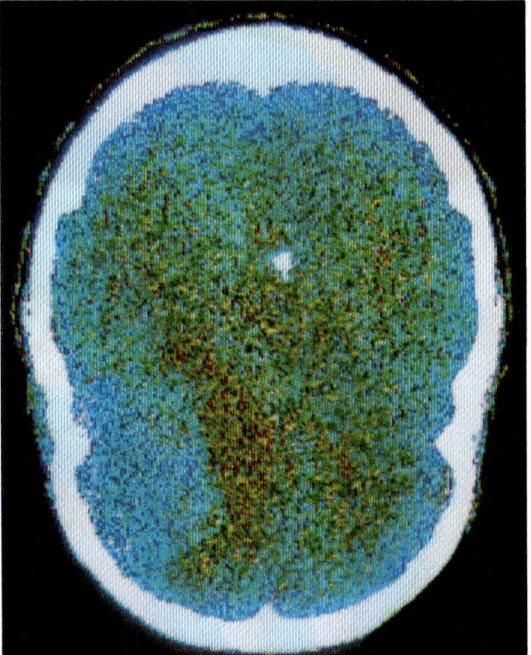

Le scanner, qui explore le cerveau pour en restituer une image couleur (à gauche), permet aujourd'hui d'en diagnostiquer les lésions sans intervention de la chirurgie.

4000–600 Av. J.-C.

GRANDES CIVILISATIONS ANTIQUES

Place de cette période sur l'échelle chronologique

100 000 av. J.-C. ——————————————— 1500 apr. J.-C.

Années av. J.-C.	4 000	3 900	3 800	3 700	3 600	3 500	3 400	3 300	3 200	3 100	3 000	2 900	2 800	2 700	2 600	2 500	2 400
AMÉRIQUE	Les Indiens de la région des Grands Lacs fabriquent des ustensiles en cuivre, mais utilisent encore principalement des outils de pierre										Premiers objets de céramique en Équateur et en Colombie — Communautés rurales en Amérique du Nord — 51						
EUROPE	NÉOLITHIQUE										AGE DU BRONZE — Premières civilisations sur le pourtour de la mer Égée — 30				AGE DU CUIVRE		
ASIE PROCHE-ORIENT	AGE DU BRONZE										Apogée du premier grand État de Mésopotamie à Sumer						
ASIE EXTRÊME-ORIENT	AGE DU BRONZE — Travail du bronze en Asie du Sud-Est	28	34		En Chine, construction des premières villes	38				51				Essor culturel dans la vallée de l'Indus		42	
AFRIQUE ÉGYPTE	NÉOLITHIQUE										AGE DU CUIVRE — Réunion de la Haute et de la Basse-Égypte				Construction des Pyramides		
AFRIQUE	AGE DE LA PIERRE										Agriculture en Afrique centrale — 47 49						
OCÉANIE	Colonisation progressive de l'Australie et des îles du Pacifique								AGE DE LA PIERRE								

Les chiffres du sommaire ci-contre et les chiffres encadrés du tableau renvoient aux pages du livre.

28. Civilisation du bronze à Ban Chieng en Thaïlande
30. Travail du cuivre dans la vallée du Danube
32. Relations commerciales importantes entre Ur et Dilmun et la vallée de l'Indus
34. Invention de la roue en Mésopotamie
36. Les Égyptiens utilisent le parfum
38. Les Sumériens inventent l'écriture cunéiforme
40. Constructions sur pilotis en Europe centrale
42. Suicide collectif à Ur?
44. Les Égyptiens utilisent les crues du Nil pour leur agriculture
46. Témoignages sur l'application de l'acupuncture en Chine
47. Les Égyptiens embaument leurs morts
49. Chirurgie dentaire en Égypte
51. Des navigateurs chinois atteignent l'Amérique?
53. Sargon d'Akkad conquiert Ébla

Durant la période de plus de trois millénaires qui va de 4000 à 600 av. J.-C., de larges progrès furent accomplis, qui menèrent certaines populations vers une véritable authenticité culturelle. Au début de cette période, il n'y avait que peu de communautés d'hommes véritablement fixées, mais, vers la fin, de grandes métropoles virent le jour, prouvant que d'importantes civilisations avaient pu connaître leur apogée, comme en Égypte, en Chine ou au Mexique.

Les progrès techniques furent alors prodigieux, et cela bien que certains peuples n'aient pas connu des découvertes aussi importantes que l'écriture et l'usage de la roue. Parmi les groupes d'hommes sédentarisés, des individus se spécialisèrent dans des métiers manuels, et les habiles potiers, tisserands, maçons et orfèvres se multiplièrent. Mais le groupe des prêtres dominait le plus souvent, car, dans les sociétés avancées, ils étaient les seuls à maîtriser l'art de la lecture et de l'écriture.

Les objets façonnés, ainsi que les constructions, peuvent témoigner du passé, mais ce sont surtout les inscriptions et les écritures qui témoignent de l'histoire de ces peuples depuis longtemps disparus.

Naturellement, tous les hommes de cette période ne vécurent pas le même essor culturel, et, si la civilisation était bien présente dans de vastes régions comme le Proche et l'Extrême-Orient, seuls les habitants des gros centres urbains jouissaient des bienfaits qu'elle leur apportait.

Par contre, la plus grande partie de l'Europe, de l'Afrique, de l'Amérique, de l'Australie et de l'Océanie resta encore pour longtemps à l'âge de la Pierre, et cela bien après que d'autres civilisations eurent su travailler le métal.

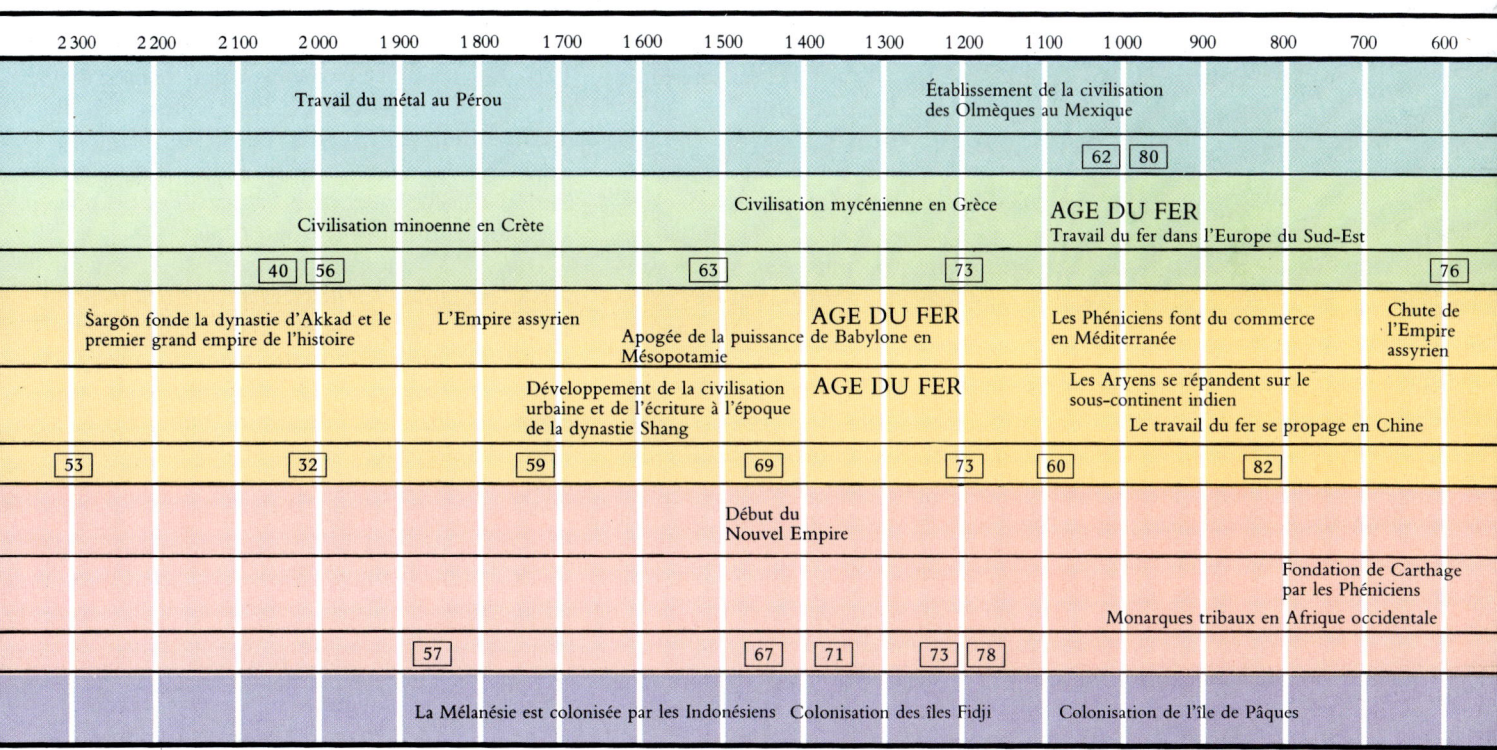

54. Construction dans l'île de Malte d'un hypogée par des bâtisseurs de temples encore à l'âge de la Pierre
56. Les Minoens construisent le palais de Cnossos en Crète
57. Contraception en ancienne Égypte
59. Le code d'Hammourabi à Babylone

60. Les Aryens progressent dans le sous-continent indien
62. Les réducteurs de têtes en Amérique du Sud
63. L'éruption volcanique de Santorin ébranle le monde méditerranéen
66. Les Basques : d'anciens Égyptiens ou des chasseurs du Néolithique ?
67. La reine Hatshepsout règne sur l'Égypte

69. Les os divinatoires de la dynastie Shang
71. Akhenaton et Nefertiti se détournent des anciens dieux de l'Égypte et instaurent le culte du Soleil
73. Les marchands phéniciens approvisionnent les pays méditerranéens en produits de luxe

75. Naufrage d'un bateau phénicien au large de la Turquie
76. Célébration des mystères d'Éleusis en Grèce
78. La première grève de l'histoire dont le témoignage nous soit parvenu a lieu en Égypte
80. Les Indiens Adenas construisent des tombes et des temples
82. Assur-Nasirpal II, roi d'Assyrie, règne par la violence

Qui furent les premiers métallurgistes?
Une découverte troublante

Cette pointe de lance, retrouvée à Ban Chieng, pourrait démontrer que l'âge du Bronze a commencé en Thaïlande.

PENDANT des décennies, tous les historiens crurent que la civilisation n'avait eu qu'un seul berceau : l'écriture, les premières villes, la roue, les premières utilisations du bronze, tout avait commencé vers 3500 av. J.-C. en Mésopotamie, la vallée que baignent le Tigre et l'Euphrate, dans ce qui est aujourd'hui l'Irak. Mais la découverte en Thaïlande d'une pointe de lance en bronze, à des milliers de kilomètres de la Mésopotamie, est venue ébranler cette certitude. Cette pointe et d'autres objets retrouvés vers le milieu des années 1970 à Ban Chieng, village du nord-est de la Thaïlande, suscitent une controverse passionnée parmi les archéologues. Ces objets datent d'environ 3600 av. J.-C., c'est-à-dire qu'ils sont contemporains de l'âge du Bronze mésopotamien et qu'ils sont antérieurs d'un millénaire aux premiers objets de bronze retrouvés en Chine.

Ce bouleversement dans la chronologie remet en question un certain nombre de notions que l'on croyait acquises. Par exemple, la plupart des historiens du monde partaient de l'hypothèse que les grandes étapes du développement de l'humanité avaient débuté en un seul lieu géographique, puis s'étaient répandues progressivement, portées par le commerce et la guerre, comme l'eau d'un étang se ride de proche en proche. On avait ainsi retracé, de siècle en siècle, l'avancée des civilisations mésopotamiennes, d'une part vers l'Inde, d'autre part vers l'Europe, et celle des civilisations chinoises vers l'ouest jusqu'en Asie centrale, vers le sud jusqu'en Asie du Sud-Est, vers l'est jusqu'en Corée et au Japon. Mais la lance de Ban Chieng, tel un pavé dans une mare, est venue tout bouleverser.

L'âge du Bronze mésopotamien et européen auraient-ils eu leur origine en Thaïlande ? L'étain, qui, avec le cuivre, compose le bronze, était-il exporté de l'Asie du Sud-Est, où il était très répandu, jusqu'en Mésopotamie, où il était extrêmement rare ? Le bronze aurait-il pu être inventé *indépendamment* en Thaïlande et au Proche-Orient ? Contrairement à ce que tous les témoignages du passé pouvaient laisser supposer jusqu'à présent, la découverte du bronze, dans ce qui est aujourd'hui la Thaïlande, s'est-elle en fait répandue plus tard en Chine, comme la découverte mésopotamienne s'est propagée en direction de l'Europe ? Si c'est le cas, comment expliquer ce trou de mille années entre les âges du Bronze thaï et chinois ? Et, dans le cas contraire, pourquoi n'en a-t-il pas été ainsi ? Après tout, dans d'autres régions du monde, les découvertes de cette ampleur n'ont pas tardé à se répandre dans les civilisations voisines. La découverte de Ban Chieng est d'une importance capitale, car elle pourrait finalement amener les archéologues à reconsidérer l'histoire de l'Extrême-Orient et du monde occidental.

Ce sont deux archéologues qui ont mis le feu aux poudres : un Américain, Chester Gorman, de l'université de Pennsylvanie, et un Thaï, Pisit Charoenwongsa, du Musée national de Bangkok. Les deux savants organisèrent une expédition quelques années après que l'on eut retrouvé, à la fin des années 1960, dans d'anciennes nécropoles, à Ban Chieng et à Non Nok Tha, des objets de bronze au milieu de poteries datant de 4000 à 3500 av. J.-C. En 1974, Gorman et Charoenwongsa commencèrent à fouiller le site de Ban Chieng où ils découvrirent, en moins de deux ans, 126 squelettes humains et 18 tonnes d'objets enfouis dans sept couches différentes, dont la plus ancienne, qui datait d'environ 3600 av. J.-C., se trouvait à 5 mètres au-dessous du niveau du sol. C'est là que les deux archéologues mirent au jour ce qui peut-être allait changer l'histoire : une pointe de lance en bronze placée à côté d'un squelette, des anneaux du même métal aux chevilles d'un deuxième squelette et enfin des bracelets de bronze aux poignets d'un troisième.

Ils retrouvèrent également des couteaux et haches de fer dans les couches supérieures du site. Ces objets, qui montrent que la métallurgie demeura florissante à Ban Chieng jusqu'à une période mal définie (entre 1600 et 1200 avant notre ère), révolutionnent eux aussi la chronologie, car ils sont antérieurs d'au moins un siècle à la culture des Hittites du Proche-Orient, à laquelle on attribuait jusqu'alors les premières utilisations intensives du fer. C'est ainsi qu'un petit village perdu de Thaïlande a acquis une renommée mondiale, car non seulement il aurait vu les débuts de l'âge du Bronze, mais aussi ceux de l'âge du Fer.

Un certain nombre d'archéologues contestent cependant les découvertes de Ban Chieng. Selon eux, les datations de Gorman et Charoenwongsa reposent exclusivement sur l'analyse de fragments de bois retrouvés près des objets et des squelettes. Or le tumulus de Ban Chieng servit de nécropole pendant des siècles. Ces fragments de bois ne permettraient donc pas de dater les objets avec précision : chaque nouvel enterrement aurait pu perturber les couches du sol, tout comme la croissance des racines des plantes. Pour les sceptiques, le meilleur moyen de dater les bronzes est l'âge des squelettes eux-mêmes : l'analyse de certains ossements donnerait à penser qu'ils remonteraient à une époque comprise entre 750 et 50 av. J.-C. Si tel est le cas, la culture de Ban Chieng serait simplement issue de l'âge du Bronze chinois.

Pour l'instant, deux chronologies irréconciliables sont en présence : l'une remonte à 1600 av. J.-C., l'autre à 750 av. J.-C., toutes deux ont leurs partisans convaincus. D'autres sites de Thaïlande ont produit des poteries d'un âge comparable (4000 à 3500 av. J.-C.), mais pas de bronzes très anciens. Il se pourrait donc que la culture de Ban Chieng se soit limitée aux plateaux du Khorat, au nord-est de la Thaïlande, riches en cuivre et en étain. Coupés de la Chine et de l'Asie du Sud-Est par la jungle et la montagne, les métallurgistes de Ban Chieng auraient fait leurs découvertes dans l'isolement. Plus tard, d'autres cultures auraient redécouvert les mêmes techniques, sans avoir entendu parler de leurs prédécesseurs.

La question reste posée. Mais la chasse aux indices continue pour retrouver toutes les pièces de ce puzzle étonnant.

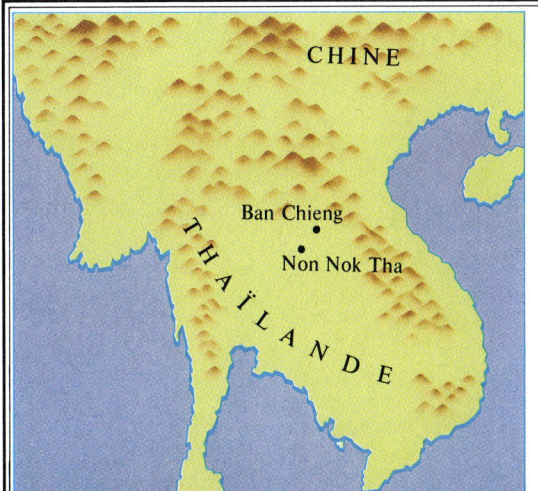

Les découvertes archéologiques récentes d'objets en bronze très anciens, à Ban Chieng en Thaïlande, opposent les spécialistes. Les uns pensent que l'origine de l'âge du Bronze se situe en Thaïlande et qu'il s'est répandu en Chine par la suite. Les autres affirment que la datation précise de ces objets prouve qu'ils sont postérieurs à ceux découverts en Chine et en Mésopotamie.

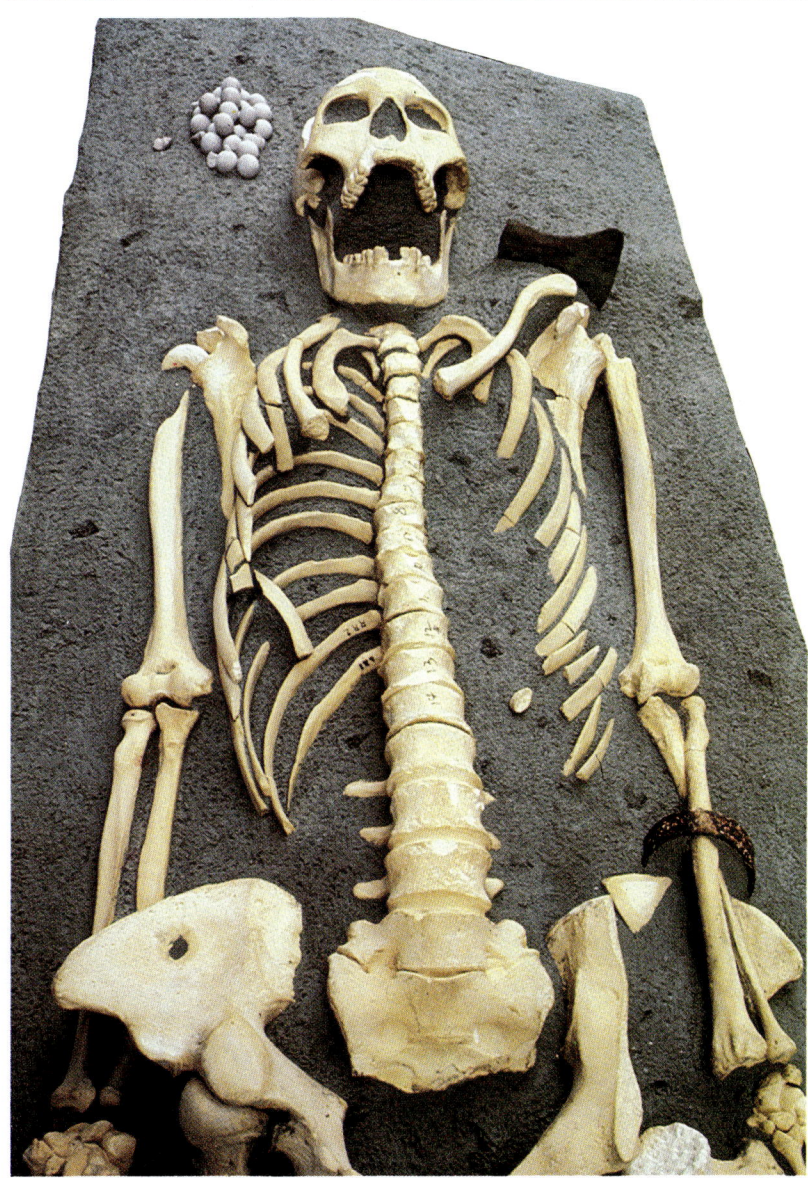

Ce squelette, qui portait des bracelets de bronze (à gauche), a été retrouvé à Ban Chieng dans la même couche que la pointe de lance de la page ci-contre.

La vie quotidienne à l'âge du Cuivre

Il y a 6 000 ans, les premiers agriculteurs d'Europe cultivaient la vallée du Danube et l'Ukraine. Ils faisaient pousser des céréales, élevaient des chevaux, des moutons et du bétail, chassaient des animaux sauvages. Leur culture, qui nous est connue par les vestiges de leurs villages et par de multiples objets, était étonnamment riche et développée. Les villages comptaient une cinquantaine de maisons dont les murs de torchis, supportés par des pieux et des claies, étaient minutieusement décorés. Au centre de la maison, qui servait aussi bien d'atelier que d'habitation, une rangée de poteaux en bois soutenait un toit de chaume recouvert d'argile dont les rigoles laissaient s'écouler la pluie. Les agriculteurs de ces régions apprirent à travailler le cuivre qu'ils séparaient du minerai en le chauffant, puis qu'ils faisaient fondre à une température plus élevée. Ils moulaient des armes et des outils tranchants qui n'étaient cependant pas aussi durables que les outils de pierre, dont ils se servaient également. Par la suite, les populations qui habitèrent cette région ne nous ont pas laissé le témoignage d'une créativité aussi grande, et les archéologues s'interrogent sur les raisons de leur déclin et de leur disparition.

Outils
Les agriculteurs de l'âge du Cuivre se servaient de nombreux outils : (1) harpon et hameçon en os ; (2) faucille à lame de silex ; (3) alênes et poinçon ; (4) hameçons en cuivre ; (5) plaques ornementales en cuivre ; (6) tuyau de soufflet (reconstitué ci-contre) ; (7) creuset ; (8) doloire en cuivre.

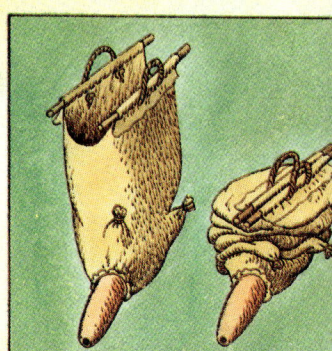

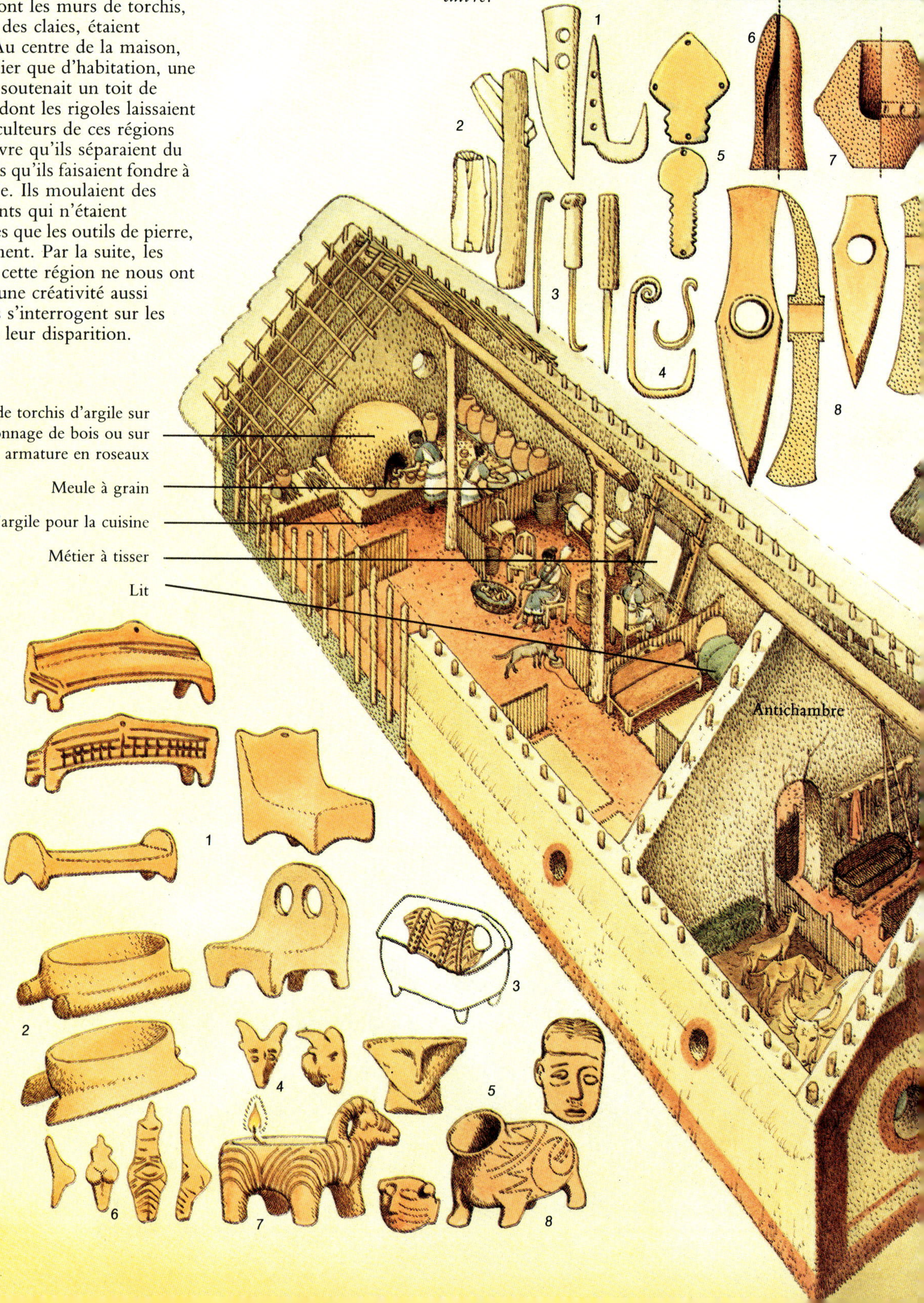

Four de torchis d'argile sur clayonnage de bois ou sur armature en roseaux

Meule à grain

Plate-forme d'argile pour la cuisine

Métier à tisser

Lit

Antichambre

Miniatures
On a retrouvé de nombreuses miniatures et figurines d'argile dans des sites de l'âge du Cuivre, dans tout le sud-est de l'Europe. Probablement utilisées à des fins religieuses, elles représentent des objets de la vie courante, des animaux et des personnages humains, surtout des femmes : (1) meubles ; (2) traîneaux ; (3) fragment de maison ; (4) tête de chèvre ; (5) têtes humaines ; (6) idoles féminines. L'argile servait aussi à fabriquer des lampes rituelles (7) et des récipients en forme d'animaux (8).

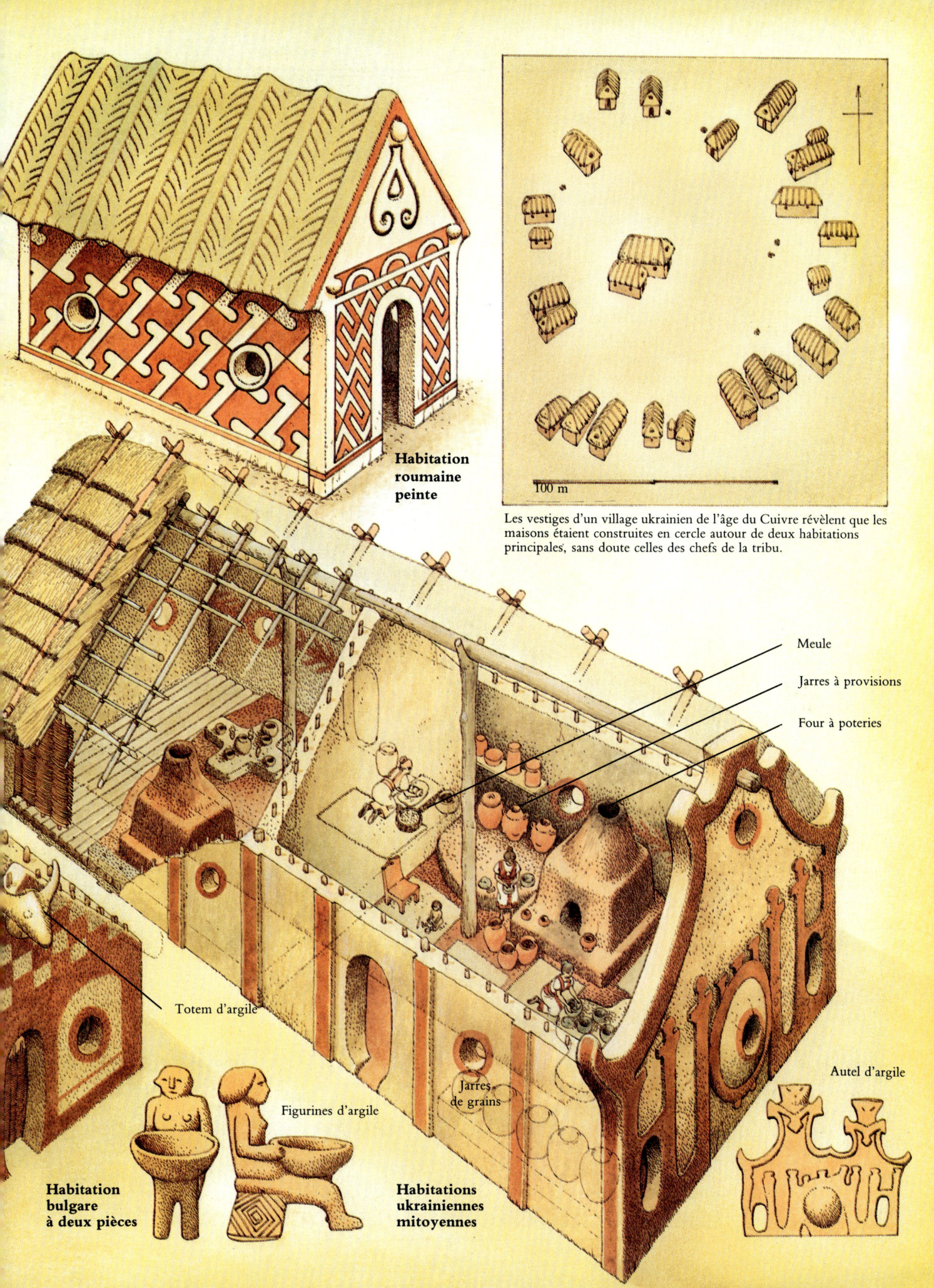

**Habitation
roumaine
peinte**

Les vestiges d'un village ukrainien de l'âge du Cuivre révèlent que les maisons étaient construites en cercle autour de deux habitations principales, sans doute celles des chefs de la tribu.

100 m

Meule

Jarres à provisions

Four à poteries

Totem d'argile

Figurines d'argile

Jarres
de grains

Autel d'argile

**Habitation
bulgare
à deux pièces**

**Habitations
ukrainiennes
mitoyennes**

Commerce dans le golfe Persique

Le roseau plie mais ne rompt pas

L'ARCHÉOLOGUE britannique Max Mallowan était perplexe. Il tenait dans la main un petit coquillage de l'espèce *Cypraea vitellus,* originaire de l'océan Indien. Pourtant, c'est dans le nord de la Syrie, bien loin de la mer, au milieu des ruines ensevelies de Chagar Bazar, vieilles de 6 000 ans, qu'il venait de le découvrir. Cet indice allait permettre d'élucider un mystère tout aussi fascinant que ceux sortis de l'imagination fertile de son épouse, la célèbre Agatha Christie. Comment ce coquillage était-il arrivé là, si loin de son point de départ ?

Le professeur Mallowan fit sa découverte au milieu des années 1930. Aujourd'hui, plus d'un demi-siècle de fouilles en Mésopotamie, ces terres fertiles qui s'étendent entre le Tigre et l'Euphrate, ont permis de retrouver des objets et documents qui attestent l'existence d'un vaste réseau commercial dans la région, il

y a 4 000 ans. L'un des principaux centres en était la ville d'Ur, en Chaldée, située sur bord de l'Euphrate, non loin du golfe Persique et d'où partit Abraham. Ses commerçants tenaient leurs comptes sur des tablettes d'argile qui nous donnent une image vivante, quoiqu'incomplète, de la vie de cette cité prospère. Ur était un port bourdonnant d'activité, où passaient de nombreuses marchandises de grand prix. Le commerce était aux mains des *alik-Dilmun,* groupe de commerçants navigateurs qui transportaient les produits manufacturés d'Ur, notamment tissus et vêtements, jusqu'à une ville qu'ils appelaient Dilmun (ou Telmun), où ils les troquaient contre du cuivre. Une tablette retrouvée dans la maison d'un marchand d'Ur, du nom d'Ea-Nasir, nous indique le poids d'une cargaison de cuivre arrivée de Dilmun et revendue en petits lots. D'autres tablettes sont de véritables cata-

En 1977, Thor Heyerdahl construisit le Tigris sur le modèle des anciennes embarcations mésopotamiennes, comme celle que l'on voit en cartouche et qui provient d'un sceau datant de 2300 av. J.-C. Heyerdahl a ainsi montré que les marchands d'Ur et de Dilmun utilisaient des radeaux de roseau pour leurs longs voyages maritimes et fluviaux.

logues d'articles de luxe : or rouge, lapis-lazuli, ivoire, fards, bois précieux et « yeux de poissons », qui sont vraisemblablement des perles. Pourtant, Ur et sa région en étaient dépourvues, ce qui prouve donc que les échanges commerciaux entre Ur et Dilmun étaient importants.

Pendant longtemps, les archéologues soupçonnèrent que Dilmun se trouvait sur les îles Bahreïn, dans le golfe Persique, aujourd'hui célèbres pour leurs puits de pétrole. La preuve formelle en fut donnée par l'archéologue anglais Geoffrey Bibby, qui consacra de nombreuses années à fouiller les sites archéologiques de Bahreïn, où il découvrit les vestiges d'un ancien port, sur la côte nord. Parmi les objets retrouvés figuraient des sceaux de pierre tendre qui servaient à consigner le contenu des cargaisons. Bibby envoya une description des sceaux à un spécialiste danois de l'archéologie classique dont la réponse ne laissa aucun doute : ils étaient identiques à d'autres sceaux découverts au cours des années 1930 à Ur. On tenait enfin la preuve de l'existence d'un commerce entre Ur et Dilmun.

Encore plus remarquable fut la découverte de sceaux semblables dans les ruines de la cité de Mohenjo-Daro, dans la vallée de l'Indus, au Pakistan, à des centaines de kilomètres à l'est.

Les négociants d'Ur et de Dilmun seraient-ils donc allés jusqu'au sous-continent indien ? D'autres indices semblent le montrer. Les registres commerciaux retrouvés à Ur font mention de deux endroits, Magan et Meluhha, dont nous ignorons l'emplacement exact. Il paraît probable que Magan se trouvait sur la côte nord du golfe Persique, dans ce qui est actuellement l'Iran, et que Meluhha, dont Ur recevait ses coquillages et son ivoire, était située plus loin, à l'est, sur la côte de l'océan Indien, dans la vallée de l'Indus. Meluhha serait-elle en fait la cité de Mohenjo-Daro ? Cinq poids de petite masse, faits de chert poli, trouvés à Dilmun, identiques à des poids utilisés à Mohenjo-Daro et à Harappa, sa ville sœur, ainsi que d'autres objets démontrent l'existence de liens avec Dilmun et Ur, ce qui permet d'avancer que Mohenjo-Daro est effectivement la ville que les habitants d'Ur et de Dilmun appelaient Meluhha.

Mais il fallait encore résoudre une question essentielle avant de pouvoir conclure en toute certitude à l'existence d'un réseau commercial aussi vaste. Quelle sorte d'embarcation pouvait remonter les eaux relativement peu profondes de l'Euphrate jusqu'à Ur et s'aventurer en mer jusqu'à Dilmun, à Magan et à Meluhha ?

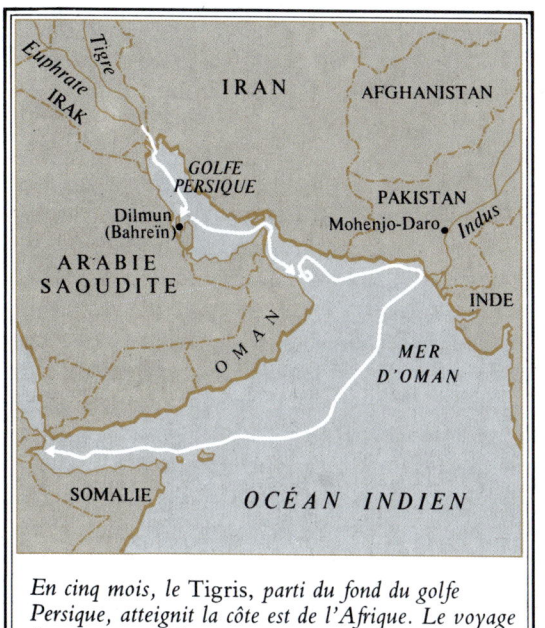

En cinq mois, le Tigris, parti du fond du golfe Persique, atteignit la côte est de l'Afrique. Le voyage fut souvent périlleux, particulièrement dans l'océan Indien, où le frêle esquif essuya plusieurs tempêtes.

L'anthropologue norvégien Thor Heyerdahl, spécialiste dans le domaine de la navigation primitive, qui avait, en 1970, entrepris de traverser l'Atlantique à bord d'une embarcation en tiges de roseau, remarqua que les sceaux retrouvés à Ur représentaient des embarcations de roseau. Pour lui, il était clair qu'il s'agissait des navires des alik-Dilmun. Les Arabes qui vivent dans le delta marécageux du Tigre et de l'Euphrate utilisent encore le roseau pour construire leurs maisons, et les pêcheurs de Bahreïn prennent encore la mer sur des barques du même matériau. En 1977, Heyerdahl décida de construire un grand radeau avec des tiges de roseau, sur les rives du Tigre, près de la cité d'Ur. Au cours d'un voyage de cinq mois, Heyerdahl conduisit son embarcation, le Tigris, jusqu'à l'embouchure du fleuve, sur le golfe Persique, puis jusqu'à l'ancien port de Dilmun, de là jusqu'à Mohenjo-Daro sur l'Indus et, enfin, jusqu'à Djibouti, sur la côte est de l'Afrique. Le Tigris n'avait qu'un mètre de tirant d'eau, ce qui lui permettait de naviguer sur le fleuve et dans les eaux peu profondes au large de Dilmun. Pourtant, il tenait suffisamment bien la mer pour supporter, même à pleine charge, les coups de vent de l'océan Indien. A l'embouchure de l'Indus, Heyerdahl longea de vastes étendues couvertes de roseaux semblables à ceux qu'il avait utilisés pour son radeau et qui, peut-être, servirent aussi à construire des embarcations dans cette région. Quoi qu'il en soit, son voyage montra comment les marchands de Dilmun pratiquaient leur négoce.

Les premiers tours de roue
Du tour de potier au char de combat

DE toutes les inventions qui ont permis à l'humanité de prendre son essor, aucune n'est plus importante que celle de la roue. Non seulement elle a révolutionné les transports, mais elle a aussi inauguré l'âge de la machine. Presque tout ce qui nous entoure dépend de la roue, à un titre ou à un autre. La matière plastique, par exemple, est pressée par des rouleaux, eux-mêmes façonnés sur des tours. Le moteur d'une machine à laver n'est qu'une roue perfectionnée, entraînée par le courant que produisent d'autres roues, celles des turbines des centrales électriques. La plupart des textiles modernes sont fabriqués avec des machines à système rotatif, tout comme sont imprimés les illustrations et les textes de cet ouvrage.

La roue est tellement enracinée au cœur de notre civilisation qu'il est difficile de concevoir que des êtres intelligents aient jamais pu s'en passer. Pourtant, pendant des millénaires après que l'homme eut appris à cultiver les plantes et à bâtir des cités, la roue demeura inconnue. Et curieusement, malgré son utilité évidente pour le transport des personnes et des choses, la première roue connue fut celle du tour du potier, vraisemblablement inventé en Mésopotamie il y a environ 5 500 ans. Au début, il s'agissait d'un disque plat, généralement en pierre ou en bois, dont la surface inférieure était percée d'un trou dans lequel s'encastrait une pierre ou un piquet de bois fiché en terre. Le tour ne servait qu'à amener les différentes parties du pot à portée de la main du potier. Par la suite, on apprit à modeler les pots en imprimant une rotation constante à la roue.

Un fragment de tour en argile a été retrouvé sur les lieux de l'ancienne cité mésopotamienne d'Ur. Datant d'environ 3250 av. J.-C., il est percé d'une série de trous sur son pourtour, qui permettaient sans doute au potier de le saisir plus facilement.

Les archéologues sont parvenus à retracer pas à pas l'évolution du tour des potiers en étudiant les sillons laissés par leurs doigts sur les poteries, ainsi que l'orientation des particules d'argile. En revanche, on ne sait pas quand la roue commença à être utilisée pour le transport, car très peu de véhicules primitifs ont subsisté. On s'accorde généralement à dire que le premier véhicule à roues fut probablement un chariot à quatre roues, né peu de temps après l'invention du tour de potier. Deux régions auraient pu voir naître cette machine révolutionnaire : les États-cités de Mésopotamie ou les steppes de l'Asie centrale. Les indices les plus nombreux plaident en faveur de la première hypothèse, mais les tenants de la seconde soutiennent que si les steppes restent muettes, c'est que les nomades qui y vivaient ne construisirent pas de villes que pourraient explorer les archéologues d'aujourd'hui. Selon eux, les vastes étendues plates des steppes asiatiques se prêtent mieux au transport sur roues que les sables de la Mésopotamie. De plus, les Mésopotamiens transportaient surtout leurs marchandises par voie fluviale, et rien ne les poussait donc à inventer le véhicule à roues, même s'ils en comprirent vite les avantages une fois qu'ils connurent la roue. Ces hypothèses contradictoires sont toutes deux plausibles, mais la plupart des archéo-

Sur ce détail de l'« Étendard royal » d'Ur, datant d'environ 2500 av. J.-C., on voit un chariot dont les roues pleines en deux pièces sont retenues par des broches. Illustration de la vie sumérienne, l'« Étendard » est une mosaïque de nacre et de lapis-lazuli incrustée dans une couche de bitume qui recouvre une plaque de bois.

logues pensent que la roue n'a été inventée qu'une seule fois, et non, indépendamment, en plusieurs endroits. Cette conviction repose sur la remarquable uniformité de construction des chariots découverts aussi bien en Europe occidentale qu'en Égypte, en Inde et en Chine. Presque tous ont en commun deux caractéristiques importantes qui n'ont, à priori, rien d'évident : un timon qui permet d'atteler deux animaux et des roues pleines constituées de trois pièces de bois retenues par des traverses. Si les véhicules à roues avaient été inventés dans plus d'une région, ils auraient certainement présenté des différences dans leur mode d'attelage et dans la construction de leurs roues.

A l'origine, les chariots furent tirés par des bœufs, tout comme les charrues l'étaient depuis des milliers d'années, et ils servirent surtout à transporter des marchandises sur de courtes distances — d'une ferme au marché voisin — ou à transporter des dignitaires lors de processions religieuses. Par la suite, deux innovations, apparues simultanément vers 2000 av. J.-C., transformèrent ces véhicules

relativement lourds en machines de guerre légères et très maniables, les premières du monde. Il s'agit d'une part du dressage des chevaux et, de l'autre, de l'invention de la roue à rayons. Ainsi vit-on naître le char qui gagnait de vitesse les meilleurs fantassins.

C'est parce qu'ils étaient montés sur ces chars que les archers des Hyksos, chefs nomades du désert, purent conquérir le puissant Empire égyptien au XVIIe siècle avant notre ère. Les plus anciennes représentations de

L'invention de la roue bouleversa d'innombrables aspects de la vie quotidienne. Par exemple, sur ce bas-relief hittite du IXe siècle av. J.-C., la chasse bénéficia d'une mobilité beaucoup plus grande que procuraient les véhicules à roues.

LE CONTINENT QUI IGNORAIT LA ROUE

Pourquoi la roue, utilisée presque partout dans l'Ancien Monde en l'an 1000 av. J.-C., est-elle restée inconnue du Nouveau Monde pendant encore 2 500 ans ? Son principe devait pourtant être connu aux Amériques dès l'époque du Christ, puisque l'on a retrouvé des figurines d'animaux montés sur de petites roues dans des tombes mexicaines datant du Ier siècle de notre ère. Mais il fallut attendre l'arrivée des conquistadores, 1 500 ans plus tard, pour que cette connaissance trouve une application pratique.

Les spécialistes pensent que deux grandes raisons peuvent expliquer cet incroyable oubli. Tout d'abord, à l'époque de l'invention de la roue, l'Amérique précolombienne n'avait pas d'animaux de trait, comme le bœuf ou le cheval. D'autre part, le continent, avec les jungles épaisses de l'Amérique centrale et de l'Amérique du Sud et les sommets vertigineux du continent américain, ne se prêtait pas au mouvement des véhicules à roues. Aucun de ces arguments n'est parfaitement convaincant, car les Mayas du Mexique et les Incas du Pérou construisirent des routes superbes entre leurs villes. Les chaussées pavées des Incas ignoraient même les accidents de terrain, franchissant les gouffres des Andes sur de solides ponts, perçant de part en part le roc des montagnes. De plus, l'absence d'animaux de trait n'aurait pas empêché d'utiliser des charrettes à bras ou des brouettes. Or aucun vestige des unes ni des autres n'a jamais été retrouvé. Rien ne prouve non plus que les potiers précolombiens aient connu le tour.

C'est donc dire que les peuples de l'Amérique centrale et de l'Amérique du Sud ont édifié des civilisations extrêmement avancées sans utiliser la roue. Alors que, dans l'Europe médiévale, les voyages sur terre étaient encore un enfer avec des voitures embourbées jusqu'au moyeu et des auberges peu sûres, les courriers incas portaient leurs messages à pied d'une extrémité de l'Empire à l'autre, empruntant un réseau bien entretenu de routes, jalonnées à intervalles réguliers de relais bien approvisionnés.

Rien de tout cela n'explique pourtant l'existence de miniatures sur roues, découvertes au cours des années 1940 dans les tombes du village de Panuco, près de Tampico sur la côte est du Mexique, et à Tres Zapotes, plus au sud, dans la province de Veracruz. Les spécialistes s'interrogent encore sur l'origine et la destination de ces figurines vieilles de 2 000 ans. Certains affirment que les petites roues d'argile sont une invention locale, bien qu'il paraisse étrange que leurs inventeurs n'aient pas compris les possibilités pratiques qu'auraient pu avoir des roues de plus grandes dimensions. Inversement, d'autres archéologues soulignent les ressemblances que l'on constate entre les figurines et des objets semblables d'origine chinoise, ce qui évoque la possibilité fascinante d'un contact entre la Chine et le Nouveau Monde, plus de 1 000 ans avant Christophe Colomb. Quant à la destination de ces petits animaux, il pourrait s'agir simplement de jouets. Mais le fait qu'ils aient été placés dans des tombes et que leur utilité pour un mort paraisse pour le moins incertaine font penser qu'ils revêtaient une fonction plus solennelle dans les religions indiennes. Quoi qu'il en soit, ces miniatures posent une question extrêmement troublante.

Ces deux figurines d'argile retrouvées au Mexique dans des tombes datant du Ier siècle de notre ère démontrent que le Nouveau Monde connaissait la roue, même s'il ne l'utilisait pas.

chars montés sur roues à rayons et tirés par des chevaux se trouvent sur des sceaux de pierre ou d'argile, dont les marchands se servaient pour identifier leurs marchandises. Datant de 2200 à 1900 av. J.-C., on les a retrouvés dans le nord-est de l'Iran et en Turquie. De nombreux archéologues estiment pourtant que les chars ont vu le jour plus au nord, dans des plaines de l'Asie centrale, où les nomades furent les premiers à dresser les chevaux.

Quelle que soit son origine, la nouvelle invention amena avec elle de profonds bouleversements à mesure qu'elle se propageait dans tout l'Ancien Monde, atteignant l'Europe occi-dentale en 1550 av. J.-C. et de l'est de la Chine en 1300. Pour ces nouveaux véhicules, il fallut créer un réseau de routes carrossables qui stimula le commerce. Les marchands, les administrateurs et les armées purent voyager plus loin et plus vite, et les agresseurs conquérirent des territoires toujours plus vastes. Sans la roue à rayons, les guerriers hittites venus d'Asie centrale n'auraient peut-être jamais conquis l'Anatolie, au centre de la Turquie, vers 1850 av. J.-C., les Assyriens n'auraient pu assurer leur domination sur toute la Grèce et la dynastie Chang n'aurait pu fonder le premier grand Empire chinois.

Fards et parfums
Une coutume vieille comme le monde

Les petites jarres qui renfermaient autrefois des parfums et des huiles sont parmi les objets les plus délicats retrouvés dans les tombes royales d'Égypte. Nombre d'entre elles étaient façonnées en forme d'oiseaux et de poissons. Leur couleur, bleue et ambrée, avait, croyait-on, la propriété d'empêcher le parfum de s'éventer. Mais ces superbes vases étaient réservés aux riches et aux puissants. Le menu peuple s'enduisait le corps d'huile de palme. Quant aux prêtres, ils fabriquaient les parfums et les conservaient dans de délicats coffrets d'albâtre et d'onyx ou dans des flacons de verre soufflé, comme celui de l'illustration, dont le col étroit empêchait le parfum de s'évaporer rapidement.

LES parfums : leur arôme enivrant imprègne toutes les pages de l'histoire de l'humanité. Combien d'hommes se sont laissé prendre par une fragrance entêtante, combien de femmes ont risqué leur vie pour une essence rare ? Un roi éprouvait même une telle passion pour les parfums qu'ils furent pourrait-on dire la cause de sa… chute !

Parmi tous les souverains de l'Antiquité, aucun ne fut jamais plus passionné par les parfums que le roi Antiochos Épiphane, qui régna sur la Syrie de 175 à 164 av. J.-C. Aux Jeux de Daphné, il ordonna à ses serviteurs d'asperger ses invités d'eau de rose à l'aide d'arrosoirs en or et de leur oindre le corps d'huile parfumée.

En une autre occasion, il fit vider une amphore de parfum sur l'un de ses sujets. Mal lui en prit, car face à une foule admirative qui s'était assemblée pour l'ovationner, le roi glissa sur la flaque de parfum et tomba peu glorieusement à la renverse.

Mais l'usage du parfum est encore beaucoup plus ancien. Il y a 5 000 ans, en Égypte, où il avait également un rôle dans la vie quotidienne, les pharaons en faisaient don à leurs alliés. En 1500 av. J.-C., son importance commerciale était déjà grande. Depuis cette époque, le parfum n'a cessé de se répandre dans le monde : partout, il évoque élégance et luxe ; partout, on consacre de véritables fortunes à ce qui est aujourd'hui l'une des industries les plus lucratives et florissantes. Mais comment expliquer une réussite si étonnante ?

La vanité est aussi vieille que l'humanité et toujours, chez les anciens Égyptiens comme dans l'humanité actuelle, les deux sexes ont cherché à se plaire. Les Égyptiens paraissent en effet avoir été très infatués de leur personne et ils furent sans doute les premiers à concocter des recettes de parfums et une forme primitive de désodorisant. C'est surtout au temps des Ptolémées (306 à 30 av. J.-C.) que la fabrication des parfums devint, en Égypte, une véritable industrie dont les produits étaient destinés aux embaumements, qui en consommaient une grande quantité, et aux femmes, qui se faisaient oindre le corps d'onguents parfumés. Les Égyptiens n'étaient pas seuls à connaître les mérites des parfums. La reine de Saba fit plus de 3 000 kilomètres dans le désert pour maintenir le commerce des parfums, enjôlant au passage le roi Salomon par sa beauté et ses ruses. On mit les hommes en garde contre les charmes des femmes trop belles et trop parfumées. Parlant des Grecs de l'Antiquité, l'anatomiste anglais Robert Burton relate : « Philocarus… dit à son ami Polyen de prendre garde à ces charmes, car c'était le scintillement des paillettes de sa maîtresse, le doux tintement de ses bracelets, la fragrance de ses onguents qui avaient d'abord captivé son âme. »

La passion des parfums était certainement très vive chez les Grecs, qui se servaient d'essences différentes pour chaque partie du corps. Même les Romains, qui au début de leur histoire semblent s'en être désintéressés, furent eux aussi saisis par cette fièvre, à tel point qu'aux Ier et IIe siècles de notre ère leur passion pour les parfums et les épices devint parfaitement ridicule. On parfumait tout à tort et à travers. L'empereur Néron aurait dormi sur une litière de pétales de rose, incapable, rapporte la légende, de trouver le sommeil si un seul d'entre eux était froissé. De retour de Grèce, il découvrit un jour les rues de Rome embaumant les huiles aromatiques en son honneur. Pour les funérailles de son épouse, il aurait fait brûler plus d'huile et d'encens que l'Arabie ne pouvait en produire en dix ans. Dans son palais, des conduits aspergeaient ses invités d'un fin brouillard de senteurs exotiques. Durant son règne, la passion du parfum était même si forte qu'un soldat n'aurait pu partir au combat sans une bonne provision.

Mais les parfums jouaient aussi un rôle important dans les pratiques d'hygiène et les rites de purification. Les effets sur le corps du climat aride du Proche-Orient expliquent sans doute en partie l'engouement des Égyptiens pour les lotions et les parfums entêtants. Leurs crèmes à base d'huile protégeaient la peau de l'ardeur du soleil et de la déshydratation, tout comme un grand nombre de leurs cosmétiques.

Le parfum a eu bien d'autres usages médicinaux. Par exemple, les Grecs croyaient qu'une couronne odoriférante de roses ou de myrte soulageait les maux de tête, particulièrement ceux causés par un excès de boisson. Les vertus lénifiantes de l'eau de rose sont encore bien connues de nos jours.

Pourtant, la principale utilisation du parfum était sans doute religieuse. Le mot lui-même, du latin *per fumum,* « au milieu de la fumée », n'évoque-t-il pas l'encens, ingrédient indispensable de nombreux rites anciens ? La croyance voulait que la fumée du bois odoriférant et des gommes aromatiques porte les prières vers les cieux et rende les dieux bienveillants.

Les Égyptiens croyaient que les parfums dont ils se servaient pour momifier et embaumer les corps aidaient les morts dans leur long voyage. Et ils n'étaient pas seuls à penser que le cèdre renfermait en lui l'essence de l'immortalité. Les Arabes, les Indiens et les Hébreux utilisèrent tous les bois parfumés pour construire leurs temples.

De leur exil en Égypte les Hébreux rapportèrent avec eux l'habitude des soins d'hygiène, notamment l'usage des huiles et des parfums, qui devint avec le temps un élément important de la religion juive. La Bible fait d'innombrables mentions des utilisations religieuses du parfum : Dieu dit à Moïse de bâtir un autel d'encens et de mêler l'huile et le parfum. L'huile servait à oindre le Tabernacle, l'Arche d'alliance, les autels et les vases sacrés. Et cet ancien rite hébraïque donna plus tard naissance à la cérémonie du sacre des rois.

CURES DE RAJEUNISSEMENT DANS L'ÉGYPTE ANCIENNE

« On mêle le fiel d'un bœuf, un œuf d'autruche réduit en poudre et de l'épeautre germé ; on en fait une pâte que l'on travaille au pilon avec un corps visqueux… »

Quelque recette passablement répugnante de potion magique ? Non point, mais plus simplement la formule égyptienne d'un emplâtre destiné (selon le papyrus d'Ebers, un texte médical datant de 1550 av. J.-C.) « à chasser les rides du visage ». Il semble bien qu'alors comme aujourd'hui tout un chacun cherchait à paraître plus jeune que son âge. Nous avons connaissance d'innombrables recettes, toutes plus miraculeuses les unes que les autres, tantôt pour embellir la peau, tantôt pour faire d'un vieillard un jeune homme fringant. Le miel et le lait — deux ingrédients que l'on retrouve encore souvent dans les cosmétiques « naturels » — étaient parmi les remèdes les plus prisés pour les affections de la peau.

Dans de nombreuses tombes égyptiennes, des peintures nous montrent des femmes dont la tête est surmontée de curieux objets coniques. Il s'agissait de pommades que l'on fabriquait en faisant macérer des fleurs dans la graisse, puis on moulait la préparation en forme de cône. Le soir, quand l'air s'alourdissait un peu, la graisse coulait sur le visage et le cou, imprégnant la peau des fameuses nuques des belles Égyptiennes.

Les yeux faisaient l'objet de soins tout particuliers : le khôl à base d'antimoine qui servait à ombrer les yeux est encore utilisé de nos jours comme l'un des ingrédients du mascara. Mais les fards avaient aussi une vocation pratique. A l'origine, le maquillage des yeux était une protection contre le soleil d'Égypte et les infections. Peu à peu, la santé passa au deuxième rang et la coquetterie fit le reste.

Les riches Égyptiennes se faisaient coiffer et farder par leurs esclaves.

Les premières écritures

La double découverte d'une langue et d'une civilisation

LORSQUE les voyageurs européens commencèrent à explorer les ruines de Perse et de Mésopotamie (aujourd'hui l'Iran et l'Irak), au XVIe siècle, ils y découvrirent de nombreuses inscriptions étranges, composées de caractères en forme de coins, certaines imprimées en creux sur des tablettes et cylindres d'argile, d'autres gravées dans la pierre, à côté de bas-reliefs qui décrivaient les gloires d'empires disparus. Ces inscriptions — qu'on qualifia de « cunéiformes », du latin *cuneus*, « coin » — n'étaient-elles que de simples décorations ou s'agissait-il d'une forme d'écriture ?

Il fallut des centaines d'années pour trouver les réponses à ces questions, mais l'attente ne fut pas vaine. Le déchiffrage de l'écriture cunéiforme non seulement ajouta à notre connaissance des civilisations assyrienne et babylonienne, mais révéla aussi l'existence d'une ancienne civilisation dont on ne savait rien jusque-là : celle de Sumer. Cette découverte révéla aussi au monde le plus ancien poème épique que nous connaissions, l'*Épopée de Gilgamesh,* qui précède de quelque quinze siècles *l'Iliade* d'Homère.

Le déchiffrage de l'écriture cunéiforme commença véritablement au cours des années 1830, lorsqu'un jeune officier anglais, Henry Rawlinson, qui se trouvait alors en Perse, se découvrit une passion pour ces étranges inscriptions. La plupart de celles de Persépolis, l'ancienne capitale de l'Empire perse, avaient déjà été étudiées, et l'on s'accordait généralement à dire qu'elles appartenaient à trois langues mortes différentes, arbitrairement appelées classe I, classe II et classe III. Étant donné que la classe III était celle dont les symboles recon-

naissables étaient les plus nombreux et les plus variés, les linguistes du XIXe siècle supposèrent à juste titre qu'il s'agissait de la plus ancienne des trois, car l'évolution normale de l'écriture va de la représentation pictographique, qui nécessite des centaines de symboles, à la représentation alphabétique, dont les quelques symboles correspondent à des sons. De toute évidence, la classe I, avec 32 symboles seulement, était alphabétique et plus récente que les autres. On émit l'hypothèse qu'il devait s'agir du vieux perse, la langue parlée à Persépolis aux VIIe et VIe siècles av. J.-C. Or cette langue était partiellement connue. Les spécialistes disposaient donc d'un point de départ, mais ils se querellaient encore sur des questions de dates et de significations lorsque Rawlinson, temporairement libéré de ses obligations militaires, s'attela à la tâche.

Il comprit que, pour percer le secret de ces langues, il lui faudrait disposer d'un même texte gravé dans les trois types de cunéiforme et renfermant un vocabulaire beaucoup plus vaste que tous ceux qu'on avait découverts jusqu'alors — quelque chose comme la pierre de Rosette, dont Champollion s'était servi quelques années plus tôt pour déchiffrer les hiéroglyphes égyptiens. Il chercha longtemps et découvrit finalement ce qu'il voulait à Béhistoun, dans l'ouest de la Perse : sur une haute paroi rocheuse, à côté de bas-reliefs, s'étalaient quelque quatre cents lignes d'un texte de classe I et ce qui semblait être des versions parallèles de classe II et III. Perché sur une échelle à 100 mètres au-dessus du sol, Rawlinson commença à transcrire les inscriptions en pressant des feuilles de papier humide sur la pierre pour en prendre des empreintes. Il peina ainsi pendant deux ans, par des températures qui atteignaient parfois 50 degrés. La nuit, assis dans une hutte que ses aides refroidissaient de leur mieux en jetant de l'eau sur le toit, il avançait pas à pas dans ses traductions.

Rappelé au service actif, Rawlinson dut suspendre ses travaux pendant neuf ans. En 1844, il achevait enfin la traduction du texte de classe I, un récit en vieux perse contant des exploits du roi Darius Ier (521-486 av. J.-C.). Il disposait maintenant de la clef qui lui permettrait de déchiffrer, au bout de quelques années encore de travail, les inscriptions de classe II et de classe III. La langue de classe II, que nous appelons aujourd'hui l'élamite, était

L'Épopée de Gilgamesh, qui date du IIIe millénaire av. J.-C., relate les exploits du dieu-roi Gilgamesh (ci-dessus). Ce récit resta longtemps gravé dans la mémoire des Mésopotamiens et fut illustré plus tard sur de nombreux objets, comme ce cylindre-sceau assyrien (ci-contre) datant de 1350 à 1000 av. J.-C.

celle d'un peuple qui avait prospéré surtout vers 1200 av. J.-C., puis avait été soumis et finalement assimilé par les Perses. Quant à la classe III, le plus ancien langage des trois, c'était celui des Babyloniens et avant eux des Assyriens : la langue akkadienne.

L'akkadien est une langue sémitique. Or, à mesure que Rawlinson et d'autres archéologues déchiffraient d'innombrables inscriptions, dont beaucoup retrouvées dans la bibliothèque du roi assyrien Assurbanipal, à Ninive, une anomalie les rendait de plus en plus perplexes : de nombreux mots, notamment des noms propres, n'étaient pas sémites et ne se rapportaient ni aux Babyloniens ni aux Assyriens. En particulier, il était fréquemment fait mention d'un certain « roi de Sumer ». Peu à peu, l'évidence s'imposa : une société mésopotamienne avait probablement existé avant celle des Assyriens.

Cette hypothèse trouva sa confirmation au cours des années 1870, lorsque des archéologues français découvrirent la cité de Lagash, à 160 kilomètres à l'est de Babylone. Ils y trouvèrent de nombreuses traces d'une civilisation très ancienne dont la langue n'avait rien à voir avec l'akkadien. Avec le temps, il devint clair que l'écriture cunéiforme avait été inventée, ou à tout le moins imprimée pour la première fois en creux sur l'argile, par les Sumériens, dont la civilisation avait fleuri au IIIe millénaire av. J.-C. Cette langue, qui n'appartient à aucune famille linguistique connue, fut difficile à déchiffrer, mais les archéologues parvinrent cependant à brosser peu à peu un tableau de ce qui semble être la première civilisation que le monde ait connue.

La plupart des inscriptions sumériennes sont assez banales : listes d'inventaire et archives agricoles. Mais quelques œuvres littéraires, des poèmes qui nous transmettent la vision que les Sumériens se faisaient du monde, ont survécu. La principale est l'*Épopée de Gilgamesh,* dont d'importants fragments ont été retrouvés. Elle relate les exploits de Gilgamesh, fabuleux dieu-roi (« aussi fort qu'un taureau sauvage ») d'une ville du nom d'Uruk, capitale de Sumer, et de son ami Enkidu. Un épisode parle d'une grande inondation, qui rappelle à plus d'un égard l'histoire de Noé.

UNE CIVILISATION AUX PIEDS D'ARGILE

La terre qu'habitaient les Sumériens il y a environ 5 000 ans ne paraît guère propice à l'éclosion d'une civilisation. Plate, aride, pauvre en ressources minérales, elle semble ne pouvoir offrir qu'une vie précaire. Pourtant, les Sumériens étaient un peuple inventif, plein de ressources. Ils créèrent de grands réseaux d'irrigation, canalisant les eaux du Tigre et de l'Euphrate jusqu'au milieu de leurs terres pour les rendre fertiles. Ils s'organisèrent en cités-États et se donnèrent des lois.

Malgré tout, les Sumériens savaient que leur prospérité était fragile, car les inondations et les caprices de la nature pouvaient à tout instant les priver de leurs moyens de subsistance. Ils se sentaient finalement dans les mains d'une puissance surnaturelle, d'un dieu qui régnait sur chaque cité, où le souverain, qui tenait pourtant son autorité d'une assemblée du peuple, était en fait considéré comme le vicaire de la divinité. Le temple où résidait le dieu de la cité était généralement construit au sommet d'une grande pyramide en gradins, la ziggourat. La pierre étant rare dans le sud de la Mésopotamie, les Sumériens construisaient leurs ziggourats, avec des briques séchées au soleil.

Le moule à brique n'est que l'une des nombreuses inventions sumériennes. Nous devons aussi à ce peuple le tour de potier, l'araire, première charrue, le bateau à voile, la clepsydre ou horloge à eau, le moulage du cuivre et du bronze, la gravure et la nielle. Leurs orfèvres fabriquaient d'élégants bijoux en or, en argent et en pierres semi-précieuses. Leurs sculpteurs gravaient de délicats objets de bois et d'ivoire,

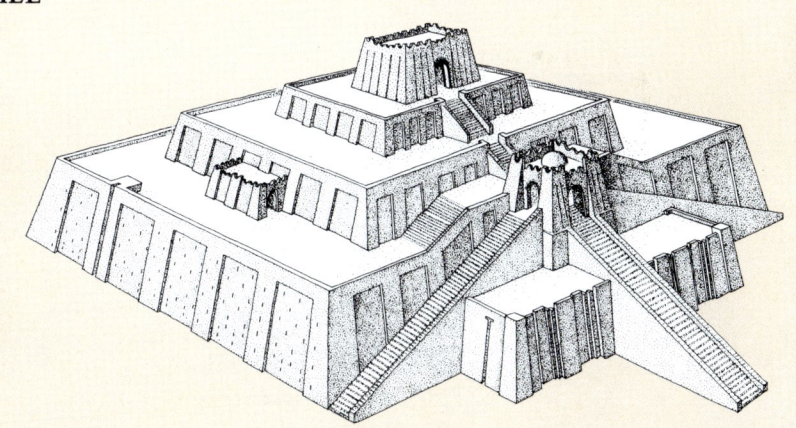

ainsi que des cylindres-sceaux de pierre où figuraient des personnages et des animaux, et qui, roulés sur l'argile humide, y laissaient les marques de leur relief.

C'est également sur l'argile que les Sumériens nous ont laissé la trace de leur principale invention, l'écriture. Sa première expression graphique en fut des dessins stylisés gravés sur des morceaux de pierre. Mais l'argile était beaucoup plus abondante, et il était très facile d'y laisser une marque avec un style de roseau, puis de la laisser sécher au soleil. Cependant, le trait que dessinait le roseau se prêtait mal aux courbes d'un pictogramme aux images concrètes. Avec le temps, les symboles se stylisèrent de plus en plus, au point de devenir méconnaissables et de donner naissance à ces caractères en forme de coin que nous appelons aujourd'hui cunéiformes.

Les Sumériens croyaient qu'un dieu régnait sur chaque cité. Ils lui édifiaient un temple au sommet de ziggourats, pyramides en gradins faites, comme leurs maisons, de briques séchées au soleil. L'une des mieux conservées est celle d'Ur-Nammu, construite au XXIe siècle av. J.-C., dont on voit ici la reconstitution.

Une Venise néolithique ?

Les villages sur pilotis de l'Europe préhistorique

A U cours de l'hiver exceptionnellement sec de 1853-1854, le niveau des eaux de nombreux lacs d'Europe baissa considérablement, et c'est ainsi qu'on vit poindre, du fond du lac de Zurich, une série de pieux plantés dans la vase. Comme on savait que la région avait été habitée au temps de la préhistoire, un éminent archéologue, Ferdinand Keller, fut appelé sur les lieux. Quelque temps plus tard, il annonçait qu'il s'agissait des restes de maisons construites sur pilotis, au-dessus des eaux du lac, 4 000 ans auparavant.

Les conclusions de Keller découlaient du rapprochement qu'il avait fait avec des maisons sur pilotis qu'utilisent les habitants de certaines îles du Pacifique et dont il avait vu des reproductions. Il lui parut naturel de supposer que des constructions semblables s'étaient autrefois dressées sur le lac de Zurich et d'autres lacs alpins. Cette vision d'une Venise néolithique enflamma l'imagination populaire, et tout aussitôt les pêcheurs qui déchiraient souvent leurs filets sur les pilotis abandonnèrent le poisson pour fouiller la vase et remonter à la surface des poteries et d'anciennes parures. Mais il fallut attendre une centaine d'années pour que les archéologues disposent des moyens techniques nécessaires pour scruter l'évidence enfouie dans les sédiments lacustres et vérifier ainsi l'hypothèse de Keller. Pris dans les débris du fond se trou-

Construits il y a 4 000 ans sur les rives marécageuses des lacs, les villages néolithiques abritaient une population de pêcheurs et d'agriculteurs. Les maisons en bois reposaient sur de longs pilotis enfoncés dans le sol tourbeux.

vaient d'autres objets en bois, des fragments de tissu, des outils, et même des restes végétaux et animaux qui auraient tous disparu s'ils s'étaient trouvés à l'air libre. Et c'est grâce aux progrès de la plongée autonome au cours des années 1940 et des techniques d'exploration sous-marine au cours des années 1950 que nous savons aujourd'hui à quoi ressemblaient ces anciens villages des Alpes.

De nouvelles études montrèrent que Keller s'était complètement trompé : les villages sur pilotis du Néolithique ne se dressaient pas au-dessus des eaux lacustres. En fait, on les avait construits sur les rives, et les pieux faisaient partie des fondations de maisons érigées sur un terrain extrêmement marécageux. Des centaines d'années plus tard, les eaux montèrent, et les vestiges de ces villages, depuis longtemps abandonnés, furent engloutis à bonne distance des nouvelles rives.

Mais pourquoi ces premiers agriculteurs européens construisaient-ils leurs maisons sur un terrain si marécageux ? La réponse réside probablement dans la répartition naturelle de la végétation de l'époque. Les vallées alpines étaient couvertes d'épaisses forêts. Il était donc judicieux d'utiliser les clairières qui bordaient les lacs pour y construire un village. Et, tous les campeurs le savent bien, il est préférable de s'installer tout près d'un point d'eau. Une fois établis au bord du lac, les habitants du village pouvaient commencer à défricher la forêt.

Vivant de la chasse et de la cueillette, de la pêche et de l'agriculture, ces premières populations européennes savaient parfaitement tirer parti de leur environnement. A preuve, les découvertes faites au lac Paladru, en Isère, il y a quelques années. La population qui vivait au bord de ce lac il y a 5 000 ans se servait de haches de silex pour abattre le bois destiné à la construction de ses maisons. Pour obstruer les fentes qui s'ouvraient entre les murs de noisetier et les poteaux de sapin de la charpente, on utilisait de la mousse et des roseaux. Le toit était probablement couvert de roseaux et les fondations reposaient sur des pilotis. Les habitants du lac dormaient sur des branchages de sapin et s'assemblaient le soir autour de foyers d'argile.

Ils savaient aussi tisser, comme le prouvent les fragments de tissu, les fusées et les peignes de bois retrouvés par les archéologues. Pour conserver leurs provisions, ils se servaient de pots d'argile et de paniers tressés. En plus de l'orge et du blé, ils cultivaient le lin, autant pour ses graines nourrissantes que pour sa fibre. Le bétail était gardé dans un petit enclos quand il ne broutait pas dans la forêt ou dans les prairies voisines.

Avec le développement de l'agriculture au cours du Néolithique, les vivres devinrent plus assurés, et la population de l'Europe était encore assez réduite pour que l'espace ne manque à personne. C'est pourquoi, au bout d'une quinzaine d'années, lorsque les cabanes commencèrent à se détériorer avec le temps et les champs à donner des signes d'épuisement, on abandonna tout simplement le village pour s'installer ailleurs, au bord d'un autre lac. Sans doute est-il vrai qu'au moment où les habitants du lac Paladru vaquaient à leurs modestes occupations quotidiennes, les Égyptiens construisaient leurs pyramides bien loin de là. Pourtant, les vestiges de ce village évoquent une image d'une sérénité touchante.

Fidélité dans l'ancienne cité d'Ur

Jusqu'à la mort

POUR les anthropologues, la croyance dans l'au-delà est l'une des choses qui distinguent l'homme de l'animal. Et cette croyance a peut-être inspiré un suicide collectif, il y a près de 5 000 ans, dans l'ancienne cité sumérienne d'Ur, en basse Mésopotamie.

L'Ur des Chaldéens, pour reprendre les termes de la Genèse, a vu naître le prophète Abraham. A cette époque, vers 2000 av. J.-C., la cité, établie au bord de l'Euphrate, non loin du golfe Persique, était déjà florissante. Comme d'autres villes de Mésopotamie, elle

était dominée par une ziggourat, presque aussi haute qu'une colline. C'est près de l'emplacement de cette ziggourat que sir Leonard Woolley, archéologue anglais, découvrit à la fin des années 1920, ce qui, par la suite, se révéla être la nécropole royale de la cité d'Ur et qu'il appela le « puits de la mort ». Cette nécropole date environ de 2500 av. J.-C.

Parmi les nombreuses tombes individuelles se trouvaient plusieurs tombeaux de plus grandes dimensions, jonchés d'extraordinaires objets : coupes et amulettes en or, colliers de pierres semi-précieuses, harpes et lyres incrus-

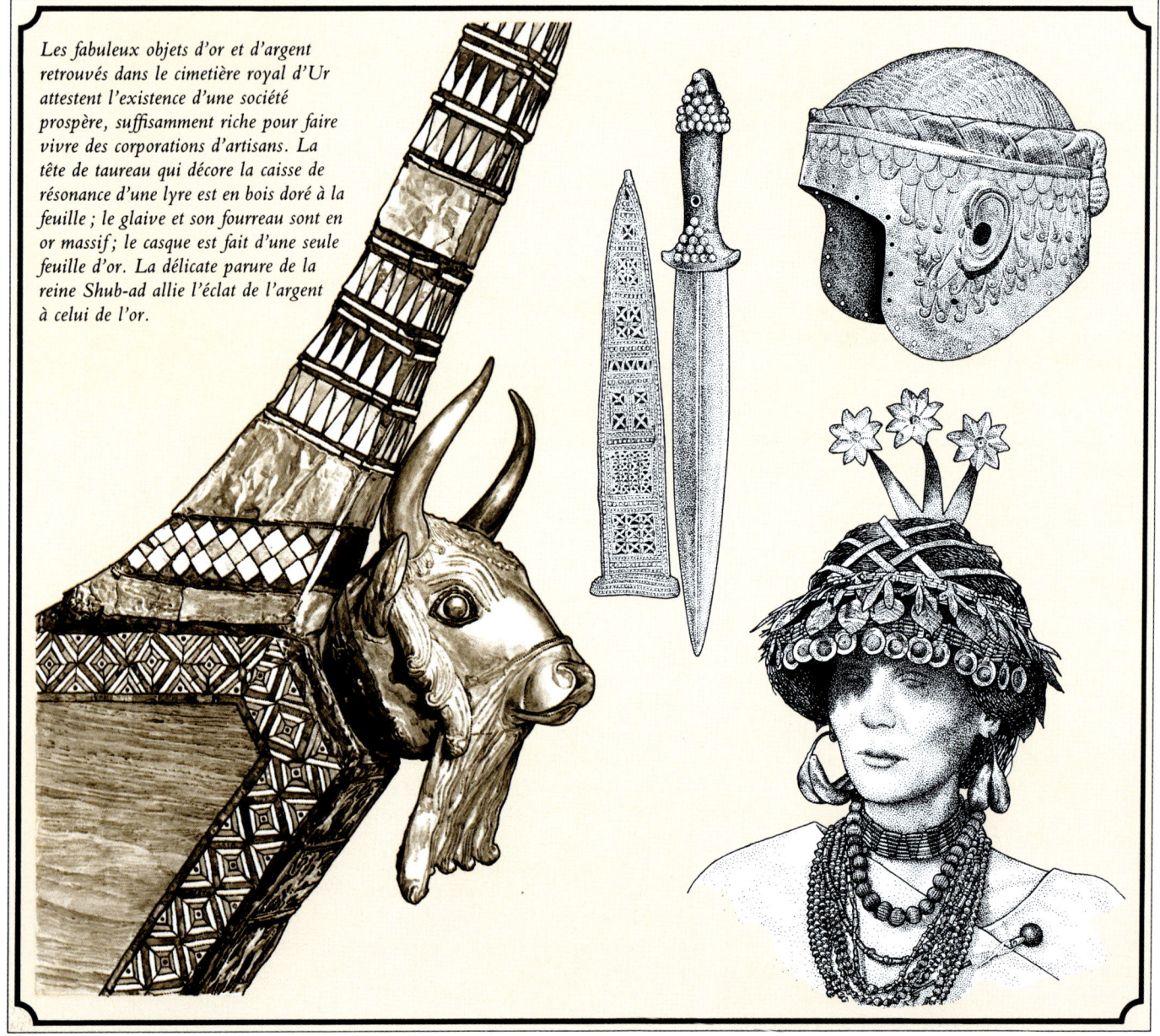

Les fabuleux objets d'or et d'argent retrouvés dans le cimetière royal d'Ur attestent l'existence d'une société prospère, suffisamment riche pour faire vivre des corporations d'artisans. La tête de taureau qui décore la caisse de résonance d'une lyre est en bois doré à la feuille ; le glaive et son fourreau sont en or massif ; le casque est fait d'une seule feuille d'or. La délicate parure de la reine Shub-ad allie l'éclat de l'argent à celui de l'or.

tées de mosaïque, figurines d'animaux, les restes d'un char décoré de pierres semi-précieuses et de métaux, et même un damier délicatement incrusté, accompagné d'un jeu de dés. Chacun de ces grands tombeaux correspondait sans nul doute à la sépulture d'un personnage important dont le corps se trouvait au centre. Fait intrigant pourtant, d'autres corps gisaient à proximité, dans une position qu'on pourrait qualifier de « subordonnée », les uns à l'intérieur du tombeau proprement dit, les autres assemblés par dizaines dans des antichambres voisines.

L'examen minutieux des restes convainquit Woolley et ses collègues que la violence n'avait pris aucune part dans cette hécatombe. Les corps étaient disposés en rangées, couchés sur le côté droit, les genoux repliés, les mains croisées sur la poitrine, comme paisiblement endormis. Ils appartenaient aux deux sexes, et tous, mais plus particulièrement les femmes, étaient splendidement parés, comme pour une grande occasion. L'analyse chimique des crânes révéla que les femmes avaient noué leurs cheveux avec des rubans d'argent. Et certains indices tendent à montrer que ces gens avaient quitté le monde par une mort rapide et volontaire. Par exemple, Woolley découvrit un rouleau de ruban d'argent près du squelette d'une femme. Sans doute l'avait-elle emporté avec elle dans la tombe sans avoir le temps d'en nouer sa chevelure. Éparpillées parmi les corps se trouvaient de nombreuses petites coupes, qui contenaient peut-être le poison que ces hommes et ces femmes portèrent à leurs lèvres pour suivre fidèlement leur maître ou leur maîtresse dans l'au-delà.

Woolley conclut que ces tombes étaient celles de rois et reines d'Ur, dont l'une paraissait être la reine Shub-ad ou Puabi. Plus tard, à partir d'un crâne féminin mieux conservé, la femme de Woolley reconstitua un visage et une tête de cire qu'elle couronna d'une splendide parure d'or et d'argent retrouvée dans la sépulture de la reine. Selon Woolley, ces tombes collectives renfermaient les dépouilles des membres de la maison royale — gardes, valets, dames d'honneur et musiciens —, qui avaient volontairement suivi leur maître dans la mort. D'autres archéologues, soulignant que le cimetière se trouve à l'ombre d'une grande ziggourat, pensent que les occupants des tombes étaient peut-être des prêtres et des prêtresses accompagnés de leurs acolytes, tous sacrifiés pour la célébration d'un rite religieux.

L'entrée de la tombe du roi, dégagée par l'archéologue anglais sir Leonard Woolley en 1927, révèle la perfection du petit appareil de briques crues utilisé dans l'ancienne cité d'Ur.

Le miracle du Nil
Les origines de la civilisation égyptienne

COMME la plupart des peuples de la haute Antiquité, les Égyptiens éprouvaient une crainte respectueuse pour les manifestations de la nature. Mais rien n'égalait pour eux la crue du Nil, tous les étés, lorsque les eaux grossies du fleuve répandaient dans la vallée leur limon fertile. A l'automne, lorsqu'elles se retiraient, la réapparition des terres après la crue était une sorte de miracle : l'Égypte renaissait, fécondée par les eaux.

La brillante civilisation égyptienne représente une heureuse adaptation au régime du Nil. Dans la vallée du fleuve, des populations clairsemées comprirent les énormes avantages de l'effort collectif. Des chefs se dressèrent parmi eux, ouvrant la voie à une florissante culture agricole que dirigèrent finalement les dynasties de pharaons.

Très tôt, on comprit l'importance de mesurer les crues du fleuve. Des nilomètres, sur les parois desquels étaient gravés des repères, furent installés sur les 1 300 kilomètres du fleuve, s'étendant entre Assouan, frontière sud de l'Égypte, et la mer, pour mesurer le niveau des eaux. Un système de ce genre était utilisé dès 3000 av. J.-C. Fortes de l'expérience accumulée au cours des années, les autorités pouvaient prédire l'ampleur de la prochaine inondation, partant celle des récoltes, qui leur conférait un extraordinaire pouvoir.

Parallèlement à cette patiente accumulation de faits sur ce cycle incessant d'inondation, de culture et de sécheresse, un ingénieux système d'imposition vit le jour. Les propriétaires de terrains qui n'étaient jamais inondés étaient ceux qui payaient le moins d'impôts. A l'inverse, ceux des terres inondées tous les ans étaient lourdement taxés. De plus, la crue emportant les bornes de leurs champs, les Égyptiens passèrent maîtres dans les techniques d'arpentage, fondements de leurs connaissances mathématiques. La maîtrise des eaux était la clef de la richesse : les Égyptiens se transformèrent donc en ingénieurs. Ils construisirent des digues pour protéger d'innombrables villages de l'inondation et des réservoirs pour retenir les eaux et irriguer les champs lorsque le Nil se retirait.

Les étrangers qui visitaient l'ancienne Égypte regardaient certainement ses habitants d'un œil envieux. L'étroite vallée du Nil était enclose dans les sables brûlants du désert, gage d'une sécurité qui encouragea la stabilité et un sentiment d'identité nationale. Rien d'étonnant à ce que cette civilisation soit restée pratiquement intacte pendant vingt-cinq siècles.

Comme l'écrivit l'historien grec Hérodote, l'Égypte était « un don du Nil », et ses habitants en vinrent naturellement à regarder le fleuve comme un objet d'émerveillement et de vénération. La montée des eaux était honorée comme un dieu, du nom de Hapi. Dans la statuaire égyptienne, Hapi est généralement représenté comme un homme barbu, la taille prise dans l'étroite ceinture des bateliers et pêcheurs du Nil, les mains pleines des richesses apportées par les eaux fertilisantes. Mais son opulente poitrine de femme et son ventre saillant montrent qu'il était surtout considéré comme une divinité de la fertilité. Sa force qui faisait monter les eaux lui venait de sources souterraines, d'un océan primordial appelé Nun. Hapi était adoré à la mi-juin, quand le Nil commençait à monter, mais il ne faisait partie d'aucun système théologique. Par la suite, il fut si intimement associé à Osiris, le dieu de la moisson, qu'on l'appela l' « âme d'Osiris ». Selon la croyance égyptienne, Osiris mourait au début du printemps, à l'époque de la sécheresse et des récoltes, et ne renaissait qu'à l'automne, lorsque les eaux se retiraient et que l'on ensemençait les terres.

Osiris représentait la fertilité du Nil. Il était aussi le maître du monde des morts, ce qui faisait de lui l'une des plus grandes divinités égyptiennes, puisqu'il donnait à ses fidèles l'espoir d'une vie éternelle.

Depuis des millénaires, le chadouf (ci-dessus) sert à irriguer les terres du Proche-Orient. On en comprend bien le principe sur ce bas-relief du palais de Sennachérib (ci-contre), exécuté au VIIe siècle av. J.-C. Le contrepoids fixé à une extrémité de la perche à bascule permet de puiser sans effort l'eau du fleuve, de soulever l'outre et d'en déverser le contenu dans un canal d'irrigation voisin.

Le principal événement du calendrier agricole des Égyptiens était la crue annuelle du Nil, qui commençait à la mi-juin. Le sol fertilisé réapparaissait à l'automne et les semailles suivaient, à la fin de novembre ou au début de décembre, comme on peut le voir sur cette peinture d'une tombe datant du XIIᵉ siècle av. J.-C.

L'EAU QUI DONNE LA VIE

Le plus long fleuve du monde, le Nil, naît de l'union de deux grands cours d'eau, le Nil Blanc, et le Nil Bleu. Le Nil Blanc draine le lac Victoria, au sud de l'équateur, en Ouganda, et coule pendant 6 700 kilomètres avant de se jeter dans la Méditerranée. A mi-chemin, à Khartoum, au Soudan, il reçoit les eaux du Nil Bleu, qui prend sa source dans le lac Tana, en Éthiopie, à plus de 1 800 mètres d'altitude. Le Nil Bleu charrie avec lui de grandes quantités de sédiments qui se déposent dans la vallée et le delta depuis des millénaires, et qui lui ont valu son nom. Lorsqu'il rejoint le Nil Blanc, ses eaux deviennent d'un vert laiteux. En Éthiopie, les pluies d'été gonflent les eaux du Nil Bleu. Au plus fort de la crue, à la fin d'août et au début de septembre, il fournit à lui seul les trois quarts du débit total du fleuve. En mai, en pleine sécheresse, il n'atteint pas le cinquième.

Les variations du débit du Nil divisaient l'année égyptienne en trois saisons, bases du premier calendrier pratique. L'année commençait lorsque Sirius apparaissait pour la première fois à l'est, au point du jour. Le phénomène coïncidait à peu près avec le début de la crue, à la mi-juin. Vers la fin de juillet, le limon commençait à recouvrir la Basse-Égypte. L'eau, tout d'abord verte, prenait une teinte rougeâtre que l'on associait au sang du dieu mourant Osiris, d'où

jaillirait une nouvelle vie. Alors que les eaux continuaient à monter, on ouvrait les digues, et l'eau se répandait dans la vallée, atteignant une profondeur de plus d'un mètre.

A la mi-septembre, la vallée du Nil n'était plus qu'un vaste fleuve au milieu du désert. Les villages construits sur les hauteurs se muaient en autant d'îles. Au début d'octobre, le fleuve rentrait dans son lit, mais les eaux étaient retenues dans de grands bassins artificiels. Vers la fin de novembre ou au début de décembre, les paysans se mettaient à labourer le limon humide et à semer. Au fil des semaines, la semence germait et la vallée se transformait en une ceinture verdoyante, tandis que les eaux du fleuve ne cessaient de baisser.

A la mi-février, la sécheresse était complète. En mars ou avril, les paysans commençaient la récolte. A la fin de mai, le Nil n'était plus qu'un mince ruban, principalement alimenté par les eaux du Nil Blanc. La vallée prenait alors une teinte roussâtre, et les Égyptiens attendaient les signes précurseurs de la prochaine inondation.

De nos jours, le Nil est régularisé par les barrages et des canaux d'irrigation. Les crues annuelles ne sont plus qu'un souvenir du passé, et une bonne partie du limon fertile qui enrichissait autrefois la vallée du Nil en Égypte se dépose aujourd'hui au fond du lac Nasser.

Une géographie du corps
L'art ancien des acupuncteurs

REVENIR du royaume des morts alors que des milliers de sujets s'apprêtent à célébrer vos propres funérailles fut pour le prince chinois Kuo — qui un beau matin, il y a de cela environ 2 500 ans, tomba raide mort, ou du moins tout le monde le crut — une expérience peu banale. Apprenant la nouvelle, un médecin itinérant du nom de Pien Chueh se rendit au palais, où il demanda à voir le corps. Un souffle imperceptible et une légère chaleur à l'aine, que n'avaient pas remarqués les médecins de la cour, lui apprirent tout ce qu'il devait savoir : le prince n'était pas mort, il était dans un état comateux. Pien Chueh fit un signe à son aide Tzu Yang, qui aussitôt sortit de sa besace de fines aiguilles. Une à une, avec grand soin, il les plaça dans le corps du prince, aux endroits que lui indiquait son maître. Quelques instants plus tard, le prince commença à bouger ; puis il ouvrit les yeux et se mit sur son séant. Moins d'un mois plus tard, il était guéri.

Quand le peuple apprit l'incroyable nouvelle, il crut que le prince n'était pas revenu des portes de la mort, mais bien du royaume des morts. Pien Chueh ne pouvait être qu'un magicien. Il s'en défendait pourtant : le prince n'était pas mort, tout juste inconscient, et il n'avait fait que le ramener à la vie grâce à l'acupuncture, une technique millénaire ayant

Une séance d'acupuncture dans le traitement de névralgies faciales.

fait ses preuves et dont les origines remontent certainement à l'âge de la Pierre, car on a retrouvé de nombreux outils — en pierre — qui de toute évidence servaient à stimuler des zones cutanées. L'acupuncture est surtout associée à la Chine, mais des techniques obéissant aux mêmes principes étaient aussi en usage chez les Esquimaux, les Égyptiens et les Bantous, ceux-ci allant même jusqu'à lacérer certaines parties du corps pour guérir telle ou telle maladie. Une tribu cannibale du Brésil employait aussi des sarbacanes pour planter des fléchettes en des endroits précis du corps qui, étrangement, correspondent aux cartes des acupuncteurs.

Le premier manuel connu d'acupuncture est un ouvrage remarquable, le *Huang Ti Nei Ching Su Wen* (Questions fondamentales de l'empereur jaune Huang Ti sur les lois internes de la vie), dont la retranscription aurait duré quelque 1 500 ans et fut probablement achevée au IIe siècle av. J.-C. Cette bible de médecine chinoise expose en détail les méthodes de l'acupuncture. Neuf types d'aiguilles longues de 3 à 24 centimètres sont recommandés. L'ouvrage désigne 365 points précis à la surface du corps, classés selon leurs propriétés spécifiques pouvant être utilisées à des fins curatives. On y lit aussi que les aiguilles d'or, malgré leur prix, sont très utiles pour traiter certaines maladies, car elles stimulent les fonctions organiques (effet tonifiant), alors que les aiguilles d'argent ont un effet sédatif prononcé.

Cette œuvre monumentale qu'est le *Huang Ti Nei Ching Su Wen* semble avoir été entreprise sous le patronage d'un monarque appelé l'Empereur jaune. De nombreux autres souverains chinois s'intéressèrent à la physiologie, et plus particulièrement au système de communication-relation, dont la connaissance est considérée comme indispensable à la pratique de l'acupuncture. Au Ier siècle de notre ère, on raconte que l'empereur Wang Mang, aidé de son médecin et du boucher du palais, serait allé jusqu'à dépecer un de ses ennemis pour suivre le réseau de ses nerfs, vaisseaux... avec une fine tige de bambou. Mille ans plus tard, un autre empereur, Hui Chung, mit un artiste à contribution pour dessiner les organes disséqués de criminels ; peu après, l'empereur Jen Chung commanda à ses artisans une statuette en bronze du corps humain, où l'on pouvait voir la totalité des méridiens et des points.

Malgré les succès manifestes de l'acupuncture en Chine, cette technique fut longue à pénétrer le monde occidental, qui ignorait tout d'elle en 1600, date à laquelle des jésuites prirent contact sur place avec des médecins chinois traditionnels et rapportèrent des documents en Europe. En 1712, Wilhelm den Ryme, médecin hollandais de la Compagnie des Indes orientales, publia également un mémoire à son sujet. Depuis le début du siècle, un certain nombre de médecins occidentaux s'y intéressent de très près. Quant à la Chine, qui semblait se tourner vers les thérapies occidentales, elle revient depuis dix ans à l'acupuncture et l'intègre, avec la médecine moderne, à sa « Grande Médecine ».

UNE TECHNIQUE CHARGÉE DE MYSTÈRES

Personne ne sait exactement comment opère l'acupuncture. Tout ce qu'on peut dire avec certitude, c'est qu'une aiguille placée dans une certaine région du corps soulage souvent une douleur ressentie dans une autre région.

La théorie fait intervenir des liaisons par des canaux internes entre les organes internes et la surface du corps. Lorsqu'un organe est atteint par la maladie, les points qui lui correspondent dans la zone épidermique sont stimulés au moyen d'une aiguille, et la douleur ou la perturbation s'évanouit. Certains points sont directement liés à certains organes. Mais dans d'autres cas, le point et l'organe qui lui correspond se trouvent très éloignés (liaison indirecte). Par exemple, on soigne parfois les maux de tête en plaçant des aiguilles dans un orteil.

Les Chinois divisaient le système de communication-relation en douze méridiens, lignes imaginaires passant par les points correspondant aux principaux organes, le cœur, les poumons, le foie, les reins et la vessie. Par exemple, le méridien du cœur descend des deux côtés, droit et gauche, le long du côté intérieur du bras, jusqu'au petit doigt, un parcours qui correspond presque exactement à la douleur que ressentent les victimes d'une crise cardiaque. Chaque point des douze méridiens a des noms et des fonctions précises. Ainsi, on stimule le point *yung nen* (« porte des nuages ») sur le méridien des poumons pour soulager l'oppression, l'asthme, les rhumatismes, l'amygdalite et l'acnée ; le *tian xi* (« ravin céleste »), sur le méridien de la rate, est lié à des maladies comme la bronchite, la toux, et — assez étrangement — l'ulcère peptique.

Depuis quelques années, l'acupuncture chinoise, qui utilise toujours l'ancien système des méridiens, suscite un intérêt considérable dans le monde. C'est ainsi qu'un cardiologue américain, le docteur E. Gray Dimond, rapporte avoir assisté en Chine à l'ablation d'un poumon avec, pour seul anesthésique, une simple aiguille piquée dans le bras gauche du patient et stimulée électriquement par des courants faradiques. « Le thorax était grand ouvert, raconte le médecin. Je voyais battre le cœur, et, pendant tout ce temps, le patient bavardait gaiement et d'une façon tout à fait cohérente. Au milieu de l'opération, il dit qu'il avait faim ; les chirurgiens firent une pause et lui donnèrent un bol de compote. »

Les sceptiques attribuent les succès de l'acupuncture à une forme subtile d'hypnose. Mais cette hypothèse est peu vraisemblable pour diverses raisons, dont l'une est que les Mongols pratiquent l'acupuncture sur les animaux depuis des siècles. Il n'en reste pas moins que le succès de cette technique dépend dans une large mesure de l'état d'esprit du patient. Même en Chine, les candidats sont d'abord soigneusement choisis, car l'anesthésie par acupuncture ne donne pas des résultats identiques pour tout le monde.

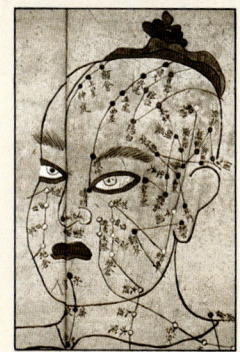

Les méridiens guident l'acupuncteur en lui indiquant les points où il doit placer ses aiguilles pour moduler le flux d'énergie qui arrive aux différentes régions du corps. Douze lignes principales couvrent la tête et le corps, chacune représentant un organe interne et ses multiples fonctions.

Le culte des morts
Un voyage dans l'éternité

PEUT-ON imaginer plus égyptien qu'une momie ? Et pourtant le mot lui-même n'est pas égyptien, puisqu'il viendrait du perse *mummia,* qui signifie « bitume » ou « goudron ». Cette origine s'explique, car les corps embaumés noircissent souvent avec le temps ; on pensa donc, à tort, que les Égyptiens conservaient les corps de leurs morts en les baignant dans le goudron. Les premières momies d'Égypte furent sans doute le résultat d'un simple caprice de la nature. Bien avant l'avènement des pharaons, il y a plus de 5 000 ans, les paysans de la vallée du Nil, peu disposés à transformer leurs petits champs fertiles en cimetières, enterraient leurs morts tout nus dans la terre sablonneuse, en bordure du désert. Avec le temps, le mouvement des sables dut découvrir certains des corps qui reposaient parfois à moins d'un mètre de profondeur. Et l'on constata alors que le sable chaud avait parfaitement desséché les cadavres, arrêtant ainsi le processus normal de décomposition. Vieux de plusieurs siècles, ils avaient conservé leur peau et leurs cheveux, ce qui leur donnait une apparence étrangement vivante. Certains de ces corps, qui ne sont pas à proprement parler des momies, ont gardé cet aspect jusqu'à nos jours.

A l'époque des pharaons, après 3 100 av. J.-C., la croyance en l'au-delà donna naissance à un véritable culte des morts. On en vint à croire que la conservation des corps était non seulement possible, mais indispensable si l'on voulait que les morts jouissent du paradis. Un corps qui perdait une partie quelconque de lui-même dans la tombe, pensait-on, en serait privé pour l'éternité. Et c'est peut-être pourquoi les représentations humaines qui décorent les tombes égyptiennes montrent généralement les deux bras et les deux jambes des personnages.

La conservation du corps devint le point central de la préparation à la vie après la mort. Ceux qui en avaient les moyens voulurent se

L'ART SECRET DES EMBAUMEURS

Au cours des 3 000 ans et plus que la momification fut pratiquée en Égypte, les techniques évoluèrent. Mais la plupart des spécialistes pensent que les meilleurs embaumeurs, à l'époque où leur art atteignit son apogée (vers le xe siècle av. J.-C.), procédaient de la manière suivante.

L'embaumeur commence par faire une incision d'une dizaine de centimètres sur le côté gauche de l'abdomen, avec une lame de silex. Il retire tous les viscères, à l'exception du cœur, considéré alors comme le siège des sentiments. Il lave les organes un à un dans le vin, les enduit de résines et d'aromates, parmi lesquels la myrrhe et la cannelle, puis il remplit la cavité abdominale d'huile de cèdre pour dissoudre les derniers tissus. Il passe ensuite au cerveau, qu'il atteint en enfonçant un crochet par une narine. Une fois la cavité crânienne bien grattée, il la remplit d'huile de cèdre et d'aromates pour la libérer des derniers résidus de matière cérébrale.

Quand ce travail préliminaire est accompli,

Ce détail du papyrus d'Anhaï (vers 1 250 av. J.-C.) représente Anubis, l'embaumeur céleste, mi-dieu, mi-homme.

l'embaumeur recouvre les viscères et le corps du défunt de natron en poudre pour les déshydrater. Ils restent ainsi environ un mois, après quoi il les lave une fois encore dans les aromates et les parfums. Toute l'opération est menée avec la plus grande minutie. Avant de commencer, par exemple, l'embaumeur attache des fourreaux aux doigts du mort pour protéger les ongles.

Puis il enveloppe les viscères déshydratés, un par un, dans une toile de lin et les replace dans la cavité abdominale (ou bien il les conserve séparément dans un canope, jarre de terre cuite ou d'albâtre), qu'il bourre ensuite avec de la sciure de bois, des lambeaux de toile, du goudron ou de la boue. Le travail terminé, il suture l'incision. Comme le natron a abîmé les cheveux du mort, il lui faut encore tisser des cheveux artificiels dans ce qui reste de la chevelure originale, puis poser des yeux peints dans les orbites du crâne. Le plus difficile reste à faire : redonner leur aspect initial aux lignes affaissées du corps et du visage.

Pour procéder à cette véritable chirurgie plastique, l'embaumeur travaille très lentement, pratique de minuscules incisions et glisse sous la peau des tampons de lin soigneusement mis en forme, tout comme le chirurgien du xxe siècle utilise la silicone pour donner une deuxième jeunesse à ses patients. Le visage et le cou sont traités de la même manière, en bourrant la cavité buccale pour maintenir les joues en place. Finalement, l'embaumeur se transforme en artiste pour colorer le visage et parfois le corps tout entier à l'ocre (rouge pour les hommes, jaune pour les femmes). Le cadavre peut maintenant recevoir les bandelettes. L'embaumeur entoure chaque membre d'une bandelette bien serrée, enduite de résine, puis la tête et le torse, enfin emmaillote tout le corps. Le travail demande une longue patience : les bandelettes de certaines momies avaient parfois plus de 2 kilomètres de long ! L'embaumeur achève enfin son travail, après quelque soixante-dix jours de peine. Il remet la momie à la famille, qui a de son côté fait préparer un cercueil de bois à forme humaine et fait creuser un tombeau. Le mort est maintenant physiquement immortel, prêt pour l'éternité parmi les dieux.

faire enterrer à l'abri de tombes de pierre, plutôt qu'en pleine terre. Mais alors les cadavres n'étaient plus en contact avec le sable qui les empêchait de se décomposer. Il fallut donc découvrir de nouvelles techniques, dont une nouvelle catégorie d'artisans, les embaumeurs, se transmirent le secret de génération en génération. Pour remplacer le sable, les embaumeurs d'Égypte découvrirent les vertus des cristaux alcalins de natron — carbonate de sodium hydraté naturel —, qui, pulvérisés et utilisés en lits, absorbaient les fluides des corps à la manière d'une éponge. Les embaumeurs se servaient aussi de parfums et de solvants pour laver les viscères, puis ils enveloppaient le corps dans des bandelettes de lin longues de plusieurs centaines de mètres, entre lesquelles on glissait souvent de précieuses amulettes pour protéger le mort des esprits malins pendant son long voyage.

Les premières véritables momies que nous connaissions datent d'environ 2 600 av. J.-C. La technique de l'embaumement atteignit son apogée sous la XXIᵉ dynastie des pharaons, entre 1085 et 945 av. J.-C. Puis, peu à peu, la dévotion céda le pas au commerce. Au lieu de chercher à conserver un corps dans son intégralité, les embaumeurs se souciaient surtout d'en préserver l'apparence. Le corps était enduit intérieurement et extérieurement d'une épaisse couche de résine, ou parfois de miel, qui masquait la décomposition des tissus, mais ne l'empêchait pas. De violents parfums dissimulaient l'odeur fétide que dégageaient les cercueils de bois qui avaient remplacé la minutieuse technique des bandelettes, et sur lesquels on peignait l'image du mort. C'est pourquoi les momies les plus récentes sont souvent les moins bien conservées.

Pourtant, jusque vers la fin du Iᵉʳ siècle av. J.-C., l'art de l'embaumeur demeura hautement respecté, et fort bien rémunéré. Un écrivain grec, Diodore de Sicile, rapporte que les embaumeurs de l'époque offraient trois classes de service. Pour la troisième, la meilleur marché, ils se faisaient payer un prix raisonnable, nous dit-il, sans autre précision. Même ainsi, la somme dépassait vraisemblablement les moyens de la grande majorité de la population égyptienne, manœuvres et paysans, qui enterraient leurs morts où et comme ils le pouvaient. La seconde classe coûtait 20 mines, l'équivalent de 30 000 francs. L'embaumement de première classe, choisi pour la conservation du corps dans son entier, se payait un talent, soit plus de 100 000 francs.

Bien des pauvres gens continuèrent à enterrer leurs morts dans le sable, où il s'avéra qu'ils avaient plus de chance de résister à l'épreuve du temps que s'ils avaient été embaumés : au cours des longs siècles pharaoniques, presque toutes les tombes contenant des objets de quelque valeur furent pillées. Sans aucune crainte des morts, les voleurs allaient même jusqu'à défaire les bandelettes pour s'emparer des objets précieux qu'elles dissimulaient. Les prêtres enveloppèrent à nouveau la plupart des dépouilles profanées, mais maladroitement. De l'extérieur, les corps paraissent souvent bien conservés, mais la radiographie montre qu'il ne reste souvent sous les bandelettes que des lambeaux de vêtements et un fouillis d'ossements.

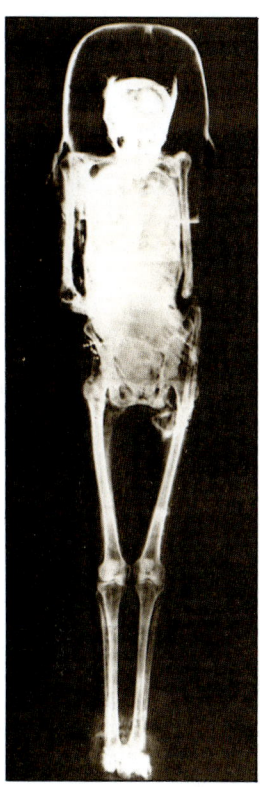

La radiographie permet de voir ce que recouvrent les bandelettes d'une momie sans avoir à la démailloter et à exposer le corps au contact néfaste de l'air.

Rage de dents en Égypte
Fils d'or et prothèses dentaires

RIEN de nouveau sous le soleil : il y a 4 000 ans, les Égyptiens souffraient eux aussi de rages de dents. L'étude de la denture des momies montre cependant que la carie était moins fréquente qu'aujourd'hui, le sucre ne faisant pas partie de l'alimentation de l'époque. Le mal dont les Égyptiens souffraient tout particulièrement, l'attrition, est une érosion très forte de l'émail, qui aboutit finalement, après une altération progressive de la dent, à un simple chicot, au ras

des gencives. Cette attrition, constatée chez les momies, résulte vraisemblablement du fait que le pain égyptien contenait d'innombrables particules de grès qui se détachaient des meules lors du broyage des grains de céréales destinés à la fabrication de la farine. Elles provoquaient certainement des abcès très douloureux qui conduisaient à une désagrégation de la dent.

Les égyptologues savaient depuis des années que des dentistes pratiquaient leur art dès le XVIᵉ siècle av. J.-C. La médecine égyptienne

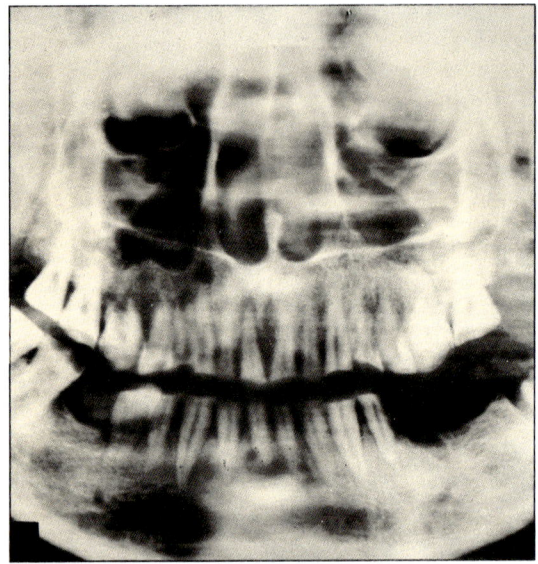

La radiographie des momies montre que les maux de dents étaient aussi communs dans l'ancienne Égypte qu'aujourd'hui. Le cliché ci-contre révèle que le sujet souffrait de graves abcès et d'une attrition dentaire prononcée (usure des dents probablement causée par des aliments contenant des particules abrasives).

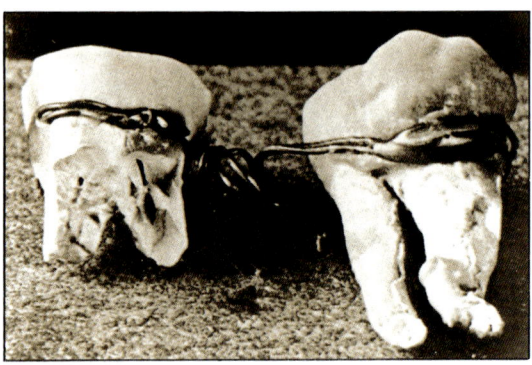

Ces deux dents, découvertes dans une tombe d'Égypte et ligaturées par un fil d'or, semblent prouver que la dentisterie égyptienne utilisait déjà des techniques très modernes. Certains archéologues pensent cependant qu'on les avait montées sur un fil pour les porter autour du cou, en guise d'ornement.

Les inscriptions de ce panneau de la tombe de Hesi-Rê lui donnent le titre de « chef des dentistes et des médecins ».

était la plus avancée du monde antique et elle était souvent exercée, comme de nos jours, par des spécialistes très expérimentés, rompus à des techniques déjà très évoluées. Un célèbre ouvrage médical datant de 1550 av. J.-C., le papyrus Ebers, renferme de nombreuses prescriptions de médecine dentaire. Par exemple, on traitait les dents déchaussées en appliquant une pâte composée d'un mélange d'ocre, de graines pilées et de miel. Pour apaiser l'inflammation des gencives, il fallait mastiquer, sans l'avaler, une mixture de fèves saturées de rosée et de dattes mélangées dans du lait. Jusqu'à une date toute récente, on pensait généralement que la dentisterie égyptienne n'allait guère plus loin que les recettes du papyrus Ebers, et avant 1952 la seule preuve qui démontrait la dextérité des dentistes égyptiens fut sans aucun doute la découverte, dans la bouche d'une momie, d'un fil d'or qui liait ensemble deux dents, probablement déchaussées et sur le point de tomber.

Mais était-ce bien là tout le savoir des dentistes égyptiens ? N'utilisaient-ils pas aussi d'autres techniques jusqu'à celles pratiquées aujourd'hui par la dentisterie moderne ? Durant de nombreuses années, certains égyptologues, ainsi que des dentistes spécialisés en archéologie, avaient soutenu que les Égyptiens savaient fabriquer ce que nous appelons aujour-

DES ÉGYPTIENS AUSSI OPHTALMOLOGUES...

Au vᵉ siècle av. J.-C., alors que la civilisation de l'Égypte était déjà fort ancienne, l'historien grec Hérodote, qui visitait le pays, fut très admiratif en y découvrant ses habitants et leurs coutumes. Ce qui l'étonna le plus fut la spécialisation qu'il observa parmi les médecins égyptiens. « La pratique de la médecine est tellement fractionnée, écrit-il, qu'un médecin soigne en tout et pour tout une seule maladie. Le pays fourmille d'hommes de médecine, certains pour les yeux, d'autres pour la tête, d'autres encore pour les dents ou les intestins, ou pour quelque obscure maladie. » En fait, la spécialisation de certains médecins égyptiens n'était pas récente, puisqu'elle datait d'au moins deux mille ans.

Prenons l'exemple d'Iry, médecin dont la tombe fut découverte près des pyramides de Guizèh, en 1926. Iry vécut entre 2270 et 2100 av. J.-C. Les hiéroglyphes d'une énorme stèle érigée en sa mémoire nous apprennent qu'il était oculiste de la cour. Curieusement, elles lui prêtent aussi les pouvoirs d'un magicien.

Le papyrus Ebers, traité médical compilé environ sept cents ans après la mort d'Iry, est notre principale source d'informations sur les maladies de l'œil dans l'ancienne Égypte. Elles étaient très semblables à celles dont nous souffrons aujourd'hui : troubles de la vue,

strabisme, cataracte et conjonctivite. Par contre, les prescriptions étaient quelque peu différentes. Pour une vue faible, on recommandait d'injecter dans l'oreille du patient un mélange de miel, de minium et de larmes de pourceau. Pour le strabisme, il fallait user d'un onguent composé essentiellement de cerveaux de tortues. Ces remèdes, nous dit-on, sont nettement plus efficaces si le patient répète deux fois la formule magique : « J'ai suivi les instructions et pris le médicament : le crocodile est sans force ni puissance » (selon les mythes anciens, le crocodile était l'un des animaux qui causaient les éclipses en dérobant l'œil du soleil).

Bien que nous ignorions si les Égyptiens pratiquaient des interventions sur l'œil et si par exemple ils procédaient à l'opération de la cataracte, il serait faux de croire que leur médecine n'était que préparation incohérente à base de cerveaux de tortues ou autres ingrédients bizarres. A l'examen, leurs prescriptions sont plus sensées qu'il ne paraît à première vue. Ne recommandaient-ils pas le foie, sous une forme ou une autre, pour traiter l'héméralopie, c'est-à-dire la diminution de la vision lorsque l'éclairage est faible ? Jusqu'à une date toute récente, la médecine moderne n'avait rien de mieux à offrir que l'huile de foie de morue.

d'hui des bridges et que c'est en fait en Égypte que les prothèses dentaires avaient vu le jour. Mais chaque fois que quelqu'un affirmait en avoir trouvé la preuve, par exemple une dent artificielle ou un bridge dans la bouche d'une momie, la découverte était chaudement contestée. Il fallut attendre 1952 pour tenir enfin une preuve irréfutable : dans une nécropole située à une cinquantaine de kilomètres au nord-ouest du Caire, un professeur de l'université américaine de cette ville découvrit un bridge artificiel, fait de vraies dents, au milieu des os écrasés d'un crâne vieux de 4 500 ans.

Le bridge se composait de trois dents (et probablement aussi d'une quatrième) maintenues ensemble par un fil d'or. De toute évidence, il ne s'agissait pas de dents déchaussées qu'on aurait ainsi consolidées. Les racines de deux d'entre elles avaient été grattées pour les mettre en forme, tandis que la troisième était une dent « vivante » qui servait d'appui au bridge. De plus, une extrémité du fil d'or qui ligaturait les deux dents passait par un trou percé dans la troisième, ce qui donne à penser qu'un trou semblable s'ouvrait aussi dans une autre dent saine, à l'autre extrémité. Le tartre qui était déposé sur les dents prouvait que le bridge avait servi durant une longue période avant que son propriétaire meure.

La découverte passa inaperçue. En 1974 cependant, le professeur Shafik Farid, son auteur, la porta à l'attention d'un collègue, Zaki Iskander, et d'un orthodontiste américain, James E. Harris. Après une étude minutieuse, ils publièrent l'année suivante leurs conclusions : « La réalisation de ce bridge… démontre de façon certaine que les Égyptiens pratiquaient l'art de la dentisterie, au vrai sens du terme, dès l'époque de l'Ancien Empire (2700-2200 av. J.-C.). »

Des Christophe Colomb chinois ?
De troublantes coïncidences

SELON toutes les théories reçues, les premiers découvreurs de l'Amérique ont un point en commun : Irlandais, Gallois, Scandinaves, Phéniciens ou Italiens, tous sont partis d'Europe et ont fait voile vers l'ouest. De même, les historiens savent que les Amérindiens vinrent d'Asie peupler le Nouveau Monde, il y a au moins 12 000 ans, vers la fin de la dernière période glaciaire, quand le détroit de Béring était encore un isthme. Mais jusqu'à une date récente, personne n'a jamais cru qu'il y ait eu d'autres échanges entre l'Asie et les Amériques après que les deux continents furent séparés par la montée des eaux.

Pourtant, quelques indices font penser le contraire : des marins chinois ont peut-être traversé le Pacifique bien des siècles avant que les premiers Européens posent le pied en terre américaine. A vrai dire, aucun ancien objet chinois n'a été retrouvé sur le continent, et les archives de Chine ne mentionnent nulle part un tel voyage. Cependant, certains faits paraissent inexplicables sans l'existence de quelque contact très ancien entre les deux rives du Pacifique. Le premier de ces faits, et le plus étonnant, c'est à la modeste cacahuète que nous le devons.

Les botanistes sont tous d'accord : l'arachide est originaire d'Amérique du Sud, et son fruit ne peut résister aux sucs digestifs des oiseaux ni à un séjour prolongé dans l'eau de mer. Bien que la Chine soit aujourd'hui le premier producteur mondial d'arachide, la plante y fut inconnue aux temps modernes jusqu'à notre siècle. Comment se fait-il alors qu'on ait trouvé des arachides racornies datant d'environ 3000 av. J.-C. (datées au carbone 14) dans les provinces côtières chinoises du Kiangsu et du Chekiang ? N'est-il pas vraisemblable que la plante ait été portée d'un continent à l'autre par des mains humaines ?

Mais ce n'est pas tout. Les similitudes que l'on relève entre la culture chinoise et les cultures d'Amérique du Sud et d'Amérique centrale sont trop nombreuses pour être purement fortuites. Prenons par exemple cette coutume qui veut que l'on glisse des perles de jade dans la bouche des morts. Les Aztèques et les Mayas du Mexique la pratiquaient tout comme les Chinois. Plus étrange encore, des deux côtés du Pacifique, le jade vert était parfois peint à l'ocre rouge. Des coutumes semblables peuvent naturellement exister dans deux cultures complètement séparées l'une de l'autre, mais elles ne se répètent généralement pas avec un tel luxe de détails. Pareillement, il n'est peut-être pas surprenant que l'ancienne dynastie chinoise des Shang (Chang) [v. 1450-1050 av. J.-C.] et l'une des plus anciennes civilisations du Mexique, celle des Olmèques

L'arachide, originaire d'Amérique du Sud, et dont des spécimens très anciens furent retrouvés il y a 3 000 ans, prouve peut-être l'existence de relations très lointaines entre la Chine et le continent américain.

(1300-900 av. J.-C.), aient toutes deux adoré les grands félins (le tigre en Chine, le jaguar au Mexique), dieux de la terre. Mais il est bien étrange que la mâchoire inférieure soit souvent absente dans les images de ceux que vénéraient les deux cultures.

Autre coïncidence qui pourrait être révélatrice : des figurines d'argile montées sur roues, représentant des animaux, retrouvées au Mexique, alors que la Chine de la dynastie Han en fabriquait de semblables au IIIe siècle av. J.-C. Mais il est étonnant de les découvrir en Amérique, puisque aucune culture américaine n'utilisait la roue avant l'arrivée des Européens, au XVe siècle. Les Aztèques utilisaient de fines haches de cuivre comme monnaie ; les Chinois aussi. Sous les Han, on fabriquait en Chine des pots d'argile à trois pieds, coiffés de couvercles coniques ; on a retrouvé des pots semblables, datant des Ve et VIe siècles de notre ère, à Teotihuacán, au Mexique, et à Kaminaljuyú, au Guatemala.

Les légendes chinoises parlent d'une terre appelée Fu-sang, un paradis situé « au-delà de l'océan de l'Est » (le Pacifique), et un moine bouddhiste du Ve siècle, Hui Shen, nous a laissé le récit du voyage qu'il dit y avoir fait. Comme sa relation présente d'étranges ressemblances avec les réalités américaines, des exégètes y ont vu une autre preuve du contact entre la Chine et le Nouveau Monde.

La plupart des spécialistes demeurent cependant sceptiques. Tout d'abord, Hui Shen prétend avoir vu des chariots, des chevaux et du bétail dans ce lointain « paradis ». Or nous savons qu'il n'existait rien de tout cela, à l'époque, sur le continent américain. De plus, l'absence du riz, du millet et du rat en Amérique avant 1492 contredit cette hypothèse : les biologistes et les botanistes savent qu'aucune de ces formes de vie n'existait sur le continent américain avant cette époque. Il n'aurait pu en être ainsi si les Chinois y avaient posé le pied. Le riz et le millet forment la base de l'alimentation chinoise depuis l'aube de l'histoire, et les anciens voyageurs au long cours emportaient toujours avec eux une réserve de grain pour semer et refaire leurs provisions dès qu'ils pouvaient faire halte. Quant aux rats, qui ont peuplé les îles de Polynésie en se cachant à

Les Olmèques du Mexique et les Chinois vénéraient les grands félins — le jaguar chez les Olmèques, le tigre chez les Chinois. Curieusement, les deux peuples représentaient leurs dieux félins sans mâchoire inférieure, comme dans le cas de ce tigre de bronze (ci-dessus), et du jaguar de pierre (à droite) qui fait face à la pyramide Castillo de Chichén Itzá, au Mexique. Ces étonnantes similitudes évoquent la possibilité d'un contact entre les deux cultures, d'une rive à l'autre du Pacifique.

bord de minuscules pirogues, ils auraient certainement pu se dissimuler dans une jonque chinoise. Pourtant, ils n'arrivèrent en Amérique qu'avec Christophe Colomb.

En 1974, pour démontrer que les sceptiques avaient tort, l'écrivain Kuno Knöbl construisit une réplique d'une jonque chinoise datant du IIᵉ siècle av. J.-C. Longue de 20 mètres et copiée sur un modèle d'argile découvert à Canton en 1954, elle ne possédait aucune pièce de métal : 1 000 chevilles et 3 000 clous de bois retenaient ses membrures. Selon ses plans, Knöbl devait suivre le courant du Kuro-shio, pour traverser le nord du Pacifique, du Japon jusqu'en Californie, démontrant ainsi qu'une ancienne jonque aurait pu atteindre l'Amérique. Le voyage fut un échec. En quatre mois elle atteignit le milieu du Pacifique, où elle sombra, complètement rongée par les vers.

Bien entendu, cet échec n'a pas clos le débat, puisqu'un voyage manqué ne prouve finalement rien. La question reste posée. Si les Chinois ont traversé le Pacifique, comment ont-ils fait pour laisser les rats en Asie ? S'ils ne l'ont pas traversé, qui donc a apporté ces statuettes à roues au Mexique, et qui a remporté dans ses bagages quelques cacahuètes jusqu'en Chine ?

Traduction du passé
Le premier dictionnaire bilingue

DEPUIS quinze longues années, dans la poussière et la chaleur accablante du nord-ouest de la Syrie, un archéologue italien procédait à des fouilles afin de percer les secrets d'un monticule, le tell Mardikh, une colline située au sud d'Alep. L'enthousiasme de Paolo Matthiae n'avait cessé de grandir avec les années pour ce qui n'était pas, à l'évidence, un site ordinaire. Fouillant méthodiquement le tertre, son équipe avait mis au jour une porte splendide, une monumentale muraille d'enceinte de ville, les vestiges d'un palais royal, des temples et de nombreuses maisons. Après cinq années de fouilles, on trouva, sur une statuette mutilée, une inscription qui révéla que la cité se dénommait Ébla, nom jusque-là uniquement connu des archéologues par quelques inscriptions datant de 3000 av. J.-C. et retrouvées en Égypte et en Mésopotamie.

Puis, en 1974, fut faite une découverte inestimable, qui allait se révéler déterminante pour une véritable compréhension de l'histoire antique du Proche-Orient. Dans une des chambres du palais, un des ouvriers de Matthiae exhuma 42 petites tablettes d'argile couvertes de signes et d'inscriptions. L'année suivante, à la fin des travaux, les archéologues découvrirent encore deux chambres renfermant plus de 15 000 tablettes. Elles étaient tombées à terre lorsque le feu avait consumé les étagères sur lesquelles on les avait rangées.

Mais personne ne parvenait à déchiffrer leurs caractères cunéiformes. Il ne s'agissait ni d'akkadien ni de sumérien déjà bien connus, mais d'une langue encore inconnue. Les signes ressemblaient à l'écriture cunéiforme de Sumer, et quelques-uns des symboles furent effectivement identifiés comme étant sumériens. La découverte de plus de 100 tablettes bilingues, qui contenaient des listes de mots sumériens avec leurs équivalents en langue d'Ébla donna la clef de l'énigme.

Syllabe après syllabe, mot après mot, grâce à ces tablettes qui sont sans doute le véritable premier dictionnaire bilingue du monde, les chercheurs percèrent le secret de l'ancienne langue d'Ébla et comprirent alors qu'il faudrait réécrire toute l'histoire de la région. Jusque-là, on avait cru que la Syrie et la Palestine, il y a 4 500 ans, n'étaient qu'une zone tampon entre les empires de Mésopotamie, à l'est, et l'Égypte, au sud. Or les archives d'Ébla venaient bouleverser cette vue, puisqu'elles rendaient compte de l'existence du puissant royaume syrien d'Ébla.

L'ampleur des archives d'Ébla est étonnante. Elles sont quatre fois plus volumineuses que tous les autres documents de la même époque rassemblés. Ces milliers de tablettes, qui sont loin d'avoir encore été toutes déchiffrées, nous parlent du commerce florissant qu'Ébla entretenait avec de fameuses cités lointaines, que l'on croyait fondées beaucoup plus tard, notamment Gaza et Beyrouth. Elles renferment aussi de précieuses chroniques et le texte de traités conclus avec des États voisins, qui montrent que la puissance d'Ébla s'étendait au moins jusqu'au Tigre. Plus près, de nombreuses cités-États de moindre importance, des villes et des villages payaient tribut à ce qui était manifestement une grande capitale impériale.

L'une des trouvailles les plus intéressantes fut celle d'un groupe de tablettes écrites par les mains hésitantes d'élèves qui apprenaient à maîtriser la langue d'Ébla. Certaines sont marquées d'un X, de la main sûre du maître, signe qui relève la faute d'un élève. Nous savons que l'un d'eux s'appelait Azi, et nous pouvons suivre sa carrière sur une série de

Les archives d'Ébla renfermaient plus de 15 000 tablettes couvertes de caractères cunéiformes. Grâce à des documents tels que ce relevé des salaires des serviteurs du palais, les archéologues disposent d'une foule de détails sur la vie de la cité au faîte de sa puissance, il y a 4 500 ans.

tablettes portant son nom. Débutant comme simple élève, il réussit son examen et devient scribe. Plus tard, on l'appelle *dub-zu-zu,* « celui qui connaît les tablettes » en sumérien, une distinction rare. Finalement, nous le retrouvons premier administrateur d'Ébla.

Lorsque ce travail de déchiffrement aura progressé davantage, les archéologues pourront peut-être compléter la biographie d'Azi, plus de 4 500 ans après sa mort, et combler les trous de l'histoire d'Ébla, dont ils ne possèdent encore que la trame. On ne sait que très peu de chose sur l'histoire de cette grande cité commerciale, sinon qu'elle fut tout d'abord saccagée par des guerriers akkadiens vers 2300 av. J.-C. Elle parvint à secouer le joug étranger, mais succomba devant les nomades amorrites, qui la rasèrent lors de leur invasion de la Syrie vers 1800 av. J.-C.

Avec les siècles, les ruines de la ville furent ensevelies de plus en plus profondément sous le tell Mardikh, mais les laborieuses compilations des scribes d'Ébla ont survécu pour témoigner du passé glorieux de leur cité.

Tombe ou temple ?
Le secret de l'hypogée de Malte

L'UN des plus extraordinaires monuments du monde méditerranéen s'étend au-dessous d'une épicerie de la ville commerçante de Paola, sur l'île de Malte. Il y fut découvert en 1902 par des maçons qui creusaient une citerne. Alors qu'ils effectuaient ces travaux, ils découvrirent, creusée dans la roche calcaire, une vaste chambre souterraine, qu'ils pensèrent tout d'abord utiliser pour y jeter leurs gravats. Toutefois l'un d'eux, comprenant qu'il ne s'agissait pas d'une grotte naturelle mais bien d'une chambre faite de main d'homme, en parla à des archéologues de l'île.

Ceux-ci retirèrent tous les déblais, puis, à leur grande surprise, découvrirent un labyrinthe de chambres qui s'étendait sur trois étages, à plus de 10 mètres de profondeur. Cet hypogée, d'un mot grec signifiant « sous la terre », était véritablement fascinant. Son architecture, notamment les piliers et les voûtes, ressemblait à celle de nombreux temples et tombes de l'ancienne Malte. Mais alors que tous les autres temples se dressaient en surface, cet édifice était entièrement construit dans les entrailles

de la terre. Plus ils avançaient dans leurs fouilles, moins les archéologues étaient sûrs qu'il s'agissait d'un temple, surtout lorsqu'ils tombèrent sur les ossements de 7 000 personnes, enfouis sous les débris. Pourquoi et quand avait-on construit l'hypogée ? La réponse fut plus facilement apportée pour la seconde question. En effet, d'autres temples de l'île de Malte, semblables par leur style à cette construction, datent d'environ 2400 av. J.-C., époque à laquelle les habitants de l'île construisirent d'innombrables sanctuaires. Leurs outils : des pics et des coins en corne ou en bois de cerf qu'ils enfonçaient dans la roche avec des maillets de pierre, ainsi que des outils de silex et d'obsidienne pour les travaux plus fins.

On ignore presque tout de cette peuplade encore à l'âge de la Pierre, si ce n'est qu'elle comptait dans ses rangs d'excellents bâtisseurs. A preuve, une chambre de l'hypogée, la « chambre de l'oracle », où s'ouvre une cavité à peine assez grande pour qu'une personne puisse s'y loger. Si un homme s'assied dans cette cavité et parle d'une voie normale (l'effet n'est pas aussi concluant lorsqu'il s'agit d'une voix féminine, trop aiguë), le son est porté sans aucune déformation tout autour de la chambre, le long d'une arête sculptée juste au-dessous de la voûte. De toute évidence, le constructeur de cette chambre lui donna volontairement cette étonnante acoustique.

Cette découverte amena les archéologues à penser que l'hypogée était un édifice religieux et que la chambre aux échos abritait peut-être le sanctuaire d'un oracle, vraisemblablement rendu par un homme, mais dont l'objet du culte était sans doute féminin, puisque les chercheurs ont retrouvé deux statuettes de femmes endormies, couchées sur le côté, ainsi que d'autres statuettes de femmes aux formes lourdes, peut-être enceintes : ces indices donnent à penser qu'on pratiquait en cet endroit un culte de la Terre mère dont l'aspect devait intimider ou même terrifier ceux qui venaient prier et consulter l'oracle. Un temple plongé dans l'obscurité, enfoui dans les entrailles de la terre, capable de transmettre la voix sépulcrale d'un personnage invisible autour d'une vaste chambre, ne pouvait qu'inspirer la dévotion.

Mais alors, quelle est la signification de ces 7 000 squelettes humains retrouvés dans une petite chambre de 12 mètres de diamètre ? Les squelettes n'étaient pas entiers, car 7 000 cadavres n'auraient pu tenir dans un volume si restreint. Ils témoignent en fait de l'existence d'une double sépulture, pratique courante chez les peuples primitifs. Le second enterrement consistait à inhumer les ossements lorsque les cadavres s'étaient décomposés dans une première sépulture. L'hypogée était-il la dernière demeure des fidèles du temple ? Et si l'ensemble de l'édifice célébrait la vie, accueillait-il aussi la mort ? Ces premiers habitants de Malte rendaient-ils un culte aux défunts ?

Personne ne sait quand ni pourquoi ces ossements furent placés dans la chambre. Personne ne sait non plus si l'hypogée changea de vocation à une époque de son histoire, se transformant de temple en nécropole, ou s'il servit dès l'origine à ces deux fonctions. De nombreux temples construits en surface sont des imitations de tombes de pierre plus anciennes. Peut-être l'hypogée est-il tout juste le contraire : une tombe construite dans le style d'un temple édifié à la surface du sol. Nous ignorons les réponses à ces questions, et l'énigme du temple de Malte restera sans doute sans solution.

Taillé dans la masse de la roche, il y a 4 500 ans, l'hypogée de Malte ressemble dans sa construction aux temples que l'on construisait à la surface du sol. Les chambres (ci-contre) sont ornées de piliers, de niches et de linteaux ouvrés. L'édifice était probablement un temple consacré à une divinité féminine, peut-être cette femme endormie (ci-dessus).

Un singulier labyrinthe

Palais royal ou mausolée ?

Il y a 4 000 ans, l'île de Crète était le centre d'une civilisation qui brillait de tous ses feux : celle des riches Minoens, commerçants et navigateurs, qui devança de plusieurs siècles l'essor de la Grèce. Et la légende de l'Atlantide, qui nous parle de l'anéantissement d'une société prospère lorsque les dieux, irrités par son arrogance, commandèrent à la mer de l'engloutir, est peut-être un lointain souvenir de leur tragique destinée. En effet, on pense aujourd'hui qu'un raz de marée causé par l'éruption volcanique qui dévasta l'île de Santorin (l'île de Thêra), distante d'une centaine de kilomètres,

entraîna la disparition brutale des Minoens.

Le souvenir de cette civilisation et de ses réalisations s'estompa. Pendant plus de 3 000 ans, elle tomba dans l'oubli, si ce n'est la légende du roi Minos et du féroce Minotaure, mi-homme, mi-taureau, tapi dans l'obscurité d'un labyrinthe souterrain. Puis, au début du XXᵉ siècle, un archéologue anglais, sir Arthur Evans, découvrit les vestiges de la capitale minoenne, Cnossos. La cité proprement dite était fort étendue, et son port voisin devait bien compter 100 000 âmes. Mais la plus étonnante découverte d'Evans fut celle d'un vaste édifice que la plupart de ses collègues prirent

L'ANTRE DU MINOTAURE

L'agencement déconcertant du palais de Cnossos paraît être à l'origine de la légende du labyrinthe. Un fouillis d'escaliers — parfois trois dans l'espace de 8 mètres — relie des pièces qui se succèdent à des niveaux différents, et les corridors qui mènent d'une cour à la suivante se croisent et bifurquent si soudainement qu'un visiteur privé de son guide se trouve rapidement désorienté.

Selon l'ancienne tradition grecque, la reine Pasiphaé, épouse du roi Minos, s'était laissé prendre aux charmes d'un taureau blanc envoyé par Poséidon, dieu de la mer. Le fruit de ces amours fut le monstrueux Minotaure, dont la

Le Minotaure, mi-homme, mi-taureau, a inspiré de nombreux artistes. G.F. Watts, peintre du XIXᵉ siècle, prête au monstre une expression presque humaine.

tête de taureau reposait sur un corps humain. Minos emprisonna la créature dans un labyrinthe que dessina pour lui Dédale (l'inventeur mythique dont le fils, Icare, trouva la mort lorsqu'il voulut voler trop près du soleil). Plus tard, lorsque Minos eut défait Athènes, il en exigea un terrible tribut : tous les ans, sept jeunes hommes et sept jeunes filles d'Athènes seraient livrés aux Crétois pour que le Minotaure s'en repaisse. On menait donc les infortunés jeunes gens au labyrinthe, où ils erraient, abandonnés de tous, jusqu'à ce que la bête les trouve et les dévore. Le cycle infernal de ces sacrifices humains fut cependant rompu lorsque le héros athénien Thésée prit place parmi les victimes et fit la conquête du cœur d'Ariane, l'une des filles du roi Minos. La belle Ariane lui remit en secret une pelote de fil pour qu'il puisse retrouver son chemin et s'échapper du labyrinthe après avoir tué le Minotaure.

Bien que ce récit paraisse sortir tout droit de quelque cruel conte de fées, les complexes réseaux de couloirs, d'escaliers et de salles que recèlent les ruines du palais de Cnossos sont autant d'indices qui donnent à cette légende plus qu'une teinte de vérité historique. D'autres détails relevés dans le palais semblent également prouver que le culte du taureau était au cœur de la religion minoenne, sans doute parce que cet animal, comme dans d'autres cultures anciennes, était un symbole de virilité. Plusieurs fresques de Cnossos nous montrent de jeunes acrobates sautant au-dessus des cornes d'un taureau lancé en pleine course. Si de tels exploits étaient tentés à l'occasion de cérémonies religieuses ou de compétitions sportives, leurs auteurs n'avaient pas plus de chance de survivre que les Athéniens dans le labyrinthe du Minotaure. C'est du moins ce que pensent des toreros espagnols, qui, interrogés sur les dangers d'une telle entreprise, furent unanimes à dire que l'exploit ne risquait guère d'être répété par la même personne.

pour un palais royal. Construit sur plusieurs niveaux, certains d'entre eux souterrains, le palais étalait d'innombrables merveilles : sur ses murs, des fresques aux couleurs vives représentaient des scènes de la vie aquatique, des ballerines, des taureaux et des acrobates. On retrouva aussi des silos de pierre, des vestiges d'instruments de musique, des haches et des pointes de flèche en bronze, un échiquier de près de 1 mètre de côté en ivoire doré à la feuille et incrusté d'une mosaïque de cristal et de terre vernissée. L'albâtre poli resplendissait sur le dallage des salles de réception, sur ce qui semblait être le trône d'un roi, autour des portes et sur les colonnes évasées vers le haut, caractéristiques de l'architecture minoenne.

Mais ce luxueux édifice était-il vraiment un palais royal ? Cette conclusion, généralement admise par les archéologues et les historiens, est vivement contestée par un Allemand, Hans Georg Wunderlich, qui, dans un ouvrage publié en 1972, soutient que, loin d'être la demeure d'un roi vivant, c'était en fait la maison des morts, un gigantesque mausolée. Selon lui, les immenses jarres de terre qui auraient servi à garder le grain, l'huile et le vin sont en réalité des urnes funéraires où l'on conservait les cadavres dans le miel ; les silos de pierre sont des tombes ; quant aux fresques, elles symbolisent le passage de l'âme dans l'au-delà et représentent les biens dont le mort doit se munir. Même le réseau complexe de canali-

sations du palais n'était pas destiné aux vivants, mais servait vraisemblablement à l'embaumement des morts.

A l'appui de ces étonnantes conclusions, Wunderlich avance plusieurs faits intéressants. Tout d'abord, le site même de l'édifice de Cnossos ne convient guère à un palais : très exposé, il n'est pas facile à défendre contre les attaques venues de la mer. De plus, les sources sont rares à cet endroit, et il aurait été difficile de canaliser de l'eau en quantité suffisante pour une vaste population. Enfin, ce palais ne paraît posséder ni cuisines ni écuries ; ses habitants pouvaient-ils donc se passer de nourriture et de montures ? Les salles où l'on a cru voir des appartements royaux sont construites en sous-sol, humides et sans fenêtres, et il serait bien étonnant qu'on ait choisi d'y vivre.

Mais la thèse de Wunderlich souffre d'une grave faiblesse. Aucune trace de sépultures ou de cadavres momifiés n'a été retrouvée sur le site (si ce n'est des ossements d'enfants qui datent de l'âge de la Pierre, des milliers d'années avant l'âge du Bronze en Crète). Même en supposant que des pilleurs de tombes aient plus tard vidé le palais, il semble invraisemblable qu'ils n'aient laissé aucune trace derrière eux. Après quatre-vingts années de fouilles patientes, rien n'indique donc que le « palais » ait jamais servi de sépulture. La réponse à ces questions troublantes gît peut-être encore sous un amas de décombres.

Contraception à l'ancienne
Planning familial avant l'heure

UNE préparation faite d'excréments de crocodile ? Voilà qui paraît sorti tout droit d'un chaudron de sorcière. Pourtant, le premier document connu sur la contraception, un papyrus égyptien datant d'environ 1850 av. J.-C., recommande l'emploi de ce bizarre ingrédient dans la fabrication d'un « ovule » vaginal, qui, fait le plus étonnant, avait parfois l'effet recherché. Les Égyptiens ne connaissaient rien du rôle que pouvait jouer le sperme dans la génération, mais ils apprirent pourtant, sans rien savoir des mécanismes de contraception, que l'insertion de certains produits dans le vagin pouvait, du moins avec un peu de chance, empêcher la femme d'être enceinte.

Ces préparations à base de substances gluantes devaient avoir prouvé leur efficacité dans le

contrôle des naissances. On en fait mention dans des documents islamiques jusqu'au XIe siècle, et ils furent connus dans certaines régions de l'Afrique et de l'Inde — où les excréments d'éléphant remplaçaient ceux de crocodile — jusqu'au XIIIe siècle. Mais les Égyptiens paraissent s'être intéressés aux pratiques contraceptives plus que la plupart des autres peuples de l'Antiquité. Leurs papyrus contiennent de nombreuses prescriptions détaillées et instructions gynécologiques : potions, irrigations vaginales à l'aide de certaines mixtures, douches postcoïtales (souvent avec un liquide à base de vin et d'ail), ainsi que les moyens à utiliser pour provoquer l'avortement, qui était l'une des méthodes les plus courantes pour contrôler le nombre des naissances.

De nombreuses Égyptiennes croyaient se prémunir contre les risques de l'enfantement en portant des amulettes semblables à celles que décrit ce papyrus médical de 1700 av. J.-C.

ÉTRANGES CROYANCES, FANTASTIQUES THÉORIES

Jusqu'au Ier siècle de notre ère, bien des gens croyaient que tout être humain existait en miniature dans le « germe » ou la semence. On pensait que chaque germe renfermait en lui les germes de tous ses descendants, l'un contenant l'autre, comme des poupées russes. Ainsi l'idée que la mère n'était pas la génitrice de son enfant, mais simplement sa nourricière — le champ sur lequel le père avait jeté sa semence — était fort courante même parmi les grands penseurs de la Grèce. Aristote, par exemple, disait que les femmes n'apportaient aucune semence à l'embryon. A l'opposé, Hippocrate, suivi par Pythagore et par Plutarque, pensait que les hommes et les femmes produisaient tous deux une semence, et que la fertilisation intervenait sur une sorte d'extrait représentatif des deux parents.

Ces anciennes théories sont souvent fascinantes. Des médecins de Sicile affirmaient que les garçons se développent plus vite dans le ventre de leur mère que les filles, car les fœtus mâles en occupent le côté droit, plus chaud. Bien des peuples attribuaient la conception non pas aux rapports sexuels, mais à la fécondation des femmes par le vent, l'eau, les plantes ou les animaux. Les Indiens blâmaient — ou félicitaient — l'ibis ; les Japonais, le papillon et la grue ; et les anciens Teutons, la cigogne, bien entendu. Partant, le meilleur moyen d'éviter la conception était de ne pas croiser le chemin de ces animaux. Les habitants des îles Trobriand, dans le Pacifique, ne croyaient apparemment pas que les rapports sexuels aient quelque chose à voir avec la grossesse. Pour eux, les enfants venaient du monde des esprits. En Papouasie, deux idées dominaient : la première, que les anguilles des cours d'eau pouvaient féconder les femmes ; la seconde, plus commune, que le sperme formait goutte après goutte le corps des enfants, d'où la nécessité de rapports sexuels répétés.

Particulièrement remarquable est cette prescription du papyrus Ebers (XVIe siècle av. J.-C.) : avant une relation sexuelle, la femme doit s'humecter le vagin à l'aide d'un linge préalablement imbibé de miel et d'essence d'acacia. Or ce mélange forme une gelée d'acide lactique, aujourd'hui universellement connu pour ses propriétés contraceptives. De nos jours, on conseille parfois aux femmes qui ont récemment enfanté de prolonger, autant qu'il est possible, la période d'allaitement afin de ne pas avoir immédiatement d'autres enfants. Les Égyptiens ont fort bien pu largement pratiquer cette méthode, hasardeuse mais parfois efficace.

Mais pourquoi voulaient-ils tant limiter les naissances à une époque où la mortalité infantile et une espérance de vie très courte empêchaient déjà la population d'augmenter ? Une bouche de plus à nourrir coûtait cher, certes, mais la principale raison de cette préoccupation était peut-être d'ordre esthétique. En d'autres termes, les belles Égyptiennes craignaient les ravages que des grossesses trop nombreuses ne manqueraient pas de faire sur leur corps. A l'appui de cette thèse, nombre des papyrus qui donnent des recettes contraceptives parlent aussi de lotions et d'onguents pour embellir la peau et les cheveux. Pourtant, ce sont les Grecs, et non les Égyptiens, qui se servirent de l'huile d'olive comme contraceptif (à l'instar d'autres substances visqueuses, elle avait probablement pour effet de réduire la mobilité des spermatozoïdes).

Les Grecs de l'époque classique étaient partisans convaincus de la limitation des naissances, et ils ne semblent guère s'être embarrassés des moyens pour y parvenir. Platon et Aristote, par exemple, préconisent non seulement les moyens contraceptifs et l'avortement, mais aussi l'abandon pur et simple des nouveau-nés non désirés. Les disciples d'Hippocrate, le père de la médecine grecque au Ve siècle av. J.-C., inventèrent une sorte de stérilet, un simple tube de plomb rempli de graisse de mouton introduit dans l'utérus. On sait aujourd'hui que l'introduction d'un corps étranger dans l'utérus peut empêcher la conception.

A l'exception de la méthode de l'interruption de la relation sexuelle avant l'éjaculation, dite *coitus interruptus,* les techniques contraceptives pratiquées avant l'ère chrétienne s'appliquaient aux femmes. Pourtant, en Grèce et à Rome, certains hommes semblent avoir aussi utilisé des préservatifs fabriqués avec des membranes animales. Au IIe siècle apr. J.-C., un médecin du nom d'Actios recommande à l'homme de se laver le pénis dans la saumure ou le vinaigre — tous deux hautement spermicides — avant tout rapport sexuel si le couple veut éviter une grossesse. Pour les Hébreux, en revanche, la multiplication de la race était un devoir religieux. Il n'est fait mention d'aucune méthode contraceptive dans leurs écrits.

Ce n'est qu'en 1843 que l'on a observé la fécondation de l'ovule par le spermatozoïde, ce qui permettait pour la première fois de fonder la contraception sur des faits scientifiques plutôt que sur de simples spéculations. Pourtant, il est intéressant de noter qu'à l'époque où l'on comprenait mal le processus de la conception les pratiques et dispositifs contraceptifs étaient remarquablement semblables à ceux que nous connaissons aujourd'hui, si l'on en excepte la pilule anticonceptionnelle.

Sagesse et fermeté d'une justice
Des lois vieilles de 4 000 ans

A L'EXTÉRIEUR des murs blanchis à la chaux du tribunal, le soleil écrase de chaleur la vallée de l'Euphrate, sillonnée de canaux d'irrigation où se mirent les dattiers et semée, çà et là, de champs verdoyants de blé et d'orge. A l'intérieur, le juge et son greffier écoutent attentivement un plaignant : le maçon qui lui a construit sa maison, affirme le pauvre homme, a si fort bâclé son travail que les murs font ventre autant qu'une femme enceinte. Le juge sourit et appelle le maçon, qui tout penaud reconnaît les faits. Le juge consulte la loi et décide que le maçon reconstruira la maison à ses frais.

Ne voilà-t-il pas une sentence qui nous semble bien raisonnable ? Pourtant, cette scène qui se déroule il y a près de 4 000 ans dans l'ancienne Babylone n'est pas le fruit d'une imagination moderne. Ce fut une affaire semblable qui créa un précédent auquel se référait la loi 233 du code d'Hammourabi : « Si un maçon construit une maison... et ne fait pas son travail à la perfection..., ledit maçon la doit remettre en état à ses frais. » Les 282 lois de ce code ne sont pas des préceptes moraux, comme les commandements de Moïse, mais une série de précédents juridiques adaptés à la

vie de l'Empire babylonien, dont la grande capitale commerçante, Babylone, bourdonnait de disputes et de chicanes incessantes.

Plusieurs versions nous en sont parvenues sur des tablettes d'argile, mais la meilleure et la plus célèbre, découverte par des archéologues français en 1901, est une stèle monumentale de 2,50 m de haut où les lois sont transcrites en 49 colonnes bien serrées de caractères cunéiformes. La stèle se dressait certainement dans une sorte de centre civique pour rappeler au public l'un des grands ouvrages d'Hammourabi, roi de Babylone, à l'apogée de sa gloire (seconde moitié du XVIIIe siècle av. J.-C.). Bien qu'il ne soit pas le plus ancien — les codes d'Ur-Nammu, par exemple, le précèdent de trois siècles —, le code d'Hammourabi est le plus complet de tous ceux qui nous sont parvenus.

Les sentences d'Hammourabi nous paraissent parfois sévères, mais pas plus que certaines lois encore en usage au Proche-Orient. D'autres, à la vérité, sont même empreintes de compassion. Prenons la loi sur l'adoption, par exemple : « Si un homme adopte un enfant pour son fils et l'élève, cet enfant ne peut être réclamé. » Et cette loi sur le divorce, qui tranche sur les habitudes de l'époque : « Si un

Le code d'Hammourabi (1800 av. J.-C.), conservé au musée du Louvre, est l'un des premiers recueils de lois de l'humanité. Transcrites sur une énorme stèle, ces règles nous donnent aussi de précieux renseignements sur les mœurs du temps d'Hammourabi. La partie supérieure de la stèle représente Hammourabi devant Shamash, le dieu de la justice.

AU LONG DES FLEUVES DE BABYLONE

C'est au XVIIIe siècle av. J.-C., sous la première dynastie babylonienne, au cours du règne d'Hammourabi, sixième roi de la dynastie sémite des Amorrites, que Babylone devint la plus grande métropole d'Asie occidentale et qu'elle étendit sa puissance du golfe Persique à la Méditerranée. Ce vaste empire, trop fragile, englobant dans ses frontières « la terre des deux fleuves » (Mésopotamie), aux populations si nombreuses et si turbulentes, ne pouvait éternellement durer ; mais pour longtemps encore après la mort du roi Hammourabi, Babylone allait au moins demeurer la capitale commerciale et culturelle de cette vaste région plus tard dénommée Babylonie.

Comme l'Égypte, la Mésopotamie devait sa richesse au limon de ses fleuves, produisant deux magnifiques récoltes annuelles de blé, d'orge et de dattes. Mais, à la différence de l'Égypte, ce pays, où des rivalités opposaient les nombreuses cités, fut rarement unifié avant que Babylone impose sa loi sous les prédécesseurs d'Hammourabi. Rien pourtant avant son règne n'avait égalé la magnificence de ses réalisations ni de celles qui furent accomplies durant les siècles qui suivirent et qui assurèrent la suprématie de Babylone. En

dehors de la guerre et du droit, les Babyloniens excellèrent dans l'architecture et les sciences. Les mathématiques et l'astronomie progressèrent au point où les prêtres pouvaient prédire les éclipses avec une précision étonnante. C'est dans le site baptisé Nouvelle-Babylone par les archéologues modernes, pour le distinguer de l'ancienne cité d'Hammourabi, que les Juifs furent emmenés en captivité au VIe siècle av. J.-C. « Au bord des fleuves de Babylone, chante le Psalmiste, là nous étions assis et pleurions en nous souvenant de Sion. » C'est là aussi qu'Alexandre le Grand rendit l'âme deux siècles plus tard. Ce fut alors le début du déclin, et la cité perdit peu à peu son rang de premier centre de commerce entre l'Orient et l'Occident, supplantée par la ville de Séleucie, où furent emmenés les habitants de Babylone en 275 av. J.-C., laissant derrière eux la cité se désagréger dans les sables du désert.

Toute la gloire de Babylone avait été due aux richesses apportées par le commerce. Les Babyloniens furent avant tout des marchands, et leur commerce fut édifié sur des lois écrites qu'on peut considérer comme le plus grand et le plus durable don d'Hammourabi à sa cité natale.

noble veut répudier sa femme parce qu'elle ne lui a pas donné d'enfant, il doit lui payer le plein montant du prix du mariage, et aussi lui rendre la dot qu'elle apporta de la maison de son père. Seulement alors peut-il la répudier. » Ou cette loi sur l'abandon : « Si l'époux s'en est allé et qu'il n'y a pas de quoi maintenir la maisonnée, son épouse peut entrer dans la maison d'un autre homme sans encourir de blâme. »

D'autres lois sont cependant plus cruelles : « Si un homme a arraché l'œil d'un homme libre, qu'on lui arrache son œil », dit le code. En revanche, la peine n'est qu'une simple amende si l'œil arraché est celui d'un esclave… De toute évidence, Babylone ignorait le principe de l'égalité de tous devant la loi.

L'origine des castes indiennes
L'héritage des Aryens

Les tâches les plus humbles furent toujours réservées aux intouchables, au plus bas degré de l'échelle sociale indienne.

« **L**EUR dégradation est si totale que l'hindou deux fois né croit nécessaire de se baigner s'il vient à toucher l'un d'eux… On les empêche de puiser de l'eau dans la citerne du village, le barbier du village refuse de les raser, la laveuse du village repousse leurs vêtements. » Malgré les lois qui, récemment encore, tentaient d'arracher les intouchables à l'infamie qui est la leur depuis des siècles, ces quelques lignes extraites d'un rapport officiel de 1911 décrivent encore la situation d'un grand nombre de ceux qui se trouvent au plus bas de la longue échelle des castes en Inde. La flétrissure indélébile de ces parias — les « enfants de Dieu », comme les appelait leur protecteur, le mahatma Gandhi — est le douloureux héritage des Aryens, guerriers venus du nord-ouest qui envahirent l'Inde il y a plus de trois mille ans.

Avant l'arrivée de ces envahisseurs dont la langue était le sanscrit, l'Inde avait abrité déjà plusieurs cultures, notamment une civilisation avancée, celle de Harappa, dans la vallée de l'Indus. Les Aryens à peau claire qui conquirent et colonisèrent le nord du sous-continent avant 1000 av. J. C. n'avaient que mépris pour les autochtones à peau sombre qu'ils avaient défaits au combat. Illettrés et nomades à l'origine, les Aryens se croyaient supérieurs du fait de leur puissance militaire. Le peuple de Harappa, qui pourtant, par son écriture, son art et ses techniques, était plus avancé, ne fut pas de taille à résister à l'envahisseur, et les Aryens le réduisirent en esclavage. C'est de cette nouvelle situation que naquit progressivement la complexe structure des castes, que l'Inde connaît encore aujourd'hui.

Lorsqu'ils s'emparèrent de l'Inde, les Aryens étaient déjà divisés en trois castes : les brahmanes (prêtres et savants) ; les *kshatriya* (rois,

guerriers et nobles) ; les *vaiçya* (marchands et artisans). Les Indiens qui avaient précédé les Aryens, réduits à la condition de serfs et d'hommes de peine, constituèrent désormais une quatrième caste, les *çudra*. Seuls les membres des castes aryennes pouvaient prétendre à la « deuxième naissance » — le plus haut de tous les états, dans lequel la naissance physique est suivie d'une naissance symbolique, l'initiation à une caste supérieure. A mesure que ce système évolua et devint de plus en plus complexe, un grand nombre d'êtres humains dont les manières primitives paraissaient « impures » se trouvèrent relégués au dernier degré de l'échelle sociale et devinrent littéralement « intouchables ». De toute évidence, cette hiérarchie reposait sur un fond racial : le mot sanscrit pour « caste », *varna*, signifie « couleur ».

Ce que nous savons de l'ancienne société aryenne en Inde nous vient du *Rigveda*, recueil d'hymnes sacrés réunis vers 1000 av. J.-C. Le *Rigveda,* reflet de la culture aryenne au cours des siècles où elle se fondit avec celle de Harappa et des autres peuples conquis, fut transmis oralement par les brahmanes jusqu'au XIVe siècle de notre ère, où il entra dans la littérature écrite et devint la bible de l'hindouisme. Les hymnes védiques nous décrivent la vie des tribus aryennes, de ces hommes qui aimaient le jeu, la boisson, les chevaux rapides, les chars légers et l'ivresse du combat. Avec l'aide des *çudra* soumis, dont ils adoptèrent de nombreux dieux, les Aryens se mirent à l'agriculture, mais leurs traditions de nomades éleveurs de bétail donnèrent peu à peu naissance à une image mythique d'un âge d'or révolu. Le caractère sacré de la vache dans l'hindouisme moderne remonte à cette lointaine époque. Gardiens du *Rigveda,* les brahmanes sanctifièrent le système des castes héréditaires, dominé par les Aryens. Mais les pressions religieuses ne pouvaient suffire à combattre un climat généreux ni la nature humaine : au début de l'ère chrétienne, mille ans après le *Rigveda,* les membres des trois castes supérieures ne pouvaient plus se distinguer par la simple couleur de leur peau : le métissage avec les autochtones à peau foncée avait tout estompé. Des castes racialement mixtes virent donc le jour, et le système se fonda de plus en plus sur les occupations professionnelles de chacun : ceux qui se chargeaient des travaux les plus humbles — le ramassage des ordures, par exemple — devinrent les intouchables. Un vaste réseau de sous-castes *(jati)* directement liées à la nature des emplois se développa, et le *jati* devint avec le temps un critère plus important que la caste principale *(varna).*

C'était désormais un fait de la vie indienne que seuls les membres d'une caste étaient employés à une même tâche. Théoriquement, ils ne pouvaient se marier qu'entre eux. Et, dans toute sa rigueur, la règle voulait qu'ils ne mangent que des aliments préparés par des membres de la même caste. Pourtant, loin d'aboutir à une société statique et fermée, cette division verticale de la population facilita, par la suite, l'assimilation de nouvelles ethnies qui prirent les caractéristiques de sous-castes distinctes, s'inscrivant ainsi dans l'ensemble du corps social.

Même quand certains groupes répudièrent le système des castes, ils finirent tout simplement par en créer de nouvelles. Ainsi, lorsque l'islamisme atteignit l'Inde à la fin du XIIe siècle, cette religion sans castes fit de nombreux adeptes parmi les plus mal nantis ; mais en pratique, cependant, de nombreux musulmans observèrent des restrictions de castes, et il existe aujourd'hui en Inde des castes musulmanes. De même, les populations juives et chrétiennes ont souvent formé des groupes semblables à des castes. Avec l'industrialisation et les nouveaux métiers qu'elle créa, le système s'est encore adapté. Même, la démocratie parlementaire indienne a renforcé les anciens systèmes, car de nouvelles organisations de castes ont vu le jour pour influer sur le cours de la vie politique dans l'intérêt de leurs membres. Jusqu'à présent, le système a résisté à toutes les attaques : les brahmanes conservent leur place au sommet de l'échelle, et les intouchables sont toujours au plus bas degré.

Indra, le dieu aryen de la guerre et du tonnerre, était l'un des plus puissants dieux védiques. Sur l'illustration, il brandit les glaives de la guerre et du conflit, monté sur l'éléphant Airavata, qui symbolise un nuage de pluie.

QUI ÉTAIENT LES ARYENS ?

A proprement parler, le mot « aryen » ne désigne ni un peuple ni même un groupe de peuples ; il vient d'un mot sanscrit qui signifie « parents » et ne s'applique qu'aux personnes qui parlent l'une des langues indo-européennes. Mais on utilise généralement ce vocable à tort, dans un sens plus restreint, pour désigner une population turbulente dont les faits et gestes ont changé le cours de l'histoire dans toute l'Eurasie à compter de 2000 av. J.-C. Des tribus nomades de langue sanscrite, véritablement indomptables, avaient domestiqué une espèce de cheval sauvage qui vivait dans leur pays d'origine, la Russie méridionale. Elles apprirent à l'utiliser à leur profit, au combat et ailleurs. Le sanscrit avança avec elles, et, à mesure qu'elles se mêlaient à d'autres races, il donna naissance à de nombreuses langues, dont le latin et le grec.

Notre connaissance des envahisseurs aryens de l'Inde a longtemps été faussée par un mythe raciste qui commença à avoir cours au XIXe siècle, avant d'être repris avec l'enthousiasme que l'on sait par Hitler et les nazis. Selon ce mythe, une race blanche de maîtres et de seigneurs aurait été à l'origine de tous les progrès de l'humanité. Mais ce fut le cheval, tout simplement, et plus tard le char de guerre, plutôt qu'une supériorité physique ou morale innée, qui assurèrent aux Aryens leurs triomphes.

Le moyen de réduire ses ennemis

Les Indiens réducteurs de tête

TOUCHER du bois pour conjurer le sort, jeter un maléfice sur son ennemi : ces pratiques superstitieuses font aujourd'hui sourire. Et pourtant, les rites primitifs qui servaient à se protéger de ses ennemis semblent avoir eu parfois les effets dissuasifs escomptés, peut-être tout simplement parce que l'on savait qu'ils étaient pratiqués. Examinons le cas des Jivaros, l'une des rares tribus indiennes qui ont survécu à la conquête espagnole de l'Amérique du Sud sans perdre leur identité.

Vers 1450, lorsque l'armée inca de Tupac Yupanqui envahit une province du royaume de Quito, dans le sud de ce qui est aujourd'hui l'Équateur, le bruit courut dans les rangs des Incas que cette campagne s'annonçait difficile. Les Incas connaissaient toutes les horreurs de la guerre, mais pourtant cette tribu ennemie, les Jivaros, leur donnait à réfléchir, car ils réduisaient les têtes de leurs ennemis. Non contents de décapiter leurs adversaires pour conserver leurs têtes en guise de trophée, ils en faisaient des objets pas plus gros que le poing, convaincus qu'ils écrasaient et réduisaient ainsi à néant l'esprit immortel du mort.

Bien sûr, les Incas auraient été mal venus de s'horrifier à l'idée de décapiter quelqu'un et de rapporter triomphalement sa tête, puisqu'ils le faisaient souvent eux-mêmes et que cette pratique était courante en Amérique du Sud depuis des siècles. Mais, persuadés que l'âme réside dans le crâne, l'idée qu'elle pût perdre sa puissance les atterrait. Et c'était cette destruction que pratiquaient les Jivaros, puisqu'ils réduisaient les têtes de telle façon que les âmes des morts ne pouvaient se venger de ceux qui les avaient tués.

Tupac Yupanqui gagna la guerre, mais sans venir à bout des Jivaros, qui reprirent le chemin de la forêt.

Alors que d'autres tribus conservaient les têtes de leurs ennemis comme des trophées de guerre, une fois qu'un Jivaro avait coupé la tête de son ennemi, puis l'avait réduite pour emprisonner son âme, le *tsantsa,* comme on appelait ces sinistres dépouilles, n'avait plus aucune valeur. L'esprit vengeur du mort — son *muisak* — ne pouvait plus désormais partir à la recherche de son meurtrier. Et rien n'était plus terrifiant pour les Jivaros que la colère d'un *muisak* qui parvenait à s'échapper.

La plupart des têtes provenaient de la tribu voisine des Achuaras, ennemis héréditaires. Lorsque les Achuaras devenaient introuvables, les tribus jivaros se battaient parfois entre elles, mais en observant scrupuleusement une règle qui leur interdisait la décapitation. La réduction des têtes, qui durait plusieurs jours, avait lieu soit lorsque la tribu était revenue dans son village, soit assez souvent sur le chemin du retour. Chaque étape de l'opération était marquée par des danses rituelles et des festins. Une fois les *tsantsas* terminés — paupières cousues pour que le *muisak* ne puisse voir le monde extérieur, bouche cousue elle aussi pour qu'il ne puisse s'échapper —, on les enveloppait cérémonieusement dans une toile, pour les placer ensuite dans une jarre de terre que le guerrier vainqueur enterrait souvent sous sa hutte.

Vers le milieu du XIXᵉ siècle, les *tsantsas* devinrent des objets de collection en Europe et en Amérique. Les Jivaros commencèrent donc à troquer des têtes de confection récente contre de la pacotille ou des fusils. Le moment vint où la demande fut si grande qu'il fallut trouver de nouvelles sources de matières premières. Un grand nombre des têtes réduites, qui furent par la suite vendues aux musées du monde entier, sont en fait des contrefaçons,

Depuis des générations, les Jivaros réduisent la tête de leurs ennemis en un objet pas plus gros que le poing.

l'œuvre de faussaires sans scrupule qui appliquèrent les techniques des Jivaros aux têtes de miséreux abandonnés dans les morgues des hôpitaux de l'Équateur et du Panamá. Les experts reconnaissent un authentique *tsantsa* jivaro à ce qu'il n'est pas plus gros que le poing et que les lignes du visage n'ont pas été altérées par la réduction.

Les Incas et les autres tribus indiennes de l'époque précolombienne ont disparu depuis longtemps, anéantis par les Espagnols. Mais les Jivaros subsistent. Il semblerait qu'ils aient continué à réduire des têtes jusqu'au cours des années 1960 et, dans quelques cas isolés, qu'ils le feraient encore aujourd'hui malgré les peines sévères appliquées par les gouvernements de l'Équateur et du Pérou. Les preuves documentaires sont naturellement rares, d'autant plus que les Jivaros se méfient beaucoup des étrangers. Pourtant, les anthropologues modernes ont réussi à brosser un tableau relativement précis de leurs sinistres activités.

SIX JOURS DE LABEUR

Il fallait six jours d'un patient travail pour réduire une tête, tout d'abord parce que l'opération était entrecoupée de cérémonies, mais aussi parce qu'il fallait laisser parfaitement sécher les chairs. La première étape consistait à retirer les os du crâne en pratiquant une incision verticale sur la nuque et en enlevant la peau comme on dépouille un lapin. Le crâne, les yeux et les dents du mort étaient jetés en présent aux anacondas de la rivière. On mettait la peau à bouillir, sans doute avec un astringent pour empêcher les cheveux de tomber, jusqu'à ce qu'elle réduise à peu près de moitié. Encore bouillante, on la retirait avec un bâton pour la laisser refroidir et sécher. On grattait alors minutieusement sa surface intérieure pour enlever tous les débris de chair, puis on cousait les paupières.

La peau était alors jaunâtre, épaisse et caoutchouteuse au toucher. Pour la réduire encore, les Jivaros chauffaient des galets dans un feu. Un par un, ils les faisaient tomber dans l'ouverture du cou, puis rouler à l'intérieur, bien régulièrement, pour que la tête conserve sa forme. A mesure que les chairs grésillantes de la tête rétrécissaient encore, ils y glissaient des galets de plus en plus petits, jusqu'à ce que l'ouverture soit pratiquement refermée. Ils brûlaient à la flamme tous les poils du visage, puis cousaient la peau du cou avec une grosse liane pour bien la refermer et pour qu'elle garde les proportions voulues avec le reste de la tête. Enfin, les Jivaros versaient du sable chaud dans la tête séchée pour achever leur ouvrage. Une fois le sable refroidi, la tête était à peine plus grosse qu'un poing. On perçait les lèvres pour y enfiler trois bâtonnets de chonta, un arbre de la région, puis on les cousait solidement l'une à l'autre.

Après tout ce travail, le *tsantsa* n'était pas encore parfait. Il fallait encore noircir la peau, qui enfermait du vaincu l'esprit vengeur, pour que celui-ci reste à jamais plongé dans l'obscurité. On glissait parfois une graine rouge et noire sous chaque paupière refermée pour lui donner un relief plus naturel. Enfin, on perçait un trou au sommet de la tête pour y passer un lien d'écorce : ainsi le coupeur de tête pourrait-il porter le *tsantsa* autour de son cou à la prochaine fête de la tribu.

L'éruption de Santorin

Une explosion secoue le monde méditerranéen

SANTORIN, l'ancienne Thêra, une île méditerranéenne qui s'étend en forme de croissant à 110 kilomètres au nord de la Crète, est en réalité tout ce qui reste d'un volcan qui, environ 1 500 ans avant notre ère, fut à l'origine de l'une des plus terrifiantes éruptions de l'histoire. Les volcanologues s'accordent pour estimer la puissance à quatre fois au moins celle du séisme qui se produisit le 27 mai 1883 sur l'île de Krakatoa, au large de Java. Ce jour-là, 18 kilomètres cubes de roches furent projetés dans les airs ; l'explosion se fit entendre à près de 5 000 kilomètres de distance, souleva des raz de marée qui firent près de 40 000 victimes, perturba les conditions climatiques dans le monde entier. Les historiens tentent aujourd'hui de relier l'éruption de Santorin à certains des drames les plus mystérieux du monde antique, convaincus qu'une meilleure compréhension des effets dévastateurs du cataclysme pourrait expliquer, au moins partiellement, certaines énigmes.

Par exemple, l'éruption de Santorin n'aurait-elle pas été la cause du déclin rapide de la civilisation crétoise vers la fin du XVe siècle av. J.-C. ? La grande société minoenne de l'île de Crète avait atteint son apogée au XVIe siècle. Ses navigateurs avaient porté son influence sur tout le monde méditerranéen et peut-être beaucoup plus loin encore, aux frontières du monde connu, jusqu'en Bretagne. Les Minoens connaissaient l'écriture, savaient fabriquer de très belles poteries, des bijoux et des objets d'or ou d'argent ; ils construisaient de magnifiques palais, comme ceux de Cnossos et de Phaïstos. Pourtant, il suffit de quelques dizaines d'années pour que toute cette splendeur, toute cette magnificence ne soit plus que décombres, alors qu'il est certain que le déclin de cette civilisation ne fut pas le fait d'une armée d'envahisseurs.

Pour certains historiens, la seule explication plausible est que l'éruption de Santorin aurait porté un coup mortel à la Crète minoenne. Tout d'abord, l'effroyable cataclysme, si proche, aurait fait pleuvoir sur les Crétois un déluge de cendres brûlantes et de vapeurs sulfureuses. Au plus fort du désastre, le volcan se serait effondré, laissant des millions de litres d'eau de mer se déverser dans un gouffre béant, chauffé à blanc, puis ressortir sous la forme d'un colossal jet de vapeur. Le raz de marée qui s'ensuivit, une immense vague haute de plus de 100 mètres, chargée de lave brûlante, se serait abattu sur l'île de Crète, dévastant tout sur son passage à des kilomètres à la ronde.

Certes, la catastrophe n'anéantit pas complètement la civilisation minoenne, du moins pas immédiatement. Nous savons, par exemple, que les Crétois entreprirent de réparer leurs maisons et leurs palais. Mais la vie sur l'île ne fut plus jamais la même, et la civilisation crétoise sombra bientôt dans l'oubli.

La catastrophe de Santorin est peut-être aussi à l'origine de la légende de l'Atlantide, cette île merveilleuse et mystérieuse qui aurait disparu soudainement, sans laisser de traces. L'ancienne civilisation était déjà perdue depuis longtemps dans la légende lorsque Platon en fit mention pour la première fois, au IVe siècle av. J.-C., plus de 1 000 ans après la catastrophe de Santorin. Selon certains spécialistes, il est clair que les légendes ont toujours tendance à exagérer l'incident qui leur a donné naissance. Et c'est pourquoi Platon aurait décrit une île dix fois plus grande et parlé d'une époque dix fois plus ancienne. Si l'on corrige cette erreur, les faits que nous livre Platon au sujet de l'Atlantide — la géographie de l'île, l'évolution de son histoire, la nature de sa culture — correspondent de façon étonnante avec ce que nous savons de la Crète. Pourquoi l'histoire de l'Atlantide ne serait-elle pas simplement la version mythique de ce qu'il advint de la civilisation minoenne, dévastée par un épouvantable raz de marée ?

Ce même raz de marée aurait d'ailleurs certainement balayé les côtes de l'Égypte. Fut-il à l'origine des événements extraordinaires dont la Bible nous fait le récit dans le livre de l'Exode ? Une inscription égyptienne qui relate certains faits du règne de la reine Hatshepsout (1490-1468 av. J.-C.) fait mention du départ d'Égypte d'un peuple asservi et aussi d'un phénomène naturel qui ressemble fort à un raz de marée. Mais une difficulté de taille surgit immédiatement : on admet généralement que l'exode des Hébreux s'est déroulé pendant le règne de Ramsès II (1290-1224 av. J.-C.). Cependant, la Bible ne donne aucune indication précise de date. L'Exode aurait donc tout aussi bien pu se produire pendant le règne de la reine Hatshepsout, quoique, dans ce cas, il soit étonnant que la Bible fasse mention d'un pharaon et non pas d'une reine — à moins que les vêtements et la barbe cérémonielle dont elle se parait n'aient entraîné cette confusion.

Si l'on retient cependant cette hypothèse, le récit de l'Ancien Testament prend une signification remarquablement nouvelle. Pour commencer, les dix plaies d'Égypte — les mouches, la grêle, les sauterelles, l'obscurité et le reste — correspondent tout à fait aux phénomènes naturels que l'on constate parfois à l'occasion d'une intense activité volcanique. Quant à l'Exode lui-même, les exégètes de la Bible admettent depuis longtemps que le terme « mer Rouge » est peut-être une erreur de transcription pour « mer des Roseaux », le nom d'un lac qui s'étend non loin de la côte méditerranéenne. Ainsi, ayant fait halte sur une éminence après avoir traversé la mer des Roseaux, les Hébreux auraient pu voir l'armée égyptienne lancée à leurs trousses soudainement emportée par un puissant raz de marée.

L'éruption de Santorin fut certainement visible des côtes d'Égypte, surtout si, comme on le croit, les vents dominants soufflaient alors du nord-ouest : on aurait vu ainsi une « colonne de nuées » le jour et une « colonne de feu » la nuit. Pour Moïse et les Hébreux, ces merveilles et la délivrance qu'elles leur apportèrent ne pouvaient être qu'un autre miracle par lequel se manifestait une fois de plus la volonté de Dieu.

L'EXODE

Les Égyptiens traitaient les Hébreux à peine mieux que des esclaves, les chargeant des travaux les plus rudes et les plus accablants, comme la construction des grandioses monuments élevés à la gloire des pharaons. C'est probablement sous le règne de Ramsès II qu'on les autorisa à quitter le pays frappé par une succession de plaies, où les Égyptiens virent le signe d'un châtiment du dieu des Hébreux. Conduits par Moïse, le peuple hébreu se mit en route pour ce long voyage dont l'Exode nous a laissé le récit.

Selon les archéologues, quatre routes ont pu le conduire à la Terre promise. Mais toutes furent épuisantes pour ces hommes, ces femmes et ces enfants qui traînaient avec eux leurs bêtes et tous leurs biens à travers les montagnes et les déserts du Sinaï. Parmi les épisodes qui marquèrent leur longue marche, le plus célèbre reste la traversée de la mer Rouge, ou plus exactement, comme on le croit aujourd'hui, de la mer des Roseaux, près de la Méditerranée. Le pharaon ayant lancé son armée à la poursuite des Hébreux, les eaux de la mer, selon l'Ancien Testament, s'ouvrirent, laissant le peuple élu traverser à pied sec. Puis Dieu dit à Moïse : « Étends la main au-dessus de la mer, que les eaux se referment sur les Égyptiens... », et il en fut ainsi.

Nous ne saurons jamais si les Hébreux furent sauvés par le miracle dont parle l'Exode ou par un caprice de la nature. Évidemment, les chars des Égyptiens ont pu tout simplement s'embourber dans la mer des Roseaux ; mais ne peut-on penser aussi à un violent raz de marée causé par l'éruption de Santorin ?

Ce manuscrit du début du XIVᵉ siècle représente les Égyptiens engloutis par les eaux de la mer Rouge.

65

Le mystère du peuple basque

Sera-t-il jamais percé ?

E N 1981, une forte explosion secoue le port espagnol de Santander. Une bombe vient d'exploser dans la salle des machines du destroyer *Marqués de Ensada*. L'attentat, un de plus dans la longue lutte que les Basques mènent pour leur autonomie, ne fit heureusement pas de victimes et fut revendiqué par le mouvement nationaliste basque, l'E. T. A., *Euzkadi ta Azkatasuna,* « Euzkadi (nom donné par les Basques à leur pays) et Liberté ».

Séparés par une frontière, les Basques espagnols et les Basques français forment un peuple à part, fier de ses coutumes, de ses traditions et de sa langue. Il existe d'ailleurs un type basque, aisément reconnaissable : stature moyenne, visage fin et allongé, nez saillant, peau mate, moins foncée cependant que celle des autres populations de l'Europe méridionale. Plus particulier encore est leur langage, seule langue vivante d'Europe occidentale qui n'appartienne pas au groupe des langues indo-européennes, et dont les linguistes recherchent en vain les origines.

L'étude du basque montre que la plupart de ses mots ne ressemblent à ceux d'aucune langue connue, et peu d'étrangers sont parvenus à en maîtriser les difficultés. A juste titre, Manuel de Larramendi, qui rédigea la première grammaire basque au XVIIIe siècle, intitula son ouvrage *El Imposible Vencido (la Conquête de l'impossible)*. Et comme si ce n'était pas assez, le basque compte huit dialectes officiellement reconnus et vingt-cinq sous-dialectes. Le vocabulaire et la syntaxe varient parfois d'un village à l'autre, voire d'une maison à l'autre, complexité qui a peut-être donné naissance à une célèbre légende basque : le démon, venu un jour visiter le pays, fut contraint de le quitter au bout de sept ans, après n'avoir appris à dire que « oui » et « non ».

Les danses basques perpétuent une tradition séculaire dont les origines se perdent dans la nuit des temps.

Depuis le XIXe siècle, savants, linguistes et archéologues ne cessent de proposer d'innombrables clefs pour résoudre le mystère des Basques, auxquels on a prêté une bonne vingtaine d'ancêtres, dont les Égyptiens, les Hittites, les Phéniciens, les Liguriens, les Amérindiens du Nord et du Sud, quand ce n'était pas les Esquimaux. Certains pensent même que les Basques viennent de la légendaire Atlantide. Les théories généralement admises font descendre les Basques des anciens Ibères ou Celtibères, des Berbères d'Afrique du Nord, ou encore de peuples du Caucase, établis entre la mer Noire et la mer Caspienne.

Cette dernière théorie repose sur certaines similitudes entre les langues basque et caucasiennes. Elle parut démontrée au début du XIXe siècle, lorsque des archéologues découvrirent des crânes de type caucasien dans le Pays basque français. Triomphe de courte durée, car, dès les années 1860, l'archéologue français Paul Broca découvrit des crânes d'un ancien type européen dans le Pays basque espagnol. La forme de ces crânes différait trop de celle du crâne des Basques modernes pour qu'on puisse établir une filiation certaine. En revanche, la découverte semblait confirmer que les Basques descendent probablement des premiers habitants de la péninsule Ibérique.

La première exploration archéologique approfondie du Pays basque est l'œuvre de deux fils du pays, Telesforo de Aranzadi et José Miguel Barandiaran, qui, en 1918, découvrirent dans le nord-ouest de l'Espagne, dans les grottes de Santimamiñe, des armes et des peintures rupestres. Ces découvertes attestaient l'existence, dans la région, au Paléolithique supérieur, d'un peuple de chasseurs primitifs. En 1936, on trouva dans la grotte d'Urtiaga deux types de crânes du Paléolithique supérieur. Certains étaient semblables à ceux qu'avait découverts Paul Broca, alors que les autres ressemblaient beaucoup à des crânes basques modernes, ce qui paraissait démontrer que les Basques descendent d'une population du Paléolithique supérieur. Pour la première fois, on pouvait soutenir que les Basques sont originaires du pays qu'ils habitent aujourd'hui.

Même ainsi, les spéculations continuent à aller bon train. Comme le dit l'historien basque Arnauld Oihénat : « Il est difficile d'écrire l'histoire intérieure et extérieure de cette race, car il n'existe pas un seul document ancien à son sujet. »

La reine barbue d'Égypte

Les ambitions monumentales d'Hatshepsout

L E temple de Deir el-Bahari, près de Thèbes, capitale de l'ancienne Égypte, est peut-être la plus belle réussite de l'architecture égyptienne, rivalisant de majesté et de magnificence avec le Sphinx et les pyramides. Sur la rive ouest du Nil, des colonnades de pierre pâle se dressent sur trois terrasses aux proportions exquises, avec, en toile de fond, le rocher brut. Des balsamiers, importés du lointain pays de Pount, bordaient autrefois les longues avenues qui menaient à ce splendide édifice, coin de paradis consacré par son royal bâtisseur au dieu Amon. Et ce royal bâtisseur était une femme, dans un pays où la suprématie des hommes était presque sacrée.

Deir el-Bahari n'est que l'une des nombreuses merveilles architecturales dont la reine Hatshepsout décida la construction. Partout, elle fit dresser des statues, restaurer des temples, construire des sanctuaires. A Karnak, deux obélisques géants — taillés dans un seul bloc de granit rouge, dorés à leur sommet pour que « leurs rayons puissent inonder les Deux Terres lorsque le soleil se lève entre eux... aux horizons des cieux » — nous montrent que ses projets étaient d'une ambition illimitée.

A l'époque d'Hatshepsout, environ 1 500 ans avant la naissance du Christ, les Égyptiens n'avaient pas de mot pour dire « reine » ; on se contentait de parler de l'« épouse du roi », puisqu'on tenait pour acquis que le trône des pharaons ne pourrait jamais revenir qu'à un homme.

Plusieurs épouses royales, comme la belle Néfertiti, s'acquirent une renommée et même une certaine puissance, mais bien peu régnèrent de plein droit. Parmi elles, Hatshepsout est sans rivale.

Elle commença sa carrière royale comme épouse de son demi-frère, Thoutmôsis II. Quand il mourut, elle devint régente pour la minorité de Thoutmôsis III, son beau-fils, qu'elle écarta bientôt. D'une ambition dévorante, elle se fit proclamer « roi », réunissant tout le pouvoir entre ses mains, même si elle

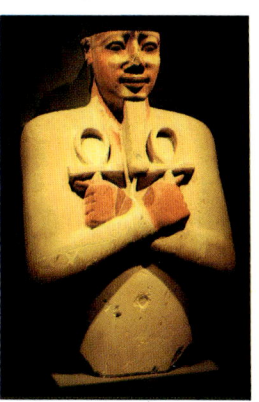

Thoutmôsis III, successeur de la reine Hatshepsout, voulut effacer jusqu'au souvenir de son ancienne rivale. Plusieurs statues de la reine subsistent cependant, comme celle-ci, où elle porte la barbe cérémonielle.

LES GRATTE-CIEL DU PASSÉ

Au milieu des ruines des temples de Karnak, sur la rive est du Nil, un obélisque de granit de 30 mètres de haut, et vieux de 3 500 ans, se dresse encore fièrement. Victime d'un tremblement de terre il y a plusieurs siècles, un autre obélisque érigé durant le règne de la reine Hatshepsout gît à terre, au pied de son compagnon.

On a calculé que chaque obélisque pèse plus de 320 tonnes, et les archéologues se sont longtemps demandé comment les Égyptiens les avaient érigés. A l'époque d'Hatshepsout, ils ne connaissaient ni le cabestan, ni le treuil, ni les vérins à vis, ni même le palan. Pourtant, ils parvenaient à mettre debout ces énormes blocs de granit : un véritable exploit, même de nos jours. Comment opéraient-ils ?

Les indices que nous ont laissés les Égyptiens sont minces. Nous savons que les obélisques étaient taillés à Assouan, puis qu'on leur faisait descendre le Nil sur une énorme gabare, remorquée par vingt-sept bateaux plus petits.

Nous savons aussi que l'opération était non seulement difficile, mais extrêmement périlleuse, puisqu'un travail semblable coûta la vie de huit cents hommes à l'époque de Ramsès IV, au XIIe siècle av. J.-C. Pour la phase finale des travaux, nous en sommes réduits aux conjectures.

Deux théories sont en présence, l'une de l'archéologue anglais Reginald Engelbach, l'autre d'un Français, Henri Chevrier. Selon ces deux auteurs, l'obélisque était posé au sommet d'un immense tas de sable qui se terminait en entonnoir à une extrémité, puis on l'abaissait doucement, selon un angle de 34 degrés. Chevrier pense qu'on le redressait alors en le tirant avec des cordes. Engelbach estime qu'il fallait nécessairement utiliser un levier d'une sorte ou d'une autre. Les deux théories sont plausibles, mais celle de Chevrier est peut-être plus vraisemblable, car son auteur a pu la vérifier sur le terrain à l'occasion du démantèlement et de la reconstruction d'un monument de 18 mètres de haut qui datait du VIIe siècle av. J.-C. Il fallut deux années pour venir à bout de ce travail.

L'un des deux obélisques érigés à Karnak par la reine Hatshepsout (à gauche). L'autre obélisque (à droite) fut dressé sous le règne de Thoutmôsis Ier.

Le diagramme ci-contre illustre la thèse de Chevrier. L'obélisque, retenu par des cordes, glissait sur un tas de sable dont une extrémité se terminait en entonnoir. Puis on le redressait au moyen de cordes, tandis qu'un mur de brique l'empêchait de basculer.

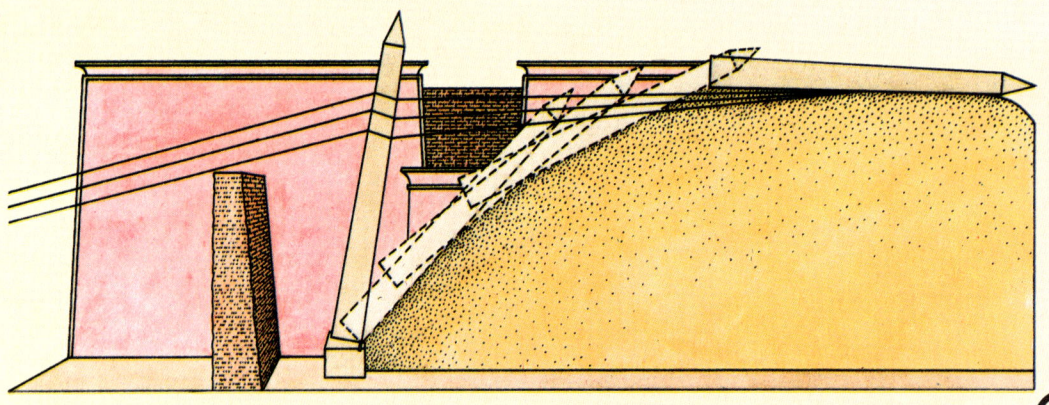

concéda au malheureux Thoutmôsis le titre de cosouverain. Hatshepsout semble décidément avoir apprécié le pouvoir. Plusieurs portraits la représentent vêtue d'habits masculins et coiffée des ornements traditionnels des pharaons. Certaines effigies la montrent même arborant une barbe cérémonielle. Bien entendu, elle portait aussi presque tous les titres honorifiques normalement réservés aux pharaons. Une exception cependant : elle ne se fit jamais appeler Puissant Taureau, qualificatif qui dut lui paraître inapproprié, même pour une femme à la poigne de fer.

Les inscriptions ne tarissent pas d'éloges sur sa beauté, quoique nous ne puissions vraiment en juger par nous-mêmes. Ses représentations en font parfois une jeune femme à la taille déliée, parfois un homme à la carrure athlétique. Quoi qu'il en soit, elle avait certainement un majestueux port de reine, particulièrement aux yeux des fonctionnaires qui faisaient exécuter ses ordres. L'un des plus importants était un architecte du nom de Senemmout, responsa-

ble des travaux publics. Mais, derrière lui, la reine fut certainement l'inspiratrice du temple funéraire de Deir el-Bahari, dont les portiques soutiennent de majestueuses frises qui célèbrent le noble lignage et les hauts faits d'Hatshepsout. Monument élevé à sa grandeur, ce temple était plus qu'un lieu de culte : c'était aussi un monument de propagande.

Une série de bas-reliefs qui décore les murs du temple illustre une expédition dans le fabuleux pays de Pount, dans lequel les savants voient aujourd'hui la Somalie. Le Pount était célèbre en Égypte pour ses balsamiers, dont on tirait la myrrhe, et pour ses produits exotiques : ébène, ivoire et or. Les bas-reliefs décrivent le voyage de telle façon que la croyance populaire accordait à Hatshepsout le mérite d'avoir « découvert » le Pount. Mais il n'en était rien : les Égyptiens organisaient des expéditions vers ce pays mystérieux depuis au moins un millénaire. Tout porte à croire que c'est elle qui a forgé de toutes pièces cette image d'initiatrice de fabuleuses épopées.

Cherchait-elle à compenser ainsi l'absence de succès militaires pendant son règne? Si une inscription dépeint la reine comme « le conquérant des conquérants » et que, « serpent du dieu royal Horus, elle crache le feu sur les ennemis », rien ne vient étayer ces affirmations hardies. On ne trouve pas trace de conquêtes des armées d'Hatshepsout durant son règne, qui fut, selon toute apparence, paisible et prospère. Cherchait-elle pourtant à sacrifier à la tradition du pharaon guerrier?

En effet, sa situation était certainement précaire, malgré sa réussite dans les domaines du commerce et de l'architecture. Ce visage de femme, caché derrière sa fausse barbe, dut troubler plus d'un esprit orthodoxe pendant les vingt et une années du règne qu'elle prétendait partager avec son beau-fils. Quant à celui-ci, la haine qu'il lui vouait, pour l'avoir dépossédé du pouvoir, était sans borne : dès qu'à la mort d'Hatshepsout il devint seul souverain d'Égypte, il fit détruire ou mutiler toutes les effigies de la reine, effacer son nom des monuments du royaume. Et après avoir attendu vingt et une longues années, il devint l'un des plus grands conquérants égyptiens.

Thoutmôsis n'eut qu'un seul geste pour honorer la mémoire de sa remarquable belle-mère : il autorisa qu'on l'enterre dans le cimetière royal, la Vallée des Rois.

Le message des os de dragon
Nouvelles de l'ancienne Chine

Il y a moins d'un siècle, la plupart des historiens pensaient que les premières tentatives d'organisation sociale en Chine remontaient à environ 1100 av. J.-C. Certes, la tradition voulait qu'un gouvernement mythique, la dynastie Shang (ou Chang), eût régné avant les débuts de l'histoire écrite. Mais fallait-il y voir autre chose qu'une simple légende? Aujourd'hui, le doute n'est plus possible. Et c'est une étonnante succession de circonstances fortuites qui est venue le dissiper.

En 1899, un médecin de Pékin prescrivit un remède à une famille dont les membres souffraient tous du paludisme. Le hasard voulut que le chef de famille, Wang I-yung, s'intéressât depuis longtemps aux écritures anciennes. Or le médicament prescrit était une concoction traditionnelle dans lequel entrait ce qu'on appelait des os de dragon, de vieux os auxquels les apothicaires chinois prêtaient des vertus curatives. Au moment où il allait réduire ces « os » en poudre, Wang s'aperçut qu'ils n'avaient d'os que le nom. Il s'agissait de fragments jaunis de carapace de tortue, gravés de curieuse manière. Étonné, il examina ces marques de plus près et, à sa grande surprise, constata qu'il s'agissait d'une forme d'écriture. Les caractères étaient soit des pictogrammes primitifs, c'est-à-dire des représentations symboliques — un croissant pour la lune et un cercle pour le soleil —, soit des idéogrammes, comme dans le chinois moderne. Conscient de l'intérêt de sa découverte, Wang se précipita chez l'apothicaire pour lui acheter tous les « os de dragon » qu'il possédait.

Ces fameux « os », en réalité des fragments de squelettes d'animaux et de carapaces de tortue, portaient des marques suffisamment nombreuses pour convaincre Wang qu'il s'agissait là de vestiges de la dynastie Shang, vieux d'environ 3 400 ans. La découverte démontrait également que la date à laquelle les Chinois avaient commencé à utiliser des idéogrammes était beaucoup plus ancienne qu'on ne l'avait cru jusqu'alors. De plus, il devenait évident aussi que la dynastie Shang était rien moins que légendaire, puisque au contraire sa civilisation avait été la première à employer l'écriture en Chine, nous laissant le plus ancien système d'écriture connu.

Et c'est alors que les archéologues commencèrent à chercher fiévreusement d'autres « os de dragon ». Leurs efforts furent couronnés de succès dans le nord de la Chine, mais pas dans le sud. Et les nombreux fragments découverts au tout début du XXe siècle apportèrent une réponse à deux questions fondamentales. Tout d'abord, pourquoi les scribes s'étaient-ils servis d'os et de carapaces au lieu d'un support plus commode, comme l'écorce des arbres? Ensuite, pourquoi les signes étaient-ils toujours disposés autour de fissures qui dessinent une sorte de fin réseau dans la matière. La réponse fut étonnante : tous ces fragments étaient des os divinatoires. Les fêlures n'étaient pas accidentelles : le devin chauffait le fragment d'os, puis il interprétait la forme et la position des fêlures pour prédire l'avenir. Quant aux caractères qui les entourent, ils correspondent tantôt à une question, tantôt à la réponse de l'os divinatoire. Apparemment, du roi jusqu'au moindre de ses sujets, tout le monde se fiait à cette forme de divination pour décider de la conduite d'une guerre, de la construction d'une maison, ou tout simplement d'un voyage. Malgré ce patient travail de détective, une question restait encore sans réponse : où vivait ce peuple ?

Pendant des années, les habitants de la région d'An-yang, site archéologique de la province du Ho-nan, dans le nord de la Chine, vendirent les poteries blanches et les beaux vases de bronze qu'ils trouvaient un peu partout aux environs. Mais le négoce des os de dragon, très nombreux dans la région, leur parut encore plus profitable. Ce n'est qu'en 1928 que le gouvernement chinois mit un terme à ce commerce qui avait pour principal effet de disperser à tout jamais de véritables trésors archéologiques. On organisa enfin des fouilles méthodiques, qui se poursuivent encore aujourd'hui. Les archéologues ont ainsi découvert une incroyable quantité d'os divinatoires, jusqu'à 17 000 en un seul endroit, mais aussi les vestiges de ce qui fut certainement la capitale de la dynastie Shang, notamment un

palais de 30 mètres de long flanqué d'ateliers dans lesquels les artisans fabriquaient des outils en pierre, des pointes de flèches en os et des vases en bronze superbement décorés. Ils ont également mis au jour : des temples dont les murs de brique reposaient sur des fondations de pierre, leur toit soutenu par de grands piliers de bois ; des maisons couvertes de chaume qui appartenaient probablement aux gens du peuple ; de nombreux objets de porcelaine et de bronze ; des restes de véhicules à roues ; des tombes royales décorées de grandes sculptures de pierre et des corridors souterrains remplis de squelettes humains, peut-être les victimes d'un sacrifice.

Pour les archéologues, ce site abritait autrefois la Grande Shang, dernière capitale de la dynastie. D'autres sites du nord de la Chine ont révélé encore d'autres traces de l'existence de ces Shang que l'on croyait mythiques et qui furent sauvés de l'oubli par les « os de dragon ».

Les apothicaires chinois réduisaient en poudre les os de dragon, ou os divinatoires, pour en faire des médecines, sans savoir que leurs inscriptions étaient des exemples de la plus ancienne écriture chinoise connue.

DES FÊLURES RÉVÉLATRICES

Il y a 3 500 ans, les Shang avaient depuis longtemps coutume d'étudier la position et la forme des fêlures des os divinatoires avant de prendre une décision, même insignifiante. Les archéologues savent aujourd'hui comment procédaient les prêtres devins.

Ils commençaient par choisir une matière appropriée, comme l'intérieur d'une carapace de tortue ou encore l'omoplate d'un buffle, la polissaient soigneusement, puis y gravaient une question à l'aide d'un style. On peut lire, par exemple, sur un os : « Le roi demande s'il doit continuer à chasser le dixième jour du mois. » Puis ils pratiquaient une entaille dans l'os, à côté de la question, et y posaient une pointe de bronze rougie au feu. Un fin réseau de fêlures ne tardait pas à se former à la surface. Les devins étudiaient les résultats obtenus pour connaître la réponse des dieux ou des esprits qui régissaient ces choses, puis ils gravaient la réponse, tantôt un simple « oui » ou un « non », tantôt une phrase — par exemple, « Le jour est favorable pour la chasse ».

Mais il semble que les prêtres devins n'aient pas toujours été de bon conseil et qu'ils se soient trompés plus souvent qu'à leur tour, et ce, pendant des siècles. Pas un roi Shang n'aurait osé partir en guerre ou construire un palais sans les consulter. Peut-être les oracles voyaient-ils juste... à l'occasion ?

LA DYNASTIE SHANG

Selon la tradition, la dynastie Shang fut la deuxième des trois dynasties qui régnèrent sur le nord de la Chine du XVIIIe au XIe siècle av. J.-C. Faute de documents, on ignore si ces dynasties coexistèrent ou si elles se succédèrent. Mais les os divinatoires d'An-yang nous apprennent cependant que la dynastie s'était établie dans la vallée du fleuve Jaune et qu'elle régnait sur un peuple de villageois dont la civilisation était remarquablement avancée. Les artisans fabriquaient des vases en bronze d'une beauté incomparable ; les astronomes utilisaient un calendrier de 365 jours ; les comptables se servaient d'un système de numération décimale et les commerçants disposaient d'une monnaie rudimentaire pour leurs transactions. La Grande Shang, dernière des trois capitales de la dynastie, s'étendait sur environ 62 kilomètres carrés, le long des deux rives d'un affluent du fleuve Jaune.

Les rois Shang habitaient des palais sanctifiés par des sacrifices humains ; les victimes, souvent à genoux et en armes, étaient emmurées dans les fondations.

La société Shang tirait sa force de son organisation clanique. Chaque membre du clan portait le même nom, honorait les mêmes ancêtres et obéissait aux ordres royaux inspirés par les prêtres devins. Cette organisation rigide permettait aux rois de mobiliser de puissantes armées et d'organiser de grandes corvées pour creuser des canaux qui servaient à irriguer les champs ou à régulariser les cours d'eau. Les soldats Shang, armés du *ko* — une hache-épée dont la lame de bronze avait la forme d'une langue —, portèrent la puissance de leurs princes jusqu'aux confins de la Chine septentrionale, de la Mongolie intérieure à l'ouest jusqu'à la mer de Chine à l'est. Le dernier roi de la dynastie fut renversé vers 1100 av. J.-C., lorsque les Chou (ou Tcheou), une tribu du Nord-Ouest, s'emparèrent de la Grande Shang et y installèrent une nouvelle dynastie.

Remarquable exemple du travail des artisans de la dynastie Shang, ce vase en bronze à la facture délicate était destiné à recevoir du vin.

L'étrange disparition de la reine Néfertiti

Et une explication plus étrange encore

LE pharaon Aménophis IV (v. 1372-1354 av. J.-C.) fit trembler la civilisation égyptienne sur ses fondations. En effet, peu après son avènement, il balaya d'un revers de la main les dieux que les Égyptiens honoraient depuis si longtemps, en faveur d'une seule divinité suprême, Aton, le Disque solaire. Abandonnant le grand temple de Thèbes, capitale située près du Nil et centre du culte dédié à la divinité Amon, le pharaon et son épouse Néfertiti, à la beauté légendaire, fondèrent une nouvelle capitale à Amarna, dans une région inhabitée, 300 kilomètres plus au nord. Un décret royal abolit les sanctuaires d'autrefois et imposa la nouvelle religion au pays tout entier. A Amarna, le pharaon et son épouse honoraient leur dieu solaire dans de vastes cours baignées par les rayons vivifiants de l'astre du jour. Le pharaon était si entiché de sa nouvelle divinité, qu'il prit le nom d'Akhenaton (« Celui qui plaît à Aton ») et donna à la ville d'Amarna le nom d'Akhetaton, en hommage à la puissance céleste.

Les historiens s'interrogent encore sur la personnalité d'Akhenaton et sur l'influence que Néfertiti exerça sur lui. Certains voient en lui le pionnier du monothéisme, le premier défenseur de la création artistique, de la paix et de l'amour de toute l'histoire. D'autres condamnent en lui le fanatique instable dont

La beauté altière de la reine Néfertiti resplendit dans ce célèbre buste polychrome, probablement sculpté du vivant de la reine et retrouvé à Amarna.

les obsessions mystiques eurent des conséquences catastrophiques pour l'Égypte : négligeant la guerre et la diplomatie, il aurait amené le déclin du pays par son fanatisme. Quelques-uns enfin pensent qu'il n'était tout simplement pas apte à régner, et que la plupart des grandes décisions furent prises par son épouse. Si l'on admet cette dernière thèse, un certain nombre de questions fascinantes se posent.

Sans aucun doute, Akhenaton était un personnage singulier, même dans son physique : un crâne allongé, une mâchoire pendante, des lèvres charnues, des hanches larges et un ventre saillant, ce qui donne à penser qu'il souffrait vraisemblablement de troubles endocriniens. De nombreuses images du pharaon et de Néfertiti nous sont parvenues, et certaines d'entre elles paraissent exagérer à dessein la laideur du souverain, comme pour exalter son caractère unique. Par contraste, Néfertiti était d'une grande beauté, comme le prouve le buste d'un admirable réalisme retrouvé dans l'atelier d'un ancien sculpteur égyptien. Son visage fin porte la marque d'une vive intelligence et d'une élégance un peu hautaine.

Le pharaon Akhenaton et son épouse Néfertiti rejetèrent les divinités traditionnelles de l'Égypte pour les remplacer par Aton, le Disque solaire. Le couple royal est généralement représenté sous l'astre qui les inonde de ses rayons. Sur ce fragment de stèle, une scène intime : le pharaon et la reine jouant avec trois de leurs filles.

Les origines de la reine, comme bien d'autres aspects de sa vie, sont entourées de mystère, mais sa beauté nous est bien connue. Le nom de Néfertiti signifie « la belle est venue », et le pharaon, qui semble avoir été envoûté par sa beauté, l'appelait sa Maîtresse de Bonheur, la Dame de Grâce. Mais Néfertiti n'était certainement pas qu'une épouse décorative. Elle paraît avoir été constamment aux côtés du pharaon, et le couple est souvent représenté dans son intimité : ici, le roi et la reine jouent avec leurs petites filles ; là, ils prennent un repas ensemble ; là encore, ils se

promènent côte à côte dans un char. Partout, le disque du soleil domine la scène, baignant le pharaon et la reine de ses rayons. Il semble que Néfertiti ait partagé le caractère quasi divin de son époux. Était-elle vraiment le pilier qui soutenait le trône instable du monarque ?

Néfertiti ramenait peut-être à la réalité le pharaon maladif et rêveur. Pourtant, au cours de la douzième année du règne d'Akhenaton, la Dame de Grâce se fait silencieuse et son nom n'apparaît plus sur les monuments. Est-elle morte ou tombée en disgrâce ?

Peut-être. Il existe cependant une autre possibilité. Vers la fin du règne d'Akhenaton, un insaisissable personnage apparaît, un homme du nom de Smenkhkara, qui devient corégent de l'Égypte avec Akhenaton. Nous ignorons son identité véritable. Peut-être s'agissait-il d'un fils que le pharaon aurait eu d'une autre femme (Néfertiti ne semble avoir eu que des filles). Mais une autre explication étonnante est venue semer le trouble récemment : Smenkhkara n'était-il nul autre que Néfertiti ?

L'idée n'est pas totalement invraisemblable. Par exemple, l'un des noms de Smenkhkara est très proche de l'un de ceux de Néfertiti : Neternefruaton. Cette hypothèse, qui explique à la fois la disparition mystérieuse de la reine et l'avènement tout aussi mystérieux du nouveau corégent, voudrait qu'un Akhenaton affaibli eût laissé échapper les rênes du pouvoir et que la Dame de Grâce s'en soit emparée pour maintenir son époux sur le trône. Aucun fait certain ne vient étayer cette proposition, mais une bonne part de ce que nous savons de l'histoire de l'Égypte ancienne repose également sur des indices bien minces.

Akhenaton et le mystérieux Smenkhkara moururent vers 1354 av. J.-C. Leur successeur, un jeune garçon du nom de Toutânkhaton, avait été élevé dans le culte d'Aton. Mais la nouvelle religion ne survécut pas longtemps à son fondateur. Trois ans après son accession au trône de pharaon, Toutânkhaton abandonna Amarna et rouvrit les portes du palais royal de Thèbes. De nouvelles statues des anciens dieux furent érigées, et Toutânkhaton changea son nom en Toutânkhamon, en hommage à l'Amon de Thèbes. Plus tard, la ville d'Amarna fut rasée, et l'on voulut effacer jusqu'au souvenir du pharaon hérétique et de sa femme : on fit disparaître leurs noms à coups de burin rageurs sur tous les monuments pour venger les anciens dieux, et la vision qu'Akhenaton s'était faite d'un monde inondé de clarté sombra dans l'oubli.

Les Phéniciens, bédouins de la mer

Les voyageurs de la pourpre

L EURS navires chargés de fabuleuses cargaisons sillonnaient toute la Méditerranée ; les empereurs romains se paraient de leur pourpre éclatante ; les pharaons d'Égypte se faisaient embaumer dans des linceuls traités avec leur huile de cèdre ; Salomon mit à contribution les talents de leurs artisans pour décorer le temple de Jérusalem et construire son palais.

Quels étaient donc ces gens, entreprenants et inventifs ? Les Phéniciens, installés en bordure de la Méditerranée orientale, dans une région correspondant à l'actuel Liban et à une petite partie d'Israël et de la Syrie. D'origine sémite, ce sont les Cananéens de la Bible, ceux dont les pratiques païennes attirèrent les foudres des patriarches hébreux. Pourtant, même les auteurs de l'Ancien Testament reconnaissent qu'ils avaient le génie du commerce et, en hébreu, *kena'ani* signifie « Cananéen », mais aussi « marchand ».

Ce sont les Grecs de l'Antiquité qui leur donnèrent le nom de Phéniciens. *Phoenicia* signifie « pays de la pourpre », la précieuse teinture qui fit leur renommée et dont les poètes de l'Antiquité ne cessèrent de chanter l'éclat merveilleux. Sidon, l'une des deux grandes villes phéniciennes, tirait sa célébrité de sa fine verrerie : perles, bouteilles, vases et gobelets aux couleurs vives. A Sidon comme à Tyr, la deuxième grande ville, on fabriquait des tissus richement brodés, de fines sculptures sur bois et sur ivoire, des objets de métal d'une délicatesse incomparable. Et c'est au xe siècle av. J.-C. que les artisans de Tyr érigèrent le temple et le palais de Salomon, splendidement parés d'objets d'or et d'argent.

Vers 1200 av. J.-C., les Cananéens furent contraints par l'envahisseur de se tourner vers la mer pour assurer leur subsistance, et c'est ainsi qu'ils construisirent le plus grand empire maritime que le monde eût jamais vu jusque-

LES EXPLORATIONS PHÉNICIENNES

Les Phéniciens étaient d'excellents navigateurs, toujours à la recherche de nouveaux marchés et de nouvelles sources de matières premières. Nous savons qu'ils fondèrent des comptoirs sur les côtes d'Espagne et du Maroc, au-delà du détroit de Gibraltar, et qu'ils se rendaient souvent dans la région de Cadix pour y charger du minerai de cuivre et de plomb. Si l'on en croit l'historien grec Hérodote, une flotte phénicienne fit le tour de l'Afrique vers 600 av. J.-C. pour le compte du pharaon Néchao. L'expédition serait partie de la mer Rouge, pour rentrer trois ans plus tard par le détroit de Gibraltar.

Il fallut attendre encore 2 000 ans pour que les navigateurs européens passent le cap de Bonne-Espérance, si bien qu'il paraît difficile d'ajouter foi au récit d'Hérodote. Pourtant, un détail retient l'attention : les Phéniciens prétendent qu'ils avaient le soleil « à main droite » quand ils voyageaient à l'ouest ; en d'autres termes, le soleil se trouvait au nord. Hérodote ne crut pas cette partie de leur récit, alors que pour les géographes modernes, qui savent bien qu'un navire doit franchir l'équateur pour faire le tour de l'Afrique, elle plaide en faveur de leur sincérité.

Les Phéniciens se rendirent-ils aussi dans les îles Britanniques ? On l'a souvent dit. On prétend également qu'ils auraient atteint les côtes de l'Amérique. Cette affirmation s'appuie sur le fait que certaines statuettes mexicaines présentent des traits sémites et qu'un certain nombre d'Amérindiens honoraient des dieux barbus, alors que les autochtones du continent étaient tous imberbes.

La plupart des spécialistes rejettent cependant cette théorie. Les galères phéniciennes avançaient surtout à la rame, même si elles étaient parfois dotées d'une voile. Elles faisaient essentiellement du cabotage, d'île en île ou le long des côtes. Les routes qui menaient aux riches mines d'Espagne, par exemple, étaient jalonnées de comptoirs où les navigateurs mouillaient la nuit. Peut-être ont-ils pu atteindre la Grande-Bretagne ou faire le tour de l'Afrique, par étapes. Mais traverser l'immensité de l'Atlantique ? C'est assez peu vraisemblable.

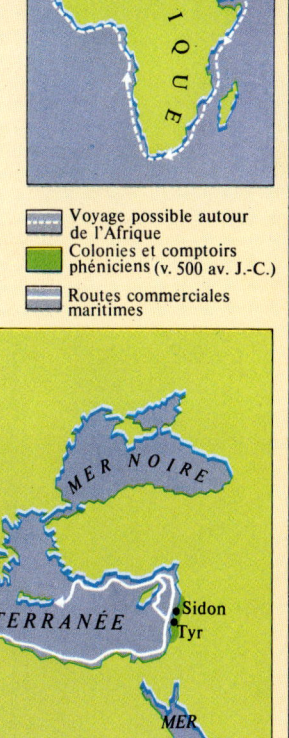

▨▨ Voyage possible autour de l'Afrique

▨▨ Colonies et comptoirs phéniciens (v. 500 av. J.-C.)

▨▨ Routes commerciales maritimes

là. A l'apogée de leur puissance, entre le XIIe et le VIIIe siècle av. J.-C., les Phéniciens eurent le monopole du commerce maritime. Leurs négociants établirent un vaste réseau de routes commerciales qui couvraient tout le monde connu de l'époque, et c'est peut-être pour faciliter les communications avec leurs lointains correspondants que les Phéniciens créèrent un alphabet, invention qui allait constituer la base de toutes les langues écrites de l'Occident. Pourtant, leur puissance commença à décliner au VIIIe siècle, en partie parce que les Grecs établirent progressivement des colonies en Méditerranée, brisant ainsi le monopole qu'ils s'étaient attribué, en partie parce que le territoire qu'ils possédaient tomba avec le temps sous la domination des empires assyrien, néo-babylonien, perse, et finalement sous celle des Grecs d'Alexandre.

Mais la civilisation et l'ingéniosité des Phéniciens ne disparurent point pour autant. Le soufflage du verre, par exemple, fut inventé par eux au Ier siècle de notre ère. Et surtout, leur pourpre n'avait toujours pas sa pareille. Pour les prêtres et les notables de la Rome impériale les vêtements teints de pourpre étaient le symbole de la plus haute dignité. Les empereurs portaient des tuniques de pourpre ; les sénateurs, des tuniques blanches rayées de deux bandes pourpres ; le manteau des membres de l'aristocratie était souvent orné d'une étroite bande pourpre qui descendait de chaque épaule. L'industrie de la pourpre survécut en fait à l'Empire romain, et l'Europe, au début du Moyen Age, importait encore cette teinture rare du Levant alors que les Phéniciens étaient depuis longtemps tombés sous le joug des Sarrasins.

Les marchands phéniciens, représentés ici par un peintre anglais du XIXe siècle, Frederick Leighton, faisaient le commerce des articles de luxe, notamment la pourpre, qui fit leur renommée.

LE MUREX, POURVOYEUR DE POURPRE

La teinture fut l'une des grandes industries de Tyr et de Sidon, mais Tyr était spécialement célèbre pour la qualité de sa pourpre. Les Phéniciens semblent avoir gardé jalousement les secrets de leur technique, mais on en connaît cependant certaines données.

Cette « manne » venait des eaux côtières, où les murex, des mollusques gastéropodes, abondaient. Pour les appâter, les pêcheurs déchiquetaient des moules et des grenouilles, qu'ils déposaient au fond de leurs nasses. Une fois les coquillages sur la grève, on prélevait leurs précieuses glandes branchiales, puis on les mettait à chauffer dans des récipients de plomb pour enlever les impuretés, avant d'ajouter un mordant destiné à fixer la couleur.

La pourpre des étoffes variait certes avec l'importance du personnage qui la portait, mais aussi, certainement, avec le mollusque pourvoyeur. *Murex trunculus* fournit un pourpre violet, mais la sécrétion incolore de *Muscella lapillus* passe, sous l'effet de la lumière solaire, du vert clair au pourpre éclatant après toute une gradation de tonalités : vert foncé, glauque, bleu clair, rougeâtre.

Des archéologues ont retrouvé d'immenses tas de coquilles vides sur les lieux où l'on fabriquait la teinture. Rien d'étonnant, si l'on sait qu'il faut 400 *Muscella lapillus* pour obtenir 7 milligrammes de pourpre sèche, et 10 000 *Murex* pour 1,2 g de pourpre cristalline.

Plongeon dans le passé

La plus ancienne épave du monde

Quelques lingots de cuivre faisant partie de la cargaison que transportait un navire marchand phénicien lorsqu'il fit naufrage vers 1200 av. J.-C.

Debout à l'arrière du navire, le marchand au teint olivâtre était absorbé dans ses réflexions. Le voyage avait été profitable. Sous ses pieds, dans la cale, se trouvait empilée en rangées régulières une bonne tonne de lingots de bronze et de cuivre, une cargaison qu'il avait embarquée sur l'île de Chypre. Poussé par un vent favorable, le navire filait bon train vers la mer Égée, où le marchand espérait vendre son métal à des artisans grecs. Un fort courant portait le bateau de 10 mètres le long de la côte sud de l'Asie Mineure. Bientôt, il faudrait mouiller dans le port de Finike pour refaire provision d'eau douce.

Mais le marchand n'arriva jamais à Finike. D'un seul coup, au large du cap Gelidonya, le navire s'éventra sur des récifs à fleur d'eau. Sous le poids de sa cargaison, il coula par 30 mètres de fond, où il resta, perdu corps et biens et oublié de tous, pendant 3 000 ans.

Il y a une trentaine d'années, des pêcheurs d'éponges du petit village turc de Bodrum, à 290 kilomètres à l'ouest du cap Gelidonya, tombèrent sur l'épave. Ils n'y prêtèrent guère attention, car la côte turque est jonchée de débris semblables. Mais en 1958, Peter Throckmorton, un écrivain américain qui se transforme aussi à l'occasion en chasseur d'épaves, visitait le petit village. Il apprit que le capitaine d'un bateau de pêcheurs d'éponges s'apprêtait à dynamiter une épave pour récupérer sa cargaison de bronze et la vendre à la ferraille. Le marin n'était guère enchanté de sa trouvaille, car le métal était complètement « pourri », disait-il. Throckmorton comprit immédiatement qu'il ne pouvait s'agir que d'une cargaison restée très longtemps sous les eaux. Après quelques palabres, il parvint à convaincre le capitaine d'abandonner son entreprise.

En juin 1959, Throckmorton revint en Turquie. Il repéra l'épave et recueillit suffisam-

L'archéologie sous-marine a aujourd'hui toute la rigueur scientifique de l'archéologie terrestre grâce aux techniques systématiques qu'elle utilise.

Ce cylindre de pierre, retrouvé dans l'épave d'un navire phénicien naufragé il y a 3 000 ans, serait peut-être le sceau du marchand.

ment d'indices pour persuader l'université de Pennsylvanie d'organiser une expédition archéologique d'un genre nouveau. Jusqu'alors, la plupart des fouilles sous-marines étaient confiées à des plongeurs professionnels, tandis que les archéologues attendaient impuissants à la surface. En 1960, cependant, le chef de l'expédition, un archéologue américain de vingt-sept ans, George Bass, adopta une nouvelle méthode : au lieu de transformer des plongeurs en archéologues, il apprit aux archéologues à explorer les profondeurs sous-marines.

Les résultats de ces fouilles furent proprement étonnants. Usant des techniques minutieuses dont les archéologues se servent sur la terre ferme, l'équipe de Bass mesura et nota la position précise de tout ce qu'elle découvrait, esquissant ainsi peu à peu un tableau de la vie à bord d'un ancien navire marchand de la Méditerranée orientale.

La plupart des denrées périssables et la majeure partie du navire s'étaient désintégrées. Mais le bateau avait coulé si rapidement que sa cargaison, soudée par les dépôts de calcaire et les organismes marins, était encore entassée en piles régulières, au milieu de fragments des nattes qui avaient servi à protéger les arêtes vives des lingots.

Au cours d'une campagne de recherches qui dura plusieurs mois, les plongeurs découvrirent des lingots d'étain et de cuivre, des enclumes de pierre, des marteaux et des frottoirs, le sceau du marchand — un cylindre de pierre délicatement gravé qui lui venait peut-être de ses ancêtres — et plusieurs jeux de poids utilisés par les marchands. Les plongeurs ramenèrent aussi à la surface des rebuts de métal, haches, herminettes, couteaux et autres objets brisés, certainement destinés à la refonte.

On retrouva également d'humbles objets de la vie de tous les jours, des amulettes, un miroir de bronze, des noyaux d'olive et des arêtes de poisson, sans doute les reliefs du dernier repas de l'équipage, ainsi qu'une brochette de bronze comme celles qui servent actuellement dans les cuisines turques.

Tous ces objets furent soigneusement étudiés et comparés à des objets de style identique — et tout particulièrement les poteries — découverts dans tout le Bassin méditerranéen, pour les dater. On contrôla ensuite les résultats avec d'autres techniques, par exemple la datation au carbone 14 des fragments de bois. Il fallut sept années de travail pour mettre en place les pièces du puzzle. Mais le résultat valait la peine : Bass démontra que le naufrage s'était produit vers la fin de l'âge du Bronze, vers 1200 av. J.-C. ; le marchand était un Phénicien qui faisait le commerce du métal et coulait lui-même ses lingots dans des fours, qu'il construisait pour quelques jours sur le rivage. Les archéologues avaient donc découvert la plus ancienne épave connue du monde.

Ce faisant, ils bouleversèrent aussi certaines croyances bien enracinées sur le monde de l'Antiquité. Par exemple, les historiens pensaient depuis longtemps que *l'Odyssée* d'Homère — qui se déroule au XIIIᵉ siècle av. J.-C., mais fut écrite des centaines d'années plus tard — était complètement dans l'erreur lorsqu'elle prétendait que les commerçants phéniciens pratiquaient leur négoce à l'époque. L'épave révéla qu'ils avaient tort. Elle permit de confirmer non seulement que les Phéniciens sillonnaient les eaux de la Méditerranée dès 1200 av.-J.-C., mais aussi que certains aspects des techniques de construction navale décrites dans l'œuvre d'Homère sont justes.

Les mystères d'Éleusis
A la recherche de l'immortalité

LA Grèce antique était pétrie de religion. Les dieux et déesses de son panthéon anthropomorphe, Zeus, Héra, Athéna, Apollon et tous les autres, commandaient aux forces naturelles. Les Grecs priaient ces divinités et leur faisaient des sacrifices, chez eux, dans leurs sanctuaires et dans leurs temples. Mais à côté de cette religion publique existaient de nombreux cultes mystiques, souvent liés aux puissances féminines, dont les origines sont antérieures à la période classique. Le plus célèbre de ces cultes était sans doute celui des mystères d'Éleusis. Le mot « mystère » vient d'un mot grec qui signifie « fermer les yeux », et les mystères d'Éleusis étaient effectivement des secrets jalousement gardés : toute personne impure qui se risquait à observer les rites sacrés était punie de mort ; tout initié qui révélait les secrets du culte payait son imprudence de la confiscation de ses biens — mais les initiés étaient fidèles à leur serment, car ils croyaient que le secret des mystères leur donnait la clef de l'immortalité.

Malgré cet épais silence, les archéologues ont en partie percé le secret des mystères d'Éleusis, grâce surtout aux fouilles du complexe archéologique d'Éleusis, aujourd'hui près d'Athènes, autrefois le centre d'une riche région agricole. C'est là, particulièrement dans la grande salle d'initiation, le Télestérion, qu'ils ont découvert des sculptures et des vases peints qui décrivent certains de ces rites.

Les mystères d'Éleusis s'inspiraient du récit légendaire de la déesse Déméter (ou Cérès, déesse des moissons) et de sa fille Perséphone, enlevée par Hadès (Pluton), roi des enfers. Grâce à l'intervention de Zeus, Perséphone fut autorisée à revenir sur terre tous les ans, pendant huit mois; mais elle devait languir dans le monde souterrain des enfers pendant le reste de l'année. Ce mythe symbolisait l'enfouissement des semences et la croissance des récoltes, le cycle de la mort et de la résurrection.

Les fêtes d'Éleusis se déroulaient en trois étapes. La première, les Petits Mystères, avait lieu au début de février. Durant les cérémonies, les initiés étaient purifiés tandis qu'on sacrifiait souvent des béliers et des porcs. La deuxième, les Grands Mystères, se célébrait en septembre ou octobre. Des initiés du premier cycle, les mystes, partaient pour Éleusis chercher les reliques et les objets sacrés qui serviraient aux cérémonies, puis rentraient le lendemain par la voie sacrée jusqu'au Céramique, un faubourg d'Athènes. Les mystes, hommes et femmes libres, et même esclaves, se réunissaient le troisième jour en une immense foule tapageuse. Tout à coup, l'hiérophante, le grand prêtre, réclamait le silence.

« Y a-t-il quelqu'un ici dont les mains sont impures ? Y a-t-il quelqu'un ici dont la voix ne peut être comprise ? Y a-t-il quelqu'un ici qui s'est rendu coupable de meurtre ou de sacrilège, quelqu'un qui s'est adonné à la magie noire ? Qu'il se retire. » Les prêtres et prêtresses s'assuraient alors de l'identité des mystes, faisaient prêter le serment de secret et recueillaient les oboles. Dès cet instant, les mystes commençaient à jeûner.

Le cinquième jour avaient lieu des cérémonies en l'honneur de Dionysos et d'Asclépios (le dieu de la médecine). Le sixième, les mystes se reposaient probablement, tandis qu'on préparait le *kukeôn*, la boisson sacrée, un mélange de malt et d'herbe de saint Laurent,

Le rapt mythique de Perséphone (Proserpine) par Hadès, roi des enfers, a inspiré d'innombrables œuvres d'art, comme ce tableau de Charles de Lafosse, intitulé l'Enlèvement de Proserpine, *et qui fait partie des collections du Louvre.*

une variété de menthe. Le septième jour, les mystes se rendaient en procession à Éleusis sous les yeux des Athéniens. En tête, une statue de Dionysos représenté sous les traits d'un jeune garçon était acclamée aux cris de : « Iacchos ! O Iacchos ! » (deuxième nom du dieu). Sur le pont qui enjambait le Céphise, de vieilles femmes se moquaient des mystes, comme la vieille femme de la légende s'était gaussée de Déméter partie à la recherche de Perséphone. Puis les mystes s'abreuvaient du *kukeôn* sacré, en pleine fermentation.

A Éleusis, les rites secrets se déroulaient au cours des « nuits mystiques ». Une procession aux flambeaux symbolisait un voyage aux enfers. Plus tard, les prêtres et prêtresses donnaient peut-être en représentation un drame mystique. Enfin, la dernière nuit des mystères constituait le troisième cycle et le point final des cérémonies, qui portait le nom d'*epopteia,* la « contemplation » de l'épi de blé.

Un grand brasier dissipait les ténèbres, et l'hiérophante entonnait : « La Maîtresse a donné naissance à un fils sacré, Brimo a donné naissance à Brimos, la Puissance à la Puissance. » Cette mélopée signifiait que la déesse des morts, Perséphone, épouse d'Hadès, avait donné naissance à un fils, symbole de la résurrection. La cérémonie atteignait peut-être son point culminant avec la présentation de l'épi de blé, dans lequel les initiés voyaient un symbole de renaissance, et donc d'immortalité. Cette cérémonie plongeait les mystes dans l'extase. Peut-être s'agissait-il d'une hallucination collective, à laquelle contribuaient le jeûne, les effets enivrants du breuvage sacré et les lueurs du feu qui dansaient sur les visages.

Les mystères d'Éleusis se perpétuèrent, avec d'autres rites païens, jusqu'à ce qu'ils soient supprimés par l'empereur romain Théodose Ier, en l'an 395 de notre ère. A cette époque, de nombreux Grecs avaient déjà embrassé une nouvelle religion, le christianisme, qui offrait l'immortalité à tous.

Une grève dans le désert
Les portiers de l'au-delà

PENDANT près de 500 ans, les pharaons se firent enterrer dans la Vallée des Rois, dans d'énormes tombeaux, les hypogées, creusés à grand-peine dans le rocher. La tradition veut que les ouvriers chargés de ce labeur épuisant aient vécu dans des conditions misérables, brutalement exploités par leur maître et seigneur, le pharaon. Mais fut-ce bien le cas ? Les pharaons étaient-ils toujours aussi cruels et durs qu'on nous les représente ? On peut se le demander.

En effet, selon des inscriptions retrouvées dans les tombes, c'est à un groupe de ces ouvriers que revient l'honneur d'avoir fait la première grève dont l'histoire nous ait laissé la trace. Avec des méthodes aujourd'hui parfaitement éprouvées, ils obtinrent tout ce qu'ils demandaient.

Mais leur mécontentement venait-il de ce qu'on leur imposait des conditions de travail insupportables ? Traditionnellement, les pharaons se faisaient enterrer dans des pyramides. Mais malgré l'ingéniosité de leurs architectes, leurs sépultures étaient souvent pillées. C'est pourquoi, le pharaon Thoutmôsis Ier (XVIe siècle av. J.-C.) décida de se faire creuser un tombeau souterrain dans ce qui fut appelé plus tard la Vallée des Rois, sur la rive ouest du Nil, non loin de Thèbes, la capitale, mais pourtant hors de portée des pillards. Depuis cette date, et pendant toute la période du Nouvel Empire (XVIe-XIe siècle av. J.-C.), tous les pharaons s'y firent enterrer.

Les travaux d'excavation, la construction de passages tortueux, de portes dérobées et de fausses chambres, voire des puits, étaient confiés à une compagnie permanente d'artisans qui se chargeaient aussi de décorer l'intérieur des tombes. Ils étaient logés dans un village qui leur était réservé, à Deir el-Medineh, en plein milieu du désert. Ce village existe toujours, et le visiteur peut arpenter ses rues et voir les vestiges de ses soixante-dix maisons de torchis et de brique. Toutes de plain-pied, elles comportaient quatre pièces en enfilade.

Les archéologues français qui fouillèrent le site de 1922 à 1947 ont retrouvé des milliers d'*ostraca* — fragments de pierres calcaires et de poteries, couverts d'inscriptions hiératiques (ancienne écriture cursive des Égyptiens) — qui décrivent par le menu la vie quotidienne du village. C'est ainsi que l'on possède la liste des noms des ouvriers, avec leurs fonctions, ainsi qu'un registre de la progression journalière des travaux. Un *ostracon* mentionne même l'absence d'un ouvrier qui s'était un jour disputé avec sa femme. Groupés en deux équipes, chacune placée sous la direction d'un contremaître, de son adjoint et de l'inévitable scribe, les hommes travaillaient huit heures par jour, huit jours d'affilée. Ils dormaient pendant cette période dans de simples huttes, près de la tombe qu'ils construisaient. Les neuvième et dixième jours, ils avaient congé et retrouvaient leurs femmes et leurs enfants restés au village. Ils chômaient aussi lors des grandes fêtes données en l'honneur des principaux dieux.

Le trésor royal leur versait tous les mois des gages en nature : du blé pour le pain et de l'orge pour la bière, et quelques femmes esclaves leur étaient fournies pour moudre le grain. On employait des blanchisseurs pour faire la lessive commune et des potiers pour remplacer les récipients dont les ouvriers ne paraissent pas avoir pris grand soin. Les carriers recevaient aussi des rations de poisson, de légumes, de bois pour le feu et d'huile pour le corps — indispensable pour se protéger de la poussière et de la chaleur du désert. De temps en temps, le pharaon lui-même récompensait ses ouvriers en leur faisant présent de viande, de vin, de sel et de bière venue d'Asie.

Isolés en plein désert, les villageois ne pouvaient rien faire pousser. Ils comptaient donc sur les vivres qui leur arrivaient normalement le vingt-huitième jour du mois. Pourtant, il se trouvait parfois que les caravanes de mulets n'étaient pas au rendez-vous. Dans la vingt-neuvième année du règne de Ramsès III, le village attendit ainsi ses vivres pendant plusieurs semaines. Finalement, perdant patience, les ouvriers jetèrent leurs outils et se rendirent au grand temple mortuaire de Ramsès II. Là, ils s'assirent en bon ordre, refusant de se remettre au travail tant que le pharaon n'aurait pas été informé de leur situation désespérée. On consulta un scribe du temple. Après avoir écouté les doléances des ouvriers, il ordonna qu'on leur remette une ration de grain pour un mois, prélevée sur les provisions des scribes. Les mois qui suivirent, les ouvriers firent encore plusieurs fois la grève, jusqu'à ce qu'on leur verse enfin tout leur dû.

Pour autant que nous le sachions, personne ne fut puni pour avoir osé dicter ainsi des conditions au pharaon. Et les *ostraca* semblent bien montrer que, loin d'être d'impitoyables despotes, les rois de l'ancienne Égypte étaient plus compréhensifs — et les ouvriers beaucoup moins dociles — que ne le voudrait la tradition. Ces hommes n'étaient certes pas des esclaves, mais leur situation était naturellement bien particulière : ils savaient parfaitement que leur travail était absolument indispensable au pharaon, qui n'aurait pu entreprendre son voyage dans l'au-delà si sa tombe, sa « maison éternelle », n'avait pas été décorée et meublée à temps pour recevoir sa dépouille mortelle.

La Vallée des Rois, où se faisaient enterrer les pharaons d'Égypte, se trouvait non loin de Thèbes, la capitale. Au premier plan, une partie des ruines de Thèbes, devant un village de construction récente.

Le tumulus du grand serpent
Un peuple disparu

Un groupe d'Indiens d'Amérique du Nord gravait de fins dessins sur des coquillages (en haut). L'illustration (en bas) représente leur développement en plan.

Lorsque les Européens s'aventurèrent en Amérique du Nord, au XVIᵉ et au XVIIᵉ siècle, ils découvrirent devant eux d'immenses étendues sauvages, totalement vierges. Ils furent presque unanimes à penser que, contrairement au Mexique et à l'Amérique andine, ces territoires n'avaient jamais connu de civilisations dignes de ce nom. Le continent, immense et fertile, était peuplé, et semblait l'avoir toujours été, par des Indiens semi-nomades, qui vivaient de la terre et n'avaient jamais créé rien de durable.

Au XVIIIᵉ siècle, cependant, les pionniers qui avaient atteint les vallées de l'Ohio et du Mississippi dans leur longue marche vers l'ouest tombèrent sur d'étranges monticules de terre, couverts d'arbres et de broussailles. Par leur forme, qui ne pouvait être l'œuvre de la nature, il était clair qu'ils avaient été construits de main d'homme. Avec le temps, les découvertes se multiplièrent dans tout le centre et le sud de ce qui est aujourd'hui le territoire des États-Unis. Les colons se rendirent à l'évidence et comprirent enfin qu'il s'agissait en réalité de vestiges d'une culture depuis longtemps disparue et complètement oubliée. Certains monticules avaient la forme de gigantesques animaux. D'autres s'élevaient en forme de cône à 30 mètres de hauteur. D'autres enfin étaient des pyramides tronquées dont la base couvrait plusieurs kilomètres carrés. Les colons découvrirent aussi de grands enclos fermés par des murs de terre, particulièrement dans la région de l'Ohio et de ses affluents. A l'endroit où s'élèverait plus tard Newark (Ohio), des levées de terre formaient deux grands cercles, un carré et un octogone reliés par de longues avenues. Ce site de 10 kilomètres carrés avait-il pu abriter la capitale d'un peuple disparu ? A coup sûr, pensaient les colons du XVIIIᵉ siècle, ces travaux ne pouvaient être l'œuvre des Indiens qu'ils connaissaient, ni même celle de leurs ancêtres. Cette conviction fut encore renforcée lorsque fut découvert dans un grand nombre de ces monticules de terre d'extraordinaires objets : des poteries délicates ; de splendides pipes de pierre merveilleusement gravées ; des images

---

DES CIVILISATIONS INDIENNES OUBLIÉES

Trois populations indiennes, qui vécurent à des époques différentes, forment probablement ce que les archéologues nomment les Mound Builders (les Bâtisseurs de Tumulus) d'Amérique du Nord.

Les archéologues pensent que le peuple Adena (du nom d'un site archéologique de l'Ohio) a été le premier à construire des ouvrages de ce genre. Environ 1 000 ans avant notre ère, les Adenas commencèrent à édifier des monticules en forme d'animaux et des tumulus élevés. Vers 300 av. J.-C., un autre groupe, les Hopewells (du nom d'un autre site de l'Ohio), construisait d'énormes enceintes de terre autour de tumulus. Les objets qu'ils enterraient avec leurs morts étaient de facture beaucoup plus délicate que ceux des Adenas : pectoraux de cuivre, coiffures ornées, serpents de pierre et de mica, sculptures de pierre polie, poteries richement ornées. Un squelette Hopewell était même paré de milliers de perles d'eau douce.

Les Hopewells étaient des commerçants qui allaient chercher très loin les matières premières de leur artisanat : l'obsidienne dans les montagnes Rocheuses, le mica dans les Appalaches, les coquillages sur les rives du golfe du Mexique et le cuivre dans la région des Grands Lacs. Ils commerçaient également avec la Floride, d'où leur vinrent peut-être certaines influences mexicaines. Mais les Hopewells ne semblent pas avoir cherché à dominer les populations avec lesquelles ces échanges commerciaux les mettaient en contact. Établis au centre des États-Unis, d'où ils exportaient les fins produits de leur artisanat en échange de matières premières, ils y restèrent toujours, vivant paisiblement au fond de petites vallées. Ils continuèrent à prospérer et à édifier des milliers de tumulus jusqu'au VIᵉ siècle de notre ère, moment où l'agitation qui se répandit dans toute l'Amérique du Nord démantela leur réseau commercial. En moins de deux siècles, les Hopewells furent soit absorbés par des populations plus rudes, soit anéantis par des tribus belliqueuses.

Le troisième et dernier groupe de Bâtisseurs de Tumulus, le peuple du Mississippi, semble être postérieur à la période Hopewell. Établis surtout dans le sud des États-Unis, ils se spécialisèrent dans ce que les archéologues américains appellent les *temple mounds,* des pyramides tronquées de terre au sommet desquelles se dressaient des temples de bois. Ces Indiens étaient encore plus habiles artisans que les Hopewells, et leurs magnifiques objets se répandirent dans toute l'Amérique du Nord à compter de l'an 900. Ils édifiaient encore des tumulus lorsque les Européens arrivèrent en Amérique du Nord, au XVIᵉ siècle. Mais leur civilisation ne survécut pas à l'établissement des premiers colons.

---

d'oiseaux et de serpents découpées dans le cuivre et le mica ; de fines gravures sur pierre. A côté de ces objets se trouvaient des ossements humains. Il s'agissait donc de toute évidence de tertres funéraires, foyers d'une société qui, comme celle des Égyptiens, envoyait les morts dans l'au-delà avec leurs possessions terrestres. Par contraste, les monticules en forme d'animaux n'étaient que cela, précisément : des images d'animaux dont la vocation était sans doute religieuse. Quant aux pyramides tronquées, elles étaient vraisemblablement des plates-formes sur lesquelles se dressaient autrefois des pyramides. Enfin, les levées de terre, croyait-on à l'époque, délimitaient sans doute des espaces sacrés, plutôt que d'enclore des villes. Comme le disait l'archéologue Ephraim Squier, à propos du site de Newark, en 1848 : « Lorsqu'il pose le pied sur l'ancienne avenue pour la première fois, le visiteur est saisi d'un sentiment de grandeur, comme celui qu'il éprouverait en franchissant le portique d'un temple égyptien. » Pourtant, il était bien étonnant qu'une société apparemment aussi avancée n'eût laissé aucune trace de ses villes ni de ses routes. Toutes ces découvertes semblaient indiquer que ces bâtisseurs étaient profondément religieux et fort habiles, mais qu'ils n'avaient guère le goût des conquêtes qui font les grands empires. Quelle était l'origine de ce peuple ? De quand datait cette civilisation ? Le mystère enflamma l'imagination populaire, et les théories se mirent à foisonner : des Vikings, disait l'un ; des Indiens d'Asie venus par le détroit de Béring et repartis par la même route, disait l'autre ; les dix tribus perdues d'Israël ; des Phéniciens de l'ancienne cité de Tyr, ou plutôt des Gallois. Bref, tout ce qu'on voulait, mais certainement pas des Indiens d'Amérique.

En 1839, l'ethnologue Samuel Morton démontra pourtant le contraire : les crânes provenant des tumulus étaient identiques à des crânes d'Indiens décédés récemment. Les bâtisseurs des tumulus étaient donc, comme on pouvait s'y attendre, les ancêtres directs des Indiens d'Amérique. Cette conclusion peu étonnante fut loin de faire l'unanimité. Comment des Indiens auraient-ils pu jamais bâtir ces tertres funéraires ? En 1881, le Congrès américain s'en émut et ordonna une enquête. Une équipe menée par Syrus Thomas, naturaliste et archéologue, chaud partisan de la théorie de la race oubliée, travailla pendant sept années à résoudre l'énigme, déterrant et examinant des milliers d'objets. Les conclusions de cette étude furent formelles : sans aucun doute possible, certains des objets re-

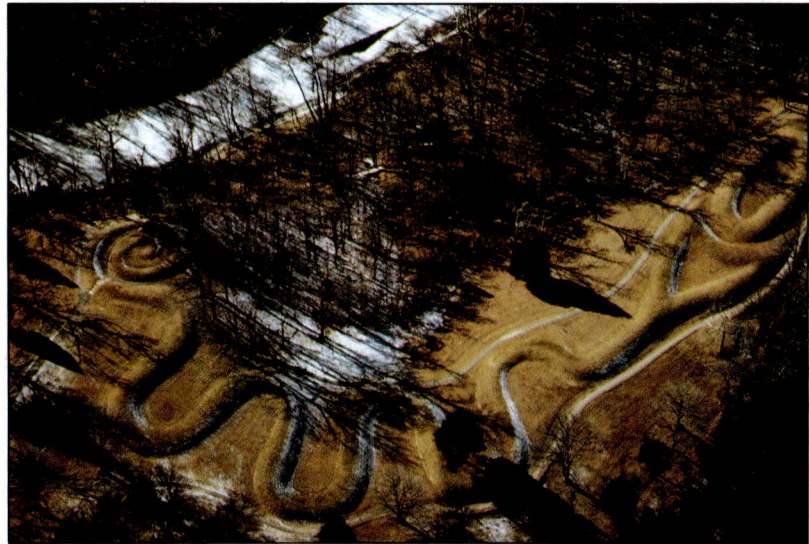

trouvés dans les tertres étaient d'origine européenne et donc d'une date relativement récente. Dans son rapport, Thomas se vit contraint d'écrire que certains tertres furent « construits et utilisés après l'occupation du continent par les Européens, et qu'au moins certains de leurs bâtisseurs ne furent personne d'autre que des Indiens appartenant à des tribus connues. »

Cette longue polémique fut d'ailleurs bien inutile. Au début du XVIᵉ siècle, l'Espagnol Hernando de Soto (1499-1542) vit des Indiens édifier des monticules de terre dans le sud-est des États-Unis actuels, et il signala le fait. Ses observations, lorsqu'elles furent retrouvées au cours de notre siècle, confirmèrent qu'environ un siècle avant la colonisation de l'Amérique du Nord par les Européens certaines tribus indiennes construisaient encore des tumulus, et qu'il n'était donc pas nécessaire d'inventer une civilisation disparue pour expliquer leur existence.

Au XIXᵉ siècle, les équipes d'ouvriers fouillèrent de nombreux tertres en Amérique du Nord, sous la direction d'archéologues. L'une de ces fouilles (en haut) est illustrée dans un vaste tableau panoramique des grands événements de l'histoire de la vallée du Mississippi. Intitulé Grandeur monumentale de la vallée du Mississippi, *il fut achevé vers 1850.*

Les ondulations d'un reptile imaginaire long de 380 m sont clairement visibles sur cette photo aérienne du Great Serpent Mound, en Ohio (ci-dessus).

Les Assyriens : tels des loups dans la bergerie

La cruauté garante de la stabilité

« DES vampires assoiffés de sang, sans pitié pour leurs victimes », « Les Romains de l'Orient, qui apportèrent la stabilité au monde ancien », « Le bâton avec lequel Dieu châtia les Hébreux » : de toute évidence, les Assyriens ne font pas l'unanimité. La cruauté qu'on leur prête à l'égard des peuples qu'ils asservirent n'a pas sa pareille dans l'histoire, et cette réputation repose d'une part sur les textes bibliques — pour les prophètes hébreux, les terrifiants Assyriens étaient le châtiment de Dieu — et d'autre part sur les inscriptions qu'ils nous ont laissées. Partout où ils étaient vainqueurs, les rois assyriens faisaient dresser des stèles dont les bas-reliefs et les inscriptions célébraient leurs sanglantes victoires. Elles servaient aussi à rappeler aux vaincus qu'il était vain de vouloir secouer le joug. Les rois assyriens se faisaient une gloire de leur cruauté : « J'ai construit un pilier devant la porte de sa ville, se vantait Assur-Nasirpal II (qui régna de 883 à 859 av. J.-C.), j'ai écorché tous les chefs qui s'étaient révoltés et j'ai recouvert le pilier de leur peau. Certains, je les ai emmurés dans le pilier ; certains, je les ai empalés sur des pieux fichés dans le pilier ; et d'autres, je les ai ligotés à des poteaux autour du pilier. J'ai fait un pilier de vivants et un autre de têtes, et j'ai attaché des têtes aux troncs des arbres dans toute la ville. Leurs jeunes gens et leurs jeunes filles, je les ai brûlés dans le feu. » Salmanasar III (858 à 824 av. J.-C.), qui, en trente-cinq ans de règne, fit la guerre trente et un ans, n'était guère plus tendre : « J'ai détruit, j'ai dévasté, j'ai consumé par le feu... 250 villes, j'ai détruit... Partout j'ai répandu terreur et crainte. » Même si l'on admet une part de propagande, ces récits nous donnent une image horrifiante de la terreur que faisaient régner les Assyriens. A une époque fort peu tendre, ils surpassaient leurs ennemis en cruauté et se glorifiaient de leur férocité. Mais quel était donc ce peuple qui édifia un empire sur la terreur ?

Les Assyriens étaient à l'origine une tribu de farouches guerriers sémites qui s'étaient établis dans la ville d'Assur, sur la rive ouest du Tigre, position clef qui permettait de tenir toute la Mésopotamie. Ils entrèrent en conflit avec les tribus voisines, leur disputant les routes commerciales, les maigres ressources de la région et les derniers vestiges de l'Empire babylonien. Les rois assyriens, qui étaient

---

L'ARMÉE ASSYRIENNE

L'Empire assyrien fut bâti par l'armée. Des centaines d'années avant que les légions romaines conquièrent le monde, les troupes assyriennes avaient triomphé de tous leurs ennemis par leur discipline et la supériorité de leurs armes.

Les premiers soldats assyriens étaient de robustes paysans venus des hauts plateaux du nord de l'Irak et pendant plus de 300 ans cette armée de conscrits servit bien l'Assyrie. Mais à mesure que l'empire s'étendait et que ses ennemis se faisaient plus puissants, une armée de métier devint nécessaire. Le roi Téglath-Phalasar III (745-727 av. J.-C.) enrôla des guerriers venus des marches de l'empire, cavaliers d'Iran, chameliers d'Arabie, fantassins d'Anatolie et de Syrie, pour constituer une armée permanente. Les citoyens d'Assyrie restaient cependant assujettis à la conscription, mais ils pouvaient désormais se faire remplacer par des esclaves. Plus tard, l'armée recruta dans des tribus hostiles des mercenaires attirés par la promesse d'un riche butin. Ces éléments l'affaiblirent et contribuèrent finalement à sa défaite.

Nous n'avons guère de précisions sur les effectifs engagés au combat : Assur-Nasirpal II parle de 50 000 hommes pour une bataille ; Salmanasar III prétend avoir conduit 120 000 hommes à la bataille de Qarqar, en 853 av. J.-C. En revanche, les bas-reliefs des palais royaux nous montrent que les sapeurs constituaient un corps important, d'une utilité inappréciable lorsqu'il fallait assiéger une ville fortifiée. Ces hommes comblaient les douves, construisaient des levées de terre, creusaient des tunnels et lançaient d'énormes béliers contre les portes et les murailles. L'infanterie se composait d'archers et de frondeurs, qui n'étaient munis d'aucune arme défensive, et de lanciers protégés par une sorte de cotte de mailles et un haut bouclier. Les cavaliers, armés d'un arc court ou d'un long javelot, montèrent d'abord à cru, puis leurs chevaux furent protégés par un caparaçon. Le char à deux roues, léger et rapide, permettait aux Assyriens de déborder leurs ennemis. L'armée était suivie de longues files de serviteurs, hommes et femmes, et de nombreux chariots de vivres.

Bien que nous connaissions les noms et les grades des officiers, les témoignages sur l'organisation de l'armée sont rares, car les récits militaires se souciaient davantage de célébrer les victoires que de relater la vie quotidienne de l'humble soldat.

élevés dans le respect de la force et rompus aux techniques de la guerre et de l'Administration, firent du pays d'Assur un véritable empire, qui atteignit le faîte de sa puissance en 671 av. J.-C., lorsque ses redoutables armées pénétrèrent en Égypte et prirent Memphis. Les petits États qui entouraient leur territoire étaient pour eux une chasse gardée où ils s'enrichissaient en pillant sans relâche. A l'approche de leur puissante armée, tout le monde tremblait, payait le tribut et prêtait le serment d'allégeance éternelle. Le roi soumis n'avait alors plus rien à craindre. Mais malheur à lui s'il ne tenait pas sa promesse.

Mais les Assyriens n'étaient-ils que des barbares assoiffés de sang, uniquement soucieux de piller et de massacrer au nom d'Assur, leur dieu? En réalité, ils étaient aussi d'excellents administrateurs qui mirent au point un système efficace de tributs en hommes et en argent, grâce auquel l'empire était à la fois riche et en sûreté. L'Administration était confiée à des gouverneurs locaux choisis par le roi pour leur grande compétence. Les Assyriens construisirent des villes magnifiques : Ninive, qui abritait une bibliothèque de plus de 20 000 tablettes cunéiformes, Khorsabad et Calach (Nimroud), où de nombreux exemples de leur art ont été retrouvés. Les bas-reliefs assyriens sont d'un étonnant réalisme, comme celui où l'artiste rend avec un art consommé la détresse poignante d'une lionne blessée. L'habileté avec laquelle ils construisaient des aqueducs et inventaient de nouvelles méthodes pour fondre le métal n'avait pas d'égale à l'époque.

Cependant, la vie n'était pas toujours plaisante pour les citoyens d'Assyrie, surtout s'ils avaient maille à partir avec la loi. « Si un homme surprend un homme avec sa femme et porte une accusation contre lui et prouve son droit, les deux coupables sont mis à mort. » Si une femme donnait asile à une épouse fugitive, les deux risquaient de se faire couper les oreilles. Toutefois, « en dehors des peines qui concernent la femme mariée et qui sont inscrites sur la tablette, un homme peut fouetter sa femme, lui tirer les cheveux, lui fendre et lui blesser les oreilles, il n'encourt aucun blâme pour cela. » Quant aux félons, on les jetait en prison ou on les mettait aux fers, on les écorchait, on leur crevait les yeux, ou plus simplement, on les tuait. Nous ignorons si ces lois étaient exécutées à la lettre. Des documents montrent qu'un tribunal, sur paiement d'une somme d'argent, suspendit l'exécution de sa sentence. Les citoyens étaient rarement mis en prison : on en faisait des esclaves.

Telle était la société assyrienne, construite sur la force, soutenue par la crainte. Mais la cruauté proclamée de ses rois ne doit pas nous faire oublier que d'un monde violent agité par les querelles ils firent un empire qui dura plus de 300 ans, jusqu'à ce que les Mèdes et les Perses l'anéantissent en 609 av. J.-C. Leur formidable réputation de peuple le plus cruel de toute l'histoire ne saurait faire oublier l'éclat de leurs arts et de leurs techniques.

Cette reconstitution du palais royal de la capitale assyrienne, Calach (aujourd'hui Nimroud), donne une idée de la magnificence de l'architecture assyrienne à l'apogée de l'empire.

LA PÉRIODE CLASSIQUE

Place de cette période sur l'échelle chronologique

100 000 av. J.-C.   1500 apr. J.-C.

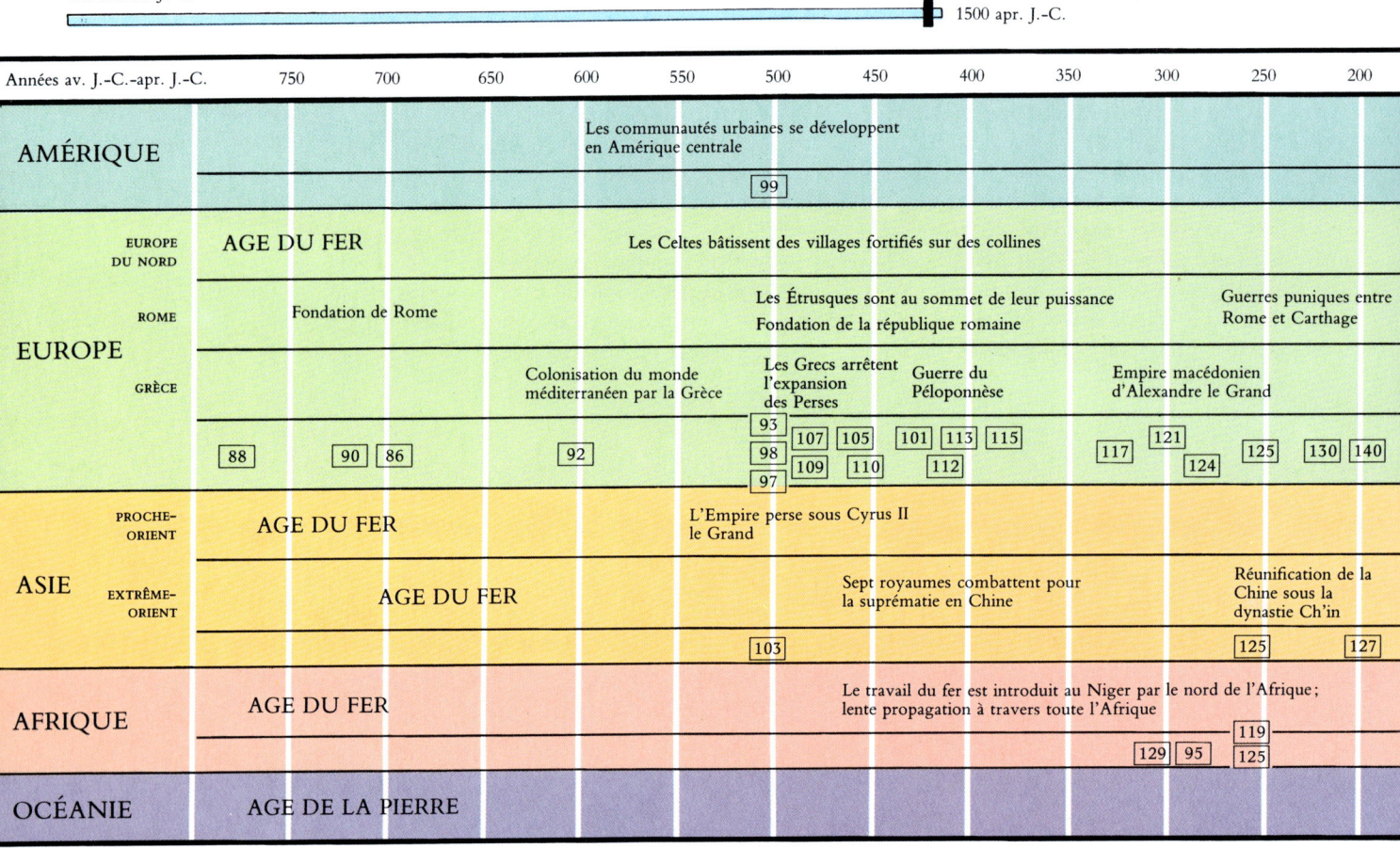

Années av. J.-C.-apr. J.-C. — 750 700 650 600 550 500 450 400 350 300 250 200

AMÉRIQUE
Les communautés urbaines se développent en Amérique centrale — 99

EUROPE

EUROPE DU NORD — AGE DU FER — Les Celtes bâtissent des villages fortifiés sur des collines

ROME — Fondation de Rome — Les Étrusques sont au sommet de leur puissance — Fondation de la république romaine — Guerres puniques entre Rome et Carthage

GRÈCE — Colonisation du monde méditerranéen par la Grèce — Les Grecs arrêtent l'expansion des Perses — Guerre du Péloponnèse — Empire macédonien d'Alexandre le Grand

88   90   86   92   93   98   97   107   105   109   110   101   113   115   112   117   121   124   125   130   140

ASIE

PROCHE-ORIENT — AGE DU FER — L'Empire perse sous Cyrus II le Grand

EXTRÊME-ORIENT — AGE DU FER — Sept royaumes combattent pour la suprématie en Chine — Réunification de la Chine sous la dynastie Ch'in

103   125   127

AFRIQUE — AGE DU FER — Le travail du fer est introduit au Niger par le nord de l'Afrique; lente propagation à travers toute l'Afrique

129   95   119   125

OCÉANIE — AGE DE LA PIERRE

Les chiffres du sommaire ci-contre et les chiffres encadrés du tableau renvoient aux pages du livre.

86. Homère écrit *l'Iliade* et *l'Odyssée*
88. Les premiers jeux Olympiques se déroulent en Grèce
90. Culte des Vestales à Rome
92. L'oracle de Delphes est rendu dans le temple d'Apollon
93. Influence des Étrusques en Italie
95. Les Égyptiens vénèrent les chats

97. Construction du tunnel d'Eupalinos à Samos
98. Apogée de Sparte
99. Le travail du métal débute en Amérique du Sud
101. Les femmes grecques profitent de la guerre du Péloponnèse
103. Un chef de tribu tatoué est enterré à Pazyryk en Sibérie
105. L'argent du Laurion aide les Grecs à vaincre les Perses
107. L'historien Hérodote naît à Halicarnasse

109. Construction du théâtre de Dionysos à Athènes
110. Empédocle soutient l'idée que la matière se compose de quatre éléments
112. Alcibiade est accusé d'avoir mutilé les statues d'Hermès à Athènes
113. Le banquet de Platon a lieu dans la maison du poète Agathon à Athènes
115. Naissance d'Aristote en Grèce
117. Philippe de Macédoine meurt à Vergina

119. Fondation de la bibliothèque d'Alexandrie
121. Reconstitution d'une ferme de l'âge du Fer en Grande-Bretagne
124. Naissance d'Archimède à Syracuse
125. On parle pour la première fois des Sept Merveilles du monde
127. Une armée en terre cuite veille sur la tombe de l'empereur Ch'in Shih-huang-ti
129. A Carthage, on sacrifie des enfants au dieu Baal
130. Hannibal traverse les Alpes

C'est parce que le monde moderne, de l'Occident comme de l'Orient, a été profondément influencé par les réalisations culturelles, techniques et politiques de l'Antiquité grecque et romaine que l'on prête souvent trop peu d'importance aux autres grandes civilisations de cette époque. En fait, le monde de la période classique, comme cela apparaît dans cette partie du livre à travers les nombreux sujets traités, s'est étendu sur des territoires beaucoup plus vastes que le seul monde méditerranéen. L'Amérique du Nord et du Sud, l'Extrême-Orient, les îles de l'océan Pacifique et l'Afrique au sud du Sahara ne furent pas touchées par la rapide évolution des civilisations méditerranéennes, et dès le début de l'ère chrétienne, d'autres civilisations florissantes, comme celles de la Chine et du Japon, entretenaient déjà des relations entre elles et étendaient leur influence à travers des régions parfois même plus étendues que l'Empire romain.

Aucune époque de l'histoire, pas même la nôtre, n'a été plus féconde que celle de l'Antiquité classique. Pendant les 1 400 ans qui se situent entre l'ascension des grandes cités grecques et le déclin de l'Empire romain, des peuples d'Orient et d'Occident réalisèrent des découvertes capitales dans les domaines littéraire, artistique, philosophique, ainsi que dans celui des sciences naturelles. C'est également durant cette période que l'on assiste à la rapide propagation des grandes religions : le christianisme, le bouddhisme et le judaïsme, qui forment la pensée d'une vaste partie de l'humanité.

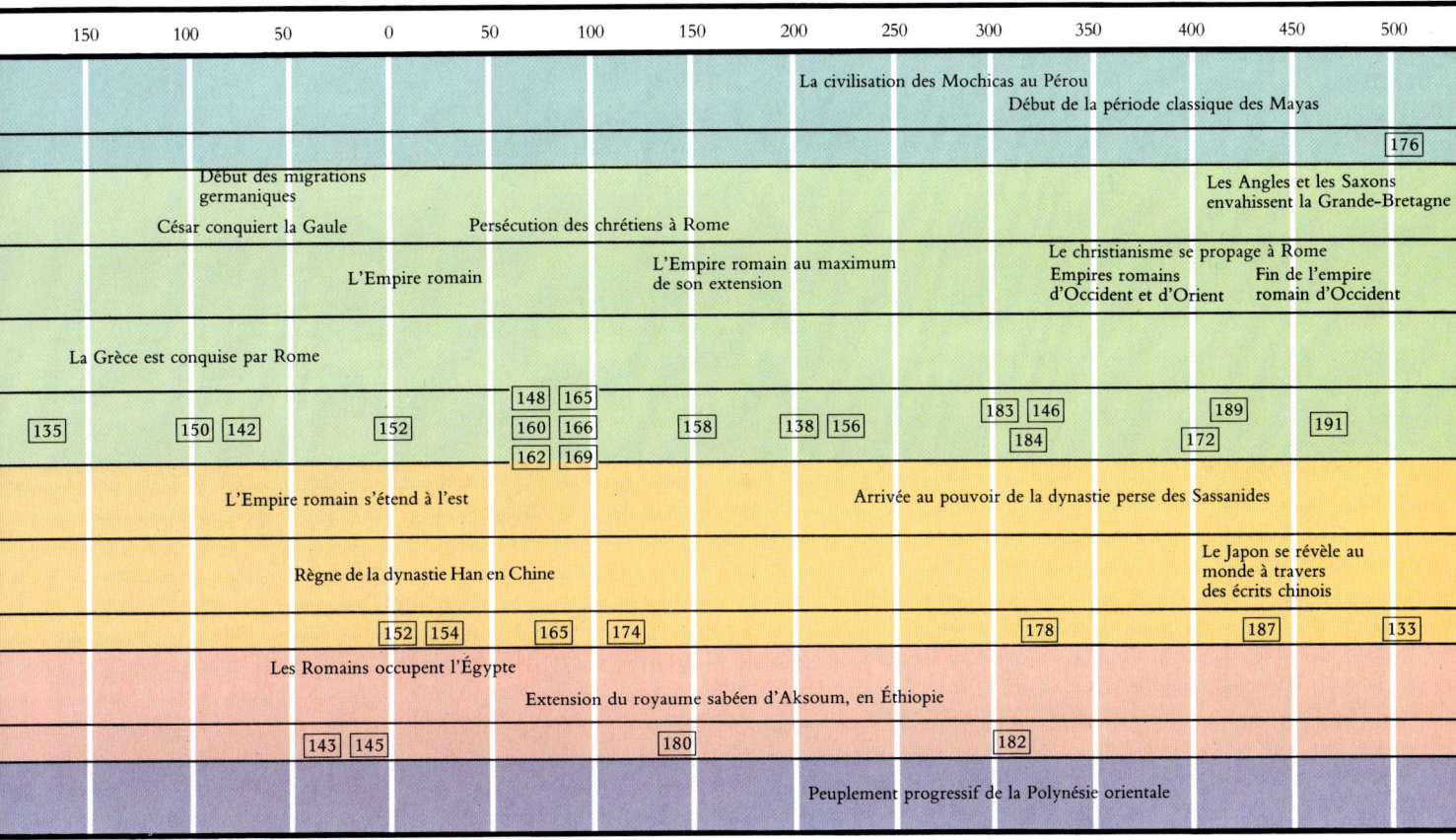

La civilisation des Mochicas au Pérou
Début de la période classique des Mayas
176

Début des migrations germaniques
Les Angles et les Saxons envahissent la Grande-Bretagne
César conquiert la Gaule
Persécution des chrétiens à Rome
L'Empire romain au maximum de son extension
Le christianisme se propage à Rome
L'Empire romain
Empires romains d'Occident et d'Orient
Fin de l'empire romain d'Occident

La Grèce est conquise par Rome

135 **150** **142** **152** **148** **165** **160** **166** **162** **169** **158** **138** **156** **183** **146** **184** **189** **172** **191**

L'Empire romain s'étend à l'est
Arrivée au pouvoir de la dynastie perse des Sassanides

Règne de la dynastie Han en Chine
Le Japon se révèle au monde à travers des écrits chinois

152 **154** **165** **174** **178** **187** **133**

Les Romains occupent l'Égypte
Extension du royaume sabéen d'Aksoum, en Éthiopie

143 **145** **180** **182**

Peuplement progressif de la Polynésie orientale

133. En Inde, le jeu de chaturanga est supplanté par celui des échecs
135. Caton écrit un traité sur l'agriculture
138. La Table de Peutinger, carte routière des touristes romains
140. Le sénat romain interdit les réunions des disciples de Bacchus
142. Mise au point du calculateur mécanique d'Antikythera
143. Cléopâtre se donne la mort
145. L'un des colosses de Memnon semble parler

146. L'homme de Tollund est enterré dans un marécage
148. Les Romains l'emportent sur les druides de l'île de Mona
150. Édification du village fortifié celte de Danebury
152. Commerce florissant de Rome avec l'Inde
154. Josèphe naît à Jérusalem
156. Construction des thermes de Caracalla à Rome
158. Les thermes de Bath sont un centre balnéaire renommé

160. Boudica est vaincue par les Romains
162. Néron est rendu responsable de l'incendie de Rome
165. Le trésor du temple de Jérusalem est transporté à Rome
166. L'éruption du Vésuve détruit Pompéi
169. Inauguration du Colisée à Rome
172. Les chrétiens détruisent, à Rome, le temple consacré au culte de Mithra
174. Découverte du papier en Chine
176. Apogée de la civilisation mochica en Amérique du Sud

178. Mort de Sujin, premier empereur du Japon
180. Ptolémée étudie les étoiles
182. Les Romains introduisent le christianisme en Éthiopie
183. Dioclétien combat l'inflation
184. La vision qui convertit l'empereur Constantin
186. Tibère prend soin de ses soldats
187. Siméon le Stylite s'installe sur une colonne de pierre
189. Alaric occupe Rome
191. Attila, roi des Huns, meurt en Italie

Qui était Homère ?

Nous ignorons jusqu'à son vrai nom

Les dix années de guerre dont Homère fait le récit dans l'Iliade *prirent fin lorsque les Grecs parvinrent à s'infiltrer dans la ville de Troie, cachés dans un cheval de bois. La nuit venue, les Grecs sortirent de leur cachette, ouvrirent les portes à leurs compagnons et mirent le feu à la ville. Sur ce tableau de Giambattista Tiepolo, les Troyens font entrer le cheval légendaire dans leur ville.*

L'ILIADE et l'*Odyssée,* deux chefs-d'œuvre qui furent probablement écrits au VIIIᵉ siècle av. J.-C., sont universellement attribués à Homère. Mais si nous donnons le nom d'Homère à l'auteur de ces épopées, c'est que les Grecs de l'Antiquité le faisaient eux aussi. En réalité, nous ignorons si ces poèmes sont l'œuvre d'un seul homme et si celui-ci s'appelait effectivement Homère. Un poème du VIIᵉ ou du VIᵉ siècle av. J.-C. parle bien d'un « aveugle vivant à Chio », une île de la mer Égée, mais aucune preuve n'est jamais venue confirmer la réalité de ce génie aveugle qui captive les imaginations depuis près de trois mille ans.

Nos seuls indices, bien rares en vérité, proviennent du texte même des poèmes. Nous avons ainsi la quasi-certitude qu'Homère était ce que les Grecs appelaient un aède, c'est-à-dire qu'il récitait en public une poésie *orale* dont il était l'auteur. En effet, jusqu'à une période qui précède immédiatement l'époque d'Homère, les récits n'étaient pas écrits mais transmis oralement sous une forme versifiée qui aidait les récitants à les mémoriser. Loin de les réciter par cœur aux fêtes et aux cérémonies, les aèdes inventaient et brodaient sur un canevas tiré de leur répertoire. Par la suite, et sans oublier cette tradition, les textes furent manuscrits grâce à l'utilisation d'un alphabet hérité des Phéniciens, qui commerçaient avec les Grecs.

Le sujet du chant épique, sa métrique régulière et la répétition de certaines combinaisons de mots donnaient aux aèdes un cadre général à partir duquel les plus doués d'entre eux improvisaient, remodelant sans cesse leur texte d'une représentation à l'autre. Le poème évoluait donc peu à peu au fil des ans. Ainsi, lorsque les chants de l'*Iliade* et de l'*Odyssée* furent finalement consignés par écrit, ils étaient certainement l'aboutissement d'une longue création progressive. Les deux poèmes présentent toutes les caractéristiques de la poésie orale : répétitions fréquentes d'expressions descriptives toutes faites et de tournures

LES VOYAGES D'ULYSSE

Personne ne sait exactement où son périple de dix années conduisit Ulysse après la guerre de Troie. La plupart des spécialistes pensent que Charybde et Scylla correspondent au périlleux détroit de Messine, mais on ne sait trop où se trouvait l'île de Circé. Peut-être aussi les aventures d'Ulysse se déroulent-elles dans des pays imaginaires, et nous aurions alors tort de chercher à identifier les lieux mentionnés dans *l'Odyssée*. Cette carte illustre cependant, dans l'ordre chronologique, la route qu'Ulysse a peut-être suivie.

Dans le voyage d'Ulysse, un point paraît sûr : il serait parti d'Ithaque, son île natale (ci-dessus), pour la guerre de Troie, puis y serait revenu au terme de son voyage.

Poséidon déchaîne la tempête pour venger le Cyclope

MONTE CIRCEO
Pays de Circé

ITALIE

THRACE
Pays des Cicones

TROIE

MER ÉGÉE

Poséidon change les vents

Sirènes

CORFOU
MER IONIENNE

GRÈCE

USTICA
Île d'Éole

CHIO
Pays d'Homère

TRAPANI
Terre des Cyclopes

Scylla

Etna

SICILE

ITHAQUE
Patrie d'Ulysse

Charybde

PANTELLERIA
Île de Calypso

DÉTROIT DE MESSINE

CRÈTE

PETITE SYRTE
Pays des Lotophages

Ce vase peint montre Ulysse crevant l'œil du cyclope Polyphème.

Ulysse, attaché au mât de son navire, résiste au chant des Sirènes.

de phrase stéréotypées, allusions constantes aux légendes et aux mythes traditionnels, action toujours enlevée destinée à tenir l'auditoire en haleine. Les récits héroïques de la guerre de Troie et les pérégrinations d'Ulysse captivaient certainement les aèdes grecs et leur public. D'ailleurs, certains passages des récits attribués à Homère se lisent en fait comme s'il s'agissait de courts poèmes. De plus, divers épisodes relatent des événements dont les détails paraissent plus anciens que d'autres, indice qui donne à penser que plusieurs personnes ont contribué à édifier ce monument, au cours d'une longue période.

On peut donc supposer qu'un aède particulièrement doué fit son apparition juste au moment où l'alphabet rendit l'écriture possible. Puisant dans une vaste tradition orale, il l'utilisa comme la brique et le mortier de deux riches épopées, qu'il transcrivit de sa propre main ou dicta peut-être à un scribe.

Cette hypothèse paraît aujourd'hui tout à fait vraisemblable. Mais il n'est pas impossible non plus que deux Homère aient existé. Outre le fait que certaines expressions de *l'Odyssée* paraissent appartenir à une période postérieure à celle de *l'Iliade,* les thèmes et le ton des deux épopées sont très différents. *L'Iliade* relate des événements qui se déroulent en quelques jours à peine et s'intéresse surtout aux exploits guerriers, alors que *l'Odyssée* porte sur une période de dix ans et fait de fréquentes incursions dans le monde magique et fantastique. S'appuyant en partie sur le fait que *l'Odyssée* s'intéresse beaucoup moins aux épisodes guerriers, le romancier anglais Samuel Butler est allé jusqu'à dire, au XIXe siècle, que l'auteur de *l'Odyssée* était en réalité une femme !

Quoi qu'il en soit, l'évolution progressive de ces textes épiques se poursuivit peut-être après qu'ils furent consignés par écrit, de nouveaux poètes ajoutant d'autres éléments aux premiers textes écrits, dont les plus anciens manuscrits que nous possédons ne datent que du IIIe siècle av. J.-C. Mais l'unité de style des deux poèmes donne tout lieu de croire qu'une seule force unificatrice joua un rôle majeur à un moment de la construction de ce monument littéraire. Malheureusement, nous n'en saurons sans doute jamais plus.

Les « pros » de la Grèce antique
Des jeux, mais aussi du blé

Le lancer du javelot est l'une des dix épreuves du décathlon. Sans doute la compétition la plus éprouvante et la plus spectaculaire des jeux Olympiques modernes.

Hors d'haleine, le jeune athlète attend, debout en plein soleil, son corps nu ruisselant d'huile et de sueur. Il va recevoir la couronne d'olivier qui récompense les meilleurs athlètes de la journée. Mais cette modeste couronne n'est pas toute la raison de son sourire de triomphe. Suivront plus tard une procession et une fête dans sa ville natale, des vers qu'un grand poète chantera en son honneur, et puis la véritable récompense, la sécurité matérielle assurée, celle que procure une pension (discrètement mentionnée dans les comptes municipaux sous la forme de « rations »), qui atteint jusqu'à cent fois la solde annuelle d'un soldat romain de l'époque. Il est inexact de penser que le professionnalisme sportif est une invention du XXe siècle, car, de fait, les athlètes qui se mesuraient aux jeux Olympiques de la Grèce antique étaient des sportifs professionnels.

Mais il n'en avait pas toujours été ainsi. Les jeux Olympiques, que la tradition faisait remonter à l'année 776 av. J.-C., étaient le plus ancien des quatre grands ensembles de compétitions du monde grec. Les trois autres étaient les jeux Pythiques, qui se déroulaient à Delphes tous les quatre ans, les jeux Néméens, du vallon de Némée, et les jeux Isthmiques, près de Corinthe, ces deux derniers organisés tous les deux ans. A l'origine, les quatre jeux se déroulaient à l'occasion de fêtes religieuses, et les seules récompenses des vainqueurs étaient de simples couronnes de feuillage. Les jeux Olympiques revêtaient une importance si extraordinaire que les Grecs comptaient les années en olympiades (périodes de quatre ans qui séparaient les jeux) et qu'aucun honneur ne pouvait égaler celui de recevoir une couronne. Puis les gains matériels prirent de plus en plus d'importance, car les quelque trois cents compétitions organisées par les villes et les villages grecs étaient dotées de prix en espèces.

Au début des jeux Olympiques, les concurrents étaient tous des amateurs, essentiellement de riches aristocrates qui disposaient du temps et de l'argent nécessaires pour s'entraîner. Les Grecs appréciaient beaucoup la prouesse athlétique parce qu'elle préparait les hommes à la guerre, mais aussi parce qu'elle développait l'*arete,* c'est-à-dire l'excellence, la

Olympie, dans une paisible vallée du Péloponnèse, était le lieu sacré où l'on honorait Zeus, père des dieux. C'est en son honneur que furent fondés les jeux Olympiques, en 776 av. J.-C. selon la tradition. En fait, des compétitions sportives rituelles s'y étaient déjà sans doute déroulées depuis cinq siècles, mais les Grecs ont toujours fait remonter à cette date le début des olympiades (périodes de quatre ans qui séparaient les jeux), lorsqu'un homme du nom de Coroebus remporta la course de 200 mètres.

A l'origine, la course était la seule épreuve des jeux. D'autres vinrent s'y ajouter durant les deux siècles qui suivirent, notamment, à une époque, un concours de trompette. Vers la fin du vi[e] siècle av. J.-C., les jeux comprenaient habituellement des courses de chars et de chevaux (qui inauguraient les compétitions), les cinq épreuves du pentathlon (lancer du disque, saut en longueur sans élan, lancer du javelot, course de 200 mètres et lutte), trois épreuves pour les adolescents (200 mètres, lutte, boxe), trois courses pour les hommes adultes (200, 400 et 4 800 mètres), des épreuves de lutte et de boxe, et enfin le pancrace, épreuve de lutte libre où tous les coups étaient permis, sauf mordre et étrangler son adversaire.

Graduellement, l'esprit sportif céda la place au professionnalisme, et le professionnalisme honnête à la corruption. Vers l'an 50 de notre ère, deux siècles après la conquête de la Grèce, la première association athlétique professionnelle vit le jour. En l'an 67, l'empereur Néron participa aux jeux Olympiques et ne surprit personne en remportant quelques épreuves, organisées tout exprès pour lui. A la fin du ive siècle, les jeux étaient si déconsidérés que l'empereur Théodose décida d'y mettre un terme. Ils ne revirent le jour qu'en 1896, grâce à un Français, le baron Pierre de Coubertin.

Pendant la majeure partie de leur longue histoire, les jeux Olympiques furent réservés aux hommes. Tous les athlètes étaient entièrement nus, de la tête aux pieds. Aucune femme ne pouvait assister aux compétitions, encore moins y participer. Cependant, en 404 av. J.-C., une femme brava l'interdit : c'était la mère de Pisidorus, jeune boxeur que son père avait entraîné. Lorsque ce dernier mourut, sa veuve prit la relève et, habillée en homme, se glissa dans le stade pour admirer son fils.

Malheureusement, lorsque Pisidorus remporta la victoire, elle sauta par-dessus la barrière pour venir le féliciter : ses vêtements masculins glissèrent à terre, découvrant son identité. Son père, ses frères et son fils ayant remporté des épreuves olympiques, on ne la punit pas. Mais il fut alors décidé que les entraîneurs devraient eux aussi être nus. C'est à la fin de l'existence des jeux que les femmes y furent admises, comme spectatrices, puis comme participantes. La nudité totale cessa dès lors d'être de règle.

Les jeux Olympiques modernes se déroulent tous les quatre ans dans une ville choisie par le Comité international olympique. A l'origine, ils avaient lieu à Olympie, en Grèce (à gauche) ; en 1976, c'est la ville de Montréal qui les a accueillis (à droite).

valeur, la vertu. La gymnastique faisait partie de l'éducation de tous les garçons. Peu à peu, cependant, on vit apparaître de nombreux athlètes professionnels, parfaitement entraînés dans une discipline, la boxe ou la course, par exemple, mais incapables de se livrer à une autre activité physique éprouvante, comme une campagne militaire. Pour son prestige, chaque ville s'occupait de former et d'entrete- nir des athlètes professionnels. En réalité, on appelait même les vrais amateurs des *idiotai*, c'est-à-dire des « profanes » ou des « ama- teurs », au sens péjoratif que l'on donne parfois à ces termes aujourd'hui.

Seuls les propriétaires des chevaux qui parti- cipaient aux compétitions équestres demeurè- rent toujours de véritables amateurs tout au long de l'histoire des jeux Olympiques.

Comme dans les courses modernes, c'était eux qui recevaient les prix remportés par leurs jockeys professionnels. Bien entendu, la corruption s'installa elle aussi. Dès 388 av. J.-C., à la XCVIIIᵉ olympiade, un boxeur du nom d'Eupolus de Thessalie paya ses adversaires pour qu'ils lui fassent la partie facile, mais pris sur le fait il dut s'acquitter d'une amende. L'argent de ces amendes servit à construire une rangée de statues de Zeus, le dieu des jeux, près de l'entrée du stade olympique.

Le plus grand des dieux grecs ne parvint pourtant à ranimer l'esprit des jeux. Avec la domination de la Grèce par les Romains dès 146 av. J.-C., l'élément sacré perdit graduellement de son importance, et les jeux Olympiques ne furent plus que le prétexte à des divertissements populaires et le moyen de s'enrichir rapidement pour les athlètes qui y participaient. Un symbole subsista cependant jusqu'au bout : officiellement, le prix ne fut jamais autre chose qu'une couronne d'olivier.

Les vestales étaient-elles vierges ?

Qu'arrivait-il à celles qui ne l'étaient plus ?

EN 471 av. J.-C., Urbinia, une des vestales de la Rome antique, fut traînée devant les tribunaux pour y répondre d'un horrible crime : au dire d'une esclave, elle avait rompu son vœu de chasteté et pratiqué les rites sacrés alors qu'elle n'était plus vierge. Selon l'historien grec Plutarque, l'un des deux hommes qui furent traduits avec elle devant le tribunal se suicida, et l'autre fut battu et exécuté. Le sort de la malheureuse Urbinia allait être bien pire. Reconnue coupable, elle fut fouettée, puis ligotée et conduite dans une litière fermée par les rues silencieuses d'une Rome accablée par le chagrin, jusqu'à un champ proche de la porte Colline. Là, on l'enterra vivante, dans une tombe, avec de l'eau et de la nourriture pour trente jours, et on l'y laissa mourir.

Cette exécution barbare prend tout son sens lorsqu'on connaît le statut particulier des vestales dans la société romaine. Les premières traces d'un culte organisé de ces prêtresses remontent à environ 715 av. J.-C., sous le règne de Numa Pompilius, deuxième roi de Rome. Ce culte dura plus de mille ans et fut finalement supprimé par l'empereur Théodose en 394 apr. J.-C., encore que son influence commença à décliner dès l'an 313, lorsque l'empereur Constantin accorda aux chrétiens le droit de pratiquer leur religion au grand jour. A l'époque d'Urbinia, six vestales veillaient sur Vesta, déesse du foyer. Elles vivaient ensemble dans ce qu'on appelait le collège des Vestales et jouaient un rôle religieux important, car elles étaient chargées de la garde du feu perpétuel qui brûlait dans le temple de Vesta, souvenir des temps préhistoriques, où le feu était si précieux et si difficile à se procurer. Le feu, élément central du culte est pur et stérile, et les Romains croyaient qu'il ne pouvait être confié qu'à des vierges.

On nommait une nouvelle vestale chaque fois qu'une vacance survenait, c'est-à-dire en moyenne à peu près tous les cinq ans. Le *pontifex maximus,* le grand pontife, choisissait vingt candidates, généralement issues de familles patriciennes, âgées de six à dix ans, puis le nom de l'une d'entre elles était tiré au sort. A son entrée au collège des Vestales, l'enfant cessait d'être placée sous l'autorité de son père et ne relevait plus que du *pontifex maximus.* Sans bien comprendre les épreuves et les tentations qui l'attendaient, l'enfant s'engageait à trente années de virginité et de dévouement au service de la déesse. A l'issue de cette période, elle était théoriquement libre de mener une vie normale et de se marier, mais ce ne fut pas le cas le plus souvent. En effet, la croyance populaire voulait que ces mariages ne soient jamais heureux, et la plupart des vestales préféraient demeurer vierges.

Les vestales vivaient dans l'Atrium Vestae, au sud-est du Forum, d'où elles ne pouvaient sortir que si elles étaient malades. Pendant au moins huit heures par jour, les vestales devaient veiller tour à tour sur le feu sacré. Mais elles avaient aussi d'autres fonctions. Elles priaient pour le public, puisaient de l'eau à une fontaine sacrée et préparaient des aliments pour certains rites. Elles participaient également à de nombreuses célébrations religieuses, par exemple les fêtes de l'agriculture et, paradoxalement, les rites de la fertilité. Pures et saintes, on leur confiait la garde des testaments, des traités et d'autres documents importants. Elles veillaient sur le testament des empereurs — celui de Jules César leur fut confié six mois.

Les vestales jouissaient de nombreux honneurs et privilèges. Ainsi elles se déplaçaient dans de splendides chariots, et même les consuls et les préteurs leur cédaient le passage. Si elles rencontraient un condamné que l'on menait à son exécution, elles avaient le pouvoir de le gracier. Elles étaient également exemptées du serment lorsqu'elles témoignaient devant un tribunal, et on leur réservait les meilleures places aux jeux des gladiateurs, alors que les autres femmes étaient généralement reléguées tout en haut de l'arène. Les vestales avaient également du bien, car le gouvernement leur donnait une dot importante à leur entrée au collège. Proches des gens au pouvoir, elles purent souvent exercer une influence politique considérable.

Mais les vestales devaient aussi se plier à une discipline de fer et le *pontifex maximus* pouvait les punir sévèrement à la moindre négligence. Si le feu s'éteignait, c'était le fouet. Quant à la vestale qui rompait son vœu de chasteté, elle était enterrée vive, car les Romains considéraient ce vœu comme la garantie même du salut de l'État.

Pourtant, au cours de mille années d'histoire, moins de vingt vestales furent jetées en prison. Et certaines de ces affreuses sentences furent sans aucun doute injustes, imposées par la superstition des Romains, qui pensaient que tel désastre militaire ou telle catastrophe naturelle ne pouvait être que le résultat de la faute d'une des vestales.

LES RESCAPÉES

Les merveilleuses histoires de vestales faussement accusées ne manquaient pas. On prétendait que l'une d'elles, Emilia, avait laissé le feu sacré s'éteindre. Suppliant Vesta de lui venir en aide, elle lança un lambeau de sa robe de lin sur les charbons refroidis. La toile s'embrasa aussitôt, miracle qui prouvait sa parfaite innocence.

Tuccia, faussement accusée d'avoir perdu sa virginité, déambula dans les rues en portant un crible rempli d'eau sans qu'une seule goutte s'en échappe. On retira immédiatement toutes les accusations. Un certain nombre d'auteurs, dont saint Augustin, parlent du miracle de Tuccia et aussi de celui de Claudia, le plus spectaculaire de tous. Claudia, qui était accusée d'avoir perdu sa virginité, craignait d'être condamnée. Elle attacha sa ceinture à la proue d'un navire ensablé dans le Tibre en suppliant Vesta de lui donner la force de le déplacer pour prouver son innocence. Et Vesta l'écouta.

Les vestales se consacraient au culte de Vesta, déesse du foyer. Ce tableau d'un peintre français du XIXe siècle, Hector Leroux, nous montre de nombreuses vestales assemblées dans le temple. Nous savons aujourd'hui qu'elles ne s'y trouvaient jamais plus de six à la fois.

L'oracle de Delphes
La prophétie venue de l'ombilic du monde

LES Grecs n'auraient jamais pris une décision importante sans avoir d'abord interrogé les dieux. La Grèce comptait de nombreux oracles, mais le plus fameux de tous était celui de Delphes, sur le versant méridional du mont Parnasse, près d'un célèbre temple d'Apollon. Delphes occupait une telle place pour les Grecs qu'ils y voyaient le centre même du monde, marqué par une pierre, l'*omphalos,* l' « ombilic sacré », dans le temple d'Apollon.

Comparée aux cités d'Athènes et de Sparte, Delphes ne fut jamais bien grande, mais son influence et son pouvoir étaient énormes. L'endroit fut habité sans interruption depuis trois mille trois cents ans, et il semble qu'il fut, dès les origines, un centre religieux, tout d'abord dédié au culte de Gê, ou Gaia, déesse de la terre. Selon la légende, Apollon, le dieu du soleil, tua le Python, féroce serpent qui gardait le sanctuaire de Gê, et s'empara des lieux. Dans la mythologie grecque, Apollon était le fils de Zeus et son porte-parole.

Dans le temple d'Apollon, une prêtresse appelée la Pythie rendait les oracles. C'était d'ailleurs la seule femme qui jouait ce rôle en Grèce, ce qui pourrait attester la perpétuation de l'ancien culte de la déesse de la terre. On ne sait comment était choisie la Pythie, sauf qu'il s'agissait d'une simple paysanne sans don particulier. L'historien romain Diodore de Sicile rapporte que les premières Pythies étaient de jeunes vierges. Mais un jour, un vigoureux gaillard, étant venu consulter l'oracle, viola l'une d'elles. On décida donc de choisir dorénavant des femmes dans la cinquantaine. Les femmes mariées n'étaient pas exclues, mais elles devaient quitter leur mari.

On venait souvent consulter l'oracle de Delphes sur des points de religion. Les réponses paraissent avoir été habituellement conformes aux pratiques religieuses du lieu d'origine des consultants, et comme bon nombre d'entre eux voulaient savoir si telle ou telle ligne de conduite était bonne, l'oracle exerçait certainement une forte influence morale. Hérodote relate qu'un homme du nom de Glaucus demanda à l'oracle s'il pouvait s'emparer d'une somme d'argent et jurer ensuite qu'il ne l'avait jamais eue. L'oracle lui répondit qu'il finirait par mourir, qu'il manque ou non à sa parole, mais que de terribles choses accableraient la famille d'un homme coupable d'une telle vilenie. La prophétie se vérifia : Glaucus et tous les siens moururent sans laisser de descendance.

Les sceptiques n'étaient pas mieux traités. Daphnitas demanda un jour s'il retrouverait son cheval, alors qu'il n'en possédait pas. L'oracle lui répondit : « Tu trouveras ton cheval, mais il te jettera à bas. » Daphnitas se vanta d'avoir trompé l'oracle. Mais un jour, pour le punir d'avoir insulté le roi, on l'exécuta en le jetant du haut d'un promontoire rocheux nommé le Cheval.

Une autre histoire, probablement embellie par les prêtres de Delphes, raconte que Crésus, le riche roi de Lydie, en Asie Mineure, envoya des messagers consulter plusieurs oracles. Ils avaient pour instructions de demander, le centième jour qui suivrait leur départ, ce que faisait le roi à cet instant. Crésus espérait ainsi comparer leurs mérites. L'oracle de Delphes fut le seul à donner la bonne réponse, à savoir que Crésus faisait cuire un agneau et une tortue dans un chaudron d'airain. Généreux, le roi envoya des présents à Delphes et demanda plus tard s'il devait attaquer l'Empire perse. La réponse fut : « Si Crésus traverse l'Halys, il

L'oracle de Delphes était le plus célèbre de toute la Grèce. Sur cette illustration du XIXᵉ siècle, un homme consulte la Pythie, assise sur un trépied d'or qui représentait le trône d'Apollon.

détruira un grand royaume. » Sûr de lui, le roi partit en guerre. Mais les Perses le battirent et envahirent la Lydie, ainsi que les colonies grecques d'Asie Mineure. Embarrassés, les prêtres de Delphes s'en tirèrent en faisant remarquer qu'on pouvait interpréter la prophétie de deux manières.

L'historien grec Plutarque rapporte qu'aux premiers temps du sanctuaire on ne pouvait consulter l'oracle qu'un jour par an, le jour anniversaire de la naissance d'Apollon, lors de l'incarnation du dieu. Selon la tradition, les affaires allaient si bon train qu'Apollon dut revenir sur terre une fois par mois, sauf pendant les trois mois d'hiver. Les jours de prophétie, la Pythie consultait de l'aube à la tombée du jour; toujours selon Plutarque, les jours d'affluence, deux Pythies se relayaient, tandis qu'une troisième, sans doute novice, se tenait en réserve. Les préparatifs commençaient à l'aube, quand la Pythie prenait un bain rituel pour se purifier. Le grand prêtre, le *prophêtês,* et ses assistants procédaient eux aussi à des ablutions semblables.

Ceux qui voulaient questionner l'oracle se mettaient en file selon un ordre déterminé par le rang de chacun, et aussi par tirage au sort. Le consultant devait s'asperger d'eau sainte et payer une somme rondelette, ce qu'il faisait en achetant un gâteau qu'il offrait sur un autel, devant le sanctuaire. Les particuliers payaient naturellement beaucoup moins que ceux qui consultaient pour leur cité. Tout le monde devait aussi sacrifier un mouton ou une chèvre sur un autre autel. Puis le moment venait enfin de questionner l'oracle, au plus profond du sanctuaire.

La Pythie, en transe, était assise sur un trépied. Certains pensent qu'elle se mettait dans cet état en mâchant des feuilles de laurier grillées, mais un archéologue qui en fit l'expérience ne ressentit rien. Selon une autre théorie, la Pythie respirait des vapeurs volcaniques qui s'échappaient d'une fissure du rocher, sous le sanctuaire. Mais les géologues n'ont rien découvert de semblable. Quelle que fût la raison de son état, la Pythie chantait et hurlait des paroles à peu près inintelligibles pour le profane. Le *prophêtês* interprétait ces vaticinations et donnait la réponse aux consultants, en prose ou en vers. Ces derniers étaient parfois de si mauvaise facture que les Grecs lettrés s'étonnaient qu'Apollon pût donner ainsi dans les vers de mirliton.

On ignore si les réponses reposaient vraiment sur les sons que proférait la Pythie ou si elles étaient entièrement l'œuvre des prêtres. Il semble qu'elles aient fait l'objet pour la plupart de plusieurs interprétations, dues à une transcription en termes si généraux qu'elle pouvait convenir à presque toutes les situations. Selon les auteurs grecs, certaines prophéties étaient vraiment très loin du compte, mais d'autres se vérifiaient pourtant. Le succès de l'oracle fut tel qu'il exerça une grande influence morale, politique et économique, particulièrement du VIIIe au Ve siècle av. J.-C. : les vociférations de la Pythie décidaient de la guerre ou de la paix, du commerce, de la fondation des colonies. Son pouvoir déclina par la suite et, à l'époque romaine, ce fut l'empereur Théodose Ier le Grand qui fit fermer le sanctuaire en l'an 390 de notre ère.

Insaisissables Étrusques
Les précurseurs des Romains

LES grands musées du monde sont remplis de merveilleux objets qui nous viennent des Étrusques, peuple établi dans l'actuelle Toscane et qui prospéra pendant plusieurs siècles avant de disparaître devant la gloire naissante de Rome, au IIIe siècle av. J.-C. D'innombrables sépultures étrusques nous donnent en Italie de superbes exemples de l'art de cette ancienne nation. Pourtant, les Étrusques demeurent l'une des plus mystérieuses de toutes les civilisations disparues. Pourquoi? Pourquoi en savons-nous bien davantage sur la structure de l'ancienne société

égyptienne, par exemple, que sur les Étrusques, avec lesquels les Égyptiens commerçaient?

L'une des principales réponses à cette question complexe est que personne n'a encore trouvé la pierre de Rosette des Étrusques. Jusqu'au début du XIXe siècle, les écrits de l'ancienne Égypte était eux aussi parfaitement indéchiffrables, puisque personne ne pouvait lire les hiéroglyphes égyptiens. En 1799, par un heureux hasard, on découvrit à Rosette, dans le delta du Nil, une curieuse pierre où figurait une longue inscription hiéroglyphique

Ce candélabre de bronze est un bel exemple de l'art des Étrusques.

Deux tablettes d'or couvertes de caractères étrusques ont été retrouvées dans les ruines d'un temple, près de Rome, à côté d'une autre tablette dont les inscriptions sont en langue punique. Les trous que l'on voit sur cette tablette, qui porte le plus long des deux textes étrusques, servaient probablement à la clouer sur la porte du temple.

Peintures funéraires étrusques dans la tombe des Léopards, à Tarquinia.

et sa traduction en grec. Il fallut plus de vingt ans pour que le Français Jean-François Champollion réussisse enfin, en 1822, à percer le mystère de l'écriture égyptienne. On put commencer dès lors à élucider les mystères de l'histoire d'Égypte.

Nous n'avons pas encore trouvé trace d'une littérature étrusque. En revanche, les archéologues ont découvert de nombreuses inscriptions, la plupart sur des tombes, et ils sont parvenus aujourd'hui à déchiffrer un certain nombre de mots, écrits dans un alphabet un peu semblable à celui des Grecs. Mais personne ne comprend encore la structure et la syntaxe de cette langue, qui paraît n'avoir aucun rapport avec le latin ni avec le grec. Si l'on en trouvait la clef, les très rares documents écrits qui ont survécu ne nous renseigneraient sans doute guère sur la vie quotidienne des Étrusques. Mais ils permettraient peut-être d'établir des liens entre la langue étrusque et des langues parlées dans d'autres régions du monde, ce qui nous donnerait de précieux indices sur les origines de ce peuple.

Il existe au moins un document que les spécialistes voudraient bien déchiffrer, car il promet de nous donner un aperçu sur un aspect de la vie étrusque qui n'est peut-être pas simplement lié à un rite funéraire. Vers la fin du XIXe siècle, on découvrit un long texte étrusque dans les bandelettes d'une momie rapportée d'Égypte par un diplomate hongrois. Le brave homme n'avait naturellement aucune idée de ce qui se trouvait dans ses

souvenirs de voyage. A sa mort, la momie fut confiée au musée de Zagreb, où l'on trouva le texte étrusque inscrit au dos des bandelettes. Pendant plusieurs années, les historiens s'interrogèrent sur cette écriture, car ils pensaient tout naturellement qu'il s'agissait d'une langue d'origine égyptienne. C'est en 1892 que des Allemands comprirent qu'il s'agissait en fait d'un texte étrusque, long de 216 lignes, qui paraissait être une sorte de manifeste religieux. Connu sous le nom de Livre de la Momie, il se composait de toute évidence d'extraits d'un texte plus volumineux. On croit aujourd'hui que la jeune fille ensevelie sous les bandelettes n'était pas étrusque, mais que des embaumeurs égyptiens avaient tout simplement découpé une toile de lin apportée en Égypte par des marchands ou des colons étrusques et sur laquelle figuraient ces caractères. Cette pratique n'a rien d'étonnant, car les Égyptiens ne se souciaient guère de la provenance des toiles dont ils se servaient pour emmailloter les corps de leurs morts.

Depuis que l'on sait que cet énigmatique document est certainement rédigé en langue étrusque, les spécialistes ne cessent de chercher à en découvrir le code. Pourtant, malgré tous leurs efforts, les linguistes ne sont pas encore parvenus à percer le secret de ce texte mystérieux. Comme le dit l'un d'eux, « la vérité est qu'une langue inconnue ne peut se déchiffrer qu'en la comparant à une langue connue ».

En 1964, un spécialiste des Étrusques, l'Italien Massimo Pallottino, tomba sur trois ta-

blettes d'or alors qu'il fouillait le site d'un temple étrusque, près de Rome. Deux des tablettes étaient en étrusque et la troisième en punique, la langue des Phéniciens, déjà connue. Était-ce là la clef que l'on cherchait ? Le texte punique était-il la traduction littérale de l'un des deux textes étrusques ? Après des mois de fièvre, il fallut déchanter. Les tablettes d'or constituaient certes une découverte fascinante, mais aucune comparaison de langues ne paraissait possible : bien que portant vraisemblablement sur le même sujet, le texte punique n'était pas la traduction exacte des textes étrusques, et il était trop court pour qu'on pût en tirer des indications sur la grammaire de la langue inconnue.

Les archéologues attendent donc encore un heureux coup du sort, une nouvelle pierre de Rosette, pour lever le voile du mystère qui entoure le Livre de la Momie.

QUE SAVONS-NOUS D'EUX ?

Pour l'essentiel, ce que nous connaissons de la civilisation étrusque n'est que le fruit de spéculations. On sait cependant que les Étrusques régnèrent sur une bonne partie de la péninsule italienne pendant au moins trois cents ans, avant d'être chassés par la puissance grandissante de Rome. C'était un peuple profondément religieux, qui a laissé d'innombrables trésors artistiques. Les Étrusques voyageaient et commerçaient au loin, à une époque où leurs voisins de la péninsule italienne ne faisaient guère plus que subsister de la terre. A part cela, la plupart de nos connaissances nous viennent des récits, probablement partiaux, des Romains, qui n'avaient souvent que du mépris pour les peuples qu'ils conquéraient par la force des armes. Selon eux, les Étrusques étaient cruels, immoraux et sensuels. Pourtant, après les avoir écrasés et pratiquement anéantis, c'est en Étrurie que les Romains allèrent chercher leurs prophètes et leurs mages, car ils croyaient que les Étrusques avaient le don de connaître la volonté des dieux.

Comme les Grecs avant eux, les Romains s'interrogeaient sur l'origine des Étrusques, en partie à cause du caractère curieusement oriental de leur art, en partie parce que leur langue ne ressemblait à aucune autre langue parlée dans les pays de la Méditerranée occidentale. Excellents navigateurs commerçant avec la Grèce, l'Afrique du Nord et le Proche-Orient, les Étrusques ont fort bien pu venir de pays très lointains.

C'est en 1828 qu'on commença à s'intéresser à la civilisation étrusque, lorsqu'un laboureur de Vulci, à 80 kilomètres au nord-ouest de Rome, vit soudain un de ses bœufs disparaître devant lui, comme englouti dans la terre. L'animal était tombé dans une tombe étrusque, partie d'un vaste réseau où l'on découvrit d'innombrables objets peints et sculptés — céramiques, bronzes, sculptures et bijoux. La fièvre ne tarda pas à s'emparer des collectionneurs. En fait, il suffisait de chercher avec un peu de diligence pour tomber sur de véritables trésors. Riches propriétaires terriens et pauvres paysans, tout le monde se mit à piller sans vergogne. Malheureusement pour les archéologues et les historiens, de nombreux renseignements précieux sur les Étrusques ont ainsi été perdus à tout jamais, car les pilleurs de sépultures jetaient le plus souvent tout ce qui ne leur paraissait pas être immédiatement monnayable.

Les objets étrusques étaient même si prisés qu'on vit apparaître sur le marché d'innombrables faux. L'auguste Metropolitan Museum of Art de New York se fit prendre par d'habiles faussaires en 1920, lorsqu'il paya 40 000 dollars une paire de guerriers « étrusques », aujourd'hui cataloguée plus modestement « XXᵉ siècle, dans le style des œuvres étrusques du Vᵉ siècle av. J.-C. ».

Des chats et des hommes

Vénération et superstition

EN 1952, dans une cave poussiéreuse où elle dormait depuis des années, des employés du Muséum d'histoire naturelle de Londres retrouvèrent une caisse remplie d'objets qu'un archéologue avait rapportés d'Égypte cinquante ans plus tôt. Cette découverte allait permettre de percer un mystère fort ancien, celui des origines du chat domestique. La caisse renfermait une bien étrange collection : cent quatre-vingt-douze chats momi- fiés, datant du IVᵉ au IIᵉ siècle av. J.-C., ainsi que les momies de sept mangoustes, de trois chiens et d'un renard. Toutes provenaient des fouilles de Guizèh, près du Caire, et c'était un célèbre égyptologue anglais du XIXᵉ siècle, sir W. M. Flinders Petrie, qui en avait fait don au Muséum en 1907.

La découverte de ces chats momifiés revêtait une importance toute particulière, car elle éclairait d'un jour nouveau aussi bien les

L'étonnante découverte en 1952 au Muséum de Londres d'une caisse contenant des chats égyptiens momifiés a de nouveau posé la question des origines de cet animal familier. Cette momie date du 1er siècle av. J.-C. et est postérieure d'environ 200 ans à celles du musée.

origines du chat que son rôle dans la société. Au IVe siècle av. J.-C., les Égyptiens honoraient le chat — sans doute parce qu'il tuait les rongeurs dont leurs greniers étaient infestés —, et l'animal jouait un rôle dans leurs cultes religieux. Dans le delta du Nil, par exemple, Bubastis était le principal centre du culte de la déesse Bastet, représentée sous la forme d'un chat ou d'une femme à tête de chat. Au cours de la deuxième moitié du XIXe siècle, les archéologues trouvèrent là d'innombrables momies de chats, auxquelles ils ne prêtèrent pas attention et qu'on vendit pour en faire un engrais bon marché.

La découverte de la fameuse caisse allait susciter un regain d'intérêt pour les origines du chat domestique. Tout d'abord, les naturalistes constatèrent que parmi toutes les momies, il y en avait trois de taille plus importante : c'étaient les restes de chats de la jungle *(Felis chaus)*. Les autres ressemblaient beaucoup au chat sauvage d'Afrique *(Felis libyca)*. En fait, ces cent quatre-vingt-neuf momies paraissaient être à mi-chemin entre le chat sauvage d'Afrique et le chat domestique moderne, conclusion qui permettait enfin d'identifier le principal ancêtre du chat commun. Pourtant, les origines du chat continueront de susciter la controverse, car les chats domestiques et les chats sauvages peuvent se croiser. Ainsi, dans certaines régions du monde, *Felis chaus* et d'autres espèces, notamment le chat sauvage européen *(Felis silvestris)* et le chat du désert chinois *(Felis bieti)*, ont sans aucun doute contribué eux aussi au développement de l'animal que nous connaissons aujourd'hui.

L'étude des momies bouleversa également un certain nombre de théories sur le rôle du chat dans la société égyptienne. L'historien grec Hérodote écrivait vers 450 av. J.-C. que les Égyptiens ne tuaient jamais les chats, tant ils avaient de respect pour eux. Pourtant, la plupart des chats momifiés avaient moins de douze mois et deux seulement avaient plus de deux ans. Il ne s'agissait donc pas d'animaux familiers morts de mort naturelle et momifiés en offrande à Bastet, mais plutôt de chats élevés par des prêtres, puis tués avant qu'ils atteignent l'âge adulte et, une fois momifiés, vendus comme offrandes votives à la déesse.

DES FORTUNES DIVERSES

Les Égyptiens, qui furent les premiers à domestiquer les chats, révéraient ces félins et fondèrent le culte de Bastet, la déesse chat. Pour eux, la pupille de l'œil symbolisait le globe du soleil, et les chats, dont les pupilles se contractent et se dilatent de façon très prononcée, furent associés au soleil dans leur mythologie. Avec le temps, Bastet se confondit avec la déesse du plaisir. A Bubastis, au printemps, sa fête annuelle était l'occasion de beuveries tapageuses qui, selon Hérodote, réunissaient jusqu'à 700 000 personnes. Le grand temple de Bastet, long de 150 mètres, en partie construit de blocs de granit rouge, fourmillait de chats sacrés qui s'étiraient au pied de la statue de la déesse.

Toujours selon Hérodote, les Égyptiens tenaient les chats en si haute estime que toute la famille prenait le deuil et se rasait les sourcils en signe de douleur à la mort du chat de la maison. Les chats étaient embaumés, conservés dans l'huile de cèdre, puis enterrés dans des caveaux sacrés. Malheur à celui qui tuait un chat dans un accès de colère, ou même par accident. En 80 av. J.-C., un soldat romain qui se trouvait en Égypte tua un chat par mégarde. La foule envahit son cantonnement et mit le malheureux à mort.

Les Romains, les Chinois, les Indiens d'Amérique du Sud, d'autres encore, honoraient le chat dans leurs régions. Le prophète Mahomet (570-632) aurait lui aussi adoré son chat. Un jour, alors que l'animal sommeillait contre son bras, il décousit la manche de sa robe plutôt que de le réveiller en bougeant. Mais les chats n'ont pas toujours bénéficié d'une telle estime, tant il est vrai que les dieux d'une religion sont souvent les démons d'une autre. Par exemple, les Romains identifièrent Bastet à Artémis ou Diane, déesse de la lune. A son tour, Artémis fut identifiée à Hécate, reine des enfers et maîtresse des sorcières. Cette relation fit le malheur des chats au Moyen Age et par la suite, quand on se mit à voir en eux les familiers des sorcières et l'incarnation du démon. En 1344, en France, un chat noir, le démon bien sûr, aurait donné la danse de saint Guy à d'innombrables malheureux. Vers la fin du XVe siècle, le pape ordonna à l'Inquisition de pourchasser tous ceux qui adoraient les chats. Des milliers de chats furent noyés, assommés ou brûlés, victimes d'un zèle apostolique peu commun. Une superstition anglaise voulait qu'il suffise de battre un chat à mort le Mardi gras pour obtenir l'absolution. En Belgique, à Ypres, on précipitait les chats du haut d'une tour durant le carême, pour la même raison.

Le rôle de serviteur du démon qu'on prêtait au chat lui venait en partie de ses habitudes nocturnes. Et sa sensibilité aux phénomènes météorologiques amena les gens à penser qu'il pouvait à la fois annoncer et causer les orages. Mais la principale raison de la haine que lui portaient nos ancêtres est sans doute cette caractéristique déconcertante que les chats partagent avec les serpents : un regard d'une fixité troublante, que Napoléon, paraît-il, ne pouvait supporter.

Un brillant exploit technique
Une montagne percée de part en part

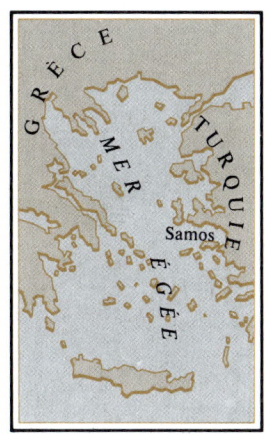

Samos, petite île grecque proche des côtes de Turquie, fut le théâtre d'une des grandes prouesses techniques de l'Antiquité, un tunnel de 1 km percé au travers d'une montagne il y a plus de 2 000 ans.

D'APRÈS l'historien grec Hérodote, qui vivait au vᵉ siècle av. J.-C., l'île de Samos possédait trois des plus grands ouvrages de ses compatriotes. Deux d'entre eux, un temple magnifique et un superbe port artificiel, ont disparu aujourd'hui, mais le troisième demeure l'une des plus étonnantes réalisations de l'Antiquité, comparable à plus d'un égard aux pyramides égyptiennes. Stephen Toulmin et June Goodfield, qui en ont fait une étude approfondie au début des années 1960, estiment que c'est le mieux conservé de tous les ouvrages que nous a laissés la Grèce antique. Mais alors pourquoi une telle merveille est-elle à peu près inconnue ? Tout simplement parce qu'il ne s'agit pas d'un ouvrage d'une grande beauté, mais d'un ouvrage d'art utilitaire qui resta caché pendant de nombreux siècles. Redécouverte à la fin du XIXᵉ siècle, cette merveille de la technique se trouve toujours enfouie là où ses constructeurs voulurent qu'elle soit, puisqu'il s'agit d'un tunnel.

Le tunnel de Samos, construit vers 525 av. J.-C., traverse une montagne de part en part. Long de 1 kilomètre, il mesure environ 2 mètres en hauteur et en largeur. Mais le plus étonnant n'est pas que des terrassiers soient parvenus à percer cette montagne de calcaire, il y a 2 500 ans. Ce que les Grecs firent, qui n'avait jamais été fait auparavant et qui ne le serait pas de nouveau avant longtemps, ce fut de creuser simultanément deux galeries des deux côtés de la montagne, pour qu'elles se rencontrent finalement en son milieu.

Samos commande la mer Égée, près de la côte de Turquie. Quiconque s'y trouve a la maîtrise des routes commerciales du sud-est de l'Égée. Et c'est pourquoi le tyran Polycrate y installa sa capitale, une cité riche et élégante, au pied du mont Castro — un endroit idéal pour une place forte —, qu'il fit entourer de hautes murailles, depuis le port jusqu'au sommet de la montagne. Mais les défenses de la capitale présentaient cependant un point faible : la cité n'avait pas de source dans ses murs, et ses défenseurs seraient donc contraints de capituler rapidement en cas de siège. Il y avait bien une source à peu de distance, de l'autre côté du mont Castro, mais comment amener l'eau jusque dans la ville en temps de guerre ?

Polycrate fit venir un ingénieur du nom d'Eupalinos qui décida de percer un tunnel pour amener l'eau de la source jusqu'au cœur de la ville. Le temps pressait. Une équipe de terrassiers commença donc immédiatement à creuser dans la cité, alors qu'une autre se mettait à l'ouvrage de l'autre côté de la montagne. Leur mission, presque impossible : faire se rejoindre les deux galeries sous la montagne.

Stephen Toulmin et June Goodfield pensent qu'Eupalinos détermina le point de départ, de chaque côté, en plaçant un certain nombre de poteaux en ligne droite sur les flancs de la montagne et en mesurant la différence de hauteur d'un poteau à l'autre à partir du niveau de la mer. Les terrassiers estimaient leur position en gardant toujours en vue la lumière qui venait des puits d'aération. On travaillait au ciseau et à la pioche. Tout semble être allé à merveille jusqu'à ce que les deux équipes soient proches l'une de l'autre. Eupalinos a peut-être alors corrigé ses calculs. Quoi qu'il en soit, en plein cœur de la montagne, l'une des deux galeries du tunnel décrit un coude, comme si elle partait à la recherche de l'autre. Les calculs initiaux étaient pourtant justes : si les ouvriers n'avaient pas dévié, ils se seraient rencontrés de plein front. L'erreur (1 mètre seulement) n'était cependant pas considérable. Dans chaque galerie, les terrassiers entendaient certainement les coups que les autres donnaient dans la roche. Une équipe paraît s'être arrêtée tandis que l'autre creusait le coude nécessaire pour terminer le tunnel.

A part cette légère déviation, Eupalinos avait été fort précis dans ses mesures, à vrai dire trop précis : le tunnel était presque de niveau, avec une pente de 2 mètres seulement pour une longueur totale de 1 kilomètre, et l'eau ne parvenait pas à couler. Il fallut donc creuser une tranchée sur le côté du tunnel, en lui donnant une pente plus accentuée pour alimenter une citerne creusée à 8 mètres au-dessous de la sortie de celui-ci.

Pour les habitants de Samos, ce tunnel était une arme à double tranchant. Certes, il permettait à la cité de survivre en cas de siège, mais uniquement à la condition que son entrée demeure secrète. Si l'ennemi la découvrait, il pouvait fort bien couper l'eau et se servir du tunnel pour pénétrer dans la place. Heureusement pour Polycrate et ses successeurs, l'ouverture du tunnel resta inviolée pendant près d'un siècle. Et lorsque les Athéniens attaquèrent

Samos en 439 av. J.-C., la cité était toujours inviolée. Si l'on en croit la légende, les rusés Athéniens, incapables de percer les défenses de la forteresse, proposèrent de lever le siège si on leur remettait un otage. Les habitants de Samos commirent alors une lourde faute : ils livrèrent aux Athéniens un vieillard acariâtre, qui, furieux d'être ainsi abandonné par les siens, révéla l'emplacement du tunnel aux

assiégeants. La cité fut privée d'eau et ne put que se rendre.

Il ne reste aujourd'hui que des vestiges de l'ancienne gloire de Samos, mais on peut encore visiter son tunnel. A la différence de la plupart des grands ouvrages de l'Antiquité, il est presque en parfait état, témoignage vivant de l'ingéniosité d'un peuple hors du commun.

Comment peut-on être spartiate ?
Un choix fort simple : obéir ou mourir

LE mot « spartiate » évoque l'austérité, mais aussi la bravoure et une superbe indifférence à la douleur. On connaît l'histoire de ce jeune Spartiate qui cacha un renard sous sa tunique et laissa l'animal le dévorer plutôt que de révéler sa présence, ne serait-ce que par une grimace. Nous avons tous vibré au récit héroïque — quoique passablement exagéré — de ces quelques centaines de Spartiates qui, en 480 av. J.-C., aux Thermopyles, défendirent jusqu'au dernier homme un étroit défilé contre les hordes du roi perse Xerxès, permettant ainsi au gros de l'armée grecque de battre en retraite. Ainsi prêtons-nous aux Spartiates des vertus de courage, de discipline et d'abnégation.

Sparte, appelée aussi Lacédémone, ville du Péloponnèse, devint la plus puissante des cités grecques à la suite d'une série de guerres qui aboutirent à la défaite d'Athènes, à la fin du Vᵉ siècle av. J.-C. Mais au cours de cette ascension, elle sacrifia aussi les arts, la culture et la philosophie au culte exclusif d'une incomparable machine de guerre. Une règle de fer pesait sur tous les citoyens. Bien sûr, tout le monde n'était pas guerrier, mais les familles qui détenaient un pouvoir politique et jouissaient de la pleine citoyenneté étaient toutes dirigées par des militaires, propriétaires terriens, élevés dans la discipline la plus rigoureuse : les vrais Spartiates, ou « égaux ». Au bas de l'échelle sociale, ceux qui n'avaient pas qualité de citoyen, les pauvres et les nombreux serfs de l'État, les hilotes, ou ilotes, n'avaient presque aucun droit et aucune influence sur la société.

Les classes dirigeantes menaient la cité comme une armée en guerre. Profondément méfiants des étrangers, les Spartiates maintenaient entre eux une égalité remarquable, rejetant tout signe extérieur de richesse. Leur

monnaie n'était ni d'or ni d'argent : c'était de simples barres de fer. Toute leur vie était consacrée à l'État. Les liens familiaux et les besoins personnels ne comptaient guère face au devoir de chaque citoyen de faire de lui-même un rouage parfait dans cette machine de guerre. Et cela commençait dès la naissance. Un conseil de magistrats examinait les nouveau-nés des deux sexes et condamnait à l'abandon, donc à une mort certaine, les maladifs, les faibles ou les difformes. Les garçons qui passaient avec succès cet examen devaient quitter leur foyer vers l'âge de huit ans. L'État se chargeait alors de leur éducation, de leur formation militaire et de leur entraînement physique. Les rations étaient à peine suffisantes ; quelque temps qu'il fasse, on ne portait jamais qu'un seul vêtement ; on dormait sur de minces paillasses de jonc, posées à même le sol nu ; les épreuves d'endurance et d'obéissance se succédaient sans relâche, parfois entrecoupées de séances de fouet dont de nombreux adolescents moururent stoïquement. On les poussait aussi à voler de la nourriture, pas seulement pour compléter leur maigre ration, mais pour mettre à l'épreuve leur initiative. Les garçons pris sur le fait étaient fouettés, non pour avoir volé, mais pour s'être laissé prendre.

Adultes, les Spartiates devaient toujours être prêts pour la guerre. Lorsqu'ils ne combattaient pas, ils passaient le plus clair de leur temps à se mesurer dans des épreuves athlétiques, à chasser, ou à vivre à la dure en rase campagne, armés d'une dague. Il leur fallait aussi garder l'œil sur leurs terres, naturellement, et produire de nouvelles générations de guerriers. Si les filles ne quittaient pas leur foyer, elles recevaient pourtant une éducation comparable à celle des garçons, dans l'espoir que des femmes en bonne santé mettraient au

La guerre était la seule raison d'être de Sparte, où tout homme adulte devait pouvoir se présenter sur-le-champ revêtu de son armure. Élevés pour le combat dès la plus tendre enfance, les Spartiates ne devenaient de véritables citoyens qu'une fois rompus aux arts de la guerre.

monde des enfants sains et robustes. Les mariages étaient arrangés par les familles, avec l'approbation de l'État. Et les femmes spartiates, exclues de la politique et de la guerre, comptaient généralement comme citoyennes et n'étaient pas enrégimentées si rigoureusement lorsqu'elles s'étaient montrées capables d'engendrer des enfants. La notion d'adultère était inconnue à Sparte, où les rapports sexuels avec un amant socialement acceptable étaient admis. Loin d'être une honte, c'était un honneur pour une femme mariée que de mettre au monde des enfants vigoureux nés de plusieurs pères.

L'étoile de Sparte finit par décliner, mais la discipline spartiate persista encore longtemps. Au Ier siècle av. J.-C., alors que la Grèce subissait la domination romaine, la légendaire endurance spartiate avait dégénéré en spectacles sadiques, en tortures supportées sans un murmure, pour l'édification des touristes romains. Malgré cette déchéance, l'idée d'un comportement spartiate conservait tout son éclat. Aujourd'hui, si nous apprécions l'endurance, le courage et le sens social dont les Spartiates faisaient preuve, il nous est difficile d'oublier pour autant les cruautés de leur histoire, comme le probable massacre de 2 000 hilotes pendant la guerre du Péloponnèse.

LE SEL ATTIQUE

La langue française a adopté plusieurs noms de lieux de la Grèce antique. Sparte et l'adjectif « spartiate » en sont un exemple. Les habitantes de l'île de Lesbos étaient et sont des Lesbiennes, terme qui désigne aussi une femme homosexuelle, par allusion aux mœurs que l'on prêtait à la poétesse Sapho, qui vivait là au VIIe siècle av. J.-C. Dans le monde grec antique, un tourbillon et un rocher, monstres gardiens du détroit de Messine, dont les eaux étaient extrêmement périlleuses, ont laissé leur trace dans l'expression « tomber de Charybde en Scylla ». Sous sa forme la plus raffinée, l'architecture classique grecque se développa dans l'Attique (Athènes et ses environs) ; nous lui devons un adjectif — on parle de « goût attique » —, et aussi un nom qui, en architecture, sert à désigner l'étage supérieur d'une construction.

Quant au mot « laconique », il nous vient de la Laconie, région qui entourait Sparte et dont les habitants passaient pour fort peu bavards. L'histoire nous a laissé un immortel exemple de leur concision. Au IVe siècle av. J.-C., alors que Philippe de Macédoine partait avec ses armées à la conquête du monde grec, il écrivit aux Spartiates : « Si j'entre en Laconie, je n'en ferai qu'un amas de décombres. » Et les Spartiates de lui répondre, laconiquement bien sûr : « Si... »

La première ruée vers l'or
Tout ce qui brille n'est pas or

Ce pommeau précolombien en forme d'oiseau ornait peut-être une arme de cérémonie. Il est fait d'un alliage de cuivre et d'or, appelé tumbaga.

En 1492, Christophe Colomb et ses compagnons tombèrent en arrêt devant les bijoux en or que portaient les chefs arawaks des Indes occidentales. Cette découverte déclencha la plus brutale ruée vers l'or de toute l'histoire. C'est l'appât du métal précieux qui poussa les conquistadors à traverser l'Atlantique, qui les fit s'enfoncer dans des forêts inhospitalières, gravir des montagnes à pic, jusqu'à ce qu'ils se soient emparés en moins de quarante ans de la plus grande partie des régions aurifères du Nouveau Monde. Et, à la différence de leurs successeurs du XIXe siècle, ils n'eurent point à se salir les mains en creusant la terre. L'or des Amériques était alors parfaitement accessible, aussi accessible, durent penser les Indiens lorsqu'ils virent les épées de leurs conquérants, que le fer l'était en Espagne. Pour s'en saisir, il suffisait de répandre un peu de sang — du sang indien, bien sûr ! L'Amérique précolombienne aimait l'or

pour sa beauté et lui prêtait une origine divine. Au Mexique, les Aztèques l'appelaient « l'excrément des dieux », alors que les Incas du Pérou y voyaient la sueur du soleil. Tous les Indiens l'utilisaient pour fabriquer des objets de cérémonie et des bijoux royaux, pour décorer leurs temples et leurs palais. Au Pérou, l'or et l'argent étaient réservés à l'usage exclusif du souverain (l'Inca), de certains nobles, vivants ou morts, et des dieux. L'or n'avait pas valeur de monnaie, et les Indiens se seraient beaucoup étonnés de voir un avare compter son trésor. Ce métal était fait pour être montré, admiré et même utilisé. Résistant à la corrosion, on l'employait en effet pour des objets de la vie courante, hameçons ou aiguilles, par exemple.

Les Espagnols n'eurent donc pas à chercher leur or. Ils firent main basse sur tout ce qu'ils purent trouver. Malheureusement pour la postérité, ils s'intéressaient surtout au métal et

En échange de sa liberté, l'Inca Atahualpa offrit aux Espagnols assez d'or pour remplir sa prison. Sur cette gravure d'époque, un Indien remet une partie de la rançon de son maître.

LA RANÇON D'ATAHUALPA

Les conquistadors qui pillaient le Mexique entendirent parler d'un fabuleux pays de l'or, plus au sud. Cette rumeur venait probablement du récit embelli d'un rite des Indiens Muisca de Colombie, qui, disait-on, inauguraient le règne d'un nouveau roi par une extraordinaire cérémonie : le monarque, dépouillé de ses vêtements, s'enduisait le corps d'une poudre d'or et jetait des offrandes d'or et d'émeraudes dans un lac sacré. Aucune légende n'aurait pu aiguiser davantage l'appétit d'un conquistador, et Francisco Pizarro décida de partir à la recherche de ce fabuleux royaume, El Dorado, « le Doré ».

En chemin, Pizarro et ses hommes capturèrent Atahualpa, empereur des Incas. Privé de sa suite, que les Espagnols avaient massacrée, Atahualpa offrit en échange de sa liberté de remplir d'or sa prison. Pizarro accepta l'offre de l'Inca, seul dépositaire du métal précieux, qui avait le droit d'en accorder la jouissance à ses courtisans, prêtres, administrateurs et guerriers. Leurs ornements d'or, parmi lesquels des gants et des sandales, étaient tous des symboles de la faveur royale. A Cuzco, capitale des Incas, le palais royal s'embellissait même d'un jardin où s'épanouissaient, grandeur nature, des épis de maïs, des oiseaux et d'autres animaux en or massif. Si ce n'était pas l'El Dorado, c'était sans doute ce qui lui ressemblait le plus.

On entassa donc de l'or dans le cachot d'Atahualpa, long de 7 mètres, large de 5 et haut de 2,5, puis de l'argent dans deux autres cellules plus petites. L'empereur avait tenu parole, mais les conquistadors ne le relâchèrent pas. Pizarro ordonna qu'on étrangle l'Inca, après l'avoir fait baptiser, cela va sans dire. Aucun de ces objets d'or et d'argent, parmi lesquels se trouvaient les trésors du temple du Soleil de Cuzco, n'a échappé au creuset des Espagnols. Neuf orfèvres travaillèrent tout un mois à fondre ce monceau de bijoux et de parures pour en faire des lingots.

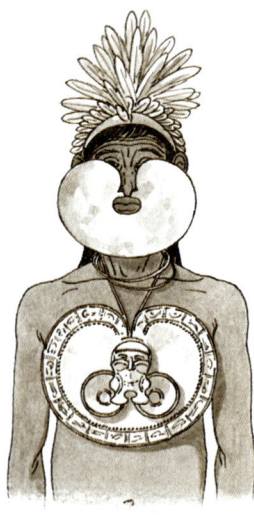

Les conquistadors envoyèrent au creuset les œuvres des meilleurs orfèvres du monde. Quelques objets subsistent cependant, par exemple cet ornement de nez d'un guerrier inca, aujourd'hui au musée de l'Or de Bogotá.

beaucoup moins à la beauté du travail des artisans précolombiens, dont les techniques, qui dataient d'au moins deux millénaires, étaient aussi avancées que celles des meilleurs joailliers de l'Ancien Monde. La Colombie et l'Équateur furent les principaux centres créateurs, mais chaque culture avait son style distinctif. C'est ainsi que les orfèvres péruviens appréciaient l'éclat des grandes plaques d'or, alors que les Colombiens se plaisaient à fabriquer de longues épingles dont la tête était délicatement ornée d'une araignée ou d'un animal mythologique, et que les artisans de l'Équateur combinaient souvent l'or et le platine par frittage, une technique complexe que l'Europe ignora jusqu'au XIXᵉ siècle.

Quelques Espagnols étaient pourtant sensibles à ces splendeurs. Un missionnaire franciscain, après avoir observé le travail des orfèvres mixtèques du Mexique, reconnaissait leur supériorité sur les artisans espagnols : « Ils peuvent faire un oiseau dont la tête, la langue, les pattes et les ailes bougent... ils peuvent faire un poisson avec toutes ses écailles, une écaille d'argent, une autre d'or, devant quoi les orfèvres espagnols s'émerveilleraient fort. »

Soucieux des possibilités artistiques de l'or et non de sa valeur monétaire, les orfèvres indiens utilisaient souvent un alliage de cuivre et d'or, appelé *tumbaga*. Cet alliage était plus dur que l'or pur, plus facile à fondre, et il permettait de réaliser des détails beaucoup plus fins. Mais grâce à un ingénieux procédé de finition, il avait cependant toute l'apparence de l'or pur. Las ! lorsque les conquistadors envoyèrent leur butin au creuset, plus d'un put vérifier le proverbe : tout ce qui brille n'est pas or.

La beauté de l'orfèvrerie indienne était telle qu'un soldat aussi endurci que Cortés, le conquérant du Mexique, ne put se faire à l'idée de fondre tous les trésors de Moctezuma, empereur des Aztèques. Il en fit envoyer les plus belles pièces à l'empereur Charles Quint. En 1520, le grand artiste de la Renaissance Albrecht Dürer vit ces « choses merveilleuses » ; il s'étonna de ce qu'il appela le « génie subtil » des orfèvres anonymes de la lointaine Amérique.

Bien peu de l'orfèvrerie précolombienne a

échappé au creuset, et la plupart des magnifi- ques objets que nous connaissons n'ont sur- vécu que parce que les Indiens les avaient cachés ou qu'ils étaient restés enterrés dans des tombes. Le pillage n'a d'ailleurs pas cessé depuis l'époque des conquistadors, et plus d'un trésor sans prix s'est transformé en lingot anonyme. Il y a une dizaine d'années encore, les pilleurs de tombes de Panamá avaient pour

pratique de vendre d'anciens objets en or aux dentistes pour qu'ils en fassent des couronnes. Heureusement, l'intérêt que suscite l'art préco- lombien en Europe, aux États-Unis et en Amérique latine a fait suffisamment monter le prix de ces objets anciens pour qu'ils ne terminent pas leur carrière dans un cabinet de dentiste, mais bien derrière les vitrines des musées.

La libération de la femme en Grèce
La leçon des Spartiates

LES Athéniens honoraient un certain nombre de déesses. Pour eux, les Grâces et les Muses étaient féminines, tout comme les gardiennes de la Justice, de la Sagesse et de la Paix. Le nom même de leur cité était un hommage à Athéna, fille de Zeus, dont l'image dominait la ville, du haut de l'Acropole. Pourtant, à l'apogée de leur civili- sation, au ve siècle av. J.-C., et malgré la vénération qu'ils portaient aux femmes immor- telles, bon nombre d'Athéniens semblent s'être comportés à l'égard des mortelles comme si leur seule raison d'être était de porter en leur sein les générations futures.

Fort curieusement, la brutale guerre du Péloponnèse — qui opposa Athènes à Sparte

pendant trois décennies et se termina par la défaite totale d'Athènes — fut à l'avantage des femmes. Certes, la guerre fut désastreuse pour leurs pères, leurs époux et leurs fils. Mais le bouleversement social qui en résulta leur pro- cura plus de droits et de libertés qu'elles n'en avaient jamais eu. Tout comme les grandes guerres de notre siècle ont vu les débuts de l'émancipation de la femme dans le monde occidental, la guerre du Péloponnèse permit aux Athéniennes de secouer le joug, si ce n'est de s'en défaire totalement.

Nous ne savons pas grand-chose de la vie des classes laborieuses à Athènes. Mais les femmes des classes moyennes et supérieures, qui avaient tant d'heures de loisir à meubler et

Sur cette frise datant d'environ 420 av. J.-C., des dames de la haute société tuent le temps dans leur gynécée, l'appartement réservé aux femmes dans les riches maisons athéniennes. Généralement à l'étage, et toujours loin de la rue, le gynécée confinait les femmes dans un isolement presque total.

un rang à conserver, étaient tenues de se comporter irréprochablement si elles voulaient garder leur place dans la société. Avant la guerre du Péloponnèse, qui débuta en 431 av. J.-C., cela signifiait en fait qu'une femme respectable devait vivre pratiquement retirée du monde. Pour une femme bien née, il aurait été scandaleux d'apparaître en public. Elle ne sortait de sa maison, qu'à l'occasion de certaines fêtes religieuses ou lors de réunions familiales. Même aller au marché lui était interdit : son mari ou ses esclaves s'en chargeaient.

A l'abri des murs de la maison conjugale, la vie n'était pas rose non plus. Les mariages se faisaient souvent pour des questions de convenance sociale, et l'amour était l'exception à la règle. Les femmes coupables d'adultère devaient subir des peines sévères et dégradantes, alors que leurs maris contaient fleurette à qui voulait les entendre, courtisanes et éphèbes.

L'épouse avait pour principal rôle de tenir le ménage et d'élever ses enfants — sans trop se faire voir. On lui réservait un appartement situé généralement à l'arrière de la maison ou à l'étage, le gynécée. Et si d'aventure on la trouvait ailleurs, il lui fallait s'en expliquer. Lorsque son époux recevait ses amis, elle ne pouvait partager leur repas. Après avoir veillé à la préparation du banquet, elle devait se retirer pour laisser son mari se divertir en bonne compagnie.

Alors que la guerre du Péloponnèse traînait en longueur, les choses commencèrent à évoluer. En 400 av. J.-C., après vingt-sept ans de guerre, Athènes avait beaucoup perdu de sa superbe, et bien des attitudes jusque-là acceptées sans réserve avaient disparu pour toujours. A tous les degrés de l'échelle sociale, les gens se détournaient maintenant des conventions démodées pour jouir de la vie, tant qu'ils le pouvaient encore. Près d'un quart de la population de la cité, dont le grand Périclès, mourut de la peste à la suite d'un siège. Un survivant, Thucydide, soldat et historien, raconte quels furent les effets de ce désastre sur la moralité publique : « Ces brusques changements de fortune dont les gens étaient témoins

SAPHO, LA LESBIENNE QUI NE L'ÉTAIT PAS

Si le sort des Athéniennes n'était guère enviable, dans d'autres régions de la Grèce, les femmes jouissaient d'une existence relativement libre et plaisante. Par exemple, la poétesse Sapho, dont les œuvres datent du VIe siècle av. J.-C., nous a laissé une image charmante de la vie sur l'île de Lesbos. Quelques fragments de ses vers seulement ont survécu, mais leur puissance évocatrice et leur musique harmonieuse leur donnent aujourd'hui encore une force étonnante.

Sur ce tableau du baron Gros, peintre français du XIXe siècle, Sapho, la poétesse grecque, se précipite dans la mer. La légende de l'amour malheureux de Sapho pour un homme fut probablement inventée longtemps après sa mort.

Il semble que Sapho prenait en pension des jeunes filles de l'aristocratie pour les préparer au mariage et à la maternité. C'est dans ce contexte qu'il faut lire ce qui subsiste de sa poésie, reflet de l'affection profonde et souvent passionnée qu'elle portait à certaines de ses pensionnaires et du sentiment de perte cruelle qu'elle éprouvait lorsqu'elles la quittaient pour prendre époux. Les mots « lesbianisme » ou « saphisme » ont été forgés depuis pour désigner l'amour profond qui unit physiquement deux femmes, mais bien peu d'indices laissent supposer que l'affection de Sapho ait pris aussi une forme physique. Par la suite, des comédies que l'on jouait à Athènes donnèrent d'elle une image caricaturale de libertine chasseuse de femmes. Ces comédies ne prétendaient pas à l'exactitude, pas plus qu'il ne faut prendre à la lettre le récit de son suicide : la tradition voudrait que Sapho, délaissée par le beau passeur Phaon, se soit précipitée dans la mer.

En fait, nous ne savons presque rien de son histoire, si ce n'est qu'elle était probablement mariée et qu'elle avait une fille du nom de Cléis. Aux yeux de ses contemporains, les charmes de Sapho étaient sans doute modestes, car elle était petite et de teint foncé, à une époque où l'idéal classique imposait la sveltesse et le teint clair. Sapho passa quelque temps à Syracuse, en Sicile (probablement pour échapper aux troubles qui agitaient son pays), mais revint bientôt à Lesbos, où elle vécut apparemment jusqu'à un âge avancé. Les circonstances de sa vie, et même ses inclinations sexuelles, importent peu. Mais, à en juger par ce qui reste de ses poèmes, Platon avait raison de voir en elle la dixième muse du monde classique.

— les riches frappés par la mort du jour au lendemain, les pauvres s'emparant des places des riches — les rendirent plus disposés à s'adonner ouvertement à des plaisirs qu'ils auraient auparavant pris grand soin de cacher. Ils recherchaient pour leur argent un bénéfice rapide et voyaient dans l'assouvissement immédiat des désirs la seule occupation raisonnable dans un monde où eux et leurs richesses risquaient de périr à tout instant. »

Les femmes d'Athènes furent sans doute aussi promptes que les hommes à tirer avantage de ce bouleversement des mœurs. En cela, elles suivirent d'ailleurs l'exemple de l'ennemi, car, si la discipline militaire de Sparte était beaucoup plus rigoureuse que celle d'Athènes, les Spartiates encourageaient paradoxalement leurs femmes à mener une vie libre et active. « Les jeunes filles de Sparte, explique un personnage du dramaturge athénien Euripide, peuvent sortir avec de jeunes hommes, courir et lutter en leur compagnie, les cuisses nues et la tunique relevée. » Vers la fin du Vᵉ siècle, les jeunes filles de Sparte n'étaient plus seules à folâtrer au grand air. Les

Athéniennes commencèrent elles aussi à retrousser leurs jupes et à s'ébattre dans l'air pur de la campagne.

Hélas ! les choses allaient si bon train qu'il fallut nommer un *gynaikonomos,* magistrat spécialement chargé de tempérer l'ardeur des Athéniennes. En particulier, le malheureux était censé les empêcher de dépenser à tort et à travers. Pour la première fois dans l'histoire d'Athènes, les femmes affirmaient leurs droits, et elles comprirent bientôt qu'elles disposaient d'une arme d'une efficacité redoutable pour leur combat. En 411, Aristophane présentait au public sa comédie *Lysistrata,* dans laquelle les femmes de tous les États grecs usent de leur arme maîtresse pour la cause de la paix : elles se mettent en grève, se refusant à leurs maris tant qu'ils ne cesseront pas de se battre. Quelques années plus tôt, un thème aussi osé aurait certainement été impossible.

Mais cette émancipation était pourtant loin d'être acquise. Après le bref répit du Vᵉ siècle av. J.-C., les Athéniennes virent à nouveau leur sort tomber au plus bas, celui qu'elles avaient connu pendant l'Age d'Or de la Grèce.

Dans le secret de la glace
Le tatoué de Pazyryk

E N 1948, en plein cœur des steppes de l'Altaï, l'archéologue russe Sergeï Rudenko ouvrit une chambre funéraire qui datait d'environ 500 av. J.-C. A l'intérieur se trouvaient le corps d'un homme tatoué et celui de son épouse ou de sa compagne. La chambre funéraire, découverte à Pazyryk, près de la frontière mongole de la Sibérie occidentale, faisait partie d'un groupe de cinq grandes chambres funéraires, et de neuf chambres de plus petites dimensions. Par un étrange caprice de la nature, le couple et les objets qui l'entouraient — des chaussures et des bas, des tapis, des bouteilles, une table de bois — étaient pratiquement intacts : ils étaient restés gelés pendant environ 2 500 ans.

Le corps de l'homme était particulièrement intéressant. Ses restes, bien qu'abîmés par des voleurs qui avaient pénétré dans la tombe quelque temps après l'enterrement, suffisaient pourtant à donner une idée de son style de vie et de son aspect physique. Pour l'époque (début de l'âge du Fer), l'homme était remarquablement grand (1,76 m) et de constitution très robuste. Il avait le devant de la tête rasé et

le cuir chevelu scalpé. D'une légère déformation des jambes, Rudenko déduisit qu'il avait passé de nombreuses années à cheval.

Mais c'était surtout ses tatouages qui rendaient ce cadavre tout à fait remarquable. Les bras, les jambes et une bonne partie de la poitrine en étaient recouverts. La plupart représentaient des monstres mythiques : créatures ailées à queue de chat ; lions-griffons à corps de serpent ; cerfs à longs bois et à bec d'aigle. Ces tatouages, véritables œuvres d'art, révélaient une imagination exceptionnelle. Ils indiquaient aussi que les coutumes du mort étaient très semblables à celles des Scythes, ce peuple de guerriers, célèbre pour ses tatouages, qui vivait en Asie centrale entre le VIIᵉ et le IIIᵉ siècle av. J.-C. Le médecin grec Hippocrate, qui vécut entre 460 et 370 av. J.-C. environ, écrit que « toute la population des Scythes, tous ceux qui sont nomades, se cautérisent les épaules, les bras et les mains, la poitrine, les cuisses et les reins, sans autre raison que d'éviter la faiblesse et la mollesse ». Il ajoute que les Scythes vivaient dans des chariots à quatre roues, deux ou trois par

Les tatouages dont les Scythes se faisaient couvrir le corps correspondaient à leur rang social. Le tatoueur, un véritable artiste, piquait profondément la peau de son « client », puis remplissait les piqûres d'un liquide noir. Le lambeau de peau ci-dessus, décoré d'animaux réels et imaginaires, provient du bras droit du chef enterré dans la tourbe de Pazyryk.

UNE GLACIÈRE NATURELLE

Les anciens Sibériens, qui voulaient des tombes durables, ne pensaient certainement pas que les conditions climatiques les préserveraient pendant des millénaires.

Dans les steppes de l'Altaï, les hivers sont longs et rigoureux, les étés courts et frais. Pourtant, la température annuelle moyenne n'est généralement pas assez basse pour que le sous-sol reste gelé en permanence. Si le climat a certainement joué un rôle dans l'état de conservation des tombes de Pazyryk, il ne faut pas négliger la particularité de leur construction.

Toutes les grandes chambres funéraires découvertes par Rudenko sont construites de la même manière. Au fond de la fosse, à environ 5 mètres de profondeur, de gros troncs de mélèze tapissent les parois de la chambre principale, d'autres forment un toit sur lequel sont entassées des pierres. Au-dessus des pierres s'élève un monticule de terre d'environ 2 mètres d'épaisseur, lui-même surmonté d'un cairn de grosses pierres, haut de 4 à 5 mètres et d'une cinquantaine de mètres de diamètre. Ce sont ces pierres qui ont fait geler les tombes, car elles les

isolaient de la tiédeur de l'été, tout en laissant pénétrer le gel en hiver.

Pourtant, le gel ne fut pas suffisamment rapide pour empêcher la décomposition partielle des provisions (viande de chèvre) et des chevaux qui avaient été enterrés avec leurs maîtres. Les corps humains n'échappèrent à la destruction que parce qu'on les avait embaumés et qu'on avait rempli d'herbe leurs cavités.

Cependant, Rudenko fut étonné que la violation de la tombe de l'homme tatoué ne paraisse pas avoir eu d'effets significatifs. Tout d'abord, il se demanda si la réfrigération n'avait pas été causée par l'exposition soudaine des chambres funéraires à l'air froid qui pénétrait par le tunnel des voleurs. Plus tard, il conclut que les corps avaient gelé juste après l'enterrement et que le vol n'y était pour rien. Mais il ne fait aucun doute que la profanation du tombeau n'eut lieu que quelques années après l'enterrement, car les marques laissées par les intrus montrent qu'ils se servaient encore d'outils de bronze, et non des outils de fer qui apparurent par la suite.

Un archéologue russe a retrouvé le corps d'un homme tatoué dans une chambre funéraire de Pazyryk, le tumulus II. Sur l'illustration, on voit le tumulus V avec ce qu'il renfermait. Comme les autres chambres, quatorze en tout, le tumulus V se composait d'une charpente de troncs d'arbres, recouverte de terre et de pierres (cartouche).

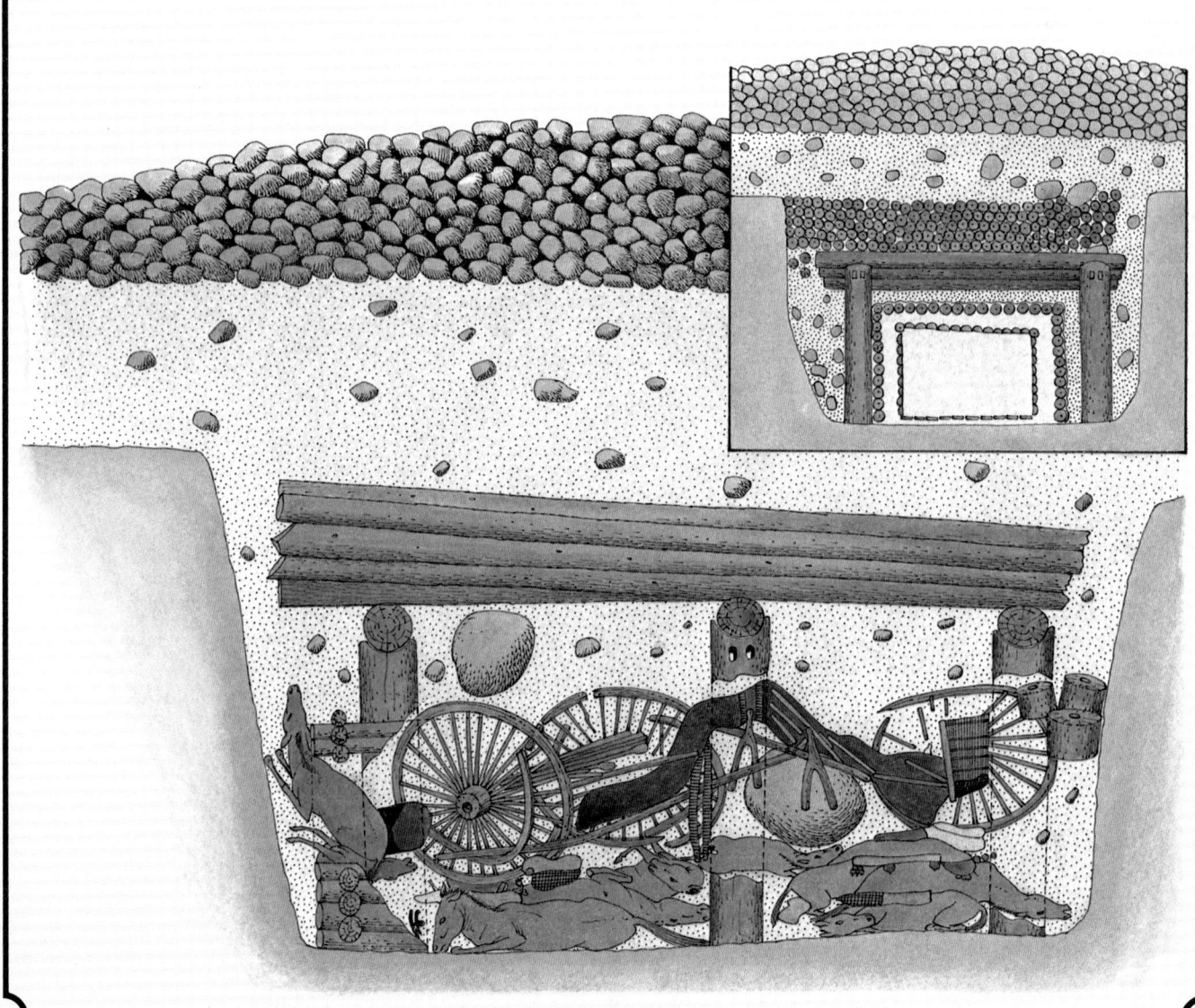

famille. Rudenko découvrit les vestiges d'un de ces chariots dans un autre tertre funéraire des steppes de l'Altaï, avec les restes des chevaux de l'attelage abattus pour qu'ils accompagnent leurs maîtres dans l'autre monde.

La tombe de l'homme tatoué renfermait aussi les restes de plusieurs chevaux de selle. Chaque cheval était tourné vers l'est. A côté de lui se trouvaient son mors, sa selle et les décorations qui ornaient sa tête. De plus, la tombe contenait toute une collection d'objets domestiques, un morceau de tapis, des bas de feutre, un miroir de bronze dans un étui de fourrure, un miroir d'argent dans un sac de cuir, des fourrures et des perles en abondance, ainsi que des pendentifs d'or. Rudenko découvrit également une table en bois dont les quatre pieds avaient la forme de tigres dressés sur leurs pattes de derrière, des flacons qui contenaient du *koumiss* (lait de jument fermenté) et une poche pleine de fromage pour soutenir le couple dans son long voyage. Et pour lui rendre la route plus agréable, on avait placé dans la tombe une harpe et un sac de chanvre indien, le cannabis. Le chanvre avait aussi servi à tisser une belle chemise d'homme, rehaussée de piqûres et d'une ganse de laine rouge.

A côté de la tête de l'homme se trouvait une fausse barbe en poils naturels, teints en marron foncé et cousus sur une bande de cuir. Aucun des cadavres qui étaient dans les tombes ne portait de barbe ou de moustache. Pourtant, les décorations de certains pendentifs montrent que les Scythes avaient souvent une barbe. Il n'est donc pas impossible que les Scythes aient eu pour coutume de porter des fausses barbes, pour des raisons inconnues.

Plus étranges encore, les crânes retrouvés dans les tombes étaient de types extrêmement variés. Parmi les quelques spécimens dont il disposait, Rudenko identifia non seulement le type européoïde, mais aussi deux formes distinctes de crânes mongoloïdes, brachycéphale et dolichocéphale. Il attribua cette diversité à la pratique que les chefs avaient de se marier à des princesses venues de tribus lointaines, pour des raisons politiques. Rudenko souligne que des différences semblables existent encore parmi les Kazakhs et les Kirghiz de notre époque.

Il se peut également que les crânes mongoloïdes aient été ceux d'aristocrates huns, car une tribu de Huns chassa probablement les Altaïques de cette région vers la fin du IIIe siècle av. J.-C. Au début, les Huns se marièrent peut-être avec les Altaïques. Mais vers la fin du siècle, ils usèrent probablement de méthodes plus violentes, car, après cette date, il n'y a plus aucune trace de l'existence du peuple altaïque dans la région.

Le nerf de la guerre
Un filon d'argent qui changea le cours de l'histoire

Au début du Ve siècle av. J.-C., les pays de la Méditerranée orientale furent secoués par une crise qui eut de profonds effets sur toute l'évolution de la culture occidentale. Menées par Milet, les villes ioniennes de la côte ouest de l'Asie Mineure, habitées par des Grecs, se rebellèrent en 499 contre les Perses, qui dominaient la région depuis 547 av. J.-C. Avec l'aide d'Athènes, les Ioniens poursuivirent la lutte jusqu'à ce que les armées de Darios les écrasent en 494. Ainsi commencèrent les guerres qui allaient opposer la Grèce à la Perse pendant bien des années. En 490, Darios lança une expédition contre la Grèce continentale, mais les Athéniens défirent complètement son armée à Marathon, premier grand revers militaire dans l'histoire de l'Empire perse. De nombreux Athéniens pensèrent alors que la menace d'une invasion perse était écartée. Mais un autre groupe, conduit par le général Thémistocle, n'était pas de cet avis. Thémistocle craignait que la situation qui régnait à Athènes ne rende la résistance difficile.

Quelques années auparavant, des esclaves de l'État qui travaillaient dans les mines d'argent du Laurion, à 40 kilomètres au sud-ouest d'Athènes, étaient tombés sur un gros filon d'argent de très haute qualité. En très peu de temps, on en avait extrait plusieurs tonnes d'argent pur. A Athènes, l'opinion publique se divisait sur la manière de répartir le produit de cette fabuleuse découverte. Certains voulaient la partager entre les citoyens mâles d'âge adulte. Thémistocle, habile, fort et ambitieux, pensait, avec ses partisans, qu'il fallait utiliser cette manne tombée du ciel pour construire des trières, navires de guerre à trois rangées de rameurs superposées. Au combat, lorsque vitesse et maniabilité étaient des atouts

La trière, qui donna la victoire aux Grecs lors de la bataille de Salamine, en 480 av. J.-C., mesurait une quarantaine de mètres de long et 6 mètres de large. Quelque 170 rameurs y prenaient place sur trois rangées superposées. A l'arrière, un timonier dirigeait le navire au moyen de deux grands avirons. La plupart des marins étaient de pauvres citoyens d'Athènes qui tirèrent honneur et gloire de leurs exploits sur les mers.

essentiels pour emporter la victoire, les trois rangées, environ 170 hommes, entraient toutes en action, alors qu'elles se relayaient l'une après l'autre pour l'allure de croisière. Les trières pouvaient soutenir une vitesse de 5 nœuds en poussant des pointes jusqu'à 8 nœuds. Enfin, ces redoutables navires de guerre étaient aussi munis d'une voile carrée.

On vota des crédits pour construire 100 trières, la moitié du nombre que Thémistocle jugeait nécessaire pour repousser une autre invasion perse. Pire encore, il semble que les crédits n'aient été accordés que pour une année. Pourtant, les Grecs apprirent bientôt que les Perses préparaient une autre invasion, et la construction des navires commença sans tarder. Quelque temps plus tard, Athènes pouvait s'enorgueillir d'une flotte de plus de 200 bâtiments. Il fallut aussi engager, entraîner et payer des milliers d'hommes d'équipage et

septembre, d'une colline voisine, Xerxès regardait sa flotte avancer contre les Grecs. Les Perses avaient deux fois plus de navires à leur disposition, dont 300 embarcations phéniciennes et 200 égyptiennes. La flotte grecque se composait de quelque 300 trières, dont 160 venues d'Athènes et une bonne centaine de Sparte et de ses alliés. Au cours de la bataille, la flotte perse, gênée par sa supériorité numérique, ne put manœuvrer dans la baie. Dans la confusion, les navires perses furent des proies faciles pour les trières grecques qui les éperonnèrent furieusement, tandis que les hoplites se lançaient à l'assaut. Le combat dura presque toute la journée. A la tombée de la nuit, les Perses avaient perdu près de 200 navires, les Grecs à peine 40. Du côté des Perses, les pertes en hommes furent aussi très nombreuses pour la simple raison qu'ils ne savaient pas nager. Battant précipitamment en retraite, les Perses

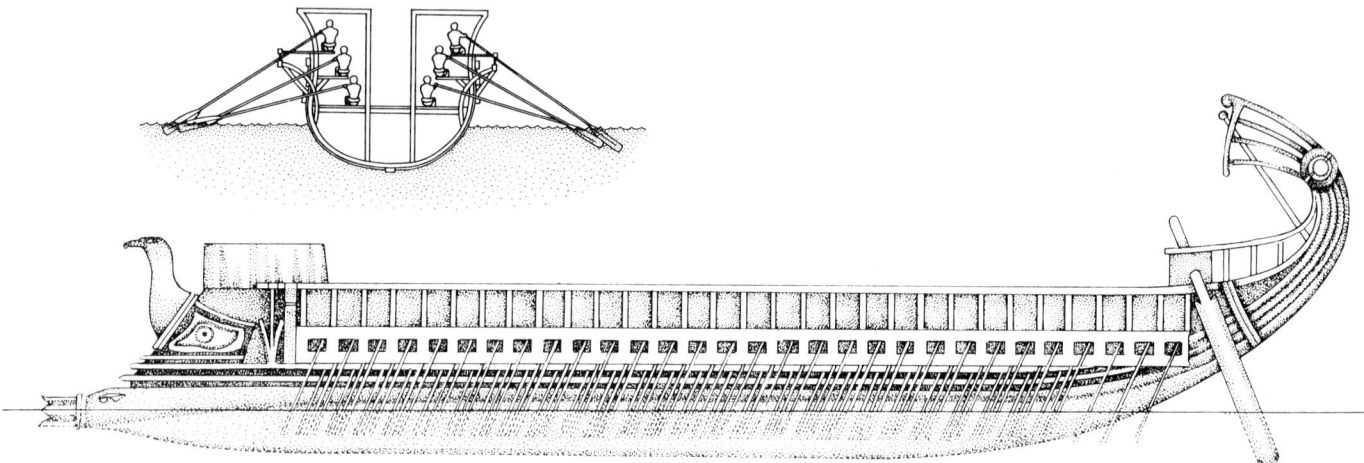

de hoplites — fantassins armés d'épées et de javelots, embarqués par quarante à bord de chaque trière. Sans l'argent du Laurion, l'entreprise eût été parfaitement impossible. L'importation des matériaux nécessaires pour construire les navires stimula aussi le commerce étranger et eut une influence bénéfique sur les finances d'Athènes, au point que la drachme athénienne, appelée la « chouette » à cause du type figurant sur la face, devint une monnaie internationale. En 480, les armées du roi perse Xerxès, fils de Darios, partirent d'Asie Mineure pour fondre sur l'Europe. Elles détruisirent une petite force lacédémonienne aux Thermopyles et occupèrent la majeure partie de la Grèce, dont Athènes qui fut brûlée.

Les Grecs postèrent leur flotte dans la baie de l'île de Salamine, à une quinzaine de kilomètres à l'ouest d'Athènes. Ils y attirèrent la flotte perse en faisant croire à Xerxès qu'ils allaient battre en retraite sans livrer combat. Le 20

furent contraints d'abandonner un grand nombre de leurs hommes et de leurs navires.

La victoire de Salamine fut décisive. Sans navires, les Perses ne purent assurer leurs arrières et durent se retirer de la Grèce continentale. Un an plus tard, les Grecs remportaient la victoire à la bataille de Platées, à 80 kilomètres environ au nord-ouest d'Athènes, et un autre combat naval, à Mycale, dans l'est de la mer Égée, mit un point final à l'invasion perse. Grâce au filon du Laurion, « fontaine d'argent », à ce « trésor des entrailles de la terre » cher au poète grec Eschyle, Athènes s'imposa comme la première puissance navale de la Méditerranée orientale et la première des cités grecques. Peu après, elle devint le centre de l'extraordinaire floraison intellectuelle et artistique de l'époque classique. La découverte d'un filon d'argent avait marqué pour toujours l'histoire de la civilisation occidentale.

L'histoire d'Hérodote

Historien ou conteur de fables ?

« DE cet ouvrage, fruit de mon étude de l'histoire, j'espère deux choses : conserver la mémoire du passé en relatant les extraordinaires accomplissements de notre peuple et des barbares ; et ensuite montrer comment les deux races entrèrent en conflit. » Ainsi s'exprimait Hérodote dans l'introduction de ses *Histoires,* relation des hostilités entre les Grecs et les Perses à la fin du vi^e et au ve siècle av. J.-C. Bien plus tard, au i^{er} siècle av. J.-C., Cicéron donna à Hérodote le nom de Père de l'Histoire. D'autres lui prêtèrent le surnom de Père des Mensonges.

On ne sait que peu de chose de sa vie, si ce n'est qu'il est né à Halicarnasse, port grec de l'Asie Mineure, vers 480 av. J.-C. Il était donc trop jeune pour avoir été le témoin des victoires grecques de 480 et de 479 qui écartèrent définitivement la menace perse. Alors qu'il était jeune homme, Hérodote et sa famille s'installèrent, pour des raisons politiques, dans l'île de Samos. De là, il parcourut la Méditerranée, recueillant une foule de renseignements, posant d'innombrables questions. Pour rédiger ses *Histoires,* il avait interrogé, nous dit-il, la population de « quarante cités grecques » et « les habitants de trente nations ». Il poussa jusqu'au sud de la Scythie, au nord de la mer Noire, jusqu'à Babylone à l'est et jusqu'en haute Égypte, au sud. Mais il n'atteignit jamais l'Atlantique, dont il avait cependant entendu parler.

Il passa quelque temps à Athènes, dont il admirait grandement la civilisation. Les lectures de ses *Histoires* qu'il y donna connurent un grand succès, comme dans d'autres cités grecques. Il est presque sûr cependant qu'il n'obtint jamais la qualité de citoyen athénien, en raison de ses origines étrangères. Peut-être déçu, il s'installa à Thourioi, un avant-poste fondé par les Grecs en 443 au bord du golfe de Tarente, dans le sud de l'Italie. On y aurait retrouvé sa tombe, bien qu'on ignore la date et le lieu exacts de sa mort, vraisemblablement vers 429 av. J.-C., après le début de la guerre du Péloponnèse entre sa chère Athènes et Sparte, en 431. Les *Histoires* d'Hérodote se composent de neuf livres dont la matière n'est pas toujours directement liée au conflit entre les Grecs et les Perses. C'est ainsi que le deuxième livre s'intéresse à la géographie, à l'histoire et à l'ethnographie de l'Égypte. Les autres livres renferment de nombreuses digres-

sions sur les peuples et territoires que l'historien visita. Hérodote parle « des bêtes de Libye qui peuvent se passer d'eau », des Babyloniens vêtus « de tuniques de lin qui leur tombent jusqu'aux pieds », qui « portent les cheveux longs et s'inondent de parfum ».

Les anecdotes manifestement destinées à divertir le lecteur abondent. Par exemple, Hérodote raconte comment Crésus, le riche roi de Lydie, offrit à l'Athénien Alcméon « autant d'or qu'il pourrait en emporter avec lui ». L'ingénieux Alcméon se présenta « vêtu d'une tunique dont les amples plis pendaient devant lui, chaussé des plus larges bottes qu'il avait pu trouver, puis les saupoudra, ainsi que ses cheveux, de poussière d'or — il s'en emplit même la bouche ». Crésus éclata de rire et doubla son présent. Sans aucun doute, ces récits étaient fort bien accueillis aux lectures publiques, même s'ils chiffonnent ceux qui pensent que l'histoire est chose sérieuse.

Les *Histoires* sont donc moins une chronologie des événements qu'un fascinant amalgame de renseignements de toutes sortes. La grandeur de sa prose épique témoigne de l'influence de *l'Iliade* et de *l'Odyssée* d'Homère. Mais Hérodote ne faisait pas que colporter sans discernement des légendes. En recueillant ses informations, souvent des ouï-dire déformés par la traduction, car Hérodote ne parlait que le grec, il arrivait qu'il se trouvait en présence de plusieurs versions du même incident. Sa réaction est désarmante : « Si ces propos paraissent croyables à quelqu'un, il peut y ajouter foi ; pour moi, je n'ai d'autre propos dans tout cet ouvrage que d'écrire ce que j'entends dire aux uns et aux autres. » Bien que partisan convaincu d'Athènes — ceux qui l'appelaient le Père des Mensonges étaient les ennemis implacables des Athéniens — il ne manquait pourtant pas de générosité à l'égard des ennemis de cette cité.

Les récits des batailles de Marathon, des Thermopyles et de Salamine, d'une importance capitale dans son œuvre, sont magnifiquement écrits, émaillés de réflexions personnelles qui éclairent la tragédie et la noblesse de la guerre. Ses chiffres sont souvent follement exagérés. Il parle de millions de soldats quand il veut dire quelques centaines de mille. C'est le côté religieux des *Histoires* qui déconcerte le plus le lecteur moderne, car Hérodote croit manifestement que les dieux du panthéon grec influent directement sur le cours des événements. Pourtant, il est probablement le premier écrivain qui cherche à expliquer essentiellement les événements historiques par des comportements humains. Pour dépeindre le caractère despotique de Xerxès, Hérodote nous dit comment celui-ci se vantait de la discipline de son armée, allant jusqu'à dire que « laissés à eux-mêmes, ils ne feraient rien ». Un Lacédémonien en exil lui répondit que les Grecs craignaient la loi « plus que vos sujets ne vous craignent ». Et l'un des commandements de la loi, ajouta-t-il, était « de ne pas battre en retraite, quel que soit le nombre des ennemis, mais de rester dans les rangs pour conquérir ou mourir ».

Hérodote est-il le Père de l'Histoire ? Il n'a en fait que deux rivaux. L'un, Hécatée de Milet, le seul écrivain en prose que mentionne Hérodote, était lui aussi ionien. Il chercha à concilier la mythologie grecque et la généalogie des familles athéniennes. Il écrivit aussi des souvenirs de voyage, mais son œuvre n'a absolument pas la stature de celle d'Hérodote. L'autre est Thucydide, qui, encore enfant, fut ému jusqu'aux larmes par une lecture d'Hérodote. Il aborda l'histoire avec beaucoup plus de sérieux que son prédécesseur, ne cachant pas sa répugnance pour les méthodes qu'employait Hérodote pour donner du piquant à ses récits. Mais si Thucydide est peut-être l'historien des historiens, Hérodote est certainement l'historien des gens ordinaires. De sa plume alerte, parfois humoristique, toujours sensible, Hérodote nous fait sentir avec un bonheur certain ce qu'était la vie de son époque.

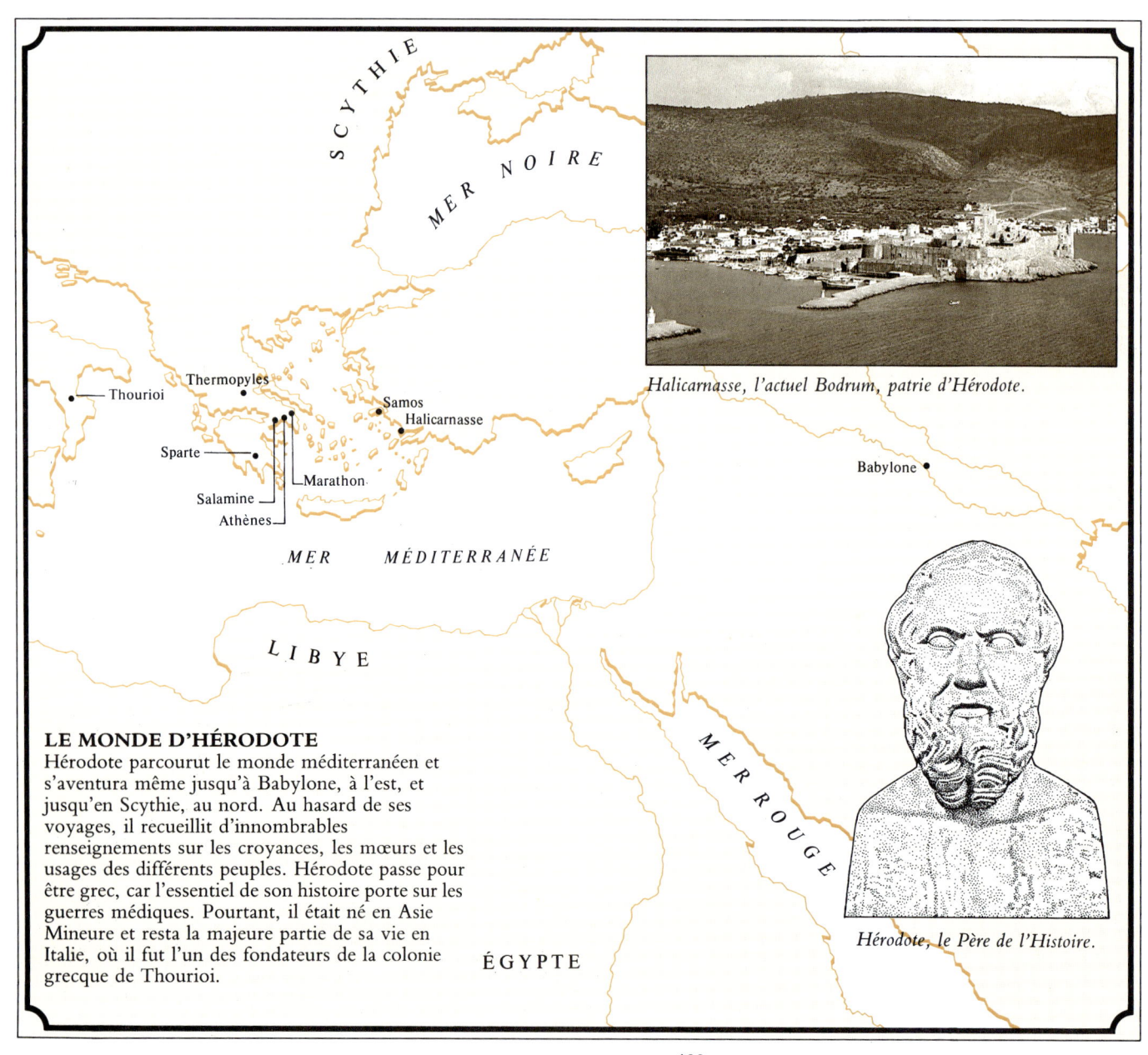

Halicarnasse, l'actuel Bodrum, patrie d'Hérodote.

LE MONDE D'HÉRODOTE
Hérodote parcourut le monde méditerranéen et s'aventura même jusqu'à Babylone, à l'est, et jusqu'en Scythie, au nord. Au hasard de ses voyages, il recueillit d'innombrables renseignements sur les croyances, les mœurs et les usages des différents peuples. Hérodote passe pour être grec, car l'essentiel de son histoire porte sur les guerres médiques. Pourtant, il était né en Asie Mineure et resta la majeure partie de sa vie en Italie, où il fut l'un des fondateurs de la colonie grecque de Thourioi.

Hérodote, le Père de l'Histoire.

Le théâtre en Grèce

Des spectacles pour tous les goûts

RÈS de 2 500 ans se sont écoulés depuis la construction du grand théâtre de Dionysos, sur une colline d'Athènes. Pourtant, le vocabulaire du théâtre a encore gardé le souvenir de ses lointaines origines. Par exemple, les spectateurs de la Grèce antique prenaient place sur les gradins d'un amphithéâtre en plein air, devant une scène que précédait l'*orkhêstra,* un espace circulaire où les membres du *khoros,* le chœur, évoluaient en chantant et en dansant. Les acteurs changeaient de costume dans une tente appelée *skênê* (origine du mot « scène ») et, entre les actes, peut-être jetaient-ils un coup d'œil inquiet sur les gradins de l'amphithéâtre pour voir quelle était la réaction des *kritai* (nos critiques).

Mais ici s'arrêtent les ressemblances, car le théâtre du ve siècle av. J.-C., époque où vécurent les plus grands dramaturges grecs, était fort différent de ce qu'il est aujourd'hui. Si un amateur du théâtre de la Grèce antique pouvait à travers les siècles consulter les programmes de nos théâtres modernes, il se sentirait probablement plus à l'aise aux festivals de Salzbourg et d'Aix-en-Provence que dans l'un de nos théâtres de boulevard. Le drame athénien prenait la forme d'une compétition annuelle qui tenait beaucoup de l'esprit de fête presque orgiaque dont certaines manifestations musicales modernes, comme les concerts de rock ou de pop music, sont animées. Contrairement au théâtre moderne, où le succès d'une pièce se juge au grand nombre des représentations, l'œuvre, dans le théâtre grec, n'était jouée qu'une seule fois. En fait, elle était le point culminant d'un festival annuel, les fêtes de Dionysos, que les Athéniens attendaient avec la plus grande impatience et qui se déroulait chaque printemps en l'honneur du dieu du vin.

Les fêtes commençaient par un jour férié et par une cérémonie d'inauguration : des hommes vêtus de robes aux couleurs vives déambulaient en procession, portant d'énormes symboles phalliques qui annonçaient l'arrivée du printemps, saison de la fertilité. Puis on sacrifiait un taureau dans l'amphithéâtre, sur le versant sud de l'Acropole, car la fête avait une origine religieuse dont elle ne se défit vraiment que longtemps après le ve siècle av. J.-C. La plupart des quelque 14 000 spectateurs qui participaient à la première journée prenaient grand soin d'arriver dès l'aube pour trouver de bonnes places et ne rien manquer des cérémonies d'inauguration.

Nous ne savons pas grand-chose de ces cérémonies ni de leur public, à l'époque glorieuse du théâtre athénien. Nous savons cependant qu'aucune femme ne se produisait en public. Nous ignorons même quelles étaient les dimensions de l'amphithéâtre d'Athènes au ve siècle. Progressivement, des théâtres furent construits dans les cités et les petites villes de toute la Grèce, et celui qui a le mieux survécu jusqu'à nos jours — l'amphithéâtre d'Épidaure, dans le Péloponnèse — date du ive siècle av. J.-C., époque à laquelle les grands jours de la tragédie athénienne étaient chose du passé.

A la fin de ce même siècle, la fête annuelle de Dionysos n'était plus qu'une sorte de manifestation sociale où les spectateurs des deux sexes cherchaient à se montrer sous leur meilleur jour. Chacun portait ses plus beaux vêtements de fête et se coiffait d'une guirlande de lierre, qui était la coiffure presque obligatoire pour tous les élégants de l'époque. Les sièges les plus proches de la scène étaient réservés aux dignitaires de la cité et aux ambassadeurs étrangers ; les plus éloignés, séparés des autres, étaient peut-être le fief des prostituées. Les spectateurs achetaient leurs billets — des morceaux de plomb — à l'entrée, et s'ils étaient mécontents de leur place, ils pouvaient toujours s'adresser aux nombreux revendeurs qui tenaient pratique aux portes de l'amphithéâtre. Leurs meilleurs clients étaient certainement les prétentieux et les arrivistes, qui, si l'on en croit Théophraste, auteur du ive siècle, auraient fait n'importe quoi pour se trouver assis près d'une personnalité en vue.

Le festival comprenait des divertissements musicaux, du chant choral, et généralement cinq pièces par jour que jouaient des acteurs masqués, vêtus de splendides costumes. Cinq pièces pour une seule séance, la dose paraît excessive, d'autant plus que trois d'entre elles étaient généralement des tragédies. Mais les drames grecs ne duraient généralement pas très longtemps, sans doute pas plus d'une heure et demie. Et le public participait de bon cœur, conspuant les mauvais acteurs, acclamant les beaux discours, parfois même, pourquoi pas, se livrant à quelques violences physiques. La claque était bruyante, car, à la fin du festival, les Athéniens décernaient un prix à la meilleure pièce : une couronne de laurier,

Dans le drame classique, les acteurs (toujours des hommes, même pour les rôles de femmes) portaient des masques qui correspondaient à des émotions ou à des rôles bien définis. Le masque comique (en haut) et le masque d'esclave (en bas) en sont deux exemples. Le public de l'époque, pour qui la manifestation du caractère des personnages était moins importante qu'aujourd'hui, acceptait tout naturellement ces conventions.

sorte d'oscar avant la lettre. Apparemment, toutes les classes de la société se passionnaient pour ce genre de compétition. On raconte qu'au Vᵉ siècle av. J.-C., lorsque Sophocle qui s'essayait pour la première fois à la tragédie (son œuvre est aujourd'hui en grande partie perdue) remporta la couronne, le vieux maître Eschyle, qui concourait lui aussi, mauvais perdant, quitta le pays dans un accès de colère. Euripide s'expatria également vers la fin de sa vie, peut-être parce que ses pièces et ses idées n'avaient plus la faveur des Athéniens.

Avec le temps, le public se fit plus exigeant, et aussi plus difficile, toujours prêt à siffler, à

Les vases grecs représentent souvent des scènes familières de drames populaires. Cette peinture datant d'environ 350 av. J.-C. illustre une scène d'une tragédie d'Euripide : Alcmène est sacrifiée sur le bûcher par son époux jaloux, Amphitryon.

hurler, et même à lancer des pierres, des fruits ou des noix s'il était déçu dans son attente. Au cours d'un spectacle donné en province, un acteur de deuxième ordre aurait reçu un déluge de figues et d'objets divers, de quoi garnir un étalage de fruitier. Pour la descente du dieu, vers la fin de la tragédie, on utilisait parfois une sorte de grue, la *mêkhanê,* au bout de laquelle se balançait un malheureux acteur, suspendu à une corde. Ce *deus ex machina* ne manquait jamais de soulever l'hilarité d'une partie du public, à telle enseigne que les auteurs de comédies en firent bientôt leur tarte à la crème : un acteur faisait semblant de se trouver coincé dans les airs et demandait à grands cris qu'on le sorte de cette fâcheuse posture.

Il y a un quart de siècle, les seules pièces grecques que nous connaissions étaient les œuvres des trois grands dramaturges du Vᵉ siè-cle, Eschyle, Sophocle et Euripide, ainsi que plusieurs comédies salaces et parfois même ordurières de leur contemporain Aristophane. Rien d'autre n'avait survécu, si ce n'est quel-ques fragments de la plume de Ménandre, un écrivain très populaire qui atteignit le sommet de sa renommée vers 300 av. J.-C. Ménandre écrivit plus de 100 comédies, dont un grand nombre furent traduites en latin ou imitées par deux Romains du siècle suivant, Plaute et Térence. Son œuvre était donc bien connue, mais indirectement puisque personne n'avait lu ses comédies dans le texte original. En 1959, pourtant, le texte intégral de l'une d'elles, *Dyskolos (le Coléreux),* fut retrouvée sur un papyrus égyptien. En elle-même, la décou-verte était naturellement intéressante, mais de plus elle prouve qu'après plus de vingt siècles, la Grèce antique n'a pas encore livré tous ses secrets.

Les quatre éléments

Qu'est-ce que la matière ?

VERS 625 av. J.-C., Thalès, un des premiers grands savants du monde, naissait à Milet, en Asie Mineure. Il allait poser ce qui est sans doute l'une des questions les plus importantes pour l'huma-nité : « De quoi est fait l'univers ? » Sa ré-ponse : d'eau. Son raisonnement : l'eau est tour à tour liquide, solide et gazeuse ; elle est aussi indispensable à la vie, et Thalès conclut que tout devait donc être de l'eau. Bien

entendu, il avait tort, mais son idée fondamen-tale, à savoir que toute la matière est consti-tuée d'un élément simple, mit en branle un ensemble de découvertes qui trouvèrent leur aboutissement dans la chimie moderne.

Pendant les deux cents années qui suivirent, bien des philosophes crurent parfaire les conclusions de Thalès, mais ce sont les idées convaincantes du grand philosophe Aristote qui posèrent, finalement, et cela pour de

CES MYSTÉRIEUX QUARKS

Toute la matière — du plus humble micro-organisme jusqu'aux plus grandes galaxies — est faite d'une combinaison d'éléments fondamentaux. Ces substances de base, dont 107 ont été découvertes, se composent de particules, les atomes, si petites que seuls les microscopes les plus puissants permettent de les voir. Chaque élément possède un atome particulier, ce qui le rend unique. Et c'est la connaissance de l'interaction des atomes, lorsque des éléments se combinent pour former de nouveaux corps, qui a permis à la science moderne d'inventer de nouvelles substances aux propriétés étonnantes.

À l'intérieur de l'atome, les savants ont découvert des particules encore plus petites que l'on peut déplacer pour libérer l'énergie nucléaire.

Selon la théorie la plus récente, l'atome se compose de six particules encore plus petites, les quarks, que l'on classe selon différents attributs : « haut » ; « bas » ; « étrangeté » ; « charme » ; « vérité » ; « beauté ». Ces particules aux noms étranges s'agglutinent pour former les particules nucléaires — électrons, protons et neutrons — qui constituent les atomes. Bien qu'on n'ait jamais pu les détecter, ces particules s'intègrent si bien à la théorie de la physique nucléaire que le « charme », « l'étrangeté » et la « vérité » qui les caractérisent ne sont apparemment pas le fruit de l'imagination débordante des physiciens. Quant au nom de « quark », il sort tout droit du roman de James Joyce, *Finnegans Wake* (la Veillée de Finnegan).

La terre

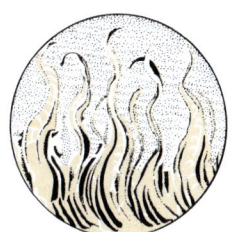

Le feu

L'eau

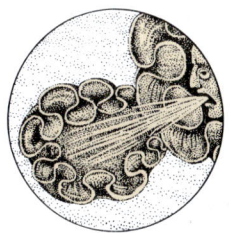

L'air

Les Grecs de l'Antiquité pensaient que toute la matière était faite de quatre éléments fondamentaux : la terre, le feu, l'eau et l'air, représentés sur ces illustrations inspirées d'enluminures allemandes du Moyen Age.

nombreux siècles, les limites du savoir humain.

Aristote s'inspira des thèses d'un autre grand philosophe, Empédocle, qui pensait que toute la matière se composait de quatre éléments : la terre, le feu, l'air et l'eau. Aristote y ajouta un cinquième : l'éther, seul élément constituant des cieux. Dans notre monde, les quatre éléments d'Empédocle constituent toute la matière, selon Aristote. Mais chaque élément se compose lui-même d'une seule substance première caractérisée par deux couples de qualités opposées : chaud et froid, sec et humide. Ainsi, prétendait Aristote, la terre était froide et sèche, le feu chaud et sec, l'eau froide et humide, l'air chaud et humide. De plus, les quatre éléments occupaient une position naturelle dans l'ordre des choses. La terre était au bas de l'échelle, puis venaient l'eau, l'air, et enfin le feu. Et c'est pourquoi les pierres tombaient dans l'eau, les gouttes d'eau tombaient dans l'air, les bulles montaient à la surface de l'eau et la fumée s'élançait dans le ciel. Ces théories nous paraissent absurdes. Pourtant, Aristote et ses prédécesseurs voyaient dans les éléments une sorte de jeu de construction qui constituait la matière, notion qui est au cœur même de la science moderne.

Environ cent ans plus tôt, au ve siècle av. J.-C., une autre idée d'une importance fondamentale avait également vu le jour à Milet : la notion d'atome, énoncée pour la première fois par le philosophe grec Leucippe, pour qui toute la matière était constituée de particules, les atomes. Sa théorie, qui nous est connue grâce à son brillant disciple Démocrite, explique que la matière peut se diviser en morceaux de plus en plus petits jusqu'au moment où il n'est plus possible de diviser encore ce qui subsiste, c'est-à-dire les atomes, mot qui en grec signifie indivisible. Selon Démocrite, ces petites particules, éternelles, immuables et indestructibles, se groupaient selon différents modèles et étaient séparées les unes des autres par le vide. De plus, et l'idée était nouvelle, les atomes obéissaient aux lois rigides de la nature, non pas aux caprices des dieux.

Ces idées étrangement prophétiques qui s'opposaient à celles, apparemment plus convaincantes, d'Aristote, sombrèrent dans l'oubli. On peut s'interroger sur ce qui serait arrivé si elles avaient été approfondies, au lieu d'être redécouvertes deux millénaires plus tard.

SAVANTS OU RÊVEURS ?

Quelle sorte d'hommes étaient les philosophes de la Grèce antique ? Leurs contemporains nous répondent. A en croire Platon, Thalès était un rêveur qui tomba une nuit dans un puits, alors qu'il contemplait les étoiles. Une servante impertinente lui demanda comment il pouvait bien sonder les mystères des cieux, alors qu'il ne voyait même pas ce qui se trouvait à ses pieds. Aristote avait pourtant une autre opinion de Thalès. Il raconte une légende selon laquelle Thalès, lassé des moqueries que lui valait la modestie de ses moyens, se servit de sa connaissance des phénomènes météorologiques pour prédire une excellente récolte d'olives. Dans le secret, il acheta toutes les presses de Milet et se fit payer très cher ses services après la récolte. Content d'avoir cloué le bec à ses critiques, il revint très vite à la philosophie.

Empédocle était mystique. Convaincu de son immortalité, il pensait qu'un chariot viendrait l'emporter au ciel où il deviendrait un dieu. Enivré par sa déification prochaine, ou désespéré de ne pas voir le chariot céleste arriver, il se jeta dans l'Etna.

Démocrite avait peut-être davantage les pieds sur terre. On l'appelait « le Philosophe qui rit », car certains pensent que le rire était pour lui indispensable aux bonnes relations humaines. D'autres affirment qu'il se riait simplement des folies de l'humanité.

Sacrilège à Athènes
Un coup bien monté ?

Les Athéniens vouaient un tel culte à Hermès, protecteur des voyageurs et du commerce, que ses statues ornaient tous les coins des rues de la cité. La mutilation de ces statues, la veille du jour où les Athéniens devaient partir pour une importante expédition, en 415 av. J.-C., souleva la colère des citoyens et fit souffler un vent de panique.

C'ÉTAIT une époque où la cité d'Athènes était sous l'emprise de la fièvre de la guerre, et durant tout le printemps et le début de l'été de l'an 415 av. J.-C., la ville n'avait cessé d'équiper sa flotte, de préparer les armes, de rassembler les vivres. Les postulants accouraient en foule pour participer à cette expédition militaire dont l'objectif était d'aller porter secours à la petite cité de Ségeste, en Sicile, alliée d'Athènes, contre sa rivale Sélinonte, appuyée par Syracuse.

Les volontaires ne manquaient pas, car l'un des trois chefs de l'expédition n'était nul autre qu'Alcibiade. Riche et encore jeune — il avait dans les trente-cinq ans — c'était, à la fois, un brillant général qui avait déjà remporté plusieurs campagnes, et un homme politique habile et éloquent. Bien qu'il ait eu aussi une vie quelque peu dissolue et une réputation de coureur de femmes invétéré, il savait se faire aimer de la majeure partie du peuple et comptait au nombre des amis du sage Socrate. Comme le disait le poète grec Aristophane, Alcibiade était à la fois un objet d'amour et de haine pour le peuple d'Athènes.

Puis, alors qu'on mettait la dernière main aux préparatifs, la panique s'empara soudain des Athéniens. Le matin du 7 juin, au lever du jour, la ville découvrit avec stupeur qu'on avait commis un terrible sacrilège durant la nuit contre les stèles hermaïques, piliers carrés ornés du buste et du phallus du dieu Hermès, qui se dressaient à tous les coins de rues, partout dans Athènes. Presque toutes les statues étaient mutilées. Superstitieux, les citoyens y virent un mauvais présage pour l'expédition, car Hermès était le dieu qu'invoquaient les voyageurs avant de se mettre en route. Mais qui était coupable de cet horrible méfait ? La rumeur courait les rues. Et ainsi commença l'un des événements les plus mystérieux de toute l'histoire d'Athènes.

Au début, on pensa que le sacrilège était l'œuvre de quelques jeunes gens, trop ivres pour savoir ce qu'ils faisaient. Mais le désastre était trop étendu pour cela et, de toute évidence, il ne pouvait s'agir que d'un coup monté. Les soupçons se portèrent alors sur une cité rivale, Corinthe, fondatrice de la colonie de Syracuse contre laquelle Athènes s'apprêtait à partir en guerre et qui avait donc intérêt à dissuader les Athéniens de leur entreprise. Pour les républicains les plus convaincus, les mutilations laissaient certainement prévoir un mauvais coup des aristocrates, qui détestaient le gouvernement démocratique d'Athènes.

Mais nulle part l'émotion n'était plus forte qu'à l'assemblée, qui débattit aussitôt, mais vainement, de l'affaire en séance ordinaire. Puis, à la mi-juin, éclata un nouveau scandale qui fit sensation. Un citoyen du nom de Pythonicus se leva devant l'assemblée et accusa Alcibiade de blasphème, non pas pour avoir mutilé les stèles hermaïques, incident qu'il évita soigneusement de mentionner, mais pour avoir parodié, lors d'une beuverie, les rites sacrés d'Éleusis. Aux yeux des Athéniens, ce blasphème était encore plus grand que la mutilation des statues d'Hermès, car les mystères d'Éleusis devaient rester secrets.

Alcibiade dénia ce grave sacrilège, qui pouvait lui valoir la mort, et demanda un procès immédiat, sûr d'être acquitté. Mais fort habilement, un prolétaire du nom d'Androclès, qui avait en horreur les manières aristocratiques d'Alcibiade, fit valoir qu'on ne pouvait retenir plus longtemps l'expédition navale sous le prétexte du procès de l'un de ses généraux et que la flotte devait donc partir sur-le-champ. Alcibiade subirait son procès à la fin de la guerre. En fait, Androclès voulait gagner du temps pour réunir des preuves. L'assemblée se rangea à son avis et ordonna à Alcibiade de prendre son commandement.

L'expédition partit alors pour la Sicile, commandée par Alcibiade et par deux autres généraux : Lamachos, un bravache quelque peu téméraire malgré sa longue expérience, et Nicias, ennemi déclaré d'Alcibiade.

Après ce départ, l'assemblée lança une véritable chasse aux sorcières pour découvrir les responsables de l'odieuse mutilation des hermès. De nombreuses personnes furent dénoncées, et, parmi les accusés, ceux qui purent s'enfuir le firent ; les autres furent arrêtés et beaucoup d'entre eux sommairement jugés, puis exécutés.

C'est alors qu'une aristocrate du nom d'Agariste, parente lointaine d'Alcibiade, se présenta devant l'assemblée pour témoigner et accuser Alcibiade d'avoir profané les mystères d'Éleusis. Indignée, l'assemblée envoya aussitôt un navire pour ramener le jeune général. Celui-ci se rendit, mais s'échappa sur le chemin du retour. Bien lui en prit, car entre-temps l'assemblée l'avait condamné à mort.

Alcibiade était-il coupable ou fut-il la victime d'un coup monté ? Un historien de l'époque, Thucydide, s'avoue perplexe, comme le furent nombre de ses concitoyens. Sans doute Alcibiade n'était-il pas coupable de la mutilation des hermès : il n'avait rien à gagner et beaucoup à perdre si l'assemblée annulait l'expédition. Mais il a fort bien pu profaner les mystères d'Éleusis, car ces parodies étaient très en honneur parmi les jeunes écervelés de l'époque. Par ailleurs, il est peu probable que le peuple athénien ait tendu un piège à Alcibiade, car tous souhaitaient le succès de leurs armes et Alcibiade était l'homme qui pouvait leur donner la victoire. Quant à Agariste, nous ignorons pourquoi elle dénonça son parent. De tous les suspects, Nicias était celui qui avait le plus à gagner à toute cette affaire, car il n'avait cessé de s'opposer à l'expédition et aurait été enchanté de la voir annulée.

Si c'est le cas, son plan fut un total échec puisque l'expédition sicilienne tourna au désastre après le départ d'Alcibiade. Lamachos fut tué, et Nicias, resté seul, finit par se rendre à l'ennemi, qui le mit à mort.

Et Alcibiade ? Après huit années d'exil, il rentra en triomphe à Athènes et fut à nouveau nommé chef des armées de la cité.

Symposiums
L'alibi parfait

ON imagine facilement la scène. Le jour est tombé, les lampes sont allumées, le festin est fini, les invités sont entrés dans le vif du sujet : boire et bavarder. Un honorable invité vient de parler d'amour — très sobrement en l'occurrence — et chacun y est allé de sa théorie sur la question. Mais soudain, cette belle ordonnance se trouble. Voici que surgit un charmant jeune homme, passablement éméché, vêtu avec extravagance. En titubant, en faisant des mines pour le moins équivoques, il tente de persuader les convives de vider leur coupe. Un instant, cette paisible soirée semble vouloir devenir douteuse et tumultueuse. Mais les invités parviennent à tempérer la pétulance de l'intrus, et la conversation s'envole à nouveau vers les sphères célestes de la philosophie.

Une soirée parmi bien d'autres, peut-être ; mais celle-ci n'avait rien d'ordinaire. La date : 416 av. J.-C. Le lieu : Athènes à son apogée. L'honorable invité qui vient de prendre la parole : nul autre que Socrate, l'un des plus grands philosophes de la Grèce. Le jeune homme titubant : Alcibiade, homme politique et chef militaire, brillant mais sans scrupules, exemple parfait de la jeunesse dorée d'Athènes, charmante et dissolue. Et tout ce beau monde, où l'on voit aussi Aristophane, le célèbre auteur de comédies, s'est réuni chez Agathon, le poète. Fort heureusement, Alcibiade s'étant calmé, Socrate et Aristophane reprennent leur

Les symposiums étaient loin d'être toujours sérieux : danseurs et danseuses, jeunes flûtistes et éphèbes nus venaient tour à tour égayer les débats. Sans doute parlait-on aussi de philosophie, mais ce n'était souvent qu'un prélude à une longue nuit de débauche et de beuverie.

discussion sur la nature de l'amour et parleront ainsi jusqu'à l'aube.

Les événements de cette nuit furent décrits — et sans doute largement inventés — trente années plus tard par le grand disciple de Socrate, Platon, dans un dialogue passé depuis à la postérité sous le nom de *Banquet,* en grec : *sumposion.* Ce mot, qui a pris le sens de « congrès de spécialistes », signifiait simplement « réunion où l'on boit ».

Malgré les apparences, il y avait toujours un élément sérieux, sinon rituel, dans ces réunions bachiques. Le vin jouait un rôle presque sacramentel dans la vie sociale, politique et religieuse de l'époque. Ainsi, pour signifier à un enfant qu'il était accepté dans la communauté, on lui faisait goûter du vin. Les différentes étapes des cérémonies officielles commençaient toujours par des libations — quelques gouttes de vin répandues en l'honneur d'un dieu, ou, dans le cas d'un symposium, d'un esprit bienveillant *(agathos daimon)*. Les Grecs se méfiaient pourtant des puissants effets du vin. Aussi diserts qu'impétueux, ils ressentaient le besoin de modérer leurs transports, même si, comme le montre l'intrusion d'Alcibiade, ils n'y parvenaient pas toujours.

Au début de chaque réunion, les convives choisissaient un « maître à boire » à qui revenait le soin de faire couper le vin (pour les Athéniens, il était dangereux et barbare de boire du vin pur), de fixer la cadence à laquelle on devait le servir et même le nombre de coupes que chaque invité pouvait absorber. Dans le récit de Platon, on boit avec modération, en partie parce que certains convives ne sont pas encore remis de leurs excès de la veille. Socrate et ses compagnons décident aussi de se passer des frivolités qui agrémentaient souvent ces réunions, comme des jeunes joueuses de flûte et des danseurs, filles ou garçons. Au lieu de cela, après l'arrivée remarquée d'Alcibiade, ils philosophent sur l'amour — hétérosexuel, homosexuel et chaste.

A l'exception des « artistes » qui, il faut bien l'admettre, ne se contentaient pas toujours de danser et de jouer du pipeau, les femmes n'étaient normalement pas admises à ces agapes. Peut-être se réunissaient-elles entre elles, mais nous n'en avons aucune preuve. Ce que nous savons des aspects bienséants des symposiums, et de leurs épisodes parfaitement inconvenants, nous vient presque exclusivement des peintures qui ornent les vases grecs, et aussi de deux récits détaillés : le *Banquet* de Platon et la relation d'une autre réunion, à laquelle participe à nouveau Socrate, que nous fait Xénophon, soldat et riche propriétaire terrien qui pratiquait la philosophie à ses moments perdus. Le *Banquet* de Xénophon se

---

L'école de philosophie que Socrate fonda au Vᵉ siècle av. J.-C. prospéra pendant de nombreuses années. Bien qu'il n'ait laissé aucun écrit, son enseignement fut immortalisé par son élève, Platon.

DEUX PORTRAITS DE SOCRATE

Grâce à ce que son disciple Platon nous dit de sa vie et de son œuvre, Socrate est le plus célèbre de tous les philosophes. Mais qui se cache vraiment derrière cette image ? Socrate n'a laissé aucun écrit et tout ce que nous savons de lui nous vient d'autres sources, essentiellement Platon et Xénophon, un propriétaire terrien devenu historien. Tous deux sont d'accord sur les faits essentiels de sa vie et de sa mort, mais les images qu'ils nous laissent de cet homme divergent à plus d'un égard.

Socrate naquit vers 469 av. J.-C. et vécut jusqu'à l'âge de soixante-dix ans. Il connut la gloire d'Athènes, et sa défaite cruelle des mains de Sparte. Il occupa une modeste charge publique et combattit bravement comme fantassin. Il s'était marié à une certaine Xanthippe, apparemment d'humeur acariâtre et fort peu gâtée par la nature, dont il eut un fils. Socrate jeta les bases de la philosophie morale occidentale, et il mourut pour ses convictions, accusé de négliger les dieux traditionnels et de corrompre la jeunesse en l'encourageant à contester les idées reçues. Sommé de choisir entre la mort ou l'exil, il opta pour la mort et fut condamné à boire la ciguë. De nombreux disciples, qui n'avaient jamais versé un sou pour le privilège de s'asseoir à ses pieds et d'explorer la vérité selon la méthode socratique — une suite sans fin de questions et de réponses qui entraînaient inéluctablement de nouvelles questions — le prirent pour maître.

Mais l'homme lui-même ? Dans les dialogues de Platon — ainsi nommés parce que Platon, longtemps après qu'elles eurent lieu, recrée certaines de ces fameuses séances de questions et de réponses — Socrate est représenté comme un esprit altier, en quête de la vérité absolue, prêt à user d'un humour tranquille pour y parvenir, mais fondamentalement sérieux et même austère. Comme Platon d'ailleurs, il témoigne d'un penchant pour l'homosexualité.

Par contre, dans son *Banquet,* Xénophon nous décrit un Socrate jovial, amateur de bon vin et de jeunes danseuses, qui préfère ne pas aborder les questions sérieuses tant que les festivités n'ont pas pris fin. A n'en pas douter, il s'intéresse aux femmes qui, pour lui, ne le cèdent en rien aux hommes, si ce n'est en force physique, à condition de les former comme il convient. Et c'est pourquoi, dit Xénophon, Socrate se maria à une femme aussi revêche que Xanthippe : s'il pouvait lui apprendre quelque chose, tout le monde pourrait tirer profit de son enseignement.

déroule cinq ans plus tôt (421 av. J.-C.) et nous conte par le menu une ribote organisée en l'honneur d'un éphèbe, Autolycus, qui vient tout juste de gagner une épreuve aux jeux panathéniens. Ici, la philosophie n'est plus de mise. Deux jeunes danseurs, garçon et fille, se mêlent aux convives toute la soirée. Loin de faire la fine bouche, Socrate entre même dans la danse aux éclats de rire des invités.

Les scènes de banquets représentées sur les vases grecs nous indiquent que cette gaieté débridée était plus commune que le digne banquet de Platon. On y voit des jeunes filles nues jouer de la musique ou cabrioler de maintes manières devant des invités couchés qui n'ont qu'à tendre la main pour se servir à boire et à manger. Les éphèbes nus ne sont jamais loin, les bras chargés de carafes de vin. Et il y a fort à croire que ces jeunes gens et jeunes filles n'étaient pas là pour le simple plaisir de leur conversation.

Et quand la fête était finie ? Eh bien, à la fin du *Banquet* de Xénophon, la plupart des hommes mariés, après avoir vu une courte pièce érotique sur l'amour de Dionysos et d'Ariane, se hâtèrent d'appeler leurs chevaux pour aller honorer leurs épouses. C'est du moins ce que Xénophon nous dit.

La passion d'Aristote
La classification des espèces

A RISTOTE, qui vécut de 384 à 322 av. J.-C., fut le plus influent des philosophes grecs, aussi bien à son époque que pendant plus de mille ans après sa mort. Son esprit d'une curiosité inlassable s'intéressa pratiquement à tous les domaines du savoir : métaphysique, politique, astronomie, littérature, éthique, logique, météorologie, physique, économie, psychologie, et ce qu'il en écrivit eut un profond effet sur la culture occidentale. L'une de ses prouesses est qu'il fonda pratiquement à lui seul la science de la biologie. Pourtant, ses travaux dans ce domaine demeurèrent presque inconnus jusqu'à une époque relativement récente.

Aristote semble avoir eu la passion des animaux — et, dans une moindre mesure, celle des plantes —, les étudiant sans relâche, pour y découvrir l'ordre et la beauté de la nature. Mais alors que d'autres philosophes se contentaient de tirer leurs conclusions par simple raisonnement, il ne cessa jamais d'observer le monde naturel et de se fonder sur des preuves solides. Par exemple, il décrit dans son œuvre environ 540 espèces d'animaux, entreprise extraordinaire pour un homme qui ne possède ni microscope ni ouvrage de référence, qui ne dispose d'aucune aide et qui s'efforce pourtant de classer et d'étudier chaque créature dont il a entendu parler. Pour élargir ses horizons, Aristote sollicitait le concours de ses disciples et collègues, dont l'un fut Alexandre le Grand qui rapporta à son ancien maître des spécimens de nombreuses espèces exotiques rencontrées lors de ses campagnes dans les pays lointains.

Les exemples abondent de la minutie avec laquelle Aristote observait la vie animale, particulièrement la reproduction et l'existence prénatale. Il remarque, par exemple, que le cœur d'un embryon de poussin, dans l'œuf, prend la forme quatre jours après l'apparition « d'une petite tache de sang sur le blanc de l'œuf, qui bat et bouge comme si elle était vivante ». Certaines de ces découvertes suscitèrent l'incrédulité, car personne n'eut la patience de reprendre ses observations. Ainsi, il avait constaté que l'embryon d'un poisson, la roussette, se fixe sur une substance semblable au placenta. On n'en tint aucun compte, jusqu'à ce qu'un naturaliste confirme sa découverte, en 1842. Quant à sa description de l'accouplement d'une certaine espèce de poisson-chat, elle souleva l'hilarité. Le comportement d'un spécimen américain, puis, en 1856 seulement, d'une espèce grecque jusqu'alors inconnue — précisément celle qu'Aristote avait observée —, mirent fin aux gloses. Ce n'est qu'en 1842 que les naturalistes confirmèrent sa description de l'extraordinaire accouplement du poulpe, pour lequel le mâle utilise un tentacule formé tout exprès pour l'occasion.

D'après ses observations, Aristote classa les animaux en groupes, tentant de dégager un ordre dans l'incroyable diversité des créatures vivantes. D'autres s'y étaient essayés, classant les animaux selon leur apparence : « ailés », « sans pied », et ainsi de suite. Mais Aristote comprit que cette méthode ne menait nulle part et il soutint, à juste titre, que les dauphins par exemple qui ressemblent à des poissons sont apparentés aux êtres humains, car ils portent leurs petits de la même manière. Dans le classement d'Aristote, il existe un règne animal et un règne végétal ; les animaux se divisent en deux groupes principaux, que nous appelons aujourd'hui les vertébrés et les invertébrés. Aristote sait aussi que certaines créatures semblables à des plantes, comme les anémones de mer et les éponges, sont en réalité des animaux.

Bien entendu, il n'était pas omniscient, et ses erreurs sont nombreuses. C'est ainsi qu'il croyait que le cœur était le siège de l'intelligence et que le cerveau servait simplement à refroidir le sang. Très convaincantes, ses idées dominèrent pourtant la pensée de l'Europe du Moyen Age. Dans des domaines autres que la biologie, le respect absolu dans lequel on tenait l'œuvre d'Aristote entrava d'ailleurs les progrès de la connaissance. Au début du XVIIe siècle, un prêtre qui prétendait avoir vu des taches sur le soleil se fit dire par ses supérieurs qu'il lui fallait changer de lunettes, car « Aristote n'en fait point mention ». Même ses

thèses sur le mouvement, notamment la théorie qui voulait que les objets lourds tombent plus rapidement que les objets légers, empêchèrent la physique et l'astronomie de progresser réellement, jusqu'à ce que Galilée en démontre la fausseté, à la fin du XVIe siècle.

C'est en 1735 que le botaniste suédois Linné établit un classement complet, fondé sur le plan d'Aristote. Comme chez le philosophe grec, le système de Linné évoque une organisation en pyramide, des animaux les plus simples aux plus complexes, notion qui est directement à l'origine du darwinisme. Darwin savait d'ailleurs quelle était sa dette à l'égard d'Aristote. Lorsqu'on lui présenta une traduction de l'*Histoire des animaux,* il dit simplement : « J'avais une haute idée des mérites d'Aristote, mais je n'avais pas la moindre idée de l'homme merveilleux qu'il était. Linné et Cuvier ont été mes dieux, quoique de manière très différente, mais ils ne sont que des écoliers devant le vieil Aristote. »

LE PHILOSOPHE ET LE CONQUÉRANT

Ce détail d'un manuscrit français du Moyen Age, qui représente des scènes de la vie d'Alexandre le Grand, illustre la première rencontre d'Aristote et d'Alexandre, en 342 av. J.-C.

En 342 av. J.-C., alors qu'il avait quarante-deux ans, Aristote fut mandé en Macédoine comme précepteur du fils de Philippe II. Cette rencontre fut l'une des plus heureuses de toute l'histoire, car le prince, âgé de quatorze ans, allait accéder au trône six ans plus tard et devenir Alexandre le Grand. Le jeune guerrier respectait profondément le philosophe et la force de ses idées. Au cours de sa carrière météorique de

conquérant, Alexandre fonda un empire qui s'étendait de la Grèce à l'Inde, mais il chercha aussi à extraire le meilleur de la culture grecque, dont Alexandrie, la ville qui porte son nom, serait le dépositaire. C'est de là que la pensée grecque, dont le fer de lance était la philosophie aristotélicienne, se répandit finalement dans toute l'Europe, semence d'où germèrent la science et la culture occidentales.

116

Une tombe livre son secret

A-t-on retrouvé la tombe du père d'Alexandre le Grand ?

LA fin de la saison des fouilles approchait dans le village de Vergina, dans le nord de la Grèce, et tout paraissait annoncer un échec. C'était en 1977. Mais au début d'octobre, tout à coup, la chance tourna pour Manilos Andronikos, professeur d'archéologie à l'université de Thessalonique.

Au fond d'un trou creusé dans un grand monticule de terre, il découvrit une grosse pierre en arc de cercle qui paraissait appartenir à une voûte et, plus bas, une fresque au-dessus de ce qui se révéla plus tard être une entrée. Soutenue par deux piliers partiellement visibles, elle représentait une chasse au sanglier et au lion. De belle facture, la peinture était sans doute celle d'une tombe importante. Peut-être confirmerait-elle enfin la conviction du professeur, persuadé que c'était là, à une cinquantaine de kilomètres de Thessalonique, que se trouvait autrefois l'ancienne cité d'Égée, capitale de l'empire de Macédoine. Mais l'entrée demeurait impénétrable. Les archéologues retirèrent donc la clef de voûte, comme les pilleurs de tombes le font depuis toujours, et, le 8 novembre, le professeur Andronikos s'introduisit dans la chambre. Sa main tremblait un peu tandis que le pinceau de sa torche électrique fouillait les ténèbres. Était-il le premier à pénétrer dans le sanctuaire intérieur de cette sépulture ? Des pillards l'y avaient-ils précédé ?

Il ne lui fallut que quelques instants pour voir que la tombe était intacte. Les seuls ravages étaient ceux du temps, à en juger par des petits tas de poussière. A l'autre extrémité de la chambre funéraire se dressait un grand sarcophage de marbre où reposaient les restes d'un mort. Devant, on pouvait voir des vestiges de meubles de bois. De l'un d'eux, peut-être un lit, s'était détachée une frise de figurines d'or et d'ivoire, haute d'environ 15 centimètres. A terre étaient éparpillées les possessions personnelles d'un homme : sa cuirasse, ses sandales, ses jambières, un sceptre et surtout un diadème royal. La même opulence se manifestait dans une magnifique épée glissée dans un fourreau d'ivoire et de bois, dans les vestiges d'un bouclier et dans le premier casque macédonien de fer jamais retrouvé. La décoration somptueuse de ces armes et de cette armure montrait bien qu'il ne s'agissait pas d'une tombe ordinaire.

Quand le professeur et ses assistants ouvri-

rent le couvercle de marbre du sarcophage, ils découvrirent une urne en or massif dont le poids, connu ultérieurement, était de 11 kilos. Le soleil rayonnant qui ornait son couvercle était le symbole des rois de Macédoine. A n'en pas douter, la tombe était celle d'un roi.

Le couvercle de l'urne se souleva sans peine, laissant voir des fragments de crâne et des os partiellement brûlés. On les avait retirés, ainsi que l'armure, d'un bûcher funéraire, puis lavés et posés au fond du cercueil, sous une délicate couronne de feuilles de chêne et de glands, fruits de l'arbre sacré de Zeus. Parmi les ossements se trouvaient deux dents qui permirent plus tard d'évaluer l'âge du mort : trente-deux ans au moins.

L'examen approfondi des petites figurines d'ivoire et d'or qui se trouvaient à terre révéla six portraits. L'un d'eux était très certainement le roi Philippe II de Macédoine, père d'Alexandre le Grand, un autre représentait Alexandre — la plus belle image du conquérant jeune que le professeur Andronikos eût jamais vue. Un troisième, qui présentait une ressemblance de traits certaine avec Alexandre, était probablement Olympias, sa mère.

PHILIPPE ET ALEXANDRE

Philippe II (382-336 av. J.-C.), père d'Alexandre le Grand (356-323 av. J.-C.), fut un brillant homme d'État et un excellent soldat. Il monta sur le trône de Macédoine, dans le nord de la Grèce, en 359 av. J.-C. et réunit les tribus de son royaume en une puissante armée. Avec l'aide de son fils, il asservit les peuples voisins et occupa la Thrace. Après avoir vaincu les Athéniens et les Thébains à la bataille de Chéronée (338 av. J.-C.), il décida d'envahir le grand empire perse. Mais Philippe fut assassiné, et ce fut Alexandre qui réalisa le rêve de son père. A la tête d'une armée forte de près de 40 000 hommes, il conquit l'Asie Mineure. Dans une série de brillants combats, il battit le roi des Perses, Darios III, et s'appropria ses titres et toutes ses terres.

Poussé par sa vision d'un empire construit sur le territoire qu'il avait conquis, assoiffé de gloire, il se battit encore pendant sept ans, menant son armée jusqu'au Syr-Daria et finalement jusqu'en Inde. Avec son instinct de conquérant, il avait repoussé les frontières du monde connu, fondé des villes, ouvert de nouvelles routes commerciales et mis ainsi des pays entiers sous la domination des Grecs.

Têtes de Philippe II (en haut) et de son fils Alexandre (en bas).

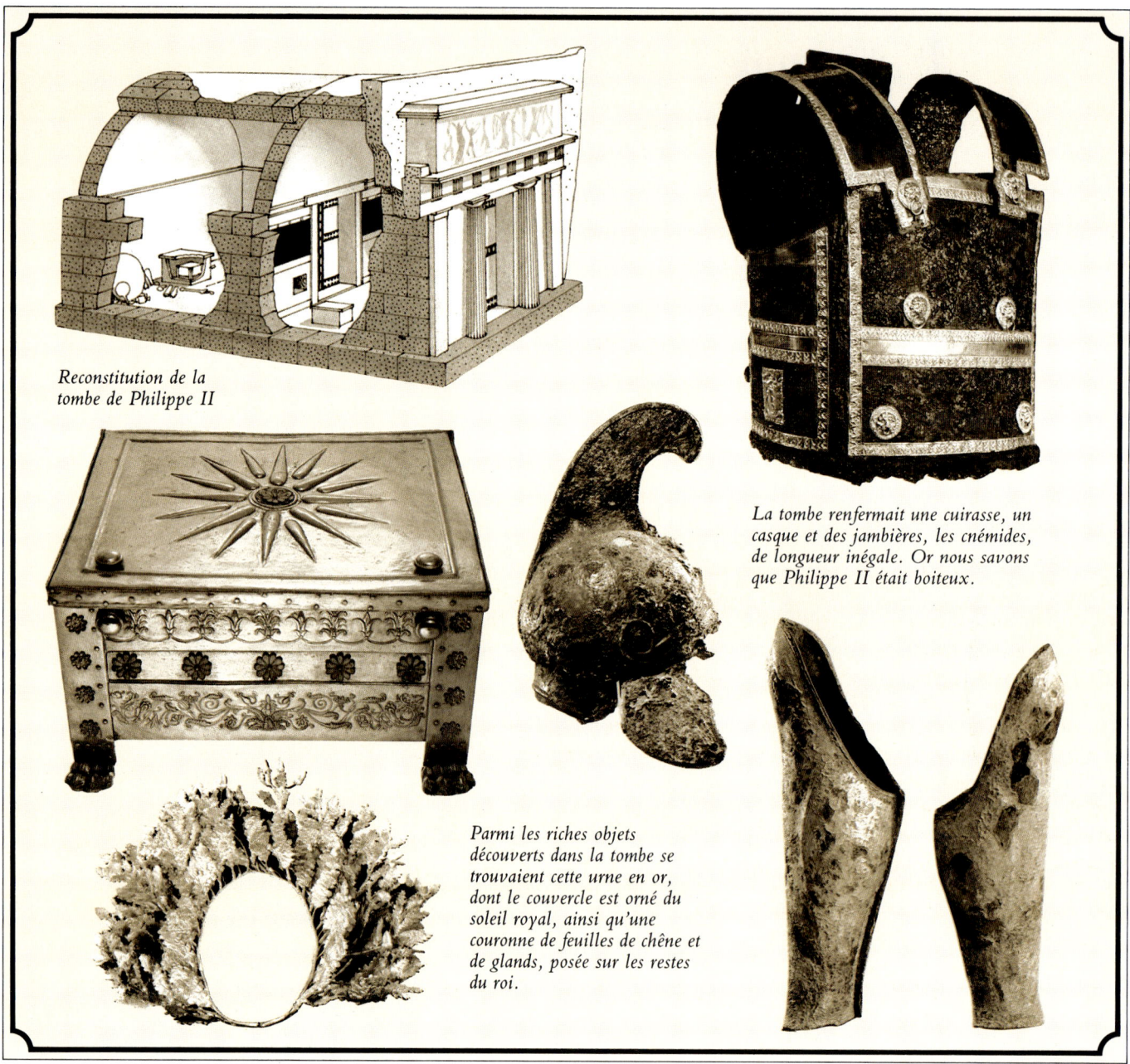

Reconstitution de la tombe de Philippe II

La tombe renfermait une cuirasse, un casque et des jambières, les cnémides, de longueur inégale. Or nous savons que Philippe II était boiteux.

Parmi les riches objets découverts dans la tombe se trouvaient cette urne en or, dont le couvercle est orné du soleil royal, ainsi qu'une couronne de feuilles de chêne et de glands, posée sur les restes du roi.

Une deuxième chambre, plus petite, réservait d'autres surprises aux archéologues. Communiquant avec la première par des vantaux de marbre maintenus par des boulons de bronze, elle renfermait une autre fresque merveilleuse. Un sarcophage de marbre se dressait près du mur. Une exquise couronne d'or, faite de feuilles et de fleurs de myrte, se trouvait à terre, alors qu'un carquois d'or (le goryte) était posé debout dans un angle de la pièce. Contre la porte, les archéologues découvrirent des jambières de bronze, dont l'une était légèrement plus courte que l'autre. Et dans le sarcophage de marbre se trouvait une urne d'or plus petite dont le couvercle était orné lui aussi du soleil royal. A l'intérieur, des os calcinés étaient enveloppés dans un riche

tissu pourpre, broché de fils d'or. L'urne renfermait aussi un superbe diadème, certainement celui d'une femme.

Tous ces objets et divers fragments de poterie aidèrent les archéologues à fixer avec précision la date de la construction de la tombe : entre 350 et 325 av. J.-C. Au cours de cette période, un seul roi fut enterré en Macédoine : Philippe II, père d'Alexandre le Grand.

Philippe était un génie militaire. Au IVe siècle av. J.-C., il constitua une puissante armée qui lui permit, ainsi qu'à son fils, de conquérir toute la péninsule grecque et d'agrandir ainsi considérablement l'empire macédonien. Les textes de l'époque nous disent que Philippe II s'était blessé à l'œil et qu'il était boiteux. Or la figurine d'ivoire retrouvée dans la grande chambre funéraire représentait un homme mûr à l'air impérieux, dont un œil était clos. Et les jambières de bronze de la petite chambre, de longueurs inégales, étaient celles d'un estropié.

Philippe aimait les banquets, le bon vin et les femmes : il eut d'innombrables maîtresses et sept épouses. Olympias, mère d'Alexandre, fut l'une des premières ; parmi les autres, la très belle et très jeune Cléopâtre, qui lui donna aussi un fils. Olympias voyait dans cet enfant une menace pour Alexandre et la rumeur voulait qu'elle eût décidé de la mort de Philippe, par jalousie. On racontait qu'après le meurtre de Philippe, sa rage inassouvie, elle avait tué Cléopâtre et son fils. Les ossements de femme qui reposaient dans la petite tombe pourraient bien être ceux de Cléopâtre.

Tous ces indices, ce riche trésor, ces ornements royaux, le soleil rayonnant sur le couvercle des urnes, les dents qui étaient celles d'un homme de plus de trente-deux ans (Philippe mourut à quarante-six ans), le portrait, les jambières, convainquirent les archéologues que la tombe de Vergina était effectivement celle de Philippe II, père d'Alexandre le Grand.

Des siècles de travail partis en fumée
La destruction de la Bibliothèque d'Alexandrie

Il y a un peu plus de 1 300 ans, des fanatiques religieux décidèrent de détruire ce qui, à leurs yeux, n'était qu'écrits hérétiques. L'incendie qu'ils allumèrent fit reculer de plusieurs siècles les progrès de la connaissance et jeta un voile épais sur de nombreux aspects du passé. En effet, ces écrits constituaient la grande Bibliothèque d'Alexandrie, la plus importante collection d'œuvres savantes du monde antique.

Alexandrie, fondée en Égypte par le roi grec Alexandre le Grand en 332 av. J.-C., fut longtemps gouvernée par les Ptolémées, descendants de l'un des généraux d'Alexandre, Ptolémée Ier, qui fonda la Bibliothèque et écrivit pour elle une histoire des campagnes d'Alexandre. C'est son fils, Ptolémée II Philadelphe, qui donna à la Bibliothèque toute sa magnificence, en faisant non seulement la plus grande collection d'ouvrages de l'époque, mais aussi un centre de recherches et d'études. Son premier bibliothécaire fut un savant du nom de Zénodote d'Éphèse, qui recueillit avec un soin minutieux les textes épiques de l'Iliade et de l'Odyssée, éparpillés dans de nombreuses sources manuscrites.

Avec Zénodote et ses successeurs, sous le règne de Ptolémée II et de ses héritiers, la Bibliothèque d'Alexandrie grandit considérablement. Selon les projets de ses bibliothécaires, elle devait contenir un exemplaire, ou dans certains cas le manuscrit original, de toutes les œuvres grecques, de même que des documents provenant de toutes les autres régions du monde civilisé. Vers le milieu du Ier siècle av. J.-C., lorsqu'elle atteignait toute sa splendeur, elle renfermait des centaines de milliers de *volumina* (rouleaux de manuscrits, d'où le mot « volume »), 700 000 ouvrages selon certains, 500 000 pour d'autres. Mais il faut savoir que chaque *volumen* était moins important qu'un livre moderne, si bien que le nombre des œuvres complètes était probablement moins élevé.

Une armée de copistes et d'érudits travaillaient dans la bibliothèque. De partout, on achetait des manuscrits, ou on les empruntait pour les recopier. La légende rapporte que Ptolémée II, avant de secourir Athènes épuisée par une famine, aurait exigé des copies authentifiées des pièces d'Eschyle, d'Euripide et de Sophocle. Tous les livres trouvés à bord des navires marchands qui mouillaient dans le port d'Alexandrie étaient saisis et copiés. Les manuscrits de la Bibliothèque étaient d'ailleurs

LES SEPTANTE

Les livres hébreux de l'Ancien Testament furent traduits en grec par les savants de la Bibliothèque d'Alexandrie. Selon une lettre qu'aurait écrite un fonctionnaire d'Alexandrie à son frère, Ptolémée II demanda au grand prêtre Éléazar de Jérusalem de lui envoyer soixante-douze savants, six de chacune des douze tribus d'Israël, pour qu'ils traduisent l'Écriture sainte. Cette traduction, achevée en soixante-douze jours selon la légende, fut appelée la version des Septante.

Aujourd'hui, on pense qu'il fallut environ deux cents ans pour la mener à bien, sans doute à l'intention de l'importante colonie de Juifs hellénisants qui vivaient à Alexandrie à l'époque.

de si haute qualité que les « éditions alexandrines » faisaient partout autorité, à telle enseigne que la plupart de nos éditions modernes des classiques grecs reposent sur les travaux de la Bibliothèque. Le poète Callimaque, qui travailla de longues années à la Bibliothèque au IIIᵉ siècle av. J.-C., mit au point le premier système de classement, dans un catalogue qui se composait de 120 *volumina*.

La Bibliothèque était divisée en deux sections : la bibliothèque royale, qui contenait le gros de la collection, et une bibliothèque extérieure, dont les rayons renfermaient quelque 43 000 manuscrits. Nous ne savons pas comment ni pourquoi la collection était ainsi divisée. Nous ignorons également où se trouvait précisément la Bibliothèque, car l'Alexandrie ptolémaïque fut complètement détruite.

A propos du contenu de la Bibliothèque, nous savons seulement que Ptolémée et ses successeurs voulaient y réunir toute la littérature grecque et que, s'ils n'y parvinrent pas, le fonds était certainement très représentatif. La Bibliothèque contenait aussi de nombreux ouvrages scientifiques, par exemple ceux de Ctésibios, le fils d'un barbier qui inventa notamment au IIᵉ siècle av. J.-C. une horloge à eau et une catapulte à air comprimé, et ceux de l'astronome Aristarque, qui, au IIIᵉ siècle av. J.-C., savait que le Soleil ne tournait pas autour de la Terre. Les ouvrages de Ctésibios sont à jamais perdus et nous ne connaissons leur existence que par les mentions qu'en font d'autres auteurs. La plupart des œuvres d'Aristar-

que sont également irrémédiablement perdues.

L'incendie de la Bibliothèque d'Alexandrie eut des conséquences catastrophiques. Non seulement il entrava le progrès scientifique, mais avec lui s'envolèrent aussi en fumée d'innombrables œuvres littéraires dont nous ne savons plus rien. Par exemple, au Vᵉ siècle av. J.-C., le poète Eschyle écrivit au moins soixante-dix pièces de théâtre ; presque à la même époque, Sophocle, Euripide et Aristophane écrivirent respectivement cent treize, quatre-vingt-douze et quarante-trois pièces. Toutes ces œuvres se trouvaient presque certainement à Alexandrie. Il ne nous reste aujourd'hui que sept pièces d'Eschyle, sept de Sophocle, dix-huit d'Euripide et onze d'Aristophane. Pour comprendre l'étendue du désastre, imaginons que nous ne connaissions de Molière que *l'Avare* et *l'École des femmes*. Des autres pièces, apparemment fort appréciées à leur époque, nous ne connaîtrions que leur titre : *Dom Juan, le Misanthrope, le Tartuffe, le Médecin malgré lui, les Femmes savantes…*

La fin de la Bibliothèque d'Alexandrie est entourée d'un épais mystère. Au moins une partie de la Bibliothèque fut accidentellement détruite par un incendie, au cours de la brève campagne que Jules César fit en Égypte en 48 av. J.-C., mais les récits contemporains diffèrent quant à l'étendue de la catastrophe : selon certains, seul un magasin fut détruit, peut-être l'endroit où l'on gardait les nouvelles acquisitions avant de les cataloguer et de les classer dans la collection principale ; selon d'autres,

Alexandrie, fondée par Alexandre le Grand en 332 av. J.-C., devint rapidement un grand centre intellectuel et commercial. Sa célèbre bibliothèque abritait des ouvrages venus de toutes les civilisations du monde connu.

LES DANGERS DU SAVOIR

L'un des derniers grands savants de la Bibliothèque d'Alexandrie fut en fait une femme, du nom d'Hypatie. Née vers 370, elle était la fille du mathématicien Théon d'Alexandrie. Elle enseignait sans doute la philosophie de Platon, d'Aristote, de Pythagore et d'autres penseurs grecs. Les chrétiens de l'époque voyaient donc en elle l'un des principaux protagonistes du néo-platonisme païen. Elle eut comme élève Synésios de Cyrène, qui devint plus tard évêque de Ptolémaïs. Elle était aussi l'amie intime d'Orestes, préfet païen d'Alexandrie.

Les enseignements d'Hypatie et son amitié pour Orestes lui attirèrent les foudres de Cyrille, évêque d'Alexandrie, féroce pourfendeur du paganisme sous toutes ses formes. En 415, une émeute secoua Alexandrie, et une foule en colère, menée par des moines qui exécutaient peut-être les vœux de Cyrille, s'empara d'Hypatie dans les rues de la ville, la dépouilla de ses vêtements et la lapida.

Bien que nous ne sachions presque rien de la décoration de la Bibliothèque d'Alexandrie, l'une de ses grandes salles ressemblait peut-être à cette reconstitution. Les deux peintures représentent, à gauche, Alexandre le Grand, fondateur de la cité, et, à droite, le dieu Sérapis. Honoré par les Grecs et les Égyptiens, Sérapis symbolisait l'influence de la culture grecque en Égypte.

toute la bibliothèque royale disparut dans les flammes. Peu après, Cléopâtre, la célèbre reine d'Égypte que César avait aidée à rester sur le trône, reçut de son amant Marc Antoine une bibliothèque entière pour remplacer les ouvrages disparus : les 200 000 volumes de la collection de Pergame (aujourd'hui Bergama en Turquie). La Bibliothèque d'Alexandrie retrouvait une partie de son ancienne splendeur.

Au IIIᵉ siècle de notre ère, Alexandrie devint un centre du christianisme. On croit qu'en l'an 391, la foule détruisit le temple du dieu égyptien Sérapis, le Serapeum, et avec lui une partie de la bibliothèque qui s'y trouvait. La liste des savants qui travaillèrent à Alexandrie après cette date montre cependant qu'au moins une partie de la bibliothèque survécut au désastre. Sa destruction totale semble avoir été le fait des envahisseurs arabes, en 646. Fanatisés par leur nouvelle religion, l'islamisme, ils brûlèrent tous les ouvrages qui n'étaient pas conformes à ses enseignements. Selon la tradition, les manuscrits servirent pendant trois mois à alimenter les chaudières des bains publics d'Alexandrie. Et c'est ainsi que l'œuvre de plusieurs siècles s'envola en fumée.

La ferme de Butser

Un village de l'âge du Fer en Angleterre

LES fouilles des archéologues soulèvent souvent autant de problèmes qu'elles en résolvent. Quelle était la vie quotidienne des hommes préhistoriques ? Comment faisaient-ils cuire leur nourriture ? Comment construisaient-ils leur maison ? Comment fabriquaient-ils leurs outils ? Pour mieux répondre à ces questions, pour découvrir ce qui était possible et ce qui ne l'était pas à une période et dans un lieu donnés, avec les indices fragmentaires dont nous disposons, une nouvelle discipline a récemment vu le jour : l'archéologie expérimentale dont l'objet est de reconstituer la vie de nos prédécesseurs, d'après les indices recueillis par l'archéologie classique.

Parmi ces expériences, l'une des plus intéressantes porte sur un type de culture de l'âge du Fer — le nom que l'on donne généralement aux cinq ou six siècles qui précédèrent immédiatement l'ère chrétienne, époque durant laquelle les grandes civilisations d'Égypte, de Grèce et de Rome florissaient déjà, alors que le nord et l'ouest de l'Europe restaient plongés dans la « barbarie ». Quelle était la vie d'une ferme anglaise à cette époque ? Pour répondre à cette question, l'archéologue Peter Reynolds a reconstitué aussi exactement que possible une ferme de l'âge du Fer, vers 300 av. J.-C. Son choix se porta sur Butser Hill, une colline du Hampshire, dans le sud du pays, où les archéologues savent que ce type de ferme a un jour existé.

Au départ, Reynolds avait une idée assez claire des conditions matérielles de l'époque : matières premières, bétail, cultures. Il savait également ce qu'il fallait écarter d'emblée : tous les herbicides, pesticides, engrais ; et même, si possible, les lapins, car ils n'apparurent sans doute pas en Grande-Bretagne avant la conquête normande, à la fin du XIe siècle.

Le programme débuta par la construction d'une ferme, d'après les vestiges d'une habitation celte retrouvés à Maiden Castle, dans le sud-ouest de l'Angleterre. Avec des outils de l'âge du Fer, par exemple une hache et une grosse masse de fer, Reynolds et son équipe construisirent une maison en bois, de forme circulaire, d'environ 6 mètres de diamètre, et dont la toiture de chaume reposait sur des murs de torchis (mélange d'argile, de craie, de paille et de crin). Il est sans doute difficile de savoir si cette habitation est vraiment semblable à celles qu'on construisait à l'âge du Fer. Toujours est-il qu'elle a résisté à des ouragans

C'est en 1972 que Peter Reynolds a commencé à reconstituer la vie d'une ferme de l'âge du Fer, vers 300 av. J.-C. La ferme de Butser, première expérience du genre dans le monde, a suscité beaucoup d'intérêt. Un film documentaire y a été tourné par la télévision anglaise en 1977. Pour le tournage et la commodité des nombreux visiteurs, Reynolds décida, en 1976, d'agrandir la ferme originale et d'aménager un secteur de démonstration (à droite) dont le point central est une grande maison circulaire (ci-dessus), meublée à la manière des habitations de l'âge du Fer.

et à des pluies torrentielles. Les archéologues dressèrent une deuxième maison avec une toiture de chaume moins pentue que l'autre : elle s'effondra peu après. Comme quoi, les échecs sont aussi instructifs que les succès.

Pour les animaux, Reynolds essaya de croiser un sanglier avec un noble représentant de l'une des plus anciennes races de porc anglais. Ce fut également un échec : le croisement produisit une portée de porcelets vifs comme des lézards qui battaient tous les chiens à la course, pratiquement impossibles à attraper. Reynolds se contenta donc d'espèces modernes, aussi proches que possible de celles de l'âge du Fer, tels les bovins de race Shorthorn importés d'Irlande. On leur apprit à tirer le bâton à fouir, ancêtre de la charrue : une simple pointe de fer montée au bout d'un bâton, qui fouille la terre plutôt qu'elle ne la retourne.

L'une des principales cultures de la ferme est le blé d'Emmer (dont on a retrouvé des graines

dans les pyramides d'Égypte). Les plants de cette céréale primitive sont de hauteur inégale, si bien qu'il est plus facile de les moissonner à la main qu'à la faucille. Son grain contient plus de protéines que les espèces modernes. On cultivait sans doute à l'âge du Fer une autre plante : la « Poularde » (ou Melde), un légume feuillu plus nourrissant que les espèces contemporaines, comme le chou ou l'épinard, que l'on peut manger cuit, ou réduire les graines en farine.

Et comment gardait-on les provisions ? A Butser Hill, les archéologues se servent de trous creusés dans la terre, sans doute comme les paysans de l'âge du Fer. A partir des rendements à l'hectare et de la proportion des récoltes qu'il est ainsi possible de conserver sans qu'elles pourrissent, Reynolds a calculé la superficie des terres qu'il fallait cultiver pour nourrir une population donnée. Ses conclusions : les terres cultivées de l'âge du Fer étaient beaucoup plus étendues qu'on ne le croyait auparavant.

Ce programme d'archéologie expérimentale, lancé en 1972, a fait l'objet de nombreux films documentaires, diffusés dans le monde entier. Pour répondre à l'intérêt général grandissant, les archéologues ont doté leur ferme originale d'une aire de démonstration comprenant une plus grande maison circulaire bâtie d'après les vestiges d'une construction retrouvée à Pimperne (au sud-ouest de l'Angleterre), et meublée comme une habitation paysanne pouvait l'être à l'âge du Fer, avec son four d'argile.

Reynolds et son équipe continuent ainsi à mettre à l'épreuve diverses théories sur la vie rurale à l'âge du Fer, ce qui aide d'autres archéologues à identifier et à interpréter les vestiges qu'ils retrouvent dans leurs fouilles. Ils ont fabriqué du charbon de bois — indispensable à l'âge du Fer — dans des trous recouverts de terre, afin d'en étudier les effets sur le sol voisin. Délibérément, on a laissé des constructions et des meules de foin s'effondrer, des réserves d'aliments pourrir, tout cela pour observer les traces qui peuvent en subsister après plusieurs années. C'est ainsi qu'on a constaté que le simple ver de terre, avec le temps, modifie la répartition des fragments de poterie dans le sol.

Pas à pas, l'expérience de Butser Hill nous fait mieux comprendre, dans les faits et dans l'esprit, ce peuple industrieux qui parvint à repousser les légions romaines de Jules César en 55 et en 54 av. J.-C.

Le plus grand savant de l'Antiquité
A la recherche de la raison pure

DE tous les grands savants de l'ancienne Grèce, le plus brillant fut certainement Archimède. C'est lui qui est à l'origine de la démarche expérimentale, fondement de la pensée scientifique moderne. Pourtant, comme les autres Grecs, Archimède ne se souciait guère des applications pratiques de ses travaux et tirait toute sa fierté de ses découvertes théoriques. L'application des principes scientifiques à la vie de tous les jours n'était pas digne du savant, pensait-on à l'époque. L'historien Plutarque rapporte que Platon ne cessait de fulminer contre les inventeurs et ingénieurs, « corrupteurs et destructeurs de l'excellence pure de la géométrie ».

Archimède naquit à Syracuse, en Sicile, alors un royaume grec, vers 287 av. J.-C., et il y vécut presque toute sa vie. Ses dons de mathématicien étaient prodigieux : en plus d'être un brillant inventeur, il fut le premier à calculer avec exactitude la valeur du nombre pi (π), nombre qui représente le rapport de la circonférence d'un cercle à son diamètre, et qui permet de calculer la surface et le volume des sphères, des cônes et des cylindres. Archimède voyait dans cette découverte le couronnement de toute sa carrière, à telle enseigne qu'il demanda qu'on grave une sphère et un cylindre sur sa tombe.

Aujourd'hui, Archimède est cependant surtout connu pour ses inventions mécaniques et ses découvertes pratiques. Avec une facilité déconcertante, il pouvait observer quelque chose, puis déduire les principes de son fonctionnement. Il comprenait comment et pourquoi les leviers et les poulies fonctionnent, et il construisit diverses machines élévatrices. On raconte qu'avec un système de son invention, il parvint à soulever un navire plein de marchandises du port de Syracuse, pour le poser sur la grève. Que l'histoire soit véridique ou non, Archimède aurait été certainement capable d'utiliser son génie et ses connaissances pour réaliser un tel exploit.

La découverte, qui a fait sa célébrité, montre bien comment la nécessité de résoudre un problème pratique pouvait stimuler son génie inventif. Hiéron, roi de Syracuse, demanda un jour à Archimède de découvrir si l'or de sa couronne était pur ou s'il contenait de l'argent. Pour mieux réfléchir au problème, le savant décida de prendre un bain. Il remplit complètement la baignoire et, lorsqu'il y entra, un peu d'eau s'écoula naturellement sur le sol. Immédiatement, Archimède comprit comment s'y prendre. S'il plongeait une couronne d'or pur dans l'eau, elle déplacerait moins d'eau qu'une couronne du même poids faite d'un alliage d'or et d'argent. En effet, l'or étant plus dense que l'argent, une couronne fausse occuperait donc plus de volume. Enchanté de sa découverte, Archimède se serait précipité tout nu hors de son bain, pour crier dans la rue : « *Eurêka !* » (« J'ai trouvé ! »). L'expérience montra que la couronne d'Hiéron était l'œuvre d'un faussaire, malheureusement pour l'orfèvre, qui fut condamné à mort. Archimède venait de découvrir le principe fondamental de la densité, rapport entre la masse d'un certain volume d'un corps et celle d'un même volume d'eau. L'or pur a une densité de 19,3, ce qui veut dire qu'il est 19,3 fois plus lourd, à volume égal, que l'eau. L'argent est beaucoup moins dense, puisque sa densité n'est que de 10,5.

Archimède n'en resta pas là. Il comprit que

Archimède n'était pas simplement un inventeur, mais surtout un mathématicien. Sur ce tableau de la Renaissance, Raphaël nous le montre enseignant les principes de la géométrie, fondement de toutes les connaissances scientifiques et mathématiques des Grecs.

si la densité d'un corps était inférieure à 1, celui-ci flotterait dans l'eau, loi à laquelle nous donnons encore le nom de principe d'Archimède. A l'exception de ce menu service rendu au roi de Syracuse, Archimède ne mit guère ses découvertes en pratique. Et pourtant, ses théories auraient pu être fort utiles à l'époque, par exemple pour améliorer la roue à aubes ou pour construire de meilleurs navires. Mais les Grecs se contentaient de leurs esclaves, des animaux de trait et de quelques roues à aubes pour obtenir l'énergie mécanique dont ils avaient besoin. Au lieu d'utiliser leur science

pour dominer le monde de l'Antiquité, ils furent conquis par les Romains qui étouffèrent leur génie inventif. Archimède lui-même mourut de la main d'un soldat romain, lorsque Syracuse tomba, en 212 av. J.-C. Pourtant, les Romains respectaient tant Archimède qu'ils firent graver sur sa tombe une sphère entourée d'un cylindre, comme le savant l'avait demandé, pour commémorer la découverte dont il était le plus fier : le calcul du volume et de la surface d'une sphère. Ce qui n'empêcha pas la science grecque de sombrer dans l'oubli pendant près de 2 000 ans.

Malgré son nom, rien ne prouve que la vis d'Archimède ait été inventée par le savant et mathématicien grec.

DU JOUET A LA TURBINE

Deux inventeurs grecs de génie firent des découvertes extrêmement importantes pour l'avenir : Ctésibios, qui vivait à Alexandrie vers 270 av. J.-C., et Héron, qui habitait lui aussi cette ville, quelque 300 ans plus tard. Tous deux construisirent des machines complexes qui, au moyen de leviers et de roues dentées, utilisaient l'air ou l'eau comme énergie mécanique. Certaines, comme l'horloge à eau de Ctésibios et la presse à vis de Héron, furent utilisées pendant des siècles. Mais la plupart n'avaient guère d'intérêt pratique, tel ce premier orgue construit par Ctésibios, un instrument à eau dont les sons puissants portaient, disait-on, à plus de 60 kilomètres à la ronde.

Héron, célèbre pour ses marionnettes mécaniques et ses temples dont les portes s'ouvraient, comme par magie, lorsqu'on

allumait un feu sur l'autel, découvrit aussi des sources d'énergie que nous utilisons aujourd'hui pour produire de l'électricité. Seul de tous les auteurs de l'Antiquité, il fait mention d'un moulin à vent qui servait à alimenter une machine pneumatique, elle-même reliée à un orgue qui se mettait en marche chaque fois que le vent soufflait. Son invention la plus ingénieuse est sans doute l'éolipile, une sphère creuse munie de deux becs, montée au-dessus d'une chaudière : la vapeur montait dans la sphère par des tuyaux et en ressortait par les becs, mettant la boule en rotation. Ce même principe s'applique aujourd'hui aux arroseurs automatiques, aux réacteurs et aux fusées. L'éolipile est l'ancêtre de la turbine à vapeur. Pourtant, comme le moulin à vent, on n'y vit qu'un jouet de savant, sans aucune utilité.

Quinze siècles après son invention, l'éolipile de Héron donna naissance à la machine à vapeur, qui, elle-même, fut le moteur de la révolution industrielle.

Les sept merveilles du monde
Le circuit touristique des Grecs de l'Antiquité

PARMI les plus grands sculpteurs et architectes du monde, bon nombre vécurent en Grèce. Aussi semble-t-il naturel que les Grecs aient dressé une liste des chefs-d'œuvre de leur époque, une liste des sept merveilles du monde, à la fois catalogue et guide, pour les voyageurs qui partaient à la découverte de la Méditerranée orientale.

Pourquoi sept merveilles ? Depuis longtemps déjà, le chiffre sept avait des connotations mystiques et sacrées, en partie parce qu'il est la somme de deux nombres qui portent bonheur, quatre et trois. Sept était le chiffre idéal, comme le prouve la fréquence avec laquelle il apparaît dans le folklore, les religions et la littérature de tous les temps : les sept jours de la création, les sept péchés capitaux, les sept planètes (en comptant le

Soleil et la Lune) que connaissaient les astronomes grecs, les sept sages du VIe siècle av. J.-C., les sept jours de la semaine et le chandelier à sept branches des Hébreux, pour ne citer que ceux-là.

La première liste des sept merveilles du monde vit le jour au IIIe siècle av. J.-C., au cours de la brève existence de l'une d'elles, le Colosse de Rhodes, dont il est fait mention pour la première fois dans un poème écrit un siècle plus tard par Antipatros de Sidon, qui vécut à Alexandrie, la cité grecque fondée par Alexandre le Grand en 332 av. J.-C. Une deuxième liste, achevée au IIe siècle av. J.-C. par un rhéteur grec, Philon de Byzance, reprenait point pour point les merveilles d'Antipatros, si ce n'est que les murs de Babylone y remplaçaient le phare d'Alexandrie.

SEPT MERVEILLES

Les *pyramides de Guizèh*, en Égypte, furent construites de 2700 à 2300 av. J.-C. pour trois pharaons, Khéops, Khéphren et Mykérinos. La Grande Pyramide de Khéops se compose de plus de deux millions de blocs de pierre calcaire. A l'origine, elle se dressait à 146,6 m de haut.

Les *Jardins suspendus de Sémiramis*, sur l'Euphrate, dans ce qui est aujourd'hui l'Irak, furent construits par le roi Nabou-Koudourri-Outsour (Nabuchodonosor), qui régna de 605 à 562 av. J.-C. Le souverain voulait créer une montagne artificielle, couverte d'arbres, en plein milieu de la plaine de l'Euphrate.

Le *mausolée d'Halicarnasse*, sur la côte d'Asie Mineure, était la tombe de Mausole, le gouverneur perse de la région de Carie, dessiné par l'architecte grec Pythios de Priène et décoré par les sculpteurs grecs Bryaxis, Léocharès, Scopas et Timothée. Haut d'une cinquantaine de mètres, il était dominé par une statue de Mausole et de sa femme, et sœur, Artémise. Un tremblement de terre l'endommagea vers 1400. Plus tard, les Chevaliers de Saint-Jean en utilisèrent les pierres pour bâtir une forteresse.

Le *temple d'Artémis*, à Éphèse, une ville grecque qui se trouvait à environ 55 kilomètres au sud d'Izmir, en Turquie, fut construit par le roi Crésus, vers 560 av. J.-C. Il brûla, mais fut reconstruit deux cents ans plus tard. Les Goths le détruisirent en 262.

La *statue de Zeus*, centre du temple de Zeus à Olympie, où se déroulaient les jeux Olympiques, dans le nord-ouest du Péloponnèse, était une immense statue de bois, recouverte d'or et d'ivoire, d'environ 12 mètres de haut, œuvre du sculpteur Phidias d'Athènes (vers 430 av. J.-C.). Un tremblement de terre détruisit le temple au vɪᵉ siècle.

Le *phare d'Alexandrie*, en Égypte, fut le premier phare du monde. D'une hauteur de 134 mètres, construit par l'architecte grec Sostratos de Cnide, vers 280 av. J.-C., il tomba en ruine après un tremblement de terre, en 796.

Le *Colosse de Rhodes*, sur l'île grecque de Rhodes, avait plus de 30 mètres de hauteur. C'était une statue du dieu du soleil Hélios, dessinée et construite par le sculpteur Charès, vers 290 av. J.-C. Elle se dressait à l'entrée du port, mais ne l'enjambait pas comme le veut la légende. Un tremblement de terre eut raison d'elle soixante-six ans après sa construction. L'enveloppe de bronze battu, qui recouvrait une ossature de pierre et de fer, fut récupérée neuf siècles plus tard par des pillards arabes.

Les *murs de Babylone* mesuraient environ 18 kilomètres de longueur et 7 mètres d'épaisseur. Ils étaient percés de splendides portes. La plus belle, la porte d'Ishtar, se trouve aujourd'hui dans un musée de Berlin-Est.

Le temple d'Artémis
à Éphèse

MER NOIRE

ITALIE

Olympie

Éphèse

Halicarnasse

La statue de Zeus
à Olympie

Rhodes

Le mausolée
d'Halicarnasse

Le Colosse de Rhodes

Alexandrie

Le phare d'Alexandrie

Les Jardins suspendus
de Sémiramis

Babylone

Guizèh

Les Pyramides de Guizèh

Les murs de Babylone

Cette liste est le reflet des valeurs esthétiques des Grecs et de leur admiration pour les prouesses techniques, encore qu'une seule merveille, le phare d'Alexandrie, ait eu une utilité pratique. Le choix du temple d'Artémis à Éphèse et de la statue de Zeus à Olympie fut naturellement inspiré par des considérations religieuses, mais c'est surtout la grandeur des sept merveilles qui suscitait l'admiration des Grecs. Plus tard, d'autres listes virent le jour. Au Moyen Age, l'une d'elles citait le Colisée de Rome, les catacombes d'Alexandrie, Stonehenge en Angleterre, la Grande Muraille de Chine, la tour de Porcelaine de Nankin, Sainte-Sophie de Constantinople et la tour de Pise. A notre époque, les curiosités proposées aux globe-trotters mettent davantage l'accent sur les ouvrages utilitaires : canaux, gratte-ciel, ponts et même découvertes scientifiques et inventions. D'autres inventaires dressèrent plutôt un état des merveilles de la nature, tant il est vrai qu'aucune prouesse humaine ne peut rivaliser avec la majesté du Grand Canyon ou avec la grandeur du mont Everest. Des sept merveilles du monde grec, seules les pyramides de Guizèh subsistent encore aujourd'hui.

Une armée en terre cuite
Les gardiens de l'empereur disparu

A U début des années 1970, des ouvriers qui creusaient un puits près du mont Li, dans le nord de la Chine, découvrirent quelques statues de terre cuite. Les archéologues savaient depuis longtemps que la région renfermait sans doute des vestiges intéressants, mais personne ne s'attendait à l'extraordinaire trésor qu'on allait y découvrir. Quelques années plus tard, en 1974, les fouilles battaient leur plein et éclairaient d'un jour nouveau la sculpture et l'organisation militaire de la Chine primitive.

La première découverte importante fut une vaste fosse qui mesurait 210 mètres d'est en ouest et 60 mètres du nord au sud. La fosse était parcourue de onze corridors parallèles, où se trouvaient environ 6 000 statues grandeur nature de soldats et de chevaux qui montaient symboliquement la garde autour de la tombe de Ch'in Shih-huang-ti (v. 258-210 av. J.-C.), premier empereur de Chine et bâtisseur de la Grande Muraille.

Plus de 3 200 fantassins se tenaient debout dans la fosse, tête nue, quatre de front dans

Cet archer de terre cuite, grandeur nature, protégé par une cuirasse, a été découvert dans le nord de la Chine.

LE PREMIER EMPIRE CHINOIS

Ch'in, l'un des royaumes de l'ancienne Chine, se trouvait au nord-ouest du pays, à peu près à l'emplacement des provinces actuelles de Shensi et de Kansu. Lorsque Cheng monta sur le trône à l'âge de treize ans, en 246 av. J.-C., c'était l'un des plus puissants. Peu après la fin de sa régence, en 237 av. J.-C., il lança contre ses rivaux une armée de plus d'un million d'hommes, et assujettit les sept autres grands royaumes de Chine, « comme un ver à soie dévore la feuille du mûrier », selon les termes d'un chroniqueur de l'époque. En 221 av. J.-C., il régnait pratiquement sur toute la Chine continentale et prit le titre de Ch'in Shih-huang-ti, premier empereur souverain de Ch'in.

Cheng sut s'entourer d'hommes très capables, notamment Li-Si, son grand conseiller. Ensemble, ils imprimèrent leur marque sur toute la vie chinoise. Ils ordonnèrent la remise des armes personnelles qui furent fondues en cloches et en statues. Ils déplacèrent et installèrent à Hsienyang, la capitale, des milliers d'anciens propriétaires terriens et divisèrent la terre en nouvelles unités administratives. Ils normalisèrent les poids et mesures, la monnaie, les caractères de l'écriture et même l'écartement

des roues des chariots. Ils construisirent des routes qui reliaient la capitale aux régions les plus éloignées de l'empire.

Leur œuvre la plus durable fut la continuation de la Grande Muraille de Chine, construite pour arrêter les barbares au nord du pays. La muraille serpente sur environ 2 700 kilomètres, de la côte nord jusqu'en un point proche de la frontière tibétaine. Certains tronçons étaient déjà construits, mais leur réunion date de 220 à 200 av. J.-C. Une bonne partie du travail fut confiée au général Meng T'ien, qui avait précédemment repoussé une invasion mongole. Un million d'ouvriers au moins participèrent aux travaux. S'ils mouraient à la tâche, ils étaient enterrés là même où ils tombaient, dans les fondations ou entre les pierres de la muraille. Les Chinois espéraient que les esprits des morts apaiseraient les dieux et les démons du Nord glacé, offensés par cette construction.

La mort du premier empereur, souverain fort et autoritaire, fut le signe d'une violente lutte pour le pouvoir. Li-Si fut arrêté et torturé, avant d'être coupé en deux à la taille. Des révoltes éclatèrent partout et la Chine retomba une fois de plus dans la division.

La Grande Muraille de Chine, qui a survécu à toutes les dynasties chinoises, n'a reçu sa forme définitive que sous la dynastie Ming (1368 à 1644). Pour le « Noble Empereur du Levant », elle était le symbole de la pacification des « quatre bouts du monde ».

L'armée de soldats de terre cuite retrouvée aux environs du mont Li, dans le nord de la Chine, date du IIIe siècle av. J.-C. Dans la plus grande des fosses, plus de 3 200 fantassins se tenaient debout, tête nue, dans onze corridors. Leurs visages aux traits différents ajoutent au réalisme de la découverte.

poste de commandement gardé par un corps d'élite de soixante-huit personnages. Dans cette troisième fosse, un officier mesure 1,93 m de haut, alors que les gardes ont en moyenne 1,88 m. Cette taille, très inhabituelle, symbolisait probablement leur importance. Les archéologues ont également découvert une quatrième fosse, vide cette fois. Les fouilles du mont Li se poursuivent, mais il reste encore à découvrir la tombe de l'empereur.

Des documents historiques nous apprennent que l'empereur Ch'in Shih-huang-ti avait une peur morbide de la mort. Il errait dans les 10 000 salles de son palais impérial, ne couchant jamais deux fois dans la même pièce, de peur que les esprits du mal ne le tuent durant son sommeil. C'est cette frayeur qui fut à l'origine du mausolée, où une armée de soldats de terre cuite monterait éternellement la garde autour de son tombeau.

La préparation du mausolée demanda beaucoup de temps et d'efforts. Selon un historien qui vécut d'environ 145 à 90 av. J.-C., 700 000 ouvriers y travaillèrent. Il fallut détourner des cours d'eau souterrains, creuser la chambre funéraire, des salles et des corridors, construire les murs d'enceinte et enfin édifier le tumulus central qui mesure environ 1 400 mètres de circonférence. Pour lui donner l'aspect d'une colline, on y planta des arbres et des arbustes. La tombe de l'empereur fut remplie d'étranges machines. Certaines faisaient couler du vif-argent (du mercure) dans des rigoles, pour représenter le fleuve Jaune et le fleuve Bleu. Un énorme dôme de cuivre qui figurait le ciel nocturne recouvrait cette représentation en miniature des domaines de l'empereur, tandis que des lampes alimentées par des réservoirs d'huile de phoque illuminaient la scène. Enfin, des arbalètes à détente automatique protégeaient les lieux contre les maraudeurs.

Alors que les travaux avançaient, l'empereur partit visiter ses provinces en 210 av. J.-C., en quête d'un élixir de jouvence. C'est pendant ce voyage qu'il mourut, probablement de mort naturelle, malgré sa crainte constante d'être victime d'un assassinat. Sa tombe n'était pas encore finie et ses ministres, craignant ses successeurs, décidèrent de garder la nouvelle secrète aussi longtemps que possible. Mais on était en plein été. En désespoir de cause, le cadavre en décomposition gagna sa dernière demeure, au milieu d'une armée de soldats de terre cuite, précédé par une pleine charrette de poisson pourri qui dégageait une odeur encore plus horrible.

neuf des corridors et deux de front dans les deux autres. Ils étaient accompagnés d'archers, d'arbalétriers, d'officiers que l'on reconnaissait à leur coiffure, de piquiers et de conducteurs de char. Des chevaux de terre cuite étaient attelés à de vrais chars. Les épées, les piques et les arcs des soldats manquaient, pillés peu après la chute de la dynastie Ch'in, en 206 av. J.-C., bien qu'on ait retrouvé de nombreux fragments d'armes de bronze : pointes de flèche, détentes d'arbalète, pointes de pique et épées. Les soldats de terre cuite, tous en uniforme et la plupart vêtus d'une cuirasse, mesuraient en moyenne 1,75 m de haut. Le bas des statues était plein, tandis que les têtes, les avant-bras et les mains étaient creux. Autrefois, elles avaient été peintes de couleurs vives dont il ne restait plus que des traces. Le plus étonnant tient peut-être dans l'expression de ces milliers de visages.

D'autres fosses furent découvertes en 1976. La seconde contenait des chars de guerre et des cavaliers, alors que la troisième paraît être un

Les bûchers de Baal

Un honneur pour la noblesse de Carthage

L A cruauté n'était pas étrangère aux peuples de l'Antiquité, mais la brutalité particulière des rites d'un de ces peuples ne cesse d'étonner. Dans toute la Méditerranée, le nom de Carthage était associé au plus sauvage de tous les rituels : le sacrifice d'enfants. Même les Romains, qui n'avaient certainement pas le cœur tendre, ne méprisèrent jamais à tel point la vie humaine. Quant aux Grecs, les pratiques barbares de Carthage les indignaient. C'est à un historien grec, Diodore de Sicile (qui vécut au Ier siècle av. J.-C.), que nous devons le récit le plus frappant d'un de ces sacrifices, qui se déroula dans la grande cité d'Afrique du Nord près de deux siècles avant que les Romains ne la détruisent.

Carthage (littéralement, « la Nouvelle Ville »), fondée par des marchands de la cité phénicienne de Tyr, était devenue, au Ve siècle av. J.-C., le centre d'un florissant réseau commercial et était agitée par des prétentions impériales que Rome étouffa finalement après des guerres dévastatrices (les trois guerres puniques). En 310 av. J.-C., au cours d'un conflit qui opposa Carthage à Syracuse, en Sicile, Agathocle, tyran de Syracuse, se réfugia quelque temps chez les Carthaginois. C'est là qu'il vit les atrocités commises au nom de la religion, événement rapporté par Diodore deux siècles après.

En présence d'Agathocle et de nombreux spectateurs, cinq cents enfants furent brûlés devant une monstrueuse statue de bronze du dieu Baal Hammon. Ces enfants sacrifiés, peut-être déjà égorgés, étaient placés sur les mains ouvertes de la statue, d'où ils tombaient dans les flammes d'un bûcher. Comme la plupart de ces cérémonies, le rite se déroulait en plein cœur de la nuit, au son des fifres et des tambourins. Des danseurs masqués se joignaient aux puissants prêtres de Carthage pour célébrer ce rite que les parents endeuillés devaient contempler sans verser une larme. Les pleurs étaient interdits, car le sacrifice d'un

La découverte d'urnes contenant les restes de jeunes enfants, dans d'anciens sites religieux de Carthage, comme ce temple de la déesse Tanit, à Salammbô, semble confirmer que les Carthaginois sacrifiaient des enfants à leurs dieux.

fils ou d'une fille passait pour un privilège, un honneur auquel pouvaient seules prétendre les plus nobles familles.

Apparemment, l'aristocratie carthaginoise souhaitait parfois décliner cet honneur. Avant le massacre dont Agathocle fut témoin, elle avait pris l'habitude d'envoyer des enfants d'esclave au bûcher, à la place des siens. Ce subterfuge avait suscité la colère de Baal, sous la forme d'une série de défaites. Et c'est ainsi, raconte Diodore, qu'Agathocle assista à la cérémonie où les nobles Carthaginois expièrent leurs péchés et s'attirèrent les faveurs du dieu en lui offrant les cadavres calcinés de leurs propres enfants.

Si l'immolation des enfants restait chose rare dans l'Antiquité, en revanche les sacrifices humains, de prisonniers ennemis par exemple, étaient assez communs. Les ancêtres phéniciens des Carthaginois avaient apporté avec eux un certain nombre de cultes de la fertilité, destinés à assurer des récoltes abondantes et une saine progéniture. Dans ces cultes, le sacrifice humain constituait souvent le moyen surnaturel de régénérer le corps et l'esprit, et d'assurer la perpétuation de la race. Le sang fraîchement versé, pensait-on, assurait une vie plus abondante par une sorte de pacte macabre avec les forces obscures en qui le peuple plaçait toute sa confiance. Malgré les protestations des autres civilisations méditerranéennes aux dieux moins exigeants, Carthage s'opposa à tout changement. Certains Carthaginois honoraient bien du bout des lèvres des dieux plus tolérants, comme Zeus et Héra, mais la plu-

part continuèrent à observer les anciennes traditions magiques pendant toute la période classique de la Grèce et même plus tard, pendant l'ascension de Rome.

Nous ne savons pas exactement l'importance que revêtaient ces sacrifices dans les cultes religieux de la société carthaginoise. Peut-être existait-il d'autres formes de communication avec les dieux. Les fouilles archéologiques montrent cependant que les massacres rituels étaient fort répandus. En effet, les archéologues ont retrouvé de grandes quantités de restes humains (et même des dents d'enfants en bas âge) à l'emplacement d'anciens temples ou de topheths (grands fours qui servaient aussi d'autels). De nombreuses pierres tombales décrivent aussi des scènes qui ne peuvent être que des sacrifices rituels. Enfin, des os de petits mammifères donnent également à penser qu'on offrait des animaux à Baal et à Tanit, déesse mère, apparentée à la déesse phénicienne de la Lune, Astarté (ou Ashtart).

Pendant les siècles que durèrent les guerres puniques, les Carthaginois ont certainement multiplié ces sacrifices humains, mais Baal, Tanit et autres divinités n'en furent pas apaisées pour autant. La seconde guerre punique se termina en 201 av. J.-C. par la destruction totale et l'humiliation complète des armées de la cité. Puis, en 146 av. J.-C., après un siège de deux ans à la fin duquel ses derniers défenseurs se seraient enfermés dans un temple sacré pour y mettre ensuite le feu, les Romains brûlèrent Carthage de fond en comble, destin à la mesure de la férocité de l'histoire de cette ville.

Mort dans les Alpes

La fureur des dieux hostiles

Aux yeux des soldats de l'armée carthaginoise, plus habitués aux sables du désert, les montagnes enneigées paraissaient redoutables. Austères et majestueuses, elles se dressaient si haut que leurs sommets disparaissaient dans les nuages. Perdus dans un monde où les bruits se répétaient à l'infini entre les parois des défilés, signe certain de la colère des dieux, les soldats grelottants de froid et de peur ne pensaient qu'à retrouver les chaudes plaines qu'ils avaient laissées derrière eux. Pour Hannibal, leur commandant, la décision de mener une armée forte de 40 000 hommes, de plusieurs milliers de chevaux et de 40 éléphants au travers des Alpes avait été la

plus importante de toute sa carrière militaire. Âgé de vingt-neuf ans seulement, il était commandant en chef des forces carthaginoises depuis trois ans déjà. Maintes fois, il avait donné à ses ennemis la preuve de son audace légendaire. Hannibal savait que les Romains attendaient l'invasion au nord, le long de la côte, et qu'ils avaient dépêché une armée pour l'y arrêter. C'est pourquoi, à l'automne de l'année 218 av. J.-C., il décida de franchir les Alpes et de faire passer son armée au travers de cette immensité de rochers et de glace, même si personne ne l'avait jamais fait avant lui.

Presque immédiatement, les tribus hostiles des Allobroges qui s'étaient perchées sur les

POURQUOI DES ÉLÉPHANTS ?

On croit souvent qu'Hannibal fut le premier à utiliser des éléphants au combat. Pourtant, bien des années avant qu'il n'envahisse l'Italie, l'éléphant avait déjà servi en Inde, mais aussi dans le monde méditerranéen. Dès 326 av. J.-C., un escadron de 200 éléphants participa à la bataille d'Hydaspes, au cours de laquelle Alexandre le Grand défit le roi indien Poros. Les Romains subirent aussi leurs assauts en 280 av. J.-C. L'éléphant était le tank de l'époque — une arme destinée à terrifier un ennemi qui n'avait jamais vu pareille créature. Chevaux et hommes s'enfuyaient à son approche, ce qui n'allait pas sans inconvénient, car les chevaux des troupes amies pouvaient eux aussi prendre peur s'ils étaient mal entraînés. En outre, un éléphant qui perdait la tête au combat risquait de causer bien des dégâts autour de lui.

Mais l'éléphant de combat n'en était pas moins un redoutable adversaire, surtout lorsqu'il était assez gros pour porter sur son dos un château de bois rempli de soldats. Ce n'était pas le cas des éléphants d'Hannibal, venus surtout d'Afrique du Nord, non loin de Carthage, dans le sud de la Tunisie : ils mesuraient 2,5 m au garrot environ, guère plus qu'un cheval. En fait, ils furent sans doute plus une gêne qu'autre chose. Hannibal multiplia ses efforts pour les maintenir en vie pendant la traversée des Alpes et tout au long du rigoureux hiver qui suivit dans le nord de l'Italie, allant même jusqu'à leur fournir des couvertures de laine. Un à un, ils moururent cependant jusqu'à ce que, des quarante qu'ils étaient, il n'en reste plus qu'un seul au printemps.

Hannibal, le plus grand général de son époque, était aussi respecté de ses ennemis que de ses propres troupes. Il avait tous les dons qui font le chef de guerre victorieux — bravoure, souci du soldat, attention au moindre détail, audace incomparable, maîtrise parfaite de soi-même.

LES GUERRES PUNIQUES

On appelle guerres puniques la longue suite de conflits où s'engagèrent Rome et Carthage pour la domination de la Méditerranée occidentale. Le mot « punique » vient du mot latin *Poeni,* qui désignait les Phéniciens : en effet, Carthage (près de l'actuelle ville de Tunis) fut à l'origine un comptoir phénicien. Cette longue lutte, qui commença en 264 av. J.-C. lorsque les Romains envahirent la Sicile pour en chasser les Carthaginois, se déroula en trois sanglants épisodes, durant plus d'un siècle.

Au début de la deuxième guerre punique, en 218 av. J.-C., Hannibal commandait l'armée carthaginoise en Espagne, alors partie de l'empire de Carthage. Sachant que Rome tirait sa force de l'emprise qu'elle avait sur l'Italie, il décida d'envahir la péninsule italienne par la route la plus improbable. Et c'est pourquoi il mena ses hommes au travers de la Gaule et des Alpes, manœuvre brillante et audacieuse qui prit les Romains par surprise. Pendant les quinze années qui suivirent, Hannibal tint ses ennemis en respect sur leur propre territoire, harcelant continuellement leurs troupes. Sa tactique de bataille consistait à laisser l'ennemi enfoncer ses lignes par le centre. Les ailes carthaginoises se refermaient alors comme un étau.

Hannibal ne put cependant remporter une victoire décisive à cause de la supériorité numérique écrasante des armées romaines et de la puissance de la marine de Rome qui l'empêchait de recevoir des renforts. De plus, les généraux romains tirèrent la leçon de leurs premiers revers et se firent une règle de ne jamais l'affronter de face, s'ils pouvaient l'éviter. Quand Hannibal abandonna finalement la campagne, ce ne fut que parce qu'une contre-invasion romaine en Afrique du Nord le força à rentrer précipitamment pour se porter à la défense de Carthage. Il arriva trop tard cependant et ne put que livrer un combat d'arrière-garde. La paix fut dictée par ses ennemis. Quelque temps après la victoire romaine, Hannibal partit en exil et s'allia aux ennemis de Rome, en Afrique et en Asie Mineure. Les Romains s'emparèrent finalement de lui. Il demanda une coupe de poison et se tua, probablement en 183 av. J.-C.

La troisième guerre punique dura de 149 à 146 av. J.-C. et se termina par la destruction de Carthage.

---

hauteurs, au-dessus des hommes d'Hannibal, fondirent sur son armée. Blessés, les animaux des Carthaginois se précipitèrent dans l'étroit défilé où s'étirait la longue file armée. Hommes et chevaux dévalèrent au fond du ravin. La panique était totale, la défaite proche. Heureusement, Hannibal et plusieurs milliers de ses soldats étaient montés sur les hauteurs pour observer le gros de la troupe. Ils se lancèrent dans la mêlée, et les Allobroges s'enfuirent.

Le général et ses troupes victorieuses passèrent la nuit et le jour suivant dans une petite ville abandonnée, à l'entrée du col, pour y refaire leurs forces. Cette première victoire dans les Alpes leur donna un moment de répit. Quelques jours plus tard, des tribus voisines, sentant l'odeur du butin, s'offrirent à guider Hannibal au travers des montagnes. Ils conduisirent l'armée dans une gorge profonde, dominée d'un côté par un rocher à pic, surplombant de l'autre un précipice. Bien sûr, le reste de la tribu s'était posté au sommet du rocher. Les Carthaginois ne pouvaient éviter le massacre. Les pierres dévalaient du haut de la montagne, tuant tout sur leur passage. Et cette fois, la panique gagna aussi les hommes. La colonne carthaginoise fut coupée en deux. Hannibal et certains de ses hommes furent contraints de passer la nuit sur un escarpement, repoussant des attaques continuelles, alors que le reste de l'armée se débattait dans l'obscurité.

Le lendemain matin, Hannibal rejoignit le reste de ses troupes. Pendant quelques jours, les tribus continuèrent à harceler les Carthaginois, mais les éléphants leur inspiraient apparemment trop de frayeur pour qu'elles osent attaquer l'armée de front. Elles finirent par se retirer. Le terrain devenait cependant de plus en plus difficile, plus menaçant que le pire des ennemis. Les Carthaginois perdaient courage. Partout, les pentes étaient couvertes de glace. Aucun pâturage pour les animaux, aucun abri, aucun répit. Privée de guides sûrs, l'armée s'égarait souvent, revenait sur ses pas, repartait encore. Les soldats se sentaient prisonniers

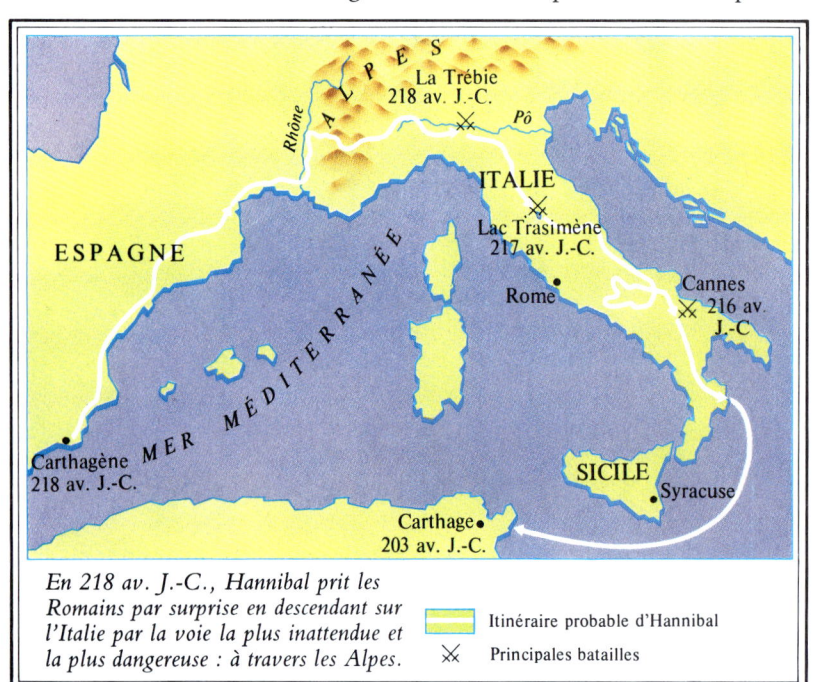

En 218 av. J.-C., Hannibal prit les Romains par surprise en descendant sur l'Italie par la voie la plus inattendue et la plus dangereuse : à travers les Alpes.

Itinéraire probable d'Hannibal
✕ Principales batailles

d'un ennemi invisible, vaincus par les forces de la nature. Sur les 40 000 hommes qui accompagnèrent Hannibal dans les Alpes, moins de 14 000 seraient arrivés de l'autre côté de la barrière des montagnes.

Le dixième jour, alors que l'armée n'en pouvait plus, la chance tourna. Pendant dix jours, les soldats n'avaient rien vu d'autre que d'immenses montagnes, apparemment infranchissables. Maintenant, tout à coup, ils découvraient l'Italie à leurs pieds. Très loin devant eux s'étendaient les plaines du Pô, baignées d'une douce lumière. Pendant deux jours,

l'armée campa au-dessus du fleuve pour refaire ses forces et permettre aux traînards de rattraper le gros des troupes. Puis commença une descente qui dura trois jours, et coûta encore bien des vies. Pourtant, lorsque les troupes d'Hannibal arrivèrent en bas des pentes traîtresses, elles étaient redevenues une formidable machine de guerre. Sûrs de la victoire, les Romains avaient déclaré la guerre à la lointaine Carthage. Maintenant, Hannibal venait de réussir l'impossible et portait le combat sur le territoire de Rome.

Guerre par procuration
La passion des échecs

Sous un aspect ludique, les échecs cachent un appareil guerrier avec l'échiquier pour champ de bataille. Les pièces sont des soldats, des machines de guerre qui avancent, débordent, battent en retraite, prennent ou se font prendre. A n'en pas douter, les échecs sont nés du fracas et du tumulte des batailles.

De nombreuses légendes entourent les origines du jeu d'échecs. De la Perse du Moyen Age nous vient le récit d'une bataille légendaire entre deux frères, Talkhand et Gav, qui se disputaient la couronne. A la mort de Talkhand, Gav ordonna aux sages de sa suite d'inventer un jeu qui lui permettrait d'expliquer cette tragédie à la reine mère, accablée de douleur. Selon une autre légende, arabe cette fois, le jeu d'échecs serait l'invention du philosophe mythique Sassa. En guise de récompense, le rusé Sassa demanda à son roi un seul grain de blé pour la première case de l'échiquier, deux pour la seconde, quatre pour la suivante et ainsi de suite. Tous les greniers du royaume n'auraient pu y suffire, et Sassa se trouva ainsi à la tête d'une incroyable fortune. Selon une autre légende, le jeu fut inventé pendant le siège de Troie, au XIIe siècle av. J.-C.

Pourtant, les origines des échecs sont assez bien établies. Lorsque Alexandre le Grand pénétra dans le nord-ouest de l'Inde en 326 av. J.-C., il y rencontra une armée de cavaliers, de chars et d'éléphants. L'organisation traditionnelle de l'armée indienne, constituée de quatre divisions, se reflétait parfaitement dans les pièces qu'utilisait l'ancien jeu indien, le *chaturanga*, qui signifie « quatre parties », ou « qua-

tre bras ». Le *chaturanga* fut supplanté vers 500 apr. J.-C. par un jeu où nous reconnaissons déjà les échecs, qui, d'Inde, se répandit bientôt dans la Perse voisine, où il acquit rapidement une immense popularité.

C'est d'ailleurs des Perses que nous avons hérité un certain nombre de termes familiers du jeu d'échecs. Par exemple, leur roi était le *shah*, d'où vient le mot « échec ». Quant à l'expression *shah mat*, elle signifie « le roi est mort ». On y reconnaît aisément notre « échec et mat », le moment fatidique du jeu où le roi est mis en échec et ne peut plus quitter sa place sans être pris.

La Perse occupe une place centrale dans l'histoire des échecs. Au VIIe siècle de notre ère, l'ancien Empire perse fut conquis par les Arabes, et le jeu des échecs se répandit au loin, porté par la conquête islamique : en Espagne d'abord, puis dans toute l'Europe occidentale et jusqu'aux portes de Constantinople, d'où les bateaux des Vikings devaient l'emporter jusque dans les lointains pays du Nord.

L'histoire des échecs est aussi riche et variée que le jeu lui-même. On raconte par exemple la célèbre histoire du roi Alphonse VI, roi de León et de Castille, qui encercla la cité maure de Séville en 1087. Le gouverneur, Al-Mutamid, dans l'espoir de sauver sa ville, proposa au roi une partie d'échecs sur un magnifique échiquier d'ébène et de bois de santal. L'enjeu était le suivant : le gagnant garderait l'échiquier, le perdant accorderait un vœu au vainqueur. Alphonse fut battu à plate couture. Il garda pourtant l'échiquier, mais il dut se rendre au vœu du gouverneur : lever le siège.

Plus sombre est la *Heimskringla*, saga du

Il semble que le jeu d'échecs se soit inspiré des manœuvres militaires. Cette pièce, gravée dans une défense de morse, date du XIIe siècle. Elle provient d'un jeu viking qui est sans doute le plus ancien jeu complet que nous connaissions.

François Philidor émerveille l'Angleterre en jouant les yeux bandés et simultanément contre deux adversaires.

LES ÉCHECS DANS LE MONDE

Selon certains, les échecs seraient nés en Chine. Si peu d'indices étayent cette théorie, il n'en est pas moins vrai qu'il existe une version proprement chinoise du jeu. Les échecs chinois, ou « jeu de la rivière », comprennent plusieurs pièces familières, et d'autres qui ne le sont pas, notamment le canon. La principale différence réside dans l'échiquier qui présente des lignes au lieu de cases, les pièces se déplaçant d'une ligne à l'autre, et d'une intersection à une autre.

Les échecs astronomiques, autre variante intéressante du jeu, inspirée de la notion d'univers géoconcentrique exposée par l'astronome Ptolémée au IIe siècle de notre ère, se jouaient sur une table circulaire ; les pièces représentaient les signes astrologiques des planètes. A Byzance, le *zatrikion* se jouait également sur une table circulaire, mais avec des pièces ordinaires.

Les « grands échecs », autrefois très populaires en Russie, notamment auprès de Catherine II la Grande, se jouaient avec beaucoup plus de cases et de pièces que le jeu normal. L'échiquier se présentait sous la forme d'une grande croix, ce qui permettait à quatre personnes de jouer en même temps. Les pièces portaient parfois des noms d'animaux réels ou mythiques : lion, phénix, unicorne. Au XIXe siècle, on tenta en Allemagne de transformer les échecs en jeu de cartes.

Les échecs « à l'aveugle » sont très fascinants : un joueur, simplement informé des coups de son adversaire, ne regarde pas l'échiquier. Les yeux bandés, le grand maître français du XVIIIe siècle, François Philidor, parvenait à jouer deux parties simultanées tout en conversant. Au XIXe siècle, le champion américain Paul Morphy joua les yeux bandés huit parties simultanées qu'il gagna toutes. Certains maîtres modernes peuvent jouer « à l'aveugle » une cinquantaine de parties en même temps.

Le « courrier », l'une des variantes les plus populaires du jeu d'échecs, représenté sur cette toile du XVIe siècle de Lucas de Leyde, se jouait sur un échiquier qui comptait douze cases en largeur au lieu de huit.

XIIIe siècle, qui raconte un tournoi entre Knud (Canute), roi du Danemark, et son parent Olav le Jarl (le « Chef »). Knud fit une faute et perdit un cavalier. Ulcéré, il voulut aussitôt reprendre le coup. Plein de mépris pour ce roi qui ne savait ni jouer ni perdre, Olav se leva et abandonna la partie. Selon l'histoire, on le retrouva plus tard poignardé dans une église, sur les ordres du roi qui ne lui avait pas pardonné cette injure.

Certains auteurs du Moyen Age voyaient dans les échecs des images non pas de guerre, mais de magie et de mysticisme. Pour eux, l'échiquier était un microcosme sur lequel les pièces se déplaçaient suivant leur attirance pour la terre, l'air, le feu et l'eau. D'autres ne pouvaient résister à la tentation de prêcher : « La tour, lit-on dans un traité latin, représente les juges itinérants qui parcourent tout le royaume, et son mouvement est toujours droit, car ils doivent faire justice. » La dame, par contre, « ne se déplace qu'en biais, car les femmes sont si cupides qu'elles ne prennent que par rapine et injustice », observation intéressante sur le rôle encore limité de la dame du jeu d'échecs à cette époque, en plus d'une opinion tranchée sur le caractère des femmes. La traduction d'un ouvrage de la même veine, de la plume d'un dominicain nommé Jacobus Cessolis, éditée par William Caxton en 1474, fut l'un des premiers livres publiés en langue anglaise.

Pendant des siècles, on jugea aussi que le jeu était une excellente épreuve de caractère, et les récits abondent de rois ou de seigneurs qui donnent ou refusent la main de leur fille selon le comportement du prétendant devant l'échiquier.

Les rois et les empereurs faisaient leurs délices du « jeu royal », sans doute parce qu'il leur permettait de vivre en rêve leurs aspirations militaires. Au XVe siècle, Tamerlan, le seigneur de la guerre mongol, était un passionné des échecs ; Ivan le Terrible serait mort devant l'échiquier, en serrant convulsivement son roi dans la main ; Louis XIII emportait avec lui un jeu de voyage et son contemporain, Charles Ier d'Angleterre, fit graver sur son échiquier la devise : « Avec ces sujets et ce souverain, la bataille est livrée sans effusion de sang », triste commentaire pour un monarque qui allait perdre une guerre civile sanglante et avec elle sa propre tête.

Au cours du XVe siècle, la dame — connue à l'origine comme le ministre, le conseiller, le vizir — devint la pièce la plus puissante de l'échiquier et le jeu prit ainsi sa forme moderne. L'intérêt qu'on lui porte aujourd'hui est plus fort qu'à tout autre moment de son histoire longue et haute en couleur. L'importance du jeu est telle qu'en 1972, lorsque l'Américain Bobby Fischer affronta Boris Spassky, d'Union soviétique, pour le championnat mondial d'échecs qu'il remporta, les journalistes virent dans cette rencontre historique une « guerre par procuration », autre façon de décrire le plus fascinant de tous les jeux.

Deux grands joueurs d'échecs contemporains, les Russes Victor Korchnoï (à droite) et Anatoly Karpov, s'affrontent au cours des demi-finales du championnat mondial de 1974, à Moscou.

Virgile n'a pas tout dit

La vie des paysans sous la Rome républicaine

Ô laboureurs du sol, les plus heureux des hommes,
S'ils savaient leur bonheur lorsque sur eux la terre
Fait pleuvoir ses bienfaits, loin du fracas des armes.

DEPUIS que le plus grand des poètes latins, Virgile, écrivit ces lignes une trentaine d'années avant la naissance du Christ, l'agriculture romaine est entourée d'un halo de paix bucolique. Mais la plupart des « heureux » laboureurs des deux derniers siècles de la république romaine, qui prit fin en 27 av. J.-C. avec l'accession au pouvoir de l'empereur Auguste, n'avaient guère lieu d'apprécier leur bonheur. Car leurs conditions de vie étaient proches de celles des esclaves des plantations antillaises au XVIIIe siècle.

Le père de Virgile était pourtant un paysan qui, à force de travail, parvint à s'acheter une petite ferme, et ce que dit Virgile était vrai de ces petites propriétés, mais fort loin de la réalité des grandes exploitations agricoles romaines. Cette véritable industrie vit le jour à la suite de la deuxième guerre punique, contre les Carthaginois. Lorsque la guerre prit fin en 201 av. J.-C., Rome avait obtenu ou repris la maîtrise de toute l'Italie, mais un grand nombre de propriétaires terriens étaient morts, les fermes endettées ou abandonnées, les terrains offerts aux acheteurs. Il existait peu de fermiers suffisamment riches pour acheter des

terres, alors que les riches familles patriciennes ne manquaient pas. Ce furent donc les patriciens qui acquirent de vastes propriétés, afin de les faire cultiver par des esclaves, car la guerre avait laissé à Rome un grand nombre de bras, puisque l'esclavage était le sort normal des prisonniers de guerre.

C'est ainsi que les *latifundia,* les grandes propriétés, se multiplièrent dans la campagne italienne. Le plus souvent, le propriétaire vivait à Rome et confiait à un intendant le soin de faire travailler les esclaves. Parmi eux, les prisonniers de guerre venus d'Afrique, d'Espagne, de Gaule et d'autres pays ne pouvaient être contrôlés que s'ils étaient mis aux fers. Les autres n'étaient normalement pas enchaînés.

Un traité d'agriculture, le premier du genre en latin, *De agricultura,* rédigé vers 160 av. J.-C. par Marcus Porcius Caton, nous donne une idée de ce qu'était l'agriculture à cette époque. Caton devint célèbre comme soldat et homme politique, mais il possédait aussi une exploitation agricole. Selon lui, les activités les plus rentables sont, dans l'ordre, la culture de la vigne pour le vin et des oliviers pour l'huile, l'élevage des moutons et autre bétail, et en dernier la culture des céréales. Les travailleurs d'un *latifundium* doivent être surtout des esclaves, écrit-il, encore qu'il soit bon d'engager des ouvriers agricoles à l'époque des récoltes.

La vie de l'esclave était à plus d'un égard meilleure que celle du journalier : son maître avait intérêt à bien le nourrir, à bien le vêtir et à veiller à sa santé, alors que le journalier était entièrement laissé à lui-même.

Quelques patriciens romains prenaient soin de leurs esclaves devenus trop âgés pour travailler. Plutarque, biographe du 1er siècle de notre ère, reproche à Caton de s'être défait de ses esclaves lorsqu'ils ne lui étaient plus utiles. Et Caton décrit lui-même le sort trop souvent réservé aux esclaves, pas mieux considérés que le bétail et les instruments aratoires. La moindre faute était lourdement châtiée, et la plupart des esclaves travaillaient sans cesse, qu'il vente ou qu'il pleuve, sans jamais connaître un jour chômé. Leur journée commençait à l'aube et se terminait au coucher du soleil : neuf heures seulement en hiver, mais une quinzaine en été. Certains esclaves parvenaient à obtenir leur liberté, soit qu'ils la rachètent avec leurs économies, soit qu'ils la reçoivent de leur maître, mais Caton n'en fait pas mention dans son livre.

Les bergers étaient les mieux nantis, car ils jouissaient d'une beaucoup plus grande liberté dans leurs pâturages que les esclaves qui travaillaient aux champs. C'est d'ailleurs cette liberté relative qui leur donna plusieurs fois l'occasion de se révolter. Si les esclaves étaient constamment surveillés, on ne pouvait naturellement pas enchaîner les bergers, et il fallait aussi les armer pour qu'ils puissent défendre leurs animaux contre les brigands et les loups. En 198 av. J.-C., les bergers d'une plantation de Setia, au sud de Rome, se révoltèrent, mais ils furent trahis par deux d'entre eux, et la rébellion fut écrasée sans pitié. Deux ans plus tard cependant, il fallut appeler une légion romaine pour étouffer une rébellion en Étrurie. Les meneurs furent fouettés, puis crucifiés.

Ces soulèvements étaient particulièrement nombreux en Sicile, où les propriétaires terriens avaient la réputation d'être cupides et cruels. L'un d'eux, Damophilus d'Enna, marquait au fer rouge tous ses esclaves et refusait même de vêtir ses bergers. Quand ces derniers protestaient, il leur disait de détrousser tout simplement des voyageurs pour prendre leurs vêtements. Mal lui en prit. Les esclaves se

Les grandes propriétés romaines, les latifundia, *se consacraient surtout à la culture de la vigne et des oliviers. L'élevage et la culture des céréales étaient moins profitables. Pour assurer la prospérité de ces exploitations, des esclaves travaillaient sans relâche, de l'aube au crépuscule, sous la surveillance constante de leur contremaître, soulagés seulement dans leur tâche par des troupeaux d'ânes.*

transformèrent en bandits, volant et tuant tous ceux qui leur tombaient entre les mains. Finalement, menés par un des leurs, Eunous, ils rallièrent à leur cause des esclaves du voisinage et une véritable révolte éclata. Après avoir pris la ville d'Enna et massacré un bon nombre de ses habitants, ils se constituèrent en royaume, élirent Eunous comme roi et levèrent une armée, bientôt forte de 20 000 hommes. Il fallut trois années aux Romains, de 134 à 132 av. J.-C., pour défaire cette troupe et rétablir l'ordre en Sicile, puis trois encore pour écraser une deuxième révolte dans la même région (104-101 av. J.-C.).

Mais la plus célèbre rébellion des esclaves romains fut l'œuvre d'un soldat thrace, Spartacus, que les Romains contraignirent à devenir gladiateur. Spartacus fut l'instigateur de la grande révolte du Ier siècle av. J.-C. qui ravagea le sud de l'Italie et au cours de laquelle cinq armées romaines furent battues en l'espace de deux ans. Mais une bonne part de ces succès vint du fait que de nombreux esclaves de *latifundia* allèrent grossir les rangs des gladiateurs. Lorsque la révolte de Spartacus fut enfin écrasée (71 av. J.-C.), l'époque des grandes propriétés commençait déjà à décliner, en partie parce que la domination de Rome sur le monde méditerranéen était alors pratiquement assurée et que le nombre des prisonniers de guerre diminuait.

L'esclavage céda graduellement la place à un système d'affermage, au profit d'hommes libres. Le traitement des esclaves qui continuaient à travailler la terre s'améliora, leur procréation autrefois jugée inutile devint indispensable, à telle enseigne que les femmes qui mettaient au monde de nombreux enfants recevaient leur liberté. Environ un siècle après la révolte de Spartacus, Pline le Jeune parlait ainsi des problèmes que lui causaient ses fermiers : « Il faut fournir d'esclaves industrieux un certain nombre d'entre eux, car moi-même je n'en ai aucun dans les chaînes, ni personne d'autre dans cette région. » A la chute de l'Empire romain, au Ve siècle de notre ère, la situation de la plupart des esclaves qui travaillaient la terre était comparable à celle des hommes libres.

Pour le plaisir ou les affaires
Voyages à l'époque de l'Empire romain

Fragment de la Table de Peutinger, copie faite en 1265 d'une carte romaine du IIIᵉ ou IVᵉ siècle. Son nom lui vient d'un de ses propriétaires, Konrad Peutinger (1465-1547), greffier de la ville d'Augsbourg, en Allemagne, qui l'acheta en 1508. On pense que la carte est une copie relativement fidèle de l'original. Dessinée sur une série de parchemins, elle mesure 6,75 m de long et 34 cm de large. Comme nos cartes routières, elle indique les villes, les distances qui les séparent et les principales routes. Les Romains avaient déjà découvert une idée qui fit la fortune des guides Michelin : des symboles qui indiquent la qualité des auberges et autres haltes le long de la route. Les distances sont indiquées en milles romains, sauf en Gaule et en Perse, où des mesures locales sont utilisées.

« Méfiez-vous de l'eau. » Ce conseil que l'on donne parfois aux voyageurs modernes était certainement de mise à l'époque de l'Empire romain, car l'eau des auberges était souvent contaminée. Alors qu'il se rendait de Rome à Brindisi, au sud-est de la péninsule italienne, le poète Horace (65-8 av. J.-C.) commit l'imprudence de boire de l'eau. Il en eut l'estomac tout retourné, ce qui fit le sujet d'un de ses poèmes.

Horace avait un compagnon de voyage, Caius Mécène, chargé d'une mission diplomatique. Généralement, les Romains ne voyageaient pas pour le simple plaisir, mais, une fois en route, ils ne voulaient rien perdre de ce qu'ils rencontraient sur leur chemin. Même les soldats trouvaient le temps de faire du tourisme. En 167 av. J.-C., par exemple, après une campagne en Macédoine, le général Paul Émile visita les hauts lieux de la Grèce : Delphes, l'Acropole d'Athènes, la statue de Jupiter à Olympie, et bien d'autres encore. L'historien romain Tite-Live, lui, s'avoua plusieurs fois déçu de ses visites. Mais, tout comme les touristes d'aujourd'hui ne peuvent résister aux châteaux de la Loire, les Romains visitaient les sites historiques de leur époque.

Les raisons de partir en voyage ne manquaient pas aux Romains. L'immense empire avait besoin de fonctionnaires, de militaires et de marchands. Les jeunes gens de bonne famille allaient se frotter l'esprit à Athènes ou à Alexandrie. Quant aux voyages en mer, ils étaient bons pour la santé, disaient les médecins. Les pèlerinages religieux étaient également fort à la mode. Et les régions les moins développées de l'ouest de l'empire étaient vraiment très bon marché, alors que Rome et ses plaisirs attiraient les jeunes provinciaux comme un aimant. Les femmes voyageaient rarement seules, mais accompagnaient souvent leurs époux partis pour un long voyage.

Les riches Romains avaient des maisons de campagne, où ils allaient se reposer. Les plages de Naples étaient très prisées au printemps et les fraîches collines en été. Les gens aux ressources plus modestes pouvaient toujours prendre pension à Baies ou à Puteoli, dans la baie de Naples, où les divertissements en tous genres ne manquaient pas.

Le voyage était grandement facilité par un réseau de voies si bien dessinées que de nombreuses routes modernes suivent encore le même tracé. Les voyageurs en mission officielle descendaient dans les confortables hôtelle-

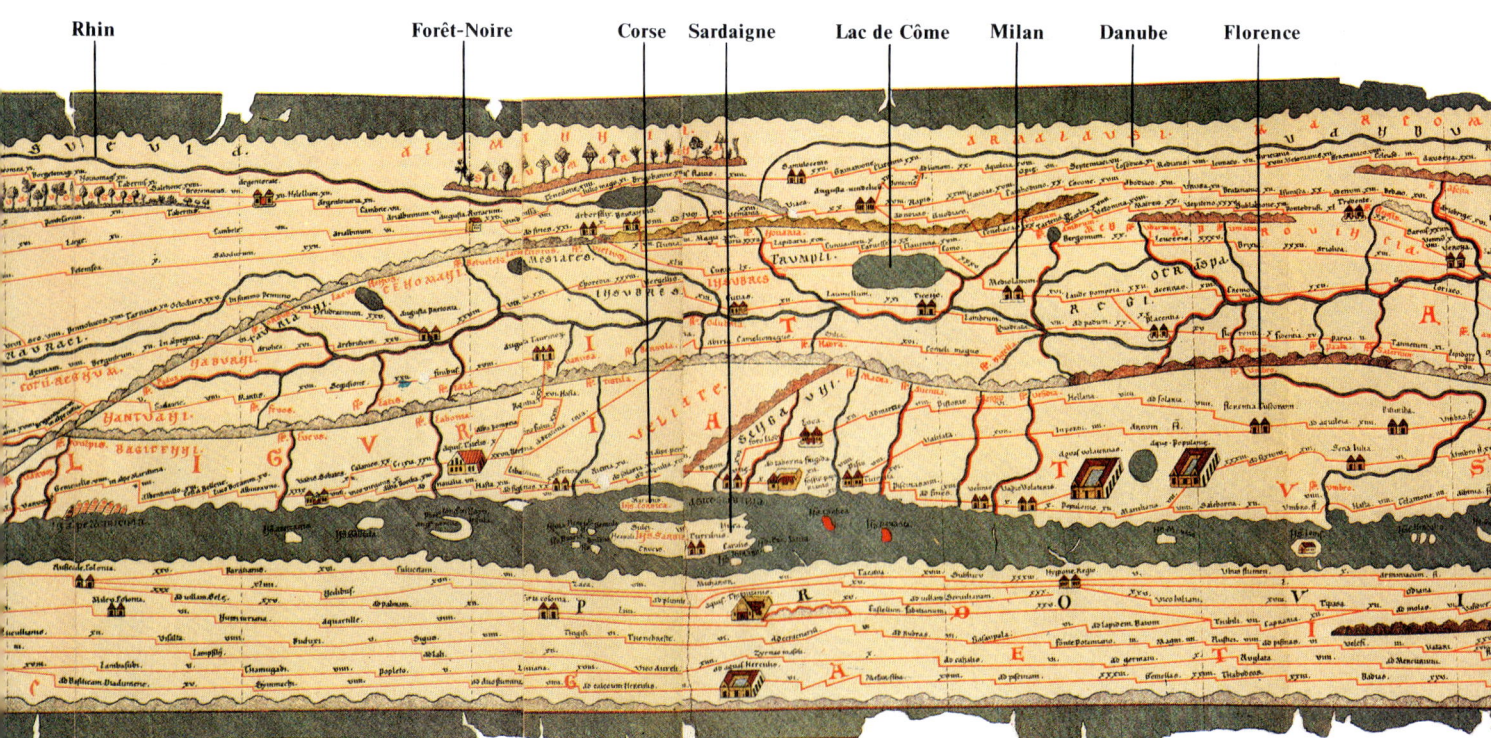

Rhin   Forêt-Noire   Corse   Sardaigne   Lac de Côme   Milan   Danube   Florence

ries du gouvernement où ils changeaient de monture. Les autres devaient se contenter d'auberges de qualité variable, qui, pour la plupart, vendaient du vin, souvent meilleur marché que l'eau. En prime, des nuées de mouches. Sauf dans quelques rares hôtelleries (surtout en Italie), le voyageur devait s'occuper lui-même de sa nourriture.

Les pauvres voyageaient à pied, parfois suivis d'une mule chargée de leurs bagages. Les riches se déplaçaient dans des voitures à cheval, accompagnés d'un indispensable garde du corps. A cause de l'inconfort général des haltes, pratiquement tout le monde, riche ou pauvre, devait emporter avec lui de nombreux bagages : literie, serviettes, ustensiles de cuisine, tentes et, naturellement, victuailles et boissons.

Les guides et cartes ne manquaient pas, non plus que les cicérones qui faisaient visiter les principales curiosités. Et comme aujourd'hui, le commerce des souvenirs allait bon train. Bien sûr, les douaniers de l'empire montraient la même vigilance qu'à notre époque.

Malgré l'inconfort du voyage, on aimait ainsi partir au loin. Au Iᵉʳ siècle de notre ère, Pline le Jeune grommelait que les gens préfèrent toujours les lointaines merveilles à celles qu'ils ont chez eux. « Il existe de nombreux objets d'intérêt dans notre ville et aux environs, dont nous n'avons jamais entendu parler, écrit-il à un ami. S'ils se trouvaient en Grèce, en Égypte, ou en Asie, ou dans tout

autre pays qui fait beaucoup de battage autour de ses merveilles, nous en aurions eu les oreilles rebattues et nous les aurions visités depuis longtemps. »

LE MICHELIN DES ROMAINS

Les guides ne sont pas nés avec l'automobile, loin de là. Dès le IVᵉ siècle av. J.-C., un Grec du nom de Diodore en écrivit un à l'intention des voyageurs qui visitaient l'Attique (la région d'Athènes). Bien d'autres ouvrages furent ensuite consacrés aux diverses curiosités du monde antique, celles que le voyageur digne de ce nom ne pouvait manquer de visiter, du nord de la Grèce à l'Égypte, de la Sicile à Troie. Un seul de ces guides a survécu, le plus volumineux et le plus ambitieux de tous. Pausanias (IIᵉ siècle), son auteur, était apparemment un voyageur infatigable. A l'en croire, il aurait parcouru toute l'Italie, la Grèce, ce que nous appelons aujourd'hui le Proche-Orient et le nord de l'Afrique. Mais il choisit de consacrer son énergie débordante à la rédaction d'un énorme guide où tous les édifices, tous les monuments et toutes les villes de quelque importance de la Grèce

sont minutieusement décrits. Le résultat, sa *Description de la Grèce*, est un modèle du genre. A la différence des auteurs de guides modernes, Pausanias ne distingue souvent pas le mythe de la réalité. A propos de l'Acropole, il nous dit : « Il n'y a qu'une seule entrée..., la porte monumentale coiffée d'un toit de marbre blanc... A droite de la porte se trouve le temple de la Victoire aptère (la Victoire sans ailes). De ce point, la mer est visible et c'est là, dit-on, qu'Égée fit sa chute mortelle. Car le navire qui menait les enfants en Crète prenait la mer avec des voiles noires ; mais quand Thésée partit courageusement combattre le taureau appelé Minotaure, il dit à son père, Égée, qu'il hisserait des voiles blanches s'il revenait vivant... Cependant, il oublia de le faire... » A cause de ce mélange de faits et de mythes, l'ouvrage est sujet à caution sur le plan historique, mais il est d'une lecture passionnante.

Tibre — Vienne — Budapest — Rome

La défaite de Bacchus
La prohibition à Rome

Les rites secrets des Bacchanales, nés en Grèce et introduits à Rome au IIᵉ siècle av. J.-C., sont illustrés sur ce détail d'une fresque de la Villa des Mystères, à Pompéi. Aujourd'hui, une bacchanale n'est plus qu'une beuverie passablement agitée. Au IIᵉ siècle av. J.-C., le mot évoquait toutes les formes de la décadence et même, pour certains, des images encore plus sinistres.

Un jeune Romain de famille noble, Publius Aebutius, héritier d'une grande fortune, était encore sous la tutelle de son beau-père lorsque celui-ci tenta de le convaincre de devenir membre d'un groupe, les disciples de Bacchus. Et pourquoi donc, se demanda Aebutius, le vieil homme voulait-il tant l'initier aux joies de ce culte grec, récemment arrivé à Rome, alors qu'il ne se souciait guère normalement de divertir son beau-fils ? Un ami lui donna la réponse : les bacchants étaient de parfaits débauchés ; une fois initié à leurs beuveries et à leurs rites pervers, l'issue certaine pour le jeune homme serait la déchéance et la ruine — c'était sans aucun doute ce que voulait son beau-père, qui pourrait ainsi s'emparer de sa fortune. Fou de colère, Publius Aebutius se rendit au sénat et dit à l'auguste assemblée ce qu'il savait des activités immorales des disciples de Bacchus, qui recrutaient de nombreux jeunes gens dans les riches familles romaines. Ainsi commença une série de scandales, suivis d'une sévère répression, qui secouèrent la république romaine en 186 av. J.-C.

Inquiet de ce qu'avait raconté Aebutius, et fermement décidé à faire perdre à Rome sa passion naissante pour les luxes exotiques et les principes hédonistes, le sénat réagit sans perdre un instant. La nuit même, on ferma les portes de la ville et toutes les issues. Et les adeptes du culte, ou ceux qu'on soupçonnait de l'être, tombèrent dans le filet. Le sénat interdit les réunions des disciples de Bacchus et lança une enquête sur leurs activités. Publius Aebutius n'avait pas menti : non seulement les suppôts de Bacchus pratiquaient toutes les formes concevables de débauche, mais ils commettaient aussi toutes sortes de crimes, depuis la falsification des testaments jusqu'au meurtre. La seule question que se posent les historiens modernes est de savoir si les pères de la cité ne réagirent pas trop vigoureusement à l'histoire d'Aebutius, mais, puisque le culte de Bacchus était secret, nous n'avons aujourd'hui aucun moyen de le savoir.

Pourquoi l'État romain lança-t-il ses foudres contre les adeptes de ce culte ? En 201 av. J.-C., la victoire décisive remportée contre Carthage avait fait de Rome la maîtresse

---

LE JUS DE LA TREILLE

Les Romains n'appréciaient peut-être pas le culte de Bacchus, mais ils avaient un goût fort prononcé pour le jus de la treille. Le thé et le café n'existaient pas. Quant à l'eau, elle était souvent souillée. Il fallait donc se contenter de vin, qui servait aussi à purifier l'eau, à enrayer les infections et à conserver les aliments. Les Romains ne connaissaient pas le sucre, et leur seul édulcorant était le miel. Le vin doux était donc également un élément important de leur alimentation. Et ce sont les Romains qui plantèrent les premiers grands vignobles français.

Généralement, le vin romain était plutôt robuste. On le buvait dans l'année, presque toujours coupé d'eau. Les riches Romains préféraient des cuvées plus douces et plus vieilles, mais la conservation posait un problème. Comme le bouchon de liège ne fut d'usage courant que vers la fin de l'empire, il fallait alors fermer les bouteilles ou les flacons avec du plomb ou de la cire. Mais le cachet laissait souvent l'air entrer et le vin tournait au vinaigre.

Au début, les connaisseurs romains n'appréciaient que les vins des îles grecques. Mais l'implantation d'une industrie vinicole en Italie était déjà bien avancée au Iᵉʳ siècle av. J.-C., lorsque le poète Horace acceptait de partager avec un ami une bouteille « du meilleur vin de Falerne », un vin rouge assez lourd qui provenait du mont Falerne, au sud-est de Rome. Mais les Romains traitaient leurs bons vins avec moins de respect que les amateurs d'aujourd'hui. Horace, par exemple, demande à son ami d'apporter un petit flacon de nard, un puissant aromate, pour relever un peu le vin de Falerne. Cela n'avait rien d'inhabituel. On ajoutait au vin du sel, de l'eau salée ou divers aromates, et certains faisaient même chauffer ce brouet : la chaleur, pensait-on, accentuait les effets de l'alcool.

Il n'était pas rare non plus qu'on « trafique » le vin en barrique. Les marchands de Massilia (aujourd'hui Marseille) passaient pour capables de faire « mûrir » les vins trop jeunes en les gardant dans des celliers enfumés, pour que les barriques noircissent et que les vins vieillissent plus vite (sans doute à cause de la chaleur). Rien d'étonnant à ce que ces vins frelatés aient souvent donné la tête lourde et soulevé plus d'un estomac.

pratiquement incontestée de la Méditerranée, mais elle avait aussi apporté avec elle la richesse. Les vertus traditionnelles de patriotisme, de force et d'austérité cédaient la place à l'amour du luxe et à la facilité voluptueuse, jusqu'alors associés dans l'esprit des Romains aux Grecs efféminés. Et il est clair aussi que le nouveau culte attirait surtout la jeunesse.

On craignait donc pour l'ordre public. Tous les ans, au printemps, la Grèce célébrait dans la liesse la plus débridée les rites de Dionysos (le nom grec de Bacchus, dieu du vin). Mais ce culte n'avait fait son apparition à Rome qu'au début du IIe siècle av. J.-C., lorsqu'un jeune prêtre grec introduisit ces cérémonies étranges et violentes dans le centre de l'Italie, bien que le culte se soit enraciné au sud de la péninsule, davantage influencé par les Grecs, dès le Ve siècle av. J.-C. Les disciples de Bacchus commencèrent à tenir des réunions clandestines, généralement dans des grottes ou des caves, et la nuit. Les initiés, qui juraient de garder le secret et que l'on incitait à boire, se livraient, semble-t-il, à des pratiques sexuelles passablement immorales. Trop de vin et fort peu de discipline conduisaient nécessairement à violer les lois de Rome, en plus de s'adonner à des plaisirs interdits.

Au cours des semaines qui suivirent les révélations d'Aebutius, plus de 7 000 personnes des deux sexes furent jetées en prison. Ceux qui n'avaient rien fait de plus que prendre part aux cérémonies croupirent dans leur geôle. Ceux qui avaient commis des actes illicites, généralement quelque dépravation sexuelle, furent exécutés. Les femmes reconnues coupables furent remises entre les mains de leurs parents qui avaient pour charge d'exécuter la sentence de mort en privé. Celles qui n'avaient pas de famille furent mises à mort publiquement, avec les hommes. Certains historiens pensent que cette féroce répression fit plus de victimes que les persécutions dont le christianisme allait plus tard être l'objet. Les chrétiens, au moins, pouvaient abjurer leur foi. Il ne semble pas qu'on ait souvent laissé ce choix aux disciples de Bacchus.

La persécution fut suivie quelques années plus tard par une tentative encore plus rigoriste de remonter le temps, de retrouver la Rome d'autrefois, simple et frugale. En 181 av. J.-C., Caton, patricien partisan des anciens usages, poussa le sénat à adopter des lois qui taxaient lourdement les articles de luxe étrangers, par exemple les beaux attelages, les parfums, les vêtements de soie et les esclaves trop bien élevés. Mais lui et ses compagnons ne purent enrayer les goûts de luxe des Romains. En revanche, le culte secret de Bacchus ne parvint jamais à s'établir vraiment.

Le culte orgiaque de Bacchus fit des adeptes enthousiastes parmi la jeunesse de Rome. A l'occasion de ces fêtes nocturnes, le vin coulait en abondance, tandis qu'on dansait à la lumière des torches et au son des flûtes. Comme de juste, l'ivresse ouvrait la porte à la débauche, pour la plus grande horreur des bons citoyens pénétrés des vertus traditionnelles de Rome.

Le mécanisme d'Antikythera

Une étonnante machine à calculer

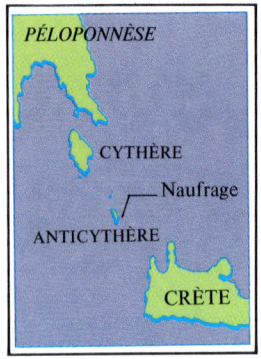

L'île d'Antikythera se trouve entre la Crète et la Grèce continentale. C'est au large de cette petite île que des plongeurs découvrirent un mécanisme vieux de 2 000 ans qui allait révolutionner notre connaissance des techniques des Grecs de l'Antiquité.

COMME il arrive parfois, c'est par le plus grand des hasards que nous avons eu vent de l'une des plus spectaculaires découvertes scientifiques de l'histoire. En 1900, peu avant Pâques, un bateau de pêcheurs d'éponges grecs fut pris dans une violente tempête. Le capitaine, Demetrios Condos, comprit que sa seule chance de salut était de sortir des dangereux détroits des eaux crétoises et de cingler vers la pointe nord de l'île d'Antikythera (Anticythère).

La tempête fit rage pendant une semaine. Pour maintenir la discipline et occuper son équipage, le capitaine envoya ses plongeurs chercher des éponges. L'un des meilleurs d'entre eux, Elias Stadiatis, plongea à une quarantaine de mètres de profondeur, attiré vers le fond par le lest en plomb fixé sur lui. Tout à coup, il tira violemment sur la corde qui le reliait au bateau, signalant qu'il voulait remonter immédiatement. On le hissa aussitôt à bord. Stadiatis avait perdu la raison et marmonnait des propos incompréhensibles où il était question « d'hommes nus et de chevaux ». Curieux, le capitaine Condos décida de résoudre le mystère. Il descendit jusqu'au fond et découvrit l'épave d'un navire qui avait coulé vers 80 av. J.-C., avec une pleine cargaison de statues.

A la fin du mois de novembre 1900, on commença à renflouer l'épave. Les travaux durèrent neuf mois. Le gouvernement grec détacha un navire pour faciliter les opérations, mais le temps était si mauvais et les techniques de plongée si primitives qu'un plongeur perdit la vie et deux autres furent gravement blessés. Huit mois plus tard, le trésor était enfin à l'abri dans le Musée archéologique d'Athènes. C'est alors qu'un archéologue particulièrement observateur, Valerios Staïs, fit une découverte de toute première importance : les restes d'un mécanisme de bronze, semblable à un mécanisme d'horlogerie, plus tard appelé le mécanisme d'Antikythera, que l'on avait oublié dans un tas de fragments de bronze et de marbre. Le mécanisme portait une inscription ancienne, gravée au 1er siècle av. J.-C. comme on le découvrit plus tard. Et le texte que l'on parvint à déchiffrer par la suite était semblable à celui qui figurait sur un calendrier astronomique datant d'environ 77 av. J.-C.

En 1902, Staïs publia ses conclusions, affirmant qu'il s'agissait d'une machine astronomique grecque. La controverse fit rage pendant près de soixante-dix ans. Car les historiens croyaient ferme que les Grecs, malgré leurs talents de mathématiciens, n'avaient aucun don pour la mécanique et qu'ils n'auraient pu fabriquer une machine aussi complexe, phénomène que l'on attribuait partiellement à l'usage qu'ils faisaient des esclaves et au peu d'intérêt qu'ils portaient aux choses pratiques. Mais la découverte du mécanisme d'Antikythera paraissait démontrer le contraire. Restait encore à en déterminer la fonction. De nombreuses théories virent le jour. Au début, on pencha pour un astrolabe, instrument que les navigateurs utilisaient pour mesurer les distances angulaires des corps célestes au-dessus de l'horizon. Certains croyaient qu'il pouvait s'agir d'un petit planétarium, semblable à celui qu'Archimède aurait construit, alors que d'autres affirmaient que le mécanisme était beaucoup trop complexe pour cela. Les plus conservateurs pensaient même que l'objet avait été jeté par-dessus bord bien des siècles plus tard et qu'il était tout simplement venu se perdre dans l'épave.

En 1975, Derek de Dolla Price, professeur à l'université Yale, trouva enfin la clef de l'énigme. Pour y parvenir, il mit à contribution la Commission grecque de l'énergie atomique, qui étudia les fragments aux rayons gamma pour pénétrer les mystères du mécanisme interne, constitué de plus de trente engrenages de bronze. Il s'agissait bel et bien d'une machine construite vers 87 av. J.-C. pour calculer le mouvement du Soleil, de la Lune et des planètes. La complexité du mécanisme, avec ses rouages, ses cadrans et ses plaques gravées, était telle, selon les mots du professeur, que la découverte d'une machine semblable dans une épave ancienne était aussi étonnante que le serait « celle d'un avion à réaction dans la tombe de Toutânkhamon ! » De fait, ces conclusions étaient si révolutionnaires que certains refusèrent de croire que les inventeurs du mécanisme puissent être des Grecs, et affirmèrent qu'il s'agissait de l'œuvre de visiteurs extra-terrestres...

La découverte du mécanisme d'Antikythera éclaire d'un nouveau jour les techniques de la Grèce antique. Et les spécialistes s'accordent aujourd'hui à reconnaître que la mécanique était certainement un élément important de la science grecque.

PRÉCURSEUR DE L'ORDINATEUR

Le mécanisme d'Antikythera, aussi appelé calculateur de Rhodes, était en fait une machine à calculer le mouvement des astres. Il est peut-être l'œuvre d'un disciple de Posidonius, philosophe qui s'installa sur l'île de Rhodes vers 87 av. J.-C. D'autres l'attribuent à un astronome grec, mathématicien et philosophe, Geminus, contemporain de Posidonius.

Le mécanisme reproduisait le mouvement des corps célestes, à une époque où de nombreux Grecs pensaient encore que la Terre était un disque qui flottait sur un vaste océan, surmontée par la cuvette hémisphérique des cieux. Le mécanisme reproduisait géométriquement les trajectoires de la Lune et des planètes, dispensant ainsi de faire de laborieux calculs.

Tout porte à croire que ce sont des mécanismes astronomiques de ce genre qui ont plus tard été adaptés pour indiquer l'heure. Certains pensent que ses utilisateurs n'étaient pas des astronomes, mais des astrologues qui voulaient connaître l'aspect du ciel à un moment donné, dans le passé ou dans l'avenir. Le mécanisme comportait trois cadrans : un à l'avant et deux à l'arrière. Le cadran avant portait deux bandes concentriques. Sur l'une d'elles étaient gravés les noms des signes du zodiaque, sur l'autre, mobile, le nom grec de chaque mois. Une aiguille marquait la position du Soleil dans le zodiaque pour chaque jour de l'année. Les cadrans arrière indiquaient sans doute les mouvements de la Lune et des planètes. Une manivelle que l'on tournait une fois par jour mettait le mécanisme en marche.

Par sa complexité, le mécanisme d'Antikythéra est tout à fait extraordinaire si on le compare aux cadrans solaires, aux clepsydres et aux instruments horoscopiques de son temps.

Les archéologues ont reconstitué le mécanisme d'Antikythera qui comportait plus de trente engrenages. Son mode de fonctionnement paraît être celui d'une machine qui calculait le mouvement du Soleil, de la Lune et des planètes.

Mais qui donc était Cléopâtre ?

Belle peut-être, mais surtout très habile

LES plus grands auteurs, comme Shakespeare dans *Antoine et Cléopâtre,* et les plus mauvais metteurs en scène de cinéma nous représentent Cléopâtre comme une séductrice incomparable, la femme fatale dans toute sa splendeur. Mais la fameuse reine d'Égypte était-elle autre chose qu'une beauté frivole et facile ? Et si, comme le dit Shakespeare, l'un de ses amants l'appelait « le Serpent de l'ancien Nil », se référait-il à sa beauté insaisissable et troublante, ou à sa morsure impitoyable ? Bref, qui donc était Cléopâtre ?

La *vraie* Cléopâtre, les études sérieuses aussi bien que les légendes nous l'affirment, était

réellement une femme très séduisante. Bien qu'elle ne fût pas d'une très grande beauté, son portrait, que nous montrent les pièces de monnaie égyptiennes de l'époque, révèle une personnalité vive, une bouche sensible, de grands yeux et un nez arqué de fort belle taille. Plus d'un siècle après sa mort, l'historien grec Plutarque écrivait : « Sa beauté, nous dit-on, n'était pas de ces beautés incomparables qui captivent dès le premier coup d'œil. Mais elle avait un charme irrésistible... et une singulière force de caractère qui pénétrait tous ses mots, tous ses actes, et qui envoûtait tous ceux qui l'approchaient. » En d'autres termes, plutôt une forte personnalité qu'un joli minois. Loin de s'adonner aux frivolités, Cléopâtre était intelligente, parlait six langues, était versée dans l'histoire et la philosophie. Par-dessus tout, elle semble avoir été un monarque ambitieux et un négociateur hors pair. Cléopâtre était sans doute avant tout une politicienne née, qui n'hésitait pas à user de ses charmes pour faire avancer sa cause. Telle est la clef de ses rapports avec les deux grands Romains — Jules César et Marc Antoine — qui devinrent ses amants.

Bien qu'indépendante, l'Égypte était en fait un protectorat de Rome lorsque Cléopâtre, âgée de dix-huit ans, et son époux, Ptolémée XIII, héritèrent tous deux du trône en 51 av. J.-C. Comme c'était la coutume en Égypte, le roi et la reine étaient frère et sœur, époux et femme. Très vite, ils devinrent des rivaux. En 48 av. J.-C., quand César conduisit une expédition militaire en Égypte, Cléopâtre avait perdu le pouvoir, et il semble probable qu'elle ait décidé de séduire César moins par amour que pour retrouver son trône. Quoi qu'il en soit, ses efforts furent couronnés de succès : César

écrasa les adversaires de Cléopâtre et rétablit, sous l'autorité de Rome, le frère et la sœur dans leurs droits. Peu de temps après, Ptolémée fut tué au combat. Cléopâtre fut alors seule à régner sur l'Égypte, après toutefois avoir partagé quelque temps le trône avec son frère de treize ans (et son deuxième mari), Ptolémée XIV.

En 44 av. J.-C., Cléopâtre, qui n'avait encore que vingt-cinq ans, se trouvait à Rome lorsque César fut assassiné. La reine, qui voulait confirmer la position de l'Égypte comme protectorat de Rome et affermir ainsi son propre pouvoir, rentra à Alexandrie, ses projets gravement compromis. En 42 av. J.-C., elle acquit probablement la conviction que l'avenir de Rome, et donc celui de l'Égypte, reposait entre les mains de Marc Antoine, qui n'avait plus pour rival que le jeune neveu de César, Octave, apparemment de santé fragile. C'est pourquoi, lorsque Antoine la pria de venir le rencontrer à Tarse, en Asie Mineure, elle décida une fois de plus de conquérir le conquérant.

Elle arriva à Tarse en remontant le Cydnus sur une barque splendidement décorée. Fort habilement, elle n'entra pas dans la cité, mais s'arrêta hors les murs, si bien que ce fut Antoine qui dut venir à elle. « Et c'est alors, raconte Plutarque, qu'elle révéla les splendides cadeaux qu'elle avait apportés, symboles de la richesse et de l'importance de l'Égypte : de l'or, des pierres précieuses, des chevaux et même des esclaves. » Elle cherchait sans doute surtout à impressionner Antoine, mais elle réussit aussi à le séduire. Le triumvir romain et la reine partirent pour Alexandrie, amants cette fois, et Cléopâtre donna bientôt deux jumeaux à Antoine.

En 40 av. J.-C., pour se protéger contre la puissance et l'autorité grandissante d'Octave, Antoine rentra à Rome pour y épouser la sœur de celui-ci. Seule sur le trône égyptien (son deuxième frère-époux ayant « disparu »), Cléopâtre se consacra à renforcer l'économie et les défenses de l'Égypte.

En 37 av. J.-C., Antoine reprit la route du Proche-Orient, décidé à y établir sa puissance. Cléopâtre, sachant qu'il aurait besoin d'elle, l'attendait. Elle finança ses campagnes militaires en Perse et ailleurs. En échange, elle obtint d'Antoine de vastes terres pour elle et ses enfants. En réalité, il comblait les vœux de cette habile femme, qui était de rétablir l'Égypte dans sa grandeur passée. On prétend aussi qu'Antoine l'épousa, bien que sa femme, la sœur d'Octave, fût encore vivante.

C'est à ce moment que l'étoile de Cléopâtre

Le cobra, emblème des pharaons égyptiens et dont Cléopâtre se servit peut-être pour se suicider, fut l'une des premières divinités de l'Égypte. On le voit ici, au front de cette statue de Toutânkhamon, qui régna de 1348 environ à 1340 av. J.-C.

LA MORT DE CLÉOPÂTRE

Dans *Antoine et Cléopâtre* de Shakespeare, la reine égyptienne, pour échapper à l'humiliation de la défaite de sa flotte et du suicide de son amant, se tue en présentant ses seins nus aux crochets d'un aspic. De fait, l'historien grec Plutarque dit qu'elle mourut d'une morsure de serpent au bras. Shakespeare n'aurait fait qu'enjoliver un peu l'histoire. Mais Plutarque ajoute qu'il a entendu d'autres récits de la mort de la reine. Selon certains, elle aurait pris du poison qu'elle tenait toujours prêt dans les dents creuses d'un peigne.

Si Cléopâtre mourut volontairement d'une morsure de serpent, ce fut probablement de celle d'un cobra, plutôt que d'un aspic, une sorte de vipère. Tout ce que nous savons d'elle montre qu'elle était trop intelligente pour s'imposer une mort lente et douloureuse. Elle savait certainement que les effets du venin de la vipère sont affreusement lents, alors que la morsure du cobra entraîne une paralysie nerveuse et une fin relativement douce et rapide.

Quoi qu'il en soit, il est certain que Cléopâtre se suicida. Peut-être aurait-il mieux valu qu'elle emporte avec elle ses enfants dans la tombe. Césarion, fils putatif de Jules César, fut exécuté. Des enfants qu'elle eut de sa liaison avec Marc Antoine, nous ne savons pas grand-chose. Peut-être la fille échappa-t-elle à la mort en épousant fort à propos le roi de la lointaine Mauritanie.

commença à pâlir. Octave convainquit le peuple romain qu'il était menacé par un empire dont la capitale était Alexandrie. En 31 av. J.-C., le sénat romain priva Antoine de ses charges politiques et déclara la guerre à Cléopâtre. Peu après, Octave défit les flottes d'Antoine et de Cléopâtre à Actium. Les amants s'enfuirent à Alexandrie, mais la fortune n'était plus avec eux. Antoine se suicida en tombant sur son épée. Cléopâtre était désormais à la merci d'Octave, qui allait bientôt prendre le nom d'Auguste, premier d'une longue lignée d'empereurs romains.

Cléopâtre aurait sans doute bien voulu faire la paix avec Octave aux conditions qu'elle avait offertes à César et à Antoine. Mais il resta insensible à sa personne, car en 30 av. J.-C. le charme de la souveraine de près de quarante ans, s'était sans doute estompé. Plutôt que de repartir pour Rome comme prisonnière de guerre, elle se suicida.

Choisit-elle de mourir parce que son amant s'était tué ? Était-elle éperdue d'amour ou nymphomane insatiable ? La réponse à ces questions paraît être non. La véritable Cléopâtre était une femme ambitieuse qui comprenait tous les arcanes de la politique et savait attraper au vol les occasions qui s'offraient. Sa seule erreur fut de prendre fait et cause pour le perdant.

Le cinéma a fait de Cléopâtre une beauté tapageuse, alors que cette sculpture (ci-dessus), datant d'environ 30 av. J.-C., montre qu'elle avait un menton volontaire, un nez fort et busqué. Dans Cléopâtre, film américain tourné en 1917, Theda Bara (à gauche) a laissé le souvenir d'une actrice éblouissante. Mais la vérité historique n'était pas le premier souci du metteur en scène, qui fit de Cléopâtre une sorte de Mata-Hari égyptienne, dans le goût de l'époque.

Le colosse qui parlait
Miracle ou habile trucage ?

LE géographe grec Strabon resta pour le moins sceptique lorsqu'il eut visité, il y a près de deux mille ans, l'attraction touristique la plus renommée d'Égypte. C'est à peine s'il avait entendu « un bruit semblable à un coup sans force ». Le son venait-il du socle de la statue ou était-il le fait d'un badaud, il n'en savait trop rien. Une chose était certaine, il ne venait pas de la statue. Et pourtant, pendant deux siècles encore, la statue que l'on appelait le « Memnon parlant » continua à attirer des foules de visiteurs qui étaient nombreux à croire qu'ils étaient les témoins d'un miracle. Car tous les jours, au lever du soleil, la statue se mettait à « parler ».

Le Memnon parlant était l'une des deux statues géantes (les colosses de Memnon) dont s'enorgueillissait la cité de Thèbes, ancienne capitale de l'Égypte, à 500 kilomètres au sud du Caire. En 27 av. J.-C., un tremblement de terre ravagea la ville et endommagea l'une des statues : le géant se fendit en deux, et le sommet de l'extraordinaire structure s'écrasa au sol.

C'est peu après ce tremblement de terre qu'on commença à dire que la statue mutilée s'était mise à « parler » au lever du soleil. De partout, on accourut en foule pour l'entendre.

Un autre géographe grec, Pausanias, visita Thèbes au IIe siècle de notre ère. Dans sa Description de la Grèce, seul guide de l'Antiquité connu, il nous fait part de sa stupeur à entendre la statue. « Tous les jours, écrit-il, au lever du soleil, elle se met à crier, et le son qu'elle émet ressemble beaucoup à une corde de harpe ou de lyre qui se brise. »

Les deux colosses de Memnon montent la garde à Thèbes, ancienne capitale de l'Égypte, depuis plus de trois mille ans. Mais leur sérénité est trompeuse, car l'un d'eux, endommagé lors d'un tremblement de terre en 27 av. J.-C., faisait entendre sa voix tous les matins, au lever du jour, mystère qui n'est pas encore totalement expliqué.

Cela n'empêchait pas la foule des badauds qui encombrait les rues de Thèbes de croire qu'elle avait entendu la voix de Memnon, roi légendaire d'Éthiopie, massacré par le héros grec Achille pendant la guerre de Troie.

Pendant deux cents ans, on s'émerveilla donc devant la statue parlante. Puis, au début du IIIe siècle, l'empereur romain Septime Sévère, qui régna de 193 à 211, se rendit lui aussi à Thèbes. Bon administrateur, il s'inquiéta de l'état de décrépitude du Colosse « parlant » et ordonna donc à ses ingénieurs de réparer la statue. De ce jour, celle-ci ne fit plus jamais entendre sa voix.

Mais comment donc parlait-elle ? Une explication possible est que la chaleur ardente du soleil dilatait brutalement et inégalement la surface froide et humide de la pierre brisée, provoquant une résonance qui avait l'apparence d'une voix mélodieuse. Ou encore, l'air en se dilatant s'échappait brusquement par une fissure de la pierre, produisant le son merveilleux entendu par les visiteurs.

Les sceptiques attribuent tout simplement le phénomène à l'intervention humaine : subterfuge ingénieux pour que les dons et les offrandes continuent d'affluer au sanctuaire. Après tout, les prêtres de Thèbes étaient peut-être ventriloques. Ou peut-être cachaient-ils quelqu'un dans le socle de la statue avant le lever du jour. Si c'est le cas, ils durent être bien habiles pour garder le secret si longtemps.

GRAFFITI ANTIQUES

Les colosses de Memnon sont en réalité deux statues jumelles du pharaon Aménophis III, comme l'attestent les inscriptions gravées au dos des statues. Aménophis, surnommé le Magnifique, régna d'environ 1417 à 1379 av. J.-C. A l'époque du tremblement de terre, sa mémoire avait sombré dans l'oubli, si bien que les Grecs et les Romains pensèrent que les statues étaient celles du roi d'Éthiopie Memnon.

A l'origine, les statues montaient la garde à l'entrée d'un énorme temple qui fut totalement détruit moins de cent ans après sa construction. Les statues subsistent encore. Sculptées dans le grès rouge, elles s'élèvent à près de 20 mètres du sol. Leurs épaules massives ont 6 mètres de large, alors que les doigts de leurs mains mesurent plus de 1 mètre de long.

Les visiteurs célèbres qui vinrent admirer la statue « parlante » firent graver leur nom sur ses jambes et son socle, souvent avec de longs commentaires. Les archéologues ont relevé plus de 100 inscriptions de ce genre, dont 61 en grec et 35 en latin. Environ un tiers d'entre elles sont datées et vont de l'an 14 de notre ère à l'an 205. Elles montrent bien que les visiteurs étaient absolument convaincus d'entendre un son miraculeux, comme cette inscription datant probablement de l'an 90 :

Tu possèdes encore ta voix, Ó grand Memnon,
Quand bien même
Par les destructeurs ton corps fut frappé,
Car Mettius t'entendit et peut ici l'attester.
De la main de Paeon ce poème fut écrit.

Le mystère du Peuple des marais
Meurtres ou sacrifices ?

EN mai 1950, des paysans danois qui découpaient des blocs de tourbe dans un marais découvrirent le corps d'un homme dans une tourbière appelée Tollund Fen. Pensant qu'il s'agissait de la victime d'un meurtre, ils appelèrent la police. Mais cette macabre découverte n'était pas la première du genre, et la police consulta le musée local. Les spécialistes établirent bientôt que le malheureux n'était pas la victime d'un meurtre récent, mais bien le protagoniste de quelque drame rituel qui s'était déroulé deux mille ans plus tôt. L'affaire fut donc confiée au professeur Peter V. Glob, spécialiste du Peuple des marais, des hommes et des femmes de l'âge du Fer dont on retrouve parfois les corps dans les tourbières du nord-ouest de l'Europe.

L'homme de Tollund, comme on l'appela bientôt, est l'un des plus beaux spécimens du Peuple des marais. Sa figure était remarquablement bien conservée. Comme l'écrit le professeur Glob : « Son visage avait une expression de douceur — les yeux légèrement fermés, les lèvres doucement pincées, comme absorbé dans une prière silencieuse. On eût dit que l'âme du mort était revenue un instant d'un autre monde. » Couché sur le côté droit, comme endormi, le cadavre avait pris une couleur brun foncé, alors que la tourbe avait donné à ses cheveux ras une teinte brun-roux. Mais cette impression de sérénité s'envola bien vite. Les fouilles révélèrent bientôt qu'une corde s'enroulait autour du cou du cadavre. L'homme avait été pendu.

Depuis des siècles, la tourbe sert de combustible dans le nord de l'Europe, et, au fil des années, les tourbières n'ont cessé de réserver de macabres découvertes, pour la plus grande consternation des tourbiers superstitieux qui y voyaient la main du démon ou l'explication d'une disparition étrange dans un village voisin. Plusieurs centaines de cadavres furent ainsi découverts. Légèrement tassés et parfois incomplets, ils avaient pris la couleur et la texture du cuir, tannés par l'acide de la tourbe. Dans certains cas, les os s'étaient décalcifiés, et il ne restait plus que la peau et les viscères.

Le plus souvent, les paysans s'empressaient de les remettre dans la tourbe ou de les enterrer en terre consacrée. Ce n'est que récemment, particulièrement depuis la Seconde Guerre mondiale, qu'on a compris qu'il s'agissait de vestiges extrêmement anciens. Les méthodes modernes de datation permettent d'établir que la plupart des cadavres sortis des tourbières jusqu'à présent datent de l'âge du Fer, entre environ 100 av. J.-C. et l'an 500 de notre ère.

Les découvertes ont été nombreuses au Danemark, surtout dans le nord et le centre du Jutland. C'est là qu'on a retrouvé l'homme de Tollund, et son voisin, l'homme de Grauballe, retrouvé en 1952 dans une tourbière, 17 kilomètres plus à l'est. Comme l'homme de Tollund, l'homme de Grauballe avait été enterré nu. Quoique déformé par le poids de la tourbe, le corps était bien conservé. L'homme avait eu lui aussi une fin violente, car il avait la gorge tranchée, presque d'une oreille à l'autre, et le crâne fracturé. Le corps portait d'autres traces de blessure, certaines peut-être postérieures à la mort.

Les marques de violence sont nombreuses sur les cadavres retrouvés dans les tourbières. Le plus souvent, les victimes étaient mortes pendues, étranglées, égorgées, matraquées ou décapitées. Parmi les exceptions, une fillette d'environ quatorze ans retrouvée dans le Schleswig, dans le nord de l'Allemagne. L'enfant serait morte noyée dans les eaux peu profondes d'un marécage, après qu'on lui eut bandé les yeux. Son corps fut lesté ensuite avec des branches et une grosse pierre. Ce fut aussi le cas d'un homme, également découvert en 1952, qui avait été pendu et enterré à 5 mètres de là.

Au XIXe siècle, on avait retrouvé le corps d'une femme d'une cinquantaine d'années, peut-être enterrée vivante dans une tourbière du Jutland. Des fourches de bois, solidement fichées dans la tourbe, lui maintenaient les genoux et les coudes, tandis que de grosses

Cette tête qui date de l'époque du Christ reposa pendant vingt siècles dans les tourbières de Tollund Fen, au Danemark. Extrêmement bien conservée, elle semble être celle d'un homme qui reçoit paisiblement la mort. Pourtant, une corde lui enserre le cou. L'homme fut-il exécuté pour payer quelque crime ? Ou fut-il sacrifié à un cruel dieu de l'âge du Fer ?

branches, posées en travers du corps, étaient également maintenues par des fourches de bois. Un témoin, qui vit l'expression de son visage, nous dit qu'il était empreint de « désespoir ».

Quelle signification donner à ces macabres découvertes ? L'homme de Tollund et celui de Grauballe ont fait l'objet d'études très poussées : autopsie complète, analyse des tissus, examens radiographiques, ce qui a permis d'établir notamment que l'homme de Grauballe souffrait d'arthrite de la colonne vertébrale. Des policiers prirent même ses empreintes digitales : comme celles de nombreux autres cadavres, ses mains n'étaient pas abîmées par les travaux manuels. Des paléobotanistes examinèrent aussi ce que contenait l'estomac des deux cadavres, éclaircissant ainsi certaines circonstances entourant leur mort. Le dernier repas des deux hommes se composait d'une sorte de gruau fait de céréales et de graines de fleurs des champs. L'absence totale de plantes estivales ou automnales permet de conclure que tous deux moururent en hiver ou au début du printemps.

Cette constatation confirme la théorie du professeur Glob, qui pense que les victimes avaient été sacrifiées, en hiver, à une déesse de la fertilité, pour hâter l'arrivée du printemps. Glob souligne aussi que ces enterrements dans les tourbières paraissent n'avoir rien en commun avec les coutumes funéraires habituelles de l'âge du Fer, alors qu'elles portent toutes les marques du sacrifice rituel, à une époque où nous savons que cette pratique était répandue. Toutefois, aucune conclusion définitive n'est encore possible.

Après une année de traitement destinée à compléter le processus entamé dans la tourbière, la tête sereine de l'homme de Tollund a pris le chemin du musée de Silkeborg, dans le centre du Jutland, à moins de 10 kilomètres de la tourbière où elle reposait. Exposée à côté d'objets de l'âge du Fer, son état de conservation est absolument remarquable. Quant au Musée préhistorique d'Aarhus, il possède le cadavre complet de l'homme de Grauballe, un homme de haute taille aux cheveux foncés, mort vers la fin de la trentaine, qui vécut vers l'an 310, témoignage muet des rites obscurs d'une époque lointaine.

La « barbarie » des Celtes
Victimes d'une religion

C'est en 1891, au Danemark, que fut retrouvé le grand cratère d'argent de Gundestrup, vase sacré de la religion celte. Ce détail, où l'on voit une victime humaine offerte au dieu de la guerre, confirme ce que les Romains disaient des sanglantes pratiques religieuses des Celtes. Mais cette religion avait aussi une dimension mystique que ne possédaient pas les cultes officiels des Romains. Et le cratère est un magnifique témoignage de l'art des orfèvres celtes.

EN l'an 60 de notre ère, lorsque les troupes romaines se lancèrent à l'assaut de l'île fortifiée de Mona (aujourd'hui Anglesey), au nord du pays de Galles, leur but était d'écraser non seulement une base militaire, mais aussi un centre religieux. Mona était une île sacrée, le foyer du druidisme celte dont les prêtres étaient le fer de lance de la résistance des Celtes à l'avance de Rome en Angleterre. Alors que les envahisseurs attendaient pour traverser l'eau, ils pouvaient voir les druides en robe blanche circuler parmi les guerriers, « levant les mains aux cieux et hurlant d'horribles imprécations », selon les termes de l'historien romain Tacite. Et comme si la scène n'était pas encore assez lugubre, des femmes en robe noire, les cheveux défaits, exhortaient les Celtes, hurlaient et brandissaient des torches.

Un instant, les Romains hésitèrent. Puis, reprenant leurs esprits, ils franchirent le pas et battirent les défenseurs mal armés de Mona. Ils firent alors quelque chose d'inhabituel : ils détruisirent les chênes du bois sacré des Celtes, mettant ainsi un terme à des siècles de rites mystérieux en l'honneur de dieux étranges.

En général, les Romains se montraient tolérants à l'égard des religions des peuples qu'ils avaient conquis. Pourquoi détruisirent-ils si brutalement celle des Celtes ? La réponse, selon les défenseurs de l'empire, était que la Rome civilisée méprisait « l'impiété barbare » des sacrifices humains que les druides faisaient à leurs dieux. Pourtant, Rome sacrifia aussi des victimes humaines jusqu'en 97 av. J.-C., lorsque le sénat se résolut enfin à interdire cette pratique. Et les sanglants combats de gladiateurs faisaient fureur dans la capitale impériale au moment du saccage des bois sacrés de Mona. La véritable raison qui poussa Rome à faire disparaître la ferveur et la foi du peuple celte fut que les prêtres — les nobles druides — exerçaient un tel pouvoir sur les Celtes qu'ils savaient les pousser à d'extraordinaires actes de bravoure. C'est la crainte, et non pas le dégoût d'une « impiété barbare », qui explique l'intolérance des Romains.

Les Grecs, comme les Romains, connaissaient depuis longtemps les formidables qualités guerrières des Celtes, dont les tribus, venues de quelque part au nord-est des Alpes, s'étaient répandues dans toute l'Europe. Ces guerriers de haute taille, musclés, aux cheveux clairs, étaient ensuite descendus sur les villes du Sud, saccageant la cité sainte de Delphes et tentant même un coup de main sur Rome au IVᵉ siècle av. J.-C. Lorsque Jules César entreprit la conquête de la Gaule, en 58 av. J.-C., les Celtes s'étaient installés dans toute l'Europe occidentale, y compris dans les îles Britanniques. Et c'est surtout par amour de la gloire que César voulut subjuguer les « barbares », au nord et à l'ouest de l'Italie. Ses récits de la vie gauloise furent sans doute rédigés en partie pour justifier les attaques dont furent victimes les Celtes. Il faut donc les lire avec prudence. Avec le temps, le succès des légions romaines fut tel que la culture celte finit par disparaître, absorbée par celle d'autres peuples, sauf dans les régions que leur éloignement rendait difficiles à soumettre : la lointaine Angleterre, l'Irlande et la Bretagne, par exemple.

Jusqu'à la bataille décisive de Mona, ces populations, qui allaient conserver leur identité celte, vivaient encore à « l'époque héroïque » d'incessantes guerres tribales, ponctuées et stimulées par d'interminables beuveries et de longues récitations de poèmes en l'honneur de la guerre. Leur société était rigidement divisée en trois classes : les nobles guerriers, les druides (également nobles), et enfin les paysans et artisans. Les guerriers ne vivaient que pour se battre. Montés dans des chars d'osier, ils fonçaient sur l'ennemi en criant de toutes leurs forces. Puis ils lançaient leurs javelots et sautaient à terre pour le corps à corps. Le visage peint en bleu, coiffés de grands casques à cornes, excités par la bière et l'ivresse du combat, ils donnaient un spectacle terrifiant qui fit frémir plus d'un Romain.

Et toujours, au milieu de leurs rangs, s'agi-taient ces prêtres qui les poussaient à conquérir une gloire encore plus immortelle. Si les druides ne combattaient pas, ils n'étaient certainement pas des hommes de paix. Rien d'étonnant à ce que l'empereur Claude Ier, après sa conquête du sud de l'Angleterre en l'an 43, bannît toutes les formes de druidisme dans l'Empire romain, ni que Suetonius Paulinus ordonnât quelques années plus tard à ses troupes de tuer les prêtres et les guerriers de Mona.

LES DRUIDES

Lorsqu'ils anéantirent le druidisme, les Romains mirent fin à une tradition complexe et à une longue culture. A Rome, tout un chacun, s'il était de bonne famille, pouvait devenir prêtre d'Apollon ou de Mars. Dans le monde celtique, les druides se préparaient vingt ans parfois à leur charge de gardiens des secrets de leur religion, dont nous n'en savons aujourd'hui pas plus qu'au temps des Romains. Les épreuves d'initiation faisaient des druides une caste à part, au-dessus de celle des guerriers.

Les druides faisaient fonction de prêtres, mais aussi de juges et d'historiens. Ils pratiquaient leurs rites religieux, et notamment des sacrifices humains, dans des forêts touffues (les « bois sacrés »). Il est bien possible que ces forêts épaisses et menaçantes du Nord froid et brumeux, si différentes des bosquets des régions méditerranéennes, aient amené les Romains à exagérer leurs récits de pratiques occultes et démoniaques. Jules César et Strabon, géographe et historien grec qui fut presque son contemporain, reconnaissent que les sacrifices rituels des Celtes obéissaient à des règles précises. Par exemple, si les victimes étaient généralement brûlées vives dans des cages d'osier dont la forme était celle d'énormes têtes, ce sort était normalement réservé aux prisonniers de guerre et beaucoup plus rarement à des Celtes innocents.

Un autre écrivain romain du Ier siècle apr. J.-C., Pline l'Ancien, brosse un tableau fascinant où nous voyons des prêtres en robe blanche célébrer la sixième nuit de la nouvelle lune en coupant une boule de gui sacré sur un chêne (en gaélique, le mot « druide » veut dire « celui qui connaît le chêne »). Le gui, coupé avec une faucille d'or, tombait sur un drap blanc et servait à faire des potions magiques, nous dit Pline.

La plupart des Celtes étaient illettrés, mais les druides savaient lire et écrire. Nombre d'entre eux possédaient aussi bien le latin que leur langue maternelle. Ils étudiaient les étoiles, non seulement pour leurs divinations astrologiques, mais aussi pour comprendre le ciel. Leur connaissance de l'astronomie était en fait comparable à celle des Romains, et l'année de leur calendrier, par exemple, comprenait 12 mois de 30 jours, plus quelques jours intercalaires. Pourtant, après la destruction du centre religieux de Mona, le druidisme perdit de son prestige. En quelques générations à peine, les druides ne furent plus que des sorciers.

Trahis par leurs chaussures modernes et leurs lunettes, des druides du XXᵉ siècle célèbrent la cérémonie du solstice d'été à Stonehenge, en souvenir de leurs ancêtres celtes.

Danebury : village fortifié sur une colline

Des villages fortifiés construits au sommet de collines apparurent en Europe vers 2000 av. J.-C., à l'âge du Bronze. Les tribus et leurs troupeaux se protégeaient derrière un fossé bordé d'un talus que surmontait une palissade. Par la suite, elles édifièrent des remparts de bois et de pierre. A partir de 1000 av. J.-C., les Celtes de l'âge du Fer construisirent de nombreux villages fortifiés dans toute l'Europe occidentale. Au IIe siècle av. J.-C., le village fortifié qui protégeait des pillages ses habitants et le précieux bétail était devenu la norme dans tout le monde celte.

En Angleterre, il s'agissait tantôt de simples fermes fortifiées, tantôt d'énormes enceintes entourées par des kilomètres de remparts. Dans le sud de l'Angleterre, certains forts, dont celui de Danebury dans le Hampshire est un bon exemple, semblent avoir occupé une place prépondérante au IIIe et au IIe siècle av. J.-C., exerçant leur influence à une centaine de kilomètres à la ronde.

Le site de Danebury fait environ 300 mètres de diamètre. Les archéologues y ont ouvert une large tranchée qui leur a permis de mieux connaître ce qu'était la vie du fort. Les premières constructions, sans doute des greniers, entourées d'une palissade, datent du VIe siècle av. J.-C. Deux siècles plus tard, un rempart de bois fut érigé autour du fort, et, à partir de cette date, le site fut occupé sans interruption, selon un plan systématique. Les maisons et les silos à grain se trouvaient au nord, tandis que des rangées de constructions rectangulaires, sans doute des granges, s'élevaient au sud. Plus tard, le plan fut modifié et les habitants du fort construisirent leurs maisons sur toute l'emprise du site fortifié. Vers le centre, quatre bâtiments rectangulaires avaient peut-être une fonction religieuse. En effet, les archéologues ont retrouvé des vestiges de temples romains dans plusieurs villages fortifiés, probablement construits sur les fondations d'anciens sanctuaires celtes. La présence de fosses funéraires à Danebury confirme le caractère sacré du lieu.

Au IIIe siècle av. J.-C., les habitants fermèrent l'entrée ouest et rehaussèrent les remparts avec des blocs de calcaire et de la terre, puis creusèrent un profond fossé. La porte, point faible du fort, fut renforcée vers 100 av. J.-C. par la construction de deux bastions en saillie et d'un poste de commandement. A l'extérieur de l'enceinte, des levées de terre formaient un enclos où les bêtes pouvaient paître en sécurité.

Les fouilles ont montré que Danebury avait une importante population, suffisamment bien organisée pour entreprendre de grands travaux. La présence de blocs de schiste brut, de lingots de fer et de fosses coniques, qui servaient probablement à faire se déposer l'argile, donne à penser que le village fabriquait des objets de métal, des ornements de pierre et des poteries qu'il échangeait peut-être aux environs.

La prospérité de Danebury déclina avec l'arrivée des légions romaines qui détruisirent les fortifications. Reconstruit, pour certains, après le départ des Romains au Ve siècle de notre ère, ces villages retranchés finirent par disparaître avec l'arrivée des Normands, en 1066.

Grenier sur pilotis

Les habitations de Danebury étaient de forme circulaire. Leurs murs en clayonnage étaient coiffés d'un toit conique en chaume ou en terre, recouvert de torchis pour l'imperméabiliser. Les seuls gros madriers étaient ceux du cadre des portes. De petits enclos, qui servaient de jardins et de pâturages, s'ouvraient parfois devant la porte.

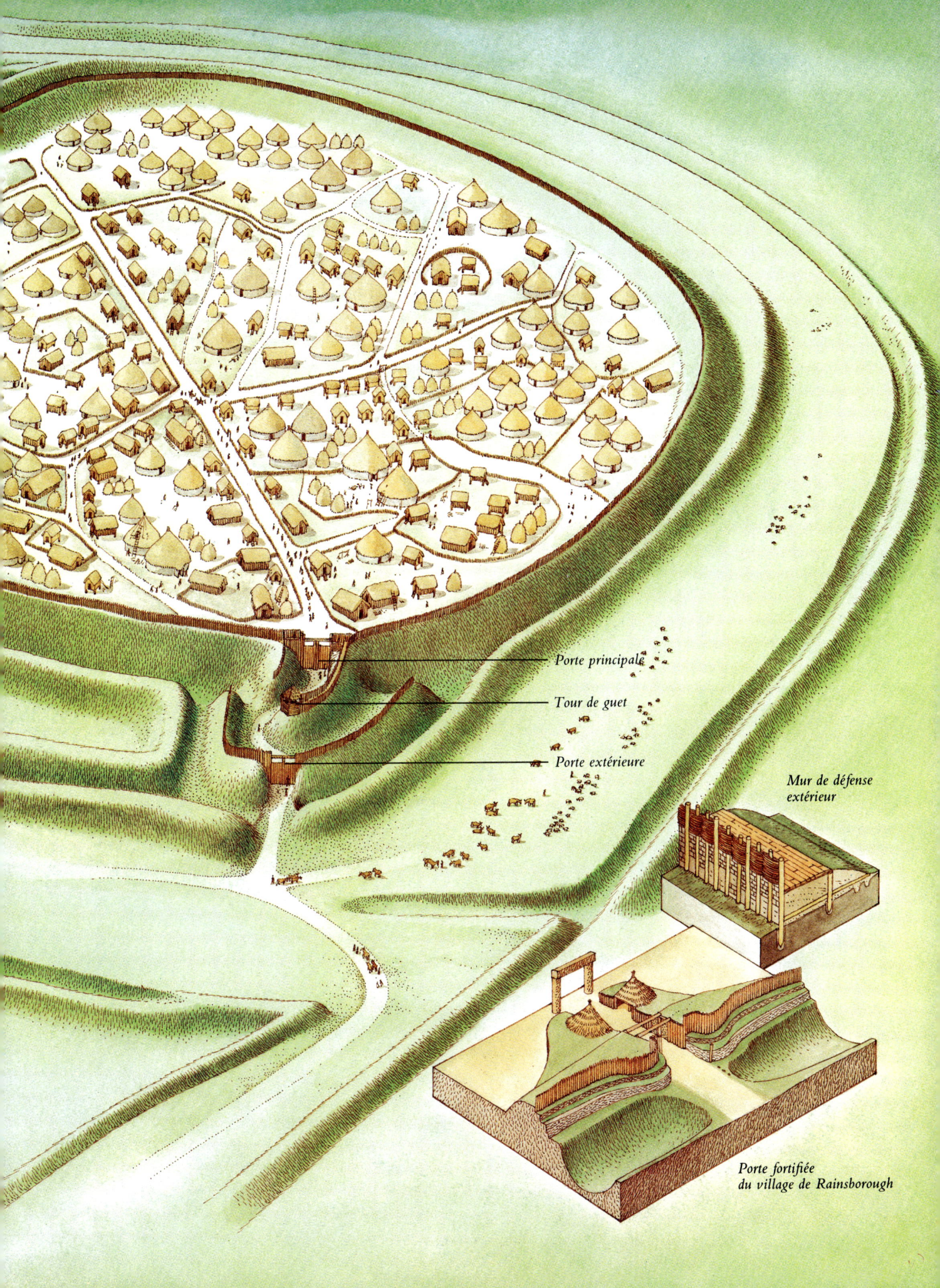

Porte principale

Tour de guet

Porte extérieure

*Mur de défense
extérieur*

*Porte fortifiée
du village de Rainsborough*

Un trésor enseveli

Des pièces d'or au kilo

On sait depuis longtemps que les Romains ont suivi les traces d'Alexandre le Grand jusqu'en Inde, un véritable exploit à une époque où les communications n'étaient ni faciles ni rapides. Ce long périple s'explique par le fait que les articles de luxe de l'Orient apportèrent toujours la richesse aux Européens qui en faisaient le commerce. Mais les Romains avaient-ils quelque chose à offrir aux Indiens, dont la culture était si différente qu'ils n'avaient probablement guère besoin de ce que pouvaient leur procurer les marchands romains ? Comme il était naturel, on a retrouvé des pièces de monnaie romaines dans le sud de l'Inde. Plus étonnant cependant, la plupart de ces pièces étaient enterrées ensemble, en grandes quantités.

Fallait-il en conclure que quelques Indiens avisés détenaient le monopole du commerce avec l'Occident et amassaient ainsi l'argent qu'ils ne pouvaient dépenser dans leur propre pays ? Ou bien ces trésors avaient-ils une signification particulière pour leurs propriétaires ? Ce n'est qu'en reconstituant pas à pas les étapes de ce commerce que les historiens sont parvenus à résoudre cette énigme.

Avec les années de paix et de stabilité qu'apporta l'Empire romain, le commerce prospéra, et les riches Romains se découvrirent le goût des articles de luxe venus des lointains pays. On importait les fourrures et l'ambre des contrées barbares du Nord ; l'Afrique offrait son ivoire, son or, ses épices et ses animaux sauvages ; de l'Inde venaient les fabuleux produits de l'Orient exotique.

Le commerce avec l'Inde se développa beaucoup sous le règne d'Auguste (27 av. J.-C.-14 apr. J.-C.). Les richesses de l'Orient étaient célèbres depuis l'époque d'Alexandre le Grand, mais les nombreux marchands qui vinrent alors faire connaître au monde romain les merveilles de l'Inde avivèrent encore cet intérêt. L'un d'eux apporta dans ses bagages un homme manchot de naissance, une grande tortue d'eau douce, des serpents et une perdrix « aussi grosse qu'un vautour ». D'autres, plus habiles peut-être, se munirent de perles et de pierres précieuses, amorçant ainsi un commerce qui bientôt allait inonder Rome d'articles de luxe, tandis que cent vingt navires portés par la mousson partaient tous les ans de l'Égypte, alors sous la domination de Rome, pour prendre leur précieuse cargaison en Inde.

Les magnats de ce commerce, les grands marchands de la civilisation romaine, étaient les Grecs d'Alexandrie, qui recevaient dans le port égyptien toutes les marchandises et matières premières en provenance de l'Orient. En Inde, les marchands ouvrirent d'abord des comptoirs sur la côte de Malabar. Ils y faisaient le commerce des épices, particulièrement le poivre, de la mousseline, des parfums et de l'ivoire. Vers la fin du Iᵉʳ siècle apr. J.-C., ce commerce s'étendit aux perles et pierres précieuses de Ceylan, aujourd'hui Sri Lanka, ainsi qu'à des produits venus de beaucoup plus loin, notamment les soies chinoises.

Bien entendu, il fallait payer ces marchandises, et dans un pays qui était largement dépourvu de monnaie. Les négociants tournèrent

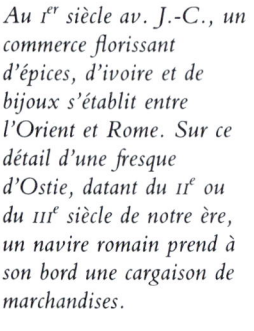

Au Iᵉʳ siècle av. J.-C., un commerce florissant d'épices, d'ivoire et de bijoux s'établit entre l'Orient et Rome. Sur ce détail d'une fresque d'Ostie, datant du IIᵉ ou du IIIᵉ siècle de notre ère, un navire romain prend à son bord une cargaison de marchandises.

la difficulté d'une manière plutôt ingénieuse.

Lorsqu'on découvrit pour la première fois, en 1775, des pièces romaines en Inde, les historiens pensèrent que ces trésors enterrés étaient la fortune bien cachée de commerçants indiens, oubliée ou abandonnée pour des raisons inconnues. Les archéologues savent aujourd'hui que les Indiens ne s'intéressaient qu'à la quantité de métal précieux contenue dans ces pièces. Chaque trésor constituait une unité entière d'argent et d'or sous forme de pièces de monnaie, unité que l'on pesait et troquait contre telle quantité de marchandise, tout comme les marchands des bazars indiens acceptent encore parfois des bijoux d'argent, au poids, en guise de paiement. Pline rapporte que la qualité constante des pièces romaines, toutes du même poids et du même titre, quelle que soit l'effigie de l'empereur qui y apparaissait, impressionna favorablement le roi de Sri Lanka, qui décida de bien traiter les honnêtes commerçants de Rome.

Pour bien montrer qu'elles ne devaient plus servir de monnaie, nombre de ces pièces sont marquées d'une incision en travers de l'effigie impériale. S'ils ne s'intéressaient guère à la valeur d'échange des pièces, en revanche, les Indiens, fort sensibles à la délicatesse de leur frappe, fabriquèrent des imitations en terre cuite, probablement revêtues d'une dorure, que l'on portait au cou comme ornement, une imitation flatteuse pour les Romains.

Mais cette hémorragie constante de pièces n'était pas favorable à l'économie romaine.

Bientôt, des règlements vinrent freiner les importations d'Orient, et, lorsque Néron altéra les pièces d'argent de Rome, les Indiens perdirent confiance dans cette monnaie qui, pour eux, tirait toute sa valeur du métal précieux qu'elle contenait. Ils ne voulurent plus accepter de pièces romaines. Les commerçants durent donc trouver d'autres moyens d'échange, et ils commencèrent à offrir des marchandises : vaisselle de qualité, verrerie, linge, corail, lampes, pierres précieuses taillées, barriques de vin. Les nombreux fragments de poterie d'origine méditerranéenne que les archéologues ont retrouvés au cours des années 1940 à Arikamedu, près de Pondichéry, sur les lieux d'un grand comptoir romain, montrent que cette nouvelle stratégie porta ses fruits. Les magasins d'Arikamedu regorgeaient de pots, de plats, de vins fins et de vaisselle venus d'Italie, tandis que les artisans indiens fabriquaient des bijoux ou tissaient et teignaient la mousseline.

Mais ce commerce avec l'Inde n'était pas essentiel à la santé des légions romaines, ni à la sécurité de Rome. Au IIIᵉ siècle de notre ère, alors que l'empire était secoué par des crises incessantes, il commença à décliner, puis s'interrompit. Des intermédiaires, les Arabes et les Perses, prirent la relève. Les marchands d'Alexandrie cessèrent de partir tous les ans avec la mousson, et l'Inde redevint pour longtemps une terre mystérieuse et inaccessible aux Européens.

Les vestiges des anciens comptoirs indiens renferment de nombreuses poteries romaines qui attestent l'existence d'un commerce important et durable entre Rome et l'Inde. Ce bol, fabriqué à Arezzo, est un exemple des marchandises que les Romains échangeaient contre des produits exotiques.

LE COMMERCE DE LA MOUSSON

Les conquêtes d'Alexandre le Grand (qui régna de 336 à 323 av. J.-C.) mirent pour la première fois le monde méditerranéen en contact avec l'Inde. Mais, en particulier à cause du puissant Empire parthe qui se développa bientôt en Perse, les anciennes routes terrestres qui reliaient la Méditerranée au sous-continent indien se fermèrent au trafic régulier. Les marchands se tournèrent donc vers la mer, plus sûre.

Au Iᵉʳ siècle av. J.-C., un marchand grec du nom d'Hippalus découvrit comment utiliser la mousson pour se rendre en Inde et en revenir. Il donna aussi une description relativement exacte de la région, et les marchands mirent bientôt à profit le vent d'Hippalus pour entamer avec l'Orient un commerce sans précédent. En juillet et en août, pendant quarante jours, les marchands se rendaient directement des ports de l'Arabie jusqu'à la côte de Malabar, au sud-ouest de l'Inde. En décembre et en janvier, leurs affaires terminées, ils rentraient par la mer Rouge ou le golfe Persique. Au Iᵉʳ siècle de notre ère, les comptoirs de la côte est de l'Inde, autrefois uniquement accessibles par voie de terre, étaient desservis par des bateaux qui contournaient la péninsule indienne. Les navires marchands mouillaient à Sri Lanka, et certains poussaient beaucoup plus à l'est, en Birmanie, en Malaisie, au Viêt-nam et même en Chine.

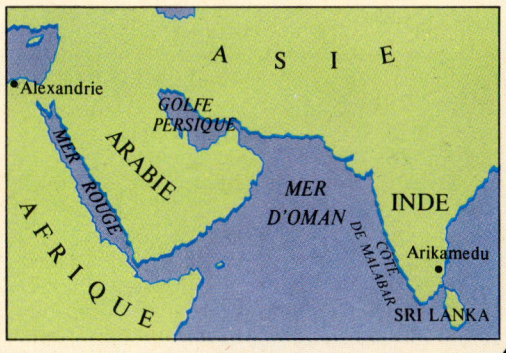

Traître ou patriote ?

Un historien juif très controversé

Josèphe, méprisé par son propre peuple, tenta pourtant de faire connaître au monde des non-Juifs l'histoire et les traditions du peuple juif. Cette miniature du XIVᵉ siècle représente le départ en captivité des dix tribus d'Israël, épisode que Josèphe raconte dans les Antiquités judaïques.

Nul n'est prophète en son pays, dit l'adage. Et il en est peut-être de même des historiens, si l'on en croit l'histoire de Flavius Josèphe, le chroniqueur du peuple juif. Accusé par ses compatriotes de trahison pour avoir tiré avantage de ses relations amicales avec les conquérants romains, Josèphe est passé à l'histoire comme un homme qui renia ses origines pour son profit personnel. Mais mérite-t-il vraiment cette réputation ou fut-il, comme il le croyait lui-même, un patriote, un ami pour son peuple frappé par l'épreuve ?

Josèphe était né sous une bonne étoile, en l'an 38. Issu d'une noble famille de prêtres de Jérusalem, ce fut un enfant studieux et intelligent, si précoce qu'à l'âge de quatorze ans, prétend-il, les prêtres et les sages de la ville venaient le consulter sur des points de droit. Il poursuivit ses études jusqu'à dix-neuf ans et devint membre de la secte des pharisiens. Ce choix ne fut pas sans influer sur la suite de sa carrière, car les pharisiens se distinguaient des autres Juifs par l'attitude pragmatique qu'ils

adoptaient à l'égard de la domination romaine. A la différence des zélotes, farouches adversaires des Romains, les pharisiens croyaient possible de faire coexister l'intégrité de la religion juive et l'ordre politique romain.

En 64, Josèphe, devenu un jeune prêtre ambitieux et savant, se rend à Rome afin de demander la libération de certains prêtres juifs qui s'y trouvent emprisonnés. Il obtient gain de cause, grâce à l'intervention de l'épouse de Néron, Poppée, et goûte fort son séjour dans la grande ville cosmopolite, où la puissance militaire des Romains l'impressionne vivement. Il n'en est que plus convaincu de la futilité d'une révolte armée des Juifs contre la toute-puissance des armées romaines en Judée, conviction qui l'amènera plus tard à composer avec l'ennemi.

De retour, il constate que les nuages de la révolte sont plus épais que jamais. Très vite, Josèphe est entraîné dans la rébellion sanglante qui aboutit à la destruction de Jérusalem par les Romains en l'an 70. Il était alors presque impossible de rester neutre dans cette lutte, et

JUDÉE : LA PROVINCE IRRÉDUCTIBLE

En 63 av. J.-C., Pompée conquit la Judée, qui, jusqu'en l'an 44 de notre ère, devint un protectorat romain placé sous la férule symbolique de potentats locaux. La tranquillité de la Judée, pont stratégique entre les provinces impériales d'Égypte et de Syrie, barrière dressée devant l'Empire parthe à l'est, revêtait une importance vitale pour les Romains, qui cherchèrent donc à s'assurer à tout prix la coopération passive de leurs sujets juifs.

Ceux-ci reçurent une totale liberté religieuse. Les Romains se contentèrent de leur demander de faire tous les jours un sacrifice pour l'empereur comme gage de leur loyauté envers Rome. La dispense était inhabituelle pour un peuple assujetti, tout comme la dispense du service militaire et la latitude considérable qui lui était laissée dans la gestion de ses affaires. Pourtant, les Romains bafouèrent en plus d'une occasion les traditions juives. En 39 et 40, par exemple, Caligula, l'empereur fou, voulut faire construire une statue de lui-même dans le temple de Jérusalem. Cette folie n'aurait pu manquer de déclencher la guerre si Caligula n'était mort assassiné l'année suivante.

Même s'ils tenaient tout leur pouvoir de Rome, les monarques en titre de Judée ne furent pas tous haïs. Agrippa Iᵉʳ était très aimé à la fois de ses sujets juifs, qui voyaient en lui un homme

pieux, et de ses sujets non juifs, pour qui le monarque était un helléniste cultivé. Mais il était trop indépendant au goût de Rome, et, lorsqu'il mourut en l'an 44, son royaume tomba directement sous la coupe des Romains. A cause de l'incompétence et de la cupidité des procurateurs de Rome, la tension politique monta et les zélotes, ennemis farouches des Romains, prirent une importance grandissante.

Le mouvement zélote avait vu le jour en l'an 6, lorsqu'un recensement romain (qui devait servir à la mise en place d'un tribut) fit comprendre aux Juifs qu'ils étaient les sujets d'un empereur étranger et païen. En 66, un jeune homme du nom d'Éléazar interrompit un sacrifice au culte impérial. La révolte éclata. Menés par Menahem, fils du fondateur des zélotes et acclamé comme le Messie depuis longtemps attendu, les zélotes devinrent les maîtres de Jérusalem.

La réaction des Romains fut aussi brutale que rapide. Les dernières flammes de la révolte s'éteignirent en 73, lorsque les défenseurs de la forteresse de Massada, près de la mer Morte, mirent tous fin à leurs jours plutôt que de se rendre. Le nationalisme des Juifs n'était pas mort pour autant. En 132-135, ils se soulevèrent encore, et, cette fois, les Romains ne laissèrent rien au hasard. Ils déportèrent les rebelles et ravagèrent complètement leurs terres.

Josèphe crut de son devoir de prêcher la modération parmi les rebelles que poussaient les zélotes. Il fut nommé commandant de troupes en Galilée, et c'est à cette époque que survint un événement qui allait procurer des arguments à ses détracteurs. Les choses tournèrent mal pour les Juifs, et Josèphe et quarante de ses hommes durent se réfugier dans une grotte. Assiégés, les Juifs décidèrent de se tuer plutôt que de se rendre. Josèphe proposa alors que chaque homme, tour à tour, tue son voisin plutôt que de se suicider. On tira au sort ; le premier homme tua le second, et ainsi de suite. Par un habile tour de passe-passe, Josèphe réussit à se faire désigner le dernier. Lorsqu'il fut seul avec celui qu'il devait tuer, il le persuada de se rendre à l'armée romaine, commandée par Vespasien. Si Josèphe n'avait pas eu l'esprit très vif, il aurait sans doute été envoyé à Néron comme prisonnier de marque, mais il « prophétisa » que Vespasien allait devenir empereur. Cette prédiction, qui n'était sans doute qu'une ruse, inspirée par la grande popularité dont Vespasien jouissait auprès de ses troupes, se réalisa en 69, lorsque Néron perdit son trône et que ses trois successeurs connurent une fin tout aussi peu glorieuse. Le nouvel empereur, Vespasien, récompensa Josèphe en lui accordant sa liberté, et plus encore.

Devenu citoyen romain, titulaire d'une rente, Josèphe commença une nouvelle vie sous le nom de Flavius Josèphe, enfant chéri de la bonne société romaine. Il accompagna les armées impériales, maintenant conduites par le fils de Vespasien, Titus, devant Jérusalem assiégée, où il implora ses compatriotes de se rendre. Inutile d'ajouter que le peuple de Jérusalem n'apprécia guère ces manœuvres d'un homme qui, pour lui, n'était qu'un traître. Josèphe usa cependant de son crédit pour obtenir la libération d'un grand nombre de ses amis après le sac de la ville. Et il refusa d'accepter sa part du butin.

Installé à Rome avec sa quatrième femme — héritière d'une famille aristocratique —, Josèphe consacra le reste de sa vie à ses œuvres littéraires. Dans ses écrits, il fait figure d'un personnage souvent imbu de lui-même, mais qui n'oublie jamais ses origines juives. Il se considérait comme un réaliste qui s'accommodait, comme tant d'autres de ses compatriotes, de la puissance politique et militaire d'une Rome qui s'était montrée très tolérante face aux fréquents soulèvements des Juifs, jusqu'à ce que la révolte de l'an 66 soit violemment réprimée. C'est sous cette lumière qu'il avait tenté, sans succès, de présenter la situation au peuple de Judée, et c'est pourquoi, à Rome, il

mettait à profit ses dons d'historien pour célébrer et expliquer l'histoire et le patrimoine de son peuple au monde des non-Juifs. Cette loyauté envers ses origines ressort tout particulièrement de son dernier livre, le *Traité contre Apion,* vigoureuse défense du judaïsme, de ses coutumes et de sa philosophie contre les calomniateurs antisémites de l'époque.

Si ses activités durant la guerre lui valurent une réputation pour le moins ambiguë, ses écrits le signalèrent finalement comme un traître aux yeux de certains de ses compatriotes. Dans *la Guerre des Juifs,* rédigée après la fin des hostilités, entre 75 et 79, Josèphe décrit le conflit au cours duquel il joua un rôle important, tout d'abord comme chef rebelle, puis comme observateur privilégié de l'armée romaine victorieuse. Mais ce récit historique était aussi un ouvrage de propagande. Josèphe voulait dissuader les autres peuples du Proche-Orient de se rebeller contre l'écrasante machine de guerre romaine. Il se souciait aussi de l'image qu'on se faisait de son peuple dans le monde romain, affirmant que les Juifs ne s'étaient rebellés que poussés par des visionnaires fanatiques. *La Guerre des Juifs* flattait les sensibilités impériales et l'œuvre reçut donc bientôt un soutien officiel.

Il va sans dire que l'ouvrage fut mal accueilli

Sans vergogne, Josèphe prit le nom de Flavius, patronyme de l'empereur Vespasien, qui l'avait pris sous sa protection. Ses compatriotes de Judée y virent une preuve supplémentaire de son arrivisme éhonté.

par les Juifs qui avaient fait cette guerre, ceux qui se souvenaient de l'héroïque résistance de Massada et du sac de Jérusalem. Ils étaient exaspérés de lire ce que Josèphe disait de son propre comportement, plutôt contestable, pendant la révolte. De toute évidence, son passé lui pesait. Josèphe est ambigu quant aux motifs qui le poussèrent à prendre la tête d'une bande de rebelles, et le sort de ses compagnons de lutte le laisse complètement insensible. De même sa « capture » par les Romains montre qu'il était loin d'être un héros.

Josèphe ne retrouva jamais l'affection de son peuple. Lorsqu'il mourut, vers l'âge de soixante-dix ans, Jérusalem n'éleva aucun monument à sa mémoire. En revanche, Rome lui fit une statue, honneur insigne pour le fils d'une race vaincue.

Josèphe était-il donc un réaliste qui tenta de concilier la grandeur et la puissance de Rome avec la fierté et le caractère unique du peuple juif ? Ne fut-il qu'un opportuniste habile, prompt à sentir d'où venait le vent, insensible aux souffrances des autres ? Dans ses écrits, Josèphe ne semble avoir aucun doute. En eut-il jamais dans le secret de son cœur ?

Commodité romaine

Un souci douteux de propreté

LA propreté du corps est-elle le reflet de celle de l'âme ? Certainement pas pour de nombreux citoyens de l'Empire romain, pour qui elle n'était que le signe de la plus vile déchéance morale. Au centre de leur opinion : les bains publics, et tout ce qui les accompagnait.

Dès les premières années de la république (vers 400 av. J.-C.), les maisons des riches avaient souvent leurs bains (balneum), plus semblables à une petite piscine intérieure qu'à une salle de bains moderne. Tandis que la république donnait naissance à un puissant empire, les villes croissaient aussi en taille et en richesse, et la pratique du bain se répandit dans toutes les couches de la société. Les bains publics devinrent si populaires qu'au Ier siècle apr. J.-C. l'historien Pline l'Ancien s'avouait impuissant à dénombrer les balnea publics de Rome, plusieurs centaines selon lui. Les thermae, qui comprenaient une salle chaude (laconicum), un bain chaud (caldarium), une salle froide (tepidarium) et un bain froid (frigidarium), étaient les meilleurs de tous. On commençait par prendre un peu d'exercice dans une salle spéciale, la palestre, puis on se déshabillait pour entrer dans l'étuve du laconicum. Après s'être frotté la peau d'huile et avoir pris un bain chaud, on plongeait enfin dans l'eau froide du frigidarium pour se fouetter les sangs. Les thermes étaient donc à la fois gymnase, bains turcs ou sauna et piscine publique.

Mais ce n'était là qu'un côté de la médaille. Les grands thermes de Rome et des autres villes avaient l'allure de véritables palais avec leurs colonnes de marbre, leurs hautes voûtes, leurs splendides mosaïques, leurs fontaines et leurs statues. Les thermes de Caracalla, à Rome, occupaient près de 11 hectares et pouvaient accueillir plus de 1 500 personnes. Ceux de l'empereur Dioclétien, au centre de Rome, étaient encore plus grands. La plupart des thermes offraient également des boutiques, ce que nous appellerions aujourd'hui des bars et des cafés, et même, parfois, des bibliothèques et des théâtres.

Grâce à la générosité de l'État ou de quelque bienfaiteur, l'entrée était généralement gratuite, ou très bon marché. Riches et pauvres allaient donc aux thermes voir et se faire voir. Sous l'empire, les thermes devinrent des lieux si prisés de détente et de plaisir que même ceux qui pouvaient s'offrir des bains chez eux les fréquentaient. Dans une lettre écrite à un ami,

Les thermes romains d'Aquae Sulis — aujourd'hui Bath, en Angleterre — attiraient des foules venues de partout pour bénéficier des propriétés curatives que l'on prêtait à leurs sources thermales.

LES FONTAINES DE ROME

Dans la Rome impériale, jour après jour, près d'un milliard de litres d'eau alimentaient les thermes, les piscines publiques et les fontaines. Dix grands aqueducs couverts, portés par des arcades de pierre et de brique, amenaient dans la ville toute cette eau. Les ruines de l'un d'eux, l'Aqua Claudia, se dressent encore aux environs de Rome.

Les aqueducs sont au nombre des plus beaux monuments que nous ont laissés les Romains. Le pont du Gard, par exemple, qui enjambe encore une vallée à près de 50 mètres de hauteur, sur trois ordres d'arcades, fut construit il y a vingt siècles par Marcus Agrippa, soldat et ingénieur. Il faisait partie d'un vaste réseau de conduits, certains percés à flanc de colline, qui alimentaient en eau la ville de Nîmes. Perché au-dessus de Ségovie, un aqueduc romain à deux ordres d'arcades, construit en pierres de taille, sans aucun mortier, est encore aujourd'hui pratiquement intact. Le plus grand de son époque était l'aqueduc de Zaghouan, en Afrique du Nord, qui zigzaguait sur plus de 200 kilomètres à travers le désert et les montagnes, apportant les eaux d'une grande source à la cité de Carthage.

Dans les villes, un réseau de réservoirs, de citernes et de tuyaux distribuait l'eau que le petit peuple ne se privait pas de voler en pratiquant des « dérivations » illégales. Dès le 1er siècle av. J.-C., un grand ingénieur, Marcus Vitruvius, notre Vitruve, mettait déjà les Romains en garde contre les dangers de leurs canalisations et de leurs citernes de plomb. On commença donc à utiliser aussi des conduits de céramique réunis par des joints faits d'un mélange de chaux vive et d'huile. Les égouts étaient tout aussi remarquables. A Rome, les grands collecteurs (cloacae) étaient des tunnels de pierre, suffisamment vastes par endroits pour qu'un char à bœufs puisse y passer. Le plus grand et le plus ancien de tous était le Cloaca Maxima, dont le déversoir, une arche de 5 mètres de diamètre, est toujours visible sur la rive du Tibre.

Mais l'ingéniosité des Romains avait ses limites. Si les cités comptaient d'innombrables bains publics et fontaines, peu de maisons avaient l'eau courante, et des armées d'esclaves faisaient office de porteurs d'eau. De même, les égouts ne desservaient que les rues et autres lieux publics, tandis que les installations domestiques étaient souvent fort rudimentaires. Les grandes maisons et villas avaient leurs fosses d'aisance, mais les habitants des villes surpeuplées n'avaient que trop tendance à vider tout simplement leurs eaux « ménagères » en pleine rue, parfois sur la tête d'un passant.

vers l'an 40 de notre ère, Sénèque se plaint amèrement d'habiter près d'un tel établissement. Le bruit est incessant : rugissements et halètements de ceux qui font de l'exercice ; cris des vendeurs de toutes sortes ; hurlements de plaisir et grands éclaboussements de ceux qui se baignent. L'épileur l'irrite tout particulièrement, « avec sa voix aiguë, perçante, pour attirer le client et qui ne tient jamais sa langue, sauf lorsqu'il épile les aisselles et fait alors crier sa victime à sa place ».

Fort bien : beaucoup de monde, beaucoup de bruit. Mais où trouve-t-on la turpitude morale, la dépravation des mœurs que nous décrit le cinéma avec un grand luxe de détails ? Les Romains faisaient généralement leurs orgies en privé, mais il y avait bien d'autres choses, aux thermes, pour tenter les esprits dissolus. Pendant longtemps, de nombreux *balneai* autorisèrent les bains mixtes, et certains n'étaient en fait guère moins que des maisons closes. Dans d'autres, la réunion dans les salles chaudes et les piscines d'un si grand nombre d'hommes et de femmes nus donnait lieu à ce que nous appellerions aujourd'hui de joyeuses parties galantes. La situation devint si scandaleuse que l'empereur Hadrien, au IIe siècle, se vit contraint d'interdire les bains mixtes.

L'excès de boisson était également un problème, car quelques lampées de vin remédiaient vite au besoin de boire provoqué par l'exercice et la chaleur communicative de la foule. Mais avec le vin venait la bagarre, et avec la bagarre les voleurs et autres petits truands, trop heureux de disposer d'un si grand nombre de victimes éméchées. La clameur des chasses à l'homme qui s'ensuivaient dérangeait fort le malheureux Sénèque.

La décadence des thermes prenait aussi une autre forme. Les anciens voyaient arriver d'un mauvais œil ces opulents personnages qui étalaient leurs richesses, vêtus de leurs plus belles robes, entourés d'esclaves qui s'affairaient à les déshabiller, à leur masser le corps avec de l'huile, à leur frictionner la peau avec le strigile (racloir de métal ou d'ivoire), à les oindre de parfums aussi rares que précieux. Certains désapprouvaient même les exercices préliminaires, tout comme le rituel de l'huile et du grattoir. Être propre est une chose, disaient ces moralisateurs, mais faire un culte de l'athlétisme, voilà qui ne pouvait que détendre la fibre patriotique de l'empire.

Aujourd'hui, les ruines des grands thermes se dressent toujours pour rappeler aux moralisateurs que l'amour du plaisir conduisit les Romains à leur perte. Mais elles nous rappellent aussi que ces lieux étaient des chefs-d'œuvre de l'art et de l'architecture, des triomphes de la technique romaine.

Bath : ville d'eaux romaine

Une source thermale qui jaillit du sol à près de 50 °C, avec un débit de plus d'un million de litres par jour, est à l'origine de l'ancienne ville romaine d'Aquae Sulis, aujourd'hui Bath en Angleterre. La conquête de l'Angleterre venait de prendre fin, et le lieu se prêtait admirablement bien à la construction d'un immense centre de villégiature qui éclipserait tous les autres, hormis les plus grands d'Italie. Dans la tradition des grands édifices romains, comme le Colisée, l'extérieur du complexe était d'une grande simplicité : des murs épais, des voûtes massives, sans aucun ornement. Par contre, l'intérieur offrait à l'œil de ceux qui venaient prendre les eaux un cadre harmonieux et d'une grande élégance. De fines colonnes, des piliers, des arches, des fenêtres et de beaux ouvrages de maçonnerie décoraient les bains, les salles et les étuves. Les thermes d'Aquae Sulis restèrent en activité jusqu'au ve siècle, où la ville fut abandonnée. On les a retrouvés enfouis sous la terre au xviiie siècle, et, partiellement restaurés, ils reçoivent toujours les eaux des sources thermales.

Le grand bain
Les archéologues distinguent cinq grandes périodes consécutives dans la construction des bains d'Aquae Sulis. C'est probablement au iie siècle, au cours de la troisième période de remaniements, que la toiture du grand bain et des salles voisines fut remplacée par des voûtes de ciment.

Eau des sources thermales

Réservoir

Corridor

Bain

Bain froid

Salle chaude

Conduit

Bains de l'Ouest

Bain froid

Arcades du grand bain

3e période

1re période

Salle chaude

Piscine froide

Sauna

Vue en coupe du grand bain

Hypocauste

N E O S

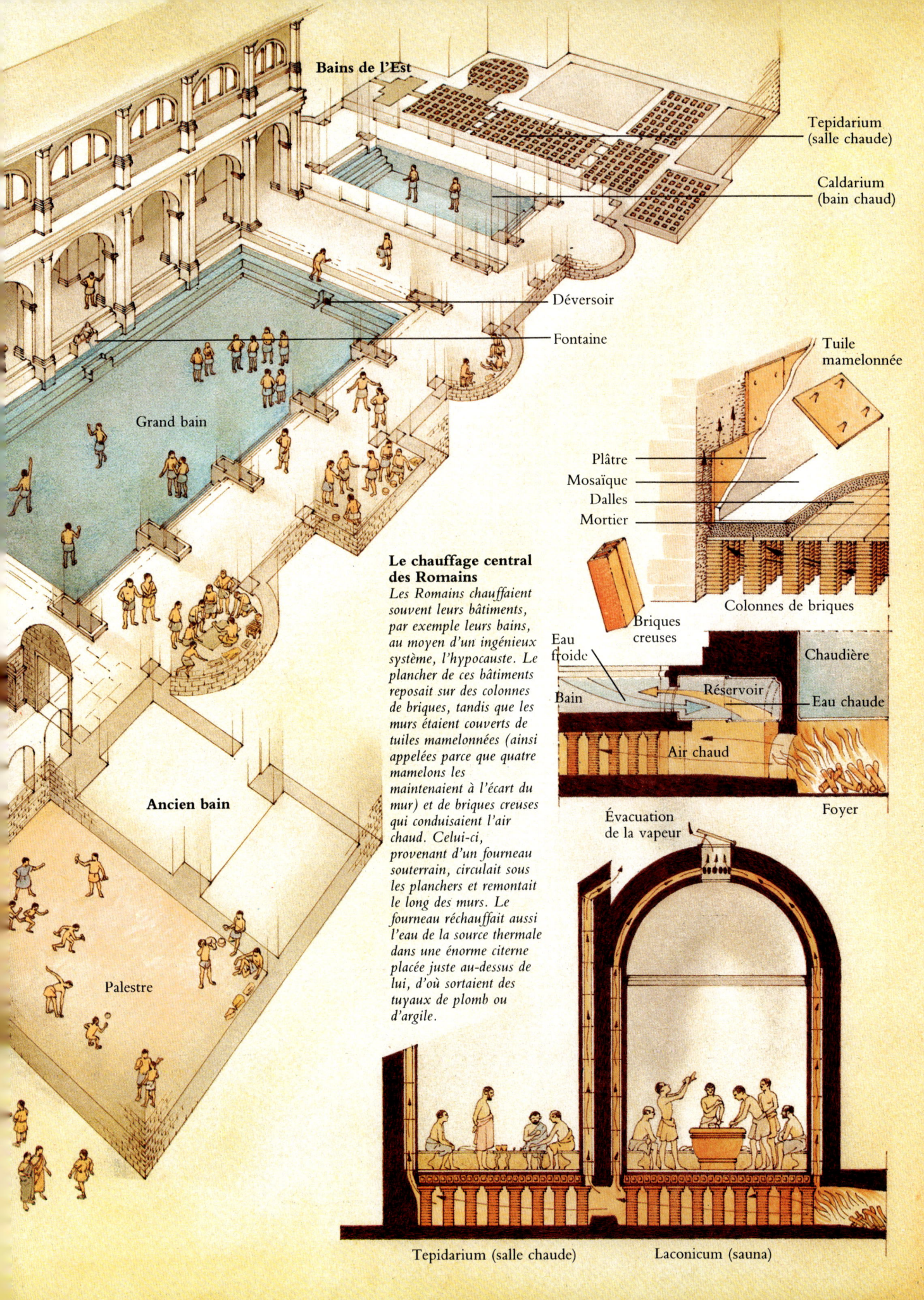

Bains de l'Est

Tepidarium
(salle chaude)

Caldarium
(bain chaud)

Déversoir

Fontaine

Tuile
mamelonnée

Plâtre
Mosaïque
Dalles
Mortier

Colonnes de briques

Grand bain

Briques
creuses

Eau
froide

Chaudière

Réservoir

Eau chaude

Bain

Air chaud

Foyer

**Le chauffage central
des Romains**

*Les Romains chauffaient
souvent leurs bâtiments,
par exemple leurs bains,
au moyen d'un ingénieux
système, l'hypocauste. Le
plancher de ces bâtiments
reposait sur des colonnes
de briques, tandis que les
murs étaient couverts de
tuiles mamelonnées (ainsi
appelées parce que quatre
mamelons les
maintenaient à l'écart du
mur) et de briques creuses
qui conduisaient l'air
chaud. Celui-ci,
provenant d'un fourneau
souterrain, circulait sous
les planchers et remontait
le long des murs. Le
fourneau réchauffait aussi
l'eau de la source thermale
dans une énorme citerne
placée juste au-dessus de
lui, d'où sortaient des
tuyaux de plomb ou
d'argile.*

Ancien bain

Évacuation
de la vapeur

Palestre

Tepidarium (salle chaude)

Laconicum (sauna)

Boudica

Une reine se rebelle contre l'Empire romain

Vers l'an 60, le roi des Icènes, tribu celte de l'est de l'Angleterre, mourut sans héritier mâle, laissant derrière lui une veuve et deux jeunes filles. Loyaux sujets des Romains qui avaient envahi l'Angleterre quinze ans plus tôt, les Icènes jouissaient des droits et des privilèges, par exemple une autonomie limitée, que Rome accordait généralement aux nations qui acceptaient de composer avec elle. Il apparut alors que le roi des Icènes avait légué une partie de son royaume à l'empereur Néron. Le procurateur de l'empire, un homme cupide appelé Decianus Catus, se saisit de l'occasion pour soutirer de l'argent aux Icènes maintenant sans chef et pour confisquer une bonne partie de leur territoire.

Mais il se trompait, et lourdement : les Icènes avaient un chef, la veuve du roi, Boudica, qui s'installa sur le trône et exigea aussitôt qu'on la traite avec plus d'égards. Chef d'une tribu nominalement indépendante,

elle refusa de payer ce qu'on lui demandait et s'opposa au pillage de son territoire. Fou de colère, Decianus ordonna qu'on déshabille cette femme rebelle et qu'on la fouette en public. Ses hommes se firent un plaisir d'exécuter ses ordres et, en outre, les soldats romains prirent l'initiative, en présence de Boudica, de violer ses filles, à tour de rôle.

Nous ignorons ce qu'il advint d'elles par la suite. En revanche, à compter de ce jour, leur mère, grâce à une force de caractère peu commune, consacra sa vie entière à mener son peuple dans une terrible croisade contre l'oppresseur étranger. Les Icènes la suivirent sans hésitation, et plusieurs tribus voisines se rallièrent bientôt à eux. L'hiver venu, Boudica disposait d'une armée de plusieurs milliers d'hommes (100 000 selon un auteur), et les rebelles marchèrent contre trois localités de l'est de l'Angleterre, qu'ils savaient pleines de colons romains et de « collaborateurs » : Camulodunum, Verulamium et Londinium

Fière et noble, Boudica s'élance au combat. Cette statue de bronze, datant de 1902, se trouve à Londres, près du Parlement.

(aujourd'hui Colchester, Saint-Albans et Londres). Enflammés par Boudica, les Icènes et leurs alliés jurèrent de répandre partout le sang et de ne faire aucun prisonnier.

La reine avait bien choisi son moment, car Suetonius Paulinus, commandant des armées romaines en Angleterre, et la moitié de ses troupes se trouvaient pris, loin à l'ouest, dans une autre campagne. Dans une débauche de feu et de sang, les hordes rebelles envahirent les trois villes et les saccagèrent, mais leur fureur ne se porta pas seulement sur les garnisons romaines, car, dans sa colère, Boudica décréta qu'aucun de ceux qui avaient accepté de vivre en paix avec le conquérant ne serait épargné. L'historien romain Dion Cassius, qui vécut au IIᵉ siècle, dépeint ainsi l'horrible sort qu'elle réserva aux concubines des Romains : les partisans de Boudica « pendirent toutes nues les femmes les plus nobles et les plus distinguées, leur coupèrent les seins et les leur cousirent sur la bouche pour qu'elles paraissent les manger ; après quoi, ils empalèrent ces femmes sur des branches pointues... Et tout cela au milieu des sacrifices, des fêtes et de la plus complète débauche... » Le massacre aurait fait 70 000 victimes dans les trois villes. Decianus Catus, le fonctionnaire dont l'avarice et la cruauté avaient enflammé la rébellion, se réfugia sur le continent.

Pendant ce temps, Suetonius Paulinus et ses hommes marchèrent en toute hâte sur Londinium pour écraser la révolte. Enivrée par la victoire et forte de la supériorité numérique de ses troupes, Boudica commit alors une lourde erreur. Elle pensa pouvoir écraser les Romains et libérer complètement l'Angleterre du joug de l'oppresseur en affrontant ses ennemis en terrain découvert. Son courage était grand, mais Paulinus était rompu à l'art de la guerre et il commandait des troupes d'élite. Boudica ignorait tout de la tactique militaire, et son « armée » n'était guère plus qu'une horde mal équipée et turbulente de guerriers braillards. La rencontre eut lieu en 61, peu de temps après la révolte des Icènes. Paulinus posta ses troupes dans une gorge étroite, non loin de Londres, ses arrières protégés par une épaisse forêt. En bon ordre, elles attendirent l'arrivée des rebelles, trop sûrs de leur victoire. Bientôt surgit une foule énorme, qui se précipita sur eux dans la plus grande confusion. Derrière les hommes à moitié nus, s'allongeait une file de chariots remplis de femmes et d'enfants, venus voir ce qui ne pouvait manquer d'être un glorieux spectacle. Quelques guerriers, montés sur des chars légers, foncèrent à toute allure sur les Romains, la reine à leur tête. « Elle était d'une taille colossale, terrifiante dans son aspect, hurlant d'une voix rauque, écrit Dion Cassius. La grande masse de ses cheveux roux lui tombait jusqu'aux genoux. Elle portait un grand collier d'or torsadé et une tunique bariolée, recouverte d'un épais manteau que fermait une broche. Elle se saisit d'un épieu pour inspirer la crainte à tous ceux qui la

L'ANGLETERRE SOUS LES ROMAINS

Lorsque l'empereur Claude envahit l'Angleterre en l'an 43, le pays était habité par un peuple celte qui, bien que relativement peu civilisé aux yeux des Romains, avait depuis longtemps oublié son ancienne sauvagerie. Sans doute ses guerriers, qui autrefois combattaient presque nus et se peignaient le corps en bleu, conservaient-ils encore un grand nombre de coutumes barbares, mais ils avaient déjà subi l'influence de plusieurs incursions romaines, particulièrement celles de Jules César en 55 et en 54 av. J.-C. Certains chefs de tribu accueillirent bien les conquérants et acceptèrent la subordination en échange de la protection impériale. Les légions romaines durent cependant continuer à combattre pour soumettre de nombreuses tribus rebelles dans le nord et l'ouest de ce qui est aujourd'hui l'Angleterre. Mais en 60 de notre ère, l'administration civile avait enfin imposé une paix et une sécurité relatives, avec l'aide des petits royaumes complaisants du Nord-Est et du Sud-Est.

Pourtant, la cupidité, la corruption et la brutalité des Romains transformèrent leurs alliés en ennemis, et Boudica n'eut aucun mal à convaincre les Icènes, et d'autres tribus favorables à sa cause, à se soulever. Au début, les Romains subirent de fortes pertes, mais ils ne tardèrent pas à tirer les leçons de cette expérience. Le gouverneur militaire, Suetonius Paulinus, demanda qu'on prenne de vigoureuses mesures de représailles contre les tribus vaincues. Au lieu de suivre son conseil, Néron le rappela à Rome et nomma des hommes plus modérés pour gouverner l'île. Sous leur administration, la paix revint. Les Icènes, fiers de la mémoire de leur courageuse reine, se firent cependant aux contraintes et aux facilités de la Pax Romana, qu'aucun soulèvement d'importance ne vint plus troubler.

L'Angleterre resta sous la domination romaine jusqu'au milieu du Vᵉ siècle, lorsque les garnisons romaines durent partir en toute hâte pour défendre Rome, laissant l'île pratiquement sans protection contre de nouvelles hordes d'envahisseurs, les Angles, les Saxons et les Jutes. Les centaines d'années de domination romaine eurent cependant un effet profond sur le peuple anglais, sur ses villes, sa langue et sa culture.

regardaient… » Mais les Romains n'avaient pas peur. Alors que les Celtes sautaient à bas de leur char et commençaient à lancer leurs armes contre la formidable armée disciplinée qui les attendait, les hommes de Paulinus envoyèrent en bon ordre une volée de javelots. Et une autre encore. Puis, à l'abri de leurs boucliers, les Romains tirèrent leurs courtes épées et chargèrent. Quelques instants plus tard, c'était la déroute dans les rangs des rebelles. Mais la route de la retraite était barrée par cette longue file de chariots où femmes et enfants étaient venus comme au spectacle.

Bien que les Romains eussent massacré indifféremment hommes, femmes et enfants, la courageuse reine semble avoir survécu. Dion Cassius nous dit qu'elle mourut d'une maladie, mais une source plus sûre, l'historien Tacite, affirme qu'elle s'empoisonna — une fin plus digne pour cette femme qui voulut venger son honneur et celui de son peuple.

LA REINE DE LA VICTOIRE

L'historien Tacite (v. 55-120), qui écrivit le premier l'histoire de la féroce reine anglaise qui défia les légions romaines, l'appelait Boudicca. Par la suite, pour une raison ou pour une autre, les copistes modifièrent ce nom, qui allait devenir Boadicée pour de nombreux siècles. Ce n'est que récemment que les historiens ont découvert la vérité : ce nom familier de Boadicée était inexact, et inexact également celui que Tacite avait donné à la reine. Pour un certain nombre de raisons philologiques, elle devait en fait s'appeler Boudica, avec un seul *c*. Et tel doit donc être son nom, Boudica, jusqu'à ce qu'une autre génération de savants en décide autrement.

Quoi qu'il en soit, ce nom vient du mot *bouda,* qui signifie « victoire » dans un ancien dialecte d'Angleterre. Et pourquoi donc ne pas appeler cette reine valeureuse non pas Boadicée, ni Boudicca, ni Boudica, mais Victoria, première du nom ?

Le vrai visage de Néron
Mérite-t-il sa réputation ?

Jeune homme, Néron avait une abondante chevelure qu'il faisait boucler avec grand soin par son barbier. Il porta la barbe pendant toute sa jeunesse. Son visage de joli garçon s'empâta avec les années.

TOUT le monde sait cela : Néron mit le feu à Rome, se mit à chanter en contemplant les flammes, puis, accusant les chrétiens d'avoir allumé l'incendie, ordonna qu'on les jette aux lions. Mais est-ce bien certain ? Néron fit bien des folies et commit bien des crimes. La plupart des historiens pensent cependant que, parmi les forfaits qui l'ont rendu célèbre, il était probablement innocent des deux plus effroyables.

Néron n'avait que seize ans lorsqu'il succéda à son beau-père Claude sur le trône impérial, en l'an 54. A cette époque, la violence était de règle pour ceux qui voulaient prendre le pouvoir, et le conserver. Claude et son prédécesseur, Caligula, avaient eu des règnes sanglants. Le jeune Néron suivit bientôt leurs traces en se débarrassant de divers personnages qu'il jugeait dangereux ou tout simplement gênants. Pourtant, il régnait avec une certaine sagesse, et Rome crut se trouver à l'aube d'un nouvel âge d'or. Au cours des premières années de son règne, il réduisit les impôts, redressa l'économie et se montra bienveillant à l'égard du peuple. L'historien Suétone nous parle de ses manières charmantes. Un jour, par exemple, alors que le sénat lui votait des remerciements, l'empereur répondit simplement :

« Attendez que je les mérite. » Loin d'être extravagant, le jeune Néron évita prudemment d'entreprendre de coûteuses campagnes militaires pour agrandir un empire déjà trop vaste. Il n'encouragea pas non plus le public à se complaire dans la cruauté. Certes, comme son peuple, il aimait les grands spectacles, mais il interdit en fait les combats à mort de gladiateurs. L'empire prospérait et, pour un temps au moins, la popularité du jeune empereur paraissait assurée.

Pourtant, Néron se persuada peu à peu qu'il possédait d'extraordinaires talents d'artiste et d'administrateur. Avec les années, il crut que l'amour qu'on lui portait était si profond qu'on lui passerait tous ses caprices. Sa générosité naturelle se transforma en extravagance débridée. Néron vida le trésor. Convaincu de sa toute-puissance, il commit une série d'actes gratuits et cruels qui lui aliénèrent une bonne part de la société romaine, surtout le sénat et l'armée. En 64, alors qu'il était sur le trône depuis dix ans, le peuple était agité par un mécontentement grandissant. Il est donc naturel qu'on l'ait tenu partiellement responsable de la misère qui résulta du grand incendie au cours duquel Rome fut ravagée, cette même année. L'opposition ne fit que grandir quand

UNE DYNASTIE FRAPPÉE PAR LE DESTIN

Cet arbre généalogique montre comment Néron descend d'Auguste, le premier empereur. Néron se rendit coupable de nombreux meurtres (notamment celui de sa mère), tout comme la plupart des autres empereurs romains. L'époque était violente et les ambitieux ne s'embarrassaient pas des moyens pour parvenir à leurs fins. Comme un grand nombre de ses prédécesseurs, Néron fut contraint par des officiers de sa garde à se suicider.

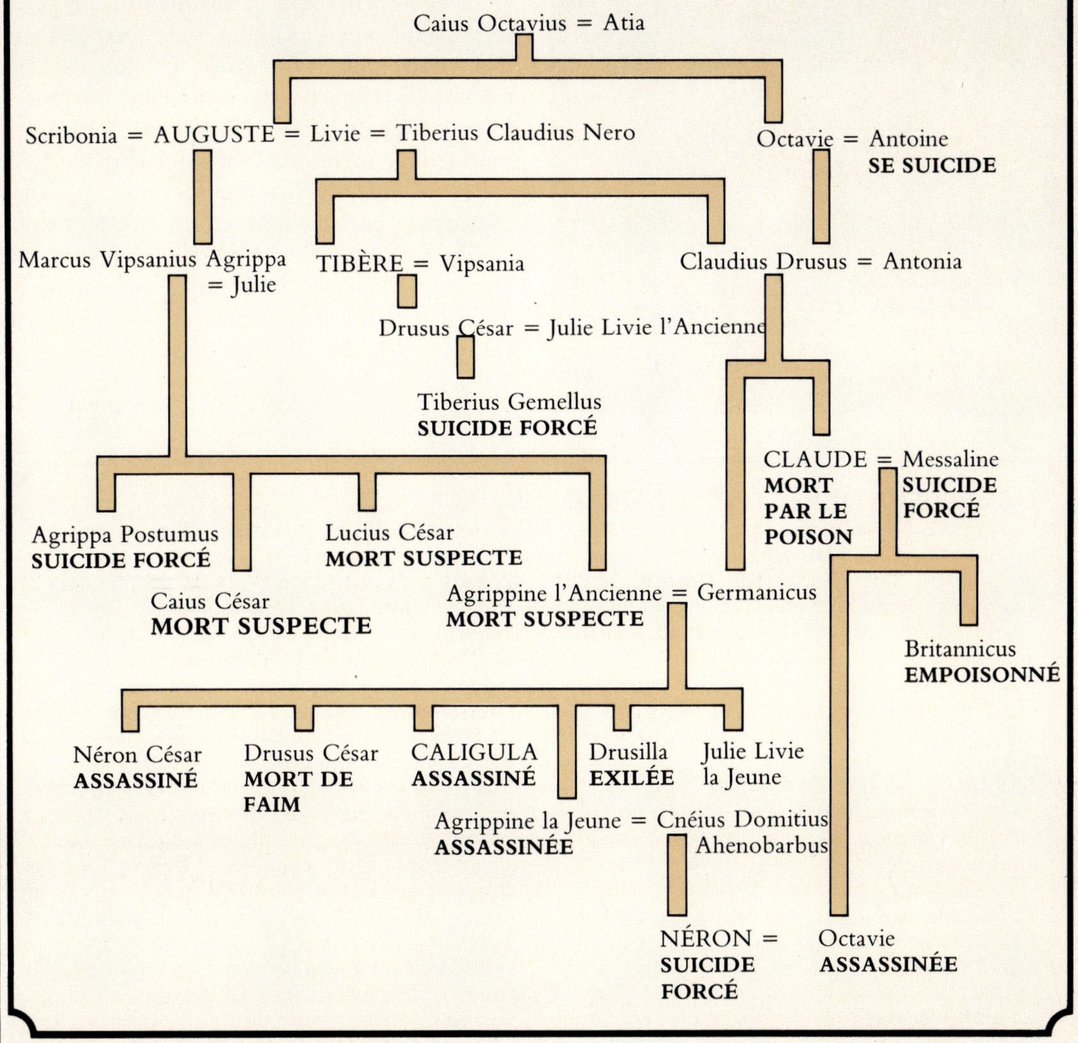

Caius Octavius = Atia

Scribonia = AUGUSTE = Livie = Tiberius Claudius Nero

Octavie = Antoine
SE SUICIDE

Marcus Vipsanius Agrippa = Julie

TIBÈRE = Vipsania

Claudius Drusus = Antonia

Drusus César = Julie Livie l'Ancienne

Tiberius Gemellus
SUICIDE FORCÉ

CLAUDE = Messaline
MORT PAR LE POISON **SUICIDE FORCÉ**

Agrippa Postumus
SUICIDE FORCÉ

Lucius César
MORT SUSPECTE

Caius César
MORT SUSPECTE

Agrippine l'Ancienne = Germanicus
MORT SUSPECTE

Britannicus
EMPOISONNÉ

Néron César
ASSASSINÉ

Drusus César
MORT DE FAIM

CALIGULA
ASSASSINÉ

Drusilla
EXILÉE

Julie Livie la Jeune

Agrippine la Jeune = Cnéius Domitius Ahenobarbus
ASSASSINÉE

NÉRON = Octavie
SUICIDE FORCÉ **ASSASSINÉE**

Monnaie à l'effigie de Néron et de sa mère, Agrippine. On ignore la raison pour laquelle Néron ordonna la mort de celle-ci, mais il craignait sans doute qu'elle ne conspire contre lui. La première tentative échoua : Agrippine fut entraînée sur un bateau qui prenait l'eau ; dans la confusion, elle parvint à regagner la rive à la nage. Néron envoya alors des officiers chez elle, où ils la tuèrent et la firent brûler.

Néron et sa deuxième femme, Poppée. Néron paraît l'avoir aimée, mais les historiens pensent qu'il causa probablement sa mort en la frappant dans un accès de colère alors qu'elle était enceinte.

on apprit les projets de reconstruction de Néron : bâtir un immense palais impérial qui couvrirait un tiers de la ville. Bientôt, on commença à murmurer que l'empereur avait volontairement détruit la ville pour édifier son palais doré (qui fut partiellement construit, puis démoli après sa mort, en 68).

Pratiquement tout ce que nous savons de Néron nous vient des œuvres de Tacite et de Suétone, deux historiens qui écrivirent environ cinquante ans après sa mort, lorsque sa réputation était au plus bas. Seul Suétone affirme que Néron alluma l'incendie et se mit à chanter en s'accompagnant de sa lyre. Des documents contemporains prouvent que l'empereur se trouvait dans sa villa d'Antium, à une cinquantaine de kilomètres de là, lorsque l'incendie éclata. Nous savons aussi que lors-

qu'il apprit que Rome était en flammes, l'empereur rentra précipitamment pour s'efforcer d'enrayer l'incendie et d'organiser les premiers secours. Apparemment, le feu prit par accident et se répandit à une vitesse fulgurante, car la ville, à l'exception des grands édifices publics construits en pierre, n'était qu'un labyrinthe de maisons de bois, tassées les unes contre les autres.

Notons aussi que Suétone ne dit nulle part que Néron accusa les chrétiens d'avoir mis le feu à la ville. Cette histoire nous vient de Tacite. Et les historiens modernes pensent que, dans ce cas comme dans bien d'autres, Tacite ne fait que répéter des ouï-dire. En fait, du temps de Néron, les chrétiens étaient peu nombreux à Rome. On les persécutait, bien sûr, mais comme tous ceux qui refusaient de reconnaître la divinité des empereurs romains. Rien ne prouve que Néron ait brutalisé les chrétiens, ni que quelqu'un ait jamais été envoyé dans la fosse aux lions sous son règne. Rien ne prouve non plus que Néron n'ait pas fait tuer des chrétiens et des membres d'autres sectes d'une autre manière, tout aussi affreuse. Par contre, on sait qu'il se montrait très tolérant à l'égard des nouvelles croyances. Une fresque de la chapelle palatine, à Rome, le représente conversant avec saint Paul.

Par la suite, les chrétiens crurent pourtant Tacite sur parole et firent de Néron l'Antéchrist. Ce jugement n'est pas confirmé par l'histoire. Néron n'était certes pas un héros, mais il n'était pas non plus un incendiaire, ni l'ennemi juré du Christ et de ses fidèles.

Sur cette gravure du XIXᵉ siècle, Néron contemple le spectacle du martyre des chrétiens. En réalité, Néron ne persécuta jamais les chrétiens, et se montra plutôt tolérant et curieux à l'égard de ces gens qui priaient un dieu invisible.

L'EMPEREUR QUI SE FIT HAÏR DE SON PEUPLE

Le règne de Néron commença sous d'heureux auspices. Bien vite pourtant, le jeune homme, qui jusque-là avait paru parfaitement maître de lui et soucieux du bien public, prit goût aux plus folles équipées nocturnes, goût qui n'allait faire que croître pendant les quatorze années de son règne (54-68). Selon l'historien Suétone (né vers 67), l'empereur aimait à rôder déguisé dans les rues, pour boire, piller les boutiques, attaquer les passants et même tuer ceux qui faisaient mine de lui résister. Un jour, un sénateur dont il avait molesté la femme lui donna une correction. De ce jour, l'empereur ne sortit jamais plus à la nuit tombée sans une discrète escorte de soldats.

La vanité qu'il tirait de ses talents d'administrateur d'un vaste empire et des dons artistiques qu'il se prêtait tourna peu à peu à la mégalomanie. Vers l'an 60, l'empereur commença à se produire en public, à chanter ses compositions en s'accompagnant à la lyre, à prendre part à des courses de chars. Néron entendait faire salle comble, et les spectateurs ne devaient pas ménager leur enthousiasme pour ses moindres faits et gestes. Il n'aimait pas perdre, et pour s'assurer la victoire Néron n'économisait ni les pots de vin ni les coups bas. Suétone nous parle ainsi d'une course de chars, qui eut lieu à Olympie et durant laquelle Néron tomba malencontreusement de son char. On l'aida à reprendre la course, mais il ne put franchir la ligne d'arrivée, ce qui n'empêcha pas les juges grecs de le déclarer vainqueur. Leur récompense ne se fit pas attendre : une forte somme et la qualité de citoyens romains.

La popularité de Néron, même parmi les Romains les plus tolérants, commença à décliner lorsque sa vie privée devint proprement scandaleuse. L'empereur passait le plus clair de son temps dans d'incroyables orgies où il dilapidait les deniers de l'empire. Nulle femme, mariée ou non, noble ou roturière, n'était à l'abri de ses attentions. Pas même les jeunes garçons. On raconte qu'il fit castrer un jour un certain Sporus pour lui conserver sa jolie tournure. L'empereur lui-même aurait joué le rôle de l'époux dans une parodie de mariage au cours de laquelle Sporus fut contraint de porter des vêtements de femme et un voile de mariée, pour le plus grand plaisir de Néron et de sa suite.

Mais ces extravagances coûtaient fort cher et, pour les payer, Néron dut finalement confisquer les biens de riches familles romaines, dont il exila ou exécuta les principaux membres. Les magistrats des tribunaux de Rome auraient reçu de sa bouche impériale cette simple instruction : « Vous et moi devons faire en sorte que tous soient absolument dépouillés. » Il n'est donc pas étonnant que les citoyens de Rome aient cru que l'empereur s'était réjoui de l'incendie qui détruisit leur ville en l'an 64.

Deux ans plus tard, Néron n'avait plus que des ennemis. Les sénateurs le haïssaient pour son arrogance et les insultes dont il les accablait. Les aristocrates influents le détestaient, ne sachant jamais qui serait le suivant sur sa liste noire. Les soldats de ses légions, qui en avaient pourtant vu d'autres, s'épouvantaient de son inconduite. Mais Néron continuait, superbe. Il quitta Rome pendant quinze mois pour visiter la Grèce, dont les chefs eurent la prudence de le flatter. En son absence, l'opposition grandit et la rébellion éclata dans tout l'empire. La nouvelle ne fit que soulever son hilarité. Informé d'une insurrection armée en Gaule, il dit simplement : « Tout ce que j'ai à faire pour rétablir la paix en Gaule, c'est de me présenter et de me mettre à chanter. »

A son retour à Rome, en février 68, il n'avait plus que quatre mois à régner. En juin, la garde de son palais l'abandonna, et ses courtisans prirent la fuite. Le sénat décréta son exécution : l'empereur de trente ans serait mis à mort comme un esclave, attaché à un poteau et fouetté à mort. Néron se réfugia dans une hutte, au bord d'un marécage proche de la ville. Alors que les soldats le cernaient, il mit fin à ses jours, sans doute en s'ouvrant la gorge d'un coup de poignard.

Le trésor de Jérusalem

Un mauvais canular ?

En 1885, un jeune prêtre du nom de Bérenger Saunière fut nommé curé de la paroisse de Rennes-le-Château, petit village des environs de Toulouse. Saunière était pauvre, sans aucune fortune privée. Et le revenu de sa paroisse était si mince qu'il lui fallait le compléter par les dons de ses paroissiens et par les fruits de la chasse et de la pêche. Pourtant, en 1896, le curé dépensait sans compter, achetait des terres, construisait des villas, et même entreprenait de grands travaux dans le village et dans sa vieille église. A son évêque, perplexe, qui lui demandait d'où venait cette manne, il répondit qu'il la devait à la générosité de gens très riches dont il ne pouvait dévoiler l'identité ni les motivations, puisqu'elles lui avaient été révélées dans l'ombre du confessionnal. Et Saunière emporta son secret avec lui dans la tombe, en 1917.

La plupart de ceux qui entendirent parler de cette mystérieuse affaire avaient cependant une bonne idée de ce qui s'était passé. Ils étaient convaincus que le jeune prêtre était tombé sur un trésor caché et qu'il avait trouvé des acheteurs aussi discrets que lui. On alla même jusqu'à dire que Saunière avait retrouvé le célèbre « trésor perdu de Jérusalem », hypothèse qui reposait sur certains faits historiques. L'histoire de ce fameux trésor est longue et débute en l'an 70 lorsque les Romains s'emparèrent des énormes richesses de l'ancienne Judée (parfois appelées le « trésor de Salomon »), autrefois gardées dans le grand temple de Jérusalem. Exposées à Rome, elles furent de nouveau pillées, mais cette fois par les Wisigoths, semble-t-il, lorsqu'ils mirent la ville à sac en 410. A la fin du vᵉ siècle, les Wisigoths avaient conquis une bonne partie de l'Europe occidentale et construit plusieurs cités et citadelles impressionnantes, dont une ville perchée au sommet d'une colline, qui devint l'une de leurs dernières places fortes lorsque leur puissance déclina. Avec les années, la cité fortifiée ne devint plus qu'un hameau isolé, Rennes-le-Château.

Il est donc fort possible que l'une des nombreuses grottes naturelles qui parsèment la région montagneuse où l'abbé Bérenger Saunière vint s'installer en 1885 ait abrité le trésor des Wisigoths, et partant, celui de Jérusalem. Il est même possible que les Wisigoths n'aient pas été seuls à utiliser ces cachettes. Les Francs, qui affirmèrent leur puissance en Gaule au vᵉ siècle, furent dirigés par une dynastie de rois auxquels l'histoire a donné le nom de Mérovingiens (du nom du roi semi-légendaire Mérovée ou Merowig). Or, il y a lieu de croire qu'à l'assassinat de Dagobert II, dernier Mérovingien avant l'époque des fameux « rois fainéants », à la fin du VIIᵉ siècle, son fils s'enfuit en Languedoc, emportant avec lui une partie du trésor royal. Selon une tradition locale, le jeune héritier du trône mourut et fut enterré à Rennes-le-Château.

Bien entendu, Saunière connaissait l'histoire mouvementée du village et de sa région. Il savait que sa petite église qui menaçait de devenir une ruine avait été construite en 1059, au-dessus d'un édifice wisigoth, beaucoup plus ancien. En 1891, il parvint à persuader ses paroissiens de faire quelques réparations à l'église. Quand on enleva la pierre de l'autel, le prêtre découvrit que l'un des piliers creux qui la soutenaient renfermait des parchemins jaunis. A première vue, il ne semblait s'agir que de simples copies de fragments des Évangiles. Mais Saunière regarda de plus près et découvrit entre les lignes un code complexe de signes.

Cette partie de l'histoire de Saunière est bien connue. Apparemment, l'abbé perça le secret

La décoration de l'église de Rennes-le-Château est parfois étonnante, comme en témoigne cette bourse bien pleine que l'on voit à l'extrémité ouest de l'église. S'agit-il d'une simple décoration, ou d'une sorte de canular par lequel le prêtre du village voulut laisser un indice sur le trésor qu'il aurait découvert ?

Vue du village et de l'église de Rennes-le-Château, dont les origines remontent à l'époque des Wisigoths.

Détail de l'arc de Titus, à Rome, où l'on voit l'empereur Vespasien revenir avec le butin du Temple de Jérusalem, mis à sac en l'an 70. Ce trésor aurait finalement abouti à Rennes-le-Château, près de Toulouse.

nombre d'indices. C'est ainsi qu'il se chargea lui-même des réparations et de la restauration de son église, dont certaines décorations sont étonnantes, incongrues, voire blasphématoires. Par exemple, plus d'un visiteur de Rennes-le-Château doit se demander le sens de cette phrase gravée dans la pierre, au-dessus de la porte de l'église : « *Terribilis est locus iste* » (« Ce lieu est terrible »), ou pourquoi une statue grotesque du démon Asmodée se dresse à la porte de l'église et est pratiquement la première chose que l'on voit en entrant. L'explication la plus plausible est que, loin d'être une image sainte, cette statue et bien d'autres curiosités étonnantes de cette église nous indiquent quelle était l'origine de la fortune du prêtre, un tour que Bérenger Saunière aurait joué à la postérité. Peu de gens savent qu'Asmodée est le démon légendaire qui garde le trésor de Jérusalem…

On soupçonnait depuis longtemps que Rennes-le-Château abritait des trésors. L'histoire de Saunière a comme de juste incité de nombreux chercheurs de trésors à suivre ses traces. Si nombreux que les villageois exaspérés ont même planté des pancartes qui portent l'inscription : « Interdiction de creuser ». Pourtant, personne, depuis Saunière, n'a jamais rien trouvé. Personne ne sait non plus où ont abouti les ornements ou les bijoux qu'il aurait découverts et vendus. Le jeune prêtre aurait-il fait main basse sur toutes ces richesses, ne laissant aux générations futures qu'un épais mystère à méditer ?

du code avec l'assistance de prêtres de Paris. Saunière comprit que les manuscrits faisaient allusion à certains points caractéristiques de la région et aussi qu'ils mentionnaient Dagobert (le roi mérovingien) et Sion (Jérusalem), à propos du mot magique, « trésor ». Au début de ses recherches, le prêtre découvrit des vestiges mérovingiens et ne s'en cacha d'ailleurs pas. Mais c'est là que le mystère commence. Nous ne pouvons qu'imaginer ce qui se passa par la suite et comment le prêtre se trouva en possession d'une formidable fortune.

Saunière nous a cependant laissé un certain

Le jour du désastre
Le récit d'un témoin

Cette enseigne d'un marchand de vin a été retrouvée intacte dans les ruines de Pompéi.

PAR une belle journée de l'été 79, un étudiant de dix-huit ans, Caius Plinius (Pline le Jeune), se trouvait avec sa mère et son oncle (Pline l'Ancien) dans une villa de Misène, au bord de la baie de Naples, à une trentaine de kilomètres du Vésuve. La journée avait débuté comme toutes les autres, mais quelques heures plus tard, ce jour passait à l'histoire comme celui de l'une des plus grandes catastrophes de l'Antiquité, lorsque le Vésuve entra en éruption et engloutit pour de nombreux siècles les villes de Pompéi et d'Herculanum. Pline l'Ancien mourut ce jour-là, mais son neveu Caius survécut et nous a laissé un extraordinaire récit des événements, dans deux longues lettres adressées à l'historien

romain Tacite. En voici quelques extraits : « Le 24 août, vers une heure de l'après-midi, ma mère attira l'attention de mon oncle sur un nuage dont la taille et l'aspect étaient inhabituels. A cette distance, on ne voyait pas bien de quelle montagne il s'élevait, et ce n'est que plus tard qu'on sut que c'était du Vésuve. L'aspect général du nuage peut se décrire comme celui d'un pin parasol, car il s'élevait à une grande hauteur sur une sorte de tronc, puis se divisait en branches. Par endroits, il paraissait blanc et ailleurs tacheté et sale. »

Pline l'Ancien était le commandant de la flotte de Misène. Selon le récit de son neveu, il comprit que le Vésuve était entré en éruption et décida de traverser la baie avec quelques

LES PHASES DE LA CATASTROPHE

Un violent tremblement de terre avait secoué Pompéi et Herculanum en l'an 62, dix-sept ans avant la grande éruption du Vésuve. Les victimes avaient relevé les murs de leurs maisons, puis la vie avait continué, comme par le passé. En 79, la terre commença à trembler de nouveau. On ne s'en inquiéta pas outre mesure, et tout le monde continua de vaquer à ses occupations. Voici le déroulement des événements au cours des derniers jours :

Début août. De petits tremblements de terre secouent la région. Les murs se fissurent. Les statues vacillent sur leur socle. Personne ne semble s'en inquiéter.

20 août. Les secousses se font plus fortes. Les puits et les sources se tarissent alors que la pression de la roche en fusion, sous le bouchon de lave du volcan, détourne les cours d'eau souterrains. Dans la baie de Naples, normalement paisible, de gigantesques vagues viennent frapper la côte. Insouciante, la population fait comme si de rien n'était.

24 août, 10 heures. Le bouchon de lave du cratère du Vésuve explose, projetant de la roche en fusion à plus de 1 500 mètres de haut ; une grêle de lave refroidie s'abat aux alentours. Les émanations toxiques du cratère tuent les oiseaux en plein vol.

13 heures. A Misène, Pline l'Ancien voit s'élever une énorme colonne de fumée. Il part porter secours et ne reviendra jamais.

En quelques heures, tous ceux qui n'ont pu quitter les deux villes sont morts, asphyxiés par les vapeurs toxiques, enterrés sous une épaisse couche de lave et de cendres, écrasés sous les décombres. Bien des siècles plus tard, les archéologues découvriront des scènes pathétiques à Pompéi : une famille qui, après avoir défoncé le mur de la pièce où elle se trouvait emprisonnée, fut asphyxiée dans un jardin rempli de cendres ; les invités à un enterrement, tués par les gaz avant de pouvoir quitter la salle du banquet. Les criminels meurent, oubliés dans leurs cellules. Les gladiateurs périssent dans leurs casernes. A Pompéi seulement, près de 2 000 personnes — plus d'un dixième de la population — trouvent la mort. Vers la fin de l'après-midi, une poche de vapeur explose dans le cratère et se mélange avec les embruns de la mer pour retomber en averses brûlantes autour du Vésuve. La pluie déclenche une avalanche de boue et de lave qui roule sur le versant de la montagne pour enterrer Herculanum sous un manteau de plus de 15 mètres d'épaisseur.

25 août, 10 heures. Dans une seconde convulsion, le volcan crache un grand nuage de fumées et de cendres que les vents capricieux poussent et éloignent au-dessus de la mer. Des cendres tombent sur Rome, à 160 kilomètres de là. On en retrouvera des traces jusqu'en Égypte et dans le nord de l'Europe.

26-28 août. La pluie de cendres et de lave continue, de moins en moins forte, puis s'arrête enfin.

29 août. Alors que la fumée se dissipe, le cône du volcan a disparu, remplacé par deux sommets plus petits. A des kilomètres à la ronde, la campagne est d'une blancheur irréelle. Des milliers d'êtres humains sont morts sous les cendres ; des milliers n'ont plus de foyer. A Pompéi, les toits des plus hauts bâtiments et le sommet de quelques tours émergent de la poussière que le vent balaie. A Herculanum, on ne voit plus rien.

Sur cette gravure du XXᵉ siècle, l'artiste imagine les scènes de panique qui suivirent l'éruption du Vésuve. En réalité, les nuages de cendres étaient si épais que l'obscurité était presque totale.

167

Les gaz, les cendres et la pluie de pierres crachés par le Vésuve firent des milliers de victimes dont les cadavres furent rapidement recouverts d'une épaisse couche de cendre et de lave. Plus tard, la pluie apporta encore de la cendre, qui colmata tous les interstices. Les cadavres se trouvèrent pris comme dans un bloc de béton. Il n'en reste plus que les os aujourd'hui, mais, en injectant du plâtre dans les cavités laissées par les corps, les archéologues sont parvenus à faire des moulages d'un réalisme saisissant (ci-dessous).

Une rue de Pompéi (à droite) où l'on voit les trottoirs et les grosses pierres — espacées juste de ce qu'il fallait pour laisser passer les charrettes — qui permettaient aux piétons de traverser la chaussée boueuse. Les ruines de Pompéi sont un extraordinaire témoignage de la vie quotidienne dans une petite ville romaine.

navires pour tenter de sauver ceux que le danger menaçait. Les cendres chaudes et les bombes de lave qui tombaient comme de la grêle l'empêchèrent de mouiller près du volcan. Les bateaux accostèrent à Stabies, à 5 kilomètres au sud de Pompéi, où Pline l'Ancien s'abrita chez un ami. De là, il pouvait voir le Vésuve où « de grandes nappes de feu et des flammes bondissantes s'embrasaient en plusieurs endroits, leur brillante clarté soulignée par l'obscurité de la nuit. »

Tout espoir de sauver quelqu'un était vain. Pline et ses hommes se trouvaient eux-mêmes en grand danger. Selon le récit de Caius, ils se demandaient s'il fallait rester à l'abri ou tenter sa chance dehors, « car les maisons étaient secouées de chocs violents et semblaient se balancer d'avant en arrière, comme arrachées de leurs fondations. Mais dehors, il y avait le danger des pierres ponces qui tombaient, encore qu'elles fussent légères et poreuses. » A l'aube, ils quittèrent la maison pour le rivage. Alors que les flammes s'approchaient et que les vapeurs sulfureuses devenaient insupportables, le courageux commandant, qui souffrait d'asthme, s'effondra asphyxié. Ses compagnons prirent la fuite et parvinrent à Misène où ils apprirent la nouvelle à Caius.

Entre-temps, Pline le Jeune et sa mère s'étaient réfugiés dans un champ, aussi loin que possible des maisons qui tremblaient sur leurs fondations. Sous une pluie de cendres, ils étaient « enveloppés dans la nuit, non point une nuit sans lune ou une nuit obscurcie par les nuages, mais l'obscurité d'une chambre close sans lumière. On n'entendait que les plaintes aiguës des femmes, les gémissements des enfants, les cris des hommes. Certains appelaient leurs parents, d'autres leurs enfants, d'autres leurs épouses... Beaucoup levaient les mains vers les dieux, mais la plupart étaient convaincus qu'il n'y avait plus désormais de dieux, et que cette nuit était la fin du monde. Finalement, la noirceur s'éclaircit, puis, comme une fumée ou un nuage, disparut. La lumière du jour revint, et le soleil se mit à briller, quoique timidement, comme il le fait après une éclipse. »

Dans l'après-midi du 25 août, guère plus de vingt-quatre heures après l'apparition de cet effrayant nuage sur le Vésuve, Caius et sa mère, épuisés, rentrèrent en titubant dans la villa. Ils avaient échappé à la mort, tandis que des milliers de malheureux gisaient sous une épaisse couverture de lave et de cendre.

Les animaux du Colisée

Un vaste trafic de bêtes sauvages

DE grandes fêtes au cours desquelles 9 000 animaux furent mis à mort marquèrent l'inauguration du Colisée de Rome, en l'an 80. Un quart de siècle plus tard, en l'an 107, 10 000 animaux furent les participants involontaires de jeux organisés en l'honneur de l'empereur Trajan, victorieux en Europe orientale. Des occasions exceptionnelles, sans aucun doute. Mais bon an mal an, des milliers d'animaux étaient ainsi massacrés dans tout l'Empire romain pour satisfaire un public assoiffé de sang.

Le spectacle était varié. Tantôt les bêtes se battaient les unes contre les autres. Par exemple, on attachait solidement au sol un ours et un taureau, pour qu'ils ne puissent s'écarter, puis on les poussait à se déchirer l'un l'autre. Tantôt des hommes, les bestiaires (gladiateurs armés d'un filet et d'une épée), se battaient à mort contre des lions, des panthères et d'autres animaux sauvages. Si l'homme succombait, personne ne s'en émouvait outre mesure, car la plupart des gladiateurs n'étaient que des esclaves. (Une exception remarquable : l'empereur Commode, qui, au IIe siècle, aimait descendre dans l'arène et qui se distingua un jour en tuant cent autruches des flèches qu'il leur décochait du haut de la loge impériale du Colisée.) Parfois, les animaux sauvages avaient la partie belle, comme lorsqu'on leur jetait en pâture des hommes désarmés, criminels et autres indésirables ; parfois aussi, on se contentait de leur faire faire des tours tout à fait semblables à ceux que nous voyons aujourd'hui dans nos cirques.

Mais il fallait fournir les ménageries de l'empire, et la demande était grande. Dans les provinces, on se contentait de la faune locale (loups et sangliers dans le nord de l'Europe, par exemple), avec, de temps à autre, un tigre ou un léopard pour faire bonne mesure. Mais à Rome, où l'empereur était le grand organisateur des jeux, il fallait des espèces exotiques pour prouver aux yeux de tous que Rome était la maîtresse de la terre. Jour après jour, on faisait donc venir, des quatre coins du monde,

Cette mosaïque d'une villa impériale du IVe siècle représente la capture d'un tigre pour les jeux du Colisée. Des milliers de bêtes sauvages capturées aux quatre coins de l'empire prenaient ainsi le chemin de Rome, pour le plus grand plaisir de la foule des spectateurs.

Les jeux du Colisée étaient si populaires que près de la moitié de l'année leur était réservée au IVᵉ siècle de notre ère. La plupart des spectateurs prenaient place sur des bancs de pierre, disposés en gradins autour de l'arène. Les citoyens haut placés et les membres de la noblesse avaient droit à des loges, d'où ils pouvaient contempler tout à loisir leur spectacle favori, comme sur ce tableau d'un peintre du XXᵉ siècle, sir Lawrence Alma-Tadema.

des lions, des tigres et des éléphants. La tâche n'était pas facile. Même aujourd'hui, la capture et le transport des animaux sauvages est une entreprise ardue et coûteuse. A l'époque des Romains, transporter des milliers de fauves tous les ans sur de longues distances, dans des chars à bœufs ou à bord de bateaux à voile, dut être encore cent fois plus difficile.

L'Afrique était le terrain de chasse favori, à cause de la diversité de sa faune, exception faite pour les tigres, que les Romains devaient aller chasser jusqu'en Perse et en Inde. C'était généralement aux soldats romains en poste dans une région que revenait le soin de capturer les animaux, parfois avec l'assistance de chasseurs locaux. Aucune de nos règles modernes ne s'appliquait, et le seul objectif était de prendre les bêtes au piège, par n'importe quel moyen. Quelquefois on vidait du vin dans une petite mare, puis on attendait qu'une bête en ait bu assez pour qu'elle devienne douce

comme un agneau ; parfois on creusait un trou où l'on jetait un petit animal dont les cris attiraient un fauve. Une fois le lion ou le tigre descendu dans le trou, on l'attirait dans une cage avec un appât. Quant aux éléphants, on les prenait dans des fosses.

Ces chasses demandaient une solide organisation. C'est ainsi que des rabatteurs encerclaient l'animal et, en brandissant devant lui des torches, le poussaient dans un enclos de branchages ou sous des filets. Parfois, on rabattait plusieurs animaux dans un seul enclos, pour ensuite les trier par espèces. La capture des lionceaux s'organisait elle aussi de longue date. On commençait par faire mouiller un bateau aussi près que possible de la tanière de la lionne, déjà repérée. Armés de lances et de boucliers, des chasseurs pénétraient dans la tanière et forçaient la lionne à battre en retraite ; d'autres s'emparaient des lionceaux et les lançaient à des cavaliers, qui galopaient à

QUI ÉTAIENT LES GLADIATEURS ?

Les Romains aimaient regarder les hommes lutter contre les animaux. Mais leur plus grand plaisir était le combat corps à corps entre des hommes armés. La plupart des gladiateurs (ainsi nommés à cause du *gladius,* ou glaive, qu'ils portaient) étaient des prisonniers de guerre, et comme pour les lions et les tigres, il fallait constamment renouveler les effectifs, car les jeux étaient nombreux dans tout l'empire.

Par la force des choses, bien des gladiateurs n'avaient aucun entraînement. Certains n'étaient que de simples criminels, jetés dans l'arène pour s'exécuter l'un l'autre, sous les yeux amusés de la foule. Mais les Romains étaient aussi des connaisseurs, et ils aimaient les beaux combats. Rome et sa région comptaient donc plusieurs écoles de gladiateurs qui pouvaient chacune accueillir plus de 1 000 hommes. Ces écoles avaient leurs propres arènes où les futurs gladiateurs s'exerçaient avec des glaives de bois, sous l'œil attentif de leurs entraîneurs, armuriers, masseurs et médecins. On prenait le plus grand soin de leur alimentation, qui comprenait une copieuse ration d'orge afin de fortifier les muscles. Mais les gladiateurs ne devaient jamais oublier qu'ils n'étaient que des esclaves et ceux qui enfreignaient les règles étaient promptement jetés au cachot, ou pire encore.

La mission de ces écoles était de faire d'eux des hommes qui sachent se battre et mourir. Le gladiateur devait montrer un courage absolu et n'avoir qu'une seule idée en tête : tuer son adversaire. En général, les gladiateurs portaient des défenses sur les parties du corps où la blessure n'est pas mortelle comme les bras et les jambes. En revanche, la poitrine était nue, protégée seulement par le bouclier que le gladiateur tenait habituellement. Il arrivait parfois qu'après une longue lutte les deux adversaires soient toujours debout. On leur laissait alors la vie sauve. Plus souvent cependant, l'un d'eux recevait un coup qui le mettait hors de combat. Le vainqueur devait alors s'arrêter pour laisser la foule décider du sort du vaincu. S'il s'était bien battu, des spectateurs influents accordaient sa grâce en agitant des foulards blancs. S'il n'avait pas cette chance, tout était bien fini pour lui.

Certains gladiateurs réussirent à survivre à de nombreux combats, et quelques-uns devinrent extrêmement populaires, au point que certains purent renoncer à leur dangereuse profession et devenir des hommes libres. Paradoxalement, quelques Romains choisirent de devenir gladiateurs, et, après plusieurs années d'esclavage dans les écoles où on les formait, de s'offrir à une mort violente. Des aventuriers, des désaxés de toutes sortes et même des membres de la noblesse descendirent ainsi volontairement dans l'arène. Pendant un temps, il y eut même des femmes gladiateurs, mais cette pratique fut cependant interdite vers l'an 200.

A Rome, les gladiateurs se battaient généralement à mort. Un personnage habillé dans le costume de Charon, le passeur des enfers (ci-dessus), frappait symboliquement de son long maillet le corps du gladiateur battu. Kirk Douglas (ci-dessous à gauche) joue le rôle d'un gladiateur dans le film Spartacus.

bride abattue vers le bateau, poursuivis par la lionne folle de colère.

Après leur capture, les bêtes devaient encore faire un long voyage, sur la mer, puis sur les routes de l'empire. A terre, on faisait des haltes d'une semaine pour que les animaux, enfermés dans des cages de bois que tiraient des bœufs, reprennent des forces. En vertu d'un décret impérial, toutes les villes de l'empire devaient nourrir ces caravanes. Même ainsi, de nombreux animaux mouraient en route ou arrivaient à Rome en piteux état. Les survivants entraient dans les ménageries impériales, où leurs gardiens leur donnaient force

viande crue pour les préparer au combat. (Un empereur du IIIe siècle, Élagabal, les nourrissait même de faisans.) Puis ils prenaient le chemin des sous-sols du Colisée, une termitière de cages, de rampes inclinées et de puits par lesquels on hissait les animaux jusqu'à l'arène, d'où fort peu revenaient vivants.

Au cours des dernières années de l'empire, les courses de chars éclipsèrent ces jeux sanglants. En 325, l'empereur Constantin abolit le pittoresque spectacle qui consistait à jeter des victimes humaines aux bêtes sauvages, mais des combats entre bestiaires et fauves se déroulaient encore à Rome en 523.

LES GRANDS SPECTACLES ROMAINS

Les jeux du Colisée et des autres cirques n'étaient pas qu'un simple divertissement, comme les sports peuvent l'être pour nous aujourd'hui : ils étaient au cœur même de la vie de Rome. Sous le règne de Claude (41-54), quatre-vingt-treize jours par an étaient entièrement réservés aux jeux ; ce nombre atteignait cent soixante-quinze — près de la moitié de l'année — au milieu du IVe siècle. Les jeux, considérés comme l'un des droits fondamentaux des citoyens, étaient gratuits. Les citoyens romains qui devaient travailler pour vivre ne se tuaient pas à la peine, et, du plus riche patricien jusqu'au plus pauvre plébéien, ils menaient généralement une existence relativement oisive, le travail indispensable étant généralement confié à une foule d'esclaves.

Le spectacle incessant du sang versé dans les arènes trouve probablement ses origines dans les sacrifices rituels de religions plus anciennes, et il conserva d'ailleurs une signification religieuse au moins superficielle, puisque les jeux officiels étaient célébrés en l'honneur des dieux. On pense que les premiers combats de gladiateurs se

déroulèrent en 264 av. J.-C., lorsque les fils d'un noble romain organisèrent des combats entre trois paires d'esclaves, à l'occasion des funérailles de leur père. L'idée eut du succès et les combats organisés à la mémoire des morts attirèrent bientôt de grandes foules sur le forum. Peu à peu, ce « sport » perdit son caractère rituel et devint un moyen sûr pour les politiciens qui organisaient des combats de s'attirer la faveur du public.

Riches propriétaires terriens et généraux victorieux comprenaient fort bien l'avantage qu'ils pouvaient tirer de ces combats sanglants. Bien avant l'an 80, date de la construction du Colisée, le grand Jules César (100-44 av. J.-C.) offrit, entre autres, aux citoyens un extraordinaire spectacle dans l'énorme Circus Maximus : une véritable bataille rangée à laquelle participèrent des fantassins, des cavaliers et quarante éléphants. Ce sens du spectacle n'est pas étranger à la popularité que connut César.

« Du pain et des jeux » : la tradition dura quatre cents ans après la mort de César.

Le grand combat des premiers chrétiens
Mithra : l'Antéchrist

Cette statue de Kritios d'Athènes nous montre Mithra sacrifiant un taureau, symbole de la puissance et de la fertilité.

L'INCIDENT n'était pas rare dans la Rome de cette fin du IVe siècle : une foule en colère se précipite dans un édifice que de nombreux autres Romains vénèrent comme un lieu de culte ; brandissant des haches, les envahisseurs font de grands trous dans les fresques qui ornent les murs, mutilent des statues, couvrent le sol d'immondices et, non contents de profaner le sanctuaire, ils le démolissent complètement.

Ces actes de violence étaient monnaie courante, mais ce qui pourrait nous surprendre

aujourd'hui, c'est que cette foule en colère se composait de disciples du Prince de la Paix : des chrétiens. Pour eux, leur sauvagerie était justifiée, car ce temple du mont Aventin, à Rome, constituait une menace pour leur jeune religion. L'édifice avait été autrefois un mithraeum — le nom latin d'un lieu où l'on honorait le dieu Mithra. Le mithracisme n'était qu'une des nombreuses religions rivales du christianisme primitif, à une époque où les anciens dieux de Rome n'avaient plus la faveur. C'était aussi sa plus puissante rivale, et les

premiers chrétiens s'en défiaient donc comme de la peste. Ce culte est sans doute issu du dieu Mithra, vénéré en Inde dès le xve siècle av. J.-C. Le nom de Mithra apparaît pour la première fois en Perse vers 500 av. J.-C. Il désignait non seulement le soleil, mais aussi un ami, et il semble que ce soit ainsi qu'on ait d'abord honoré ce dieu païen : dieu suprême du soleil et dieu de l'amour. Avec le temps, la puissance spirituelle du dieu s'estompa devant sa puissance physique. A la fin du IIIe siècle av. J.-C., les chefs militaires qui régnaient dans l'ouest de ce qui avait été l'Empire perse voyaient en Mithra le dieu de la guerre, le dieu des soldats et l'ami de la puissance. Les rois du Pont, en Asie Mineure, prirent même le nom de Mithridate (« l'élu » du dieu), prétendant que Mithra les avait éclairés de sa divine lumière.

Au début du Ier siècle av. J.-C., le culte s'était répandu dans tout l'Empire romain, particulièrement dans certaines classes de la société : soldats, marins, marchands, esclaves — tous ces hommes éloignés de leur famille trouvaient le réconfort dans une croyance qui leur offrait la protection d'un dieu de puissance, un dieu dont les sanctuaires se trouvaient souvent dans des grottes, au plus profond des entrailles de la terre, et dont pourtant

les rites mystérieux l'identifiaient au feu et à l'eau. En Gaule et en Grande-Bretagne, les Celtes, qui honoraient le Soleil, adoptèrent sans tarder ce nouveau dieu solaire. Guerriers barbares et fiers Romains accouraient en foule vers un dieu qui leur promettait, par-dessus tout, la victoire des armes. Partout, dans les avant-postes de l'Empire romain, s'ouvrirent des temples consacrés à son culte. Vers la fin du IIe siècle, plusieurs empereurs romains encouragèrent activement le culte de Mithra, car ils comprirent rapidement que ce culte servait aussi leurs intérêts : le mithracisme prêchait la discipline, la loyauté, le courage et l'abnégation, autant de qualités qui avaient fait si longtemps de l'armée romaine une redoutable machine de guerre.

Forte de la sanction impériale, la religion connut un si grand succès que certains historiens pensent aujourd'hui que, sans l'avènement du christianisme, elle serait devenue la religion du monde occidental. C'est pourquoi les premiers chrétiens jugèrent qu'ils n'avaient d'autre choix que de lutter contre elle, par tous les moyens à leur disposition.

Les croyances et les rites des deux religions rivales présentaient d'ailleurs des ressemblances frappantes. Comme les chrétiens, les adorateurs de Mithra croyaient que leur sauveur

Reconstitution du mithraeum du mont Aventin, à Rome, au moment où les chrétiens s'apprêtent à le détruire, à la fin du IVe siècle. De nombreuses croyances du culte de Mithra avaient leur pendant dans la religion chrétienne, ainsi les mithraea ressemblaient aux églises des chrétiens. Au fond d'une nef centrale, où les fidèles venaient prier, s'élevaient des autels.

était descendu du ciel sur la terre, avait pris son dernier repas avec douze disciples, avait racheté l'humanité du péché en versant son sang, était ressuscité des morts. Les mithriaques baptisaient même leurs convertis pour laver leurs péchés. De nombreux chrétiens acquirent donc la conviction que Mithra était l'Antéchrist, un démon venu sur terre avant le Christ pour jeter le trouble dans les esprits.

Les chrétiens refusaient de vénérer l'empereur comme un dieu, ce que faisaient de bonne grâce les adorateurs de Mithra. Ce refus leur valut d'être traités comme des citoyens de second rang dans tout l'Empire romain, d'être persécutés au moindre caprice des foules hostiles et des empereurs. Puis, brusquement, le vent tourna lorsque Constantin le Grand, en l'an 313, reconnut le christianisme, qui ne devint qu'à la fin du siècle la religion officielle de l'empire. A compter de cette date, mis à part un dernier sursaut de l'empereur Julien, une cinquantaine d'années plus tard, qui voulut faire revivre le polythéisme, les autels du dieu païen furent détruits, et toutes les traces de la religion détestée furent effacées. Le peu que nous savons du mithracisme et de ses rites secrets nous vient de furtives mentions dans des écrits anciens, comme ceux des Perses qui honorèrent Mithra sous une forme ou une autre jusqu'à ce que l'islam vienne étouffer cette croyance, il y a douze siècles. Ce sont des fouilles archéologiques, au cours des années 1930 et 1950, qui nous ont révélé la destruction du temple du mont Aventin, vers l'an 400. Ces mêmes fouilles ont d'ailleurs aussi montré que sur les ruines de ce temple les chrétiens construisirent une basilique. Le christianisme triomphait enfin en Europe.

RITES D'INITIATION

En Occident, les soldats étaient les meilleures recrues du mithracisme, en partie parce que seuls les hommes pouvaient participer activement aux rites de Mithra, mais aussi parce que seuls les plus endurcis d'entre eux pouvaient supporter la rigueur extrême des rites d'initiation. Selon certains spécialistes, les convertis n'étaient admis dans l'église qu'après avoir subi douze épreuves : le feu, l'eau, la faim, le froid, la flagellation, la saignée, la marque au fer rouge et d'autres encore. Ce terrifiant programme durait de deux à sept semaines. Ceux qui passaient les épreuves avec succès juraient de garder les rites secrets, puis ils recevaient le baptême.

Toutes les nouvelles recrues devenaient « frères » dans un groupe que conduisait un « père ». Les frères qui étudiaient la théologie de Mithra gravissaient peu à peu les différents échelons du culte, symbole de l'ascension de l'âme vers les cieux où elle arrivait à la mort. Du premier jusqu'au dernier, les sept grades donnaient à l'adorateur de Mithra le droit de s'appeler tour à tour le corbeau, la fiancée, le soldat, le lion, le Perse, le courrier du Soleil et le père. Chacun l'autorisait aussi à porter un masque ou un vêtement distinctif lors de rites célébrés en secret dans des grottes.

La bataille du papier
Du bambou à la pâte à papier

EN 751, des troupes musulmanes battirent une armée chinoise sur le Talas, dans les étendues sauvages du Turkestan, à mi-chemin entre Bagdad et la Chine. Cette victoire, dernière d'une série de conquêtes qui suivirent la mort du prophète Mahomet, en 632, ne fit que transférer sur le Turkestan la domination des Chinois aux musulmans. Si personne ne se souvient vraiment de cette bataille, elle eut pourtant des effets considérables dans le monde entier. Dans la foule des prisonniers chinois que l'on conduisit jusque dans la Samarkand musulmane se trouvaient des artisans rompus à un art que seule la Chine connaissait depuis déjà plus de six siècles : la fabrication du papier.

La simple présence de ces artisans dans une zone frontalière agitée par les guerres montre d'ailleurs l'importance que revêtait le papier pour l'administration chinoise. Avant son invention, au début du IIe siècle de notre ère, les Chinois ne disposaient d'aucun support vraiment approprié pour leurs documents, qu'il s'agisse des archives du gouvernement ou des œuvres des poètes. Très loin à l'ouest, les Égyptiens découpaient un roseau de la vallée du Nil, le papyrus, pour en faire des bandes qui formaient ensuite des feuilles. Mais le papyrus ne poussait pas en Chine et, assez étrangement, les Chinois, pourtant fort inventifs, n'eurent pas l'idée, comme dans les pays méditerranéens, d'employer le parchemin, fait d'une peau d'animal séchée. Jusqu'au IIe siècle, les Chinois durent donc se contenter d'écrire sur d'étroites bandes de bambou. Chacune ne contenait qu'une seule ligne d'écriture, et les livres et registres se composaient donc de gros ballots de bandes de bambou, attachées ensemble par un lien. Inutile de dire que ces livres n'étaient pas faciles à manier et qu'ils devenaient inutilisables si le lien se brisait.

Les historiens de la Chine ancienne parlent souvent des inconvénients de ce système. On disait qu'il fallait abattre tout un bosquet de bambou dès que l'envie prenait à quelqu'un d'écrire un livre. En une journée, un fonctionnaire manipulait sur son pupitre une bonne cinquantaine de kilos de documents. La soie très légère servait également à fabriquer une sorte de papier, dont des fragments datant du IIe siècle ont été retrouvés, mais ces expériences furent sans suite, car cette technique était trop coûteuse. Une livre de soie, la plus précieuse des exportations de la Chine, valait autant qu'une livre d'or sur les marchés du lointain Empire romain.

Pourtant, la soie est peut-être l'origine de l'invention du papier. Le tissage des filaments provenant des cocons du ver à soie était si coûteux qu'on chercha à trouver des fibres meilleur marché. Or les artisans de la soie, qui connaissaient bien l'écorce du mûrier blanc puisque les vers à soie se nourrissent de ses feuilles, sont sans doute au départ de l'invention du papier, car les fibres des premiers papiers jamais fabriqués provenaient de l'écorce du mûrier.

L'invention du papier reste cependant assez obscure. Selon la chronique officielle de la dynastie des Han postérieurs (25-220), c'est un eunuque du nom de Ts'ai-Lun, ministre des Travaux publics de l'empereur Ho-Ti, qui est à l'origine de la diffusion de cette technique. L'histoire ne précise pas si Ts'ai-Lun inventa le procédé, mais elle dit clairement que c'est lui qui initia la cour à ses mystères. Les fibres de ce papier étaient un mélange d'écorce de mûrier, de chanvre, de chiffons et de vieux filets de pêche effilochés. Les générations suivantes tinrent en si haute estime cette nouvelle substance qu'elles conservèrent longtemps comme une relique, dans un musée impérial, le mortier qui avait servi à fabriquer la pâte de la première feuille de papier.

Selon la tradition, Ts'ai-Lun n'eut pas une fin heureuse. Compromis dans une intrigue de palais, il préféra se tuer plutôt que de comparaître devant ses juges. Nous ne savons rien d'autre de lui, mais son invention, si elle est bien la sienne, ne tarda pas à se répandre. C'est

ainsi qu'on a retrouvé dans une tour de veille de la Grande Muraille de Chine des lettres écrites sur un papier datant de moins de cinquante ans après l'an 105, année où la fabrication du papier aurait débuté. Très vite, les Chinois utilisèrent ce nouveau produit non seulement pour écrire, mais aussi comme papier d'emballage, pour en faire des serviettes, et même comme papier hygiénique.

Pourtant, ce n'est que six cents ans plus tard, avec la capture de quelques artisans chinois, que cette substance merveilleusement légère et pratique trouva le chemin de l'Occident. Les musulmans du califat de Bagdad comprirent très vite sa supériorité sur le papyrus, et l'utilisation du papier se répandit progressivement au monde méditerranéen. On continua encore à se servir du papyrus (à l'origine du mot « papier »), mais l'invention chinoise était déjà très à la mode à la fin du IXe siècle.

Ne disposant pas de mûriers, les artisans musulmans fabriquaient entièrement leur papier avec des chiffons. Les momies égyptiennes furent d'ailleurs abondamment mises à contribution comme source de matière première. Graduellement, la nouvelle technique progressa vers l'ouest, la première papeterie en terre chrétienne ouvrit ses portes en Italie vers la fin du XIIIe siècle. Les premières fabriques françaises de papier (Troyes et Essonnes) remontent au milieu du XIVe siècle. Quant au sud de l'Allemagne, il en possédait une lui aussi en 1392, un demi-siècle seulement avant l'invention de Gutenberg qui allait révolutionner le monde.

Pendant des siècles, seuls les Chinois possédèrent le secret de la fabrication du papier. On coupait le bambou, puis on le mettait à tremper (à gauche) ; on le réduisait ensuite en pâte, pour l'étaler sur une claie (ci-dessous). La pâte séchait peu à peu, formant une feuille de papier sur laquelle on pouvait écrire.

L'amour de la difformité

Étonnantes obsessions, étonnantes images

Au visiteur pressé, la vallée de Virú, sur la côte nord du Pérou, semble un lieu aride et poussiéreux, un désert aussi monotone qu'inhospitalier. Pourtant, elle a révélé bien des choses étonnantes sur une population qui y vivait il y a deux mille ans et qui semblait très préoccupée par certains côtés très inhabituels du comportement de l'homme : sacrifices humains, perversions sexuelles, et toutes sortes de difformités physiques.

On a donné le nom de Mochicas aux habitants de la vallée, tribu indienne qui précéda de plus de mille ans les fameux Incas. Leur zone d'influence s'étendait au nord presque jusqu'à la frontière de l'Équateur, et au sud jusqu'à la vallée de Nepeña, à 400 kilomètres au nord de Lima. D'après les vestiges qu'il nous a laissés, et en particulier ses exceptionnelles poteries funéraires, il est clair que ce peuple avait une conception assez particulière de la vie sexuelle et de la religion.

La découverte d'objets mochicas un peu partout sur le sol péruvien dure depuis cent ans ou presque, mais ce n'est qu'en 1946, lorsque deux archéologues américains, Duncan Strong et Clifford Evans, commencèrent à fouiller le site de Virú, que l'on comprit vraiment la signification de la poterie mochica. Les deux chercheurs découvrirent une tombe où l'on avait enterré cinq personnes : deux femmes, un garçon, un adulte et un vieillard de quelque importance, sans doute un prêtre-guerrier. Cela allait nous éclairer sur la conduite des Mochicas devant la mort et l'au-delà. Par exemple, l'attitude convulsée des deux femmes laisserait supposer qu'elles étaient les épouses ou les concubines du vieillard, enter-

rées vivantes à sa mort pour partager avec lui sa vie future. Le garçon subit peut-être un sort semblable, et ce fut très certainement le cas de l'autre homme dont on avait lié genoux et chevilles avant de l'inhumer. A côté des corps, les deux archéologues découvrirent un certain nombre d'objets, notamment des perles, des fragments de vêtements, vingt-huit pots d'argile et un masque de cuivre recouvert d'or — confirmation de l'intérêt que les Mochicas portaient à la vie dans l'au-delà, puisqu'ils entraient dans la tombe avec leurs possessions terrestres. Certains se faisaient même enterrer avec, dans la bouche, une canne creuse qui montait jusqu'à la surface du sol pour que leurs parents puissent continuer à nourrir leur cadavre.

Ce sont pourtant les nombreuses poteries découvertes à Virú et ailleurs qui nous font surtout connaître les Mochicas. Pour eux, une poterie était un moyen de décrire une situation ou de raconter une histoire, comme d'autres le font avec la peinture, la sculpture ou le livre. Les Mochicas n'inventèrent jamais de système d'écriture, mais c'étaient d'habiles potiers, qui façonnaient des pots d'argile aux formes étonnantes, comme un pot à bec en étrier représentant un ivrogne soutenu par deux compères, ou ornés de peintures très réalistes aux sujets très variés : ici, des cérémonies religieuses et des batailles ; là, une chasse au renard ou une scène de décapitation. C'est grâce à ces témoignages que les archéologues reconstituent ce que fut la vie des Mochicas depuis le Ier siècle av. J.-C., jusqu'à leur déclin, vers l'an 700.

Il est clair que la religion et ses rites, ou quelque chose qui y ressemblait fort, jouaient un grand rôle dans leur société. De très

Les Mochicas ignoraient l'écriture, et ils se servaient de la poterie pour raconter les scènes de leur vie quotidienne, ou représenter d'étranges personnages, souvent difformes. De gauche à droite : une femme traîne derrière elle un énorme pot ; un exemple de difformité faciale ; trois ivrognes ; le visage de la maladie (les oreilles effroyablement gonflées facilitent la prise du récipient).

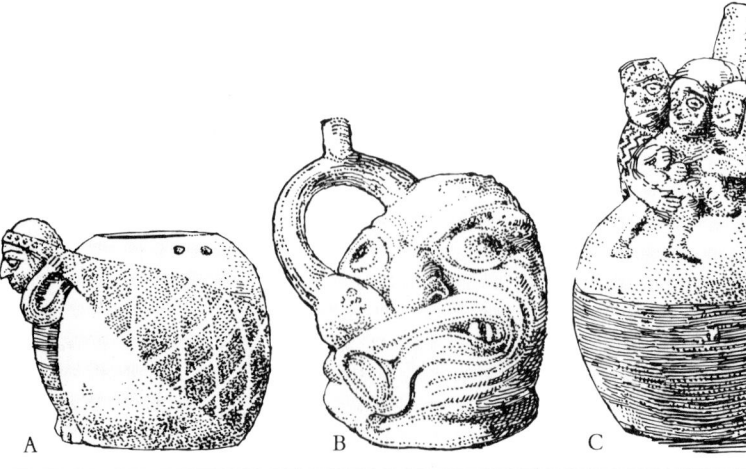

A   B   C   D

DE GRANDS ARCHITECTES ET DE GRANDS INGÉNIEURS

Les Mochicas, qui tinrent sept ou huit siècles la plaine du nord du Pérou, n'étaient pas seulement d'habiles céramistes ; ils ont été les architectes de grandes pyramides et ont aussi conçu des canaux d'irrigation. Leurs pyramides étaient construites en briques d'argile séchée, les adobes. Pour la construction de la gigantesque pyramide située aux environs de la ville de Moche, et vouée au Soleil, la divinité la plus importante des Mochicas, on en employa plus de 130 millions. Cette énorme construction, à sept niveaux, est édifiée sur une haute terrasse. Les Mochicas ont élevé d'autres pyramides, de même taille ou plus petites, dans d'autres vallées. On sait aujourd'hui que des villages s'installaient autour de ces lieux de culte. La population vivait dans des huttes qui n'étaient pas très éloignées des pyramides.

Les Mochicas étaient aussi des ingénieurs d'une surprenante habileté. Ils creusaient des canaux d'irrigation, qui sont encore utilisés aujourd'hui, et parvenaient de la sorte à rendre cultivable leur pays. Ils ne se contentèrent pas d'aménager des canaux, mais construisirent aussi des aqueducs de plus de 100 kilomètres de long, qui permettaient d'irriguer des milliers d'hectares de terres.

D'une délicate facture, les pots mochicas décrivent des activités variées, comme la pêche, la chasse ou l'agriculture. Ici, un chasseur s'apprête à abattre sa proie.

nombreux pots représentent une cérémonie particulière, aussi importante pour les Mochicas, semble-t-il, que la Crucifixion l'est pour les chrétiens. Cette cérémonie consiste en la présentation d'un gobelet à un personnage dont la tête et les épaules sont entourées de rayons. Que contient le gobelet ? Nous l'ignorons. Mais il pourrait fort bien s'agir de sang humain, car la plupart des scènes évoquent aussi des captifs contraints de donner leur sang. Les autres personnages du drame sont mi-humains, mi-oiseaux ou félins, et ils se livrent toujours à des activités qui témoignent d'un goût prononcé pour le bizarre. Par exemple, on peut voir des squelettes jouer de la flûte ou avoir entre eux des rapports sexuels. Les corps déformés et les visages monstrueux reviennent avec une fréquence obsessionnelle. De nombreux pots mochicas représentent des aveugles, des lépreux rendus difformes par la maladie, des nains ou des corps mutilés. Un archéologue péruvien, Rafael Larco Hoyle, pense d'ailleurs que la mutilation était probablement une punition rituelle des Mochicas, mais cela n'explique pas les nombreuses autres bizarreries de leurs poteries. Apparemment, les Mochicas vénéraient la difformité, sans doute associée à des puissances surnaturelles.

A part ces nombreuses incursions dans le domaine du bizarre, leurs pots de terre relatent aussi de nombreuses activités de la vie quotidienne : des femmes en train de mettre au monde un enfant ou de se laver les cheveux, des pêcheurs au travail, des guerriers chassant dans les montagnes, et diverses créatures qui s'adonnent à des actes dont rien ne vient cacher l'obscénité. Cuisiniers, sorciers, tisserands, portefaix, soldats, prêtres et musiciens, tous vaquent à leurs occupations. Mais quel que soit le sujet, une constante revient : c'est une histoire qu'on nous raconte — une otarie qui mange un poisson, un oiseau frappé en plein vol par la flèche d'une sarbacane, des personnages absorbés dans des accouplements les plus divers. Tout ce qui était important pour les Mochicas trouva tôt ou tard son expression dans leurs poteries d'argile.

Et c'est ainsi que, peu à peu, nous sommes parvenus à nous faire une image encore incomplète de ce peuple fascinant. Bien des sites doivent encore être explorés, mais une image assez nette, quoique fort étrange, commence à se dessiner de ce peuple oublié dans l'ombre de la grande civilisation inca.

La famille impériale du Japon
Prisonnière d'un mythe

LE jour de l'an 1946, quelques mois après la fin de la Seconde Guerre mondiale, les Japonais purent entendre pour la première fois la voix de leur empereur. Un Occidental mesure difficilement l'impact d'un tel moment, lorsque l'empereur Hiro-Hito annonça à la radio que lui et sa famille renonçaient à se prétendre d'extraction divine, descendants de la déesse du soleil, ce qui n'avait jamais été contesté en public. Jusqu'alors, à l'exception d'un tout petit nombre, tous les Japonais reconnaissaient dans le premier monarque d'un Japon uni Jimmu, le descendant de la déesse du soleil, roi-guerrier de Kyushu (la plus méridionale des quatre grandes îles du Japon). Jimmu avait conquis le reste de l'archipel en 660 av. J.-C. et, de là, la dynastie impériale s'était perpétuée jusqu'à nos jours, Hiro-Hito étant le cent vingt-quatrième représentant d'une succession ininterrompue d'empereurs.

L'histoire ne confirme en rien ce mythe. D'une part, Kyushu et les autres îles japonaises étaient très peu peuplées et, dans la meilleure hypothèse, elles se trouvaient encore à l'âge de la Pierre au VIIe siècle av. J.-C. D'autre part, la première mention écrite concernant le Japon date de l'an 57 de notre ère, lorsque des chroniqueurs chinois parlent d'une visite de représentants de l'un des « plus de cent » États de Wa (l'ancien nom chinois du Japon).

A cette époque, les îles étaient donc loin d'être unies sous la férule d'un seul monarque.

Alors, quand l'empire fut-il établi et qui fut le premier véritable empereur de tous les Japonais ? Les historiens se heurtent à un véritable mur, surtout parce que les chroniques chinoises s'établissaient essentiellement par ouï-dire sur un peuple relativement lointain et — pour les Chinois — assez peu civilisé. La première chronique japonaise, *Kojiki (Relation d'événements anciens),* date de l'an 712. Elle reprend l'histoire traditionnelle de la fondation du Japon par la déesse du soleil et de son unification par son descendant, l' « empereur » Jimmu, en 660 av. J.-C. Il est certain qu'au VIIIe siècle, à l'époque du *Kojiki,* les îles formaient un empire uni — et fort ambitieux. Cet empire avait besoin de se forger une histoire aussi ancienne que celle, vénérable, des Chinois ; c'était une question de fierté nationale. Et le *Kojiki* n'est donc pas un ouvrage historique, mais une œuvre de propagande, où les « faits » et les « dates » ne peuvent être pris à la lettre.

Selon les chroniques chinoises, plus dignes de foi, la première personne qui régna sur une réunion de plusieurs États japonais fut une femme, l'impératrice Pimiko — « la fille du soleil » —, mais qui n'était certainement pas impératrice de tout le Japon puisqu'on sait que les îles furent déchirées par des luttes intestines

Hiro-Hito, qui passait pour le cent vingt-quatrième dans la succession ininterrompue des empereurs divins du Japon, renonça à la divinité de sa famille peu après la fin de la Seconde Guerre mondiale. Depuis, il joue un rôle essentiellement symbolique dans la vie publique de son pays. L'empereur est un biologiste de renom qui s'est consacré à la biologie marine.

pendant tout son règne (vers 183-248), et même longtemps après sa mort. Son ascendant semble lui être venu principalement du fait qu'elle était sans doute un chaman, ou prêtre, d'une religion tribale, le shinto — forme de patriotisme exacerbé fondée sur le culte des esprits de la nature et des ancêtres —, qui allait devenir la religion officielle de l'empire du Japon.

On dit de Pimiko qu'elle avait des pouvoirs magiques, qu'elle s'était isolée dans une forteresse, protégée par des gardes armés, et qu'elle avait mille et un serviteurs, dont un seul homme. Mais sur quelle île ? Certains pensent qu'elle tenait sa cour à Kyushu, mais rien ne le prouve vraiment. Quoi qu'il en soit, il semble qu'elle ait légué ses terres et son autorité à une autre femme, peut-être sa nièce, appelée Iyo. Et celui qui pourrait le mieux prétendre être le premier d'une longue succession d'empereurs japonais est un chef tribal de Kyushu qui vint facilement à bout d'Iyo et lui accorda le titre de princesse impériale.

Il avait pour nom Sujin. Dans les listes officielles des empereurs, on le voit apparaître en dixième place, mais aussi, à côté du légendaire Jimmu, comme « premier empereur qui régna sur l'État ». Ces deux noms sont les seuls qui reçoivent cette distinction, et certains savants pensent que c'est Sujin qui donna naissance au mythe de Jimmu, nom à la résonance voisine. Théorie d'autant plus plausible que l'on dit des deux personnages qu'ils partirent de leur île natale de Kyushu pour conquérir l'île voisine de Honshu, où la tradi-

POURQUOI « JAPON » ? POURQUOI « NIPPON » ?

Pour se moquer, les Chinois donnaient le nom de Wa — qui signifie « petit » ou « nain » — à l'archipel qui se trouvait à quelque distance de la côte nord-est de leur immense pays. Lorsque les habitants de ces îles s'unirent pour former un empire, ils voulurent naturellement effacer cette image d'un pays petit ou arriéré. Dès le viie siècle, ils adoptèrent un nouveau nom qui signifie « pays du Soleil Levant », dans l'espoir qu'il rehausserait leur prestige aux yeux de leurs voisins chinois. Les caractères chinois qui correspondent à ce nom se prononcent *jih-pen* en chinois et *nih-pen* en japonais.

Le nom moderne de Japon est une transcription française de la prononciation chinoise (apportée en Occident au début du xive siècle par Marco Polo), alors que Nippon est notre transcription à partir du japonais pour « pays du Soleil Levant ».

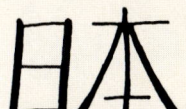

tion situe le centre de l'Empire japonais depuis les débuts brumeux de son histoire.

C'est à peu près tout ce que nous savons de Sujin, si ce n'est qu'il vécut à la fin du iiie siècle et au début du ive, et qu'à l'époque de sa mort, en 318, son territoire couvrait presque tout, sinon tout, l'archipel. Inutile d'ajouter que la succession impériale de Sujin à Hiro-Hito n'est ni claire ni directe. La plupart des spécialistes pensent cependant que le trône est occupé par une seule famille depuis au moins six siècles, ce qui en fait la plus ancienne famille royale du monde. Un héritage non négligeable, même sans l'intercession de la déesse du soleil.

Kyushu, d'où serait originaire le premier empereur, est aujourd'hui la plus populeuse des îles japonaises. La moindre parcelle de terre est cultivée, comme le montrent ces rizières en terrasses qui escaladent les flancs des collines.

Ptolémée : génie ou imposteur ?

Un géant aux pieds d'argile

Cette gravure du Moyen Age représente Ptolémée coiffé d'une couronne et tenant les outils de son art. A l'époque, on confondait parfois flatteusement le savant avec la dynastie ptolémaïque qui régna sur l'Égypte.

La carte du monde connu, selon Ptolémée d'après une copie hollandaise de 1486. L'Europe y est représentée de façon relativement exacte, mais l'Asie s'étend beaucoup plus loin à l'est qu'en réalité. C'est cette vision du monde qui poussa Christophe Colomb à prendre la route de l'ouest, dans l'espoir d'atteindre la côte est de l'Asie. Le continent américain l'arrêta en chemin.

PTOLÉMÉE a toujours eu sa place au panthéon de la science. Né en Grèce vers l'an 90 et mort vers 168, il vécut la majeure partie de sa vie en Égypte, alors sous la domination romaine, où il écrivit deux ouvrages qui lui ont valu sa célébrité : un recueil des connaissances géographiques de son époque et une encyclopédie de l'astronomie. Tous deux marquèrent la pensée occidentale pendant plus d'un millénaire. Sa *Géographie* fit autorité pendant mille quatre cents ans ; premier atlas du monde, on publiait encore au XVIe siècle des cartes qui s'inspiraient d'elle. Ce sont d'ailleurs les cartes de Ptolémée qui encouragèrent les navigateurs à penser qu'ils pourraient rejoindre les Indes par la route de l'ouest. Quant à l'*Almageste*, traité d'astronomie en treize volumes, il fallut attendre les observations de l'astronome polonais Nicolas Copernic, au XVIe siècle, pour qu'il soit mis en question.

Même quand on sut que Ptolémée avait tort de croire que la Terre était le centre fixe de l'univers, on continua à le considérer comme un homme de science et un astronome de grand génie. Et c'est à ce titre, plutôt que comme géographe, qu'on se souvient de lui aujourd'hui. Pourtant, un astronome américain, Robert Russell Newton, après une analyse minutieuse des méthodes et des calculs de Ptolémée, émet une opinion brutale et tran-

chante : loin d'être un génie, Ptolémée l'astronome n'était qu'un imposteur. Et de conclure que, pour étayer ses théories, Ptolémée avait inventé tout simplement des résultats d'observations et même falsifié celles d'autres astronomes. Il ajoute qu'en supplantant les manuels astronomiques qui l'avaient précédé, l'*Almageste* « nous a fait perdre une bonne partie des meilleurs travaux de l'astronomie grecque… Il a fait plus de mal à l'astronomie que tout autre ouvrage jamais écrit, et, s'il n'avait jamais existé, l'astronomie ne s'en serait que mieux portée ».

Pour justifier ce jugement impitoyable, Newton compare les chiffres que Ptolémée donne pour la position de la Lune à certaines dates avec ceux que l'astronomie moderne connaît avec certitude. Un grand nombre des prétendues observations présentent d'incroyables inexactitudes qui ne peuvent s'expliquer par les imperfections des anciens instruments de mesure. Ces observations sont même souvent beaucoup moins précises que d'autres faites des siècles plus tôt. Les erreurs de Ptolémée portent sur plus d'un quart de degré, ce qui ne semble peut-être pas beaucoup, mais qui revient à dire qu'il aurait visé avec ses instruments le pourtour de la Lune plutôt que son centre, erreur grossière que ne commettrait même pas un novice. Or, fort curieusement, ces erreurs correspondent presque exactement aux chiffres de ses équations prévisionnelles. De même, les chiffres qu'il donne pour la position du Soleil à différents moments de l'année sont considérablement erronés. Ici encore, on relève une correspondance suspecte entre les chiffres et les théories que les observations étaient censées démontrer. Est-il possible que Ptolémée ait modifié, ou inventé, ses résultats pour qu'ils corroborent ses théories ?

Une certaine fois, nous dit Newton, Ptolémée se révèle lui-même imposteur en signalant une observation que personne n'a jamais pu faire ! L'attribuant à l'astronome Hipparque, Ptolémée parle d'une éclipse de Lune qui aurait eu lieu le 22 septembre de l'an 200 av. J.-C., à 18 h 30. Pourtant, nous savons que la Lune ne se leva qu'une demi-heure plus tard ce jour-là. De deux choses l'une : ou l'observation originale était fabriquée, et Ptolémée aurait dû s'en rendre compte, ou il modifia l'observation d'Hipparque, ou même l'inventa et l'attribua ensuite à ce savant respecté pour lui donner ainsi toutes les apparences de la crédibilité. Les ouvrages d'Hipparque ont disparu, et, comme l'observation vient s'inscrire parfaitement dans les théories de Ptolémée, Newton n'a aucun doute sur l'origine de l'imposture.

Paradoxalement, ce ne sont pas les inexactitudes de ses travaux, mais plutôt leur très grande précision, peu vraisemblable pour l'époque, qui prouvent que Ptolémée était un charlatan. Tous les scientifiques savent que la mesure d'une quantité quelconque, sur le terrain comme en laboratoire, risque d'être entachée d'erreur (erreur de parallaxe, inexactitude dans le processus d'expérimentation ou manque de fiabilité de l'instrument de mesure). Pour contourner la difficulté, on procède plusieurs fois à la même mesure et on fait la moyenne des résultats. Si toutes les mesures sont pratiquées avec autant de précision que possible, les erreurs s'annulent les unes les autres. En d'autres termes, les chiffres bruts s'étalent de part et d'autre du chiffre exact, et la statistique permet de prévoir la distribution de cet « étalement ». Pourtant, cette dispersion des résultats est trop souvent absente des calculs de Ptolémée.

Par exemple, lorsqu'il donne l'heure au début d'une éclipse de la Lune, c'est une approximation à un quart d'heure près, en partie parce que les clepsydres de son époque n'avaient pas une précision plus grande, et aussi parce que la Terre projette une ombre aux contours un peu flous, ce qui rend difficile de savoir exactement à quel moment l'ombre commence à toucher le disque lunaire. S'il avait scrupuleusement noté ces heures, cette imprécision se serait traduite par une variation d'au moins un quart de degré dans les mouvements de la Lune qu'il avait calculés. En fait, les résultats de ses calculs concordent à un sixième de degré près. La probabilité qu'une telle précision soit due au hasard n'est que de 1 sur 64 000, probabilité encore plus suspecte si on l'ajoute aux autres résultats par trop impeccables de l'*Almageste*.

La conclusion, selon le spécialiste américain, est claire. Ptolémée a d'abord échafaudé ses théories, calculé les données qu'il devait obtenir pour les justifier, puis prétendu qu'il avait effectivement obtenu ces résultats au cours de ses observations. Et les descriptions détaillées des appareils de mesure et des méthodes d'observation qu'il prétend avoir utilisés ne servent qu'à donner plus de vraisemblance à une magnifique imposture.

L'ouvrage de Robert Russell Newton est complexe et très controversé. Mais s'il a raison, la malhonnêteté de Ptolémée a desservi l'homme autant que l'astronomie. Car les renseignements authentiques dont il disposait lui auraient sans doute permis de découvrir la vérité sur le système solaire : que la Terre tourne autour du Soleil. Quatorze siècles plus tard, Copernic arriva à cette conclusion, malgré le mal qu'il eut à essayer de comprendre les chiffres faux de Ptolémée, avec des techniques mathématiques et des appareils de mesure qui n'étaient pas plus perfectionnés que ceux du Grec. Ironie du sort, si Ptolémée avait passé plus de temps à faire des observations et moins à les falsifier, il aurait mérité une réputation encore plus grande que celle qu'il a. Ou plutôt qu'il avait.

L'UNIVERS DE PTOLÉMÉE

Selon Ptolémée, la Terre est une sphère parfaite et fixe, autour de laquelle tournent tous les autres corps célestes de l'univers, portés sur des sphères concentriques de cristal invisible. Ces sphères sont au nombre de huit, la plus proche de la Terre est celle qui porte la Lune. Puis viennent, dans l'ordre, Mercure, Vénus, le Soleil, Mars, Jupiter et Saturne (ce n'est que bien plus tard qu'on soupçonnera l'existence d'Uranus, Neptune et Pluton). La huitième sphère porte les autres étoiles.

Malheureusement, les grands corps célestes ne se déplacent pas comme le voudrait cet élégant modèle. Parfois, ils semblent reculer dans le ciel et leur grosseur apparente varie, ce qui fait penser qu'ils se rapprochent ou qu'ils s'éloignent de la Terre. Pour expliquer ces anomalies, Ptolémée, comme d'autres astronomes de l'Antiquité, élabora un système d'épicycles : des sphères plus petites tournant à l'intérieur de sphères plus grandes. Il croyait que le Soleil, la Lune et les planètes se trouvaient sur ces petites sphères cristallines où ils se déplaçaient, comme une tache de peinture sur une balle que l'on ferait rouler à l'intérieur d'un tambour.

Cet ingénieux système n'expliquait pas tout. Ptolémée le perfectionna encore en y ajoutant l'excentricité : la Terre ne se trouve pas exactement au centre de toutes les grandes sphères, elle en est légèrement décalée. Par la suite, de nouvelles observations, plus précises, obligèrent à apporter tant de modifications au système de Ptolémée qu'il devint une invraisemblable collection d'excentricités et d'épicycles, comptant en tout quelque 80 sphères.

Malgré sa complexité, le système ne fut pratiquement pas contesté jusqu'à ce que les astronomes modernes, Copernic en tête (1473-1543), comprennent enfin que les planètes tournaient autour du Soleil.

Le christianisme en Afrique

Des Romains qui vinrent convertir, et non plus conquérir

Tout le monde connaît l'histoire de l'explorateur David Livingstone qui voulut évangéliser l'Afrique noire au XIXe siècle. Ce qu'on ignore plus souvent, c'est que mille cinq cents ans avant que Livingstone ne foule le sol africain, une petite enclave de ce vaste continent était déjà christianisée. Cet événement extraordinaire fut le fait non pas d'explorateurs intrépides, ni de prêtres, ni même d'une race conquérante, mais, ainsi le veut l'histoire, d'un étrange caprice du destin qui conduisit deux jeunes frères chrétiens à la cour d'un roi d'Éthiopie. Le fait est déjà surprenant, mais le plus étonnant est qu'il ait eu lieu au IVe siècle de notre ère, alors qu'une grande partie de l'Europe occidentale était encore païenne.

Les deux jeunes gens étaient des citoyens romains qui voyageaient en compagnie d'un parent plus âgé, Meropius, philosophe de la cité chrétienne de Tyr. Meropius souhaitait fort explorer une terre qu'il connaissait sous le nom d'Inde, mais qui était en fait l'Éthiopie. Le bateau qui les transportait mouilla dans un port de la côte éthiopienne pour prendre des vivres et de l'eau. Les jeunes gens, Frumentius et Aedesius, en étudiants studieux qu'ils étaient, descendirent à terre en emportant leurs manuels. Ils firent bien, car les Éthiopiens, qui venaient d'apprendre que les Romains avaient rompu un traité conclu avec leur pays, montèrent à bord du bateau, où ils tuèrent Meropius et tous les membres de l'équipage.

Couverts de sang, les guerriers tombèrent ensuite sur les deux garçons assis sous un arbre, absorbés dans leurs études. Pris de pitié, ils les épargnèrent et les présentèrent au roi de cette région, Ella-'Amida. Ils firent bonne impression, et le roi leur donna des postes à la cour. Frumentius et Aedesius devinrent bientôt les serviteurs de confiance de la famille royale, à telle enseigne qu'à la mort du roi on demanda à Frumentius de se charger, avec d'autres, de l'éducation du nouveau roi (alors un tout jeune enfant). Frumentius accepta à condition d'être aidé par son frère.

Pénétré de la tradition chrétienne de Tyr, sa ville natale, Frumentius encouragea les marchands chrétiens de Rome à venir faire du commerce en Éthiopie. Avec le temps, il réussit même à y construire un certain nombre d'églises. Lorsque le jeune roi fut en âge de monter sur le trône, Frumentius et son frère demandèrent l'autorisation de rentrer dans leur pays. Aedesius revint à Tyr, où il devint finalement prêtre, tandis que Frumentius prit le chemin d'Alexandrie, où il fut ordonné évêque, avant de rentrer en Éthiopie pour convertir le jeune roi au christianisme, ce qui lui valut d'être plus tard canonisé.

Nous devons ce récit de la fondation de l'Église chrétienne d'Éthiopie à deux historiens de l'Église : le moine et théologien Tyrannius Rufin qui, au IVe siècle, entendit l'histoire de la bouche du plus jeune frère, Aedesius, et un Grec du Ve siècle, Socrate le Scolastique. Rien ne permet de mettre en doute l'essentiel de ce récit, les autres traditions religieuses éthiopiennes n'étant sans doute que des versions romancées.

Le christianisme subit un revers en Éthiopie au VIIe siècle, lorsque les Arabes envahirent le pays. Les souverains restèrent chrétiens, alors que la population devenait largement musulmane, jusqu'à ce que les Arabes soient éliminés à la fin du XIIIe siècle. Malgré d'autres attaques musulmanes, l'Église chrétienne d'Éthiopie a survécu jusqu'à nos jours.

Hailé Sélassié, le « Lion de Juda », dernier empereur d'Éthiopie, opposa une farouche résistance aux Italiens lors de l'invasion de son pays en 1935. Son armée le renversa en 1974 et il mourut la même année.

L'ÉTHIOPIE ET LA REINE DE SABA

Pendant de nombreux siècles, l'Éthiopie fut le seul pays chrétien d'Afrique. Mais ce pays possède aussi une longue tradition juive qui remonte à une légende dont l'origine se situe peut-être au Xe siècle av. J.-C. Les souverains éthiopiens se prétendaient les descendants du roi Salomon et de la reine de Saba. Alors que les historiens modernes pensent généralement que le royaume de Saba de la Bible se trouvait au Yémen, selon la légende éthiopienne, Saba était une ville d'Éthiopie et c'est une reine éthiopienne, Makéda, que Salomon avait séduite.

De son union avec Salomon, Makéda eut un fils, Ménélik, dont Salomon voulut faire son héritier. Lorsque Ménélik refusa, Salomon lui donna l'onction, l'appela du nom de David, et décréta que seul David et ses héritiers régneraient en Éthiopie sous le titre de « Lion de Juda » (titre qu'ont porté tous les souverains éthiopiens jusqu'au dernier, Hailé Sélassié, qui régna de 1930 à 1974). Par ruse, Ménélik et son entourage parvinrent à ramener avec eux en Éthiopie l'Arche d'Alliance, l'objet le plus sacré du sanctuaire du temple de Jérusalem. Les historiens pensent que cette légende émane des rois d'Éthiopie qui tentèrent ainsi d'affirmer leur droit au trône.

L'inflation : un mal de tous les temps

L'échec d'un programme de blocage des prix et des salaires à Rome

Monnaie à l'effigie de l'empereur Dioclétien. Le chaos et les désastres du IIIᵉ siècle le contraignirent à réformer radicalement l'administration de l'empire.

POUR son époque, l'empereur Dioclétien n'avait rien d'un sanguinaire : il ne voyait pas la nécessité de tuer sans raison. Pourtant, en l'an 301, lorsqu'il imposa une série de règlements pour enrayer l'inflation, il décréta qu'une seule peine serait réservée à ceux qui enfreindraient la loi : la mort.

L'édit de Dioclétien fixait le prix d'un millier d'articles de première nécessité, ainsi que le niveau des salaires. Sans doute n'était-ce pas la première tentative du genre, mais certainement la plus ambitieuse, et l'empereur voulait à tout prix le succès. Et c'est ainsi que la nouvelle se répandit dans tout l'empire : quiconque n'observerait pas les prix fixés ou chercherait à contourner les règles en n'offrant pas sa marchandise sur le marché serait sommairement exécuté. De fait, la situation était grave. Dioclétien avait pris le pouvoir après un demi-siècle de troubles politiques et de guerres pratiquement incessantes. En 259, par exemple, les barbares avaient capturé un empereur, Valérien, ce qui avait entraîné une crise financière : tout le monde s'était précipité pour changer son argent en marchandises, d'où une flambée d'inflation que l'on estime à mille pour cent en dix-sept ans. Alors que les prix continuaient de monter, le gouvernement n'eut d'autre choix que d'altérer la monnaie : ce qui paraissait encore être du métal précieux n'était pratiquement plus que du cuivre.

Refrain connu ? Le préambule de l'édit de Dioclétien, qui prend bien soin de détourner l'attention des maladresses du gouvernement pour faire reposer le blâme sur les spéculateurs du marché des grains, l'est encore davantage. Les problèmes financiers de l'empire étaient le fait « d'hommes qui n'ont rien de mieux à faire que de s'emparer à leur propre avantage des bienfaits envoyés par les dieux... des hommes qui nagent dans une richesse suffisante pour satisfaire les besoins de tout un peuple, qui ne pensent qu'à leurs gains, à leur marge de profit ».

Et comme on pouvait s'y attendre, la politique de Dioclétien fut un échec. Comme tous les gouvernements l'ont constaté depuis son époque, l'empereur découvrit qu'une loi ne suffit pas à enrayer l'inflation. Plutôt que de voir leur argent se dévaluer davantage, les gens se précipitèrent pour faire main basse sur toutes les marchandises encore disponibles. Le marché noir se développa aux dépens du reste de l'économie, et, que nous sachions, personne n'eut jamais la tête tranchée. Même avec le formidable secours de la peine de mort, la première politique de fixation des prix et des salaires du monde n'avait rien donné.

Le palais impérial de Dioclétien, à Split, ensemble fortifié, fut le plus imposant monument que les Romains aient laissé en Yougoslavie. C'est là, parmi d'importants vestiges, que se trouve le mausolée de l'empereur, aujourd'hui entouré d'un marché.

L'EMPEREUR QUI PARTIT PLANTER SES CHOUX

Fait inhabituel pour un empereur romain, Dioclétien semble être mort paisiblement, dans son lit. De ses vingt-six prédécesseurs immédiats, un seul eut cette chance. Né dans ce qui est aujourd'hui la Yougoslavie, d'extraction modeste, Dioclétien gravit rapidement les échelons de l'armée. Ses troupes le proclamèrent empereur en 284, à l'âge de trente-neuf ans. Pendant vingt ans, il mena l'empire au travers d'une période difficile, partageant le pouvoir avec un compatriote, Maximien. Cette association eut tant de succès dans la lutte contre les ennemis de Rome qu'en l'an 305, à la fin d'une longue carrière, les deux hommes abdiquèrent en faveur de successeurs soigneusement choisis.

Dioclétien se retira aussitôt dans sa villa de Salone, près de l'actuelle ville de Split, en Yougoslavie, où il passa le reste de sa vie à s'occuper de son jardin. Par contre, l'inactivité pesait à Maximien. Il s'en ouvrit à Dioclétien et lui proposa de goûter à nouveau avec lui à l'ivresse du pouvoir. « Ah ! lui répondit Dioclétien, trop heureux de décliner l'invitation, si seulement tu pouvais voir les choux que j'ai plantés de mes propres mains... »

« *Par ce signe, tu vaincras* »
La vision qui convertit l'empereur

Sur le labarum *sacré, l'étendard derrière lequel marchèrent les armées impériales, Constantin avait fait placer* χ *et* ρ *les deux premières lettres de* Christos, Christ *en grec. Le monogramme figure ici sur une plaque d'argent romaine.*

A u début du IVe siècle, une partie de plus en plus importante de la population se détournait des anciens dieux de Rome pour une nouvelle religion, le christianisme. Les souverains de l'empire d'Occident étaient résolus à endiguer ce flot. La persécution des chrétiens et de leurs sympathisants atteignit son point culminant — ou plutôt un abîme de cruauté —, alors qu'on les traînait au gibet, qu'on les battait, torturait, mutilait, décapitait, qu'on les laissait croupir des années dans d'ignobles geôles. Au nom de Jupiter, d'Apollon, de Minerve et des autres « immortels » qui présidaient aux destinées de la capitale de l'empire depuis d'innombrables siècles, on accusa les disciples du Christ de tous les crimes imaginables, dont ils furent châtiés avec la plus extrême sévérité.

En 313, avec ce qu'il est convenu d'appeler « l'édit de Milan », l'empereur Constantin Ier le Grand donnait sa sanction au christianisme, qui ne deviendrait la religion officielle de l'empire qu'à la fin du IVe siècle. Constantin régnait sur les territoires occidentaux de l'empire depuis 306. Pendant sept ans, il n'avait pas fait le moindre geste en faveur des malheureux chrétiens. Bien au contraire, il s'était montré un partisan convaincu du paganisme traditionnel. Quelle fut la cause de ce revirement qui allait influer sur tout le cours de l'histoire de l'Europe ?

Fait ou légende, l'histoire de la conversion de Constantin a inspiré les chrétiens depuis qu'Eusèbe, évêque de Césarée (capitale romaine de la Palestine), l'a racontée pour la première fois dans sa *Vie de Constantin,* écrite immédiatement après la mort de l'empereur, en 337. Un jour d'octobre de l'an 312, Constantin et son armée marchaient sur la cité de Rome pour la soustraire aux griffes d'un empereur rival, Maxence. C'est alors que dans les rayons du soleil couchant, Constantin vit se dessiner une croix dans le ciel, avec les mots : « Par ce signe, tu vaincras. » Dans la nuit, le Christ lui apparut en songe et lui dit de livrer bataille derrière un étendard marqué de l'insigne des chrétiens ; ainsi seulement sortirait-il victorieux du combat. L'empereur commanda qu'on lui confectionne un étendard d'or, incrusté de pierres précieuses et portant un monogramme qui symboliserait sa loyauté envers le Christ. Derrière cette enseigne et, selon certains récits, à l'abri de leurs boucliers tous peints d'une croix, les soldats de Constantin battirent l'ennemi au pont Milvius, sur le Tibre. Maxence se noya et Constantin entra dans Rome, victorieux et désormais un chrétien convaincu.

L'empereur eut-il vraiment cette vision ? Eusèbe prétend tenir l'histoire de la bouche même de l'empereur, qui aurait juré devant Dieu qu'elle était vraie et que non seulement

---

LA ROME DE CONSTANTIN

Au début du IVe siècle, Rome était le centre d'un empire qui s'étendait sur le Moyen-Orient, la totalité du monde méditerranéen et presque toute l'Europe occidentale (la France, l'Espagne et la majeure partie de la Grande-Bretagne). En 285, l'empereur Dioclétien avait décidé de diviser l'empire en deux blocs, l'empire d'Orient et l'empire d'Occident. De sa capitale, établie en Asie Mineure, il régnait sur l'empire d'Orient, tandis que son gendre, Maximien, restait en Italie pour administrer l'empire d'Occident. Même avec cette division, les Romains ne parvinrent pas à tenir en main les territoires immenses et turbulents de leur empire. Une nouvelle délégation de pouvoir intervint donc, et l'empire devint une tétrarchie : deux augustes pour les empires d'Occident et d'Orient ; deux césars, l'un pour l'Angleterre, la Gaule et l'Espagne, l'autre, pour l'Illyrie et les régions danubiennes.

Le père de Constantin était empereur des Gaules et d'Angleterre. A sa mort, en 306, ses troupes choisirent le jeune Constantin, qui n'avait pas encore vingt ans, comme nouvel empereur. Dioclétien et Maximien avaient renoncé au pouvoir (en 305), et des prétendants se disputaient les quatre trônes de l'empire. Une lutte sanglante pour le pouvoir s'engagea, dont l'une des dates décisives fut la bataille du pont Milvius, en 312, qui opposa le fils ambitieux de Maximien, Maxence, à Constantin. Victorieux, Constantin devint le seul souverain reconnu de l'Empire romain d'Occident, dont la capitale était Rome.

Consolidant peu à peu sa position par la force des armes, Constantin put se déclarer chef de tout l'empire en 324. Six ans plus tard, il décida de transférer la capitale à Byzance, à l'est, Rome étant devenue trop difficile à défendre. De Byzance, rebaptisée Constantinople, Constantin le Grand régna sur son immense empire. Aucun rival ne fut assez fort pour contester sa suprématie durant les dernières années de son règne, qui prit fin à sa mort en 337.

Sur cette fresque du XVᵉ siècle, Constantin et son armée contemplent avec émerveillement une croix qui se dessine dans le ciel (à gauche). Les historiens qui doutent que Constantin ait véritablement eu une vision pensent qu'il se trouva en présence d'un « phénomène de halo » (ci-dessus) : les rayons du soleil se réfractent sur de petits cristaux de glace dans la haute atmosphère, formant autour de l'astre d'étranges anneaux lumineux.

lui, mais les soldats qui se trouvaient à ses côtés virent la croix rayonnante dans le ciel. Alors, pourquoi en garda-t-on le secret jusqu'à la mort de l'empereur ? Comment aurait-il été possible de fabriquer un étendard incrusté de joyaux en une seule matinée, pratiquement le jour de la bataille (encore qu'Eusèbe soit vague au sujet de l'endroit et du moment précis de l'apparition) ? Et pourquoi, après s'être converti au christianisme d'une manière si fulgurante, si miraculeuse, l'empereur attendit-il la dernière année de sa vie pour se faire baptiser ?

Les historiens pensent aujourd'hui qu'à une époque empreinte de superstitions, alors que l'Église chrétienne avait besoin de rallier par tous les moyens des adeptes à sa cause, il était inévitable qu'on ajoute foi aux récits de visions divines. Tout le monde, païens et chrétiens, croyait aux miracles. Et la merveilleuse conversion de Constantin, racontée par Eusèbe, eut

un écho considérable, non seulement parmi les contemporains de l'évêque, mais pendant des générations.

Si la relation d'Eusèbe n'est pas parfaitement exacte en tous points, en revanche, il est presque certain qu'il s'est passé quelque chose la veille du jour où l'empereur entra dans Rome. Certains pensent que sa « vision » fut peut-être ce que les météorologues appellent le « phénomène de halo », qui se produit lorsque des cristaux de glace de l'atmosphère supérieure décrivent des anneaux lumineux autour du soleil. Il arrive parfois que ces anneaux s'emboîtent les uns dans les autres, formant une figure qui, pour certains, peut avoir l'apparence d'une croix. Cela expliquerait la vision, mais pas le songe qui suivit. Quoi qu'il en soit, il est hors de doute que Constantin n'était pas chrétien avant sa victoire du pont Milvius et qu'il fut un défenseur actif de la foi après celle-ci.

Les médecins des armées de Rome

Rouages indispensables d'une formidable machine de guerre

PAR le glaive et par l'épée, les armées de Rome conquirent le monde. Mais cette superbe machine militaire était faite d'hommes, et une armée n'aurait pu rester longtemps victorieuse si elle ne s'était occupée de ses blessés et de ses malades. Dans les premiers temps de la république romaine, il semble que les hommes de troupe aient été laissés à leur triste sort : pas de corps médical organisé, rien de comparable à notre Croix-Rouge. Mais lorsque les armées romaines devinrent maîtresses de la péninsule italienne et marchèrent contre les Grecs, plus cultivés, elles apprirent beaucoup du peuple qu'elles venaient de conquérir.

En Grèce, la tradition médicale remontait à Hippocrate, vers 400 av. J.-C., et à la création de sanatoriums consacrés au dieu de la médecine, Esculape. Après la conquête de la Macédoine au IIᵉ siècle av. J.-C., des médecins grecs commencèrent à suivre les Romains dans leurs campagnes. A nos yeux, leurs méthodes étaient encore rudimentaires, mais ils disposaient cependant de bons instruments chirurgicaux et de quelques médicaments. De plus, ils comprenaient qu'un soldat blessé, épuisé ou secoué par la fièvre devait avant tout prendre du repos. Graduellement, à mesure que leurs frontières s'élargissaient, les Romains créèrent avec l'aide des Grecs un certain nombre d'hôpitaux militaires dans tout l'empire. Un officier qui combattit les barbares du Nord sous les

ordres du futur empereur Tibère, sous le règne d'Auguste (27 av. J.-C.-14 apr. J.-C.), nous raconte comment fonctionnait ce système.

« Aucun d'entre nous, ni au-dessus ni au-dessous de notre rang, ne tombait malade sans que Tibère s'occupe de sa santé et de son bien-être avec autant de soin que si c'était là sa principale préoccupation, malgré ses lourdes responsabilités. Une voiture à cheval servait à ceux qui en avaient besoin, sa propre litière était à la disposition de nous tous, et moi, parmi d'autres, en ai bénéficié. Tantôt son médecin, tantôt sa cuisine, tantôt le bain réservé à son usage personnel étaient mis au service de tous les malades. Il ne manquait aux blessés que leur maison et leurs esclaves, rien d'autre que des amis eussent pu leur donner ou désirer pour eux dans leur foyer. »

Ce témoignage d'un officier est éloquent. Mais en était-il de même pour le reste de l'armée ? Si l'on en croit Cicéron et César, qui écrivirent tous deux au Iᵉʳ siècle av. J.-C., il est clair que les hommes de troupe n'étaient pas négligés. Ils avaient au moins l'assurance que quelqu'un viendrait panser leurs blessures sur le champ de bataille. Les hommes qui se chargeaient de cette tâche, les *medici*, étaient de simples soldats qui possédaient une connaissance limitée mais précieuse des premiers soins. Ils sauvèrent certainement de nombreuses vies, même si la chirurgie n'était pas à leur portée, à part quelques opérations très simples. Sur la

Les Romains pratiquaient une sorte de médecine préventive avant la lettre : leurs légionnaires étaient bien nourris et prenaient régulièrement de l'exercice pour rester en bonne forme physique. On s'occupait des blessés et des malades, comme le montre ce détail de la colonne Trajane, à Rome, où l'on voit des soldats se faire panser leurs blessures.

colonne Trajane, à Rome, où sont sculptées des scènes de bataille des guerres daciques (début du IIe siècle), on peut voir un *medicus,* en uniforme de simple soldat, panser un camarade blessé.

Les plus célèbres médecins de l'Empire romain, Celse (Ier siècle) et Galien (IIe siècle), parlent tous deux de l'importance de la guerre, qui permet d'acquérir une grande pratique de la médecine et de la chirurgie. Le champ de bataille était également une source intarissable pour les dissections et les explorations anatomiques. Peu à peu, l'armée organisa plus systématiquement les soins dispensés à ses soldats. En 210, chacune des deux cohortes de 1 000 hommes affectées à la cité de Rome disposait de quatre médecins qui avaient rang d'officiers subalternes. Si le même système s'appliquait en campagne, chaque légion de 6 000 hommes devait disposer d'environ vingt-quatre médecins. De plus, les soldats malades ou grièvement blessés étaient soignés à l'arrière, dans des hôpitaux militaires permanents.

Les Romains ne négligeaient pas non plus la médecine préventive. A une époque où la maladie, par exemple la malaria ou la dysenterie, faisait plus de victimes que l'épée, ils prenaient donc grand soin d'installer leurs *castra* (camps) dans un lieu salubre, aussi loin que possible des marécages, où le risque de paludisme était élevé, mais à proximité d'une bonne source d'eau potable. Ils ignoraient l'existence des bactéries, mais il semble qu'ils aient compris l'intérêt d'une bonne hygiène et d'un air pur. Dès le Ier siècle av. J.-C., un savant écrivain du nom de Varron postulait l'existence de « minuscules créatures qui échappent à nos yeux, flottent dans l'air et pénètrent dans le corps par la bouche et le nez, causant la maladie ». Et Végèce, écrivain du IVe siècle, soulignait l'importance de bien choi-

sir l'emplacement des camps et rappelait que « la plupart des gens bien informés pensent que l'exercice quotidien contribue bien davantage à la santé des soldats que les médecins ».

Mais c'est sans doute indirectement que les Romains réussirent le mieux à combattre la maladie. Leurs remarquables ingénieurs prévinrent plus d'une épidémie mortelle grâce au réseau d'aqueducs et d'égouts qu'ils construisirent pour les villes et les camps militaires.

LES PREMIERS HOPITAUX DU MONDE

C'est à Inchtuthil, au centre de l'Écosse, que les archéologues ont découvert les vestiges de l'un des premiers hôpitaux du monde. Construit sous l'occupation romaine, le bâtiment avait près de 100 mètres de long et 70 mètres de large. Il possédait un remarquable réseau d'égouts et était divisé en plusieurs salles reliées par un corridor, ce qui montre peut-être que ses architectes comprenaient la nécessité d'isoler les malades contagieux. Depuis l'Écosse jusqu'à la Libye, les troupes romaines disposaient ainsi de *valetudinaria,* dont la construction témoigne d'un souci d'hygiène que l'Occident ne connaîtra plus avant plusieurs siècles. En revanche, à Rome, on soignait la population civile à domicile.

Généralement construits autour d'une cour, ces hôpitaux militaires disposaient de latrines et de bains très bien conçus. Au IVe siècle de notre ère, l'exemple fut suivi dans la vie civile, notamment par les chrétiens, pour qui la visite des malades était un devoir moral. L'empereur Julien (361-363) vit se répandre les hôpitaux chrétiens, où les anciennes techniques romaines s'alliaient à un nouveau sentiment religieux. Après la chute de l'empire, au Ve siècle, les techniques médicales de l'ancienne Rome sombrèrent peu à peu dans l'oubli.

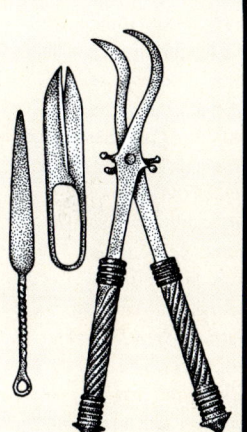

La médecine romaine avait atteint un certain degré de développement, comme le montrent ces instruments médicaux. De gauche à droite, un scalpel, des ciseaux chirurgicaux et des forceps, qui servaient à manipuler les os.

Siméon le Stylite
Trente-six ans sur une colonne

L'ÉGLISE a canonisé des personnages très divers, mais peu d'aussi excentriques que Siméon le Stylite l'Ancien, qui vécut seul dans le désert, perché au sommet d'une haute colonne de pierre, pendant plus de trente-six ans.

Saint Siméon pensait que, puisque le Seigneur avait souffert, ses disciples devaient

suivre son exemple. Jeune moine, dans sa Syrie natale, il s'était fait attacher la jambe droite à un rocher. Il aurait alors guéri miraculeusement des malades qui venaient en foule le visiter. Plus tard, il se fit emmurer pendant le carême, laissant la vermine grouiller sur son corps plutôt que de faire du mal à des parasites sans défense. Son comportement frisait le fanatisme, et les gens accouraient de centaines de kilomètres à la ronde pour le voir. Au début, il ne s'en plaignit pas, mais les choses changèrent avec le temps. Il voulait la solitude, et le seul moyen qu'il trouva pour échapper aux foules et se rapprocher de Dieu fut de s'installer au sommet d'une colonne. Par cet acte suprême de mortification, Siméon et les autres stylites (solitaires perchés) cherchaient à fuir la vanité des choses de ce monde et le tumulte de la vie quotidienne.

En l'an 423, à peu près à l'âge où le Christ fut crucifié, Siméon s'habitua à vivre sur un espace restreint en s'installant d'abord sur un piton rocheux, puis en élisant domicile au sommet d'une colonne de pierre, à Telnishe, village du nord de la Syrie dont subsistent encore des vestiges. La première colonne qu'il choisit n'avait guère que 12 mètres de haut. Au cours des six ou sept années qui suivirent, il se percha sur des colonnes de plus en plus hautes, jusqu'à s'installer finalement à 20 mètres au-dessus du sol. Pendant trente ans, Siméon n'en descendit pas une seule fois. De bonnes âmes venaient lui donner de la nourriture en grimpant sur une échelle, visites écourtées par l'exiguïté du sommet de la colonne, probablement entouré d'un garde-fou pour empêcher

Le rigoureux isolement dans lequel saint Siméon se retira, perché au sommet d'une colonne, a inspiré une foule d'imitateurs dans le monde chrétien. Cette peinture du Moyen Âge nous montre Siméon au sommet de sa colonne, alors qu'on enterre saint Ephrem, qui convertit au christianisme une bonne partie de la Syrie. Dans les collines, des ermites prient, étudient l'Écriture sainte ou s'adonnent à des travaux manuels.

Siméon de tomber lorsqu'il dormait. Sous la chaleur du soleil en été, sous la pluie battante en hiver, Siméon vit ainsi passer les années, dans le jeûne et la prière.

Un admirateur s'essaya un jour à compter le nombre des prostrations que Siméon faisait en succession rapide lorsqu'il était en prière. Il s'arrêta à 1 244. Les disciples de l'ermite, assemblés au bas de la colonne, buvaient la moindre parole qu'il criait du haut de son perchoir. Sa réputation de prédicateur, de visionnaire et d'arbitre des disputes était considérable. On a retrouvé une lettre dans laquelle des prêtres s'engagent, sur les instances de Siméon, à ne jamais demander plus de six pour cent d'intérêt sur l'argent qu'ils prêtaient, au lieu du taux habituel de douze pour cent. Siméon échangeait aussi une correspondance avec des personnalités de son époque, envoyant des pétitions à l'empereur romain Théodose II au nom des évêques syriens, ou discutant théologie avec le patriarche Basile d'Antioche. Il dictait ses lettres en en criant chaque mot du haut de sa colonne.

Le peuple le tenait en grande vénération, mais sans doute autant pour son excentricité que pour sa sainteté. Quelques-uns pensaient cependant que la punition qu'il s'infligeait ainsi était parfaitement vaine, et il gagna peu d'adeptes à sa cause. Pourtant, lorsqu'il mourut en 459, on tint d'abord sa mort secrète pour empêcher ses fidèles de s'emparer de son corps. Même ainsi, quelqu'un parvint à lui dérober des dents qui devinrent ensuite des reliques. Il fut enterré en grande pompe dans l'église de Constantin, à Antioche, en Syrie. Antioche venant de subir deux tremblements de terre, ses habitants espéraient que saint Siméon les protégerait à l'avenir.

Bien que Siméon soit le plus célèbre de tous, il y eut d'autres stylites parmi les premiers chrétiens, jusqu'en Égypte, en Grèce et en Mésopotamie. D'origine païenne, l'Église primitive d'Orient adopta avec enthousiasme cette forme de culte, qui ne s'imposa jamais en Occident, si ce n'est quelques années en Russie, au XIXe siècle, tandis qu'elle dura en Orient jusqu'au XIIe siècle. Moins valeureux, certains stylites s'abritaient dans de petites huttes au sommet de leur perchoir. Un excentrique passa dix ans de sa vie suspendu entre deux poteaux, dans une baignoire. Les stylites étaient poussés par une sorte de masochisme religieux rarement égalé. Le plus fanatique était saint Alipius, qui aurait perdu l'usage de ses pieds après avoir passé cinquante-trois ans debout sur une colonne près d'Andrinople (aujourd'hui Edirne, en Turquie) et qui resta encore quatorze ans sur son perchoir, couché sur le côté.

La fin d'un empire

Œuvre des barbares ou empoisonnement collectif?

PAR une chaude nuit du mois d'août 410, un inconnu, probablement un esclave, ouvrit les portes de Rome aux armées des Goths qui campaient devant la ville affamée. Pendant trois jours, les hordes barbares, commandées par Alaric, pillèrent et saccagèrent la Ville éternelle, inviolée depuis huit cents ans. La nouvelle secoua le monde comme un coup de tonnerre. Bien loin de là, à Bethléem, saint Jérôme, natif de Rome, se lamentait : « Lorsque la plus brillante lumière de toute la Terre s'éteignit, lorsque l'Empire romain fut privé de sa tête, lorsque, pour dire le vrai, le monde entier périt en une seule cité, la stupeur me rendit muet. » Pour la plupart, la chute de la plus grande cité du monde annonçait non seulement la fin d'un empire, mais aussi celle du monde.

Inutile de dire que ce ne fut pas la fin du monde ni même encore celle de l'Empire romain. La cité de Rome était abattue, mais l'Empire romain d'Occident se remit de ce coup et continua vaille que vaille jusqu'en 476, lorsque Romulus Augustule, son dernier empereur, fut déposé par ses généraux germains. En revanche, l'Empire romain d'Orient (créé en l'an 395 et dont la capitale était Constantinople, aujourd'hui Istanbul) dura jusqu'à ce qu'il tombe aux mains des Turcs en 1453. Cet empire d'Orient s'était hellénisé avec les années dans sa langue et dans ses mœurs, mais il n'en continuait pas moins à se considérer comme romain. Et, à l'abri de ses puissantes murailles, Constantinople perpétua le droit et le savoir de Rome.

C'est une conjugaison de nombreux facteurs qui explique la chute de l'Empire romain d'Occident, et le sac de sa capitale, en 410, fut plus le symbole de son déclin que sa cause. En réalité, les Goths d'Alaric s'intéressaient davan-

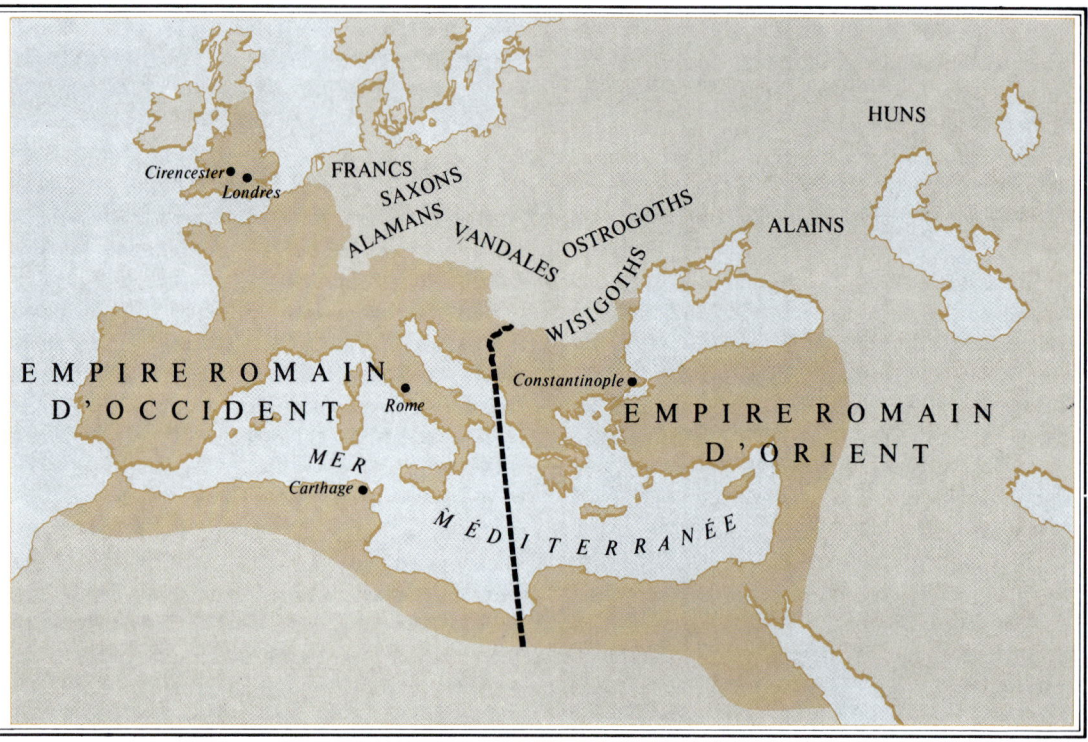

Les Romains ignoraient les dangers du plomb, mais ils étaient parfaitement conscients de la menace que posaient les tribus barbares, attirées par leurs terres et leurs richesses sur les marches de leur empire. Comme le montre la carte, l'empire couvrait une région très vaste dont les frontières étaient trop vulnérables pour qu'il soit possible de les défendre efficacement.

Lorsque Alaric et ses troupes y entrèrent en l'an 410, Rome était la plus belle ville du monde, une métropole de plus d'un million d'habitants. De majestueux édifices, comme le Forum construit par le premier empereur, Auguste (qui régna de 27 av. J.-C. à 14 apr. J.-C.), dominaient la ville et exprimaient de façon visible la puissance et la gloire de l'Empire romain, une puissance que menaçaient de plus en plus les tribus barbares qui se pressaient à ses frontières.

tage à profiter eux aussi des agréments de la vie romaine plutôt qu'à détruire la Ville éternelle. Depuis de nombreuses années, Alaric demandait aux Romains de lui conférer le titre de commandant allié et de donner des terres à ses hommes. Ce furent les temporisations des Romains et leur duplicité qui le poussèrent finalement à attaquer Rome. Quelques années plus tard, un Romain qui visitait la cour établie par les Goths à Toulouse, sous le successeur d'Alaric, Ataulf, ne tarissait pas d'éloges sur « le raffinement de la Grèce, l'élégance de l'Italie et la vigueur de la Gaule tout ensemble ».

Le sac de Rome ne porta pas un coup fatal à la puissance romaine. Mais c'était la première défaite d'une telle ampleur en huit cents ans, et les effets psychologiques de ce revers furent certainement beaucoup plus difficiles à réparer qu'une ville saccagée. C'est ce qui explique pourquoi la prise de Rome par Alaric — et non pas une seconde destruction de la ville, beaucoup plus dévastatrice et perpétrée en 454 par un Vandale, le roi Genséric — est passée à l'histoire comme marquant la fin d'un grand empire. Tout récemment, les archéologues ont aussi découvert ce qui pourrait expliquer pourquoi la ville de Rome tomba si rapidement devant les Goths. De 1969 à 1976, les fouilles de Cirencester, dans le sud de l'Angleterre, ont mis au jour 450 squelettes rassemblés dans un cimetière romain datant de la fin du IVe et du début du Ve siècle, c'est-à-dire d'une période proche de la chute de l'empire d'Occident. La plupart des os contenait une quantité anormale de plomb, jusqu'à dix fois la concentration normale, tout particulièrement ceux des enfants. Certaines de ces personnes moururent donc probablement de saturnisme, c'est-à-dire d'intoxication par le plomb. Les documents de l'époque révèlent que, partout dans l'empire, des centaines de personnes souffraient de maux de tête et de paralysie des membres, symptômes du saturnisme. Cirencester, deuxième ville de l'Angleterre romaine, devait être représentative de ce qui se passait dans l'empire.

Les Romains étaient très fiers de leurs excellents réseaux d'adduction d'eau, mais, souvent, l'eau circulait dans des tuyaux de plomb. De plus, ils buvaient dans des coupes de plomb, faisaient la cuisine dans des pots de plomb et même édulcoraient leur vin avec de l'oxyde de plomb, faute de sucre. Ils devaient donc absorber une grande quantité de ce métal au cours de leur vie. On sait que l'apathie est une des conséquences du saturnisme. L'absorp-

tion de quantités anormales de plomb peut aussi entraîner la stérilité. Or, les derniers empereurs encourageaient constamment les parents à avoir davantage d'enfants, peut-être pour enrayer une baisse de la population. Tous ces indices permettent donc de penser que c'est en buvant que les Romains s'engageaient sur la voie de la mort et de l'extinction.

Le saturnisme ne fut naturellement pas la seule cause de la chute de Rome, au Ve siècle. En effet, pourquoi l'empire d'Orient aurait-il encore survécu mille ans après l'effondrement de l'empire d'Occident ? Plusieurs raisons l'expliquent : ses frontières moins longues étaient plus faciles à défendre et l'exposaient moins aux invasions. Il était aussi plus aisé d'y maintenir la paix. Cependant, il est intéressant de noter que l'empire d'Orient possédait beaucoup moins de mines de plomb que l'empire d'Occident et que ses habitants se contentaient d'ustensiles en terre cuite qu'ils croyaient de qualité inférieure.

Attila, le fléau de Dieu

Était-il aussi terrifiant que le veut la légende ?

ATTILA le Hun ! Le nom suffit à évoquer l'image terrifiante d'un barbare démoniaque, d'un cavalier sauvage qui apportait partout, sur son chemin, mort et destruction. Il y a plus de mille cinq cents ans qu'Attila lança ses hordes de cavaliers à l'assaut du puissant Empire romain ; et pourtant, l'horreur qu'inspire son nom ne s'est pas estompée avec les siècles. L'Attila de l'histoire est-il celui de la légende ?

De fait, l'homme laissa une impression vivace, et pas très plaisante, à ses contemporains. Un historien romain qui visita la place forte d'Attila en Valachie (partie sud de la Roumanie actuelle), en 449, décrit le roi sous un aspect peu enviable : un nain hideux qui avait de larges épaules, une grosse tête, un nez camus et une barbe clairsemée. Un autre historien qui vit Attila de ses yeux nous dit : « Le port altier du roi des Huns exprimait la conscience qu'il avait de sa supériorité sur le reste de l'humanité ; il avait l'habitude de rouler des yeux féroces, comme s'il voulait jouir de la terreur qu'il inspirait. » Attila était superstitieux et illettré, à l'image des hommes de ces diverses tribus que les Romains qua-

lifiaient de « barbares », mais il était certainement intelligent et savait se faire obéir.

On compare souvent Attila à un autre grand conquérant, Gengis Khan, le puissant guerrier mongol du XIIIe siècle. Mais la comparaison n'est pas juste pour le grand Hun. Alors que Gengis Khan encourageait ses soldats à ravager les territoires conquis et à torturer les prisonniers, Attila n'était pas sans pitié au combat, et il comprenait la futilité de saccager le butin de la guerre et de massacrer des prisonniers qui pouvaient travailler fort utilement. Aussi implacable que Gengis Khan dans sa poursuite du pouvoir absolu — il assassina son frère Bléda en 445, après avoir régné avec lui pendant onze ans — il apprit plus rapidement que Gengis Khan et les autres barbares à respecter les peuples plus civilisés que ses armées écrasaient. Alors même qu'il s'emparait de vastes lambeaux de l'Empire romain, il retenait à sa cour de hauts fonctionnaires formés à Rome. Et même s'il se trouva finalement à la tête d'un véritable trésor, la richesse ne le corrompit jamais. Le chroniqueur romain qui décrit le conquérant comme un « nain hideux » parle avec admiration de

Cette plaque de pierre qui prétend représenter Attila ne vit en fait le jour qu'après que l'évêque de Modène eut donné au barbare le nom de Flagellum Dei, « le Fléau de Dieu », au Xe siècle.

son goût pour les mets simples qu'il se faisait servir sur un plat de bois, alors que ses compagnons d'armes se gorgeaient de fins morceaux présentés sur des plateaux d'argent.

Les troupes démoralisées de l'Empire romain ne pouvaient arrêter la marche d'Attila dans le nord de l'Europe, et ce n'est que lorsque Rome s'allia aux puissants Wisigoths, un autre peuple barbare, que les rapides cavaliers et les excellents archers d'Attila furent finalement battus, en 451, lors de la sanglante bataille des champs Catalauniques, près de l'actuelle ville de Troyes. Selon la légende, Attila fut bien près de s'immoler sur un bûcher de selles en flammes, plutôt que d'être capturé par ses ennemis. Battant en retraite vers le sud, les Huns envahirent l'Italie, où ils menacèrent un temps la ville de Rome. Mais leur élan était brisé et, en 453, la mort du génie militaire qui les avait conduits jusque-là annonça la fin rapide d'une éblouissante aventure.

La fin d'Attila, vers l'âge de quarante-sept ans, est aussi dramatique et étrange que le reste de sa vie. Alors qu'il était encore en Italie, il décida de prendre une nouvelle épouse, une belle jeune fille du nom d'Ildico. Après un banquet de mariage copieusement arrosé, l'heureux couple se retira dans sa chambre, dont plus un bruit ne sortit jusque tard dans la journée du lendemain. Les serviteurs du roi comprirent enfin que quelque chose d'anormal s'était produit, et ils se risquèrent dans la chambre princière. Ils y trouvèrent Ildico complètement hébétée. Attila gisait sur le dos, dans une mare de sang, apparemment mort d'un saignement de nez que rien n'aurait arrêté. La jolie jeune fille l'avait-elle tué ? Certains l'en accusent, mais les Huns ne la crurent pas coupable. Attila fut enterré selon les rites traditionnels par un groupe de ses meilleurs cavaliers, que l'on mit ensuite à mort. Selon la légende, on les ligota sur leur selle, on leur trancha la gorge et leurs chevaux furent empalés en cercle autour de la tombe, formant une macabre garde d'honneur autour du monarque disparu.

Environ cinq siècles après sa mort, Attila reçut le surnom qui lui est resté : « le Fléau de Dieu » (Flagellum Dei), appellation que nous trouvons pour la première fois sous la plume de l'évêque de Modène qui, au Xe siècle, relate en latin la marche des Huns en Europe. Sans aucun doute, les chrétiens d'Europe furent terrifiés par l'approche de ces hordes asiatiques. Sans aucun doute, les Huns saccagèrent d'innombrables églises pendant les dix-neuf années du règne d'Attila (434-453). Mais il ne faut pas oublier cependant que tout ce que nous savons des Huns nous vient d'historiens romains et chrétiens. Les Romains patriotes et les chrétiens fervents avaient tous de bonnes raisons pour dépeindre en Attila un monstrueux ennemi de Dieu. Les Romains avaient besoin d'un monstre démoniaque pour expliquer le déclin de leur empire « éternel ». Quant à l'Église, elle trouva dans l'histoire d'Attila et dans sa fin sanglante une excellente leçon pour les pécheurs.

QUI ÉTAIENT LES HUNS ?

Les Huns étaient des nomades originaires du centre et du nord de l'Asie. Leur nom vient probablement de *Hiong-nou,* une tribu que mentionnent des chroniques chinoises vieilles de plus de deux mille cinq cents ans. Pendant des siècles, avant qu'ils ne partent vers l'ouest, ils tirèrent une maigre subsistance des steppes, chassant et cueillant pour se nourrir, sans pratiquer l'agriculture. Trop pressés pour se mettre à tisser, ils portaient des peaux de bêtes en guise de vêtements — jusqu'à ce qu'elles se désintègrent. Excellents éleveurs et cavaliers, ils vivaient pratiquement à cheval. On prétend qu'ils attendrissaient la viande sous leur selle avant de la dévorer toute crue. Les guerriers huns associaient si étroitement leur destinée à leur monture qu'Attila, menacé d'être fait prisonnier, après la bataille de 451 qui mit fin à sa percée vers l'ouest, se prépara à s'immoler sur un bûcher de selles en flammes, geste sublime d'un splendide cavalier.

A l'origine, leur peuple se composait de nombreuses tribus, dirigées par un chef qui tenait sa place plus de sa valeur au combat que de ses origines. Au IVe siècle, ces tribus partirent vers l'ouest, en quête de terres plus riches. Elles entrèrent en contact, et naturellement en conflit, avec d'autres tribus et finalement avec l'Empire romain. Au début du Ve siècle, les tribus autonomes des Huns étaient déjà largement unies. Sous le règne d'Attila, de 434 à 453, cette unité fut complète, et les Huns connurent une prospérité sans précédent. C'est Attila qui sut mobiliser les immenses qualités militaires de son peuple, malgré sa pauvreté relative et sa technique extrêmement primitive. Sous sa férule impérieuse, les Huns se transformèrent en une puissance militaire et en une nation de commerçants.

Après sa mort, ils ne purent conserver leur empire, qui s'étendait à son apogée sur toute l'Europe, du nord de la Gaule au Caucase. Incapables de maîtriser les peuples qu'ils avaient assujettis, incapables d'approvisionner leur vaste armée, ils durent se retirer vers l'est. Peu à peu, ils revinrent à leurs anciens groupements tribaux et finirent avec le temps par perdre jusqu'à leur identité de peuple.

Attila dut ses succès à son génie militaire et au pouvoir absolu qu'il exerçait sur ses troupes. Sur ce tableau de Jules Élie Delaunay, peintre français du XIXe siècle, Attila mène une armée féroce mais disciplinée sur Paris.

450–1500 Apr. J.-C.

LE MONDE MÉDIÉVAL

100 000 av. J.-C. Place de cette période sur l'échelle chronologique 1500 apr. J.-C.

Années apr. J.-C.	450	500	550	600	650	700	750	800	850	900	950
AMÉRIQUE				Apogée de la civilisation maya							
	Le fer et ses possibilités d'utilisation sont encore inconnues sur ce continent										
				228							
EUROPE	Disparition de l'empire romain d'Occident						Charles Martel arrête l'invasion des Arabes en Europe				
							Charlemagne crée un puissant empire				
								203			
	196 217 198							208 220		224	
								209			
ASIE — PROCHE-ORIENT	L'Empire byzantin domine le pourtour oriental de la Méditerranée				Conquête de l'Afrique du Nord et du Proche-Orient par les Arabes		Le califat abbasside de Bagdad domine le monde arabe				
ASIE — EXTRÊME-ORIENT					La dynastie T'ang réunifie et agrandit la Chine					La noble famille des Fujiwara domine le Japon	
			200					212		214	
AFRIQUE									Les Arabes commercent avec les peuples de la côte orientale de l'Afrique		
OCÉANIE	Pendant toute cette période, les aborigènes d'Australie restent au stade de l'âge de la Pierre.										

Les chiffres du sommaire ci-contre et les chiffres encadrés du tableau renvoient aux pages du livre.

Le monde de l'année 1500 apr. J.-C. est considérablement différent de celui du début du Moyen Age, car, durant la période de mille ans qui les sépare, de grandes transformations se sont accomplies dans presque toute l'Europe. Des empires chrétiens puissants et agressifs s'y sont développés à partir de nombreux petits États qui s'étaient formés après l'effondrement de l'empire romain d'Occident. Pendant cette même période, d'autres empires florissants et forts ont établi des civilisations durables en Extrême-Orient ; l'expansionnisme islamique s'est développé après la mort de Mahomet au début du VIIᵉ siècle, et, plus tard, ce fut l'apogée de la puissance mongole. De par son isolement, l'évolution du continent américain s'était déroulée de manière complètement différente de celle des pays d'Europe et d'Asie, où des découvertes importantes, comme celles du papier et de la poudre à canon, se répandirent progressivement dans toute l'Eurasie. Jusqu'à la découverte de Christophe Colomb, mais surtout jusqu'à l'arrivée des Européens qui peuplèrent le continent, ses habitants s'étaient très bien passés de ces nouveautés, et de très grandes civilisations comme celles des Mayas, des Incas et des Aztèques avaient pu y prospérer. L'Afrique noire, dont les différentes civilisations n'ont vraiment été révélées que récemment, était, elle aussi, très isolée. Quant à l'Océanie, elle restera au stade de l'âge de la Pierre longtemps après la fin du Moyen Age.

1000	1050	1100	1150	1200	1250	1300	1350	1400	1450	1500

Apogée du royaume des Chimús

Ascension de l'empire des Aztèques au Mexique

Empire inca au Pérou

Christophe Colomb découvre le Nouveau Monde

264 · 278 · 261 · 293 · 312

Début de la Reconquista chrétienne dans la péninsule Ibérique

Les Normands envahissent l'Angleterre

Empire anglo-angevin de Henri II Plantagenêt

Guerre de Cent Ans entre l'Angleterre et la France
Apogée de la Renaissance italienne
Guerre civile en Angleterre

247 · 234 · 232 · 236 · 248 · 252 · 255 · 268 · 243 · 259 · 276 · 271 · 273 · 282 · 287 · 284 · 250 · 289 · 238 · 297 · 291 · 299 · 308 · 305 · 301 · 303 · 312

Première croisade et prise de Jérusalem par les chrétiens

Saladin bat les croisés à Hattin

La chute de Saint-Jean-d'Acre met fin aux croisades
La dynastie des Ottomans étend son empire

dynastie Sung règne en Chine

Les Mongols de Gengis Khan créent un vaste empire asiatique

Le Mongol Kubilay, empereur de Chine

L'Empire mongol sous Tamerlan

230 · 222 · 247 · 240 · 236 · 238 · 266 · 276 · 295

Des objets en laiton et en cuivre, ainsi que des insignes impériaux sont fabriqués en Afrique occidentale
Des constructions monumentales en pierre se dressent à Zimbabwe

L'empire du Mali au faîte de sa puissance

Les Portugais explorent les côtes de l'Afrique

238 · 245 · 257 · 270 · 280

La Nouvelle-Zélande est peuplée par les Maoris

245. Lalibela, roi d'Éthiopie, fait tailler des églises monolithiques
247. En Chine, publication d'un manuel pour fabriquer de la poudre à canon
248. Mort de Guillaume le Roux, roi d'Angleterre
250. Le suaire de Turin est montré pour la première fois en France
252. Grand tournoi de chevalerie à Lagny-sur-Marne
255. Naissance de Frédéric II en Italie
257. Le peuple Mbire règne sur l'Afrique centrale

259. L'Inquisition instituée sur ordre du pape
261. Les Incas étendent leur empire dans les Andes
264. Au nord du Pérou, construction de la ville de Chanchán
266. Gengis Khan est reconnu khan suprême des Mongols
268. Reconstruction de la cathédrale de Chartres après sa destruction lors d'un incendie
270. Les Mamelouks prennent le pouvoir en Égypte
271. Massacre des Vêpres siciliennes
273. Les archers anglais battent les Français à Crécy

276. Marco Polo part pour la Chine
278. Les Aztèques construisent la ville de Tenochtitlán
280. Ibn Battuta traverse le Sahara
282. Édouard III fonde l'ordre de la Jarretière
284. La peste ravage l'Europe
287. Le roi du Danemark concède de plus grands droits aux marchands de la Hanse
289. Richard II d'Angleterre réprime une révolte des paysans
291. Nikon, patriarche de Moscou, démontre que l'acte de donation de Constantin est un faux

293. Ozette est enseveli sous une avalanche de boue
295. Mort de Tamerlan
297. Jeanne d'Arc est brûlée sur le bûcher
299. Vlad l'Empaleur, inspirateur du personnage du comte Dracula, meurt
301. Attentat à la vie des Médicis dans la cathédrale de Florence
303. Perkin Warbeck revendique le trône d'Angleterre
305. Léonard de Vinci peint la Cène
308. Naissance de Lucrèce Borgia
310. L'Espagne reconquiert le royaume maure de Grenade
312. Christophe Colomb entreprend son premier voyage maritime pour le Nouveau Monde

Les chevaliers de la Table ronde
Source inépuisable d'inspiration

Sur cette miniature du XIVe siècle, le roi Arthur gît mortellement blessé, après avoir commandé à son loyal Bédivère de jeter son épée, Excalibur, dans le lac.

Une étonnante table ronde pend au mur de la grande salle du château de Winchester. Au XVIIe siècle, elle fut endommagée par les soldats de Cromwell qui s'en servirent comme cible.

LES légendes du roi Arthur et des vaillants chevaliers de la Table ronde enthousiasment et inspirent le monde chrétien depuis plus de mille ans. Tantôt Arthur et ses chevaliers sont les champions de la civilisation face à la barbarie, tantôt les défenseurs de la veuve et de l'orphelin. Dans un monde de pécheurs, ils sont les éclatants symboles du courage, de la foi et de l'endurance. S'il faut en croire les légendes que raconta en 1485 sir Thomas Malory dans *Morte d'Arthur,* environ mille ans après l'époque où Arthur aurait vécu, le roi n'est pas mort, mais reviendra un jour avec ses chevaliers pour reprendre sa lutte et guérir les blessures du monde, *Rex Quondam Rexque Futurus,* « Roi d'autrefois et Roi de demain ».

La cour d'Arthur avait pour centre la Table ronde, qui symbolisait la puissance et la gloire étendues jusqu'aux confins du monde comme le globe que tenaient les monarques à la cérémonie de leur couronnement. Mais la Table ronde fut bien autre chose encore, une force d'harmonie et de fraternité. Autour d'elle, aucun chevalier ne pouvait prendre ombrage d'être assis à une moins bonne place qu'un autre. Autour d'elle disparaissaient la jalousie, l'ambition, l'envie des honneurs et du pouvoir, toutes ces taches de l'âme humaine qui plongèrent le Moyen Age dans le tumulte et dans la guerre. Arthur avait dit que les chevaliers de la Table ronde seraient les meilleurs de tous : « des chevaliers incomparables par leurs prouesses et leur piété ».

Depuis six cents ans, le dessus d'une Table ronde qui prouverait l'existence d'Arthur et de ses preux pend au mur de la grande salle du château royal de Winchester, ancienne capitale de l'Angleterre. Que peut-elle nous apprendre ? Depuis une dizaine d'années, les historiens cherchent à le savoir avec l'aide de la science moderne.

Les premiers récits du cycle d'Arthur ne font pas mention d'une table ronde, et de nombreux spécialistes affirment que les décorations peintes sur la table de Winchester sont postérieures, puisque l'image centrale est une rose — symbole de la dynastie Tudor — et qu'on y voit aussi un portrait qui paraît être celui du jeune roi Henri VIII. En fait, l'analyse des peintures a révélé qu'elles datent du début du XVIe siècle. Par contre, le bois de la table est antérieur. Ne pourrait-on en conclure que Henri VIII ne fit qu'ajouter des décorations à une table héritée de ses aïeux ?

L'examen par un spécialiste des anciennes techniques du bois ainsi que l'analyse au carbone 14 arrivent aux mêmes conclusions : la table fut fabriquée au XIVe siècle et proviendrait du bois d'un arbre abattu vers 1330. Mais si ce n'est Arthur, qui donc fit fabriquer la table ? Certains historiens penchent en faveur du roi Édouard III, qui régna de 1327 à 1377.

Les légendes du cycle d'Arthur convenaient parfaitement au nouvel idéal des croisades et de la chevalerie, aux XIe, XIIe et XIIIe siècles. Les chevaliers d'Arthur, croisés triomphants qui partirent en quête du Saint-Graal, la coupe dont le Christ se servit pour célébrer la Cène, devinrent des modèles. Au XIVe siècle, la chevalerie atteignit son apogée. Édouard III cherchait alors à envahir la France, comme le légendaire Arthur dans sa guerre contre le « dictateur Lucius » de Rome. Cet amour de la chevalerie et l'inspiration unificatrice des légendes du cycle d'Arthur donnèrent à Édouard l'idée de fonder un ordre d'élite. Le siège en fut le château royal de Windsor, à l'ouest de Londres, où, selon le chroniqueur français Jean Froissart, Édouard annonça ses

LE ROI ARTHUR : FICTION OU RÉALITÉ ?

Si le roi Arthur a vraiment existé, il a probablement vécu à la fin du vᵉ ou au début du vIᵉ siècle, période de l'histoire anglaise sur laquelle nous ne possédons pratiquement aucun document. Les derniers récits fragmentaires de la chute de l'Angleterre romaine datent du début du vᵉ siècle, alors que les documents authentiques de l'histoire anglo-saxonne ne remontent pas avant le vIᵉ siècle.

Un chef courageux, champion de la civilisation romano-anglaise et rompu aux tactiques de la fin de l'Empire romain, aurait pu obtenir des succès de courte durée contre les barbares anglo-saxons. De gré ou de force, il aurait obtenu la soumission des roitelets celtes de l'Ouest et du Nord. Pour accroître ses chances de réussite, il aurait sans doute utilisé des cavaliers mobiles, mais protégés par de lourdes cuirasses, sur le modèle de la cavalerie de la fin de l'Empire romain. Il se serait aussi entouré d'une garde d'élite — l'origine des preux chevaliers d'Arthur.

Les documents ne font état d'aucune victoire des Anglo-Saxons en Angleterre entre 530, lorsqu'ils prirent l'île de Wight, et 552, lorsqu'ils remportèrent la victoire à Salisbury. Ce trou de vingt-deux ans correspond peut-être à un répit, résultat des victoires d'Arthur. Dans ce cas, le roi aurait peut-être vécu entre 470 et 550.

Et que dire de la capitale d'Arthur, Camelot ? Pour Malory, Camelot n'est autre que Winchester, car cette ville se trouvait proche de l'enclave saxonne de Southampton, en face de l'île de Wight. Si Jean Froissart affirme au xIVᵉ siècle que Camelot se trouvait à Windsor, c'est sans doute pour plaire à Édouard III, son maître, car Windsor aurait été mal située pour défendre l'Ouest. De même, les ruines de Tintagel (xIIᵉ siècle), en Cornouailles, sont trop loin à l'ouest, tout comme le lac de Dozmary. Reste le Somerset, dans le sud-ouest de l'Angleterre, particulièrement la région de Glastonbury. Le Somerset se trouvait dans une position stratégique pour faire obstacle aux Saxons établis sur les côtes de la Manche et lançant leurs incursions vers le nord. Les troupes d'Arthur pouvaient de là se déplacer rapidement vers le nord et l'est en empruntant les anciennes voies romaines. Récemment, les fouilles de l'ancien oppidum de Cadbury, au sud-est de Glastonbury, ont révélé les traces d'une occupation romano-anglaise. Et à Castle Cary, 8 kilomètres au nord de cet avant-poste isolé, s'étend un réseau encore plus intéressant d'ouvrages de terre, malheureusement à demi effacés par la ville moderne. Le Somerset est donc le site le plus probable de Camelot.

Cadbury

Abbaye de Glastonbury
(au-dessus)
Glastonbury Tor
[Colline] (en bas)
Tintagel (à droite)

Lac de Dozmary

projets lors d'un grand tournoi, le 23 avril 1344, fête de saint Georges.

Le rêve d'Édouard laissa des traces durables. L'une d'elles est l'ordre de la Jarretière, nom qu'Édouard donna à la nouvelle fraternité des chevaliers. Créé en 1348, c'est encore le plus prestigieux des ordres anglais à notre époque. On croit aussi que la Tour ronde de Windsor, dont la construction fut entreprise sous le règne d'Édouard, était destinée à abriter une table ronde. Or la table massive (plus d'une tonne) que l'on voit à Winchester, construite sous le règne d'Édouard, a les dimensions voulues pour cette tour.

Ainsi, bien qu'Arthur et ses chevaliers ne se soient jamais assis autour d'elle, la table ronde de Winchester est un témoignage émouvant de la pérennité des légendes d'Arthur. La légende veut que le roi et ses preux reviendront si l'Angleterre est un jour en péril.

Guerrier de l'époque d'Arthur, en tenue de combat.

LES NEUF PREUX

En 1485, l'imprimeur anglais William Caxton écrivit une préface pour la première édition de la *Morte d'Arthur*. Expliquant les raisons pour lesquelles il publiait l'épopée, il rappelait que la tradition médiévale comptait Arthur au nombre des « neuf preux », modèles de vertu.

Ces neuf preux étaient trois païens, trois Hébreux et trois chrétiens. Les païens : Hector de Troie, Alexandre le Grand et Jules César. Les Hébreux : Josué (conquérant du pays de Canaan), David et Judas Maccabée. Les chrétiens : Charlemagne et Godefroi de Bouillon, le croisé qui fut le premier roi de Jérusalem, tous deux devancés cependant par le « noble Arthur ».

Les neuf preux étaient « les meilleurs qui aient jamais existé », critère que reprit Arthur pour le choix des chevaliers de la Table ronde. Cet étonnant mélange de légendes et de faits historiques est et a toujours été l'essence même de l'épopée d'Arthur.

L'impératrice qui venait des bas-fonds
L'incroyable histoire de Théodora

En l'an 532, Justinien Iᵉʳ, qui régnait sur l'Empire romain d'Orient, s'apprêtait à fuir avec ses officiers terrorisés devant une populace déchaînée qui hurlait « Nika ! Nika ! » (« Victoire ! Victoire ! ») aux portes du palais. C'est alors que son épouse, l'impératrice Théodora, lança un appel passionné à ces hommes que la frayeur rendait livides : « Qu'un empereur devienne fugitif, s'écria-t-elle, est une chose qui ne peut s'endurer... Si tu veux prendre la fuite pour te mettre en sûreté, imperator, rien ne t'en empêche... Quant à moi, je m'en tiens au vieil adage qui dit que la pourpre fait un bien beau linceul. » Galvanisés par ses paroles, l'empereur et ceux qui l'entouraient, parmi lesquels un brillant général, Bélisaire, se ressaisirent. Bélisaire rassembla ses troupes et se lança sur les émeutiers qui s'étaient massés dans l'hippodrome. Le châtiment fut prompt et brutal. En quelques heures, les hommes de Justinien auraient tué plus de 30 000 personnes, jetant des monceaux de cadavres à la mer. La sédition Nika était matée in extremis.

Grâce à Théodora, Justinien sortit de l'épreuve plus puissant que jamais. Et il rendit hommage à son épouse pour son héroïsme. Immédiatement après la révolte, il décréta qu'elle partageait désormais avec lui la charge de l'empire. Et c'est ce qu'elle fit effectivement jusqu'à sa mort, avec une efficacité impitoyable. Chose étonnante, cette souveraine, cette grande dame qui portait la pourpre de l'empire comme si elle y était née, était d'extraction infiniment modeste, puisqu'elle avait commencé sa carrière comme fille de joie.

Son père gardait les ours à l'hippodrome de Constantinople, et Théodora vécut certainement son enfance dans une sorte de cour des miracles, avec pour compagnons les garçons d'écurie, les gardiens d'animaux, les colporteurs, les souteneurs, les prostituées et les délinquants de toute espèce. Aucune femme jalouse de sa réputation n'aurait fréquenté les corridors de l'hippodrome. C'est pourtant là, à l'âge de douze ans, que Théodora vint rejoindre sa sœur aînée sur la scène du théâtre, ce qui revenait dans l'Empire romain d'Orient à faire ses premières armes dans une maison close.

Selon l'historien Procope, Théodora n'avait aucun talent d'actrice, mais elle était astucieuse, belle, et tout à fait experte dans l'art de s'exhiber dans des attitudes fort lascives. Procope ne cache pas l'hostilité que lui inspire l'impératrice, si bien qu'il a certainement exagéré les aspects les plus piquants de sa prime jeunesse. Pourtant, on ne peut douter de sa

Par ses œuvres, l'impératrice Théodora racheta la réputation scandaleuse qu'elle s'était faite dans sa jeunesse, au point d'être souvent représentée sous les traits d'une sainte, comme dans cette mosaïque du VIᵉ siècle d'une église de Ravenne, en Italie.

débauche. Peut-être ne se montra-t-elle pas sur scène dans une pose grossièrement évocatrice, celle d'une oie docile, comme l'affirme Procope, et peut-être ne dînait-elle pas si souvent en compagnie de quarante jeunes gens, pour lesquels, selon l'expression de l'historien anglais Edward Gibbon, « sa charité était universelle ». Mais ses charmes — peu importe comment et où elle les montrait — ne manquèrent pas d'attirer l'attention de personnages haut placés. Nous savons qu'elle fut un temps la maîtresse du gouverneur de Cyrénaïque et qu'elle échoua finalement dans les bras de l'héritier du trône de Byzance, Justinien, tout d'abord comme sa maîtresse, puis comme son épouse. En 527, quand elle fut couronnée aux côtés de Justinien, elle n'avait pas trente ans.

Théodora devint d'une respectabilité sans reproche, et il semble qu'elle resta fidèle à Justinien. En réalité, peu de gens auraient osé mettre sa vertu en doute, car il n'était guère avisé de susciter son déplaisir. Une armée d'espions à sa solde écoutaient les bavardages des badauds. Et ceux qui parlaient trop rudement de son passé ou de sa conduite présente se retrouvaient bien vite en prison, où ils croupissaient jusqu'à la mort, à moins qu'on ne les torture. On raconte qu'elle eut un fils,

LES « SUPPORTERS » A BYZANCE

Les « supporters » du VIᵉ siècle étaient aussi bruyants, et beaucoup plus dangereux, que leurs homologues du XXᵉ siècle. L'étincelle qui déclencha la sédition Nika, au cours de laquelle l'empereur Justinien Iᵉʳ faillit bien perdre son trône en 532, fut le fait d'un groupe turbulent d'enthousiastes des courses de chars. Ces courses, aussi populaires que le football l'est pour nous, divisaient les jeunes gens de Constantinople (Byzance), capitale de l'Empire romain d'Orient, en deux camps furieusement opposés, les *Bleus,* des quartiers riches, et les *Verts,* des quartiers populaires. Après un après-midi passé à regarder leur sport favori dans l'hippodrome de la ville, les « supporters » à barbe touffue, vêtus d' « uniformes » criards, arborant les couleurs de leurs équipes — bleue pour l'une, verte pour l'autre —, erraient dans les rues de la ville, assaillant les passants terrorisés, pillant, saccageant et affrontant leurs adversaires en véritables batailles rangées.

Ces désordres étaient punis de mort. Et c'est à la suite d'un début d'émeute de ce genre, alors que les autorités menaient quelques jeunes gens en prison où les attendait une mort certaine, que commença l'insurrection. Pour une fois unis dans une même cause, les Bleus et les Verts s'allièrent pour se porter au secours des condamnés, tuer leurs gardiens et défoncer les portes de la prison pour libérer les prisonniers. De nombreux citoyens mécontents vinrent plus tard grossir leurs rangs, poussés à la rébellion par les impôts accablants que rendaient nécessaires les perpétuelles aventures militaires et le train de vie somptueux des classes dirigeantes. En quelques jours, Constantinople était en flammes alors qu'une populace ivre de colère hurlait « Nika ! Nika ! » (« Victoire ! Victoire ! »). Justinien et l'impératrice se trouvèrent prisonniers dans leur palais. Toute résistance semblant impossible, Justinien s'apprêtait à fuir par la mer, lorsque Théodora le fit changer d'avis.

qu'elle abandonna d'ailleurs, au cours de sa carrière « professionnelle ». Jeune homme, ayant appris qu'il était le fils illégitime de l'impératrice, il se serait présenté à elle, et on ne le revit jamais plus. Adepte convaincue de l'Église orientale, Théodora fit aussi pourchasser les fidèles de l'Église de Rome.

Pour son époux et son empire, Théodora fut cependant un don du ciel. Grâce à son courage et à son sens politique, elle fut d'un grand secours pour Byzance. Elle fit construire des monastères, des orphelinats et des hôpitaux. Elle chercha à réduire le trafic des femmes en rachetant de nombreuses jeunes filles aux maisons closes qui les employaient et obtint qu'on

fit du proxénétisme un crime puni par la loi. Elle ne cessa de pousser Justinien à prendre les décisions qui firent de lui un grand souverain.

Après la mort de Théodora, en 548, Justinien régna encore dix-sept ans. Le fait que les accomplissements les plus durables de son règne — le Code Justinien, la conquête de l'Afrique du Nord et la reconquête de la majeure partie de l'Italie, la construction de Sainte-Sophie à Constantinople — datent de l'époque de Théodora est un hommage aux qualités exceptionnelles de cette prostituée repentie qu'il aima au point de partager avec elle le trône.

Le pèlerinage de Hsuan-Tsang
Le sage qui devint un héros légendaire

SÉPARÉES par la gigantesque barrière naturelle de l'Himalaya, les civilisations de l'Inde ancienne et de la Chine impériale se développèrent dans un isolement relatif. Pourtant, les deux peuples ne s'ignoraient pas totalement. Des marchands, par exemple, prenaient la difficile route des nomades de l'Asie centrale ou s'embarquaient pour un long voyage sur mer entre les deux pays. Pourtant, c'est une religion, et non le commerce, qui

forgea au Moyen Age les liens culturels les plus solides : le bouddhisme, issu de l'enseignement de Siddhartha Gautama, le prophète indien de l'ère préchrétienne que ses disciples appelèrent le Bouddha (« l'Éveillé »).

Le bouddhisme commença à pénétrer en Chine à l'époque du Christ. Dès le IIᵉ siècle, cette religion était en faveur à la cour impériale, et des moines indiens commencèrent à se rendre en Chine, comme missionnaires, tandis

Région montagneuse de l'Afghanistan où la chaleur écrasante du jour succède au froid très vif de la nuit. C'est dans une région semblable que Hsuan-Tsang avança pas à pas, souvent seul, dans sa volonté inébranlable d'arriver jusqu'au grand monastère bouddhiste de Nalanda, près de Bénarès, en Inde. Fondée au Vᵉ siècle, Nalanda attirait comme un aimant ceux qui cherchaient le savoir et la sagesse.

que des pèlerins chinois entreprenaient le périlleux voyage qui les mènerait en Inde pour visiter les lieux saints et recueillir les textes sacrés. Parmi les voyageurs chinois qui partirent plus tard s'abreuver à la source de leur foi et revinrent éclairés d'une nouvelle lumière spirituelle, un pèlerin se détache parmi tous les autres. Maître spirituel, il fut aussi un explorateur et un géographe dont le témoignage est encore d'une grande importance pour nous. Son nom : Hsuan-Tsang, un homme d'un courage et d'une énergie exceptionnels, le genre de personnage dont les exploits donnent naissance à une foule de légendes où il n'est pas toujours facile de faire la part des choses.

Né en 602, Hsuan-Tsang fut élevé dans l'ancienne tradition chinoise du confucianisme, plus soucieuse du comportement de 1 homme dans le monde matériel que des choses spirituelles. Avant d'atteindre l'âge de vingt ans, il se convertit au bouddhisme, devint moine et se fit rapidement une réputation de prêtre savant, vertueux et indomptable. Frappé de la rareté des textes bouddhiques en langue chinoise et des contradictions que paraissaient présenter les quelques textes qu'il pouvait consulter, il décida de se rendre en Inde pour visiter les centres bouddhistes, afin, comme il l'écrivit plus tard dans un long récit de ses voyages, « de questionner les hommes sages sur les points qui me troublaient l'esprit ».

Et c'est ainsi qu'à vingt-six ans, en 629, il demanda l'autorisation de quitter son pays natal. Mais à cette époque où les relations entre les deux pays étaient tendues, les formalités étaient longues. Il n'attendit pas la réponse. Impatient de partir — il se fera pardonner plus tard par l'empereur de Chine, une fois devenu le plus célèbre prêtre de son pays —, il prit seul la route qui allait le mener au travers des sables du désert et des montagnes glacées où d'innombrables groupes de pèlerins, pourtant bien équipés, avaient trouvé la mort avant lui.

Il est difficile d'imaginer un chemin plus ardu que celui que choisit l'intrépide voyageur. Hsuan-Tsang était un homme de haute taille, bien fait de sa personne, d'aspect délicat, amateur des bonnes choses et tout particulièrement des vêtements recherchés. Ses contemporains parlent de ses yeux brillants et du timbre hypnotique de sa voix. Et pourtant, ce savant aux belles manières n'hésita pas à tout quitter pour faire à pied un voyage de 8 000 kilomètres en direction de l'ouest, voyage qui allait le conduire, par le nord de la Chine et le désert de Gobi, jusqu'à Samarkand (dans l'actuel Ouzbékistan), au-delà des cols glacés du T'ien-

Cette peinture sur soie de Hsuan-Tsang (probablement du IXe siècle) nous le représente chargé de manuscrits. A son retour en Chine, il rapporta avec lui 75 ouvrages bouddhistes et un grand nombre d'images sacrées.

chan, puis vers le sud en direction de Kaboul, et de là vers le nord-ouest de l'Inde, encore à des centaines de kilomètres de son objectif ultime, le centre bouddhiste de Nalanda, près de Bénarès.

Pendant seize ans, le « Maître de la Loi », comme on allait l'appeler plus tard, connut des aventures aussi variées que passionnantes. Alors qu'il traversait le désert de Gobi il succomba presque à de terrifiants mirages de cavaliers menaçants. Il faillit mourir de soif lorsqu'il resta sans eau quatre jours et cinq nuits. Il fut bien près de perdre la vie dans une avalanche, dut supporter d'accablantes chaleurs ici, des blizzards incessants là, fut attaqué par des voleurs, presque tué par des pirates du Gange. Au début de son long périple, il voyagea seul, mais sa force de caractère était telle qu'il attira bientôt des disciples à sa suite.

Profondément religieux, Hsuan-Tsang était aussi un touriste avant la lettre, curieux et plein d'entrain, sensible à la couleur locale, prêt à apprécier, mais aussi à critiquer tout ce qu'il voyait. Par exemple, le peu de cas que certains ascètes indiens faisaient de la propreté l'épouvanta. Face à un groupe de moines crottés qui se prenaient pour de saints hommes — l'un barbouillé de cendres, l'autre nu et couvert de plaies suintantes, le troisième ceint d'une couronne de crânes, le quatrième couvert d'excréments — le moine chinois, si soigné dans sa mise, leur dit qu'ils ressemblaient (respectivement) « à un chat qui aurait dormi dans un four, à un arbre sec, à un vampire dans un cimetière et à un cochon dans sa bauge ».

Finalement, après une longue période d'études dans le grand monastère bouddhiste de Nalanda, Hsuan-Tsang rentra en Chine. En 645, après seize ans d'absence, il faisait son entrée dans la capitale impériale, mais accompagné cette fois de vingt chevaux chargés de textes sanskrits et de reliques que lui avaient donnés les bouddhistes indiens. Sa rentrée fut triomphale, car la réputation qu'il s'était acquise en terre étrangère l'avait précédé.

L'empereur lui-même voulut entendre de sa bouche le récit de ses aventures. Hsuan-Tsang laissa d'ailleurs une impression si vive à l'empereur que celui-ci lui offrit une charge. Mais ses ambitions n'étaient pas de ce monde, et il préféra consacrer le reste de sa vie à écrire ses mémoires et à traduire en chinois les précieux livres qu'il avait rapportés.

L'histoire de Hsuan-Tsang ne se termine pas avec sa mort, en 664. C'est par la suite qu'elle devint exceptionnelle et presque unique dans les annales de l'Histoire : combien d'autres prêtres ou savants ont pris après leur mort le rang de héros légendaire, au même titre que les plus grands guerriers, Alexandre le Grand, Charlemagne ou le roi Arthur ? Tant de légendes et de fables s'attachèrent à la mémoire de Hsuan-Tsang et à ses voyages qu'on les rassembla au XVIᵉ siècle pour en faire un roman épique, le *Szu-you-chi (le Voyage vers l'Ouest)*, un chef-d'œuvre de la littérature chinoise où la satire qu'inspirent les faiblesses humaines se double d'une authentique quête spirituelle. Une sorte de Rabelais aux élans mystiques ? Un Pascal qui serait parti à la découverte du monde, de ses faiblesses et de son pittoresque ?

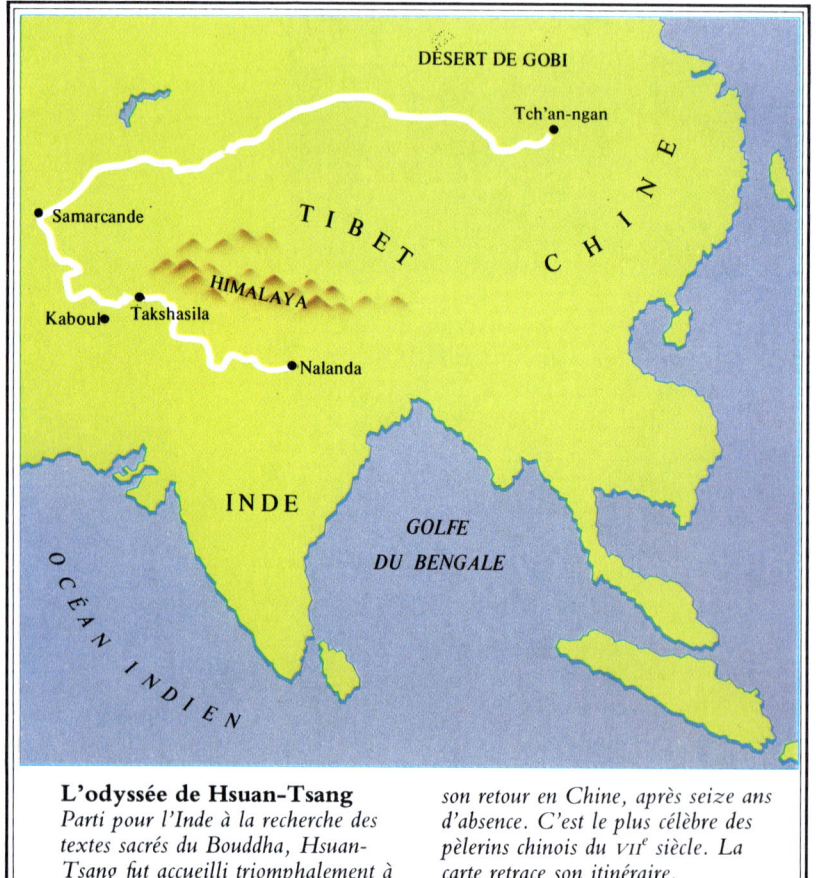

L'odyssée de Hsuan-Tsang
Parti pour l'Inde à la recherche des textes sacrés du Bouddha, Hsuan-Tsang fut accueilli triomphalement à son retour en Chine, après seize ans d'absence. C'est le plus célèbre des pèlerins chinois du VIIᵉ siècle. La carte retrace son itinéraire.

TEMPÊTE SUR LE GANGE

La bonne mine de Hsuan-Tsang lui attira quelques ennuis en Inde. Un jour, par exemple, des pirates capturèrent le savant chinois alors qu'il descendait le Gange avec un groupe de compagnons.

Les pirates honoraient la déesse Durga et avaient la mauvaise habitude de l'apaiser en lui sacrifiant un jeune homme particulièrement bien tourné, lorsqu'ils pouvaient en trouver un. De toute évidence, Hsuan-Tsang était un morceau de choix pour la déesse vorace. Sourds aux prières des compagnons du Chinois, les pirates traînèrent le moine sur un grossier autel de pierre, au bord du fleuve, où ils le forcèrent à se coucher. Hsuan-Tsang se mit à songer au paradis du Bouddha et entra dans une profonde méditation.

Tout à coup, la tempête éclata et les vagues firent chavirer quelques bateaux des pirates. Saisis d'une peur superstitieuse, ils demandèrent alors d'où pouvait venir ce diable d'homme. Les compagnons de Hsuan-Tsang leur expliquèrent que c'était un moine célèbre, venu de Chine pour chercher la loi du Bouddha. Le tuer, ajoutèrent-ils, serait un crime impardonnable, comme les cieux venaient de l'indiquer en déchaînant cette subite tempête. Effrayés, les voleurs libérèrent le moine, bégayant des excuses et promettant de s'amender à l'avenir.

Les Vikings : destructeurs ou bâtisseurs ?

Paradoxes et bains de sang

Ce casque de guerrier viking, découvert en Suède, date probablement du VIIe siècle.

« DE la colère des hommes du Nord, ô Dieu, délivre-nous ! » Ce cri montait d'innombrables églises alors que les Vikings se répandaient dans toute l'Europe, de Hambourg à Bordeaux. A la fin du VIIIe siècle, les longs bateaux des hommes du Nord, bas sur l'eau, la proue ornée d'un dragon rouge, remontaient silencieusement les estuaires et les fleuves, apportant avec eux le feu, le viol et le pillage. En 793, le monastère de Lindisfarne, au large de la côte nord-est de l'Angleterre, fut saccagé, ses moines massacrés, ses trésors pillés. Deux ans plus tard, les Vikings avaient atteint la côte irlandaise, près de Dublin ; en 799, la côte ouest de la France. Les moines de l'abbaye de Saint-Bertin, près de Rouen, disaient des « pirates danois », en 841, « qu'ils portent partout une fureur de rapine, de feu et d'épée » ; et un moine qui relate le siège de Paris en 885 appelle les Vikings « des bêtes sauvages qui vont à cheval et à pied par les collines et les champs..., tuant les nourrissons, les enfants, les jeunes gens, les vieillards, les pères, les fils et les mères... Ils ravagent, ils dépouillent, ils détruisent, ils brûlent... »

Mais toutes ces relations nous viennent des victimes des Vikings, et plus précisément d'hommes d'Église, les seuls qui savaient lire et écrire à l'époque. Et tout naturellement, ils ont tendance à exagérer autant le nombre que la férocité de leurs adversaires. Malheureusement, il n'existe aucun document viking, car ce peuple était illettré à cette époque. Nous devons donc nous en remettre à l'archéologie et aux récits de tiers, surtout des Arabes, et l'image qui se dégage ainsi est passablement différente.

Certes, les Vikings pillèrent et détruisirent, et particulièrement des églises et des monastères. Pour ces païens, les chrétiens devaient paraître vraiment stupides d'emplir ainsi leurs églises d'objets précieux et de les laisser à la garde de quelques moines. Ce riche butin ne pouvait qu'appâter leur convoitise, tout comme les villes et les villages sans défense.

DANS L'INTIMITÉ DES VIKINGS

« Jamais je n'ai vu des gens d'un physique plus parfait : ils sont aussi grands que des palmiers et roux de couleur », écrivait Ibn Faldan, ambassadeur arabe du califat de Bagdad, en mission auprès des « Rus » — c'est-à-dire des Vikings d'Orient — en l'an 922. C'est l'un des rares documents de première main que nous a laissés un observateur civilisé, mais impartial, sur ce qu'étaient les Vikings. S'il fut impressionné par leur physique, il les trouva fort sales. Qu'on en juge : « Ce sont les plus répugnantes créatures de Dieu. Ils ne se lavent pas après avoir satisfait leurs besoins naturels, ni les mains après les repas. Ils sont comme des ânes égarés... Dix ou vingt d'entre eux vivent dans une seule maison ; chaque homme a sa couche, où il s'assied et se divertit avec les jolies esclaves qu'il se propose de vendre, ou même fait l'amour devant ses camarades. Parfois, l'affaire tourne en orgie collective. Chaque jour, tout le monde se lave le visage et les mains dans la même eau... Une fille amène à son maître un énorme bol dans lequel il se lave le visage, les mains et les cheveux, qu'il peigne au-dessus du bol. Puis il se mouche et crache dans l'eau. Lorsqu'il a fini, la fille passe le même bol au voisin, qui fait exactement de même, jusqu'à ce que le bol ait fait le tour de la maison. »

Rudes lascars, ces Vikings de Russie. Mais ils avaient pourtant leur côté sensible. Ibn Faldan nous décrit la crémation d'un chef viking : on plaçait le cadavre dans un bateau spécial recouvert de brocarts ; une vieille femme appelée « l'Ange de la Mort » présidait les cérémonies. Elle emmenait dans une tente l'esclave qui s'était offerte à mourir avec son maître et la tuait d'un coup de poignard, tandis que dehors les hommes frappaient leurs boucliers pour étouffer les cris. Enfin, on mettait le feu au bateau, le corps de l'esclave à côté de celui de son maître, pour ce bref voyage vers le Walhalla, le ciel des Vikings.

Vingt ou trente ans plus tard un autre voyageur arabe, le géographe Ibn Rustin, fait une peinture un peu plus souriante des Vikings : « Ils portent des vêtements, écrit-il. Ils respectent leurs invités et se montrent hospitaliers et amicaux envers les étrangers. Mais si l'un d'eux est provoqué au combat, ils se mettent tous ensemble comme un seul homme, jusqu'à remporter la victoire. » Ibn Rustin ne ménageait pas ses critiques lui non plus : « Il y a peu de sécurité parmi eux, et beaucoup de fourberie ; un homme n'hésiterait pas à tuer un frère ou un camarade pour le piller. » Les deux voyageurs s'accordent à dire que les Nordiques sont querelleurs par nature et qu'ils extorquent un tribut aux villages slaves voisins.

Vigoureux, entreprenants, agressifs sans aucun doute, les Vikings étaient vraiment bien difficiles à vivre.

Mais les Vikings n'ont pas laissé que des ruines fumantes derrière eux. Ils étaient tombés avec une telle rapacité sur une Europe stupéfaite et terrifiée que l'image du pirate venu du Nord devint un stéréotype populaire. On ignore le plus souvent que les Vikings étaient aussi un peuple de grands commerçants dont les navires marchands sillonnaient les voies navigables de l'Europe, du Groenland à la mer Caspienne. On ignore qu'ils utilisaient leurs nouvelles richesses, mal acquises il est vrai, pour construire des bateaux et faire du commerce avec les pays lointains, ou encore pour coloniser des terres plus fertiles que les étendues pelées de leur Scandinavie.

C'est le cas du Danois Rorik, qui, après avoir saccagé maintes fois le port de Dorestad, à l'embouchure du Rhin, finit par s'y installer pour y devenir un prospère marchand. D'autres furent plus aventureux, fondant au loin des comptoirs qui devinrent de grandes villes, comme Dublin en Irlande et Kiev en Russie. Les Vikings venaient piller, mais ils restaient souvent pour faire du négoce. Le commerce scandinave était déjà florissant à l'époque des Romains, quand les marchands échangeaient

fourrures, bétail, produits laitiers et ambre de la Baltique contre des articles de luxe. Les sources historiques sont rares pour les siècles qui suivent, mais les trésors amassés par les Scandinaves, leurs coûteux enterrements, montrent qu'au moment même où l'Europe était plongée dans les ténèbres, les peuples scandinaves continuaient à faire du commerce et à s'enrichir.

Au Xᵉ siècle, les coups de main se faisaient plus rares, et les Vikings s'étaient transformés en colons. En 911, par exemple, ils reçurent la Normandie, où ils adoptèrent très vite la langue et la religion de leurs voisins français. Le duc de Normandie devint l'un des plus puissants souverains d'Europe ; ses soldats conquirent l'Angleterre en 1066 et, quelques années plus tard, la Sicile et le sud de l'Italie. Au nord, les Norvégiens osèrent aller plus loin que les voyageurs qui les avaient précédés. Sans boussole ni carte, à bord de bateaux à une seule voile qui ne faisaient guère plus de 20 mètres de long, les audacieux Vikings s'aventurèrent sur l'immense océan.

En Islande, jusque-là déserte, ils fondèrent une république de pêcheurs et de paysans,

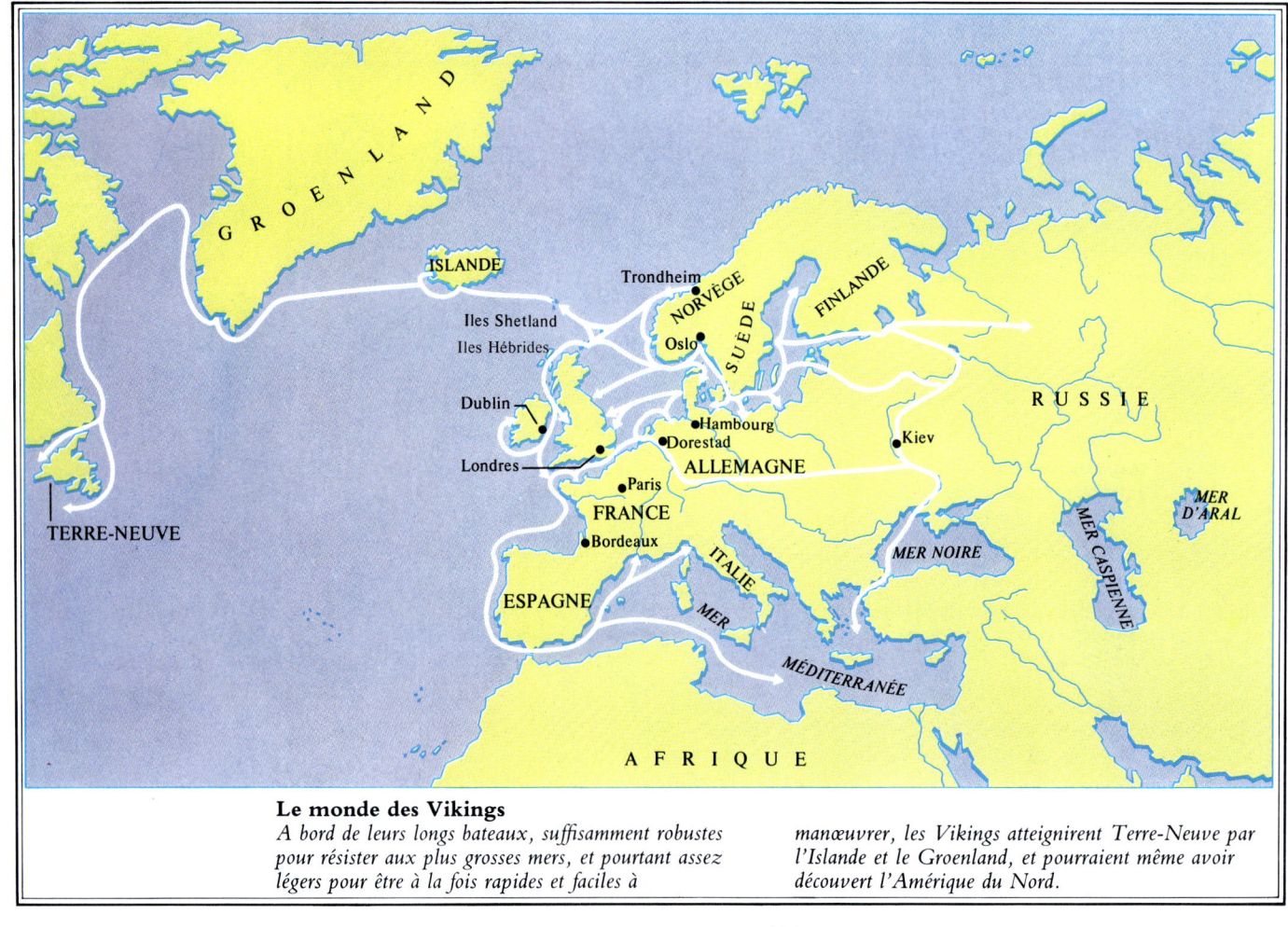

Le monde des Vikings

A bord de leurs longs bateaux, suffisamment robustes pour résister aux plus grosses mers, et pourtant assez légers pour être à la fois rapides et faciles à manœuvrer, les Vikings atteignirent Terre-Neuve par l'Islande et le Groenland, et pourraient même avoir découvert l'Amérique du Nord.

D'OÙ VIENT LE NOM DE LA RUSSIE ?

En l'an 907, Byzance (aujourd'hui Istanbul), capitale de l'Empire byzantin et le plus grand marché du monde, se mit à trembler à l'approche d'une énorme flotte viking menée par Oleg, le roi suédois de Kiev. A l'abri de ses triples murailles et des chaînes qui barraient ses ports, la brillante métropole s'était longtemps crue à l'abri. Pourtant les ingénieux Vikings contournèrent ses défenses. Selon une chronique russe du XIIᵉ siècle, Oleg amena ses bateaux à terre et les fit monter sur des roues. Puis, « quand le vent fut favorable, ils hissèrent les voiles et fondirent sur la ville ». Accablés, les Byzantins se virent contraints de demander la paix.

La chronique russe oublie cependant de mentionner que l'empereur byzantin et le plus gros de ses troupes se trouvaient hors de la ville. Lorsque Igor, fils d'Oleg, tenta de renouveler l'exploit en 942, il fut écrasé, et sa flotte détruite. A partir de cette date, cependant, des liens commerciaux et culturels étroits unirent la plus grande des villes de la Méditerranée orientale et les princes dynamiques, mais mal dégrossis, de Rus. Mais pourquoi Rus — qui a naturellement donné le mot de Russie —? Rus est le nom que leurs voisins finnois donnaient aux Vikings. Toujours selon la chronique russe, les Slaves, au IXᵉ siècle, invitèrent les envahisseurs vikings à régner sur leur territoire, en ces termes :

« Notre terre est riche mais il n'y a point d'ordre chez nous. Venez régner sur notre peuple. »

Aucun Viking bien né n'aurait su résister à une telle invitation. Riourik et ses descendants s'installèrent donc bientôt à Novgorod, à Smolensk et — plus important — à Kiev, qu'ils déclarèrent « mère des villes russes » et qui devint la première capitale de cette terre slave, la future Russie. Les mots « russe » *(russkie)* et «Russie» *(Rossija)* sont sans doute dérivés de « rus ».

Au croisement des grandes routes commerciales qui menaient à la mer Noire et à la mer Caspienne, les envahisseurs vikings s'enrichirent considérablement et le royaume de Kiev connut richesse et puissance sous l'influence de ses maîtres suédois. Les guerriers vikings se mêlèrent à la population locale, et, au Xᵉ siècle, leur slavisation était déjà fort avancée. Le grand-duc Vladimir Iᵉʳ, sous le règne duquel la prospérité du royaume de Kiev fut à son apogée, portait déjà un nom slave. Après son mariage avec Anna, une princesse byzantine, il demanda le baptême, faisant ainsi entrer la Russie dans le groupe des pays chrétiens.

---

gouvernée par une assemblée où tout les hommes libres prenaient la parole. Cette démocratie, la première depuis la Grèce antique, survit encore, hommage au génie des Vikings. Plus à l'ouest se trouvait une île encore plus grande que l'Islande. Un Norvégien, Éric le Rouge, la découvrit en 982 et la baptisa — avec un certain optimisme — Groenland, c'est-à-dire la Terre verte. Quelques années plus tard, Leif, son fils, débarqua sur une terre qu'il appela Vinland — la Terre de la vigne, probablement Terre-Neuve —, qu'il tenta vainement de coloniser. S'il en avait été autrement, l'honneur d'avoir découvert l'Amérique serait probablement revenu à un Viking plutôt qu'à un Italien.

Près de Fittja, dans l'est de la Suède, se trouve une tombe où furent ensevelis les restes d'un commerçant viking (ou d'un pirate, puisqu'il était probablement les deux à la fois). Lorsque les archéologues l'ouvrirent, ils découvrirent, stupéfaits, quelle avait été l'étendue véritable du commerce des Vikings : des pièces d'argent de Cordoue, en Espagne, des monnaies d'Égypte, de Syrie, de Bagdad, et même de Tachkent, dans le centre de l'Asie.

Les guerriers vikings portaient généralement un casque et une cuirasse pour se protéger la tête et le torse. Les parties du corps moins vulnérables étaient couvertes d'épaisses lanières de cuir. Chaque homme portait un bouclier et une hache ou une lourde épée.

Les solides vaisseaux vikings

Les Vikings des IXe et Xe siècles sillonnaient habilement les rivières et les mers à la recherche de nouveaux ports de commerce et de pays inconnus. Pour leurs lointains voyages en mer, ils avaient conçu des vaisseaux particulièrement robustes.

De récentes découvertes archéologiques ont permis d'enrichir considérablement nos connaissances sur ces bateaux. Les fouilles les plus intéressantes ont été effectuées dans le fjord de Roskilde, au Danemark. On a trouvé là les restes de cinq vaisseaux, qui ont été reconstitués avec soin. Deux de ces vaisseaux servaient au transport des marchandises. Le plus grand des deux mesure 16,50 m de long sur 4,50 m de large, ce qui signifie qu'il est plus court et plus large que les vaisseaux de guerre. Les étraves à l'avant et à l'arrière du bateau sont légèrement recourbées, mais elles ne sont pas décorées de figures. La quille et le couple sont en chêne. Les planches de pin qui constituent les flancs du navire sont habilement recourbées et imbriquées les unes dans les autres. Généralement une unique grande voile assurait la locomotion. Les cordages étaient fabriqués à partir de fourrure de morse. Lorsque l'allure du bateau n'était pas suffisante, l'équipage était contraint de ramer. Le bateau était guidé avec un gouvernail qui se trouvait sur le côté droit du vaisseau.

Le fret, l'équipage, les passagers et les vivres étaient soumis aux éléments. Il fallait renoncer aux agréments d'un feu et manger froid. Et, cependant, les Vikings ont effectué de longs voyages vers l'Islande, le Groenland et l'Amérique sur ces vaisseaux.

Les distances que franchissaient les Vikings prouvent qu'ils étaient d'excellents navigateurs. Sans boussole, sans moyen précis de compter le temps, sans connaître la longitude, ils pouvaient suivre un cap plusieurs jours en pleine mer. Ils naviguaient à l'estime en jugeant leur latitude d'après le soleil et les étoiles et, une fois atteint le parallèle qui devait les mener à destination, naviguaient tout droit jusqu'à toucher la terre.

Pour construire les knorrs, les charpentiers vikings se servaient d'outils variés, mais préféraient la hache, même pour le travail de finition. Le meilleur bois d'œuvre était le chêne, que l'on fendait en étoile pour obtenir de fortes planches en forme de coin, de largeur uniforme. Les charpentiers suivaient les courbes naturelles du bois et gardaient les planches inutilisées dans l'eau pour qu'elles restent souples.

La voile carrée était en canevas de fabrication artisanale, probablement renforcée en diagonale par des bandes de cuir ou de toile, car le canevas manque de solidité et s'étire lorsqu'il est mouillé.

Cette alidade permettait de déterminer la position du bateau d'après le soleil ou les étoiles.

Le « solskuggafjol », cadran solaire flottant des Vikings.

Ancre

Agrès pour la manœuvre de la voile (à gauche)

Des volets de bois fermaient les trous par lesquels sortaient les avirons, pour empêcher l'eau de s'engouffrer lorsque le bateau donnait de la bande.

Aviron

La révolution du collier
Une invention qui bouleversa l'agriculture

Aujourd'hui, le harnais comprend un collier rembourré qui porte des attelles rigides de bois ou de métal, auxquelles sont attachés les traits. Ce collier ne gêne pas la respiration ni la circulation sanguine du cheval et lui permet de tirer de tout son poids, à la différence des colliers de cou primitifs qui comprimaient la trachée-artère et les veines jugulaires.

VERS l'an 500 de notre ère, un chamelier chinois inventa un objet qui allait transformer la vie de millions de personnes, des steppes mongoles à l'Atlantique, et au-delà. L'invention révolutionna l'agriculture et la guerre. Elle changea du tout au tout le commerce, les voyages et la vie domestique. Cette invention n'est autre que celle du collier d'épaules.

Naturellement, on attelait les chevaux — et aussi les chameaux, pour lesquels le collier fut inventé — depuis des milliers d'années, mais avec un collier de cou, qui les étranglait en leur comprimant la trachée-artère s'ils tiraient trop fort. Pour ne pas étouffer, l'animal portait la tête en arrière, ce qui lui donnait certainement

fière allure, mais lui ôtait une bonne part de son efficacité, à telle enseigne qu'il aurait été parfaitement incapable de tirer une charrue. Ce ne fut qu'avec le collier d'épaules, rigide, rembourré et bien ajusté sur les os des épaules, que l'on put vraiment utiliser le cheval comme animal de trait.

Les choses commencèrent alors à changer. Avec ce nouveau collier, les chevaux purent tirer une charge quatre ou cinq fois plus lourde qu'auparavant. Les effets à long terme de cette invention sur l'économie agricole furent énormes. Sans doute les chevaux ne remplacèrent-ils pas immédiatement les bœufs pour tirer les charrues, essentiellement parce que leur entretien était plus coûteux que celui des bœufs,

UN CAVALIER A LA RECHERCHE DU PASSÉ

Peut-être les historiens n'auraient-ils jamais compris l'importance de l'invention du collier d'épaules sans l'œuvre d'un ancien militaire français amoureux des chevaux, Richard Lefebvre des Noëttes. Officier de cavalerie, il avait vécu avec les chevaux, dormant à côté d'eux au cours des manœuvres, les soignant nuit et jour s'il le fallait. Cette passion d'une vie entière l'amena à entreprendre une histoire du harnais, tâche qui allait l'occuper plus de vingt ans, jusqu'à ce qu'il publie son ouvrage en 1931.

Lefebvre des Noëttes s'était étonné d'une loi romaine qui punissait sévèrement quiconque attelait une paire de chevaux à une charge de plus

de 500 kilos. Il avait aussi remarqué que les chevaux des sculptures grecques et romaines dressaient toujours l'encolure d'une façon qui lui parut peu naturelle. Décidé à en connaître la raison, il fit une série d'expériences avec une paire de chevaux harnachés comme le montraient des monuments classiques, c'est-à-dire presque étranglés par un licou. Et il découvrit sans tarder que 500 kilos étaient vraiment tout ce que ces chevaux pouvaient tirer sans étouffer. La conclusion était claire : malgré tout leur génie, les Grecs et les Romains de l'Antiquité n'avaient jamais appris à bien utiliser la force du cheval !

Ces nerveux étalons d'une frise du Parthénon caracolent, la tête rejetée en arrière, comme doivent le faire de fiers chevaux... ou comme devaient s'y résoudre les pauvres bêtes martyrisées par les mors de bride de l'époque.

mais ils jouèrent dans l'agriculture un rôle de plus en plus important après le VIIIe siècle, lorsque le collier d'épaules fit son apparition en Europe. Au XIe siècle, le cheval était l'auxiliaire de nombreux paysans pour les travaux des champs. La première image que nous en ayons apparaît en bordure d'une des scènes de la fameuse tapisserie de Bayeux, brodée vers 1080. Dans la cathédrale de Gérone, en Espagne, une tapisserie légèrement postérieure montre une paire de chevaux tirant une lourde charrue à roues : le cheval était devenu le tracteur de l'époque.

Le XIIe siècle et la première moitié du XIIIe virent une véritable révolution de l'agriculture européenne, alors que les rendements atteignaient des niveaux qui ne furent plus dépassés durant un demi-millénaire. Cette révolution était le résultat du progrès des techniques agricoles, de l'amélioration des charrues, et aussi de la rotation des cultures sur trois

champs au lieu de deux. Mais rien de tout cela n'aurait été possible sans l'invention du modeste collier d'épaules.

Les armées médiévales s'améliorèrent grâce aux charges plus lourdes tirées par les bêtes de trait. Quant aux marchands, ils optèrent pour des chariots plus gros et, plus tard, pour des péniches halées par des chevaux. Pourtant, l'effet le plus profond du collier d'épaules porta sur la vie des paysans. Dans le passé, ceux-ci vivaient près de leurs champs, dans des hameaux qui comptaient à peine quatre ou cinq maisons. Désormais, ils purent habiter dans de plus gros villages, se rendre tous les jours au travail en chariot, et retrouver à la nuit tombée la sécurité d'une petite agglomération fortifiée et bourdonnante d'activité. Sans le savoir, ils devaient une lourde dette à ce chamelier anonyme qui un jour inventa le collier d'épaules.

Charlemagne, empereur des Romains
L'homme et sa légende

Ce portrait anonyme de Charlemagne, aujourd'hui au musée des Offices à Florence, nous montre l'empereur à l'époque où il essayait d'apprendre la caroline, la nouvelle écriture à laquelle on donna son nom.

L E jour de Noël de l'an 800, une foule de Romains, de Lombards, de Bavarois, et surtout de Francs dont l'empire s'étendait alors jusqu'à la Ville Éternelle, remplissait la grande basilique de Saint-Pierre de Rome, celle dont on disait qu'elle avait été construite par l'empereur Constantin, quelque cinq cents ans plus tôt. Devant le maître-autel s'agenouilla le maître de tous ces peuples, Charlemagne, vêtu d'une longue tunique nouée d'une ceinture d'or, les pieds chaussés de sandales couvertes de joyaux. Le pape Léon III se leva, prit une couronne d'or sur l'autel et la posa sur la tête du roi. Ce fut un rugissement dans la foule : « Longue vie et victoire à Charles Auguste, couronné par Dieu, le grand empereur des Romains, celui par qui vient la paix ! » Ainsi Charlemagne devint-il le premier empereur d'Europe occidentale depuis la déposition du dernier empereur romain d'Occident, en 476.

Comme le légendaire roi Arthur, Charlemagne fut à l'origine de mythes et de légendes qui firent de lui un héros, un poète, un soldat et un grand homme d'État. *La Chanson de Roland,* l'épopée anonyme qui célèbre ses exploits, le décrit comme le preux défenseur de la chrétienté. Pourtant, pendant longtemps, on crut que l'homme ne savait ni lire ni écrire

et que, déjà vieux, il s'efforçait encore à apprendre l'alphabet. On voyait aussi en lui une sorte de grand propriétaire terrien, surtout préoccupé de l'exploitation de ses domaines, un belliqueux chef de guerre qui méritait fort peu le titre d'empereur romain. Quelle est donc la vérité sur Charlemagne ?

L'analphabétisme qu'on lui prête vient d'une erreur d'interprétation d'un passage d'une biographie écrite en latin par l'historien franc Éginhard (770-840), qui dans sa *Vita Caroli Magni* raconte que Charlemagne gardait sous son oreiller une ardoise et un cahier pour pratiquer l'écriture. Mais, dit Éginhard, « il n'alla pas très loin, car il avait commencé très tard dans la vie ». En réalité, Charlemagne pouvait certainement lire un peu et écrire passablement bien des messages ordinaires. Ce qu'il ne put maîtriser, ce fut la minuscule caroline, nouvelle écriture qu'Alcuin d'York, érudit anglais (735-804), proposa pour faciliter la réforme de l'éducation entreprise par Charlemagne. Cette écriture fut par la suite remplacée par l'écriture gothique, mais elle réapparut durant la Renaissance italienne et fournit la base de la typographie moderne.

L'élégante graphie caroline ne fut que l'un des apports d'Alcuin, l'étoile d'un cercle d'érudits, de poètes et d'artistes qui entourait la

Le jour de Noël de l'an 800, le pape couronne Charlemagne dans l'église Saint-Pierre de Rome. La majestueuse cérémonie que représente cette illustration du XVᵉ siècle visait à évoquer le souvenir du grand empire romain d'Occident, disparu depuis trois siècles. Cependant, de nombreux peuples, surtout les belliqueux Saxons, ne se laissèrent pas impressionner.

cour impériale d'Aix-la-Chapelle, où se dressait le nouveau palais de Charlemagne, merveille de l'époque avec sa chapelle octogonale inspirée de modèles romains, sa grande salle de réception de 50 mètres de long, sa bibliothèque et sa piscine qu'alimentaient des sources thermales. C'est de là que Charlemagne présida à ce qu'on a appelé la « renaissance carolingienne ». Grâce à lui, on recopia de précieux manuscrits qui autrement auraient sans doute été perdus, on chercha aussi à retrouver la qualité littéraire qui prédominait avant l'effondrement de l'Empire romain. L'une de ses premières décisions de roi fut d'ordonner la création d'écoles rattachées aux cathédrales pour améliorer l'instruction, généralement très médiocre, du clergé.

Mais que penser de son rôle de soldat et de diplomate ? Charlemagne avait vingt-six ans lorsqu'il partagea la couronne de roi des Francs, en 768, avec son jeune frère Carloman. A la mort de ce dernier, en 771, Charles, que l'on

allait bientôt appeler Carolus Magnus (Charles le Grand), commença à agrandir son royaume. Au début de son règne, celui-ci embrassait la France, la Belgique, la Hollande, la Suisse et une grande partie de l'Allemagne du Sud. En 814, il transmettait à son fils un empire grossi de l'Autriche, la Saxe — entre le Rhin et l'Elbe inférieurs — la Bavière, la Hongrie, le nord et le centre de l'Italie.

Diplomate né, Charlemagne savait que la menace est souvent plus efficace que le recours à la force. Ainsi, lorsqu'il décida en 788 d'écraser Tassilon, le trop turbulent duc de Bavière, il demanda d'abord au pape, par une excellente manœuvre de propagande, de dénoncer le duc. Puis il rassembla des armées si puissantes que les Bavarois se rendirent sans se battre. De même, lorsqu'il attaqua les Avars, tribus nomades fixées en Hongrie qui s'étaient enrichies en pillant leurs voisins, il commença par conclure une alliance avec des tribus slaves de la région, attirées par la promesse du butin.

EMPIRE ET EMPEREURS GERMANIQUES

Après l'écroulement de l'empire romain d'Occident, il n'y avait plus d'empereur qui puisse être le protecteur de l'État catholique. Ce n'est que lorsque Charlemagne se fit couronner empereur en l'an 800 par le pape Léon III que le titre d'empereur romain resurgit. Charlemagne devenait de la sorte le chef temporel de la chrétienté catholique et romaine et, par-là même, de la plus grande partie de l'Europe.

Les successeurs de Charlemagne divisèrent cet empire en un empire franc occidental (la France) et un empire franc oriental (l'Allemagne). Après qu'Otton Ier le Grand se fut rendu à Rome pour s'y faire couronner empereur en 962, la plupart des souverains germaniques portèrent le titre d'empereur et furent à leur tour des protecteurs temporels de l'Église.

Les empereurs se considéraient comme les successeurs des empereurs romains et entendaient suivre leur exemple. Mais pour asseoir leur autorité, il leur fallait la caution de l'Église, ce qui ne manqua pas de susciter des luttes séculaires pour savoir lequel des deux pouvoirs, du spirituel et du temporel, était le premier.

Au XIIIe siècle, les empereurs germaniques employèrent les termes de Saint Empire romain, et c'est à la fin du Moyen Age qu'apparut la formule Saint Empire romain germanique. Mais la grande idée de l'Empire n'avait plus grand-chose à voir avec la réalité. Des princes locaux très puissants portaient atteinte à l'autorité de l'empereur. Les courants spirituels de la Réforme présentèrent l'Empire comme un prolongement du pouvoir papal.

C'est Napoléon, en occupant une partie du territoire allemand, qui porta un coup fatal à la vieille notion de Saint Empire. En 1806, François II, le dernier empereur du Saint Empire romain germanique, dut renoncer à son titre.

L'État prussien que Bismarck fonda en 1871 prit le nom d'Empire allemand pour tenter de donner un fondement à ce nouvel empire. Mais l'empereur Guillaume Ier n'avait plus rien de commun avec les empereurs romains, et moins encore avec les protecteurs temporels de l'Église.

Otton Ier, premier d'une longue succession d'empereurs germaniques, hérita du titre de Charlemagne en 962. Malgré la pompe de ce titre, son « empire » (à gauche) était beaucoup moins vaste que celui de son illustre prédécesseur, même s'il s'étendait plus loin à l'est. La France n'en faisait plus partie et le Saint Empire romain germanique ne connut jamais plus la stabilité qui avait été celle du règne de Charlemagne.

Grâce à cette précaution, il put réunir des troupes de 60 000 hommes, chiffre écrasant pour l'époque. En fait, c'est le pillage qui fut la cause de la défaite de Charlemagne à Roncevaux. Lorsqu'il envahit l'Espagne en 778, il le fit avec la conviction que les princes arabes étaient divisés et que leurs sujets chrétiens se soulèveraient pour l'accueillir. Il se trompa sur ces deux points. Les musulmans étaient unis et l'empêchèrent de prendre la ville de Saragosse, tandis que les chrétiens ne souhaitaient nullement une libération franque. Alors que l'armée rentrait par le col de Roncevaux, chargée de butin, son arrière-garde tomba dans une embuscade tendue par des Basques chrétiens, non par des musulmans. Tous les Francs qui gardaient les fourgons à bagages, et notamment Roland, « neveu » de Charlemagne, furent massacrés. Selon la légende, Charlemagne aurait versé des larmes sur le champ de bataille, puis serait reparti venger Roland. En fait, l'empereur ne revint jamais en Espagne. Ses

comtes s'emparèrent cependant de Barcelone en 801.

Malgré la défaite de Roncevaux, une escarmouche de peu d'importance, il ne fait aucun doute que Charlemagne a grandement dominé son temps. Ce qu'il fit est d'autant plus remarquable que les finances de l'empire n'étaient pas assurées, ce qui explique d'ailleurs l'intérêt qu'il portait à l'agriculture, moyen pour lui d'accroître les rentrées du trésor public.

Au cours d'âpres guerres civiles, ses successeurs se partagèrent l'empire et laissèrent les Vikings y pénétrer. La figure de Charlemagne survécut cependant, même si le portrait que nous a laissé Éginhard — celui d'un bon général, habile politicien, protecteur des arts — fut plus tard affadi par l'image romanesque qu'en donnèrent les générations suivantes.

Les Mille et Une Nuits

La grande vie à Bagdad

Illustration d'Edmund Dulac (1882-1953) pour « L'histoire du cheval magique », dans une version des Mille et Une Nuits *adaptée par l'écrivain anglais Laurence Housman.*

Il était une fois, comme dans les plus belles histoires, un roi que son mariage n'avait pas comblé, et il craignait tant que sa femme ne le trompe qu'il décida de prendre une nouvelle épouse chaque nuit, puis de la faire tuer au matin avant qu'elle ne puisse trahir son amour. Une nuit, le sort tomba sur Schéhérazade. Pour sauver sa vie, elle commença à raconter une histoire qu'elle n'avait pas achevée lorsque le jour se leva. Le roi voulut entendre la suite du récit et décida d'épargner la conteuse pour une nuit encore. La nuit suivante, elle termina la première histoire et se trouvait à mi-chemin d'un autre conte lorsque le jour se leva. Le roi lui fit grâce une nouvelle fois. Et il en fut ainsi pendant mille et une nuits.

Les récits que Schéhérazade aurait contés au roi sont passés de génération en génération, dits et redits un million de fois par tous ceux qu'enchantent les aventures des *Mille et Une Nuits,* l'œuvre la plus célèbre de toute la littérature arabe. Mais les récits des *Mille et Une Nuits* ne sont pas simplement le fruit d'une imagination fertile. Ils parlent d'un endroit bien réel et mettent en scène des personnages parfaitement identifiables, car le monde des *Mille et Une Nuits* est celui de la ville de Bagdad, fondée en 762 par la dynastie musulmane des Abbassides et devenue la capitale d'un empire islamique qui s'étendait de l'Égypte à l'Inde. Son prince, Hâroûn al-Rachid, était le cinquième calife des Abbassides, personnage romanesque dont le règne brillant (786-809) inspira un grand nombre des récits des *Mille et Une Nuits.* Protecteur des arts, Hâroûn appréciait la musique et la poésie. Dans les contes où il apparaît, il nous est présenté comme le prince idéal : homme d'honneur, juste et généreux. Protégé par un déguisement, accompagné de quelques amis, il errait dans Bagdad la nuit, défenseur des opprimés, farouche ennemi des coquins et des fourbes. Certains contes, plus libertins, nous le présentent, il est vrai, comme un ivrogne. Comme le Coran interdit l'alcool, ce comportement aurait été parfaitement scandaleux et donc fort peu probable pour un calife dévot.

Bagdad, puisant dans les trésors de l'Orient fabuleux, étalait une richesse qui faisait dire qu'on avait aussi peu de chances de tomber sur un pauvre à Bagdad que de trouver le Coran dans la maison d'un infidèle. Les notables de la ville, et encore plus leurs nombreuses épouses, appréciaient fort la grande vie et rivalisaient de luxe et d'ostentation, construisant de magnifiques maisons, offrant de splendides réceptions. Dans son vaste palais doré, le calife s'entourait d'une cour policée, opulente, fabuleusement riche. Théologiens, savants et philosophes stimulaient l'intellect ; bardes, bouffons et chanteuses s'occupaient du reste.

A Bagdad, le commerce des esclaves était

florissant et les jeunes esclaves qui paraissaient avoir des aptitudes subissaient un entraînement physique et intellectuel rigoureux avant d'être vendues sur le marché des esclaves de luxe. On appréciait beaucoup la musique vocale, et les concubines royales dont la voix et les vers charmaient le cœur du calife pouvaient espérer sortir un jour de l'isolement du harem. La mère de Hâroûn, la redoutable Khayzuran, qui domina les affaires de l'État jusqu'à sa mort en 789, avait commencé sa carrière comme esclave. La première épouse du prince, une princesse arabe du nom de Zubaydah, avait elle aussi une forte personnalité. Charmant la cour par son élégance et sa grâce, elle ne pouvait manger que des mets présentés sur des plateaux d'or et d'argent, incrustés de pierres précieuses. Mais la vie dans la Bagdad de Hâroûn n'était pas qu'une partie de plaisir, et le calife n'était pas toujours le bienfaiteur généreux des arts et des plaisirs. Malgré tous ses dons et le charme de sa personnalité, il était aussi capricieux, parfois cruel, mesquin et vindicatif.

Ce trait de caractère ressort bien du destin tragique de la célèbre famille des Barmécides. Musulmans, mais persans, et non arabes, ils étaient les conseillers dévoués des Abbassides depuis trois générations, administrant le califat et mettant leur fortune personnelle à la disposition de l'extravagante cour de Hâroûn. Mais l'eau ne se mêle pas à l'huile, ni les Arabes aux Persans. En 803, Hâroûn s'en prit à ses loyaux serviteurs et fit assassiner le Barmécide Jafar, depuis des années son compagnon de fêtes. On exposa le corps sur un pont de Bagdad, tandis que le reste de la famille était jeté en prison et ses biens confisqués. Les contemporains laissent entendre que la colère de Hâroûn aurait eu pour cause une affaire de cœur entre Jafar et la propre sœur du calife, Abbasah. Dans sa fureur, Hâroûn aurait même fait brûler vive la jeune fille. Nous ne saurons sans doute jamais la vérité, mais il est probable que la vengeance de Hâroûn doit beaucoup à l'irritation qu'il ressentait face à l'influence grandissante des Barmécides, et aussi aux disputes entre ses sujets persans — qui toléraient les juifs et les chrétiens — et ses sujets arabes, plus orthodoxes. La reine mère, Khayzuran, farouche défenseur des Persans à la cour, était morte, et l'épouse favorite du calife, la hautaine Zubaydah, était réputée les mépriser. Nul doute en tout cas que la cour de Hâroûn fut un nid de jalousies et d'intrigues.

Après la disgrâce des Barmécides, le règne de Hâroûn fut troublé par les révoltes et les conflits raciaux. Le calife tenta de résoudre ces

difficultés en divisant son royaume entre deux de ses fils, l'un arabe de sang pur, l'autre le fils d'une esclave persane. Mais cette manœuvre ne fit qu'institutionnaliser les divisions. Malgré tous ses dons, Hâroûn n'était pas un administrateur capable. Sans l'aide des Barmécides, son empire s'écroulait. Lorsqu'il mourut, en 809, la guerre civile qui couvait éclata presque immédiatement, et les califes abbassides perdirent bientôt leur autorité.

Mais le souvenir de la brillante culture du règne de Hâroûn survit encore dans l'art et l'architecture du monde islamique moderne. Et c'est donc justice que ceux qu'il traita le mieux — les poètes et les conteurs qui divertissaient sa cour — aient immortalisé leur généreux protecteur et l'éblouissante Bagdad dans les contes des *Mille et Une Nuits*.

Hâroûn al-Rachid, calife de Bagdad, apparaît dans d'autres œuvres de la littérature islamique. Dans cette scène du poème « Hâroûn al-Rachid et le barbier », du poète persan du XIIᵉ siècle Nezami, Hâroûn remarque que son barbier reste toujours à la même place quand il lui coupe les cheveux ; il ordonne alors qu'on défasse le dallage, et on découvre un trésor.

Sindbad le marin

La réalité et la fiction

LES gréements claquèrent au vent, les voiles se gonflèrent, le bateau donna de la bande et fila vers la pleine mer. Et quel étonnant bateau ! Long de 28 mètres, c'était la réplique exacte d'une felouque arabe du VIIIᵉ siècle, construite avec 140 tonnes de bois que des éléphants avaient traînées hors des forêts de la côte de Malabar, en Inde. Les charpentiers avaient taillé à la main son grand mât de 18 mètres et sa grande vergue de 22 mètres dans un seul tronc. Et comme les charpentiers arabes du Moyen Age n'utilisaient pas de fer pour construire leurs bateaux, pas un seul clou n'assemblait les membrures de ce navire du XXᵉ siècle. Pour les remplacer, 20 000 trous percés dans les planches et les membrures, méticuleusement maintenues ensemble avec près de 650 kilomètres de corde de fibre de noix de coco.

C'est à bord d'un bateau semblable que Sindbad le marin, le marchand légendaire dont les *Mille et Une Nuits* relatent les sept voyages, serait parti de Bagdad et de Bassora (aujourd'hui en Irak), en quête d'aventures et de richesses. Puis le marin serait arrivé dans la vallée des diamants, aurait accosté dans l'île de Serendib, visité le pays du terrible vieillard de la mer, et tous ces autres lieux étranges et merveilleux que décrit le chef-d'œuvre de la littérature arabe.

Mais cette fois-ci, les membres de l'équipage n'étaient pas les personnages d'un conte. Et le bateau, baptisé *Sohar* (du nom du lieu où serait né Sindbad), construit sur les rives du golfe Persique, manœuvré par des Arabes du sultanat d'Oman, mit les voiles un jour de novembre 1980, commandé par Tim Severin, un Anglais.

Trois ans plus tôt, Severin avait effectué la traversée d'Irlande à Terre-Neuve à bord d'un bateau de 11 mètres construit en bois et en cuir, démontrant ainsi que saint Brendan, moine irlandais du VIᵉ siècle, aurait fort bien pu visiter l'Amérique du Nord près de mille ans avant Christophe Colomb. Cette fois-ci, convaincu que les prouesses légendaires de Sindbad reposaient sans doute sur les exploits réels de navigateurs arabes, entre le VIIᵉ et le XIᵉ siècle, il avait reconstitué un autre navire, décidé à se rendre jusqu'au bout de l'Asie. En route, il observerait cette partie du monde avec les yeux d'un marin du Moyen Age qui, revenu chez lui, aurait raconté ses aventures, grossies ensuite par les conteurs.

En dépit de la vermine, du sel et des tempêtes tropicales, le *Sohar* résista à plus de sept mois en mer, parcourant plus de 9 000 kilomètres entre Oman et le fabuleux port chinois de Guangzhou (Canton). Il semble d'ailleurs que les vieilles techniques adoptées par Severin pour construire son bateau donnèrent de meilleurs résultats que certaines méthodes plus modernes. Par exemple, l'extérieur de la coque était protégé par un mélange imperméable de gomme naturelle et de chaux, et à l'intérieur, les cordes de fibre de noix de coco étaient simplement enduites d'huile végétale. Le résultat fut surprenant : même les voraces tarets, terreur de tous les navigateurs sous les tropiques, ne parvinrent pas à endommager la coque de bois du *Sohar*. Et comme il s'y attendait, au cours de son long voyage, Severin parvint à établir des correspondances fort curieuses entre les récits de Sindbad et le monde réel.

Au cours du septième et dernier voyage, par exemple, Sindbad, naufragé et vendu comme esclave par les pirates, est envoyé par un marchand d'ivoire dans une forêt où il découvre un cimetière d'éléphants. Même aujourd'hui, on ne sait pas exactement ce que font les éléphants sur le point de mourir — malgré le récit non confirmé d'un voyageur qui prétend avoir vu un éléphant transporter les os d'un de ses congénères vers une destination inconnue. Il est possible que la connaissance de l'existence d'un tel cimetière fût à l'origine de ce conte de Sindbad.

Dans un autre récit, Sindbad part vers

Dans cette scène des Mille et Une Nuits, *l'intrépide Sindbad est emporté vers une vallée profonde parsemée de diamants par le gigantesque oiseau roc, oiseau mythique qui enlève dans ses serres un éléphant et un rhinocéros en même temps.*

Serendib, île lointaine, où l'on a reconnu Sri Lanka (autrefois Ceylan). Là, il pénètre dans une vallée de diamants et, malgré les méchants serpents qui les gardent, il s'enfuit avec sa sacoche de cuir pleine de pierres précieuses. Aujourd'hui, les mines de diamants de Sri Lanka sont épuisées, mais l'île est encore riche de nombreuses autres pierres précieuses, comme les saphirs et les rubis. Comme dans l'histoire de Sindbad, les mineurs les cherchent dans les plaines alluviales, où les puits qu'ils creusent pour s'abriter de la chaleur, frais et humides, deviennent souvent des nids de serpents. De plus, le commerce des gemmes reste encore, dans l'île, largement contrôlé par les musulmans, dont les croyances furent apportées à Sri Lanka par des marins arabes au VIIe siècle.

Plus tard, Sindbad est enterré vivant aux côtés de son épouse indigène morte, avec un vase rempli d'eau et sept petits pains — inversion d'une ancienne coutume indienne qui voulait qu'une veuve se jette sur le bûcher funéraire de son époux. Severin pense que l'étrange rituel décrit dans l'histoire de Sindbad vient de marins arabes qui auraient observé les coutumes funéraires de Minicoy, petit île proche des Laquedives, au large de la côte ouest de l'Inde, autrefois dominée par une culture fortement matriarcale.

Deux des plus fameuses légendes de Sindbad — celle du vieillard de la mer et celle de l'île des géants cannibales — viennent peut-être des souvenirs de marins du Moyen Age qui se seraient aventurés jusqu'à Sumatra. Dans la première, Sindbad, naufragé, tombe sur une étrange créature velue, assise près d'un cours d'eau. Croyant qu'il s'agit d'un vieillard, Sindbad l'aide à passer le gué en le portant sur ses épaules ; alors qu'ils sont déjà de l'autre côté, la

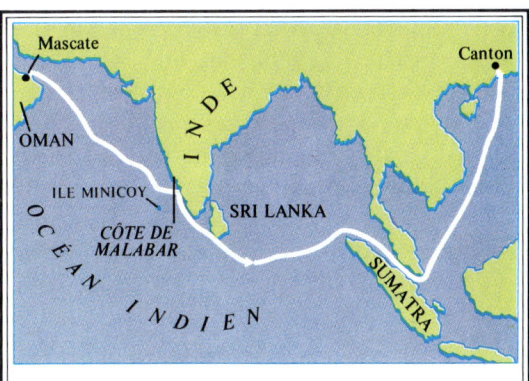

En suivant cette route, Tim Severin a montré que les marins de l'époque de Sindbad ont pu traverser l'océan Indien pour gagner la Chine.

Le bateau de Tim Severin, le Sohar, a été entièrement construit avec les matériaux et les techniques qu'auraient pu utiliser les marins arabes du Moyen Age. La corde avec laquelle les planches de la coque étaient fixées les unes aux autres était faite avec de la fibre de noix de coco mise à pourrir dans l'eau de mer. Quant au grand mât, les charpentiers l'avaient taillé dans un seul tronc d'arbre.

créature — qui n'a pas dit un mot, se contentant de grogner — refuse de descendre. Elle serre si fort les cuisses autour du cou de Sindbad que le marin en perd presque connaissance, mais la créature reste ainsi accrochée à lui, jour et nuit, l'étranglant et le frappant tandis qu'elle se nourrit des fruits des arbres. Sindbad finit par remarquer la peau des jambes de la créature semblable à celle d'une vache, et comprend que son tourmenteur n'est pas un vieillard, mais une bête. Il ne parvient à s'échapper qu'au bout de plusieurs semaines, lorsqu'il réussit à faire boire à son ravisseur du jus de fruit fermenté, ce qui lui permet de tuer la bête hébétée. Severin fait observer que ce vieillard de la mer fait beaucoup penser à un orang-outan, anthropoïde originaire de Sumatra. De plus, alors que les naturalistes considèrent l'orang-outan comme une créature ti-

mide, de nombreux habitants des villages reculés de Sumatra en ont encore peur et voit en lui un être humain extrêmement dangereux.

La deuxième aventure que Severin associe à Sumatra est celle où Sindbad et son équipage s'échouent sur une île étrange. Des Noirs les emmènent dans un village où les indigènes, apparemment hospitaliers, leur offrent une herbe à manger. Seul Sindbad, méfiant, refuse cette générosité ; et lorsqu'il voit ses compagnons sombrer dans la stupeur, il comprend qu'on a mêlé une drogue à leur nourriture. Jour après jour, les marins deviennent de plus en plus gras et léthargiques. Finalement, après avoir découvert les sinistres projets de leurs hôtes au moment où leur chef s'apprête à festoyer de chair humaine, Sindbad s'échappe. Mais il est trop tard pour sauver les autres marins, abrutis sous l'effet de la drogue.

LES TECHNIQUES DE NAVIGATION DES ARABES

Pour connaître leur position, les navigateurs arabes du Moyen Age alignaient le côté inférieur de leur kamal sur l'horizon, puis maintenaient la cordelette à nœuds entre les dents, à la distance voulue. Si l'étoile polaire apparaît à la position A, le port de destination est en latitude sud ; si elle apparaît en C, il est en latitude nord ; si elle apparaît en B, bateau et point de destination ont la même latitude.

Sous le ciel limpide des océans tropicaux, les premiers marins arabes naviguaient principalement en se guidant sur les étoiles. Ils ne savaient pas comment mesurer la longitude, mais, étant donné que les côtes qu'ils suivaient — Afrique orientale, Inde et Asie du Sud-Est —

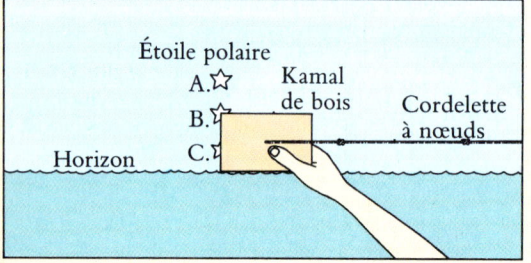

Étoile polaire
A. ☆
B. ☆
C. ☆
Kamal de bois
Cordelette à nœuds
Horizon

sont généralement orientées dans l'axe nord-sud, ils n'avaient pas besoin de savoir quelle était leur position est ou ouest. Ce qu'il leur fallait, c'était un moyen de mesurer la latitude, pour savoir s'ils devaient naviguer nord ou sud en suivant la côte pour atteindre leur port de destination.

En guise de sextant, les Arabes employaient un *kamal*, instrument si simple que Tim Severin put en fabriquer un très facilement lorsqu'il s'attacha à reproduire, en 1980 et 1981, les conditions et l'itinéraire d'un long voyage de navigateurs arabes du Moyen Age. Le *kamal* s'avéra cependant suffisamment précis pour lui permettre d'évaluer sa position à une cinquantaine de kilomètres près, marge d'erreur minime dans l'immensité de l'océan Indien. Le *kamal* se composait simplement d'un rectangle de bois auquel était attachée une cordelette à nœuds, chaque nœud représentant la latitude d'un port connu. En saisissant le nœud approprié entre les dents, le navigateur pouvait placer le *kamal* à la distance voulue de ses yeux pour évaluer sa position par rapport au point de destination choisi. Tout ce qu'il lui fallait faire était de viser l'étoile polaire en alignant le bord inférieur du rectangle avec l'horizon.

La hauteur de l'étoile polaire au-dessus de l'horizon est constante pour une même latitude. Au pôle Nord, elle est directement à la verticale ; à l'équateur, elle est à peine visible au-dessus de l'horizon. Ainsi, lorsque l'étoile dépassait le sommet de son *kamal*, le navigateur arabe savait que son bateau se trouvait trop au nord pour la destination voulue ; si elle se trouvait au-dessous du bord supérieur du *kamal*, cela voulait dire que le bateau était trop au sud ; et si l'étoile était dans l'alignement du bord supérieur, le navigateur savait qu'il se trouvait alors exactement à la latitude du port qu'il désirait atteindre.

Ainsi que le fait observer Severin, le cannibalisme n'était pas inconnu dans l'Indonésie du Moyen Age. Mais le détail qui fait penser que l'histoire se déroule à Sumatra est l'emploi d'une drogue pour tranquilliser les victimes. Severin rapporte que le haschisch sert toujours de condiment dans le nord de l'île. Les marchands arabes avaient certainement des contacts avec les cannibales et connaissaient la drogue qu'ils utilisaient, car Sumatra se trouve sur la route qui mène directement au port où les Arabes s'approvisionnaient régulièrement en camphre pour la préparation d'un grand nombre de leurs médecines.

La vie quotidienne dans un monastère

Austère, mais pas sans agréments

A 2 heures du matin, dans les monastères bénédictins de toute l'Europe du Moyen Age, le son de la cloche faisait sortir les moines de la tiédeur toute relative de leur paillasse. Quelques instants plus tard, leurs pas résonnaient dans les couloirs de pierre qui menaient à l'église, pour le premier des six offices de la journée. Un nouveau jour commençait, semblable à tous les autres, succession immuable de quatre heures d'offices religieux, de quatre heures d'étude et de méditation, et de six heures de travail manuel dans les champs ou les ateliers. Les moines se couchaient habituellement dès 6 h 30. En été, un seul repas venait couper la journée ; en hiver, un deuxième repas les aidait à supporter le froid mordant.

Ainsi allait la vie selon la règle de saint Benoît, établie au VIᵉ siècle par saint Benoît de Nursie, le fondateur italien de l'ordre des Bénédictins. Saint Benoît avait prescrit aux moines de son ordre une vie de pauvreté, de chasteté et d'obéissance. Louis le Pieux, qui régna sur l'empire carolingien de 814 à 840, poussa les moines à suivre ces principes, et vers l'an 1000 la règle de saint Benoît inspirait presque tous les monastères d'Europe occidentale, tout comme un grand nombre des abbayes avaient été construites sur le modèle du monastère de Saint-Gall, en Suisse, fondé en 720. Benoît de Nursie rédigea sa règle alors qu'il était père abbé de l'abbaye du mont Cassin, entre Rome et Naples. C'est lui qui établit le principe de l'autarcie — le fait pour une abbaye de vivre entièrement du produit de ses champs et de ses ateliers — qui régit les monastères chrétiens de l'Occident pendant des siècles et qui continue à le faire dans de nombreuses abbayes modernes.

Dans les premiers temps, les moines des monastères bénédictins vécurent toute leur vie en commun, et au centre de la vie de chaque jour se situaient de longs offices de plus en plus élaborés, ce que saint Benoît appelait l' « œuvre de Dieu ». Tout le reste n'était que secondaire. Le travail manuel qu'imposait la Règle avait non seulement pour but de procurer aux moines la nourriture, les vêtements et les autres nécessités de la vie, mais aussi d'éviter l'oisiveté et de nourrir l'âme en disciplinant le corps. Plus tard, lorsque les abbayes s'enrichirent grâce aux dons des fidèles, les dortoirs furent remplacés par des cellules individuelles ; les moines engagèrent aussi des paysans pour labourer leurs champs, ce qui permit à un grand nombre d'entre eux de s'atteler à d'autres tâches, notamment les études savantes qui ont fait la réputation de l'ordre bénédictin.

C'est sans doute parce que les moines faisaient pousser des plantes médicinales dans leurs jardins entourés de hauts murs qu'un jour l'un d'eux eut l'idée de les mêler à de l'eau-de-vie, inventant ainsi la fameuse liqueur bénédictine. Il paraît étrange d'associer ainsi la vie monastique à une boisson alcoolique. Pourtant, les moines bénédictins avaient toujours eu le droit de boire du vin avec leurs simples repas, essentiellement composés de pain, d'œufs, de fromage et de poisson. Les premiers temps, toute viande était proscrite. Mais plus tard, certaines abbayes ajoutèrent les oiseaux de basse-cour et le gibier à plumes à leur menu, puisque le fondateur de l'ordre ne les avait pas expressément interdits. Tous les repas se déroulaient cependant dans le silence. Ainsi la règle de saint Benoît, malgré sa sévérité, parvenait à équilibrer l'ascétisme par une certaine indulgence.

Benoît de Nursie connaissait bien l'âme humaine. Par exemple, les moines devaient se lever très tôt, mais il leur recommandait de

Ce manuscrit du XIᵉ siècle, qui provient du monastère du mont Cassin, représente des scènes de la vie et de l'époque de saint Benoît. De gauche à droite et de haut en bas : saint Benoît rédige la règle des moines de son ordre ; les derniers moments de saint Benoît, victime d'une fièvre ; l'enterrement du saint ; la vision de deux moines qui leur indique la route suivie par leur abbé pour monter au ciel ; la folle miraculeusement guérie après avoir dormi dans la grotte qu'occupait saint Benoît lorsqu'il vivait en ermite ; saint Grégoire et sa Vie de saint Benoît, dont ces illustrations sont extraites.

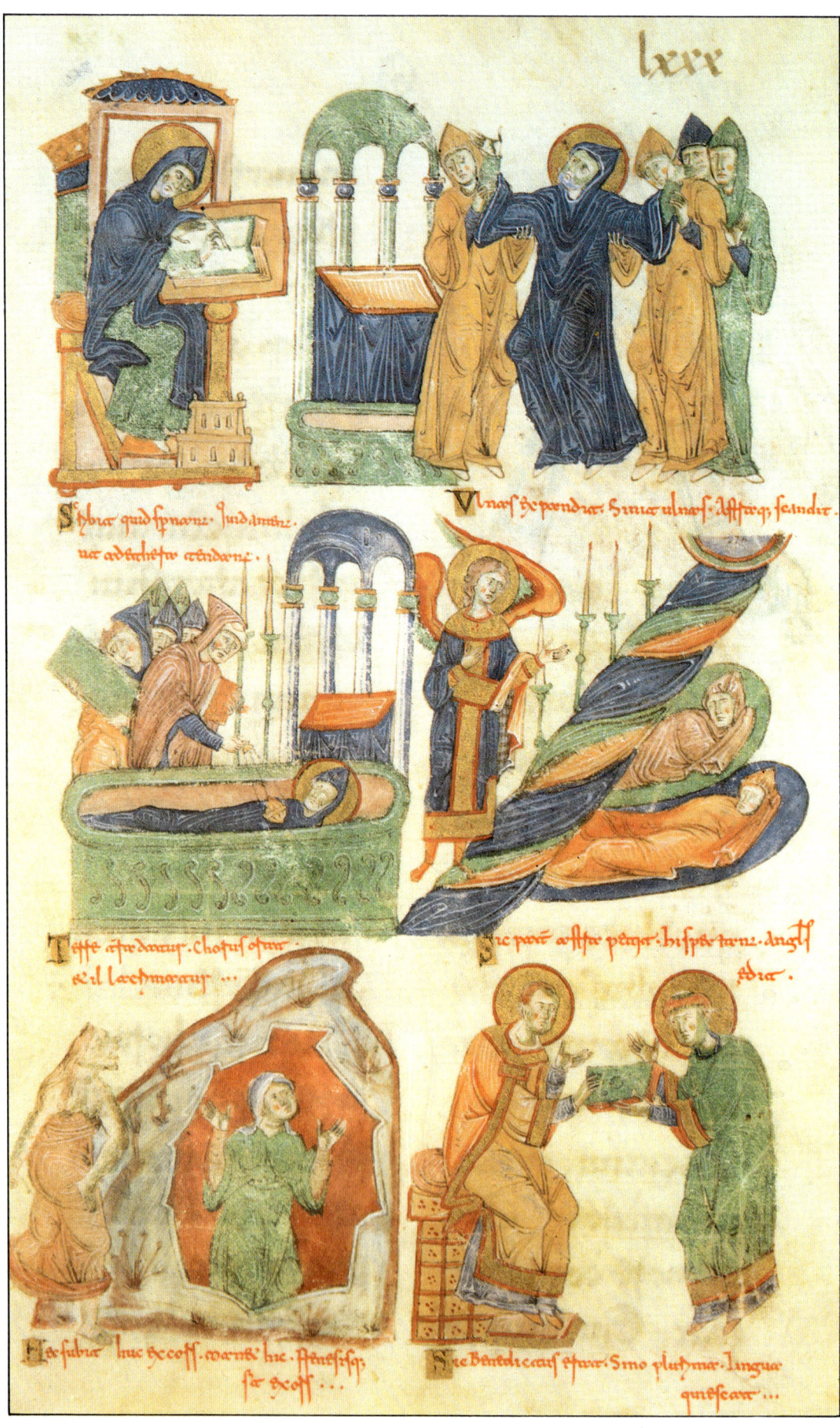

« s'encourager doucement les uns les autres, afin qu'il ne reste pas d'excuses aux dormeurs », et il autorisait les siestes en été. Le premier psaume de la journée devait se réciter lentement, pour laisser le temps aux retardataires de prendre leur place dans l'église. Le silence était recommandé, mais « dans un esprit de taciturnité », plutôt que dans celui d'un mutisme complet ; en fait, les moines disposaient d'un chauffoir, où ronronnait un feu en hiver, pour faire la conversation. Dans le même esprit de compassion, les moines recevaient des vêtements simples mais propres, dont la robe et la coule de rechange et du linge de corps. Saint Benoît ne cherchait pas à imiter l'extrême ascétisme des sociétés monastiques d'Égypte ou de Syrie. Signe d'un luxe excessif, le bain n'était cependant pas admis, sauf pour les malades.

Dans leur vie réglée par la cloche de l'église abbatiale, les moines bénédictins devaient l'obéissance totale à leur abbé. Celui-ci élu par les moines exerçait sur eux une autorité absolue sa vie durant. Il donnait le ton général à son monastère et décidait s'il excellerait dans l'austérité des œuvres saintes, dans les études savantes ou encore dans la cuisine. A l'abri de leurs murs massifs, qu'aucun chrétien n'aurait osé attaquer, les monastères possédaient des bibliothèques où fut conservée une bonne partie de l'héritage littéraire de l'Antiquité, alors que l'Europe était ravagée par des siècles d'invasion et de guerres intérieures.

En fait, la sécurité économique et matérielle que le monastère offrait à ses moines était sans doute l'un de ses grands attraits, et pendant des siècles ils vécurent sans crainte de la faim, de la guerre ou du congédiement. Ils surent aussi toujours que, en fin de compte, ils avaient de meilleures chances d'être sauvés que le paysan ou le chevalier qu'ils apercevaient parfois de leurs cloîtres.

LES PREMIERS MOINES CHRÉTIENS

Dès l'époque de l'Ancien Testament, des prophètes, des hommes et des femmes de toutes les religions, se sentirent appelés à mener une vie d'austérité dans le désert, seuls ou en communion solitaire avec des compagnons qui partageaient le même désir. La première communauté chrétienne de ce genre est un groupe de personnes qui décida de se retirer dans le désert égyptien près de trois cents ans après la mort du Christ. Le mouvement commença lorsque saint Antoine le Grand fonda sur une montagne proche de la mer Rouge un monastère pour ceux qui voulaient se priver des agréments du monde. Quelques années plus tard, le monastère de Tabenna ouvrait ses portes en haute Égypte, et le style de vie qu'il adopta fut ensuite largement suivi par les sociétés monastiques du Proche-Orient.

Les 1 300 moines de Tabenna passaient trois années d'épreuve avant d'être acceptés dans l'ordre. Ils vivaient à trois par cellule et n'avaient pas le droit de s'allonger pour dormir. Ils prenaient ensemble des repas frugaux, mais devaient se couvrir le visage et ne pouvaient ni se parler ni regarder autour d'eux. Lorsqu'ils n'étaient pas en prière, ils travaillaient de leurs mains. Certains étaient des scribes, d'autres rédigeaient des sermons et des traités religieux, dont certains contribuèrent beaucoup à la formation des enseignements fondamentaux de l'Église primitive.

Au début du VIᵉ siècle, lorsque saint Benoît fonda l'un des plus grands monastères de l'Europe sur le mont Cassin, des communautés de moines et des anachorètes s'étaient établis un peu partout en Égypte. De nombreuses légendes parlaient de ces saints hommes qui vivaient en harmonie avec des lions, des panthères, et même des crocodiles. Mais l'image la plus durable des communautés monastiques égyptiennes fut celle de l'abnégation et des bonnes œuvres. C'est elle qui inspira les chrétiens d'Europe lorsqu'ils fondèrent leurs propres monastères.

Les moines, les frères et les sœurs du Moyen Age portaient les habits de leur ordre. Les sept groupes de religieux illustrés ci-dessous sont, de gauche à droite, des cisterciens, des dominicains, des prémontrés, des augustins, des franciscains, des carmes et des bénédictins. A quelques légères différences près, la plupart de ces habits sont encore les mêmes de nos jours.

Le monastère idéal

Aucun des grands monastères bénédictins construits
à l'époque de Charlemagne n'a survécu jusqu'à nos
jours. Mais nous savons à quoi ils ressemblaient
grâce à un remarquable plan conservé dans la
bibliothèque du monastère de Saint-Gall, près du
lac de Constance, en Suisse. Établi vers 820, ce plan
d'un monastère qui ne vit jamais le jour décrit dans
le détail ce que devait être le monastère idéal.

Selon la règle de saint Benoît, les moines devaient
vivre, en ne comptant que sur leurs propres
ressources, une vie de méditation et de prière. Le
plan du monastère s'inspire de ce principe. Très
détaillé, il décrit la destination, l'agencement et
l'ameublement de chaque bâtiment. Au centre du
monastère s'élève l'église, qui accueille les moines,
mais aussi les laïcs de la paroisse, qui n'ont accès
qu'à l'aile ouest du sanctuaire. Aux extrémités est et
ouest de l'église se trouvent deux colonnades en
hémicycle appelées « paradis », sans doute
réservées à la contemplation et à la prière. Seuls les
moines avaient accès à l'aile est de l'église où ils
priaient huit fois par jour. Au sud se trouvait le
cloître principal, entouré des cellules des moines.
D'autres bâtiments abritaient les appartements de
l'abbé et des visiteurs, une école et les chambres des
domestiques. A l'est de l'église, l'architecte avait
prévu deux monastères en miniature, l'un pour les
novices, l'autre pour les moines malades, soignés
par le médecin dont la maison se trouvait tout à
côté. Ailleurs, des jardins et des ateliers
permettaient aux moines de subvenir à leurs besoins
matériels sans recourir au monde extérieur.

*Au début, les moines
bénédictins travaillaient
eux-mêmes la terre. Par la
suite, les abbayes
engagèrent des paysans,
comme ce laboureur illustré
dans le De universo,
manuscrit datant de 1023 et
conservé dans l'abbaye du
mont Cassin, en Italie.*

Cuisines
Étuve
Cloître
Réfectoire et vestiaires
Moulin
Dortoir et parloir
Fournil à pain azyme
Ateliers
Bains
Latrines
Aire et grange
Verger
Maison du jardinier
Cimetière
Élevage de poules
Jardin potager
Maison du gardien
de la basse-cour
Élevage de
canards

Noviciat

Bains et cuisines

*Bénédictin revêtu de l'habit
de son ordre.*

*Les scribes jouaient un rôle important dans la
communauté monastique : ils tenaient les
registres, écrivaient lettres et documents,
copiaient laborieusement livres et manuscrits.*

Tonnellerie et tournerie

Écurie

Étable

Écurie (juments et poulains)

Logis des pauvres

Abri à chèvres

Porcherie

Tour de Saint-Michel

Écurie et étable des domestiques

Bergerie

Tour de Saint-Gabriel

Logis des voyageurs

Calice et candélabre du IXe siècle.

Église abbatiale

Paradis de l'ouest

Porterie

Cuisine

Maison des hôtes de marque

Cellules des religieux en visite

École

Sacristie

Maison de l'abbé

Scriptorium et bibliothèque

Paradis de l'est

Cuisines et bains

Infirmerie de saignée

Infirmerie des grands malades

Maison du médecin

Infirmerie

apelle noviciat

Chapelle de l'infirmerie

Jardin des plantes médicinales

La récolte, selon le manuscrit De universo du mont Cassin.

Plaque de reliure datant du IXe siècle.

Archéologue ou bandit ?
Une escroquerie au nom de la science

LA ville de Tun-Huang (Dunhuang) se trouve en bordure du vaste désert de Gobi, dans une région inhospitalière de l'ouest de la Chine, balayée par des vents glacés qui entassent d'énormes dunes de sable grisâtre. Tun-Huang fut célèbre pendant des siècles, car c'était une étape importante sur la grande Route de la Soie par laquelle les caravanes apportaient la soie chinoise à l'Occident. Bien que cette ancienne route soit abandonnée depuis longtemps, les visiteurs accourent encore dans l'ancienne cité pour voir l'un des sites les plus remarquables de toute la Chine : une sorte de termitière de temples creusés dans le roc, les grottes des Mille Bouddhas.

Les murs de ces grottes sont décorés de centaines de fresques aux couleurs vives qui brossent un magnifique tableau de l'ancienne Chine. On y voit aussi environ un millier de statues peintes du Bouddha, qui ont donné aux grottes leur nom. Ces temples abritaient autrefois une bibliothèque exceptionnelle — riche de peut-être 300 000 volumes datant du XIe siècle et même d'avant, qui parlaient d'agriculture, de médecine, de droit, de philosophie bouddhiste, d'astronomie, d'histoire, de littérature et de géographie — ainsi que de magnifiques peintures sur soie. Mais la bibliothèque et la collection d'œuvres d'art sont loin d'être aussi riches qu'autrefois, victimes qu'elles furent d'un archéologue aussi enthousiaste que peu scrupuleux.

A la fin du XIXe siècle, les grottes, presque obstruées par le sable du désert, n'étaient plus qu'un misérable pèlerinage bouddhiste. Épouvanté par cette déchéance, un moine du nom de Wang Tao-Shih rassembla une équipe de travailleurs et entreprit de redonner au lieu sacré son ancienne splendeur. Alors qu'ils déblayaient l'une des grottes, les ouvriers élargirent une fissure qui s'ouvrait dans une fresque et découvrirent ainsi une chambre secrète, remplie jusqu'au plafond de manuscrits et d'autres objets. Wang n'était pas un savant. Il envoya donc quelques spécimens de ses trouvailles au gouverneur de la province, qui lui répondit simplement d'attendre de nouvelles instructions. Wang resta ainsi seul gardien du trésor. Cependant, la nouvelle de la découverte se répandit vite et arriva jusqu'aux oreilles d'un archéologue, Aurel Stein. Né en Autriche mais naturalisé anglais, Stein, qui travaillait pour le gouvernement britannique en Inde, n'avait aucune connaissance particulière de la culture chinoise, mais par contre avait sans aucun doute l'instinct de l'aventurier qui sait quand il tient une « trouvaille ». Sans perdre un instant, il se rendit aux grottes, accompagné d'un aide chinois du nom de Chiang. Il y fit connaissance de Wang, qui ne parut pas enchanté de cette visite. Relatant cette première rencontre, en mai 1907, Stein écrit : « C'était un très curieux personnage, extrêmement timide et nerveux, le visage parfois traversé d'une expression rusée qui n'avait rien d'encourageant. » Très vite, l'archéologue comprit qu'il lui faudrait déployer des trésors de diplomatie.

Prudent, il prétendit d'abord qu'il ne voulait que photographier les fresques. Au bout de quelque temps, il aborda le sujet des manuscrits. Pourrait-il se procurer un spécimen pour

Parmi les trésors sans prix qu'Aurel Stein fit sortir des grottes des Mille Bouddhas se trouvait cette peinture sur soie de Vaisravana, dieu de la richesse, entouré de ses aides masqués.

Aurel Stein (assis au centre), entouré de Chiang, son assistant chinois, et d'autres membres de son expédition. La photo date de 1907, lorsqu'il rencontra pour la première fois Wang, le gardien des grottes des Mille Bouddhas.

l'étudier ? Comme le moine donnait des signes de désarroi, Stein renonça provisoirement.

Puis il revint à l'attaque, tempérant sa curiosité par des paroles flatteuses et une contribution financière aux travaux de restauration. Peu à peu, Wang fut conquis. Tout d'abord, il remit quelques manuscrits à l'archéologue pour qu'il les étudie. Finalement, il se laissa convaincre de laisser Stein et son assistant pénétrer dans la chambre secrète. Étonnés par cette incroyable masse de documents, ils sortirent quelques manuscrits de leurs enveloppes de grosse toile pour découvrir, à leur complète surprise, que les épais rouleaux étaient intacts. L'air très sec de la chambre, hermétiquement close dans une val-

lée d'un désert aride, avait permis à ces documents de se conserver pendant neuf siècles. Parmi ces rouleaux se trouvaient de superbes soies et brocarts, de magnifiques bannières décorées de divinités bouddhistes, leurs couleurs aussi vives qu'au premier jour.

Le cœur battant, Stein contint son enthousiasme et, par son indifférence, donna à Wang l'impression que les magnifiques reliques qu'il manipulait n'étaient que des débris sans importance. La ruse réussit, et le moine, ses craintes apaisées, autorisa bientôt son invité anglais à étudier librement le contenu de la chambre. Stein pouvait passer à la deuxième étape de son plan. Il lui faudrait emporter quelque temps un choix de rouleaux, dit-il au moine, pour les

LE SECRET DE LA CHAMBRE

Quand Aurel Stein put enfin pénétrer dans la chambre secrète des Mille Bouddhas, une surprise l'attendait. « La vision de ce que révélait cette petite pièce avait de quoi me faire écarquiller les yeux, écrit-il. Entassés en rangées serrées, mais sans aucun ordre, apparut dans la faible clarté de la lumière vacillante du prêtre une muraille de ballots de manuscrits qui s'élevait à près de 3 mètres de hauteur. Le monceau occupait près de 14 mètres cubes, comme l'ont montré par la suite nos mesures… L'espace laissé vide était à peine suffisant pour que deux personnes s'y tiennent debout. »

Pourquoi cette étonnante collection d'objets d'art et de manuscrits avait-elle été cachée dans un lieu secret ? Les recherches ont montré qu'aucun des manuscrits n'est postérieur au règne de l'empereur Chen Tsung (998-1022). On sait par ailleurs que la ville voisine de Tun-Huang fut conquise par des hordes de cavaliers mongols au début du XIe siècle. Il semble donc probable qu'on ait voulu protéger les manuscrits contre la

menace d'une destruction par les envahisseurs. Et l'on oublia sans aucun doute jusqu'à l'existence du trésor pendant les longues années de l'occupation mongole.

Illustration du Soutra du Diamant, *composé vers l'an 868 et peut-être le plus vieil ouvrage imprimé du monde. Il se trouvait parmi les milliers de manuscrits découverts par Aurel Stein dans les grottes des Mille Bouddhas.*

faire étudier par des savants. Loin d'être un sacrilège, ce serait faire œuvre pie que de permettre aux savants bouddhistes d'étudier ces manuscrits et ces œuvres d'art. Naturellement, Stein se garda bien de proposer d'acheter des objets des grottes sacrées des Mille Bouddhas. Mais il n'oublia pas non plus de faire parvenir à Wang un flot incessant de petits « dons » pour la restauration des temples. Sans même s'en rendre compte, Wang, le gardien de la chambre secrète, s'était laissé acheter.

Tout se fit en secret. Nuit après nuit, l'assistant chinois de Stein arrivait à la tente de l'archéologue, chargé comme un baudet des trésors de la grotte. Finalement, l'homme que le gouvernement anglais allait anoblir pour ses exploits parvint à réunir 24 caisses de manuscrits, qui contenaient 3 000 rouleaux, et 5 autres caisses remplies de soieries et de plus de 200 peintures. Ce butin sans prix ne lui coûta que quatre « fers à cheval » d'argent (qu'il évaluait à 500 roupies, soit moins de 500 de nos francs) en « donation » au moine honnête mais trop crédule. Le butin de Stein prit la route du British Museum, où il se trouve encore. Les œuvres d'art, en particulier, sont d'une valeur inestimable, car il s'agit de peintures datant de la dynastie T'ang (618-907), qui sont exceptionnellement rares. Certaines peintures sont si grandes qu'on devait les tendre sur des rochers à l'occasion de fêtes religieuses. On a dit que Stein était un « voleur » et un « bandit » dont l'escroquerie archéologique soigneusement préparée priva sans doute la Chine d'une partie de son patrimoine culturel. Mais la Chine de l'époque était un empire pourrissant, et s'il ne s'en était emparé, la collection aurait peut-être disparu par négligence ou se serait perdue entre les mains avides des marchands d'art et des collectionneurs privés. Indépendamment de sa moralité douteuse, l'opération de Stein a peut-être sauvé de l'oubli un pan du passé de la Chine.

L'esprit troublé du roi

Le monarque qui n'avait peur que de lui-même

HOMME de lettres, homme de guerre et homme de loi, le roi Alfred (849-899) est le seul monarque anglais qui ait reçu le surnom de Grand. Pourtant, Alfred était si troublé par l'obsession du péché que toute activité sexuelle, même sanctifiée par le mariage, paraît l'avoir effrayé au point d'en faire un véritable malade. Au cours des fêtes organisées pour son mariage, à l'âge de vingt ans, il s'effondra soudain, terrassé par une maladie dont aucun médecin ne put découvrir la cause. Pendant toute sa vie — il vécut jusqu'à cinquante ans —, il souffrit de ce que son biographe appelle « une douleur atroce », ou vécut dans la terreur de cette souffrance, « ce qui le rendait, de son propre avis, presque incapable d'exercer ses fonctions religieuses et séculières ».

L'évêque Asser — le biographe qui fit connaître au monde les terreurs sexuelles et l'hypocondrie probable d'Alfred le Grand — était non seulement un ami du roi, mais encore le défenseur convaincu de sa grandeur. Certains historiens modernes refusent cependant de croire ce que dit Asser de l'horrible jour du mariage du roi et des faiblesses nerveuses et physiques qui l'auraient accablé sa vie durant. Pour eux, ce récit n'est pas compatible avec ce que l'évêque dit des remarquables accomplissements du roi. D'autres soutiennent au contraire que c'est dans l'action que le roi malheureux parvint à échapper aux démons intérieurs qui le hantaient.

Un fait est clair : Alfred le Grand mérite bien son nom. Au cours de la deuxième moitié du IXe siècle, lorsque Alfred devint roi du Wessex en 871, l'Angleterre, divisée en plusieurs royaumes le plus souvent en lutte les uns contre les autres, était perpétuellement victimes des coups de main des Vikings. A la

Alfred le Grand était le protecteur des arts et des lettres. Ce délicat bijou, le « joyau d'Alfred », fait d'émaux cloisonnés, de cristal de roche et d'or, témoigne de l'art des orfèvres anglo-saxons sous son règne. L'inscription dit : « Alfred commanda qu'on me fasse. »

mort du roi, vingt-huit ans plus tard, l'Angle-terre anglo-saxonne était largement unifiée et libérée de la menace des Vikings. Cette réussite, parmi d'autres, est peut-être due au caractère torturé, mais surtout à la ténacité de cet homme remarquable.

Personne ne paraissait capable d'arrêter les invasions danoises au cours des premières années du règne d'Alfred. De petites bandes de Vikings poussaient toujours plus loin en direction de l'ouest. En 878, tout le royaume du Wessex paraissait menacé et la volonté de résister aux envahisseurs païens avait presque disparu. Parmi le peuple d'Alfred, certains s'étaient soumis aux Vikings, d'autres s'étaient enfuis, tous avaient apparemment perdu l'espoir, excepté le roi lui-même, qui ne perdit jamais sa foi dans la justice de sa cause. Un temps, il paraît s'être caché, mais lui et ses fidèles livrèrent une guerre d'embuscade à l'envahisseur, rassemblant autour d'eux un nombre toujours grandissant de sujets loyaux. Finalement, Alfred et ses hommes sortirent victorieux de la bataille d'Édington, puis ils poursuivirent l'ennemi qui battait en retraite vers l'est et finirent par chasser les Vikings de Londres. Alfred devint de ce fait le chef des Anglo-Saxons (ainsi que des colons vikings qui adoptèrent peu à peu la religion chrétienne) dans tout le pays. Le roi, qui avait compris que la meilleure défense contre de nouvelles invasions venues de la mer était de constituer une puissante marine anglaise, fit construire un nouveau type de navire pour défendre les côtes.

Mais Alfred le Grand, peut-être poussé par la volonté de dépasser ses problèmes sexuels, voulait autre chose que la renommée militaire. Ayant obtenu la paix, il décida de devenir un roi lettré. Les rois de son époque n'avaient que faire de l'alphabet, et de tous les monarques anglo-saxons des IXe, Xe et XIe siècles, Alfred est le seul qui sut jamais lire et écrire. Convaincu que le savoir était la clef d'une vie meilleure pour tous, il s'entoura de savants et travailla avec eux à traduire un grand nombre d'ouvrages du latin à l'anglais. Des exemplaires en étaient envoyés à tous les évêques du pays, pour que ces connaissances puissent se répandre partout, comme cela avait été le cas avant l'effondrement de la civilisation romaine. Les hommes libres de toutes les classes de la société furent encouragés à apprendre à lire. Convaincu qu'il fallait garder trace des événements de son temps et de ceux du passé, Alfred commanda un ouvrage, la *Chronique des Anglo-Saxons,* histoire monumentale du peuple anglo-saxon depuis ses origines jusqu'à son

règne. C'est à juste titre qu'Alfred le Grand a été appelé « le père de la prose anglaise ».

Mais là ne s'arrête pas son action. Vers la fin de sa vie, Alfred dirigea l'édification d'un code fondé sur un principe nouveau : les personnes qui se rendaient coupables de certains délits pouvaient payer leur faute en versant une somme d'argent aux victimes ou à leur famille, plutôt que d'être mutilées ou exécutées, comme c'était la coutume. Alfred fut aussi un inventeur, et la plus remarquable de ses inventions est une sorte d'horloge primitive : des chandelles entaillées d'encoches et réunies par une mèche, disposées de telle sorte que six chandelles couvraient une période de vingt-quatre heures. Cette invention montre combien le roi voulait utiliser aussi productivement que possible sa journée : tant d'heures pour la prière, tant d'heures pour le travail, tant d'heures pour le repos.

Le roi Alfred n'était pas seulement un soldat, un savant et un légiste brillant. Ce fut aussi le libérateur de son pays, un prince qui travailla sans relâche à améliorer la condition de ses sujets. Loin d'être diminuée par le fait qu'un sentiment aigu du péché le rendait physiquement malade, sa grandeur n'en est que plus remarquable. Certains monarques ont surmonté leurs frayeurs intimes par la cruauté envers leurs sujets ; Alfred le Grand, au contraire, conjura ses terreurs sans que personne eût à en souffrir.

Selon Alfred, la société se composait d'hommes qui se battaient, d'hommes qui travaillaient et d'hommes qui priaient. Il parvint à remplir lui-même ces trois rôles. Cette statue nous le montre saisissant un parchemin, symbole du savoir et de la loi.

Alfred le Grand était célèbre pour sa piété. Sur cette illustration de la Vie de saint Cuthbert *de Bède le Vénérable, ce saint du VIIe siècle, mort depuis longtemps, se présente à la cour du roi, en qui ses contemporains voyaient l'homme de Dieu.*

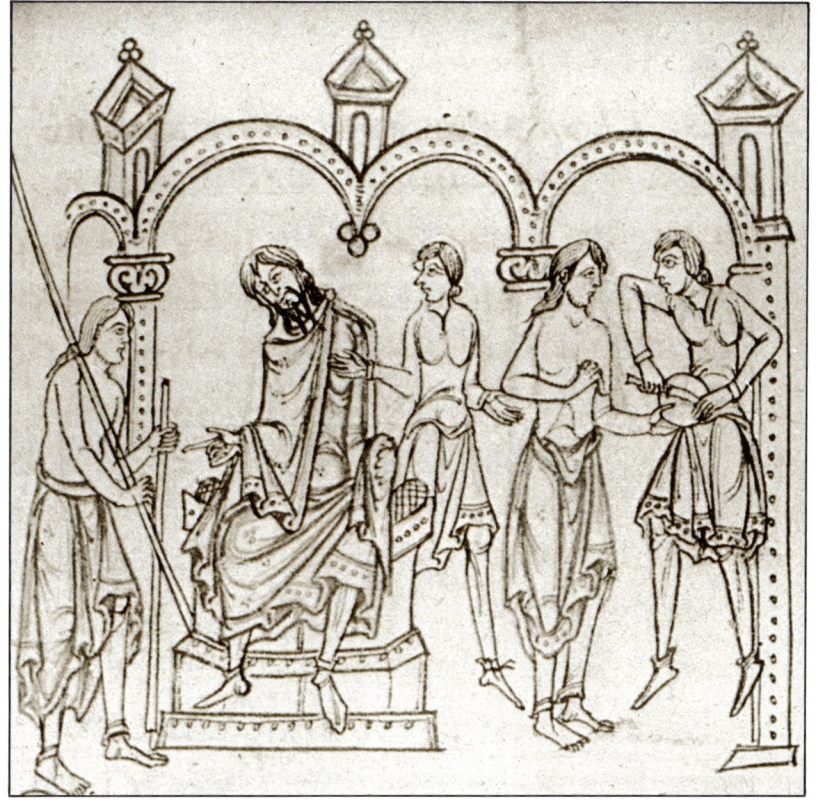

Le savant « fou » du Caire

Le découvreur du principe de la photographie

EN 1971, de grandes fêtes marquèrent l'inauguration du barrage d'Assouan, en Égypte : haut de 114 mètres, long de 3 600, le barrage retenait un lac artificiel de 5 200 kilomètres carrés. Le cours du Nil était enfin assagi et son eau précieuse pouvait servir toute l'année à irriguer les champs. Bien peu de ceux qui assistèrent à l'inauguration savaient pourtant que, mille ans plus tôt, un savant « fou » avait conçu dans son esprit cet extraordinaire exploit. Loin d'être dément, le penseur arabe Ibn al-Haytham, que les Occidentaux appellent Al-Hazen, était un génie visionnaire, le plus grand savant du Moyen Age islamique. Pour l'originalité et l'audace de sa pensée, son nom mérite de figurer à côté de ceux de Kepler, de Léonard de Vinci et d'Isaac Newton.

Al-Hazen, né en Irak en 965, avait, dès l'âge de trente ans, si parfaitement maîtrisé les mathématiques, la philosophie, la physique et la médecine que le calife d'Égypte, Al-Hakim, passionné de science, l'invita à poursuivre ses études au Caire. Peu de temps après, Al-Hazen annonça tout de go que le cours du Nil devrait et pouvait être régularisé au moyen d'un barrage dont le lieu naturel était la gorge d'Assouan. Enthousiasmé, le calife lui confia une troupe d'ingénieurs et d'ouvriers pour entreprendre aussitôt les travaux. Mais une fois sur les lieux, le savant dut cependant reconnaître qu'il serait illusoire de construire un barrage sur le fleuve avec les moyens dont il disposait.

Le cours du Nil n'a été régularisé qu'en 1971, avec la construction du grand barrage d'Assouan. Pourtant, mille ans plus tôt, un savant arabe que l'on croyait fou, Al-Hazen, avait proposé de construire un barrage sur le Nil, précisément en cet endroit.

Malheureusement pour lui, il avait fait naître de vifs espoirs dans l'esprit du calife, lequel avait la fort vilaine habitude d'exécuter ceux qui le décevaient. Sachant cela, Al-Hazen admit son erreur, mais ajouta astucieusement que, n'ayant pas toute sa raison, on pourrait difficilement lui en tenir rigueur. La cruauté envers les fous, considérés comme « marqués » par Dieu, était mal vue par la loi islamique ; et c'est sans doute pourquoi le savant ne fut que simplement jeté en prison. Il resta dans son cachot, où il put poursuivre ses études, jusqu'en 1021, libéré par la mort du calife Al-Hakim.

Al-Hazen vécut alors en copiant des versions arabes des grands traités grecs d'Euclide et de Ptolémée, mais il continua de consacrer l'essentiel de ses efforts à la recherche. Parmi ses découvertes, dont il parle dans sa remarquable *Optique,* il comprit que la vision ne dépend pas de l'émanation de rayons lumineux *de* l'œil *vers* un objet, mais au contraire de rayons émanant en ligne droite de l'objet et qui viennent frapper l'œil de l'observateur. Il fut aussi le premier à expliquer pourquoi un objet paraît d'autant plus petit qu'il est lointain, vérité qui ne s'imposa définitivement qu'au XVIIe siècle. Al-Hazen était en fait tellement en avance sur son temps qu'il est facile de comprendre pourquoi ses contemporains lui croyaient le cerveau quelque peu détraqué.

S'il avait eu des disciples capables de poursuivre ses idées, l'histoire du progrès scientifique aurait pu en être bouleversée. Par exemple, Al-Hazen avait démontré que si un objet est placé devant une chambre noire percée d'un petit trou, une image inversée de l'objet doit apparaître au fond de la chambre — l'un des premiers principes de la photographie. Mais personne ne pensa à mettre cette découverte en pratique et l'appareil photographique ne fut pas une invention du Moyen Age égyptien. Il en va de même des lentilles. L'esprit curieux d'Al-Hazen se plaisait à aborder d'innombrables domaines de la connaissance, mais il s'était fait pour ainsi dire une spécialité de l'étude de l'œil ; dans sa description de la structure de celui-ci, il jeta des fondations qui permirent plus tard l'invention de la lentille. Cette description est si exacte qu'elle fut reprise dans les traités médicaux après 1246, lorsque l'ouvrage qu'il avait rédigé en arabe fut traduit en latin. Le mot « lentille » nous

L'AGE D'OR DE LA SCIENCE MUSULMANE

La vie d'Al-Hazen coïncide avec l'éclosion de la pensée philosophique et scientifique dans le monde musulman. Mahomet était mort en 632. Moins d'un siècle plus tard, ses fidèles s'étaient taillé un empire arabe qui s'étendait de l'Inde à l'Espagne. L'empire bientôt démantelé, cette vaste région resta cependant unie par la religion, l'économie, et même, dans une certaine mesure, par la langue. Samarkand, Bagdad, Le Caire, Tolède, Cordoue et d'autres grandes villes du monde musulman devinrent des centres de savoir en constante relation.

Les Arabes étaient fort éclectiques et prenaient chez les peuples qu'ils assujettissaient — Grecs, juifs, Perses, chrétiens de Syrie — tout ce qui les attirait dans le domaine de la pensée et dans celui des choses matérielles, comme l'architecture. Mais ils étaient surtout fascinés par les philosophes grecs, et dans tout l'Islam, des centaines d'écoles possédaient des traductions d'anciens ouvrages philosophiques et scientifiques que l'on étudiait sans relâche. Alors que les écoles de Cordoue, par exemple, devenaient célèbres, le reste de l'Europe occidentale s'enfonçait dans l'Age des ténèbres. C'est en fait l'Espagne musulmane qui a fait connaître Aristote à l'Europe chrétienne, au XIIᵉ siècle, par l'œuvre d'Averroès, savant et philosophe arabe.

La plupart des musulmans se contentaient de prendre pour argent comptant ce que les Grecs disaient du monde naturel. Outre Al-Hazen, le monde musulman connut alors quelques penseurs remarquablement originaux, par exemple Avicenne (980-1037), dont on dit qu'il écrivit quelque 250 livres, surtout dans les domaines de la physique expérimentale et de la médecine. Ces savants eurent une immense influence sur la pensée européenne, en particulier sur les mathématiques et la chimie. Notre mot « algèbre » vient d'un mot arabe, *al-djebr*, « réduction », qui apparaît dans le titre d'un ouvrage du IXᵉ siècle, tandis que le mot « chimie » vient de l'arabe *kîmiyâ*, l'ancien nom de l'Égypte, où les études de chimie étaient

particulièrement avancées. L'ammoniaque, le borax, l'acide nitrique et l'acide sulfurique sont quelques-uns des nombreux produits chimiques découverts par les savants musulmans. Et c'est aussi par l'intermédiaire des mathématiciens arabes du Moyen Age que nous avons hérité du zéro et du système décimal. Au XIIIᵉ siècle, cependant, le monde musulman, en pleine décadence à la suite de conflits intérieurs, de l'invasion mongole et de la reconquête progressive de l'Espagne par les chrétiens, ne fut plus le creuset propice au développement et à l'étude des sciences et des arts.

Les savants arabes s'intéressaient à des sujets très divers, de la linguistique aux mathématiques, en passant par l'architecture. Les bibliothèques publiques, comme la bibliothèque de Hulwan (ci-dessous), près de Bagdad, renfermaient des milliers de volumes, rangés à plat.

vient d'ailleurs de lui, car Al-Hazen avait constaté que le cristallin de l'œil avait à peu près la forme d'une lentille.

L'aspect le plus original de la pensée de ce savant du Moyen Age est qu'il préférait confirmer la théorie par la démonstration plutôt que de s'en remettre aveuglément à l'autorité des savants de l'Antiquité, comme Archimède ou Aristote. Ses méthodes annonçaient celles de Galilée (qui aurait jeté des poids du haut de la tour de Pise pour démontrer qu'Aristote avait tort de penser que les objets lourds tombent plus vite que les objets légers). Des nombreuses expériences pratiques qu'Al-Hazen mit au point pour vérifier ses théories, les plus intéressantes sont peut-être celles qui portaient sur la réfraction de la lumière. Par exemple, il

plongeait dans l'eau des cylindres de verre pour voir comment la lumière est déviée lorsqu'elle pénètre dans un milieu de densité différente. Il fit aussi diverses expériences pour calculer le pouvoir grossissant des lentilles et construisit même un tour pour les fabriquer.

Dans une culture profondément conservatrice, il fallait à la fois du courage et de l'imagination pour faire de telles expériences, car les chefs religieux et politiques voyaient d'un fort mauvais œil ces « dangereuses » nouvelles idées, si bien que la méthode scientifique d'Al-Hazen demeura encore, pour la plupart des gens, une sorte de démence, pendant six siècles après sa mort, qui survint en 1039.

Des lignes dans le désert

Le mystère des Nazcas

PARTOUT dans le monde, l'homme a laissé des œuvres dont la raison d'être est entourée d'un épais mystère. C'est le cas d'une étonnante découverte faite dans le désert de Nazca, un plateau aride du sud du Pérou. Cette région était autrefois habitée par les Nazcas, qui furent absorbés dans l'Empire inca au XVe siècle. Les vestiges d'un temple contenant six pyramides, au bord de la rivière Nazca, attestaient l'existence antérieure d'une grande civilisation. Mais ces indices étaient rares.

En 1926, une équipe de chercheurs menée par Julio Tello, pionnier de l'archéologie péruvienne, arriva sur les lieux. Sans le savoir, elle se tenait exactement sur ce qui était peut-être la plus grande réalisation du peuple nazca, et aussi la plus étrange. Un jour, deux membres de l'équipe escaladèrent une colline. Du sommet, ils pouvaient voir de longues lignes, invisibles au niveau du sol, qui sillonnaient le désert. Intrigués, les chercheurs découvrirent

qu'on avait tracé ces lignes en enlevant les pierres de la surface pour mettre à nu le sol jaune pâle. Avec le temps, la terre avait foncé, pour prendre une teinte brun-pourpre, semblable à celle du reste du désert, ce qui expliquait pourquoi les lignes n'étaient visibles que d'en haut.

Une première théorie, qui voulait que les lignes des Nazcas aient été d'anciennes routes, fut bientôt rejetée lorsque des pilotes d'avion qui traversèrent le désert autour de 1930 découvrirent un énorme réseau de traces complexes. En plus des lignes, ils pouvaient voir du haut des airs d'immenses rectangles et d'autres formes géométriques, de remarquables dessins d'animaux, notamment un singe, une araignée, un colibri et même une baleine, ainsi que des fleurs, des mains et des spirales, dont les dimensions allaient de quelques mètres à près de 200 mètres de long. Il était clair que ces lignes n'étaient pas simplement des routes.

Sur cette photographie de la plaine de Nazca, prise à 1 500 m d'altitude, on voit les sentiers qu'empruntent de nos jours les villageois, et aussi des lignes droites presque parfaites qui partent de l'église du village et rejoignent des sanctuaires perchés sur des collines, l'un d'eux à 9 km de distance.

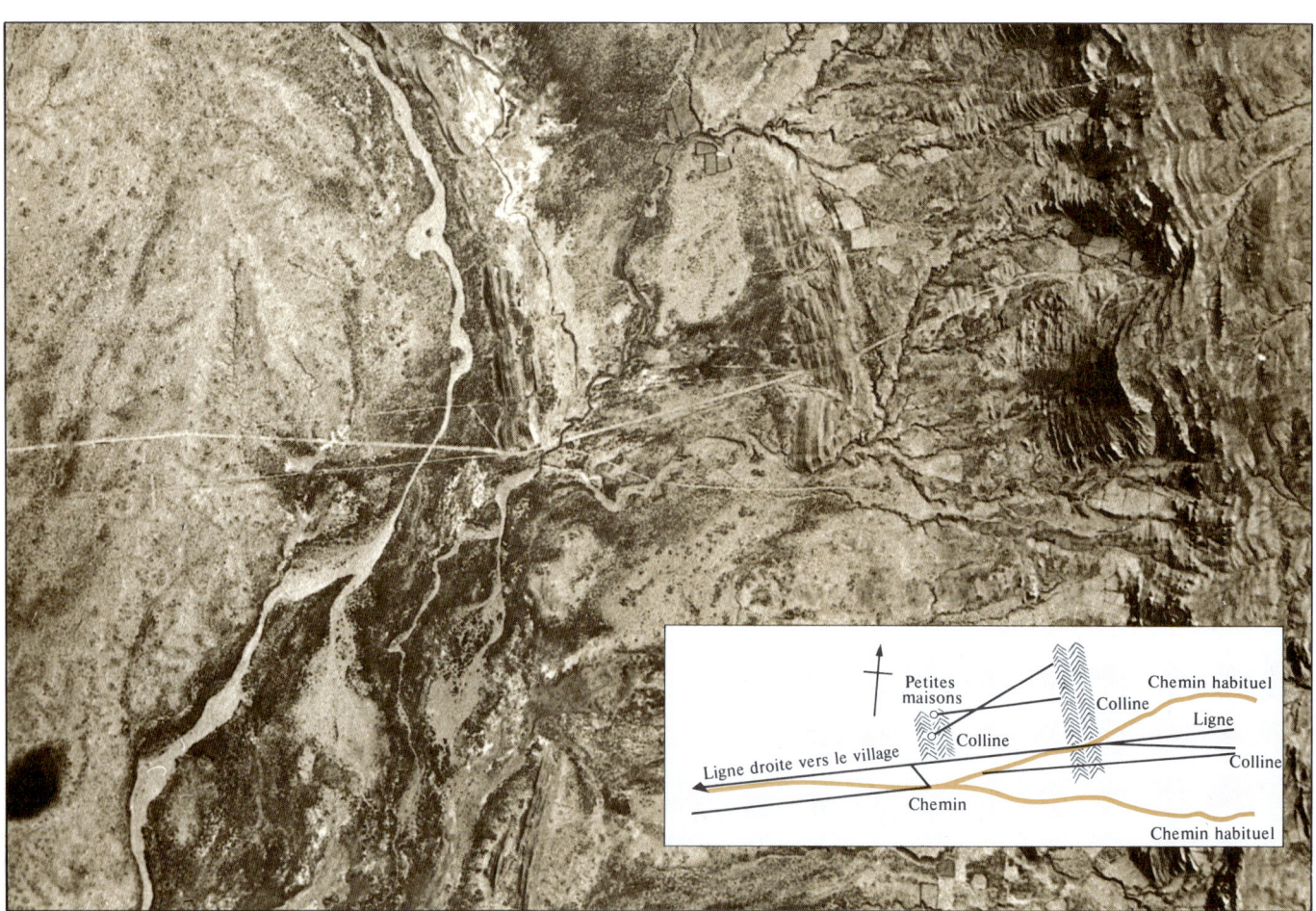

Alors que certaines lignes s'étendaient sur des kilomètres de longueur, elles étaient parfaitement droites, malgré les accidents de terrain. Certaines coupaient même des collines en ligne droite. Pourquoi les Nazcas avaient-ils laissé ces traces dans le désert ? Le réseau de lignes ne pouvait être une création artistique, puisque les Nazcas n'avaient aucun moyen de les regarder d'en haut. D'autre part, pour impressionnantes qu'elles paraissent sur les photographies aériennes, ces lignes ne constituent pas un exploit scientifique ou technique : il aurait suffi de trois semaines pour que mille Indiens dégagent les pierres. Quant à la perfection du tracé, ils l'obtinrent probablement en alignant des poteaux et en tendant des cordes entre eux.

Ce qui intriguait les savants n'était donc pas tant le côté technique de ces lignes que leur raison d'être. En 1941, l'archéologue américain Paul Kosok entreprit une étude détaillée de la région. Après de multiples levés topographiques, il conclut que les lignes servaient à faire des observations astronomiques. Sa théorie inspira une mathématicienne allemande, Maria Reiche. Comme Kosok, elle croyait que les lignes indiquaient la direction du Soleil ou d'étoiles importantes, permettant ainsi aux Nazcas de calculer des dates. Quant aux animaux et aux autres figures, peut-être représentaient-ils des constellations.

Maria Reiche découvrit un grand nombre d'alignements possibles entre les marques et le Soleil ou les étoiles, mais elle n'avait aucune preuve formelle pour étayer sa théorie. En 1968, Gerald Hawkins, astronome de Washington, s'intéressa aux lignes des Nazcas après avoir découvert des alignements astronomiques semblables à Stenehenge, le fameux temple néolithique du sud de l'Angleterre. Hawkins disposait d'un outil puissant pour percer les secrets des Nazcas : un ordinateur qu'il utilisa pour découvrir si chaque ligne avait correspondu à la direction du Soleil, de la Lune ou d'une étoile importante au cours des 7 000 dernières années. Les résultats révélèrent quelques alignements étonnants. Par exemple, un motif qu'on appelle le Grand Rectangle pointait dans la direction des Pléiades en l'an 610 de notre ère. La date coïncide presque avec la datation au carbone 14 d'un poteau de bois découvert non loin de là. On pouvait donc affirmer que les traces remontaient à plusieurs siècles. Mais l'ordinateur ne parvint pas à percer le mystère, car il s'avéra que le nombre des alignements confirmés ne dépassait pas celui qui aurait résulté du simple hasard.

En 1977, un cinéaste anglais, Tony Morrison, entre en scène. Fasciné par l'énigme,

Photo d'une église bolivienne devant laquelle s'élevaient un certain nombre de sanctuaires, comme celui que l'on voit au premier plan. Les Indiens devaient faire des offrandes et des sacrifices à tous les sanctuaires qui jalonnaient les lignes qu'ils parcouraient.

Morrison était convaincu que la réponse résidait dans la connaissance des coutumes et de la religion du peuple nazca. Ce peuple s'était éteint depuis longtemps, mais d'autres sites possédant des marques semblables existaient ailleurs dans les Andes. Et il espérait que les Indiens qui vivaient dans ces régions pourraient lui fournir des indications utiles.

En fait, l'enquête de Morrison avait été inspirée par Mejía Xesspe, qui avait découvert les lignes en 1926. Xesspe dit un jour à Morrison qu'il pensait que ces lignes étaient des *ceques,* mot indien qui désigne des sentiers tracés à des fins religieuses. Xesspe avait avancé cette thèse dès 1939, mais sans pouvoir la démontrer. Par chance, Morrison découvrit dans une chronique espagnole datant de 1653 que les Indiens de la capitale inca, Cuzco, vénéraient des sanctuaires placés sur des lignes rayonnant du temple du Soleil. Or les lignes du désert de Nazca reliaient des tas de pierres. Était-il possible que ces monticules fussent des sanctuaires reliés entre eux par des sentiers sacrés, tracés en ligne droite ?

Morrison visita alors Cuzco, mais il ne parvint pas à retrouver les vestiges de tels sentiers, car tout avait été effacé par le temps. Sans perdre courage, il poursuivit son enquête en Bolivie, où il découvrit, en juin 1977, dans une région reculée, un ensemble parfait de lignes, tracées non pas dans un désert rocailleux mais sur un terrain couvert de broussailles. Les lignes révélaient la même précision, au mépris de tous les obstacles, que celles des Nazcas. Et elles reliaient effectivement des sanctuaires faits de tas de pierres.

Les Indiens Aymaras y faisaient leurs prières, convaincus qu'ils étaient habités par les esprits de leurs ancêtres ou par les dieux. Pour s'attacher leurs bonnes grâces, ils leur faisaient de petits sacrifices ou des offrandes de feuilles de coca. Morrison constata que plusieurs lignes reliant des sanctuaires convergeaient vers une église. Les Indiens s'y rendaient en suivant les lignes et en s'arrêtant respectueusement aux sanctuaires qu'ils rencontraient en cours de route. A leurs yeux, s'écarter des pistes était s'aventurer dans le domaine des esprits malins. Les Aymaras pensaient aussi que plus un sanctuaire se trouvait haut, plus puissants étaient ses esprits, ce qui explique pourquoi les pistes escaladaient tout droit des pen-

tes abruptes des montagnes autour de Nazca.

Dans son livre, *Pathways to the Gods,* Morrison décrit avec verve ses aventures et sa conviction que les mystérieuses lignes sont des sentiers sacrés. Selon lui, les dessins nazcas étaient probablement des représentations de dieux et d'esprits animaux, alors que les grandes aires dégagées servaient probablement à des réunions religieuses. L'âge des lignes nazcas est incertain, faute d'indices suffisamment nombreux. Tout ce qu'on peut dire est qu'elles furent sans doute tracées durant le Ier millénaire de notre ère.

L'énigme des lignes nazcas n'est pas totalement résolue et les conclusions de Morrison doivent encore être confirmées, car certaines lignes correspondent en fait à des alignements astronomiques, que ce soit volontairement ou par accident. L'étude de ces étranges lignes tracées dans le désert nous donnera-t-elle un jour les réponses sur l'histoire et la vie d'un peuple encore presque totalement inconnu ?

Le mystère de Murasaki

L'œuvre d'une aimable dame de compagnie

Le palais du Phœnix, à Uji, fut ainsi nommé par les Japonais parce qu'ils lui trouvaient l'allure d'un oiseau en vol. C'est peut-être dans ce petit palais que Murasaki Shikubu accompagna l'impératrice Akiko à la mort de l'empereur, et c'est peut-être là qu'elle écrivit une partie du Roman de Genji.

IL y a près de mille ans, au Japon, une dame tranquille et réservée trempa son pinceau dans l'encre et commença à écrire : « Il était une fois, à la cour d'un empereur… » Ainsi commence le *Genji monogatari (le Roman de Genji),* l'un des premiers et l'un des plus grands ouvrages en prose du Japon. Cet énorme roman-fleuve, extrêmement volumineux, deux fois plus long que *Guerre et Paix,* couvre trois quarts de siècle et fait revivre quatre générations. On y reconnaît

430 personnages nommés, sans compter des centaines d'autres qui restent anonymes.

Bien que ce livre soit un classique de la littérature japonaise, nous ne savons presque rien de son auteur, pas même son nom véritable. On l'appelle Murasaki Shikubu, mais le premier de ces noms est simplement celui d'un personnage du roman ; quant au deuxième, c'est le titre officiel du poste qu'occupait son père. Une raison importante qui explique cet anonymat, est que la romancière était dame de

LA GENÈSE DU *ROMAN DE GENJI*

Il est probable que Murasaki commença à écrire le *Roman de Genji* peu de temps après la mort de son mari afin de s'occuper, et qu'elle poursuivit son ouvrage alors qu'elle était dame de compagnie de l'impératrice Akiko. Mais les légendes entourent toujours les grandes figures de la littérature. C'est ainsi que le *Roman de Genji* aurait une origine plus dramatique que celle, trop simple, d'une veuve qui cherchait à occuper sa solitude. L'impératrice, accablée par l'ennui, aurait ordonné à Murasaki de lui écrire quelque chose de nouveau et d'intéressant pour occuper ses trop longs loisirs de souveraine. Ne trouvant pas l'inspiration, la jeune femme, qui n'avait alors jamais écrit, se rendit dans un temple pour prier les dieux de l'éclairer. Ses prières furent si bien exaucées que, frappée par l'inspiration, elle ne put attendre, s'empara des rouleaux sacrés et commença à y écrire son œuvre. Naturellement, c'était un sacrilège. Comme pénitence, elle fit plus tard de splendides copies des parchemins pour remplacer ceux qu'elle avait couverts de son écriture.

Cette peinture sur soie du XIXᵉ siècle représente Murasaki Shikubu en train de rédiger son chef-d'œuvre, le Roman de Genji.

compagnie à la cour de l'impératrice Akiko, au XIᵉ siècle, à une époque où les noms des dames de l'aristocratie n'étaient pas mentionnés en public. Pourtant, bien que son nom et la plupart des faits entourant sa vie demeurent un mystère, les savants sont parvenus au cours des siècles à se faire une idée assez vraisemblable de sa vie, en partie grâce à un journal qu'elle tint pendant quelques années.

Murasaki naquit d'une branche mineure de la famille des Fujiwara, suprêmement puissante, dont les membres dominaient la cour impériale, et qui régna pratiquement sur le Japon de 866 à 1160, véritables empereurs auxquels il ne manquait que le titre. Bien que son père ne fût qu'un gouverneur de province, ses relations se situaient parmi la haute société. Alors que son frère recevait une formation complète en histoire et en littérature chinoises — alors considérées comme essentielles pour une carrière de fonctionnaire —, Murasaki fut autorisée à étudier avec lui (un privilège rare pour les Japonaises). Vers l'an 1000, elle se maria à un officier de la garde impériale, dont elle eut au moins une fille avant qu'il meure, à peine un an ou deux après leur mariage. Jeune veuve, Murasaki vivait paisiblement chez elle, et c'est sans doute à cette époque qu'elle commença à écrire le *Genji*. En 1005 ou 1006, grâce aux relations de son père, elle fut nommée dame de compagnie de la jeune impéra-

trice Akiko, âgée de dix-neuf ans, épouse de l'empereur Ichijo. A la mort d'Ichijo, en 1011, Akiko et sa suite se retirèrent dans un petit palais, mais personne ne sait si Murasaki y accompagna l'impératrice, car son journal, certainement écrit alors qu'elle était à la cour, ne porte que sur les années 1007 à 1010.

Pour de nombreux Occidentaux, l'aspect le plus étonnant du *Roman de Genji* n'est pas que nous sachions si peu de son auteur, mais bien qu'il se soit agi d'une femme. En effet, comment une femme put-elle écrire l'un des premiers romans japonais, l'un des plus beaux aussi, à une époque où peu de femmes, même dans l'aristocratie, étaient considérées comme capables de lire de la grande littérature, encore moins d'en écrire. Mais cette énigme apparente est plus facile à résoudre que les autres, car au Japon, à cette époque, les hommes lisaient et écrivaient en chinois, la langue classique. Le fait que le japonais ait été réservé aux affaires de tous les jours et aux femmes, avait pour conséquence que l'écriture japonaise était surtout utilisée par les femmes. La propre fille de Murasaki devint elle-même un écrivain à peine moins célèbre que sa mère, et sa contemporaine Sei Shonagon est l'auteur d'une courte collection de textes appelée *Makuro no soshi (Notes de chevet)*.

Ce qui distingue le *Genji* des autres romans est son ampleur et son souffle. Essentiellement l'histoire d'un jeune prince — ses amours, ses voyages, les efforts qu'il fait pour s'éduquer —, ce roman est le miroir fidèle de la vie de la cour que connaissait Murasaki. Cette cour était un nid d'intrigues, car l'empereur ne s'occupant guère que de cérémonies, les affaires du pays étaient aux mains des Fujiwara. La cour passait son temps à cancaner sur les uns et les autres. Murasaki savait écouter et encore mieux raconter. Dans un des rares passages où elle nous éclaire sur elle-même, elle écrit dans son journal que les gens la trouvaient timide, renfermée, suffisante et vaniteuse, alors qu'elle n'était que toute douceur. Elle semble avoir aussi été fort vertueuse, à la différence d'un grand nombre des autres femmes de la cour.

L'importance d'un tel roman a attiré l'attention d'une foule de savants et de critiques et plus de 10 000 ouvrages ont été écrits à son sujet, depuis de grands commentaires jusqu'à des dictionnaires de correspondances. Souvent les livres d'une école sont entièrement consacrés à démolir les conclusions des groupes rivaux. Certains spécialistes ont également cherché à prouver que l'auteur du *Roman de Genji* n'était pas réellement Murasaki. Comme on ne connaît aucun autre écrivain de cette période dont les œuvres soient comparables à la sienne, l'oubli est le sort qui attend sans doute le nom et l'œuvre de ces critiques.

La tapisserie de Bayeux
Propagande et B.D.

Aucune caméra n'était là pour filmer ce qui fut probablement l'événement le plus mémorable de l'histoire anglaise, l'invasion et la conquête du pays par Guillaume, duc de Normandie, en l'an 1066. Mais au lieu d'un film, une broderie postérieure de quelques années aux faits qui l'inspirèrent nous décrit avec force couleurs et détails cette extraordinaire page d'histoire.

La tapisserie de Bayeux, aussi appelée tapisserie de la Reine Mathilde, longue de 70 mètres, relate en 72 épisodes les événements qui marquèrent les années 1064 à 1066, et plus particulièrement la lutte qui opposa pour le trône anglais Harold d'Angleterre à son rival Guillaume de Normandie. Dans ce qu'on a appelé un « drame féodal », où serments et trahisons, banquets et massacres se succèdent,

Selon la légende, dont une scène de la tapisserie de Bayeux se fait l'écho (ci-dessus), une étoile de mauvais augure apparut au-dessus de Londres durant les semaines qui précédèrent l'invasion de l'Angleterre par les Normands. *Les astronomes ont établi depuis que ce bon ou mauvais présage s'est effectivement produit, sous la forme de la comète de Halley.*

La tapisserie de Bayeux nous livre un précieux témoignage sur la vie quotidienne de l'époque, car les documents écrits qui subsistent de cette période sont très rares. Sur ce fragment de la tapisserie, des serviteurs préparent un banquet pour le duc Guillaume de Normandie.

la tapisserie représente le serment d'allégeance qu'Harold aurait prêté à Guillaume, son couronnement, puis l'invasion normande et finalement la bataille d'Hastings (1066), qui vit la victoire de Guillaume le Conquérant.

A Bayeux, ancienne ville de marché proche de Caen, où la tapisserie vieille de neuf cents ans est conservée dans un musée, la tradition attribue cette œuvre à Mathilde, femme de Guillaume le Conquérant. La plupart des historiens pensent cependant que l'œuvre fut réalisée, sans doute sous la direction d'un artiste de talent, sur les ordres d'Odon, évêque de Bayeux et demi-frère de Guillaume.

Odon était un homme ambitieux qui joua un rôle important dans l'invasion de l'Angleterre. Après la conquête, il devint duc de Kent et partagea avec deux autres barons la tâche de gouverner le pays lorsque Guillaume n'était pas en Angleterre. La tapisserie, commandée peu après 1066, vit sans doute le jour en Angleterre, pays qui était alors renommé pour ses travaux d'aiguille. Elle est probablement l'œuvre de brodeuses de la ville de Canterbury, capitale du comté d'Odon et centre d'une florissante école de dessin. Cette théorie paraît confirmée par l'orthographe de certains noms, conforme à l'usage anglo-saxon plutôt qu'à la graphie usitée en France. Odon avait sans aucun doute des raisons pour commander cette tapisserie, la principale étant peut-être de chanter ses propres louanges, puisqu'il

occupe une place prédominante dans les derniers tableaux de l'histoire. Jusqu'à une date récente, on pensait que la tapisserie était destinée à décorer sa nouvelle cathédrale de Bayeux, consacrée en 1077. Mais cette théorie a été contestée en 1966, car la première mention de la présence de la tapisserie dans la cathédrale ne date que de 1476.

Par ailleurs, rien dans la tapisserie n'évoque une origine ecclésiastique. En effet, tout y chante la guerre et la conquête, ce qui ne paraît guère approprié pour une œuvre destinée à orner un lieu de culte. On croit donc aujourd'hui que les origines de la tapisserie sont tout à fait séculières et qu'elle fut commandée pour décorer le palais de l'évêque Odon, sorte d'œuvre de propagande qui justifiait l'invasion normande de l'Angleterre. Bien sûr, la tapisserie représente des faits historiques, mais les thèmes qu'elle traite, particulièrement la trahison dont Harold se serait rendu coupable envers Guillaume après lui avoir promis son allégeance, penchent fortement en faveur de la cause normande.

Propagande ou pas, la tapisserie de Bayeux demeure un document remarquable. L'exactitude des faits qu'elle relate est peut-être contestable, mais la richesse et la couleur de ses scènes en font à tout le moins une extraordinaire œuvre d'art, la seule image que nous possédions de la dernière invasion de l'Angleterre.

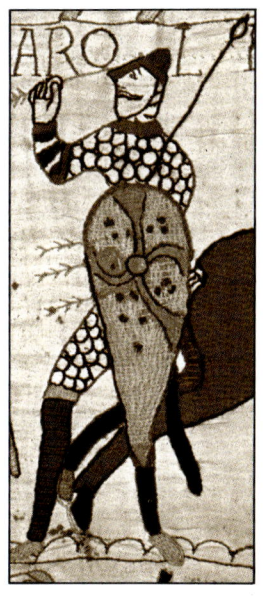

Selon la tradition, le roi Harold, qui fut tué à la bataille d'Hastings, eut l'œil crevé par une flèche qui s'enfonça profondément dans sa tête. Certains historiens pensent aujourd'hui que le soldat blessé d'une flèche que nous montre la tapisserie de Bayeux n'est pas Harold. Celui-ci serait représenté sur un autre tableau, frappé d'un coup d'épée.

HISTOIRE DE LA TAPISSERIE DE BAYEUX

En dépit de son nom, la tapisserie de Bayeux est une broderie et, quoi qu'en dise la légende, ce n'est pas non plus la tapisserie de la Reine Mathilde.

Elle se compose de huit bandes de toile de longueurs différentes, cousues ensemble en une pièce de plus de 70 mètres de long sur 50 centimètres de large. Les dessins sont brodés en laine de huit couleurs différentes : rouge, deux teintes de bleu, trois verts et deux jaunes. En haut et en bas des tableaux principaux, d'étroites lisières représentent des animaux, des fables et des scènes de la vie quotidienne. En tout, la « tapisserie » représente plus de 600 figures humaines et 700 animaux. Cette extraordinaire richesse de détails est une source exceptionnelle de renseignements sur la vie quotidienne de cette époque.

Les brodeuses ont sans doute commencé par tracer une esquisse sur la toile, qu'elles montèrent ensuite sur des châssis afin de garder les deux mains libres. Il est probable qu'elles étaient plusieurs à travailler en équipe, car, malgré ses dimensions et la complexité de ses motifs, la tapisserie a probablement été achevée en moins de deux ans. La simplicité des matériaux utilisés

— de la laine et de la toile, au lieu de fils d'or et de soie — a probablement contribué à sa survie. La tapisserie de Bayeux est en effet l'une des rares broderies médiévales qui ait survécu jusqu'à nous.

La tapisserie était présentée dans la cathédrale de Bayeux une semaine par an, à la fête des Reliques. Le reste de l'année, elle était conservée dans le trésor de la cathédrale, ce qui l'a certainement protégée des assauts du temps.

Pourtant, elle faillit bien disparaître en 1792, durant la Révolution, lorsque des sans-culottes s'en emparèrent et décidèrent de l'utiliser pour recouvrir des fourgons militaires. Elle fut sauvée par un administrateur de la région. Deux ans plus tard, elle fut à nouveau en péril lorsqu'on décida de l'utiliser pour décorer un char au cours d'une fête publique. Fort heureusement, la même année, la tapisserie était classée trésor national et recevait enfin la protection qu'elle méritait. Par la suite, particulièrement en temps de guerre, la tapisserie voyagea plusieurs fois, mais elle revint finalement en 1945 à Bayeux.

Un recensement au Moyen Age

L'Angleterre pour un million de francs !

LES archives de la Cité de Londres renferment l'un des ouvrages les plus étranges de toute l'histoire : deux volumes manuscrits vieux de neuf cents ans, rédigés en latin, qui font un recensement de presque tout le royaume d'Angleterre : un décompte de la population et de la valeur des propriétés qui n'a son équivalent dans aucun autre pays jusqu'à l'époque des premiers recensements et cadastres modernes. Cet ouvrage allait être appelé par les Anglais des XIe et XIIe siècles le Domesday Book, le *Livre du Jugement dernier,* à cause de la minutie rigoureuse de l'enquête.

En 1066, Guillaume, duc de Normandie, conquit l'Angleterre par la force des armes en défaisant, à Hastings, les armées du roi anglo-saxon Harold, qui trouve la mort lors de cette bataille. Par la suite, Guillaume le Conquérant réorganisa son nouveau royaume et récompensa ses barons et chevaliers normands et français en leur donnant des terres. En 1085, cette réorganisation était pratiquement terminée dans la moitié sud du royaume. Les prétentions du Conquérant s'étendaient à toutes les terres du pays, et à quelques exceptions près, tous les grands propriétaires terriens furent dépossédés au profit de ses compagnons d'armes. Guillaume en garda un sixième pour lui-même et sa famille, et en attribua un quart à l'Église ; la majeure partie du reste alla à 170 nobles normands. La *Chronique anglo-saxonne,* histoire de l'Angleterre rédigée par des moines au cours d'une période de près de trois siècles, parle abondamment du règne de Guillaume, et si elle critique le roi pour sa sévérité, elle le loue aussi pour son esprit de justice.

En échange de leurs immenses domaines, les grands vassaux devaient mettre à la disposition du roi des chevaliers armés, verser certains droits et assister aux conseils que le roi convoquait. Les 170 grands vassaux louaient une partie de leurs terres à des arrière-vassaux, qui, à leur tour, pouvaient louer une partie de leurs biens, et ainsi de suite, dans une sorte de structure en pyramide, caractéristique du système féodal.

En 1085, Guillaume jugea le moment venu de faire ses comptes. Il passa le temps de Noël à Gloucester, dans l'ouest de l'Angleterre, où selon une ancienne chronique il eut « paroles très profondes avec son *Witan* [son conseil] au sujet de cette terre et de comment elle était peuplée et de quelle sorte d'hommes ». Après quoi, le roi décida de faire un recensement de tout le pays. Pour le mener à bien, les comtés d'Angleterre furent groupés en sept grandes régions ; dans chacune d'elles, les commissaires du roi avaient pour mission de visiter chaque comté et de demander aux habitants de répondre sous serment à certaines questions, afin de déterminer qui était le propriétaire et quelle était la valeur de tous les biens de chaque seigneurie et de chaque village à l'époque du recensement et vingt ans plus tôt, en 1066, juste avant la conquête normande.

Les commissaires tenaient audience dans tous les endroits qu'ils visitaient. Non seule-

---

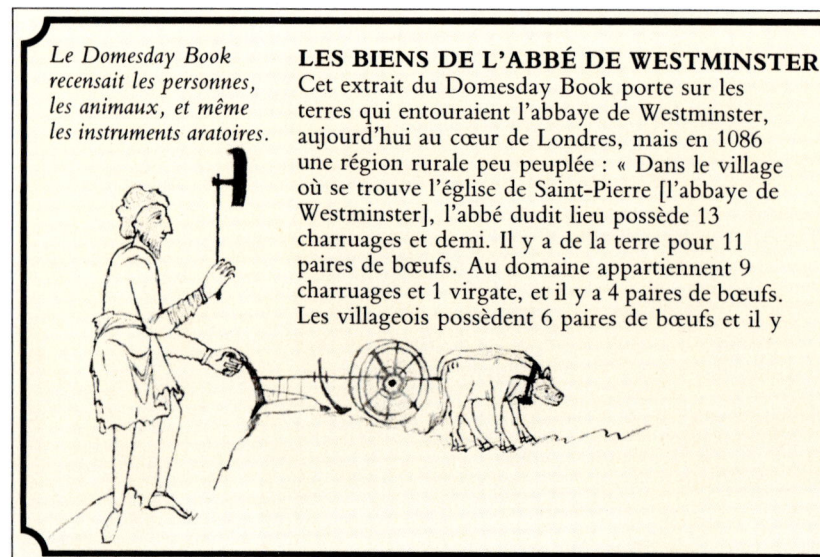

Le Domesday Book recensait les personnes, les animaux, et même les instruments aratoires.

LES BIENS DE L'ABBÉ DE WESTMINSTER

Cet extrait du Domesday Book porte sur les terres qui entouraient l'abbaye de Westminster, aujourd'hui au cœur de Londres, mais en 1086 une région rurale peu peuplée : « Dans le village où se trouve l'église de Saint-Pierre [l'abbaye de Westminster], l'abbé dudit lieu possède 13 charruages et demi. Il y a de la terre pour 11 paires de bœufs. Au domaine appartiennent 9 charruages et 1 virgate, et il y a 4 paires de bœufs. Les villageois possèdent 6 paires de bœufs et il y

aurait de la terre pour une de plus. Il y a 9 villageois qui possèdent une *virgate* chacun, 1 villageois avec un charruage, 9 villageois avec une demi-virgate chacun, 1 manant avec 5 acres et 41 manants qui paient chacun 1 shilling l'an pour leur jardin. Il y a 25 maisons pour les soldats de l'abbé et ses autres hommes, qui produisent 8 shillings par an. Valeur totale : 10 livres en tout ; même chose lorsqu'il reçut le domaine ; à l'époque du roi Édouard, 12 livres. »

Le « domaine » était la terre que possédait directement le seigneur, sans la louer ; un « charruage » équivalait à environ 48 hectares ; une « virgate » à environ 12 hectares ; et il y avait 20 shillings dans 1 livre sterling. La valeur de la propriété avait baissé de 2 livres entre 1066 et la date où le nouveau propriétaire en avait pris possession.

---

ment ils interrogeaient le grand vassal (le plus souvent un Normand), mais aussi le shérif (premier magistrat du comté) et, dans chaque localité, le prêtre, le bailli et six *villani* (petits propriétaires terriens). Les questions étaient très précises : Qui était propriétaire de la seigneurie ? Qui l'était vingt ans plus tôt, en 1066 ? Quelle était sa valeur à cette époque et à l'époque où elle passa aux mains de son nouveau propriétaire ? Quelle était sa valeur aujourd'hui (1086) ? Combien de personnes y vivaient et à quel groupe social appartenaient-elles ? Quelle était l'étendue des bois et des prés, quel était le nombre des moulins, des étangs et des animaux dans les limites du domaine ? Selon un moine de l'époque, « de si près il [Guillaume] fit faire le recensement que pas un seul charruage ou quart d'arpent de terre, pas un seul bœuf, vache ou porc (il y a honte à le dire, mais il n'eut pas honte à le faire) ne manqua sur l'exploit ».

Bien que cet inventaire ne touchât pas quatre comtés de l'extrême nord de l'Angleterre (Northumberland, Cumberland, Durham et Westmorland), ni quelques villes comme Winchester et Londres, il donnait à Guillaume et à ses successeurs immédiats une idée fort précise de la richesse de leur pays, et donc des revenus qu'ils pouvaient en tirer en levant des impôts. Selon les calculs des historiens modernes, la valeur de toutes les seigneuries et des villages atteignait entre 1 million et 1 million et demi de nos francs actuels.

Les faits et les chiffres du Domesday Book nous livrent de précieux renseignements sur l'état de l'Angleterre il y a neuf cents ans. Par exemple, le grand comté du Yorkshire, qui s'était rebellé avec les populations des comtés du Nord contre les Normands en 1070, et dont la révolte avait été réprimée très sévèrement par Guillaume, en brûlant maisons et villes entières, ne valait encore presque rien dix-sept ans plus tard. Pour de nombreuses localités de ce comté, les livres du roi n'ont qu'une simple mention : « ravagées ». Rien d'étonnant à ce que le Yorkshire tout entier et le comté voisin du Lancashire n'aient valu qu'environ 18 000 de nos francs. Au contraire, la valeur de trois comtés de l'Est, pourtant beaucoup plus petits (Essex, Norfolk et Suffolk), était plus de dix fois plus élevée.

En comparant la valeur des différents domaines avant la conquête et immédiatement après, lorsqu'ils passèrent aux mains des Normands, on a pu retracer la route que suivit l'armée de Guillaume entre le champ de bataille d'Hastings et Londres. Sur cette route, quelque 217 domaines relativement petits, situés à intervalles d'environ 40 kilomètres, paraissent avoir perdu jusqu'à 20 % de leur valeur, et cela à cause des incursions des troupes de Guillaume en quête de vivres, se transformant parfois en vandalisme. Fait remarquable, les savants modernes n'ont constaté que très peu d'erreurs dans le Domesday Book, témoignage de la compétence des commissaires du roi et de leurs enquêteurs. Et ce document est certainement l'une des sources les plus riches auxquelles les historiens ont pu puiser pour éclaircir le passé.

Guillaume le Conquérant, fondateur de la dynastie normande d'Angleterre, était aussi brillant administrateur que bon militaire. L'introduction du féodalisme en Angleterre fut peut-être ce qu'il faut attribuer de plus marquant à ce monarque à la poigne de fer.

Le Domesday Book, sur le coffre dans lequel il était conservé. L'ouvrage se compose de deux volumes : l'un pour les comtés d'Essex, de Suffolk et de Norfolk, les plus prospères de l'époque ; l'autre pour le reste de l'Angleterre, à l'exception des comtés les plus septentrionaux.

Les indomptables « tafurs »

Les « démons vivants » des Turcs

PENDANT tout l'hiver 1097-1098, la garnison turque d'Antioche, bien à l'abri derrière les murs de la ville, vit peu à peu mourir de faim les croisés qui l'assiégeaient. Les Turcs ne manquaient pas de vivres, alors que les croisés, loin de tout secours, perdus dans un pays désolé, se trouvaient dans une situation désespérée. Pour eux, il fallait absolument prendre Antioche, porte de la Syrie. Mais la famine semblait vouloir les en empêcher. Certains chevaliers et barons chevauchaient au loin pour trouver quelque chose à manger ; d'autres se nourrissaient de leurs chevaux, eux aussi affamés ; leurs valets payaient le prix fort pour des chiens ou des rats, ou mouraient tout simplement de faim.

Pourtant, un jour, les Turcs n'en crurent pas leurs yeux. Les plus déguenillés de leurs assiégeants faisaient rôtir de grosses pièces de viande et les dévoraient à belles dents. Leur étonnement se transforma vite en horreur. Cette chair était celle des cadavres de leurs propres compagnons, tués quelques jours plus tôt au cours d'une escarmouche. Et lorsque

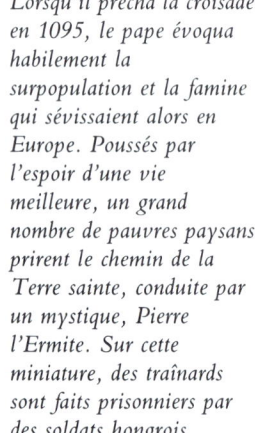

Lorsqu'il prêcha la croisade en 1095, le pape évoqua habilement la surpopulation et la famine qui sévissaient alors en Europe. Poussés par l'espoir d'une vie meilleure, un grand nombre de pauvres paysans prirent le chemin de la Terre sainte, conduite par un mystique, Pierre l'Ermite. Sur cette miniature, des traînards sont faits prisonniers par des soldats hongrois.

cette provision de viande fut épuisée, la populace toujours affamée commença à fouiller un cimetière voisin pour déterrer les corps fraîchement enterrés. Épouvanté, l'émir musulman envoya des émissaires aux chefs de la croisade pour protester. Mais les croisés répondirent qu'ils ne pouvaient rien faire pour mettre un terme à cette horreur. Les nobles croisés durent admettre qu'à eux tous ils ne sauraient avoir raison des « tafurs ».

Les « tafurs » n'étaient pas une étrange peuplade de cannibales. Ce mot d'ancien français, probablement d'origine flamande, voulait dire quelque chose comme « fripon, truand », en un mot : la canaille. Et les chevaliers de la première croisade l'utilisèrent pour désigner la foule des vagabonds qui les accompagnèrent sur le chemin de Jérusalem.

Pieds nus, sales, vêtus de toile à sac, couverts de plaies, trop pauvres pour se payer des épées ou des lances, ils se lançaient dans la mêlée avec des bâtons pointus, des gourdins, et même des pelles. Mais si leurs armes étaient modestes, leur férocité était sans égale. Lorsqu'ils chargeaient contre l'ennemi en hurlant, ce qu'ils voulaient, c'était voir couler du sang, et non faire des prisonniers pour les échanger contre une rançon. Pour les Turcs, les croisés étaient tous des « Francs », car la plupart de ceux qui participèrent à la première croisade venaient de France ou de Belgique ; mais les tafurs, disaient-ils, n'étaient pas des Francs, mais des « démons vivants ».

Les tafurs ne cherchaient pas à libérer Jérusalem, mais à sortir de leur misérable condition. Les années qui précédèrent la première croisade avaient été marquées par la sécheresse, la peste et la famine. Pour les paysans d'Europe, la vie était devenue intolérable. Et, c'est pourquoi, lorsque la première croisade fut proclamée en 1095, alors que les prédicateurs, évoquant Jérusalem, parlaient de cité céleste « débordante de lait et de miel », des milliers de paysans, mal nourris, mal vêtus et mal logés, prirent ces paroles pour argent comptant et décidèrent de partir pour ce paradis terrestre que les nobles croisés conquerraient vite pour eux. Par dizaine de milliers, hommes, femmes et enfants fondirent comme un essaim sur la Hongrie et les Balkans. Ces pauvres gens commencèrent par dépenser le peu d'argent qu'ils possédaient, puis se mirent à piller et à voler pour survivre. A Constantinople, les

Grecs, incapables de les maîtriser, acceptèrent de leur faire traverser le Bosphore pour les conduire en Asie Mineure. Mais lorsque ces malheureux y arrivèrent, épuisés, les Turcs les attendaient et, proie facile, ils furent massacrés. C'est à peine si 3 000 d'entre eux parvinrent à s'échapper pour attendre l'arrivée du gros des troupes des croisés.

C'est cette foule, endurcie par l'expérience, qui suivit les chevaliers comme une ombre, plus résolue que jamais à atteindre la terre promise. L'infortune avait soudé cette misérable bande, qui élut même son « roi » — un ancien chevalier, selon la tradition. Au début, cette populace en haillons ne fut qu'un embarras pour l'armée des croisés, qui ne cachait pas son mépris pour ces hordes de paysans. Mais

avant longtemps, les tafurs devinrent pour elle un objet de crainte et, pour les Turcs, des adversaires dont la seule vue leur glaçait le sang.

Après un siège de neuf mois, Antioche finit par tomber aux mains des croisés. On pilla, on viola, on tua des musulmans et des juifs dans la ville. L'année suivante, Jérusalem tomba elle aussi, et de nombreux prisonniers furent massacrés. On a voulu imputer ces crimes aux sauvages survivants de l'armée paysanne. Mais ces accusations ne reposent sur aucun fait établi.

LES CROISADES

En 1095, le pape Urbain II lança un appel aux chrétiens d'Occident pour qu'ils aident leurs frères d'Orient à secouer le joug musulman. Son appel fut accueilli avec enthousiasme. Aux cris de « Deus le volt » (Dieu le veut), des milliers de nobles, de chevaliers et de roturiers jurèrent de reprendre la Terre sainte, et plus spécialement Jérusalem. Peu d'entre eux savaient vraiment où était Jérusalem, mais la ville devint bientôt un symbole qui attira vers l'Orient rois et empereurs, ainsi que des vagues successives de gens du peuple, au cours des cent soixante-quinze années qui suivirent. On a donné le nom de croisades à d'autres campagnes militaires bien intentionnées, par exemple celles qui furent livrées contre les Slaves païens. Mais le terme s'applique essentiellement aux campagnes militaires qui eurent comme objectif la conquête ou la défense de Jérusalem aux XIᵉ, XIIᵉ et XIIIᵉ siècles. Il y eut huit véritables croisades (auxquelles viennent s'ajouter la Croisade des enfants, celle de 1239 et celle de 1289, dénommée neuvième croisade), mais seule la première fut vraiment un succès.

Après la prise de Jérusalem en 1099, les croisés firent de la Terre sainte un royaume, à la tête duquel ils placèrent un de leurs chefs, le duc de Basse-Lorraine Godefroi de Bouillon. D'autres États moins importants furent établis à Tripoli (aujourd'hui au Liban), à Antioche (en Syrie) et à Édesse (aujourd'hui Urfa, en Turquie). En 1144, les musulmans s'emparèrent d'Édesse, dont la chute déclencha la deuxième croisade. Conduite par le roi de France et l'empereur germanique, elle se solda par un échec. Édesse resta aux mains des musulmans et, en 1187, Jérusalem tomba devant Saladin, sultan d'Égypte, ce qui entraîna la troisième croisade, à laquelle participèrent trois monarques : Philippe Auguste, Richard Cœur de Lion et Frédéric Barberousse. A nouveau, les croisés n'obtinrent aucun résultat durable : Frédéric Barberousse, l'empereur germanique, se noya en chemin ; Philippe Auguste se disputa avec Richard Cœur de Lion et rentra en France ; Richard prit le port d'Acre, en Palestine, mais ne

put reconquérir Jérusalem. Sur le chemin du retour, il fut capturé et rançonné par Léopold d'Autriche. La quatrième croisade (1202-1204) n'arriva jamais jusqu'en Terre sainte. Elle fut détournée de son but par les Vénitiens pour attaquer et piller la riche cité de Constantinople.

Huit ans plus tard, la Croisade des enfants prit la route de l'Orient, menée par un berger français qui croyait que l'innocence sans armes l'emporterait là où la puissance armée avait échoué. La plupart des jeunes pèlerins moururent en route ou furent vendus sur les marchés d'esclaves d'Afrique du Nord.

Sur les quatre autres croisades, une seule connut un succès partiel. La sixième, qui aboutit à une trêve négociée avec les musulmans et à la restitution temporaire de Jérusalem aux chrétiens en 1228 ; la ville passa à nouveau aux mains des musulmans en 1244.

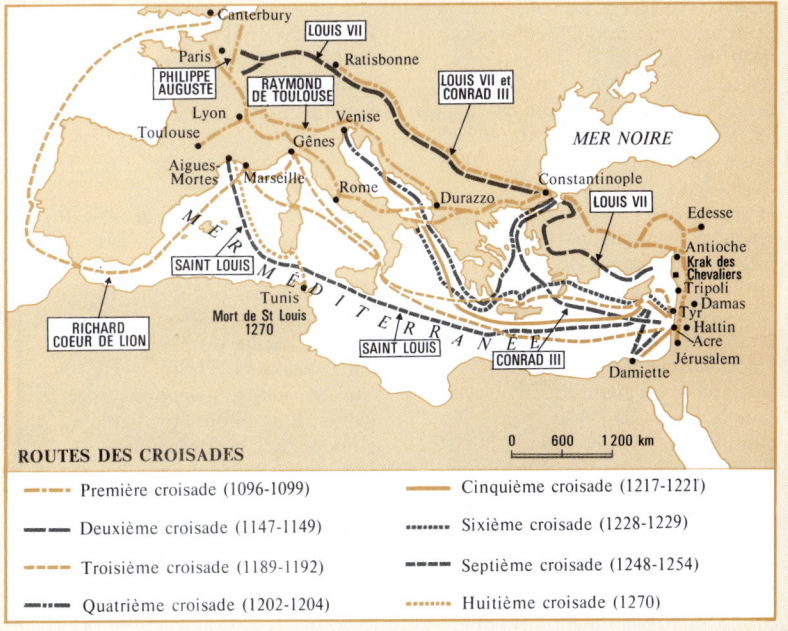

ROUTES DES CROISADES

- - - - Première croisade (1096-1099)
───── Deuxième croisade (1147-1149)
- - - - Troisième croisade (1189-1192)
───── Quatrième croisade (1202-1204)
───── Cinquième croisade (1217-1221)
· · · · · Sixième croisade (1228-1229)
· · · · · Septième croisade (1248-1254)
- - - - Huitième croisade (1270)

Le Prêtre Jean : un roi imaginaire ?

La mystérieuse nation chrétienne orientale

Cette illustration d'une carte de 1558 représente le Prêtre Jean, légendaire roi chrétien dont le royaume se serait trouvé sur le territoire de l'actuelle Éthiopie.

LES souverains qui régnaient sur l'Europe chrétienne du XIIe siècle avaient un seul souci en tête : la sécurité de leurs pays. L'Europe occidentale, à peine sortie de longs siècles de ténèbres et de chaos, s'était transformée en un champ de bataille entre princes turbulents et hommes d'Église ambitieux. Pire que ces luttes internes était la menace des puissances païennes. Les troupes bien organisées de l'islam menaçaient constamment les frontières orientales de l'Europe et la moitié de la péninsule Ibérique restait encore sous la domination des Maures musulmans. Les grandes croisades en Terre sainte se brisaient l'une après l'autre sur le puissant rocher des armées turques. C'est pourquoi, lorsqu'en 1145 Hugo, évêque de Byblos, parla, à la cour du pape, d'un puissant royaume chrétien en Asie, la nouvelle se répandit partout en Europe. Enfin, on tenait cet allié qui pourrait prendre les musulmans païens à revers.

L'évêque dit au pape que ce royaume, « au-delà de la Perse et de l'Arménie », était placé sous la férule d'un prêtre-roi, Johannes Presbyter, descendant direct de l'un des rois mages qui avaient rendu visite à l'Enfant Jésus. Au dire de l'évêque, Johannes Presbyter avait récemment battu les rois de Perse et il aurait marché sur Jérusalem pour aider les chrétiens s'il n'avait été contraint de rentrer chez lui, son armée n'ayant pu franchir le Tigre.

Mais d'où venait donc ce Johannes Presbyter dont le nom fut plus tard francisé en celui de Prestre Jehan ? La seule réponse figure dans une lettre, prétendument écrite en 1165 par le prêtre-roi à l'empereur byzantin et à l'empereur germanique. Selon cette lettre, le royaume du Prêtre Jean comprenait « les trois Indes », l'Inde proche, l'Inde lointaine et l'Inde moyenne. L'Inde proche et l'Inde lointaine étaient les parties nord et sud du sous-continent indien ; quant à l'Inde moyenne, c'était en fait la région de l'Afrique qu'on appela plus tard l'Éthiopie, à mi-chemin sur la route qui relie l'Europe à l'Inde, par le sud de l'Égypte et la mer Rouge. La recherche du royaume chrétien du Prêtre Jean pouvait maintenant commencer et, au cours des trois siècles qui suivirent, un certain nombre de voyageurs ne ménagèrent pas leurs efforts pour le découvrir.

En fait, ils le « découvrirent » presque partout, et pourtant nulle part. Marco Polo, le voyageur vénitien qui passa près de vingt-cinq années de sa vie en Asie, de 1271 à 1295, crut trouver le peuple du Prêtre Jean chez les Tartares, dans la plaine de Kuku Khotan, à environ 500 kilomètres au nord-ouest de Pékin. Jusqu'à la fin du XVe siècle, les souverains d'Europe rêvèrent de découvrir un allié chrétien sur les arrières musulmans pour repousser la menace islamique. Au cours des années 1490, par exemple, l'explorateur portugais Vasco de Gama (premier navigateur européen qui contourna l'Afrique) dit avoir entendu parler — mais sans le voir — d'un roi appelé le Prêtre Jean, qui régnait à l'intérieur de l'Afrique orientale quelque part au nord du Mozambique.

Puis, au XVIe siècle, la menace musulmane s'estompa. Et à mesure que cette crainte disparaissait, le royaume légendaire du Prêtre Jean s'enfonçait lui aussi dans l'oubli. Aujourd'hui, plus de huit siècles après qu'une rumeur eut enflammé les imaginations d'un continent entier, tout ce qui en subsiste est une demi-douzaine de mentions énigmatiques dans de vieux manuscrits, plus un océan de spéculations.

LES ORIGINES D'UNE LÉGENDE

Comme de nombreuses légendes célèbres, du siège de Troie jusqu'au roi Arthur et aux chevaliers de la Table ronde, l'histoire du Prêtre Jean allie des faits réels à la fiction, ce qui rend contradictoires les conclusions des historiens. Ils s'accordent cependant sur quelques points : les rois musulmans de Perse furent effectivement battus juste avant qu'on commence à parler du Prêtre Jean en Europe, en 1145 ; des chrétiens, les nestoriens, vivaient effectivement dans le centre de l'Asie et en Inde ; enfin, il y eut l'État chrétien monophysite d'Éthiopie.

La bataille qui vit la défaite des Perses se déroula en 1141 près de Samarkand, dans l'Ouzbékistan actuel. Les vainqueurs furent des Mongols d'Asie centrale commandés par un certain Gur-

Khan. On a pu penser que les Arabes déformèrent ce nom en Yuhanan lorsque la nouvelle de la bataille atteignit le Proche-Orient, et que ce nom fut confondu avec le nom latin Johannes.

Autres prétendants au titre de prêtre-roi — les plus plausibles selon les historiens modernes —, les empereurs d'Éthiopie du XIIe siècle, connus sous le nom de Zan, racine probable de Jean. Chrétiens depuis le IVe siècle, ils entretenaient des relations avec Rome. Il est même probable qu'une lettre apparemment adressée au Prêtre Jean par le pape Alexandre III, en 1177, ait été destinée à la cour d'Éthiopie. Dans cette hypothèse, la dépouille mortelle du roi fabuleusement riche de la légende se trouve peut-être dans ce pays.

L'or des alchimistes

Un rêve ou une réalité ?

LES alchimistes du Moyen Age, savants de talent ou simples charlatans, rêvaient de découvrir une substance miraculeuse, la pierre philosophale ou l'élixir de longue vie, qui leur permettrait de transmuer en or un métal vil comme le plomb et conférerait l'immortalité à qui le posséderait. Seuls ceux qui étaient en état de grâce ou en parfaite harmonie avec la nature pouvaient espérer y parvenir. Pour garder leurs secrets, les alchimistes usaient d'un langage allégorique et métaphorique, volontairement obscur.

Aucun alchimiste ne découvrit jamais le secret de la pierre philosophale, à l'exception peut-être du Français Nicolas Flamel, qui, si l'on en croit ses écrits et certains témoignages, aurait fabriqué la pierre en 1382, et l'aurait utilisée pour transformer du plomb en argent et du mercure en or.

Nicolas Flamel naquit vers 1330, probablement à Pontoise, au nord de Paris. Il devint écrivain public à Paris, où il tenait pratique dans une petite boutique proche de l'église Saint-Jacques-la-Boucherie (dont il reste la tour Saint-Jacques). C'est là qu'il enseignait aux nobles à signer leur nom. Il gagnait aussi sa vie à enluminer des manuscrits et des ouvrages pieux. Une nuit, il vit en songe un ange qui lui tendait un livre. Mais alors qu'il s'apprêtait à le lire, la vision disparut. Ce rêve était peut-être prophétique. En 1357, quelqu'un lui offrit un ouvrage dans lequel il reconnut celui de son rêve. Ce volume très ancien avait pour titre *le Livre d'Abraham le juif*, et Flamel comprit qu'il contenait des formules pour transmuer les métaux. Mais il ne parvenait pas à comprendre ses étranges symboles. Le livre lançait aussi une malédiction contre tous ceux qui le liraient, à l'exception des prêtres et des écrivains. Flamel étant lui-même écrivain, il se sentit en sécurité et chercha l'aide des alchimistes pour percer les secrets du vieux grimoire, sans succès.

En 1378, Flamel comprit que la seule solution était de trouver un juif qui puisse comprendre le grimoire. Ce n'était pas facile, car les juifs étaient persécutés et la plupart avaient été chassés de France. Il finit cependant par faire la connaissance de maître Canches, un vieux juif converti, qui fut pris d'une grande agitation lorsqu'il commença à tourner les feuillets de l'ouvrage. Selon lui, c'était le livre perdu de la Cabale, philosophie ésotérique fondée sur l'interprétation de l'Ancien Testament. Il commença à expliquer les symboles mystérieux, mais tomba malade et mourut avant de pouvoir terminer.

Fort heureusement pour lui, Flamel en savait assez pour extraire le secret de la pierre philosophale des pages du livre. Trois ans plus tard, le 17 janvier 1382, il parvenait à fabriquer une substance qu'il appela l'élixir blanc.

Au Moyen Age, la science se confondait souvent avec la magie. Mais les alchimistes qui cherchaient à transmuer un métal vil en or (comme sur cette peinture du Stradano, du XVᵉ siècle) firent souvent progresser la chimie avec leurs expériences. A ce titre, l'alchimie du Moyen Age a contribué aux progrès des connaissances humaines, tout comme les découvertes que l'on fit à la même époque dans les domaines de l'optique, des mathématiques et de l'astronomie.

Ajoutée à du plomb en fusion, cette substance transmuait le plomb en argent pur. Trois mois plus tard, Flamel élaborait un élixir rouge qu'il mêla à du mercure pour obtenir de l'or. Il entreprit plusieurs autres transmutations et amassa apparemment assez d'or pour fonder quatorze hôpitaux, construire trois chapelles, faire des dons à sept églises et se rendre célèbre pour ses nombreuses œuvres de charité. Sa réputation devint considérable, non seulement comme alchimiste, mais aussi comme philanthrope et homme de grand cœur. Quand il mourut, en 1417, sa maison et sa tombe furent saccagées par des gens en quête de la pierre philosophale.

Que penser de cette histoire ? Flamel réussit-il là où tous les autres échouèrent, avant et après lui ? S'il découvrit la pierre philosophale, celle-ci ne lui donna certainement pas l'immortalité, même si certains prétendent l'avoir vu à l'Opéra de Paris en 1761. L'église dans laquelle il fut enterré a depuis été démolie, mais on peut encore voir sa pierre tombale au Musée de Cluny, à Paris. Les archives de la Bibliothèque nationale montrent qu'il fit effectivement des donations charitables, mais son négoce n'aurait-il pas suffi à lui en procurer les moyens ? Et qu'est-il advenu du *Livre d'Abraham le juif,* dont il avait percé les secrets ? L'alchimiste le légua à son neveu et, deux siècles plus tard environ, l'ouvrage tomba entre les mains de Richelieu, qui, n'ayant pas de maître Canches à ses côtés, ne put en interpréter les étranges symboles. Peu après la mort du cardinal, l'ouvrage disparut.

Quant à la transmutation des métaux, les savants actuels ne connaissent aucune manière de transformer le plomb en argent et le mercure en or, si ce n'est en utilisant des accélérateurs de particules et des réacteurs nucléaires. En d'autres termes, ils ignorent comment Flamel aurait pu réussir avec les connaissances scientifiques de son époque. La vraie grandeur de l'alchimiste n'est peut-être pas tant d'avoir su transformer des métaux vils en or, mais plutôt, comme l'affirment ses détracteurs, d'avoir su tromper tout le monde en s'attachant la réputation de « seul découvreur » de la légendaire pierre philosophale.

Les guerriers de l'ancien Japon
Plutôt la mort que le déshonneur

LE 25 novembre 1970, en signe de protestation contre la décadence de la société japonaise, Yukio Mishima, romancier de renommée internationale, se fit publiquement hara-kiri. Ce suicide rituel horrifia le monde et le Japon : non seulement le pays venait de perdre l'un de ses meilleurs écrivains, mais l'événement montrait que, parallèlement à la remarquable prospérité matérielle du Japon, survivaient les austères valeurs des anciens samouraïs. Le sang de Mishima était un signe de reproche pour toute une génération de Japonais.

Mais qui étaient ces fiers guerriers qui forgèrent le caractère d'une nation ? Pendant de nombreux siècles, la société japonaise avait été formée de clans locaux, tissus de loyautés ancestrales. La nation s'était unie sous un empereur, peut-être dès l'an 300 de notre ère, mais l'autorité impériale restait précaire. Un certain nombre d'empereurs ne furent en réalité que les fantoches de nobles guerriers qui luttaient entre eux pour le pouvoir. Au xe siècle, les Fujiwara tenaient les rênes du pouvoir

Les sabres de cérémonie sont aujourd'hui fabriqués au Japon comme ils le furent pendant des siècles. Ici, l'artisan, assis sur une plate-forme de bois, polit la lame selon la méthode traditionnelle.

LE VENT DIVIN

Au cours du XIIIᵉ siècle, des hordes de Mongols balayèrent l'Asie et fondèrent un empire qui s'étendait de l'Europe orientale jusqu'en Corée. En 1260, après la chute de la Chine impériale aux mains des barbares, les Mongols commencèrent à regarder plus loin vers l'est, vers le Japon. En 1274, une armée mongole débarqua sur l'île méridionale de Kyushu et livra un féroce combat aux armées de samouraïs. La nuit même, un typhon dispersa une partie de la flotte mongole, et les envahisseurs en déroute durent regagner le continent.

En 1281, les Mongols débarquèrent une seconde fois avec des dizaines de milliers d'hommes. Pendant deux mois, les fiers samouraïs tinrent leurs positions face à l'envahisseur ; puis un deuxième typhon vint à leur secours. Il détruisit lui aussi une grande partie de la flotte mongole, et des milliers d'envahisseurs tombèrent sous les sabres des samouraïs alors qu'ils tentaient de battre en retraite. Les Mongols n'attaquèrent jamais plus le Japon.

Ce deuxième typhon fut appelé *kamikaze* — « le vent divin » — et devint le symbole de la victoire dans l'esprit des Japonais. Le mot fut repris vers la fin de la Seconde Guerre mondiale par les pilotes japonais qui dirigeaient délibérément leurs avions sur les bateaux ennemis, qu'ils frappaient de plein fouet.

Le kabuki, drame réaliste traditionnel, est toujours vivement apprécié au Japon. Cette estampe du XIXᵉ siècle représente des acteurs jouant un combat de samouraïs.

et l'empereur n'était plus qu'un jouet entre les mains de cette puissante famille.

Sous les Fujiwara, les nobles japonais se rassemblèrent dans les villes et à la cour impériale de Kyoto, laissant dans les provinces un vide qui fut comblé par de nouveaux chefs de clans, qui, à l'instar des barons de l'Europe du Moyen Age, s'entourèrent de leurs armées privées. Ces guerriers s'appelaient des *bushi,* et plus tard des samouraïs, un mot d'origine chinoise qui signifie « celui qui sert ». Au début, les samouraïs furent « les crocs et les griffes des Fujiwara ». Mais ils finirent par se frayer un chemin vers le pouvoir jusqu'à ce qu'une des principales familles de samouraïs, en 1156, tire parti des disputes qui déchiraient la famille impériale pour supplanter les Fujiwara. Pendant près de sept cents ans, la vie du Japon allait être complètement dominée par la classe des guerriers.

La notion de loyauté absolue était au centre de la tradition des samouraïs. Tout guerrier digne de ce nom, illustre chevalier ou simple coureur de fortune, était lié par serment à son seigneur. Les chefs de clan rendaient eux-mêmes allégeance à l'empereur, dont ils vénéraient encore le titre et les origines divines, même si le monarque vivait reclus à sa cour, réduit à l'impuissance. L'obéissance était l'idéal absolu. Aucun samouraï ne pouvait contester un ordre, ni même s'arrêter un instant pour y songer. Les jeunes guerriers apprenaient que leur vie appartenait tout entière à leur maître, qui pouvait en disposer à son gré. Et lorsque le maître mourait au combat ou dans son lit, les gens de sa suite se croyaient parfois obligés de se suicider pour l'accompagner dans l'au-delà : un classique du théâtre japonais, *Chuchingura,* raconte comment quarante-sept samouraïs se firent hara-kiri en 1703 plutôt que de rester sans maître.

Le mot *hara-kiri* signifie « ouverture du ventre », et cette forme de suicide était le privilège exclusif des guerriers (les femmes pouvaient s'ouvrir la gorge, et les marchands s'empoisonner). Le ventre étant considéré comme le centre même de l'homme, sa mutilation fit l'objet de règles élaborées : l'entaille au couteau, par exemple, devait se faire horizontalement, de gauche à droite, et le coup fatal dans le sens vertical. Mais il était difficile de trouver ainsi une mort certaine, et on procédait finalement à la décapitation. Un samouraï se faisait hara-kiri pour échapper à la honte, par dévouement pour son maître, ou — comme Mishima — en signe de protestation. Sur le champ de bataille, le suicide était un moyen courant d'éviter la capture, car, pour un samouraï, la mort était préférable à l'humiliation de la reddition.

Avant que les samouraïs deviennent si puissants, les élégants courtisans les considéraient comme des bandits et des barbares. Plus tard, certains samouraïs furent traités comme des héros semblables à des dieux. Aucune de ces

deux images n'est parfaitement vraie. Sans aucun doute, les samouraïs arrogants et irrespectueux des lois causaient des difficultés, surtout lors des périodes de paix un peu longues. Ils formaient une classe à part, totalement improductive, qui méprisait le commerce. Par exemple, c'était une marque de bonne éducation de la part d'un guerrier que de ne pas connaître la valeur des pièces de monnaie en circulation dans le pays. Si un marchand semblait se méfier des pièces que lui donnait un samouraï, il était parfaitement légal que le guerrier l'abatte sur-le-champ. Personne ne pouvait intervenir. A l'occasion, un roturier sans méfiance pouvait se faire décapiter par un samouraï qui ne voulait que « se faire la main » : le coup partait comme un éclair, avec un seul cri lugubre d'avertissement.

Mais tout n'était pas que violence dans le code des samouraïs, car la vie du guerrier était aussi une lente progression sur le chemin de la perfection morale. En fait, les samouraïs furent fortement influencés par le bouddhisme zen, une croyance qui enseignait le respect de tous les êtres vivants. Ce sont ces mêmes guerriers qui ont popularisé la célèbre cérémonie du thé, calme rituel destiné à mieux faire apprécier les choses simples. Et c'est probablement le souci de pureté et de simplicité du culte zen qui attira ces farouches guerriers.

Pour ascétique ou noble que fût le samouraï, il demeurait surtout une machine de guerre. Ses armes favorites étaient ses sabres, l'un long, l'autre court, tranchants comme des rasoirs. Les cavaliers de haut rang étaient aussi armés d'arcs et de flèches, alors que, tout au bas de l'échelle, les samouraïs les plus modestes se battaient surtout à la lance.

En 1600, la classe des samouraïs représentait quelque six pour cent de la population et les choses avaient bien changé depuis les premiers jours. Par exemple, un soldat valeureux ne pouvait plus gravir les échelons de la hiérarchie militaire, devenue beaucoup plus rigide qu'autrefois. Le luxe et la corruption dégradaient aussi la tradition martiale. Pourtant, les grandes maisons de samouraïs continuèrent à dominer la vie nationale jusqu'au règne de l'empereur Meiji (1867-1912). Grand réformateur, l'empereur rétablit l'autorité du trône impérial et transforma le Japon, presque du jour au lendemain, en une puissance internationale avec laquelle il fallut désormais compter. Même ainsi, la tradition samouraï survécut dans la vie militaire et culturelle. Au cours de la Seconde Guerre mondiale, par exemple, les officiers japonais préféraient se faire hara-kiri plutôt que de se rendre, alors que les kami-

Après avoir survécu vingt-neuf ans sur une île des Philippines, prêt à résister aux attaques des Alliés, le lieutenant Hiroo Onoda remet son épée en 1974, sur les ordres de son ancien commandant.

kazes se précipitaient sans hésitation sur les convois de bateaux américains. Le suicide de Mishima, en 1970, fut suivi par un événement tout aussi sensationnel, quatre ans plus tard. En 1974, Hiroo Onoda, lieutenant de l'armée impériale de la Seconde Guerre mondiale, sortit à l'âge de cinquante-deux ans des forêts d'une île des Philippines pour rendre enfin son épée, vingt-neuf ans après la fin de la guerre. Il avait pris son poste sur l'île en 1944 et, n'ayant reçu aucun ordre direct de reddition, avait continué à lutter en se cachant au plus profond de la jungle. Onoda ne se rendit que lorsque son ancien commandant (devenu libraire, puis retraité) prit l'avion pour ordonner à son ancien subordonné de cesser le feu. Ce n'était ni la peur ni l'excentricité qui avait inspiré cette longue tragédie, mais tout simplement l'esprit de courage et de fidélité des samouraïs.

L'amour au Moyen Age

A la recherche de l'amour impossible

L'IMAGE romantique du chevalier du Moyen Age dans son armure étincelante, toujours prêt à servir sa dame, demeure vivace malgré les efforts des historiens, assurés que ni l'armure ni la dame n'était toujours sans tache. Comment cette idée de l'amour chevaleresque, héroïque et rarement payé de retour, s'est-elle imposée ? C'est surtout à un groupe de poètes, les troubadours de la France du XIIe siècle, qu'elle dut son succès. Et si une personne a contribué à nourrir leur culte, c'est bien Aliénor d'Aquitaine, qui épousa le roi Henri II d'Angleterre.

L'amour des cours du Moyen Age, l'amour courtois, était lui-même inspiré par diverses croyances et situations. L'une d'elles était une notion mystique de l'amour, considéré alors comme une sorte de maladie divine — notion

LE LANGAGE DE L'AMOUR COURTOIS
Le mot « troubadour » vient de l'ancien provençal *trobar,* qui signifiait « trouver », dans le sens de « trouver des vers et des mélodies ». Grâce à l'art et à la célébrité des troubadours, le provençal se répandit dans une grande partie de l'Europe occidentale et fut même un temps une langue internationale qui ne le cédait qu'au latin.

Les troubadours faisaient une cour rituelle et, comme tous les rites, le leur avait son vocabulaire particulier pour définir les différentes phases du « culte » cérémoniel. La première étape recevait le nom de *fegnedor,* lorsque l'aspirant amoureux contemplait de loin sa belle, sans mot dire. Puis venait le *precador,* lorsqu'il lui déclarait ses sentiments d'adoration. Avec l'*entendedor,* la dame l'acceptait comme son soupirant. L'étape finale, appelée *drut,* voyait la consommation de cet amour, en théorie au moins.

Il y avait aussi la *tenson,* sorte de concours au cours duquel les troubadours disputaient des mérites de leurs vers respectifs. Les duels chantés qui opposent encore de nos jours les gauchos d'Argentine sont à rapprocher des tensons des troubadours.

Cette illustration d'un manuscrit du XVe siècle représente une scène d'amour courtois au Moyen Age.

De nombreuses maisons du Moyen Age étaient dotées de poulies qui servaient à hisser le mobilier aux étages supérieurs. L'ingénieux mécanisme facilita certainement bien des intrigues, comme celle de cette dame fort discrète, qui fait monter son amant dans sa chambre à la dérobée.

probablement originaire de l'islam et qui se répandit en Europe par les croisades et l'Espagne musulmane. La Vierge Marie faisait aussi l'objet d'un culte grandissant. Les magnifiques cathédrales, toutes neuves, comptaient d'innombrables chapelles et statues consacrées à la Reine des cieux. Ce culte qui exaltait l'image de la femme contrastait avec l'opinion de l'Église primitive qui voyait en elle la descendante d'Ève la pécheresse.

Cette conception idéale de l'amour et de la femme concordait également assez mal avec la réalité de l'Europe médiévale, dont le système féodal donnait aux rois et aux barons le pouvoir de troquer leurs filles contre des terres et de réduire leurs épouses à la solitude et à l'abandon. Et l'amour courtois vint rétablir l'équilibre en redonnant aux femmes l'adoration et la dévotion dont elles étaient si souvent privées dans leur mariage. Ses apôtres furent les troubadours du sud de la France, poètes et musiciens de toutes les classes de la société, qui influençaient les courtisans et les nobles tout en les divertissant.

Pour les troubadours, la cour que l'on fait à une femme était la raison d'être de leur art. Leurs chansons exprimaient leurs désirs, leurs espoirs et leurs joies, leur volonté de sacrifier vie et liberté en échange des faveurs de la dame élue. L'Aquitaine d'Aliénor était peut-être la

région la plus civilisée de l'Europe du XIIe siècle. Les femmes y étaient généralement traitées avec plus de respect que partout ailleurs. Aliénor, qui avait grandi à la cour de son grand-père, le duc Guillaume IX, coureur de jupons et bon poète, encouragea les troubadours. Le plus célèbre de ces courtisans littéraires fut Bernard de Ventadour, qui, obéissant au code de la chevalerie, ne dédia jamais ses chants ouvertement à la reine — il aurait été peu sage de le faire, puisqu'elle était mariée au bouillant Henri II Plantagenêt —, mais ne laissa jamais aucun doute sur l'identité de la dame qu'il appelait *mos aziman* (« mon aimant »).

Dans cette adoration platonique se mêlaient le sérieux et une sorte de jeu élaboré, et lorsqu'un troubadour idolâtrait avec grâce son élue, affectant de se pâmer au moindre regard qu'elle lui jetait, il était généralement parfaitement disposé à satisfaire ailleurs ses appétits, avec beaucoup moins de cérémonie. En fait, durant les croisades, les musulmans s'étonnèrent souvent de la lubricité des femmes qui suivaient les armées chrétiennes, dans les rangs desquelles se trouvaient néanmoins de nombreux troubadours, qui juraient sans trop y croire fidélité éternelle à leur « princesse lointaine ».

Pour hypocrite qu'elle ait pu être, cette

LA GRANDE DAME DES TROUBADOURS

Dans une scène d'un feuilleton de la télévision anglaise, The Devil's Crown, *Jane Lapotaire tient le rôle d'Aliénor d'Aquitaine.*

La reine Aliénor d'Aquitaine a sa place à côté de Cléopâtre et d'Élisabeth Ire comme l'une des souveraines les plus remarquables de toute l'histoire. Née vers 1122, elle mourut quatre-vingt-deux ans plus tard, durée de vie étonnante pour cette époque. Son premier époux fut Louis VII, roi de France, qu'elle accompagna en Terre sainte pour la croisade. Répudiée en 1152, elle se remaria à Henri Plantagenêt, comte d'Anjou et duc de Normandie ; lorsque celui-ci devint le roi Henri II d'Angleterre, en 1154, elle régna avec lui sur l'empire angevin, qui s'étendait des frontières de l'Écosse jusqu'aux Pyrénées.

Ses fils, Richard Cœur de Lion et Jean sans Terre, régnèrent tous deux sur l'Angleterre. Elle prit fait et cause pour Richard lorsque le jeune homme et deux de ses frères se rebellèrent contre leur père ; la révolte échoua et elle fut emprisonnée pendant près de quinze ans, jusqu'à la mort de Henri II. Mais elle ne perdit jamais ni sa détermination, ni l'ascendant qu'elle exerçait sur ses fils. Quand Richard monta sur le trône en 1189, elle avait déjà presque soixante-dix ans. Pourtant, elle était encore très vigoureuse, fort amène, et toujours déterminée à accroître la puissance de sa famille.

Comme la plupart des femmes de sa trempe, Aliénor fut à la fois louée et vilipendée par ses contemporains et leurs successeurs : garce, putain et monstre pour les uns — Shakespeare l'appelait « la grande chancrelle » — « femme incomparable », charmante et attirante, pour les autres. Et c'est un hommage à sa forte personnalité qu'elle soit passée dans l'histoire, non comme reine d'Angleterre ou de France, mais comme la seule et unique Aliénor d'Aquitaine.

élévation de la féminité ouvrit de nouveaux horizons à la littérature. La fille d'Aliénor, Marie de Champagne, incita le poète Chrétien de Troyes à raconter les légendes d'Arthur sur le mode de l'amour courtois. Les belles histoires du cycle de la Table ronde — celles de Lancelot, de Perceval ou du Saint-Graal — auraient été fort différentes si elles n'avaient été peintes aux couleurs des troubadours.

Dante immortalisa sa Béatrice, et Pétrarque sa Laure, dans l'esprit de l'amour courtois. Et des siècles plus tard, l'esprit du XIIe siècle allait revivre dans les vers des grands romantiques du XIXe.

La nouvelle Jérusalem d'Éthiopie
Un miracle de pierre

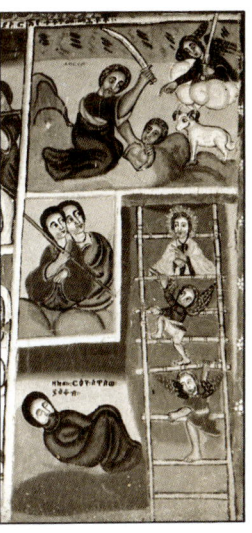

LES montagnes rousses du nord de l'Éthiopie recèlent l'un des plus fascinants spectacles du monde : un extraordinaire ensemble de onze églises chrétiennes, chacune taillée dans un seul rocher. C'est le miracle de Lalibela, la ville sainte du roi d'Éthiopie qui donna son nom à la ville. Ces églises ne sont pas faites de moellons et de mortier ; chacune d'elles est creusée à flanc de montagne, comme une gigantesque sculpture dont les nefs, les allées, les autels et même les cours furent taillés au burin dans la roche même. D'un rouge profond au milieu du vert des oliveraies, l'endroit est une sorte de pays des merveilles pétrifié.

Au XVIe siècle, le prêtre portugais Francisco Alvarez, premier Européen qui visita les lieux, décrivit ces étonnants monuments « qui n'ont pas leur pareil dans le monde ». Plus de quatre siècles plus tard, Lalibela fascine encore celui qui erre dans ses vastes salles, ses cours et ses galeries, invraisemblable labyrinthe d'édifices, de portails et de terrasses. Bien que nous ne sachions pas exactement qui fut l'auteur de ce dédale enchanté, il ne fait guère de doute que le roi Lalibela, qui régnait sur l'Éthiopie au début du XIIIe siècle, en fut l'inspirateur visionnaire. Lalibela, né dans cette ville — alors appelée Roha —, était issu de la dynastie des Zagoués, maison royale qui régna pendant environ cent cinquante ans lorsque l'ancienne lignée des rois qui prétendaient descendre de Salomon et de la reine de Saba s'interrompit temporairement. Si ses origines n'étaient pas des plus hautes, il resta fidèle à la religion de la dynastie traditionnelle. L'Éthiopie avait embrassé la foi chrétienne dès le IVe siècle.

Selon la légende, Lalibela conçut le plan de sa ville sainte lorsqu'il vit en songe le Christ et des anges qui aidaient une foule d'ouvriers. Ces monuments taillés dans le roc ont une telle grandeur qu'il paraît difficile d'admettre qu'ils soient l'œuvre de mains humaines. De nombreux historiens pensent que les artisans locaux ont dû recevoir l'aide de tailleurs de pierre venus d'autres pays, peut-être d'Alexandrie et de Jérusalem, quoique le style des églises soit typiquement éthiopien, et qu'il existe des centaines d'autres églises taillées dans le roc un peu partout dans la province du Tigré, témoignant de l'existence d'une tradition authentiquement éthiopienne. Toutes sont de véritables monolithes, c'est-à-dire qu'elles sont taillées dans un seul bloc de pierre. Et toutes sont décorées aussi bien à l'intérieur qu'à l'extérieur, encore que leur facture ne puisse se comparer à la perfection de Lalibela. Ces églises sont uniques au monde, et même les temples que les Égyptiens taillèrent dans le roc ne sont que de simples façades sculptées qui masquent de grossières grottes.

L'habileté et l'ingéniosité des tailleurs de pierre de Lalibela dépassent l'entendement. On a calculé qu'ils durent tailler au burin environ 100 000 mètres cubes de roc pour donner forme à ce merveilleux ensemble architectural de onze églises, dont quatre sont complètement détachées du flanc de la montagne. Toutes s'inspirent du plan basilical des églises byzantines, avec leur vestibule et leurs trois entrées. Pourtant, chacune d'elles est une création individuelle et tout, depuis les colonnes les plus majestueuses jusqu'aux nervures les plus délicates, y fut taillé en pleine roche il y a presque exactement huit cents ans. Pour y parvenir, les tailleurs commencèrent sans doute à creuser une profonde tranchée rectangulaire à flanc de montagne, pour dégager un immense bloc oblong de rocher. Puis ils travaillèrent la pierre brute, de l'intérieur et de l'extérieur, en commençant par en haut. Lorsqu'un niveau avait pris sa forme générale, on

Les murs et les voûtes de pierre de la plupart des églises de Lalibela ne sont pas décorés. Quelques églises cependant sont ornées de dessins géométriques complexes ou de scènes tirées de la Bible, comme sur la fresque ci-dessus. Ces fresques sont peintes sur du plâtre ou directement sur la roche nue.

en sculptait les détails, puis on passait au niveau suivant. La roche, relativement tendre, devait être assez facile à tailler, mais nous ignorons comment les longues galeries pouvaient être éclairées et ventilées pendant les travaux. Peut-être les ouvriers employèrent-ils des miroirs de bronze pour y réfléchir la lumière du soleil.

Certaines des églises se trouvent toujours enfouies dans leur trou et ne sont visibles que d'en haut. Or des pluies torrentielles s'abattent sur la région en été. Pour éviter l'inondation, les tailleurs excavèrent en pente le fond de chaque trou, pour évacuer l'eau à l'extérieur. Un ingénieux réseau de toitures et de gouttières canalise aussi les eaux de pluie. Et les archéologues ont constaté que ces précautions sont parfaitement suffisantes, même sous une pluie diluvienne.

Jusqu'à une date récente, les églises monolithiques de Lalibela n'étaient accessibles qu'à dos de mulet. Une première campagne de restauration se déroula entre les deux guerres, mais les travaux ne commencèrent vraiment qu'en 1967. Aujourd'hui, Lalibela est une prospère ville de marché, desservie par une route asphaltée et un petit aéroport. Une foule de touristes et de pèlerins viennent visiter ses églises lorsque la saison et aussi les aléas de la situation politique le permettent. Mais le site est encore plongé dans une épaisse ombre de mystère. Qu'est-ce qui poussa ce roi d'Éthiopie à entreprendre un projet aussi ambitieux, dans un tel endroit et à une telle époque ?

Depuis quelque temps, une théorie recueille de plus en plus de suffrages. Au cours des

Toutes les églises de Lalibela sont taillées dans le tuf volcanique rouge, mais seule celle de Saint-Georges a la forme d'une croix. Les trois portes sont orientées vers l'ouest, caractéristique des églises de Lalibela.

premières années du règne de Lalibela, les croisades battaient leur plein. En 1187, Jérusalem fut prise par les Sarrasins menés par le grand sultan d'Égypte Saladin. La chute de la ville sainte aux mains des musulmans enflamma les fidèles Éthiopiens, et leur souverain zélé voulut faire de sa ville natale un nouveau lieu de pèlerinage et de culte, un bastion de la chrétienté dans les montagnes de l'Afrique orientale. Même s'il ne s'agit là que d'une séduisante théorie, un fait demeure incontestable : à Lalibela, une foi brûlante, un art incomparable, une virtuosité technique extraordinaire ont donné naissance à ce que l'on a appelé à juste titre l'une des véritables merveilles du monde.

Le tonnerre des canons
Une invention chinoise

LORSQUE AU XIIIe siècle l'Europe apprit à fabriquer la poudre à canon, l'événement eut des conséquences aussi explosives que la substance elle-même, car il allait changer l'art de la guerre pour les siècles à venir. Jusqu'au début du XVe siècle, les barons féodaux, bien à l'abri derrière les murailles de leurs châteaux, pouvaient soutenir des années de siège. La poudre allait changer tout cela. Avec les canons et les grenades, une forteresse autrefois imprenable n'était plus qu'un piège pour ses défenseurs. Fini le temps des longues sapes au pied des murs, finie la boucherie du corps à corps final. Ainsi le pouvoir glissa-t-il des mains d'un grand nombre de barons à celles d'un petit nombre de rois assez forts pour contrôler la fabrication et l'emploi de ces nouvelles armes dévastatrices.

Étrangement, les historiens ne sont pas sûrs des origines de la poudre à canon. Jusqu'à une date récente, ils se demandaient encore si elle était l'invention des Chinois, des Arabes ou de Roger Bacon, un franciscain anglais qui fut aussi un remarquable savant. Aujourd'hui, la plupart des spécialistes en attribuent la paternité aux Chinois, mais des doutes planent encore sur la date à laquelle la « poudre noire » fut pour la première fois utilisée. Certains pensent qu'on connaissait ses composants — salpêtre (nitrate de potassium), charbon de bois et soufre — dès le IXe siècle de notre ère. D'autres ne remontent pas plus haut que la recette publiée en 1044 par le chimiste Wu Ching Tsao Yao. On ignore aussi à quoi les Chinois utilisaient la poudre à canon, encore que de nombreux historiens pensent aujourd'hui qu'ils disposaient de petites armes à feu dès le XIe siècle. D'autres soutiennent qu'ils se contentaient de bourrer de poudre des tubes de bambou pour faire des fusées de

ROGER BACON : PROPHÈTE DE LA SCIENCE

Roger Bacon, né vers 1214 d'une riche famille anglaise, passa à peu près la moitié de sa vie sous l'humble habit des frères franciscains. Mais son génie visionnaire lui vaut peut-être une place aux côtés du grand Léonard de Vinci. Emprisonné par ses supérieurs à cause de son esprit frondeur, il continua cependant à étudier le monde matériel jusqu'à sa mort, vers 1294.

L'histoire voit en lui l'un des fondateurs de la science moderne, comme en témoigne ce passage d'une actualité étonnante, extrait d'un de ses ouvrages : « Des machines de navigation peuvent être construites sans rameurs, si bien que les plus grands navires... seront mus par un seul homme à une vitesse plus grande que s'ils étaient remplis d'hommes. Un chariot qui se déplace à une vitesse incalculable sans aucun animal de trait peut aussi être construit... et des machines volantes dans lesquelles un homme s'assied au milieu et tourne un engin grâce auquel

des ailes artificielles battent l'air comme celles d'un oiseau. »

On pense généralement que c'est Bacon qui proposa le premier d'utiliser des lentilles pour améliorer la vision, innovation qui fut mise en pratique de son vivant. Et le savant plaida la cause d'une réforme du calendrier, selon les principes qu'adopta le pape Grégoire XIII en 1582 et qui sont encore en usage de nos jours. Mais les savants modernes rendent hommage à Bacon plus pour l'importance qu'il accordait aux méthodes scientifiques que pour ses travaux sur la poudre à canon ou ses prophéties technologiques. Mieux que la plupart de ses contemporains, il comprit que l'expérience était essentielle au progrès de notre connaissance du monde et que la logique pure — si chère au cœur des savants du Moyen Age — ne pouvait guère nous apprendre sans l'aide de mesures et d'observations précises.

Pour Roger Bacon, l'expérience et les expérimentations étaient l'unique moyen de saisir l'essence même de la nature et d'en dominer les forces.

La poudre à canon transforma l'art de la guerre. On a représenté ici une bombarde qui lançait des boulets de pierre de 50 à 500 kg.

signalisation et des feux d'artifice. On a dit également que, sous la dynastie des Sung, au XIIIᵉ siècle, les Chinois se servirent de lance-flammes et de grenades explosives dans leur longue guerre contre Gengis Khan.

La formule de la poudre noire fut apportée en Europe par les Arabes un peu avant 1243, date à laquelle Roger Bacon (qui lisait l'arabe) rédigea ce qui est certainement la première formule européenne de la poudre à canon. Avec un mélange composé de sept parties de salpêtre pour cinq de charbon de bois et cinq de soufre, écrivait-il, un ennemi « peut sauter ou être mis en fuite par la terreur causée par l'explosion ».

Puis, au début du XIVᵉ siècle, on découvrit que la poudre enfermée dans un tube pouvait servir à propulser des objets très loin. Personne ne sait qui fit cette découverte et qui inventa donc la première véritable arme à feu. Roger Bacon avait prévu les bombes à poudre, mais il ne semble pas avoir eu l'idée de cette autre possibilité. Le candidat le plus probable paraît être un moine allemand du nom de Berthold Schwarz (Berthold le Noir, peut-être appelé ainsi parce que l'on associait la chimie à une sorte de sorcellerie). Selon la tradition, il fit sauter un bloc de métal en l'air — la première balle — en enflammant de la poudre enfermée dans un récipient.

Que cette histoire soit vraie ou non, on fabriquait de la poudre et des canons en Angleterre vers les années 1340, et probablement en Flandre et en Italie avant cette date. Les premiers temps, les canons étaient parfois aussi meurtriers pour leurs servants que pour l'ennemi, car il arrivait que la pièce explosât au visage des canonniers. Leur bruit de tonnerre effrayait la cavalerie, aussi bien dans les rangs amis que dans ceux des ennemis. Mais dans le tumulte de la bataille, à Crécy et à Calais en 1346, la fumée de la poudre noire marqua le commencement de la fin de la chevalerie et l'aube d'une nouvelle époque, celle du canon et des grands massacres.

La mort de Guillaume le Roux

Meurtre ou accident ?

VERS la fin d'un après-midi d'août de l'an 1100, le roi d'Angleterre Guillaume II le Roux, accompagné de son jeune frère Henri et d'une nombreuse suite, partit courre le cerf dans le massif forestier de New Forest, vaste région du sud de l'Angleterre, alors chasse royale. Comme les chasseurs se divisaient en petits groupes, le roi s'éloigna en compagnie de son conseiller,

Walter Tirel. Ce qui arriva ensuite demeure un mystère.

Un cerf passant près de lui, le roi tira une flèche, blessant l'animal sans le tuer. Pendant un instant, il resta immobile sur sa selle, se protégeant les yeux de la lueur ardente du soleil couchant pour mieux suivre la course du cerf. C'est alors que Tirel décocha une flèche qui, manquant l'animal, frappa le roi. Celui-ci tomba en avant, et la flèche s'enfonça profondément dans sa poitrine. La mort fut instantanée. Tirel s'enfuit dans la forêt et gagna la France. Henri et le reste des chasseurs galopèrent jusqu'à la cité voisine de Winchester où se trouvait le trésor royal, laissant Guillaume là où il était tombé. Après s'être emparé du trésor, Henri se hâta de rentrer à Londres, où il fut couronné trois jours plus tard.

Tels sont les faits. Mais la question qui n'a jamais reçu de réponse est celle-ci : Guillaume le Roux mourut-il vraiment par accident, ou fut-il assassiné à l'instigation de son jeune frère ambitieux ? Ou encore — thèse singulière que l'on avance depuis quelque temps — fut-il la victime volontaire d'un macabre rite païen ?

Cette théorie n'est peut-être pas aussi invraisemblable qu'elle le paraît. Pendant tout son règne (1087-1100), Guillaume ne cessa de se moquer du christianisme et de piller les biens de l'Église. Selon toute probabilité, il croyait en des dieux païens. Rien d'étonnant à ce que, après sa mort, le peuple ait pris pour chose certaine des histoires que l'on contait sur divers présages qui auraient annoncé le désastre, la veille de la chasse de New Forest. Par exemple, on racontait que Guillaume s'était réveillé en hurlant de terreur à la suite d'un cauchemar où il s'était vu mourir dans une mare de sang. Et un certain moine prétendait lui aussi avoir fait un rêve cette même nuit, un rêve dans lequel le roi terrassé par un crucifix gisait crachant le feu et la fumée. On parlait également d'une conversation entre Walter Tirel et le roi. Celui-ci aurait demandé à Tirel de le tuer, car, selon la « religion » de Guillaume, il avait fait son temps sur terre comme monarque.

Si le peuple ajouta foi à ces histoires, c'est qu'il détestait un roi cruel et apparemment fort peu chrétien, qui mourut peut-être tout simplement par accident. Mais il est également possible qu'elles aient été inventées pour masquer la vérité. En effet, il y a de fort bonnes raisons de croire que l'incident de New Forest fut l'œuvre du frère de Guillaume, Henri, qui avait tant à gagner de la mort subite du roi.

Guillaume le Roux était le deuxième des trois fils de Guillaume le Conquérant, qui laissa la Normandie à l'aîné, Robert, l'Angleterre à Guillaume et une somme considérable d'argent, mais pas de territoire, au jeune Henri. Les disputes et même la guerre déclarée étaient endémiques entre les frères aînés, mais, en 1096, ils se réconcilièrent, et Robert décida de partir à la croisade. Il avait besoin d'argent pour financer l'expédition. Il emprunta donc à son frère Guillaume, lui donnant la Norman-

die en gage. Au cours de l'été 1100, alors que Robert rentrait en France, nouvellement marié à une femme richissime, Guillaume résolut de ne pas laisser son frère reprendre la Normandie en remboursant sa dette. Il commença donc à préparer une campagne pour conserver ce territoire mal acquis et c'est la chasse de New Forest qui mit un terme à ces préparatifs.

Par ailleurs, si Henri voulait s'assurer le trône d'Angleterre, il devait agir vite (et la célérité dont il fit preuve après la mort de Guillaume le Roux fait penser qu'il s'était préparé à cette éventualité). S'il avait attendu le retour de Robert en Normandie, tout ou presque aurait été possible. Il semble donc tout à fait vraisemblable qu'Henri ait décidé d'organiser les choses pour ne plus avoir qu'un seul frère en face de lui, au lieu de deux. Guillaume mort et Robert au loin, Henri pouvait s'emparer du trône d'Angleterre, auquel il ne pouvait prétendre. Autre indice qui désigne Henri : Walter Tirel ne fut jamais poursuivi et ses terres ne furent pas même confisquées.

Mais était-il dans la nature d'Henri d'ourdir un complot si odieux ? Certes, il agissait de manière despotique et souvent cruelle, ne craignant pas de crever les yeux ou de castrer ceux qui se rendaient coupables d'un crime contre l'État. Son règne fut une époque de terreur calculée. Mais certains historiens le croient incapable de fratricide. De plus, qu'avait Tirel à gagner de sa collaboration avec un ennemi de Guillaume le Roux, son ami et son protecteur ? D'ailleurs, jusqu'à la fin de sa vie, Tirel clama son innocence.

Se peut-il qu'il y ait eu une troisième flèche, tirée non pas par Tirel mais par un chasseur inconnu ? Certains historiens accréditent cette thèse, d'autres celle du simple accident. A l'époque, la chasse était un sport dangereux ; les forêts étaient épaisses et plus d'un cavalier se brisait les jambes contre le tronc d'un arbre ou roulait à bas de sa monture, assommé par des branches. Les flèches perdues dans la furie de la poursuite étaient un danger constant. Le propre bâtard de Robert n'avait-il pas trouvé accidentellement la mort dans la même forêt, quelques années avant son oncle ?

Pourtant, les sceptiques qui repoussent le fratricide peuvent difficilement faire d'Henri un modèle d'amour fraternel. Au cours des trente-cinq années de son règne, Henri Ier Beauclerc arracha la Normandie au dernier frère qui lui restait et le jeta en prison, jusqu'à ce qu'il y meure à l'âge de quatre-vingts ans.

Représenté sur une gravure sur bois, le roi d'Angleterre Guillaume II le Roux, blessé d'une flèche, est assis sur son trône. On sait cependant que le roi trouva la mort alors qu'il chassait dans les bois de New Forest. L'événement est entouré d'un épais mystère, mais de nombreux contemporains y virent un signe de la vengeance divine pour les méthodes brutales que son père Guillaume le Conquérant avait utilisées pour chasser les Anglo-Saxons de la région, afin d'y planter la forêt qui deviendrait sa chasse personnelle.

Le suaire de Turin

Relique sainte ou œuvre d'un faussaire ?

DANS une chapelle de la cathédrale de Turin se trouve un linceul dans lequel des millions de chrétiens voient le suaire qui servit à ensevelir le Christ. Sur la toile, longue d'environ 4,50 m et large de 1 mètre, se dessine l'empreinte d'un cadavre dont les traits sont ceux d'un homme barbu. S'il est authentique, le suaire est la relique la plus émouvante qui nous soit parvenue du temps du Christ. Mais l'est-il ? Depuis des siècles, la question reste sans réponse.

La controverse fait encore rage, mais, paradoxalement, la science du XXe siècle n'est pas venue ajouter de l'eau au moulin des sceptiques. Au contraire, diverses analyses faites par des savants impartiaux tendent à démontrer que le suaire de Turin servit effectivement à ensevelir quelqu'un qui fut crucifié en Palestine vers l'époque de la mort de Jésus. Qu'il s'agisse ou non du corps du Christ, nous ne le saurons sans doute jamais avec certitude.

Le linceul porte l'empreinte d'un homme âgé de 35 à 40 ans, qui mesurait environ 1,60 m. Une blessure est visible au niveau des côtes, et les avant-bras portent des traces de plaies. Un objet suffisamment pointu pour entailler la peau — une couronne d'épines ? — paraît avoir entouré la tête de la victime. L'une des questions les plus controversées est de savoir comment le suaire peut bien porter une empreinte aussi nette du corps qu'il recouvrit un jour. Une autre question tout aussi troublante est que nous ne possédons aucune preuve certaine de l'existence du suaire avant

LE MYSTÈRE DU MANDYLION

Pour certains historiens, le Mandylion que révéraient les chrétiens de Byzance n'est autre que le suaire aujourd'hui conservé dans la cathédrale de Turin. Le Mandylion a inspiré de nombreux artistes au cours des siècles, comme en témoigne ce détail d'une œuvre de Hans Memling, peintre flamand du XVe siècle.

Où se trouvait donc le suaire de Turin avant 1357, lorsque la famille de Charny commença à le montrer, moyennant finances, aux pèlerins qui passaient par le petit village de Lirey ? Les sceptiques qui répondent à cette question en affirmant que le suaire est de fabrication relativement récente avancent comme principal argument que l'empreinte du visage du suaire ressemble beaucoup à l'image classique de Jésus : un visage barbu, impérieux, marqué d'un V au-dessus de l'arête du nez. Pour eux, cette ressemblance montre bien que le suaire est un faux, inspiré de l'imagerie conventionnelle du Moyen Age. Pourtant, tout porte à croire qu'il s'agit précisément du contraire et que les portraits traditionnels du Christ se sont en fait inspirés de l'image du suaire de Turin.

Selon une légende très ancienne, l'un des apôtres aurait guéri le roi lépreux Abgar d'Édesse (aujourd'hui Urfa en Turquie) en lui laissant toucher le suaire du Christ. Le linceul serait resté en possession d'Abgar, premier roi païen à se convertir au christianisme. Lorsque son successeur, Ma'anu, retourna au paganisme, les chrétiens d'Édesse protégèrent le suaire en le cachant dans une niche des murs de la ville, où il fut retrouvé près de cinq siècles plus tard. Ici s'arrête la légende, car nous savons de source sûre que les Byzantins révéraient tant une sainte relique, appelée le Mandylion (d'un mot grec qui désigne une robe ecclésiastique), qu'ils organisèrent une expédition en 944 pour la soustraire aux musulmans qui s'étaient emparés d'Édesse. Depuis cette date jusqu'au sac de Constantinople en 1204, le Mandylion fut conservé avec le plus grand soin. Il n'était montré en public que deux fois par an. Après 1204, il disparut à tout jamais.

Qu'était donc ce précieux objet ? Une sorte d'empreinte du visage du Christ sur un morceau de tissu. Et son influence sur l'art sacré après sa découverte dans les murs de la ville d'Édesse ne fait aucun doute. Avant le début du VIe siècle, Jésus était souvent représenté sous les traits d'un homme à cheveux courts, sans barbe. Par la suite, il a toujours les cheveux longs, une barbe, et un V nettement marqué au-dessus de l'arête du nez — autant de traits qui correspondent à l'image du suaire de Turin. N'est-il donc pas probable que le Mandylion, perdu en 1204, réapparut cent cinquante ans plus tard, sous la forme du suaire ?

Une objection à cette théorie est que le Mandylion n'aurait porté que l'empreinte du visage du Christ, pas celle de tout son corps. A cela, on peut répondre que le suaire porte des marques de plis et qu'il est donc possible que seule la tête ait été visible. Les Byzantins conservaient le Mandylion dans un cadre et ignoraient peut-être qu'il s'agissait en fait d'un suaire plié. Quoi qu'il en soit, il est plausible qu'il ait été sauvé du sac de Constantinople et emporté en France par les Templiers, riche ordre de religieux militaires.

A cause de leur puissance et de leur richesse, les Templiers avaient de nombreux ennemis dans le monde chrétien. L'un d'eux était le roi de France, Philippe IV le Bel, qui fit supprimer l'ordre et exécuter ses chefs sur le bûcher en 1313. L'une des victimes de Philippe le Bel avait pour nom Geoffroi de Charney, variante de Charny. Les héritiers de Geoffroi pourraient-ils être ceux qui exposèrent le Mandylion en 1357, alors reconnu comme le suaire du Christ ? L'hypothèse est plausible et expliquerait la réapparition d'une relique si étonnante après de nombreux siècles.

1357, date à laquelle il fut exposé dans le petit village français de Lirey.

A l'époque, le linceul appartenait à une noble famille française, les Charny, qui n'expliqua jamais comment il était tombé en sa possession. Parmi les nombreuses personnes qui ne doutèrent pas de son authenticité se trouvaient les puissants ducs de Savoie, auxquels la relique fut léguée en 1453. Ils la conservèrent d'abord dans leur capitale de Chambéry, où elle fut légèrement endommagée par le feu en 1532. Puis, en 1578, les ducs de Savoie transportèrent leur capitale à Turin, où le suaire fut conservé dans la cathédrale, dans une chapelle spécialement construite pour lui. C'est là qu'il repose depuis cette époque, sans que l'Église catholique se soit jamais prononcée sur son authenticité.

La première des analyses scientifiques réalisées pour authentifier la relique date de 1898. En fait, il s'agit d'une photographie prise par un Italien du nom de Secondo Pia. A sa grande surprise, le photographe constata que l'empreinte du corps était beaucoup plus nette sur le négatif que sur le positif de la photographie. Par la suite, une série d'études fit appel à des techniques de plus en plus précises, dont la plus complète fut celle de 1978, qui vit l'arrivée à Turin d'une équipe de spécialistes venant de plusieurs pays. Les savants purent utiliser à loisir toutes les méthodes modernes de datation des objets anciens, à l'exception d'une seule : la méthode du carbone 14, qui est la meilleure technique connue pour dater certains objets avec une précision relativement grande. La raison de cette exception est que, pour utiliser le procédé, il faut détruire de petites parties de l'objet examiné. Comme on pouvait s'y attendre, les autorités refusèrent d'y consentir.

Une théorie généralement admise par les sceptiques est que l'empreinte du suaire fut tout simplement peinte vers le XIVe siècle. Cette théorie a été reprise par Walter McCrone, un Américain spécialisé dans les faux. Persuadé que les taches sont trop vives pour du sang vieux de deux mille ans et qu'elles sont probablement faites d'un mélange d'oxyde de fer et de garance rose, McCrone a réalisé une habile imitation du suaire. Cependant, à la différence de l'original, sa peinture a pénétré les fibres et apparaît donc des deux côtés de la toile. Par ailleurs, depuis 1978, des savants de réputation internationale ont procédé à plus d'un millier d'analyses qui ont démontré que l'image du suaire de Turin n'a pu être peinte. Bien au contraire, il s'est avéré que les taches contiennent les proportions de

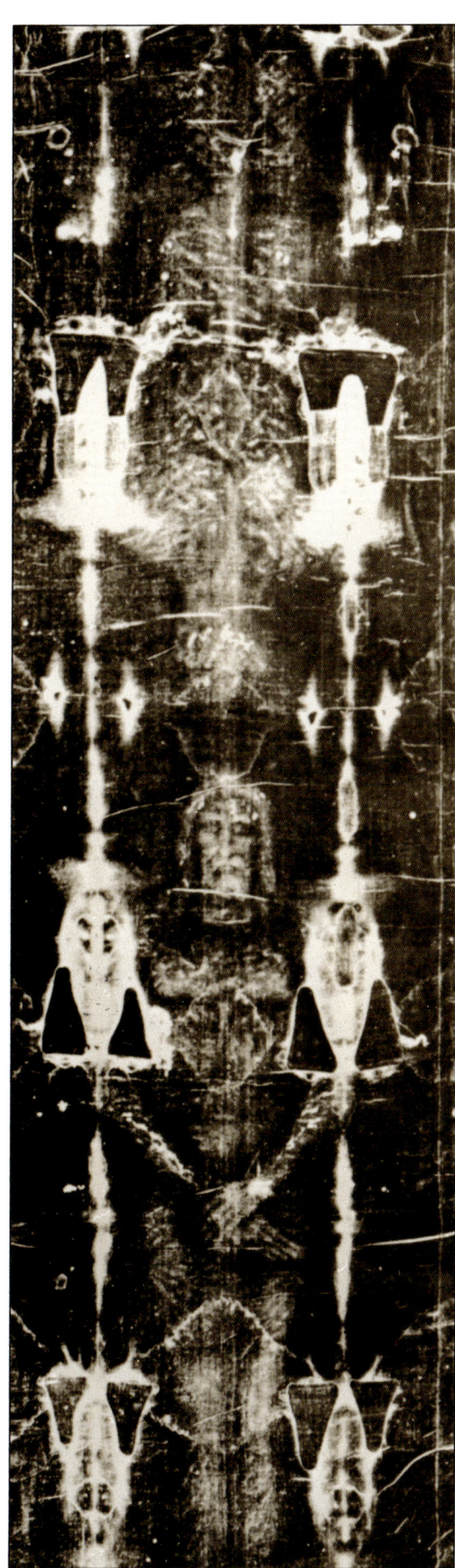

L'empreinte d'un corps torturé apparaît plus clairement sur les images en négatif du suaire de Turin. Pour de nombreux chrétiens, ce phénomène étonnant confirme l'authenticité du linceul. Qu'il s'agisse ou non du suaire du Christ, cette toile certainement très ancienne est un témoignage émouvant de la mort douloureuse d'un homme aux traits empreints de majesté.

calcium, de protéines et de fer que l'on retrouve effectivement dans le sang.

De plus, les savants ont retrouvé du pollen dans la toile du suaire. Or, sur les 49 espèces de spores qui s'y trouvaient, 33 provenaient de plantes qui ne poussent qu'au Proche-Orient. Enfin, des spécialistes des textiles ont conclu que le tissage de la toile est compatible avec les techniques que l'on utilisait en Palestine il y a deux mille ans et que ses fibres contiennent des traces de coton, une plante qui ne pousse pas en Europe. Si le suaire est l'œuvre d'un faussaire du Moyen Age, il faut donc que son auteur ait pris la peine de se procurer du coton et des spores de certaines plantes bien particulières pour tromper les savants du XXᵉ siècle.

Encore plus convaincant est l'étonnant effet tridimensionnel que l'on obtient en regardant l'image du suaire au moyen d'un instrument appelé scanner à trois dimensions. Aucune peinture connue ne produit cet effet. Comment le plus habile des faussaires aurait-il pu y parvenir ? Les hommes de science l'ignorent. Pour eux, l'explication la plus probable du phénomène est qu'il a été causé soit par la combinaison de la sueur d'un corps torturé et des aromates qui servirent à l'embaumer, soit par une sorte de « brûlure » de la toile, due aux effets chimiques d'une fièvre très élevée.

Ceux qui ont examiné le suaire ne croient guère qu'il puisse s'agir d'un faux. Selon eux, il est bien plus probable qu'il s'agit du linceul d'un Palestinien crucifié au Iᵉʳ siècle. Mais tant que l'Église n'aura pas autorisé les savants à faire une datation au carbone 14, ils ne pourront déterminer avec précision l'âge de cette émouvante relique.

Comment le devant et le dos du cadavre ont-ils pu laisser des empreintes sur le suaire ? Giorgio Giulio Clovio, peintre du XVIᵉ siècle, en donne une explication.

Les jeux des chevaliers
Les tournois : spectaculaires et meurtriers

A la lumière du soleil couchant, en ce jour de l'an 1180, un champ de Lagny-sur-Marne était jonché de cadavres, et les cris et les gémissements des blessés emplissaient l'air. Était-ce la fin sanglante d'une bataille entre les Français et une armée d'envahisseurs ? Pas du tout, mais les armes s'étaient pourtant entrechoquées. Des hommes étaient morts et d'autres étaient grièvement blessés, non pas au service d'une cause patriotique, mais tout simplement, pour le plaisir du jeu. Lagny-sur-Marne venait d'être la scène d'un tournoi ou plus de trois mille chevaliers s'étaient mesurés dans la lice, et le galop de leurs montures avait résonné toute la journée. Si vous aviez été là, nous dit un témoin de l'époque, « vous auriez entendu tel fracas de lances que la terre était jonchée de débris. Grand était le tumulte sur le champ ». Car c'était un tournoi à outrance, c'est-à-dire où les chevaliers « jouaient pour de bon ».

L'un après l'autre, les papes s'étaient élevés contre ces divertissements « exécrables et maudits », à cause du carnage dont ils étaient le prétexte et aussi parce que les nombreux chevaliers qui perdaient ainsi sans nécessité l'usage de leurs membres ou même la vie auraient été plus utiles aux croisades. Les prêtres craignaient également la débauche qui ne manquait jamais d'accompagner ces fêtes. Finalement, l'Église menaça d'excommunier les chevaliers qui participaient aux tournois et refusa même la sépulture en terre chrétienne à ceux qui tombaient en champ clos.

Mais ces menaces étaient vaines. L'attrait des grands tournois qui opposaient deux camps de chevaliers était trop fort, et ces jeux sanglants étaient le moyen tout trouvé de s'entraîner à la vraie guerre. « Un chevalier ne peut briller à la guerre s'il ne s'y est pas préparé au tournoi, déclarait un chroniqueur.

Il doit avoir vu son propre sang couler, entendu ses dents craquer sous les coups d'un adversaire. » Les grands tournois étaient aussi l'un des rares moyens pour un jeune homme de se faire un nom au Moyen Age. Il pouvait commencer sa carrière comme écuyer d'un chevalier, s'occupant de ses montures, de ses armures et de ses armes, suivant partout son maître aux tournois et à la guerre. Plus tard, l'écuyer deviendrait peut-être l'un de ces chevaliers errants qui allaient de tournoi en tournoi, offrant leur bras et leur courage à un camp ou à l'autre, en quête d'honneur et de fortune.

On pense que les tournois ont vu le jour en France, où ils étaient déjà solidement établis au XIe siècle, et qu'ils se répandirent ailleurs, particulièrement en Angleterre, où la mode voulait que l'on célébrât les mariages, les couronnements et les jours de fête par un grand combat. La plupart des tournois se tenaient entre gens d'une même région, mais

Seule l'élite pouvait faire les frais du coûteux équipement des chevaliers qui se battaient en champ clos. Cette illustration d'un manuscrit du Moyen Age représente le roi de Naples revêtu de son armure de tournoi.

LE CHEMIN DE LA GLOIRE

Le plus célèbre chevalier errant de l'Angleterre fut un homme du XIIe siècle, William Marshal, qui tenait son nom de la charge de maréchal qu'occupait son père, officier de cour responsable des soins aux chevaux dans les domaines de Mathilde d'Anjou, fille d'Henri Ier. A l'âge de huit ans, William fut attaché à la maison d'un baron normand, Guillaume de Tancarville, en qualité d'écuyer. Ce fut le début d'une ascension qui le fit passer de l'obscurité de quatrième fils d'un officier relativement modeste au titre de régent d'Angleterre.

William, qui obtint ses éperons de chevalier à vingt et un ans, devint très vite célèbre pour ses prouesses au combat. En quinze années, il aurait été du côté victorieux lors de cinq cents tournois. Durant une de ces rencontres, son casque fut tellement défoncé que, pour l'enlever, il dut poser la tête sur une enclume et demander à un forgeron de l'aider à se libérer.

Pour récompenser sa force et son courage en champ clos, le roi Henri II l'invita à sa cour. Peu après, William partit en Terre sainte, puis revint combattre aux côtés d'Henri contre les fils rebelles du roi, Richard Cœur de Lion, Geoffroi et Jean sans Terre. A la mort du roi, en 1189, son fils et successeur Richard le nomma comte de Pembroke, gardien des frontières du pays de Galles. William devint rapidement le plus important et le plus puissant pair du royaume. Et c'est sur lui que se porta naturellement le choix des barons pour le nommer régent d'Angleterre en 1216, à la mort de Jean sans Terre. Pendant trois ans, jusqu'à sa mort, William régna sur l'Angleterre en parfait souverain.

La joute, qui connaît aujourd'hui un regain de popularité, est soumise à des règles rigoureuses afin d'éviter les blessures.

A la grande époque des tournois, jusqu'à 3 000 chevaliers se battaient en même temps. Sur cette illustration, des hérauts font sonner leurs trompettes pour annoncer le début du combat. Dames et seigneurs observent la scène du haut d'une tribune surmontée d'un dais.

certains rassemblèrent des chevaliers de nombreux pays. Les enjeux étaient parfois très élevés, et les vaincus avaient de la chance de ne perdre que leur cheval ou leur armure, car, pour ceux qui étaient faits prisonniers, la rançon était souvent très lourde.

Une fois le défi lancé et accepté, le lieu et l'heure de la rencontre convenus, les préparatifs allaient bon train, dans une atmosphère d'excitation grandissante. Les hérauts galopaient de château en château, de ville en ville, pour annoncer le tournoi afin que les spectateurs accourent par milliers. Pour les dames et les notables, on dressait des tribunes couvertes de fanions et de tapisseries, encore qu'une fois le tournoi commencé les spectateurs perdaient souvent de vue les combattants qui se poursuivaient à des lieues à la ronde. L'arrivée des chevaliers, dans une nuée d'étendards et de bannières, était saluée par des fanfares de trompettes. Souvent, les dames conduisaient leur chevalier favori dans la lice — le champ clos où se déroulait le combat — en les tenant au bout d'une chaîne d'or ou d'argent. Puis elles leur remettaient un cadeau, par exemple un mouchoir ou une bague, avant de retrouver la sécurité des tribunes.

Dans un fracas assourdissant, les chevaliers armés d'une lance, d'une épée et d'un bouclier dont ils se serviraient s'ils perdaient leur monture, se mettaient en ligne et, au signal convenu, chargeaient. Naturellement, il fallait respecter les règles du code de chevalerie (par exemple, les coups ne devaient être ni trop hauts ni trop bas), mais lorsque la charge était devenue ce qu'on appelait une mêlée dans laquelle tournoyaient de nombreux chevaliers,

les uns encore à cheval, les autres à pied, il était bien difficile de rester maître de soi. C'est alors que le combat faisait des dégâts : des chevaliers piétinés sous les sabots de leurs chevaux, emprisonnés sous leur casque défoncé qui les étouffait, les membres à moitié sectionnés par les coups aveugles des lourdes épées.

Le combat se poursuivait jusqu'à ce que l'un des camps soit complètement battu ou qu'un héraut donne le signal de cesser le tournoi. On relevait alors les blessés, en espérant qu'ils vivraient assez longtemps pour participer à une autre joute.

A la fin du XIVe siècle, les choses changèrent du tout au tout. Deux chevaliers armés d'une lance de joute, vêtus d'une lourde armure étincelante, leurs boucliers ornés de leurs armoiries, leur casque surmonté d'un panache, galopaient lourdement l'un contre l'autre en combat singulier. La joute entre deux combattants devint le sport favori, rivalisant bientôt de popularité avec les grands tournois. Le spectacle valait la peine d'être vu, et le pire qui pouvait alors survenir aux combattants était souvent de voir trente-six chandelles lorsqu'un bon coup les mettait à bas de leur monture. Les vieux chevaliers n'appréciaient guère ces combats de mauviettes et ils se souvenaient avec nostalgie de l'époque de leurs aïeux où le grand tournoi vous préparait son homme à toutes les horreurs de la guerre. Comme le disait un chroniqueur de ces charges de front et de ces mêlées désespérées, « alors le chevalier pourra affronter la vraie guerre avec l'espoir d'être victorieux ». Il aurait fort bien pu ajouter : « Si Dieu lui prête vie ! »

L'étonnement du monde

L'Orient s'unit à l'Occident

Les foules qui se pressaient sur le passage de l'empereur ne pouvaient douter qu'elles contemplaient, médusées, le plus remarquable des monarques du Moyen Age. L'Europe n'avait jamais rien vu de comparable à cette extraordinaire cour itinérante. Tout d'abord arrivait une avant-garde de cavaliers sarrasins, dont les chevaux arabes et les tenues orientales devaient paraître follement exotiques aux badauds italiens ou allemands. Puis, bercées dans des palanquins haut perchés sur leurs chevaux, suivaient les beautés voilées du harem impérial, gardé par d'immenses eunuques noirs. Arrivait enfin la cavalcade de la cour, une longue suite de chevaliers et de courtisans dans leurs plus beaux atours, éclipsés par l'empereur lui-même, un homme

d'assez petite taille aux cheveux d'un roux éclatant. Derrière lui se succédaient en rangs pressés des pages qui portaient sur leur poing des faucons encapuchonnés. Puis venait la ménagerie impériale, avec ses léopards et ses guépards à la démarche ondulante, ses chameaux et sa girafe — la première qu'on eût jamais vue en Europe, présent du sultan d'Égypte. Et lorsque les derniers cuisiniers et clercs disparaissaient dans la poussière, les mères se penchaient pour dire à leurs enfants qu'ils venaient de voir l'empereur Frédéric, étonnement du monde.

Frédéric II, roi de Sicile, empereur germanique, roi de Jérusalem et de Chypre, qui vécut de 1194 à 1250, était véritablement pour ses fidèles la Stupor Mundi, l'étonnement du

LA PASSION DES OISEAUX

De nombreux princes du Moyen Age étaient fort habiles à la chasse au faucon. En compagnie de leurs fauconniers, ils aimaient à regarder ces beaux oiseaux s'élever très haut dans le ciel pour fondre sur leur proie. Mais le plus souvent, l'intérêt qu'ils portaient aux oiseaux s'arrêtait aux portes de leur cage. Frédéric II, en revanche, s'intéressait à tous les aspects de la vie des oiseaux, et il écrivit un ouvrage célèbre sur la question, *De arte venandi cum avibus (De l'art de chasser avec les oiseaux).* Œuvre authentiquement scientifique qui fit autorité jusqu'au XVIII siècle. Tout en rendant hommage à l'*Histoire des animaux* d'Aristote, alors considéré comme infaillible, Frédéric notait que « dans de nombreux cas, le philosophe grec semble s'être écarté de la vérité ». Qu'il ait pu corriger Aristote, Frédéric le devait aux longues heures qu'il avait passées à observer les oiseaux, dans la solitude des huttes de chasse dont ses domaines étaient couverts. L'empereur avait observé, par exemple, que les oiseaux qui grattent le sol pour y déterrer les graines ont le doigt intérieur de chaque patte marqué de stries. Il découvrit aussi la vérité sur la nidification des coucous en prenant avec lui un oisillon perdu et en observant sa croissance. Il suivit les migrations des oiseaux dans le sud de l'Italie et essaya même d'incuber artificiellement des œufs au moyen des rayons du soleil.

Mais les faucons et la fauconnerie exerçaient sur lui une véritable fascination, et l'empereur était certainement le plus grand maître de cet art à son époque. Ses meilleurs faucons venaient d'un pays qu'il appelait Yslandia, une île enneigée à mi-chemin entre la Norvège et le Groenland. Qu'il ait fait venir jusqu'à sa Sicile natale des

oiseaux sauvages capturés en Islande, entreprise alors semée de très grandes difficultés, dit beaucoup sur la passion que lui inspirait ce passe-temps.

L'empereur Frédéric II, habile fauconnier, est assis sur son trône en compagnie d'un faucon.

monde, un deuxième roi David ou même un Messie, venu rétablir l'âge d'or à Rome, purger une Église corrompue, instaurer la paix universelle. Mais pour ses nombreux ennemis, dont le pape, c'était l'Antéchrist lui-même, l'ennemi de la vraie foi, l'ami des infidèles et des juifs. Ne doutait-il pas ouvertement de l'immortalité de l'âme ? N'avait-il pas dit que Moïse et Jésus étaient les plus grands imposteurs de l'histoire ? Ne s'entretenait-il pas des heures durant avec des philosophes arabes ? N'avait-il pas un harem ? Et quand il partit en Terre sainte, au lieu de massacrer les musulmans de la belle manière, n'avait-il pas conclu un traité de paix avec eux ? Rien d'étonnant à ce que le pape l'eût excommunié deux fois et eût poussé les peuples à se rebeller contre lui.

Qui pouvait bien être cet homme pour susciter tant de calomnies ? Ses grands-pères étaient Frédéric Ier Barberousse, empereur germanique, mort à la croisade en 1190, et Guillaume II, roi de Sicile, deux des plus grands souverains de leur temps. Son père, l'empereur Henri VI, qui avait épousé Constance de Sicile, était mort en 1197 alors que Frédéric n'avait que trois ans, et l'enfant, laissé à lui-même, grandit dans la ville de Palerme. Or la Sicile avait été occupée par les Grecs, les Arabes et les Normands, ce qui avait donné une allure très cosmopolite à ses villes. Au contact des marchands juifs ou des artisans arabes et grecs, Frédéric eut certainement une éducation très différente de celle de la plupart des jeunes princes de son temps.

Quand, à dix-huit ans, en 1212, il fut élu roi des Romains, c'est-à-dire futur empereur, Frédéric était déjà un homme tout à fait extraordinaire. A une époque où l'Église imposait sa règle à tous les esprits, Frédéric était un chrétien plutôt sceptique prêt à admirer les bons côtés de l'islamisme et du judaïsme. Il avait des médecins juifs et des soldats arabes à son service, et il ne demandait qu'à s'imprégner de la sagesse des cultures infidèles.

Bien que l'histoire de sa rencontre avec saint François d'Assise soit apocryphe, elle est caractéristique de son esprit inquisiteur. A l'automne 1221, alors que, rentrant d'un pèlerinage en Terre sainte, il passait par Bari, une ville du sud de l'Italie, saint François fut invité par Frédéric à passer la nuit dans le château où il tenait sa cour. Frédéric fit entrer dans la salle où dormait le saint homme une merveilleuse femme, épiant son invité par un trou du mur. Saint François s'éveilla, répandit les braises brûlantes du foyer sur le plancher, s'allongea de tout son long sur les charbons ardents et invita la tentatrice à le rejoindre. Naturelle-

ment, la jeune femme prit la fuite. L'empereur entra alors dans la chambre et passa le reste de la nuit en conversation avec le saint. Ascétique et mystique, François était le contraire de l'empereur, sensuel et incrédule ; pourtant tous deux avaient beaucoup en commun, car l'un comme l'autre voulaient établir des relations pacifiques avec l'islamisme et réformer une Église corrompue.

Cependant, l'empereur s'intéressait plutôt aux choses de ce monde, et sa cour était un lieu de rassemblement pour les poètes et les artistes, une terre d'élection pour les jolies femmes, une deuxième patrie pour les troubadours de Provence. Frédéric lui-même était un poète de talent, et ses vers italiens influencèrent Dante. De même, dans ses grands travaux, Frédéric anticipa sur la redécouverte de la Grèce et de la Rome antiques en s'inspirant de leurs modèles.

Les lois que Frédéric édicta étaient très humaines pour leur temps, particulièrement à l'égard des femmes : elles avaient le droit d'hériter et étaient protégées contre les suborneurs trop entreprenants. Mais la réputation de précurseur de l'empereur dans de nombreux domaines n'aida pas sa cause dans la longue querelle qui l'opposa à la papauté, car celle-ci n'appréciait guère les innovations et se méfiait fort de ses intentions. Poussant les turbulentes cités du nord de l'Italie à se rebeller contre lui, les papes voulaient que leurs propres États du centre de l'Italie échappent aux pressions impériales, et c'est là qu'il faut voir la raison véritable des attaques qu'ils lancèrent contre Frédéric. Dans un tel climat de rivalité temporelle, les calomnies et les mensonges l'emportèrent sur la vérité, chaque partie accusant l'autre de tous les crimes.

Frédéric n'était certainement pas l'Antéchrist décrit par ses détracteurs ; il était en fin de compte davantage une énigme qu'une source d'émerveillement à une époque où la plupart des gens ne pouvaient apprécier son individualisme. L'homme était né avant son temps, précurseur de la Renaissance en plein Moyen Age, sceptique à une époque de foi profonde. Lorsqu'il mourut subitement en 1250, la légende qui entourait sa vie était telle que nombreux furent ceux qui refusèrent de croire à sa disparition. Mais s'il réussit dans la vie, il échoua dans la mort, car moins de vingt-cinq ans plus tard, tous ses héritiers étaient morts, victimes d'une lutte sans merci avec la papauté. Avec eux s'éteignirent les Hohenstaufen, la dynastie de Frédéric, Stupor Mundi, l'étonnement du monde.

Les bâtisseurs de la grande Zimbabwe

Pourquoi fut-elle abandonnée ?

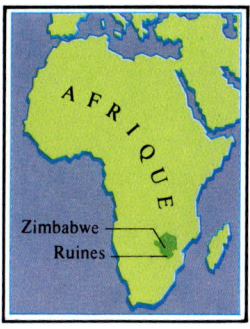

Les grandes ruines de Zimbabwe s'élèvent sur le versant méridional du haut plateau qui sépare le Zambèze du Limpopo. Ces vestiges, qui se dressent au milieu d'une région fertile, entre les mines d'or du Matabeleland, à l'ouest, et les ports de commerce de l'océan Indien, à l'est, témoignent de ce qui fut peut-être autrefois une importante cité commerçante.

LE géologue allemand Karl Mauch était perplexe. Au détour d'une piste qui s'enfonçait dans la savane de cette région du sud de l'Afrique, il venait de tomber sur les ruines d'énormes murailles de pierre, apparemment celles d'une ville abandonnée. Jamais, pensa-t-il, les indigènes d'Afrique n'auraient pu construire de tels murs. Après tout, n'y avait-il pas en Afrique que de primitives huttes de boue séchée ? Ces ruines, que les habitants de la région appelaient Zimbabwe (« maisons de pierre »), devaient donc être des vestiges laissés par une société plus avancée, venue du Nord. Mauch, qui fit sa découverte en 1871, avait tort, car cette impressionnante ville de granit fut certainement l'œuvre d'un peuple noir d'Afrique, et ce n'est que justice que le pays où se trouvent ces ruines ait pris le nom de Zimbabwe (ex-Rhodésie).

Les ruines se dressent dans une région toujours verdoyante de la vallée du Mtilikwe. Disséminées sur près de 25 hectares, les constructions de pierre, aujourd'hui dépourvues de toit, sont dominées par un mur d'enceinte que l'on a surnommé l'Acropole, à cause de sa situation au sommet d'une colline. En contrebas, dans la vallée, s'élève un temple dont le mur d'enceinte mesure plus de 90 mètres de long sur 65 de large. Entre les deux grandes ruines se trouvent les vestiges de nombreuses constructions plus petites.

Étonné que les Africains de la région ne sachent rien de l'histoire de ces massives constructions de pierre, Mauch décida qu'elles avaient dû voir le jour avec le commerce de l'or qui, selon l'histoire de la reine de Saba racontée dans la Bible, florissait aux environs il y a trois mille ans. Plusieurs « experts » se rangèrent plus tard à son avis : d'habiles architectes et ouvriers venus de quelque civilisation ancienne, comme l'Égypte ou la Phénicie, avaient construit ce comptoir commercial, la grande Zimbabwe, au cœur de l'Afrique. Tous ne partageaient pas cette opinion, mais une chose paraissait cependant certaine à tous ceux qui étudièrent ces ruines au XIXe siècle : les ancêtres des Bantous de la région auraient tout simplement été incapables de concevoir un ensemble architectural aussi imposant. Une théorie retenait tout particulièrement l'attention : Zimbabwe aurait été l'endroit où se trouvaient les mines fabuleuses du roi Salomon.

Mais l'Acropole africaine avait-elle pu vraiment voir le jour mille ans avant le Christ ? De nombreux archéologues en doutèrent, particulièrement lorsqu'un spécialiste écossais, David Randall-MacIver, publia les conclusions de son étude des ruines : les constructions de pierre n'étaient vieilles que de quelques centaines d'années ; elles n'étaient pas l'œuvre de voyageurs étrangers, mais bien celle de Noirs africains. Ces conclusions, formulées au début du siècle, furent confirmées par une archéologue anglaise, Gertrude Caton-Thompson, qui écrivit en 1929 : « L'étude de tous les indices recueillis, où que l'on cherche, n'a rien produit encore qui contredise l'origine bantoue des ruines et leur date, qui se situe au Moyen Age. » Les recherches ultérieures n'ont fait que confirmer cette thèse. Qui plus est, celle-ci concorde avec ce que nous savons de l'histoire des peuples bantous, un groupe originaire de ce qui est aujourd'hui le Nigeria et qui se déplaça graduellement vers le sud-est jusqu'à dominer, vers le début de l'ère chrétienne, le centre et le sud du continent.

Les analyses au carbone 14 semblent montrer que la construction de l'Acropole, partie la plus ancienne de la cité, aurait commencé dès le IIe ou le IIIe siècle de notre ère. Vers 1200, la région était sous la domination des ancêtres de l'actuel peuple Shona, les Mbire, mineurs, artisans et commerçants qui constituèrent une société bien organisée. C'est alors que furent probablement construits les grands murs de granit. Le temple est sans doute légèrement postérieur, et d'autres constructions apparurent durant les deux ou trois siècles suivants.

Quand et pourquoi le grand centre commerçant et religieux de Zimbabwe fut-il abandonné ? Les historiens ont aujourd'hui pratiquement la certitude qu'au début du XVIe siècle les habitants de la grande Zimbabwe avaient épuisé les réserves de nourriture et de bois que possédait la région. Peut-être y eut-il une série de sécheresses ou de mauvaises récoltes. Peut-être une culture trop intensive avait-elle épuisé le sol. Peut-être encore une épidémie catastrophique causa-t-elle l'extinction des troupeaux. Quoi qu'il en soit, la population de la grande Zimbabwe qui dépassait 3 000 habitants baissa graduellement, et les habitants de la ville se réfugièrent dans des régions plus hospitalières.

Un mystère demeure. Pourquoi le peuple Mbire a-t-il édifié de monumentales construc-

La grande enceinte du temple, dont les murs s'élèvent à plus de 10 m de hauteur, vue de l'Acropole de la grande Zimbabwe.

Mystérieuse et fascinante, la grande tour du temple est un superbe exemple de maçonnerie en pierres sèches ; elle a 10 m de haut et 16 de circonférence à la base. Pleine de la base au sommet, sans aucun moyen d'accès extérieur, elle était sans doute un symbole religieux plutôt qu'une tour de guet.

tions de pierre plutôt que de bâtir avec du bois ou de la boue ? Une explication possible est que Zimbabwe était un centre religieux dont les constructions devaient être à la mesure de l'importance. Mais il est plus probable que la grande Zimbabwe fut en fait un centre commercial, étape importante entre les mines d'or du Matabélé, à l'ouest, et la côte de l'océan Indien à l'est. On commença probablement à élever des murs de pierre pour relier les escarpements rocheux de la colline et faire ainsi des enclos pour le bétail. Mais la plupart des murs furent sans doute construits pour des raisons de prestige, pour que ceux qui faisaient du commerce avec les habitants de la grande Zimbabwe soient impressionnés par sa puissance et sa majesté. Bien des siècles plus tard, la grande Zimbabwe reste impressionnante, car, même abandonnées, ses ruines imposantes étonnent encore tous les visiteurs.

Repens-toi ou brûle vif

L'ultimatum de la sainte Inquisition

En ce dimanche 5 avril 1310, Bernard Gui, inquisiteur pour la ville de Toulouse, s'apprêtait à commencer le grand sermon général dans la cathédrale, l'*auto da fé* (l'« acte de foi »). Au centre, sur une tribune, se tenait le groupe de ceux qui avaient confessé leurs fautes, les hérétiques pénitents vêtus de l'infamante robe jaune. L'inquisiteur fit le sermon habituel, puis prononça le décret solennel d'excommunication de tous ceux qui entraveraient de quelque manière les procédures du Saint-Office. On fit alors lecture de leurs confessions aux pénitents, et chacun d'eux fut invité à dire s'il l'acceptait comme vraie. La question n'était posée qu'à ceux qui avaient confessé leurs fautes, si bien que tous répondirent par l'affirmative. Aucune scandaleuse protestation d'innocence ne devait troubler le bon ordre de la cérémonie. Chaque pénitent, en commençant par les moins coupables, faisait alors une déclaration de foi et de repentir, puis s'avançait pour entendre lecture de sa sentence. On gardait pour la fin ceux qui, malgré tous les efforts de l'inquisiteur, se refusaient à abjurer l'hérésie qu'ils avaient confessée. Ceux-là étaient « relaxés » des tendres soins de l'Inquisition, c'est-à-dire qu'ils étaient remis au bras séculier, qui les envoyait aussitôt au bûcher.

Pour éviter de profaner un lieu et un jour saints, les exécutions se déroulèrent le lendemain sur la grand-place. Aux cris de la foule, on ligota les hérétiques irréductibles sur un bûcher, tandis que l'inquisiteur leur demandait encore de se repentir pour sauver au moins leur âme, si ce n'était leur corps. Lorsque les dernières flammes s'éteignirent enfin, la foule se dispersa et Bernard Gui referma ses livres sur une chasse à l'hérétique qui s'était révélée particulièrement bonne : 65 personnes condamnées à la prison à vie, et 18 au bûcher.

Le midi de la France, comme la majeure partie de l'Italie et de l'Espagne, était alors plongé dans la terreur, car l'Inquisition, brutale et implacable, s'efforçait d'extirper toutes les formes d'hérésie. Le mouvement avait commencé au XIIIᵉ siècle et il se répandit rapidement dans tout le sud de l'Europe. A la différence de la célèbre inquisition espagnole, qui apparut plus tard et qui fut surtout dirigée contre les juifs et les musulmans dont les conversions récentes paraissaient suspectes, ses victimes étaient des catholiques baptisés que l'on soupçonnait d'être ne serait-ce que des sympathisants à la cause des sectes dont les enseignements s'écartaient de l'orthodoxie. En 1208, le pape Innocent III avait prêché une « croisade » contre une de ces sectes hérétiques du Languedoc, les albigeois. Ce ne fut que la première étape dans une bataille longue et cruelle contre l'hérésie qui balayait alors toute l'Europe. Cette bataille atteignit son point culminant en 1233, lorsque le pape Grégoire IX confia aux dominicains le soin d'enquêter sur les accusations d'hérésie.

Avant d'arriver dans une ville ou un village, l'inquisiteur informait les autorités locales de sa visite, et la population se rassemblait pour l'entendre prêcher. L'inquisiteur proclamait alors un temps de grâce de quinze ou trente jours, durant lequel les coupables pouvaient se présenter pour confesser leurs fautes et, plus important encore, pour dénoncer les autres. On imagine sans peine la terreur que pouvait inspirer cette procédure, alors que chacun se demandait si un voisin mécontent n'allait pas révéler telle ou telle parole prononcée à l'étourdie bien des années plus tôt. Souvent, les dénonciateurs agissaient par pure méchanceté, ou tout simplement pour sauver leur vie. A la fin du temps de grâce, l'inquisiteur prenait les choses en main.

Lorsqu'on était traduit devant l'inquisiteur, le seul salut était de faire des aveux complets et de dénoncer ses voisins. Personne ne disait à l'accusé qui l'avait dénoncé et les chances d'acquittement étaient bien minces, car l'inquisiteur tenait la culpabilité pour acquise, à moins que des preuves écrasantes ne démontrent l'innocence de l'accusé. Armés de pouvoirs presque sans limites, exemptés des règlements normaux, les inquisiteurs, choisis pour l'ardeur de leur foi, œuvraient dans le secret le plus complet jusqu'à ce qu'ils puissent amener leurs victimes à confesser publiquement leurs fautes au sermon général. Seuls ceux qui avaient avoué sans abjurer l'hérésie — à peine dix pour cent — étaient envoyés au bûcher. Mais aucun de ceux qui pénétrèrent dans les cachots de l'Inquisition n'en sortit jamais impuni. Dans la solitude et souvent dans l'obscurité, au pain sec et à l'eau, le prisonnier restait parfois des années en prison avant d'avouer, car le temps était l'une des principales armes des inquisiteurs. Nombreux également furent ceux qui moururent dans leur geôle.

Après qu'elle fut autorisée en 1252, la torture facilita la tâche des inquisiteurs. En théorie, une personne ne pouvait être torturée qu'une seule fois, mais les inquisiteurs contournèrent la difficulté en appelant chaque séance de torture la « suite » de la première. Les témoins soupçonnés d'hérésie pouvaient aussi être torturés, pour autant que la question ne les fasse pas saigner ni mourir.

Une fois les aveux obtenus, l'inquisiteur imposait des peines variables selon la gravité de l'hérésie. Pour les fautes légères, quelques prières ou un pèlerinage faisaient l'affaire, mais l'hérétique impénitent y perdait en même temps tous ses biens et sa vie. Parfois même l'Inquisition poursuivait ses victimes jusque dans la tombe. Son bras franchissait les frontières et sa mémoire était longue. Seul le pape pouvait annuler ses décisions, mais souvent ses protestations furent ignorées, car l'Inquisition ne connaissait d'autre loi que la sienne.

Le pape Grégoire IX ne comprit sans doute pas qu'il avait créé un monstre lorsqu'il autorisa l'Inquisition. Une fois la machine lancée, il devenait très difficile de l'arrêter, et seul le sentiment de tolérance religieuse qui se développa au XVIIᵉ siècle put freiner l'ardeur des inquisiteurs. Le dernier hérétique brûlé sur les bûchers de l'inquisition espagnole en 1787 ne fut que le dernier d'une dizaine de milliers de

LES CATHARES ET LES VAUDOIS

Parmi une foule de sectes dites hérétiques, deux se détachent plus particulièrement : les vaudois et les cathares (ou albigeois). Les vaudois prirent le nom de leur fondateur, Pierre Valdo — riche marchand lyonnais qui, après s'être converti vers 1170, créa une secte, les Pauvres de Lyon, et consacra sa vie à prêcher la pauvreté et le retour à l'Évangile. En 1183, les vaudois furent déclarés hérétiques. Malgré une féroce persécution, ils ne disparurent jamais complètement.

Les cathares avaient adopté une doctrine empruntée à l'Orient, selon laquelle tout le monde matériel était la création du démon. Au XIIᵉ siècle, ils fondèrent leur Église dans le sud de la France. Leurs rites étaient administrés par leurs prêtres, les « parfaits », qui pratiquaient rigoureusement ce qu'ils prêchaient. La corruption, le relâchement des mœurs et l'incompétence du clergé « officiel » furent en réalité à l'origine d'un grand nombre des hérésies du Moyen Age.

malheureux qui se rendirent coupables, au pire, de préférer simplement une forme différente de religion.

Sur cette scène d'un manuscrit du XVᵉ siècle, le roi Philippe Auguste assiste au supplice d'un groupe d'amalriciens. Ces hérétiques croyaient que tous les hommes avaient en eux une parcelle de divinité et que les cérémonies religieuses étaient donc superflues. Les membres de cette secte et de nombreuses autres qui s'écartaient de l'orthodoxie catholique furent envoyés en grand nombre au bûcher ou au gibet.

L'empire qui tenait à un fil

L'ingénieux système de comptabilité des Incas

En 1527, lorsque les Espagnols commencèrent à explorer la côte sud de ce qui est aujourd'hui l'Équateur, ils découvrirent un vaste empire qui s'étendait sur plus de 4 000 kilomètres. Cet empire sur lequel régnait un roi en qui ses sujets voyaient le descendant du dieu Soleil possédait un vaste réseau de routes pavées et de canaux d'irrigation. Les activités complexes des nombreuses tribus qui constituaient son importante population étaient réglées par un système d'administration efficace dont le siège était installé au centre de l'empire, dans la capitale Cuzco. Les Espagnols s'émerveillèrent des connaissances techniques et agricoles de ces « païens » civilisés, ainsi que de l'extraordinaire abondance de leurs objets d'or et d'argent, dont la facture était comparable et même supérieure à tout ce qu'on connaissait en Europe. Mais ce qui les étonna encore plus, c'est que les Incas ne savaient ni lire ni écrire. Ils n'avaient ni alphabet ni chiffres, pas même un langage pictographique élémentaire. La chose parut incroyable, car il était clair que l'empereur, l'Inca, disposait de renseignements précis sur la condition et l'âge de tous ses sujets, sur le contenu de ses greniers, sur les effectifs de ses troupes, sur l'or et l'argent qu'il possédait, bref, sur tout ce qui pouvait l'intéresser, par exemple l'histoire récente et le droit de son pays. Comment, se demandèrent les Espagnols, était-il possible de suivre toutes ces choses sans l'aide de documents écrits ? Ils découvrirent bientôt la clef de l'énigme : des fils que l'on nouait pour tenir les comptes, avec une précision telle, selon le mot d'un conquistador, que « pas même une paire de sandales n'aurait manqué ».

Ce système reposait entièrement sur le *quipu* (mot qui signifie « nœud » en quechua, la langue que parlait les Incas). En fait, il s'agissait d'une cordelette d'au moins 30 centimètres de long à laquelle étaient attachées des ficelles de couleurs différentes, d'où partaient encore d'autres brins de longueur variable. Grâce à cette combinaison de longueurs et de couleurs, les Incas parvenaient à tenir leurs comptes avec une grande précision. Avec le quipu, ils procédaient tous les ans à un recensement, évaluaient la récolte de l'année et tenaient le compte de toutes leurs possessions, depuis la laine jusqu'aux armes. Ils comptabilisaient le tribut que versaient les peuples vaincus, ainsi que les impôts dus à leur roi.

Partis de la région de Cuzco et du lac Titicaca, où leur civilisation se constitua entre le XIIe et le début du XVe siècle, les Incas conquirent en moins d'un siècle un vaste empire qui s'étendait le long des Andes, du nord du Chili à l'Équateur. Remarquablement organisé, cet empire avait à sa tête l'Inca, chef religieux et monarque absolu. En s'emparant de l'Inca Atahualpa, en 1532, le conquistador Francisco Pizarro allait détruire les fondements de cette civilisation.

LE QUIPU

Le système du quipu consistait essentiellement à faire des nœuds sur des longueurs variables de cordelettes de couleurs différentes. La combinaison des couleurs, de la position et du nombre des nœuds avait une signification précise pour qui connaissait le système. Celui-ci était beaucoup plus perfectionné qu'il ne pourrait sembler de prime abord. On pense que le quipu se lisait de droite à gauche sur la cordelette principale, en prenant tour à tour les petites cordelettes qui en partaient. Les couleurs indiquaient la nature de l'objet considéré (jaune pour le maïs) et son emplacement (une ficelle jaune attachée à une cordelette bleue indiquait que la réserve de maïs appartenait à telle ou telle province). La position et le nombre des nœuds sur une longueur donnée de ficelle fournissaient les indications quantitatives nécessaires. Par exemple, les nombres élevés, de plusieurs milliers d'unités, étaient indiqués par l'emplacement des nœuds. Le quipu servait aussi de moyen mnémotechnique, surtout lorsqu'il était utilisé par les fameux quipucamayocs. Ces hommes les employaient pour se remémorer les temps passés, ainsi la présence dans le quipu d'une cordelette principale de fil noir qui indiquait le passage du temps signifiait que le quipu renfermait des renseignements historiques. Un fil rouge attaché à la cordelette principale par un gros nœud indiquait la présence d'un empereur dans l'histoire, quatre nœuds sur ce fil voulant dire que les événements s'étaient déroulés au cours de la quatrième année de son règne. Un fil brun portant dix nœuds pouvait correspondre à la conquête de dix provinces ; d'autres cordelettes de couleur étaient ensuite nouées pour représenter les peuples conquis, les villes capturées et ainsi de suite.

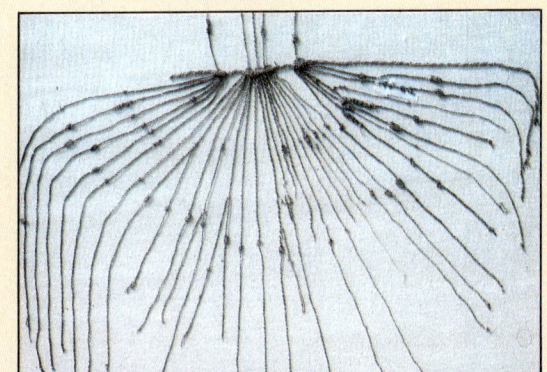

Ce que nous savons du quipu repose largement sur des spéculations. Sur l'illustration ci-dessus, extraite d'un livre écrit en espagnol par un Inca, un novice fait son apprentissage. Le quipu de l'illustration ci-contre, comme la plupart de ceux que nous possédons, n'est pas complet.

Bien entendu, le système n'était utilisable que par des gens spécialement formés à son emploi. Ces personnes, les *quipucamayocs*, étaient tenues en si haute estime qu'elles étaient exonérées des impôts et des corvées auxquels le reste de la population était assujetti. Chez les Incas de haut rang, l'apprentissage du quipu était un élément essentiel de l'éducation des garçons. Chaque village possédait au moins trois ou quatre camayocs, qui se contrôlaient fréquemment l'un l'autre. Chacun était chargé d'un domaine particulier : l'un des récoltes, l'autre du recensement, le suivant des armes, et ainsi de suite. Pour certains types de renseignements qui n'étaient pas chiffrés, par exemple l'interprétation de l'histoire, des légendes et de la loi, il fallait naturellement posséder une excellente mémoire. Ces renseignements étaient en grande partie transmis de bouche à oreille, d'une génération à l'autre, mais la tradition orale était complétée par des quipus où figurait le détail des dates, des quantités et des autres questions qu'il était possible de matérialiser au moyen des nœuds sur des fils de couleurs et de longueurs différentes.

« L'empire est gouverné par le quipu », écrivait un conquistador. En effet, l'ingénieux système était indispensable pour centraliser l'administration d'un si vaste domaine. Les quipus de toutes les villes et de tous les villages étaient donc envoyés à Cuzco, pour l'information des hauts fonctionnaires. C'est aussi par quipu qu'un messager apporta à l'empereur inca Atahualpa, dans la ville provinciale de Cajamarca, la nouvelle qu'une armée espagnole avait débarqué sur la côte, en mai 1532. Le quipu disait au roi combien d'hommes se trouvaient là et quelles étaient leurs armes. Le

messager ajouta sans aucun doute des précisions bien étonnantes sur leurs chevaux (des animaux si étranges pour les Incas qu'ils pensaient qu'homme et animal ne faisaient qu'une seule créature monstrueuse).

Avec la conquête espagnole, une langue écrite fit son apparition dans l'Empire inca, et la plupart des quipus furent détruits. Les nouveaux maîtres du pays n'essayèrent jamais de percer vraiment le secret de ces nœuds, et c'est ainsi que les archives les plus complètes qui aient jamais été réunies sur un empire et sur son peuple disparurent à tout jamais. La plupart des quipus que nous voyons aujourd'hui se trouvent dans des musées, bien qu'il en existe quelques modestes survivances dans les montagnes de l'Équateur, du Pérou et de la Bolivie. On peut encore voir, aujourd'hui, les descendants des anciens Incas tenir le compte de leurs moutons en faisant et en défaisant des nœuds sur de longues cordelettes.

Au cours de leur conquête extraordinairement rapide du Pérou, les conquistadors jouirent d'un avantage militaire incontestable. Montés sur des chevaux, revêtus d'armures, armés de mousquets, ils mirent facilement en déroute les Incas, qui n'avaient guère autre chose que des bâtons, des pierres et des flèches à leur opposer.

GRANDEUR ET DÉCADENCE DES INCAS

Les premiers Incas étaient une petite tribu d'agriculteurs qui vivait sur le versant oriental des Andes, dans ce qui est aujourd'hui le Pérou. Leur territoire ne dépassait guère les limites de leur propre village, dans la vallée de Cuzco. Les luttes constantes qui les opposaient à des tribus rivales et la nécessité de trouver de nouvelles terres cultivables les conduisirent graduellement à étendre leur territoire au XIIIᵉ et au XIVᵉ siècle. Mais ce n'est qu'au XVᵉ siècle, sous le règne de deux grands guerriers, l'Inca Pachacutec et son fils l'Inca Topa, que les Incas imposèrent leur domination dans les Andes. En une cinquantaine d'années, de 1438 à 1490, le domaine des Incas, situé autour de Cuzco, allait s'étendre sur 700 000 kilomètres carrés de montagnes, de plateaux, de plaines côtières, de jungles et de déserts, avec une population de 10 millions de personnes appartenant à plus de cent groupes ethniques et parlant une vingtaine de langues.

La gloire de l'Empire inca fut de courte durée. Avec 170 hommes seulement et l'aide de quelques tribus locales, Francisco Pizarro conquit l'empire en 1532, au nom du roi d'Espagne. En 1572, la dernière province inca indépendante était soumise et les fiers Incas travaillaient comme des esclaves sur les domaines de leurs nouveaux maîtres, ou dans leurs mines d'or et d'argent. Exténués par le labeur épuisant qu'on leur imposait, ou frappés par des maladies telles que la rougeole et la variole, contre lesquelles ils n'avaient aucune défense naturelle, des milliers moururent. Les Espagnols introduisirent l'alphabet, leurs lois et leur religion, dominant peu à peu tout le pays. L'Empire inca n'était plus qu'une province de l'empire espagnol.

La cité inca de Machu Picchu (page ci-contre), perchée dans les Andes, resta inconnue des Espagnols et ne fut découverte qu'en 1911 par l'Américain Hiram A. Bingham. Longtemps abandonnée, elle était cependant beaucoup mieux conservée que la plupart des autres villes incas auxquelles elle était reliée par un impressionnant réseau de routes jalonnées de relais que parcouraient des messagers. Ce sont d'ailleurs ces excellentes routes qui permirent à Pizarro d'avancer si rapidement.

Chanchán : la capitale des Chimús

La ville de Chanchán, dans le désert du nord du Pérou, était la capitale du puissant Empire chimú, qui s'étendait sur près de 1 000 kilomètres, le long de la côte pacifique de l'Amérique du Sud. Du XIIᵉ au XVᵉ siècle, les rois chimús agrandirent la cité jusqu'à ce qu'elle couvre 24 kilomètres carrés. Pourtant, après 1470, date de la conquête des Chimús par les Incas, la ville déclina. Soixante-cinq ans plus tard, lorsque les Espagnols y arrivèrent, elle était presque inhabitée.

Les archéologues ont découvert que la ville était dominée par neuf grandes enceintes rectangulaires, sans doute des palais royaux. Chaque enceinte était entourée de murs d'adobes qui atteignaient peut-être 10 mètres de haut, plus larges à la base qu'au sommet pour résister aux tremblements de terre. A l'intérieur, un labyrinthe de salles, de cuisines, de magasins et de cours d'honneur abritait la cour royale, mais le petit nombre des puits qui s'y trouvaient fait penser que les personnes qui vivaient dans chaque enceinte ne furent jamais très nombreuses. Certaines cours sont bordées de bâtiments, sur deux ou trois de leurs côtés, dans lesquels on a retrouvé des restes de textiles. Les archéologues pensent qu'ils faisaient partie du trésor royal, car, n'ayant pas de monnaie, les Chimús, tisserands accomplis, payaient impôts et tributs en textiles. Chaque enceinte contenait aussi une chambre funéraire en brique, entourée de nombreuses salles où se trouvaient les richesses qui devaient accompagner le monarque dans l'au-delà, ainsi que les cadavres de centaines de femmes sacrifiées pour suivre le roi dans son voyage. Tout comme leur palais était le signe de leur puissance temporelle, les différents rois faisaient ainsi construire leur·propre mausolée pour conserver, par-delà la mort, leur caractère divin.

Tassés autour des murs d'enceinte, on peut voir un fouillis de bâtiments irréguliers dont les contours incomplets font penser aux habitations des paysans péruviens de l'époque moderne : seul le côté face au vent est pourvu d'un mur plein ; les autres sont faits de clayonnages. Les archéologues pensent que les ouvriers et les artisans de la ville habitaient dans ces maisons, au nombre de 10 000, et estiment que la population totale de la ville était d'environ 50 000 habitants.

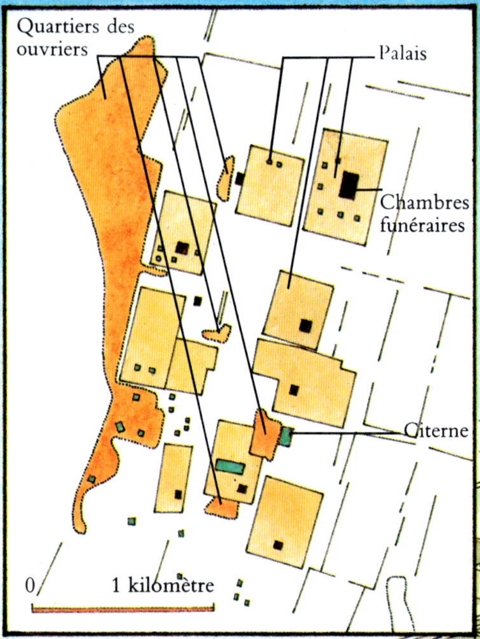

Quartiers des ouvriers

Palais

Chambres funéraires

Citerne

Chanchán

Plan de Chanchán et situation générale de la capitale en Amérique du Sud.

0   1 kilomètre

Poterie en céramique représentant un roi chimú.

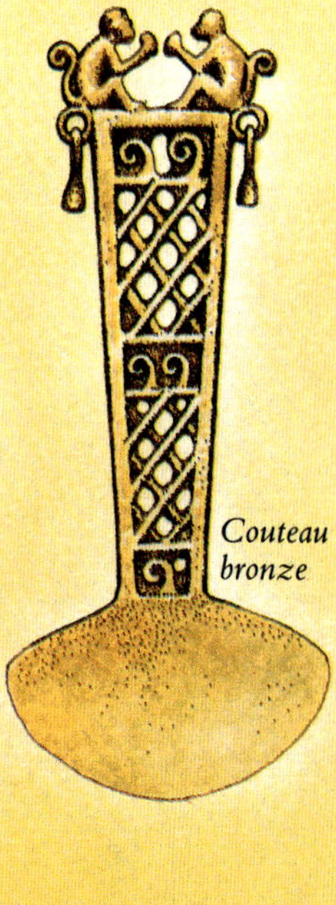

Couteau sacrificiel en bronze

Les rois chimús se faisaient enterrer assis dans leur mausolée, la tête recouverte d'un masque d'or et d'une coiffure de plumes, vêtus d'un fin tissu de laine de vigogne.

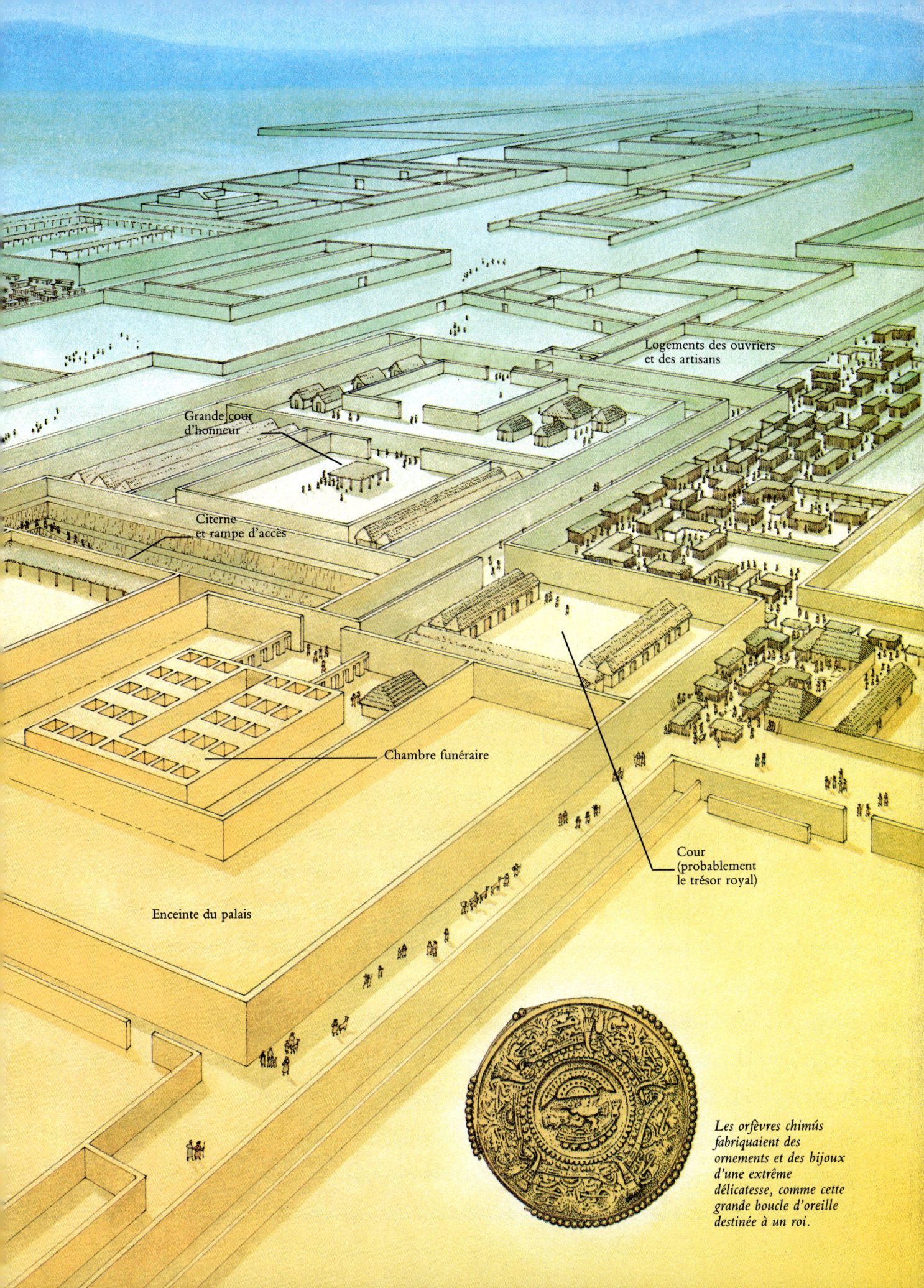

Logements des ouvriers
et des artisans

Grande cour
d'honneur

Citerne
et rampe d'accès

Chambre funéraire

Cour
(probablement
le trésor royal)

Enceinte du palais

*Les orfèvres chimús
fabriquaient des
ornements et des bijoux
d'une extrême
délicatesse, comme cette
grande boucle d'oreille
destinée à un roi.*

Les hordes de Gengis Khan
Un empire né au bord d'une rivière

Gengis Khan fut le premier à unifier les turbulentes tribus mongoles.

En 1206, une immense foule de nomades se rassembla sur les rives de l'Onon, en Mongolie, au cœur des steppes qui s'étendent de la grande muraille de Chine jusqu'à l'Oural et au plateau de Perse, pour un *kuriltai* (conseil général). Ils étaient venus sur leurs petits chevaux, pas plus grands que des poneys, mais extraordinairement robustes, pour rendre hommage à Temudjin, le chef autrefois obscur qui avait forgé une nation d'un chaos de tribus turbulentes. Ils saluèrent par de grands cris la nouvelle que Temudjin porterait désormais le titre de Gengis Khan, qui signifie « chef suprême » en langue mongole. A son tour, Gengis Khan fut le premier à utiliser le mot « mongol » pour désigner tous les peuples de l'Asie centrale.

Le nom de Gengis Khan a retenti dans les siècles suivants pour évoquer la destruction de puissants empires et le massacre de populations entières, car le *kuriltai* de 1206 ne marqua pas seulement la véritable naissance des Mongols comme peuple, mais il vit aussi le début de sept décennies de conquêtes incessantes. A sa mort, en 1227, Gengis Khan s'était taillé un empire qui s'étendait de la mer Caspienne à Pékin. Dans les cinquante années qui suivirent, grâce aux extraordinaires qualités guerrières du peuple mongol, à sa discipline et à la terreur qu'il inspirait, ses descendants élargirent les frontières de leur empire, de la Hongrie et de la Pologne, à l'ouest, jusqu'au Tonkin, au sud-est. Cet empire, créé dans un bain de sang et si promptement, était le plus vaste que le monde eût jamais connu.

Les Mongols croyaient que Temudjin, fils d'un petit chef de tribu, était né, vers 1162, en tenant dans son poing un caillot de sang, symbole de ses futurs exploits. Au temps de sa jeunesse, les peuples nomades de l'Asie centrale étaient divisés, et leurs nombreuses tribus, disséminées sur un vaste territoire, étaient facilement manipulées par les habitants sédentaires de pays dirigés par de puissants monar-

LA CLEF DU SUCCÈS

Terreur, tromperie, cruauté, autant de mots qui expliquent le succès des Mongols à la guerre. Mais derrière chaque triomphe, il y avait aussi le cavalier mongol : rapide, obéissant, intrépide et très résistant. Formé par une discipline de fer qui imposait le fouet ou même la mort pour une faute vénielle, c'était une formidable machine à combattre dont la mobilité n'eut pas son pareil avant les temps modernes.

Dès l'âge de trois ans, les garçons étaient ficelés sur une selle, et c'est là, à dos de cheval, qu'ils passaient le plus de temps. Les poneys mongols pouvaient franchir avec leurs cavaliers jusqu'à 120 kilomètres par jour, sans une seule halte pour boire ou manger. Dans les grandes plaines eurasiennes, la rapidité et l'énergie de ces montures donnèrent certainement aux troupes de Gengis Khan un immense avantage sur leurs ennemis.

Les troupes mongoles étaient organisées en *tumans,* groupes de 10 000 guerriers composés d'une dizaine de régiments de 1 000 hommes, chacun constitué de 10 escadrons. Les princes du sang commandaient les *tumans,* qui, à deux ou plus, formaient une armée. Des estafettes galopaient d'une armée à l'autre, maintenant l'unité générale des troupes, mais chaque commandant jouissait d'une grande liberté sur le terrain, une nécessité impérieuse pour des armées qui s'étiraient sur de grandes distances. En tête de chaque horde chevauchaient des éclaireurs et, bien en avant, un essaim d'espions, souvent recrutés parmi les marchands, avait pour mission de s'infiltrer dans les villes pour réunir des renseignements et répandre la panique.

Les khans firent bon usage d'une arme redoutable : la terreur systématique. Toute ville qui ne se rendait pas sur-le-champ n'avait aucune pitié à espérer. Les nouvelles de ce qui pouvait arriver, comme la destruction totale de Samarkand en 1220 et de Nishapur en 1221, deux des plus grandes villes de leur époque, et le massacre de tous leurs habitants, se répandaient assez vite pour qu'elles découragent toute résistance ailleurs.

Mais la reddition ne donnait pas toujours de meilleurs résultats, et les princes russes de Kiev, qui se rendirent en 1223 après avoir reçu l'assurance qu'ils seraient bien traités, furent écrasés sous des planches, alors que les Mongols festoyaient joyeusement au-dessus d'eux. Deux ans plus tard, les habitants de Hérat, ville frontalière du nord-ouest de l'Afghanistan, qui ouvrirent les portes de leur cité après qu'on leur eut promis la clémence, furent tous tués, et leur ville dévastée.

Mais si les Mongols furent aussi sanguinaires que les nazis de notre siècle, ils n'avaient aucun préjugé racial ou religieux. Sans doute poussaient-ils des paysans devant eux pour se protéger, mais ils ne méprisaient pas l'ennemi vaincu et cherchaient même à apprendre des peuples qu'ils assujettissaient. Ce fut certainement l'une des raisons de leur chute, car, à mesure qu'ils s'imprégnaient des douceurs des civilisations conquises, la fibre guerrière de ces nomades finit par s'amollir.

ques, comme ceux de la dynastie Chin du nord de la Chine. C'est ainsi que la Chine exerçait de loin sa domination sur les nomades qui vivaient au nord et à l'ouest de la Grande Muraille, utilisant le jeune Temudjin comme allié dans leurs luttes contre leurs adversaires, surtout les Tatars, qui étaient à l'époque la plus puissante des tribus mongoles. Un autre allié des Chinois — qu'ils tenaient en plus haute estime que Temudjin — était un puissant khan (chef) du nom de Toghril, dont Temudjin s'était habilement attaché l'amitié en lui offrant une fourrure de zibeline.

Dans sa volonté de conquérir le monde, Temudjin cultiva assidûment l'art de nouer de solides et utiles amitiés. A l'opposé, il n'hésitait pas non plus à abattre ses anciens amis, et c'est ainsi que, par une série de guerres et d'alliances mouvantes, après avoir assassiné Toghril et dispersé sa tribu, Temudjin devint le seigneur des Mongols, en 1206.

Lorsqu'il commença à conquérir les pays voisins, les Mongols étaient encore inférieurs, dans leur culture, leur technique et leur habileté à gouverner, aux peuples qu'ils subjuguaient. Même en nombre, ils étaient aussi souvent très inférieurs aux grandes armées de la Chine ou des vieilles civilisations fluviales de l'Asie centrale. Mais ce qui leur faisait défaut en connaissances ou en nombre, ils le compensaient amplement par l'extrême mobilité et la rapidité étonnante de leurs guerriers. L'histoire ne connaît pas d'exemple de terreur plus intense que celle que provoquait l'arrivée soudaine des hordes mongoles et de leurs cavaliers

montés sur leurs poneys lancés au grand galop. Cette terreur dura pendant tout le règne de Gengis Khan et pendant celui de ses successeurs immédiats. Pourtant, peu à peu, les Mongols assimilèrent les connaissances des peuples qu'ils avaient conquis et excellèrent bientôt dans l'administration, le travail des métaux, la chasse et les autres techniques qu'ils avaient ignorées jusque-là.

Ils acquirent aussi le goût des bonnes choses de la vie, dont ils étaient privés dans leur existence de nomades. Le khan se croyait investi d'une mission divine : conquérir le monde au nom du Ciel bleu éternel, mais ce qu'il offrait à ses fidèles était la perspective du butin et le service militaire, obligatoire pour tous les hommes de quatorze à soixante ans, n'allait pas sans quelques avantages. « Les futures générations de notre race, promit Gengis Khan lorsqu'il fut nommé chef suprême, porteront des vêtements brodés d'or, feront gras et mangeront des douceurs, monteront de beaux chevaux et tiendront dans leurs bras de belles femmes. » Lorsqu'il mourut, il avait, à peu de chose près, rempli ses promesses.

Sous le règne de son fils, Ogoday Khan, la Russie, la Perse, l'Arménie et le Tibet vinrent s'ajouter à cet empire déjà immense ; et le neveu d'Ogoday Khan, Kubilay Khan (dont nous parle Marco Polo), y ajouta de nouveaux territoires pendant son règne (1260-1294), notamment la partie méridionale de la Chine. Mais Kubilay Khan eut le tort de prendre au pied de la lettre les paroles de son grand-père, abandonnant complètement la rude simplicité de la vie mongole traditionnelle pour lui préférer les splendeurs des empereurs chinois dont les Mongols avaient pris la place. Son règne marqua la fin non seulement des agressions mongoles, mais de l'État mongol lui-même. Kubilay Khan régnait sur son vaste empire depuis Khanbalik, l'actuelle Pékin, mais la domination sur la Chine et les guerres incessantes qu'elle entraînait étaient plus qu'il n'en fallait pour occuper pleinement même un

homme aussi doué que lui. Finalement, il ne put dominer, même indirectement, le trop vaste empire mongol, qui, après sa mort, se scinda en khanats autonomes en Perse, en Russie et en Asie centrale. Le grand empire fondé par Gengis Khan s'était désintégré, mais le nom de cet homme qui avait fait d'une horde de cavaliers nomades les conquérants de la moitié du monde connu était à jamais gravé dans la mémoire de l'humanité.

Les bâtisseurs de cathédrales

Chaque pierre raconte une histoire

Au Moyen Age, la construction d'une cathédrale durait si longtemps que les maçons et les tailleurs de pierre, comme ceux de cette peinture de Fouquet, voyaient rarement de leur vivant l'achèvement de l'œuvre qu'ils avaient commencée.

LES puissantes colonnes de la cathédrale de Chartres s'élancent et s'épanouissent en une forêt de pierre, majestueuses et aériennes. La lumière du soleil qui passe à travers les vitraux teinte le dallage d'une mosaïque de couleurs riches et profondes. Vaisseau aux lignes pures et élégantes,

Notre-Dame de Chartres marque peut-être l'apogée de l'architecture gothique en France.

En 1194, la basilique romane qui se trouvait au même endroit fut presque complètement détruite par le feu. Mais la consternation de la population de cette petite ville de marché se transforma en allégresse lorsqu'on découvrit dans les décombres le fragment d'une tunique, que l'on disait avoir été portée par la Vierge Marie. Que la tunique ait échappé miraculeusement à l'incendie fut interprété comme un signe de la grâce de Dieu et les habitants de Chartres décidèrent de construire une nouvelle cathédrale, plus belle que toutes les autres. C'est ainsi que toute la ville contribua aux travaux, les uns avec leur sueur, les autres avec leurs dons : des pierres, du bois, du verre, et bien sûr de l'argent.

En trente et un ans, l'essentiel de l'ouvrage était achevé : presque un miracle, car l'unité et la symétrie exceptionnelles de la cathédrale de Chartres n'étaient le résultat d'aucun plan détaillé, et aucun maître architecte n'avait non plus dirigé les travaux. Au Moyen Age, les grands édifices étaient largement l'œuvre de maîtres artisans, qui, avec l'aide de leurs compas, de leurs équerres et de leurs rapporteurs, délimitaient le tracé des fondations, posaient les dallages, construisaient les murs et les colonnes, ajoutaient les toitures, entourés de nombreux compagnons et apprentis. Chaque corps de métier utilisait ses propres unités de mesure : tantôt l'ancien pied romain (295 mm), tantôt le pied anglais (305 mm), le pied royal (325 mm), ou encore le pied germanique (333 mm). Il est donc étonnant qu'une telle improvisation collective ait donné de si merveilleux résultats.

Sans aucun plan d'ensemble pour les guider,

on pourrait penser que ces artisans eussent choisi d'utiliser des méthodes de construction éprouvées de longue date. Il n'en fut rien. Ils bâtirent une nef, un chœur et des transepts plus hauts qu'on ne l'avait jamais fait ailleurs, ils élargirent les verrières pour inonder l'intérieur de lumière et placèrent harmonieusement de gracieux arcs-boutants qui venaient soutenir le poids de l'édifice et maintenir les murs qui n'étaient plus qu'une dentelle de pierre. Pourtant, le désastre se produisait parfois, comme à Beauvais quelques années plus tard, où le chœur s'effondra deux fois pendant les travaux.

Qui étaient ces hommes qui firent surgir Chartres de ses fondations avec l'audace et la vision de véritables artistes ? Non seulement nous ne savons pas grand-chose de leurs méthodes de travail, mais, à quelques rares exceptions près, leurs noms nous sont également inconnus. Pourtant, les artisans ont laissé derrière eux des indices. Un peu partout dans la cathédrale, le visiteur peut voir des signes et des symboles, par exemple des initiales, le dessin d'un poisson ou d'un visage, gravés au burin dans les vieilles pierres. C'étaient les marques personnelles des maçons, destinées à l'origine à tenir le compte des travaux effectués par chacun, aujourd'hui un lien ténu qui nous fait remonter jusqu'à ces extraordinaires ouvriers à l'œuvre il y a huit cents ans.

Certains spécialistes s'interrogent sur les liens qu'ils découvrent entre les ouvrages de pierre de la cathédrale et l'idée que se faisait le Moyen Age d'un ordre mathématique divin, sorte de géométrie cosmique qui embrassait tout l'univers. Pour eux, une grande cathédrale comme celle de Chartres était probablement construite comme une sorte d'écho de cet ordre cosmique.

Une autre question les intrigue : le coût de cette gigantesque entreprise. Qui finança la construction de la cathédrale dans ce qui était au XIIIᵉ siècle une toute petite ville de province, de moins de 2 000 habitants ? L'envergure des travaux était colossale pour une collectivité de cette importance, une collectivité qui n'avait ni banque ni source établie de crédit. Nous ne savons presque rien de la manière dont les fonds nécessaires furent réunis. Nous savons cependant que le diocèse de Chartres comptait plus de neuf cents paroisses : chacune d'elles dut sans doute contribuer régulièrement aux frais des travaux. Par ailleurs, l'une des plus grandes foires de France se déroulait tous les ans à Chartres, et les marchands étaient sans doute généreux. Mais une partie des fonds vint peut-être aussi de l'ordre

VILLARD DE HONNECOURT, MAITRE BATISSEUR

Parmi les maîtres bâtisseurs français du Moyen Age, un nom se détache de l'anonymat, celui de Villard de Honnecourt. Comme tant de ses confrères, Villard, qui naquit vers 1200 dans le petit village de Honnecourt, près de Cambrai, ne cessa de voyager de ville en ville pendant les grands travaux de construction qui marquèrent le XIIIᵉ siècle. Offrant ses services d'architecte et de dessinateur, il fut parmi ceux qui construisirent les grandes cathédrales gothiques de Chartres et de Reims, ajoutant sa science et son art à ceux des maîtres qui l'avaient précédé. Il alla même jusqu'en Hongrie, et participa certainement à la construction de la cathédrale de Cambrai.

Nous ignorerions tout de Villard si un cahier de ses dessins n'avait pas survécu jusqu'à nous par un caprice du hasard. Aujourd'hui conservé à la Bibliothèque nationale, le manuscrit est rempli de plans, d'élévations, de détails architecturaux, de dessins de vitraux, de motifs décoratifs en pierre ou en bois. Les pages consacrées à la toiture et aux autres techniques de l'époque nous donnent des renseignements précieux sur la théorie et la pratique de l'architecture au Moyen Age. Au-delà de son intérêt strictement architectural, le cahier de Villard est aussi le témoignage d'un esprit remarquablement inventif. Nous y voyons le dessin d'une scie actionnée par une roue à aubes, celui d'une arbalète dotée d'un nouveau type de visière, une sphère ingénieuse pour se réchauffer les mains et un mécanisme élaboré dont l'aiguille suivait la progression du Soleil dans le ciel.

On y trouve aussi d'innombrables croquis de personnages, d'animaux et d'insectes, établis à partir de schémas géométriques, ainsi que la formule d'un remède dont le principal ingrédient est le cannabis et quelques conseils utiles pour le domptage des lions.

Il ne subsiste plus aujourd'hui que 33 pages du cahier de Villard.

des Templiers, corps d'élite, formé de religieux militaires, qui fut fondé en Terre sainte en 1119, peu après la première croisade, pour faire partout la guerre aux infidèles. La puissance et la richesse des Templiers étaient si grandes que les rois eux-mêmes s'en inquiétaient. Dans la région de Chartres, de nombreuses légendes font un lien entre les Templiers et la cathédrale. Cependant, la cathédrale elle-même ne nous fournit aucune preuve décisive, et beaucoup de questions resteront à jamais sans réponse.

Au moment de sa consécration, en 1260, la cathédrale de Chartres était une extraordinaire œuvre d'art, non pas le fruit d'un homme de génie, mais celui de la foi et de la volonté d'une ville tout entière. Pendant des siècles, elle joua le rôle de toutes les grandes églises de l'époque : non seulement un lieu de culte, mais aussi le foyer de la vie de la cité. En temps de crise comme en temps de liesse, tout le monde se rassemblait sous ses hautes voûtes. Échoppes et étals se pressaient autour d'elle, parfois même jusque sous ses portes. Et c'est sur son parvis que chacun venait voir les miracles, ces drames sacrés qui racontaient au peuple la vie des saints.

Les esclaves-rois de l'Égypte

De l'esclavage au trône

E la Sibérie jusqu'en Syrie, les Mongols écrasèrent royaume après royaume. Apparemment invincibles, leurs armées avançaient en 1260 sur l'Égypte. Le Caire n'allait pas tarder à tomber, comme l'avait fait Bagdad. Il n'en fut rien. Lorsque les troupes mongoles et égyptiennes s'affrontèrent à Ayn Djalut, près du lac de Tibériade, les envahisseurs, battus à plate couture, durent rebrousser chemin, et ils ne menacèrent jamais plus l'Égypte.

La bataille d'Ayn Djalut est remarquable à plus d'un titre, mais surtout parce que l'armée égyptienne se composait presque totalement d'étrangers. A part un très petit groupe d'Égyptiens, ses soldats étaient tous des mamelouks (d'un mot arabe qui signifie « celui qui est possédé ») ou des descendants de mame-

louks, esclaves étrangers qui s'engageaient dans l'armée et obtenaient leur liberté en échange.

Au IXe siècle, les califes de Bagdad commencèrent à utiliser dans leurs armées des esclaves achetés dans les steppes turques. Bientôt, presque tous les pays musulmans prirent l'habitude de se procurer des adolescents sur les marchés d'esclaves d'Asie pour en faire des soldats. Et presque partout dans le monde islamique, le résultat fut le même : d'esclaves, les mamelouks finirent par devenir les maîtres.

L'histoire des mamelouks d'Égypte illustre bien cette ascension. Avant le début du XIIe siècle, les armées égyptiennes se composaient de paysans mal entraînés qui n'avaient aucune envie de faire la guerre, ou encore d'esclaves noirs et de mercenaires dont la loyauté n'avait

LES GROS BONNETS MUSULMANS

Dans le monde de l'islam médiéval, les titres de sultan ou de vizir avaient une signification aussi précise que ceux de président de la République ou de Premier ministre aujourd'hui. Le premier titre était celui de calife, dont le porteur était considéré comme successeur de Mahomet et chef spirituel de tout l'Islam. Cette charge réunissant entre les mêmes mains la puissance politique et la puissance religieuse, le califat suscita bientôt d'intenses rivalités. Les sultans ressemblaient davantage aux rois et empereurs du XIXe siècle,

chefs suprêmes temporels sur leur territoire, mais sans pouvoir spirituel sur le clergé, au moins en théorie. Les sultans de la dynastie des Mamelouks détenaient le pouvoir réel, ne laissant au calife qu'une autorité spirituelle assez floue.

Le vizir, chef d'état-major du souverain, avait le pouvoir d'exécuter ses ordres. Il était nommé par le sultan ou le calife. Quant à l'émir — mot qui signifie « chef » —, c'était effectivement un chef — tant militaire que civil, général ou colonel pouvant gouverner de vastes territoires.

Sur ce tableau attribué à Gentile Bellini, peintre italien du XVe siècle, le gouverneur mamelouk de Damas reçoit une ambassade chrétienne. Guerriers de formation, les mamelouks avaient cependant des liens culturels étroits avec tout le monde connu de l'époque.

rien d'inébranlable. Pour remédier à cette faiblesse, les Égyptiens commencèrent à incorporer dans leurs troupes régulières des mercenaires venus de l'étranger, par exemple de Turquie et du Kurdistan. Au cours de la deuxième moitié du XIIe siècle, le grand guerrier Saladin, fléau des croisés chrétiens, devint d'abord vizir, puis sultan d'Égypte. Sous lui, un corps d'esclaves, certains achetés sur les marchés, d'autres pris parmi les prisonniers turcs et circassiens de Gengis Khan, vint grossir les rangs de l'armée. Au combat, ces soldats firent merveille, si bien que Saladin et ses successeurs remplacèrent graduellement leurs troupes de peu combatifs paysans par un nombre de plus en plus élevé de ces robustes esclaves. Finalement, au XIIIe siècle, l'armée égyptienne était presque entièrement composée de mamelouks.

L'attitude des musulmans à l'égard de l'esclavage était très différente de ce qu'elle fut plus tard dans les pays occidentaux. Les riches Égyptiens qui achetaient de jeunes garçons pour les remplacer, eux et leurs fils, à la guerre avaient tout intérêt à les traiter comme des membres de leur famille. Et la flétrissure attachée à la condition servile, pour les hommes comme pour les femmes, n'était pas indélébile. Les jeunes mamelouks étaient formés dans des écoles militaires. Arrivés à l'âge adulte, ils recevaient la liberté, un équipement militaire, et une terre qui leur permettait de faire vivre leur famille. Puis ils étaient affectés aux troupes du sultan ou de l'un de ses colonels ; mais tous les officiers, comme leurs soldats, se recrutaient dans les rangs des mamelouks.

Il était dès lors inévitable — même si les émirs et les sultans d'Égypte ne s'en rendirent pas compte immédiatement — que les soldats mamelouks finissent par obéir avec plus de loyauté à leurs commandants qu'à leurs lointains maîtres égyptiens. Et c'est ainsi qu'au milieu du XIIIe siècle, la puissante armée que les sultans avaient formée pour protéger leur trône devint assez forte pour les renverser. Lorsque le sultan al-Malik al-Salih mourut en 1249, les mamelouks exécutèrent son successeur et choisirent un monarque dans leurs rangs. Pendant près de trois siècles, l'Égypte et la Syrie restèrent aux mains de sultans mamelouks. L'accession au trône et aux hautes charges du royaume n'était pas héréditaire : il fallait la mériter (ou plutôt l'emporter de haute lutte). Sur une cinquantaine de sultans, un grand nombre ne régnèrent que très peu de temps, car les factions rivales rusaient pour s'assurer la suprématie, particulièrement après le premier siècle de la dynastie des Mamelouks. Celle-ci disparut finalement en 1517, lorsque l'Empire ottoman, alors en pleine expansion, défit les mamelouks et occupa l'Égypte.

Le plus grand des guerriers mamelouks fut probablement Baybars, le général vainqueur des Mongols à Ayn Djalut en 1260. Rentré triomphalement au Caire, il commença une carrière de sultan dont on parle encore dans les cafés de la ville, pour ses nombreux accomplissements pacifiques et militaires. Pourtant, on disait que ce Turc aux yeux bleus avait été acheté sur le marché aux esclaves de Damas pour 500 pièces d'argent, quelques dizaines d'années avant de monter sur le trône.

Les vêpres siciliennes
Massacre au son des cloches

LES ivrognes déclenchent souvent des bagarres, mais rarement des guerres. Le soldat français Drouet, qui faisait partie de l'armée de Charles Ier d'Anjou, nommé roi de Sicile par le pape en 1266, fait exception à la règle. Le lundi de Pâques de l'an 1282, il fit éclater une guerre qui redessina la carte de l'Europe, réduisit la puissance de la papauté et humilia le roi le plus puissant de l'Europe occidentale.

Tous les lundis de Pâques, les habitants de Palerme, la ville où Drouet était en garnison, avaient pour coutume d'assister aux vêpres en l'église de l'Esprit-Saint, hors les murs de la vieille ville. L'occasion était un prétexte à la liesse populaire, et, comme à l'accoutumée, la foule riait et chantait sur la place en attendant le début du service. Les Siciliens étaient de fort belle humeur, jusqu'à ce que Drouet et une poignée de Français quelque peu éméchés décident de se joindre à la fête, et se fraient brutalement un chemin jusqu'au milieu d'eux. Le plus brutal de tous fut Drouet. Ayant remarqué une jolie fille — une jeune mariée accompagnée de son mari —, il s'approcha d'elle et tenta sa chance. La jeune femme

LES CHARRETTES SICILIENNES

L'incident qui déclencha la révolte des Vêpres siciliennes est l'un des épisodes les plus colorés de l'histoire de l'île, où il tient une place toute particulière. L'honneur d'une femme, la fierté d'un peuple, la violence, le bain de sang, tout cela fait un splendide récit dramatique que les générations se sont transmises pendant sept cents ans, d'abord de bouche à oreille, puis par d'autres moyens : pour raconter leurs histoires les Siciliens utilisent la charrette décorée, un art que les habitants de l'île ont porté à la perfection au cours des siècles.

Les charrettes décorées de Sicile sont traditionnellement peintes en rouge, jaune, bleu et vert, couleurs qui symbolisent les oranges, le soleil, la mer et les pâturages de l'île. Chaque charrette témoigne du rang de son propriétaire. Les plus belles sont entièrement sculptées, depuis les roues et les essieux jusqu'aux panneaux de la caisse. Mais l'artiste réserve tout son talent au panneau arrière, où sont représentés les événements mémorables de l'histoire de la Sicile. Et les scènes qui reviennent le plus fréquemment sont soit des épisodes des croisades, soit la révolte des Vêpres siciliennes.

La décoration de cette charrette sicilienne illustre des scènes de l'invasion de la Sicile par les Normands, au XIe siècle.

protesta, son mari se mit en colère et, avant qu'on ne puisse l'en empêcher, sortit un couteau et poignarda Drouet à mort. Au même moment, les cloches commencèrent à sonner les vêpres.

Pendant quelques instants, ce fut la consternation dans la foule. Puis son humeur changea. Alors que Drouet s'effondrait, les Siciliens s'élancèrent contre les Français, tailladant furieusement ceux qu'ils considéraient comme leurs oppresseurs. Quelque quinze années d'occupation n'avaient pas été sans répressions ni injustices. La révolte, encouragée en sous-main par l'Aragon, couvait. Elle se déchaîna. Aucun des compagnons de Drouet n'eut la vie sauve. De tous côtés montait le cri « *Murano li Francisi !* (Mort aux Français !) », répété de maison en maison, de rue en rue. Le massacre qui aboutit à ce que les historiens appelèrent les Vêpres siciliennes avait commencé. Il continua le reste de la journée et la majeure partie de la nuit à Palerme, puis gagna rapidement toutes les garnisons de l'île. De jeunes Siciliens, fous furieux, s'emparaient de tous les Français qu'ils pouvaient trouver et les massacraient impitoyablement. Aucun Français, ni les Siciliennes mariées à des Français, ni les religieux des monastères n'échappèrent à leur vengeance. Moins de vingt-quatre heures après l'affront de Drouet, plus de 2 000 Fran-

çais avaient trouvé la mort, hommes, femmes et enfants.

Ce massacre marqua de fait la fin du règne du roi français de Sicile, Charles Ier d'Anjou, frère de Saint-Louis. Peu de temps plus tard, le soulèvement encouragea les ennemis de Charles dans toute l'Europe à venir au secours des Siciliens. Charles persuada le pape Martin IV, un Français, de condamner le soulèvement et de déclarer une guerre sainte en son nom. Mais cette manœuvre n'eut pas le résultat escompté. L'idée de combattre pour un homme aussi impitoyable et impopulaire que Charles offensa tant de chrétiens que cette « croisade » n'aboutit pas à grand-chose et que l'autorité du pape en fut considérablement diminuée.

Charles lui-même ne vécut pas assez longtemps pour voir la fin de la révolte. Il mourut avant d'avoir pu écraser les insurgés, laissant derrière lui non pas le puissant empire qu'il avait mis tant de soins à construire, mais un royaume profondément troublé, assailli de tous les côtés, ses frontières enfoncées les unes après les autres. L'ivrognerie du soldat Drouet avait coûté fort cher à son royal maître.

Les archers de Crécy

L'arme redoutable des Anglais

Sur le champ de bataille d'Azincourt, un archer en costume du Moyen Age. L'arc anglais du XIVe siècle était puissant et précis, mais il fallait un excellent entraînement pour bien l'utiliser. Dans toutes les villes et tous les villages d'Angleterre, les hommes s'entraînaient tous les dimanches au tir à l'arc.

L'APPARITION de l'arc dans les armées anglaises au XIVe siècle entraîna une véritable révolution dans l'art de la guerre. Pour la première fois, ce n'était plus les chevaliers qui décidaient du sort des batailles, mais de simples paysans. Pendant des générations, les édits royaux encouragèrent les plantations d'ifs, ces arbres à croissance lente dont étaient faits les meilleurs arcs, ainsi que l'entraînement régulier au tir à l'arc, tous les dimanches après-midi, dans toutes les villes et tous les villages d'Angleterre, car ce n'était qu'au prix de cet entraînement constant que l'archer acquérait la précision et la force nécessaires pour bander son arc. Ainsi, alors que les chevaliers français continuaient de regarder de bien haut la piétaille, ses valets d'armes, les Anglais formaient des archers qui firent bientôt merveille sur les champs de bataille.

C'est à la bataille de Crécy, en 1346, première bataille décisive de cette longue lutte qui opposa les Anglais aux Français que nous appelons la guerre de Cent Ans, qu'une Europe étonnée découvrit la puissance dévastatrice de l'arc, utilisé par des soldats entraînés et disciplinés. Le roi Édouard III d'Angleterre avait débarqué en Normandie avec une petite armée comptant 2 400 chevaliers, 12 000 archers et quelques troupes d'infanterie. Après avoir menacé Paris, il dut battre en retraite vers la Picardie devant l'armée trois fois plus nombreuse de Philippe VI de France. Serré de près, il se décida à faire face et s'installa sur les collines de Crécy. C'était le matin du 26 août, et une page importante de l'histoire de la guerre au Moyen Age allait être tournée : désormais, le chevalier revêtu de sa lourde armure ne serait plus invincible.

Les chevaliers français, qui, montés sur leurs destriers, étaient prêts à charger impétueusement, sûrs de la victoire, ignorèrent l'ordre que leur donnait leur roi d'attendre le reste de l'armée, et ils ordonnèrent aussitôt à leurs mercenaires génois de tirer une volée de carreaux avec leurs arbalètes afin d'affaiblir les Anglais. Les 5 000 Génois, couverts de sueur et fatigués par une marche de 30 kilomètres, avancèrent. Mais avant qu'ils soient à portée de l'ennemi, les 6 000 archers qui se trouvaient en face lancèrent une pluie de flèches qui les tailla en pièces. En quelques minutes, la plupart des Génois étaient morts ou blessés et les survivants prenaient la fuite en traversant les lignes françaises.

Philippe VI ne se souciait guère du sort de ces malheureux mercenaires. « Tuez-moi ces coquins qui barrent notre route sans raison », cria-t-il, et les chevaliers français s'élancèrent pour massacrer les Génois. Mais, à leur tour, ils se trouvèrent à portée des archers anglais,

LA GUERRE DE CENT ANS

Dans la cathédrale de Canterbury, le gisant du Prince Noir, fils aîné d'Édouard III, évoque le modèle du noble guerrier chevaleresque. Pourtant, pour les habitants du sud-ouest de la France, qui le virent conduire ses hommes au cours de ces innombrables « chevauchées » qui firent tant haïr les Anglais, le noble Prince Noir était sans doute plutôt un brigand qu'un chevalier. Partout, les Anglais pillaient les maisons et brûlaient les champs. Et les malheureux paysans se demandaient sans doute la raison de toutes ces batailles auxquelles nous avons donné le nom de guerre de Cent Ans.

Ce nom ne correspond d'ailleurs pas à la réalité, car la guerre de Cent Ans fut en fait une longue série de guerres qui durèrent 116 ans. Elles commencèrent en 1337, lorsque Édouard III d'Angleterre annonça qu'il revendiquait le trône de France et déclara une guerre qui allait durer jusqu'en 1360. Par sa mère Isabelle de France, Édouard était duc de Guyenne et devait à ce titre jurer foi et hommage au roi de France, qui se sentait menacé par la présence d'un duc si puissant sur le sol français. Finalement, Édouard obtint le sud-ouest de la France par le traité de Brétigny (1360). En 1380, la majeure partie de ces territoires avaient été repris par Charles V et du Guesclin.

Henri V, arrière-petit-fils d'Édouard III, qui, comme lui, revendiquait le titre de roi de France, reprit la lutte et écrasa la noblesse française à Azincourt, en 1415. En 1420, par le traité de Troyes, Henri V semblait triompher : il devenait régent du royaume de France et forçait le dauphin, héritier du trône de France, à se réfugier au sud de la Loire (le « roi de Bourges »). Pourtant, la victoire française était proche, et, inspiré par Jeanne d'Arc, Charles VII, par une série de victoires, refoula les Anglais hors de France. Lorsqu'en 1453 la guerre cessa, les Anglais n'étaient plus maîtres que du port de Calais. Ce dernier bastion anglais en France devait être repris en 1558 par le duc de Guise.

Cette scène de la bataille de Crécy illustre bien la principale faiblesse de l'arbalète. Cette arme était pourtant si précise, et les carreaux qu'elle tirait si meurtriers, que les papes cherchèrent à plusieurs reprises à l'interdire. Mais l'arbalétrier, qui devait recharger son arme et la bander, se trouvait exposé pendant de longues secondes aux flèches des archers, dont la cadence de tir était très supérieure.

qui faisaient pleuvoir sur eux 50 000 flèches à la minute. En vagues successives, les chevaliers s'élancèrent contre les lignes anglaises et s'arrêtèrent avant de les atteindre, dans un chaos de cris et de hennissements. Les chevaliers qui étaient démontés se trouvaient à peu près immobilisés par leur armure, et ils étaient une proie facile pour les fantassins anglais qui se glissaient parmi eux, armés de couteaux et de masses d'arme.

A la tombée de la nuit, l'armée française battait en retraite ; parmi les morts se trouvaient Jean l'Aveugle, roi de Bohême, et le puissant comte de Flandre. Philippe VI lui-même avait eu son cheval tué sous lui, et il dut s'enfuir à Amiens avec une escorte de cinq barons seulement, au lieu des centaines de chevaliers qui, le matin même, l'accompagnaient. Le lendemain était un jour brumeux, et de nouvelles troupes françaises qui avan-çaient encore, ignorant l'issue de la bataille, tombèrent dans une embuscade tendue par les archers anglais. Au cours d'un seul de ces affrontements, 1 562 chevaliers restèrent sur le terrain.

La défaite de Crécy eut en France l'effet d'un coup de tonnerre. Dix ans plus tard, elle fut suivie par une autre défaite, à Poitiers, où les archers anglais triomphèrent à nouveau des chevaliers français. Cette dernière défaite obligea le roi de France à céder Calais et une partie du Sud-Ouest à l'Angleterre par le traité de Brétigny (1360).

Lorsque les Français et les Anglais se rencontrèrent à nouveau, à Azincourt, en 1415, les Français n'avaient toujours pas tiré les leçons de leurs défaites. Gênés par leurs lourdes armures, leurs chevaliers s'embourbèrent dans un champ labouré, cibles faciles pour les archers anglais, qui triomphèrent à nouveau.

UNE ARME REDOUTABLE

Si l'arc est connu depuis des temps très reculés, l'arc d'homme d'armes qui fit la fortune des armées anglaises en France était une invention relativement récente.

L'arc était depuis longtemps utilisé pour la chasse et pour le plaisir, mais il fallut qu'Édouard Iᵉʳ d'Angleterre ait à combattre, à la fin du XIIIᵉ siècle, les remarquables archers gallois qui s'étaient soulevés contre lui, pour qu'on en comprenne toutes les possibilités militaires.

Les Anglais adoptèrent donc l'arc et en firent une redoutable arme de guerre. Vers le milieu du XIVᵉ siècle, c'était l'arme privilégiée du peuple anglais. Son emploi n'exigeait aucune habileté particulière, mais beaucoup de force et un entraînement constant.

A l'époque de Crécy, l'arc de l'homme d'armes mesurait environ 2 mètres de long. Pour mieux assurer le tir, son bois était droit au centre, sur une cinquantaine de centimètres, à l'endroit où l'archer posait sa flèche. L'if était le bois le plus apprécié, mais on utilisait aussi le chêne et l'érable. Pour les flèches, longues de 1 mètre et munies de pointes d'acier, on se servait de bouleau, de frêne ou de chêne. Ces flèches ne pouvaient percer l'armure d'un chevalier, mais elles suffisaient certainement à tuer les chevaux, moins bien protégés, et à désarçonner ainsi le chevalier, qui une fois à terre, alourdi par son armure, était une proie facile pour l'infanterie ennemie.

Si les archers anglais ne venaient pas de la noblesse, ils n'étaient pas nécessairement pauvres. Équipé d'un casque d'acier, d'une casaque de cuir renforcée par du métal, d'un manteau qui servait aussi de couverture et d'une paire de bottes, l'archer portait avec lui une réserve d'eau et la ration d'une journée. Il était armé d'une épée qu'il fichait en terre devant lui pour briser les charges de cavalerie. Montés sur des poneys qui les rendaient très mobiles, les archers constituaient des corps d'élite et recevaient trois fois la solde des fantassins ordinaires. Ils formaient en général des compagnies de cent hommes dirigées par des capitaines qui veillaient à leur entraînement.

Après les désastres de Crécy et de Poitiers, on aurait pu croire que les Français auraient suivi l'exemple des Anglais et adopté leur arme meurtrière. Ils continuèrent pourtant à préférer la cavalerie lourde et les arbalétriers. L'arbalète, utilisée depuis le XIIᵉ siècle, était plus précise à courte distance entre les mains d'un soldat peu entraîné, mais sa cadence était très inférieure à celle de l'arc — 2 carreaux à la minute, contre 10 à 15 flèches pour l'arc — et sa portée était beaucoup plus courte que les 270 mètres de ce dernier, comme les Génois le découvrirent à leurs dépens à Crécy. De toute façon, les Français considérèrent toujours l'arbalète comme une arme auxiliaire, préférant consacrer tout leur temps et leur argent à leur noble cavalerie.

C'est sans doute pour cette raison qu'ils hésitèrent à adopter l'arc. De plus, il n'aurait peut-être pas été très avisé de mettre une arme aussi redoutable entre les mains des paysans, alors que la France était agitée par de nombreuses révoltes paysannes aux XIVᵉ et XVᵉ siècles. Pourtant, la supériorité de l'arc était manifeste, et en 1448, Charles VII organisa enfin un corps d'élite, les francs archers, qui contribua à faire pencher la balance en faveur de la France à la fin de la guerre de Cent Ans. En Angleterre, les archers continuèrent à occuper une place importante dans les armées anglaises jusqu'à sous le règne d'Henri VIII, au XVIᵉ siècle, mais les armes à feu les écartèrent graduellement du champ de bataille. Lorsqu'on pensa encore les utiliser en 1815, à la bataille de Waterloo, l'extraordinaire technique des archers était depuis longtemps oubliée.

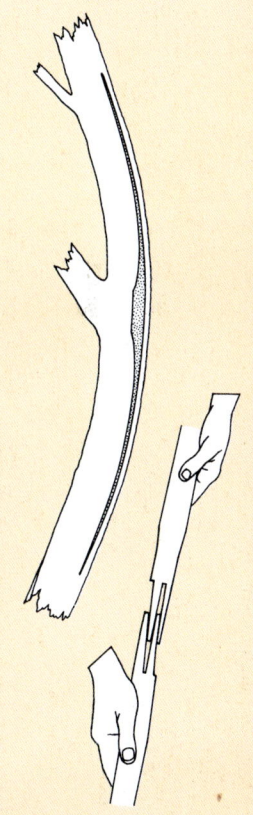

Le bois de l'arc devait être aussi droit que possible. Comme les tiges de longueur suffisante étaient rares, on utilisait le plus souvent deux tiges réunies ensemble par un assemblage à languettes.

Le livre de Marco Polo
Un fabuleux récit d'aventures

I L y a sept cents ans, alors que les républiques de Gênes et de Venise étaient en guerre, un écrivain, Rustichello de Pise, fut jeté dans une prison de Gênes. Cette mésaventure allait être en fait un heureux coup du sort, car Rustichello partagea sa geôle avec un merveilleux conteur : un marchand vénitien que les Génois avaient capturé en mer. Il s'appelait Marco Polo et sa tête était pleine d'extraordinaires aventures vécues. De cette rencontre entre un écrivain et un homme qui avait voyagé jusqu'aux confins de la terre naquit un livre que Rustichello rédigea sous la dictée de Polo : *le Livre des merveilles du monde*, ou *le Livre de Marco Polo*.

En 1260, le père de Marco, Niccolo, et son oncle Maffeo, deux marchands vénitiens, s'étaient rendus par voie de terre de la côte de la mer Noire jusqu'aux immensités inconnues de l'Asie centrale. A l'époque, toute l'Asie, de la mer Noire jusqu'au Pacifique, était sous le joug des terribles Mongols. Mais les frères Polo découvrirent qu'ils n'avaient pas grand-chose à craindre des khans (chefs mongols), plus que disposés à faire du commerce avec les Européens. A Boukhara (dans l'Ouzbékistan actuel), les deux marchands rencontrèrent un messager du grand khan Kubilay, conquérant de la Chine, qui les conduisit par voie de terre

jusqu'au Cathay, comme s'appelait alors la Chine (du nom mongol *Khitai*).

Somptueusement reçus par le khan Kubilay, le père et l'oncle de Marco rentrèrent en Italie porteurs d'un message dans lequel le Grand Khan demandait au pape d'envoyer au Cathay cent missionnaires. Le voyage de retour avait duré trois ans, mais les frères Polo, nullement découragés, repartirent en 1271, sans se douter que vingt-quatre ans s'écouleraient avant qu'ils revoient Venise. Cette fois, ils étaient accompagnés du jeune Marco, âgé de dix-sept ans, qui allait faire avec eux un long périple, d'abord par voie de terre jusqu'au Cathay, puis par la mer pour le retour, en passant par l'Asie du Sud-Est, l'Inde et le golfe Persique.

Si les voyageurs n'amenaient pas avec eux tous les missionnaires qu'il avait demandés, le Grand Khan fut pourtant enchanté de les revoir et combla Marco de ses faveurs. Marco parcourut de long en large la Chine mongole ; il s'enfonça au sud jusqu'en Birmanie, puis fut envoyé en mission, par bateau, jusqu'à Ceylan. En plus de tout ce dont il avait été le témoin, Marco rapporta plus tard à Rustichello d'innombrables choses qu'il avait entendu dire sur la vie des pays de l'Extrême-Orient, et qui paraissaient toutes plus invraisemblables les unes que les autres pour ses

Marco Polo, en costume tartare. Les explorateurs de son époque, à la différence de ceux du XIXe siècle, adoptaient généralement les vêtements des pays qu'ils traversaient, plus appropriés au climat. Cette habitude leur valut peut-être aussi l'amitié des populations qu'ils rencontraient, comme ce fut le cas de Marco Polo et de ses compagnons.

La population de Venise assiste au départ de Marco Polo pour l'Orient, en 1271. Son voyage en Asie, son séjour de seize ans en Chine et le retour par voie de mer lui prirent quelque vingt-cinq ans. De retour à Venise, on le traita d'abord comme un imposteur.

1295 : LE RETOUR A VENISE

Lorsque Niccolo, Maffeo et Marco Polo s'embarquèrent pour rentrer à Venise, en 1292, après un séjour de vingt et un ans en Orient, le khan Kubilay leur demanda d'escorter la princesse mongole Kokachin, qui devait épouser Arghun, khan de Perse. Forte de 600 hommes, la troupe partit d'Amoy, sur la côte sud de la Chine, à bord d'une flotte de 14 navires. Leur première escale, après trois mois de route, fut Sumatra, où les voyageurs attendirent pendant cinq mois à l'abri d'une estacade, sous les attaques constantes des « vilains et méchants » habitants de Sumatra, qu'un vent favorable les porte jusqu'en Inde. La traversée de l'océan Indien prit encore dix-huit mois, et la petite flotte allait s'amenuisant tandis qu'un bateau après l'autre tombait aux mains des pirates de la côte de Malabar.

Lorsqu'ils arrivèrent à l'île d'Ormuz, dans le golfe Persique, moins d'un tiers des hommes avaient survécu. Arghun de Perse était mort, mais les Vénitiens confièrent la jeune princesse Kokachin aux soins de Ghazan, fils d'Arghun, et futur époux. Un dernier voyage terrestre conduisit Marco à Trébizonde, sur la mer Noire, et de là, il s'embarqua pour Venise où il finit par arriver après trois années de voyage. Depuis longtemps, on les croyait tous morts et on les accueillit d'abord comme des imposteurs. Mais les voyageurs — si l'on en croit l'histoire — déchirèrent les coutures de leurs habits, laissant tomber à terre une pluie de pierres précieuses qui ne pouvaient provenir que d'Asie.

contemporains. Par exemple, les Vénitiens s'enorgueillissaient d'être les maîtres de la Méditerranée, et voilà que cet homme les assurait qu'ils étaient des barbares en comparaison des foules innombrables qui vivaient dans cet Orient « païen ». Les Vénitiens pouvaient-ils vraiment croire Marco lorsqu'il leur disait que la ville chinoise de Kinsai (Hang-chow), où vivaient des centaines de milliers de personnes, comptait 10 énormes marchés, 12 000 ponts, 144 000 ateliers et 1 600 000 maisons. Ou encore, pouvait-on ajouter foi à ses histoires de fontaines d'où jaillissait une épaisse huile (les champs de pétrole de Bakou), de roches que l'on broyait sous une meule pour en faire un tissu qui résistait aux flammes (l'amiante), de pierres qui brûlaient comme des bûches (le charbon) et, au lieu d'honnêtes pièces d'or et d'argent, de morceaux de papier dont les Chinois se servaient comme monnaie ?

Bien des Vénitiens sceptiques — sans parler de quelques historiens modernes — accusèrent Marco Polo de s'être laissé follement emporter par son imagination. Ses contemporains lui donnèrent le surnom de Messire Milione, tant à cause des richesses qu'il avait rapportées que de ses incroyables exagérations, mais il leur aurait été bien impossible de ne voir en lui qu'un fou ou un imposteur. Les choses auraient été différentes s'il avait voyagé seul, mais son père et son oncle étaient là pour confirmer ses récits, si ce n'est avec le même luxe de détails. Et Rustichello ne fait que dire la vérité lorsqu'il écrit que « depuis l'époque où le Tout-Puissant créa Adam… jusqu'à ce jour, aucun homme, chrétien ou païen, tartare ou indien, de quelque race que ce soit, a connu ou exploré tant de parties différentes du monde et de ses grandes merveilles que ce même messer Marco Polo ».

Lorsque Marco mourut (vers 1323), son histoire était déjà connue dans une bonne partie de l'Europe. Recopié et traduit dans de nombreuses langues, *le Livre de Marco Polo* devint très populaire et ne cessa de l'être jusqu'à ce jour. L'ouvrage n'est pas un simple recueil de faits et d'informations ; il raconte aussi une extraordinaire aventure, pleine de rebondissements. Marco frôla la mort plusieurs fois et échappa de justesse à la maladie, aux brigands, à un naufrage, aux pirates et aux bêtes sauvages. Certains incidents sont peut-être grossis ou même inventés, mais certainement pas tous. Pourtant, ce ne sont pas ces aventures hautes en couleur qui ont fait du *Livre de Marco Polo* un ouvrage capital pour l'histoire du monde. Marco voyait la vie avec les yeux d'un marchand avisé, qui observe et qui est curieux de tout. C'est ce qu'il dit des profits que pourrait procurer le commerce de l'or, des bijoux, de la soie et des épices à quiconque oserait affronter la dépense et les dangers du long voyage en Orient, qui enflam-

Marco Polo, son père et son oncle furent parmi les premiers Européens qui visitèrent la Chine. Ils y découvrirent une civilisation qui dépassait de loin celles de l'Europe de l'époque, une société plus riche et plus évoluée que toutes celles qu'ils avaient rencontrées sur leur route. Dans cette scène d'un film sur les voyages de Marco Polo, tourné à Pékin, le khan Kubilay, accompagné de ses enfants, de sa suite et de ses gardes, reçoit en grande pompe les trois voyageurs.

ma l'imagination des Européens du XIVᵉ siècle.

Moins de cinquante ans après la mort de Marco, la route terrestre que les Polo avaient empruntée pour se rendre en Chine fut fermée aux aventuriers européens par l'effondrement de l'Empire mongol et l'ascension des Turcs antichrétiens. Mais on n'oublia pas ce que Marco avait dit des richesses fabuleuses du Cathay et des Indes. On n'oublia pas non plus qu'il prétendait que la Chine et les îles du large étaient bordées à l'est par un océan qui s'éten-

dait sans aucun doute jusqu'aux côtes d'Europe. Pour un certain marin génois du XVᵉ siècle, cette conviction devint une magnifique obsession : Christophe Colomb partit d'Espagne en 1492 pour franchir cet océan. C'est donc en partie à un obscur écrivain du nom de Rustichello de Pise que nous devons la découverte du Nouveau Monde, car, sans lui, Christophe Colomb ne serait peut-être jamais parti sur la route de l'Ouest, en quête des richesses de l'Orient.

Nourriture pour les dieux et les hommes
Sacrifices humains dans les temples des Aztèques

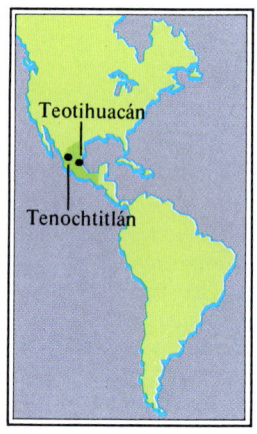

Moins de deux ans après avoir débarqué en Amérique, les Espagnols s'étaient rendus maîtres du puissant Empire aztèque.

Bᴇʀɴᴀʟ Dɪᴀᴢ, le chroniqueur de l'expédition de Hernán Cortés au Mexique, en 1519, était habitué aux horreurs de la guerre. Pourtant, il fut pris de nausée au temple de Huitzilopochtli, à Tenochtitlán, la capitale aztèque qui se trouvait à l'endroit où s'élève aujourd'hui Mexico. « La puanteur, écrit-il, était telle qu'il nous tardait de pouvoir sortir. »

Sur le sol du temple, véritable abattoir humain aux murs tachés de sang, gisaient trois victimes. Les prêtres qui les avaient tuées se

trouvaient encore là, le sang ruisselant de leurs couteaux de pierre. Les Espagnols venaient de découvrir une religion qui exigeait de tels sacrifices humains que, durant les cinq jours que durèrent les cérémonies de consécration qui eurent lieu en 1487 après l'agrandissement de ce temple, des milliers de victimes furent sacrifiées. Il est certain que les conquistadors exagérèrent la cruauté des Aztèques pour que leur propre brutalité paraisse plus acceptable aux yeux de l'Église, mais les documents de l'époque nous montrent qu'ils furent véritable-

La pyramide du Soleil et la voie des Morts (à droite), deux éléments de l'imposant site archéologique de Teotihuacán, à une cinquantaine de kilomètres de Mexico. Bien qu'antérieur à l'époque des Aztèques, qui avaient leur capitale à Tenochtitlán, Teotihuacán demeura un important centre religieux sous l'empire des Aztèques.

L'EMPIRE AZTÈQUE

Les premiers habitants du continent américain arrivèrent d'Asie il y a de 30 000 à 15 000 ans, en passant par un isthme qui occupait l'emplacement actuel du détroit de Béring. Ces populations évoluèrent au cours des siècles et, lorsque les Espagnols explorèrent le Nouveau Monde au début du XVIᵉ siècle, ils y découvrirent deux civilisations florissantes, celle des Incas au Pérou et celle des Aztèques au Mexique.

Les Aztèques s'étaient installés au centre du Mexique au XIIIᵉ siècle. Ils y construisirent de nombreuses villes, mais ils étaient souvent en guerre avec leurs voisins, qu'ils cherchaient à dominer. Vers 1500, les Aztèques étendirent leur suprématie sur toute la région et leur capitale, Tenochtitlán, devint l'une des plus grandes villes du monde, avec une population que l'on évalue à plus de 150 000 habitants.

Les Aztèques disposaient d'une excellente organisation politique, sociale et militaire; ils maîtrisaient les techniques d'irrigation, possédaient un système d'écriture et se servaient d'un calendrier précis. Le pays était dirigé par un empereur dont l'accession au trône devait être approuvée par un collège de nobles et de prêtres.

Lorsque le conquistador espagnol Hernán Cortés arriva dans le Nouveau Monde en 1519, il entreprit immédiatement de détruire de fond en comble la nation aztèque et sa civilisation. Par la brutalité et la tromperie, il y parvint en moins de deux années. Les Aztèques, malgré leur génie pour la guerre et l'administration, avaient commis une erreur fatale : au lieu d'assimiler leurs ennemis vaincus, ils les avaient souvent sacrifiés et s'étaient emparés de leurs biens. Ainsi, lorsque Cortés entreprit sa sinistre besogne, il trouva sans peine de nombreux alliés.

---

ment épouvantés par ce qu'ils découvrirent. On ignore combien de victimes trouvèrent la mort au cours de ces cinq journées de fête. Certains ont parlé de 80 000. Plus récemment, les spécialistes ont calculé qu'au moins 14 000 personnes durent être sacrifiées.

Les documents aztèques révèlent que les sacrifices humains étaient un fait de la vie de tous les jours, mais les statistiques sont rares. Selon Sherburne Cook, démographe de l'université de Californie, au cours des cent années qui précédèrent la conquête espagnole, 15 000 hommes en moyenne — surtout des prisonniers de guerre — étaient sacrifiés tous les ans dans les temples aztèques. Et ce calcul pêche peut-être par excès de prudence : un collègue de Cook, Woodrow Borah, estime que les victimes devaient être 25 000 par an.

Pourquoi les Aztèques se livraient-ils à ces véritables massacres ? Jusqu'à une date récente, on pensait que leurs motifs étaient purement religieux. Pour les Aztèques, Huitzilopochtli, le dieu du soleil, mourait tous les soirs, et, pour qu'il renaisse, il fallait le nourrir de sang humain. D'autres dieux partageaient avec Huitzilopochtli cette soif de sang, ce qui multipliait encore le nombre des sacrifices.

Seuls les cœurs des victimes étaient offerts au dieu du soleil; les cadavres étaient jetés du haut des pyramides, tandis que les têtes étaient exposées sur de hideuses étagères, près des temples. Díaz et un autre conquistador, Andrés de Tapia, ont vu tous deux des collections de crânes, l'une à Tenochtitlán et l'autre dans la ville de Xocotlán. Díaz compta 100 000 crânes, de Tapia 136 000. On a proposé d'autres explications pour ces sacrifices humains. En 1946, Sherburne Cook a publié une étude sur la population méso-américaine au XVᵉ siè-cle où il conclut que l'expansion démographique était plus rapide que celle des ressources alimentaires. Cook pense donc que les sacrifices religieux ont fort bien pu être une forme indirecte de contrôle démographique. Mais de nombreux anthropologues contestent cette théorie.

Au cours des années 70, un autre Américain, Michael Harner, a émis une autre théorie, très surprenante : selon lui, les Aztèques mangeaient le corps de leurs victimes. Cette thèse s'appuie essentiellement sur les récits des conquistadors et aussi sur le livre de Bernardino de Sahagún, l'*Histoire générale des choses de la Nouvelle-Espagne,* où l'auteur a recueilli d'innombrables témoignages sur la vie des Aztèques. Ces documents mentionnent fréquemment le cannibalisme, particulièrement dans le cas des prisonniers. Par contre, on ne mangeait pas la chair des enfants ni des personnes qui souffraient de maladies de la peau. Quant aux prisonnières, elles n'étaient ni sacrifiées ni mangées ; les Aztèques préféraient en faire des esclaves. Cette discrimination s'explique par la croyance, courante dans les sociétés cannibales, que celui qui mange de la chair

Couteau aztèque dont le manche incrusté de mosaïque représente un guerrier accroupi. Les prêtres se servaient de couteaux semblables pour sacrifier leurs victimes sur les autels des dieux.

humaine acquiert certains des attributs de sa victime. Un guerrier ne pouvait donc manger que la chair d'autres guerriers.

Harner pense que les Aztèques souffraient probablement de déficiences alimentaires et qu'ils manquaient notamment de protéines animales, car la plupart des grands animaux sauvages avaient disparu bien des siècles plus tôt, et les Aztèques n'avaient ni les caribous ni les bisons de leurs voisins du Nord.

Mais les victimes, quel que soit leur nombre, n'auraient pu satisfaire les besoins de l'ensemble de la population, et seule l'élite et les guerriers aztèques goûtaient donc la chair

humaine. Harner cite des textes contemporains selon lesquels les pauvres devaient se contenter de maïs et de haricots, avec de temps à autre un plat de dinde ou de chien.

Pourquoi a-t-on ignoré si longtemps le cannibalisme des Aztèques ? Harner pense que les anthropologues hésitaient tout simplement à aborder la question. Peut-être ne voulaient-ils pas donner une fausse image des Aztèques aux yeux des Occidentaux, qui considèrent le cannibalisme comme un tabou, entre autres raisons parce qu'ils n'eurent jamais vraiment à manquer de protéines animales, comme ce fut le cas des Aztèques.

Les splendeurs de l'ancien Mali

Le témoignage d'un voyageur arabe du XIVᵉ siècle

Brûlé par le soleil, le Sahara n'a jamais été hospitalier pour les voyageurs. Pourtant, les marchands arabes qui faisaient commerce de l'or, de l'ivoire et du sel le parcouraient régulièrement du nord au sud. Ces voyages n'étaient d'ailleurs pas tous inspirés par l'appât du gain, et c'est ainsi qu'un voyageur arabe, poussé par la simple curiosité, entreprit la traversée du désert en 1352. Son

nom : Ibn Battuta, l'un des plus grands voyageurs de son temps, qui prit la route du Sahara après avoir lu les récits du pèlerinage à La Mecque de Kouta Moussa, souverain de l'empire mandingue du Mali.

Kouta Moussa régna sur le Mali de 1312 à 1337, âge d'or d'un vaste empire qui s'étendait à son apogée sur une grande partie de l'Afrique occidentale. En 1324, l'empereur, accompagné

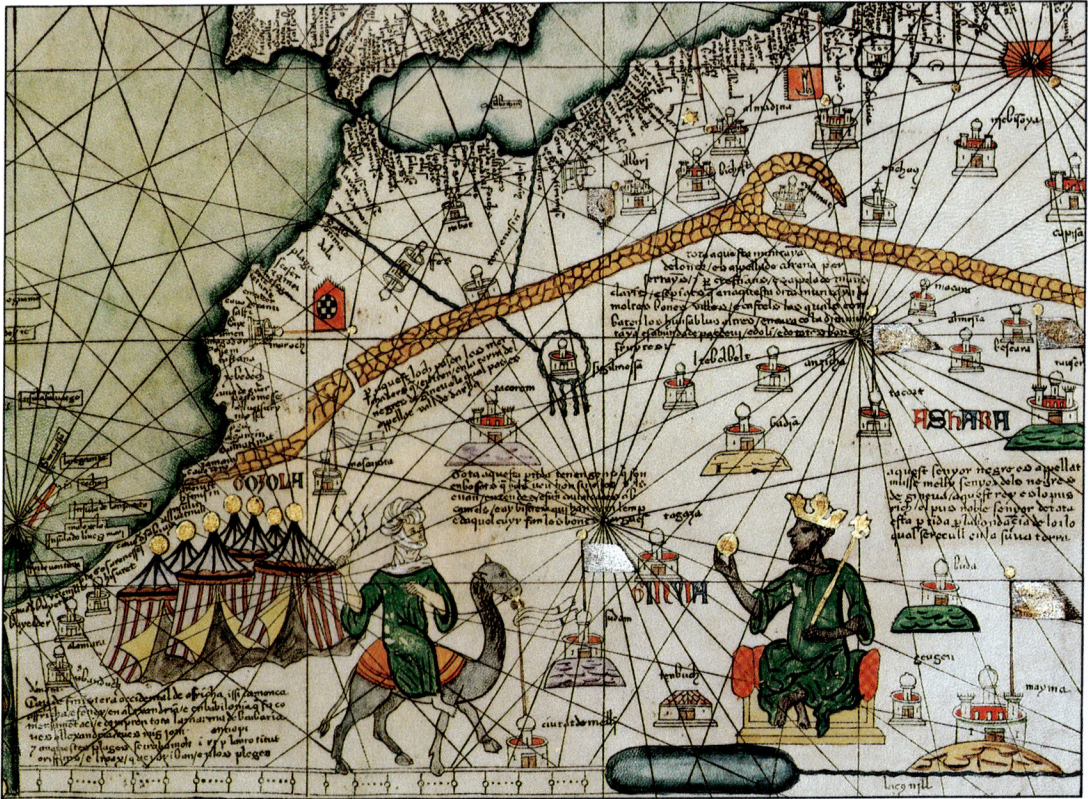

Les riches mines du Mali, exploitées par des esclaves, permettaient à Kouta Moussa, « Seigneur des Nègres », de vivre dans une splendeur inouïe et de de distribuer sans compter ses largesses. Sur ce détail d'une ancienne carte de l'Afrique occidentale, Kouta Moussa reçoit un marchand arabe et lui offre une grosse pépite d'or.

L'EXPLORATEUR-PÈLERIN
Ibn Battuta (1304-1368) fut le plus grand des
nombreux voyageurs arabes du Moyen Age.
Il fit son pèlerinage à La Mecque en 1325, puis
continua avec un voyage qui, au cours de
vingt-quatre années, allait le conduire dans
presque tout le monde musulman, en Afrique
orientale, en Inde, à Ceylan, à Sumatra et en
Chine. Ses aventures ne se comptent plus. Sur
les îles Maldives, il devint *qadi* (juge) et reçut
quatre épouses. Et le voyageur de dire : « Il
est aisé de se marier sur ces îles, étant donné la
modicité des dots et le plaisir de la compagnie
de leurs femmes. » Le divorce était d'ailleurs
tout aussi facile, comme il le constata à son
départ.
En 1349, Ibn Battuta rentra dans sa ville
natale de Tanger. Peu après, il visita
l'Espagne puis le Mali. A son retour, il devint
qadi dans son propre pays, où, à la demande
du sultan du Maroc, il dicta le récit de ses
voyages.

d'une suite innombrable et de quatre-vingts
chameaux chargés d'or, arriva au Caire, étape
sur la route qui devait le mener à La Mecque.
L'empereur et ses sujets dépensèrent sans
compter, se défaisant d'une telle quantité d'or
que sa valeur tomba dans toute l'Égypte. Les
marchands égyptiens escroquèrent les crédules
sujets de l'empereur, et lorsque Kouta Moussa
dut leur emprunter de l'argent, ils pratiquèrent
des taux usuraires si élevés qu'ils firent un
profit de plus de cent pour cent. Le peuple du
Mali avait sans doute été trop candide, mais
son extraordinaire générosité fit sensation dans
tout le monde musulman.

La renommée du Mali était telle qu'elle
poussa le cartographe majorquin Abraham
Cresques à établir la première carte de l'Afrique occidentale jamais tracée en Europe. On y
voit le Seigneur des Nègres assis sur un trône,
au centre du Mali, tenant dans sa main une
grosse pépite d'or qu'il offre à un marchand
arabe.

Mais à part les récits du pèlerinage de Kouta
Moussa, on ignorait presque tout du pays lui-
même. Le sultan du Maroc, désireux d'en
savoir plus sur ses voisins du sud, s'attacha les
services d'Ibn Battuta, dont les expéditions
précédentes lui avaient déjà valu une réputation d'explorateur intrépide.

Ibn Battuta se joignit à une caravane de
marchands pour traverser le Sahara. Au bout
de vingt-cinq jours, il arriva à Taghaza, un
village dont les maisons en sel gemme étaient
couvertes de peaux de chameau. Tout le
village vivait de ses mines de sel, dont les
traces sont encore visibles. Après encore cinq

semaines de voyage, Ibn Battuta arriva à
Iwalata (aujourd'hui Oulata, en Mauritanie).
Cette ville, à l'extrémité méridionale de la
route commerciale transsaharienne, se trouvait
à la frontière septentrionale de l'empire du
Mali. Ibn Battuta trouva qu'il y faisait très
chaud, mais que la population était hospitalière
et que les femmes étaient d'une « beauté
incomparable ». Musulman orthodoxe, il prit
cependant ombrage de ce qu'elles ne portaient
pas le voile et qu'elles se liaient d'amitié avec
les nombreux étrangers qui fréquentaient la
petite ville.

L'étape suivante de son voyage était la
capitale de l'empire, qui se trouvait probablement à une centaine de kilomètres au sud de la
capitale actuelle, Bamako. C'est là qu'il rencontra l'empereur Sulayman, frère et successeur
de Kouta Moussa. Alors que Kouta Moussa
avait été généreux à l'excès, Sulayman avait la
réputation d'être avare. Tout d'abord, celui-ci,
qui était malade, ne reçut en audience le
voyageur que deux mois après son arrivée.
Peu après, Ibn Battuta apprit que l'empereur
lui faisait parvenir un présent. Il s'attendait à
une somme d'argent, un don de courtoisie
auquel le voyageur arabe était accoutumé dans
son rôle officieux d'ambassadeur, « mais ce
n'était que trois miches de pain et un morceau
de bœuf frit dans l'huile, avec une gourde de
yoghourt ». Ibn Battuta éclata de rire devant
ce modeste cadeau annoncé avec tant de
pompe. Plus tard, il dit à Sulayman : « J'ai
voyagé dans les pays du monde et j'ai rencon-
tré leurs souverains… pourtant, vous ne
m'avez montré ni vraie hospitalité ni donné

*Les caravanes qui
sillonnaient l'Afrique
occidentale au Moyen Age
se rendaient jusqu'en
Europe et au Proche-
Orient. Les marchands
faisaient le commerce des
noix, de l'ivoire, des
peaux, des fourrures, des
armes et des textiles. Leurs
pratiques ont peu changé
au cours des siècles, comme
le montre cette
photographie du marché de
Mopti, au Mali.*

Les chameaux, robustes et peu exigeants, étaient l'indispensable bête de somme des marchands arabes et africains. Les grandes caravanes de chameaux perdirent cependant de leur importance lorsque les navigateurs portugais commencèrent à longer la côte occidentale de l'Afrique, au XVe siècle.

rien qui vaille. Que pourrai-je dire de vous aux autres souverains ? » Le souverain lui donna alors une maison et près d'une livre d'or.

Malgré son avarice, Sulayman avait une cour impressionnante. Battuta nous décrit avec pittoresque comment l'empereur, entouré de trois cents esclaves armés d'arcs et de lances, recevait les solliciteurs. Lorsqu'il arrivait au conseil, le souverain se faisait précéder de chanteurs qui jouaient d'instruments à cordes d'or et d'argent, puis prenait place sous un dais de soie. Ceux qui voulaient comparaître devant lui devaient se vêtir de guenilles sales et se saupoudrer de poussière en signe de servilité.

Ibn Battuta fut fortement impressionné par l'ordre qui régnait au Mali, où personne n'avait à craindre les voleurs ni les coquins. Le peuple, profondément religieux, accomplissait fidèlement ses dévotions. Les enfants devaient apprendre des passages du Coran par cœur sous peine d'être mis aux fers. Par contre, le voyageur n'apprécia guère que les servantes et les petites filles allassent toutes nues et s'étonna aussi que ses hôtes mangent de la charogne. Mais ce qui l'horrifia le plus fut de voir les sauvages infidèles des confins du pays

manger de la chair humaine. Ibn Battuta raconte qu'un chef de tribu vint un jour voir l'empereur accompagné de quelques sujets. En guise de présent, Sulayman leur donna une jeune esclave, qu'ils tuèrent sur-le-champ pour la manger.

Lorsque Ibn Battuta quitta la capitale pour rentrer au Maroc, il suivit le cours d'un fleuve qu'il appelle le Nil (le Niger) jusqu'à Tombouctou, à quelque distance du fleuve. Il ne nous dit pas grand-chose de cette ville, mais d'autres voyageurs arabes l'ont décrite comme une capitale provinciale et un important comptoir commercial. En fait, Tombouctou prit même la succession d'Iwalata comme étape sur la route des caravanes venues d'Afrique du Nord. Plus tard, la ville devint aussi un grand centre d'études religieuses musulmanes.

L'empire du Mali s'effondra au XVIe siècle lorsque d'innombrables querelles de succession laissèrent le pays sans gouvernement fort. De plus, au XVe siècle, l'ouverture par les Portugais d'une route maritime qui longeait la côte africaine réduisit l'importance des caravanes transsahariennes. L'empire du Mali décrit par Ibn Battuta avait vécu.

La fine fleur de la chevalerie
L'ordre de la Jarretière

TOUS les ans, le 23 avril, fête de saint Georges, date où la légende veut qu'au IVe siècle le saint patron de l'Angleterre ait été martyrisé, une cérémonie commémore la fondation de l'ordre de la Jarretière, premier des ordres de chevalerie anglais. Aujourd'hui, cette cérémonie n'est plus qu'une sorte de gracieux anachronisme, l'occasion d'un grand déploiement de pompe et de magnificence. Mais l'ordre n'avait rien de futile lorsqu'il fut créé par le roi Édouard III, vers l'an 1348. Car derrière cet apparat se cachait une volonté politique bien arrêtée : celle qu'avait le roi de s'attacher la loyauté de ses grands et puissants sujets en leur conférant des honneurs.

L'Europe du XIVe siècle était en pleine transformation. La société agraire d'autrefois se transformait sous la poussée des villes et du commerce. La puissance de l'argent commençait à saper la structure de la société, permettant à une nouvelle classe de marchands de gravir les degrés de l'échelle sociale. Par ailleurs, une autre classe, celle des fonctionnaires,

voyait le jour pour administrer le royaume, privant de nombreux membres de la noblesse du rôle qu'ils jouaient traditionnellement.

A la guerre, les choses évoluaient très vite là aussi. A l'époque des croisades (XIIe et XIIIe siècle), la chevalerie avait atteint son apogée. Dès le début du XIVe siècle, de nouveaux soldats firent leur apparition, principalement l'archer anglais, qui allait bientôt contribuer à la destruction de la fleur de la chevalerie française aux batailles de Crécy, de Poitiers et d'Azincourt.

Le chroniqueur français Jean Froissart, qui vivait au XIVe siècle, cite maint exemple de la manière dont le meilleur de l'ancien monde et le pire du nouveau allaient souvent de pair dans la vie troublée de son époque. Il parle, par exemple, de la magnanimité du Prince Noir d'Angleterre envers le roi de France Jean le Bon, après la bataille de Poitiers en 1356 ; comment le prince reçut son royal prisonnier, le servit lui-même à sa table et lui rendit les honneurs dus à un soldat courageux et à un compagnon dans les fortunes de la guerre.

Mais ce même prince, nous dit Froissart, passa plus de 3 000 hommes, femmes et enfants par le fil de l'épée lors du siège de Limoges, en 1370.

Du chevalier français Eustache d'Auberchicourt, Froissart nous dit fièrement qu' « il remportait souvent la victoire en combat chevaleresque avec les hommes de noble naissance, car il était jeune, très amoureux et plein de hardiesse ». Mais le fidèle chroniqueur se sent contraint d'ajouter qu'Eustache « acquit de grandes richesses en rançons, par la vente de villes et de châteaux, par le rachat de terres et de maisons, et par les sauf-conduits qu'il fournissait » — en d'autres termes, un individu peu scrupuleux n'hésitant pas à faire chanter plus faible que lui.

Ce fossé entre l'idéal chevaleresque et les réalités de la vie se creusa à mesure que la guerre de Cent Ans, commencée en 1337, s'éternisait année après année. Et c'est pour mieux lier la noblesse à son roi, pour maintenir la chevalerie en vie et pour s'assurer de la loyauté de ses puissants vassaux qu'Édouard III fonda l'ordre de la Jarretière, inspiré du roi Arthur et des chevaliers de la Table ronde.

L'ordre n'avait aucune fonction militaire, sociale ou économique d'application pratique immédiate. Dans sa forme originale, il consistait en une confrérie de 26 chevaliers — dont l'un était (et est encore) le souverain — qui se juraient l'un l'autre « un lien durable d'amitié et d'honneur ». A la mort de l'un d'eux, le reste de la confrérie élisait un nouveau membre parmi les chevaliers qui présentaient leur candidature. De nos jours, les membres de l'ordre sont choisis par le Premier ministre et approuvés par le souverain ; leur nombre a d'ailleurs augmenté depuis le XIVe siècle. Mais à ces différences près, l'ordre demeure fidèle aux principes qui ont présidé à sa fondation.

On ignore pourquoi la jarretière fut choisie comme insigne de l'ordre. Certains disent qu'Édouard avait brandi sa propre jarretière pour donner un signal à ses troupes à la bataille de Crécy, en 1346. Plus probable cependant est l'histoire qui veut que, lors d'un bal donné à Calais pour célébrer la prise de la ville en 1347, la jarretière de la comtesse de Salisbury (dont on disait qu'elle était la maîtresse d'Édouard III) tomba à terre alors que la belle dame dansait avec le roi. Édouard la ramassa et allait la lui rendre, lorsqu'il vit des courtisans échanger des regards pleins de sous-entendus. Bouillonnant d'un feu chevaleresque, il s'écria : « Honni soit qui mal y pense ! » et noua le ruban à sa jambe. Quoi qu'il en soit,

JEAN FROISSART
Les Chroniques de France, d'Angleterre, d'Écosse et d'Espagne de Froissart sont l'un de nos plus précieux documents historiques. Jean Froissart naquit à Valenciennes, probablement en 1337, et mourut vers 1410. Ordonné prêtre, il passa le plus clair de sa vie à visiter les cours d'Europe. Sa longue vie correspond presque exactement à la première moitié de la guerre de Cent Ans, et ce sont les événements de cette guerre qui forment l'essentiel de sa chronique.

Froissart était enivré par la splendeur de la vie de cour à la fin du Moyen Âge. Mais la haute estime dans laquelle il tenait la noblesse le conduisit souvent à passer sous silence des réalités plutôt déplaisantes. Plus qu'une relation fidèle des événements et des personnages qui y jouèrent un rôle, ses écrits ont donc plus d'intérêt comme évocation d'une époque. Pourtant, comme s'il reconnaissait parfois que la splendeur qu'il aimait tant n'était guère qu'une façade, Froissart eut de temps en temps l'honnêteté de laisser les faits parler d'eux-mêmes.

Édouard III confère l'ordre de la Jarretière au Prince Noir, son fils aîné et l'un des plus brillants soldats de son temps. Ce tableau de 1848 est l'œuvre d'un peintre anglais, C. W. Cope, qui représente la scène sous les couleurs idéalisées que lui prêtait l'époque victorienne, tout imprégnée qu'elle était de l'idéal romantique de la chevalerie.

Sa Majesté la reine Élisabeth II, suivie du prince Charles et de la reine mère, ouvre la procession des chevaliers à la cérémonie annuelle de l'ordre de la Jarretière.

une jarretière bleue ornée de la fameuse devise devint l'insigne de l'ordre de la Jarretière, probablement fondé le jour de la Saint-Georges en 1348. Aujourd'hui, tous les membres de l'ordre portent encore la jarretière aux cérémonies, juste au-dessous du genou gauche.

L'ordre devint bientôt prestigieux, en partie à cause de la réputation militaire d'Édouard III et de son fils le Prince Noir, dont la gloire retombait sur lui. Il avait son propre héraut, et sa réputation s'étendit dans toute l'Europe. Avec son faste et sa pompe, ses vœux solennels et ses titres, l'ordre de la Jarretière a survécu jusqu'à nos jours, tandis que l'idéal chevaleresque qui lui a donné naissance est oublié depuis longtemps. La cérémonie de Windsor évoque à sa manière l'époque où cet idéal fut menacé pour la première fois et où une simple jarretière vint à sa rescousse.

La peste noire

Une maladie qui changea le visage de l'Europe

L A plus grande catastrophe de l'histoire de l'humanité fut une épidémie du XIVe siècle connue sous le nom de peste noire. En Europe seulement, un quart de la population — près de 25 millions de personnes — mourut en l'espace de quatre ans (1347-1351). Aujourd'hui, on croit que cette catastrophe eut pour origine des bactéries véhiculées par des puces dont certains rats sont porteurs. L'être humain contracte la maladie soit par la morsure d'une puce, soit par contact avec les excrétions de personnes déjà malades. Mais pour la population du XIVe siècle, le fléau n'était rien d'autre que la terrible punition de Dieu pour les péchés de l'humanité.

De l'Asie centrale, la peste arriva jusqu'en Crimée avec les caravanes des marchands. De là, elle atteignit les côtes de la Méditerranée et se répandit dans toute l'Europe. Toute vie normale s'interrompit. Les champs restèrent en friche et partout le bétail fut laissé à l'abandon. Bientôt, il fallut entasser les cada-

---

LES FLAGELLANTS

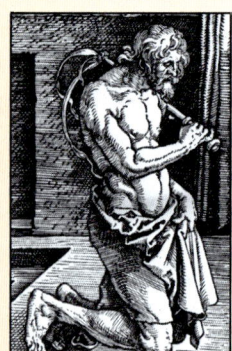

La peste noire suscita une frénésie religieuse, notamment chez les flagellants, dont un est représenté ici par Albrecht Dürer.

Les effrayantes années de la peste noire virent revivre une étrange secte religieuse, la confrérie des flagellants. Ce culte fanatique, qui était né en Europe orientale au XIIIe siècle, se répandit rapidement sur tout le continent. Les flagellants croyaient qu'un ange était descendu du ciel, porteur d'une lettre où il était dit que la peste était la punition de Dieu et que, pour apaiser Son courroux, l'homme devait se châtier lui-même.

La confrérie recrutait aussi ses membres parmi les femmes. De temps à autre, un groupe de flagellants partait en « pèlerinage », marchant en sombres colonnes, à deux de front, les yeux rivés au sol. Chaque pénitent portait un fouet dont les lanières de cuir se terminaient par des pointes de métal. Dès qu'ils arrivaient en un lieu où ils pouvaient attirer les badauds, ils se formaient en cercle, se dénudaient jusqu'à la ceinture et se jetaient à terre pour se faire fouetter par un homme que l'on appelait le maître du pèlerinage. Puis les « pèlerins » se relevaient et, avec une violence de plus en plus débridée, se frappaient eux-mêmes jusqu'à ce que le sang coule. Chaque pèlerinage durait trente-trois jours et demi (le nombre des années de la vie du Christ), et pendant tout ce temps, les flagellants avaient l'interdiction de se laver et de nettoyer leurs blessures.

Ces groupes qui comptaient des centaines, parfois des milliers de pénitents étaient très nombreux. Mais le mouvement se condamna dès ses origines, car les pénitents s'adressaient directement à Dieu sans l'intercession des prêtres, ce qui ne pouvait manquer d'offenser l'Église, dont l'hostilité s'accrut lorsque les flagellants proclamèrent qu'ils pouvaient conjurer les esprits malins et faire des miracles. Le pape bannit la secte en octobre 1349. Lorsque les autorités séculières s'attaquèrent elles aussi aux flagellants (l'un des maîtres fut brûlé vif à Breslau, en Silésie), le culte perdit rapidement ses adeptes.

vres les uns sur les autres, dans des fosses que l'on avait à peine le temps et la force de creuser, ou même les laisser simplement pourrir dans les rues, tandis que la population des villes prenait la fuite. L'air semblait pollué, selon les mots d'une chronique contemporaine, par « une puanteur insoutenable... si fétide qu'il était impossible d'y résister ».

Quelques endroits seulement furent épargnés. A Milan, par exemple, l'archevêque ordonna que, si l'infection gagnait la ville, les trois premières maisons où elle ferait son apparition devraient être immédiatement murées, avec tous leurs occupants, morts, malades ou vivants. Il en fut fait ainsi, et Milan échappa à la peste. Sans savoir comment l'épidémie se propageait, l'archevêque avait découvert comment l'enrayer : isoler les foyers d'infection. Ainsi, une maison de campagne isolée offrait un bon refuge. L'écrivain italien Boccace situe son *Décaméron* (vers 1353) dans un palais où dix jeunes patriciens se réunissent pour fuir la peste qui sévit à Florence. Pour passer le temps en attendant que le danger soit écarté, ils se divertissent en se racontant des histoires. L'isolement pouvait aussi donner des résultats à plus grande échelle et de vastes territoires de ce qui est aujourd'hui la Pologne furent ainsi épargnés.

C'est l'isolement qui sauva aussi le pape Clément VI, alors en Avignon. Sur l'avis de ses médecins, il se retira dans ses appartements, où, malgré la chaleur de l'été, il resta assis dans la solitude pendant deux semaines entre deux énormes feux qui ne cessaient de brûler. Le conseil n'était pas dénué de fondement, car la chaleur intense écartait les puces. Le feu sauva aussi un seigneur anglais qui ordonna de brûler de fond en comble un village voisin, frappé par la peste. Ni les flammes ni les puces n'arrivèrent jusqu'à son château. A part ces quelques exceptions, la peste fit partout des ravages.

L'histoire montre que des crises économiques engendrées par la surpopulation précédèrent souvent ces effarantes pertes de vies humaines et que les solutions à cette surpopulation ne furent jamais l'aboutissement de politiques économiques cohérentes des pays concernés, mais toujours le résultat d' « accidents » comme les grandes épidémies ou les guerres qui décimèrent les populations. Après la peste

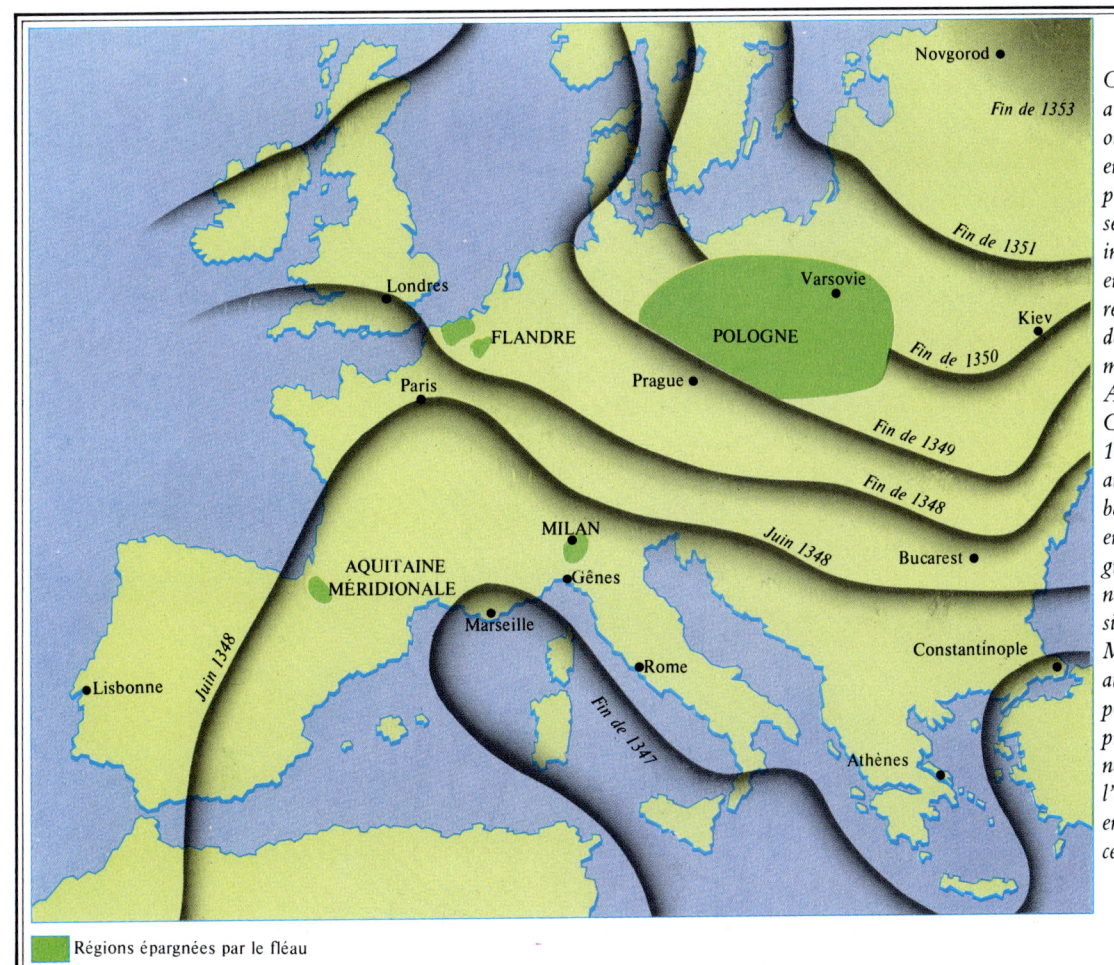

Les années noires

On pense que la peste noire a éclaté en Asie centrale, où la maladie était endémique. Des rongeurs, peut-être chassés par la sécheresse ou une inondation, l'apportèrent en Chine, d'où elle se répandit avec les caravanes de marchands, lentement mais sûrement, jusqu'en Asie Mineure et en Crimée, où près de 100 000 personnes auraient trouvé la mort. Le bacille pouvait dès lors envahir l'Europe, sans grande difficulté, grâce aux navires marchands qui sillonnaient la Méditerranée. Lorsqu'elle atteignit la Sicile, rien ne pouvait plus enrayer la progression de la peste noire dans presque toute l'Europe. De petites enclaves échappèrent cependant à la catastrophe.

Régions épargnées par le fléau

noire, les rapports entre maîtres et serviteurs changèrent radicalement. Alors qu'un quart de la population d'Europe avait disparu, les paysans purent demander des salaires plus élevés. La fermentation économique et sociale qui en résulta aboutit à des troubles qui se traduisirent par des soulèvements populaires.

Malheureusement, cette amélioration de la condition des paysans fut de courte durée. Et au XVIe siècle, avec l'augmentation rapide de la population, les paysans se retrouvèrent dans une misère plus grande que celle d'avant la peste noire.

La peste est causée par le bacille Pasteurella pestis, qui vit dans le sang ou l'estomac des puces, vecteurs de la maladie. Les puces se logent dans le poil des rongeurs, plus particulièrement Rattus rattus, le rat noir (à gauche).

La peste bubonique revient avec une fréquence obsédante dans l'art des XIVe et XVe siècles. De nombreux tableaux représentent la Mort à côté d'un jeune homme qui sera bientôt frappé par la maladie ou, comme dans le vitrail de la page ci-contre, d'un prêtre soucieux des choses de ce monde.

LES MÉDECINS ET LA PESTE

Les médecins du XIVe siècle n'étaient pas tous des charlatans : ils savaient arracher les dents, réduire les fractures et même faire des greffes de peau. Mais ils ne pouvaient rien face à la peste. Et, ignorants de ses causes, ils ne pouvaient qu'improviser leurs traitements.

La maladie revêt trois formes différentes : la peste bubonique se caractérise par le gonflement des ganglions lymphatiques (les bubons) au niveau des aisselles et de l'aine ; la peste pneumonique infecte les poumons et fait cracher le sang ; la plus mortelle de toutes est la peste septicémique, une infection foudroyante du sang. Les médecins du XIVe siècle commençaient généralement par essayer d'extraire le « poison » du corps au moyen de saignées, de laxatifs et de lavements. Les bubons étaient percés à la lancette ou recouverts de cataplasmes chauds. Les médecins prescrivaient aussi diverses potions, depuis la corne de cerf en poudre jusqu'aux épices rares, en passant par les préparations à base d'or. Enfin, on faisait brûler des bois odoriférants pour purifier l'air, et l'on aspergeait les planchers d'eau de rose et de vinaigre, ce qui ne faisait que masquer la puanteur de la chair en putréfaction.

A titre préventif, les médecins prescrivaient des régimes alimentaires qui eurent parfois des effets bénéfiques en permettant aux patients de mieux combattre l'infection. Mais la meilleure précaution était encore de se mettre en paix avec Dieu. En fait, le médecin venait après le prêtre au chevet du malade, car le malheureux recevait toujours, avant les soins, les secours de la religion. Les malades ne s'en plaignaient pas, car ils savaient qu'il leur fallait s'assurer une place dans l'au-delà au cas où les médecines terrestres manqueraient à produire leurs effets. Tout le monde ne mourait pas de la peste, mais les guérisons avaient toujours quelque chose de miraculeux.

Après la peste noire, de nombreuses autres épidémies éclatèrent en Europe. Lorsque la peste ravagea Londres en 1665, les médecins n'étaient guère mieux armés que leurs prédécesseurs et cette grande peste du XVIIe siècle, décrite avec force détails dans le célèbre journal de Samuel Pepys, fit des milliers de victimes à Londres. Étrangement, on crut y mettre un terme en massacrant d'innombrables chats, alors que c'était précisément ces animaux qui auraient pu combattre les rats, et donc enrayer la progression de la maladie.

Ce n'est qu'en 1894 qu'on découvrit le bacille de la peste et qu'il fut dès lors possible de combattre efficacement cette maladie.

Les égaux des rois et des princes
Les puissants marchands de la Hanse

En 1370, le monde fut stupéfait d'apprendre que le tout-puissant roi de Danemark, Valdemar IV, s'était vu contraint d'accorder de vastes privilèges dans son propre royaume : non pas à quelque prétendant au trône, mais à une association de marchands allemands qui avaient subitement décidé d'utiliser la force des armes pour devenir l'une des plus grandes puissances du nord de l'Europe. La paix de Stralsund, signée cette année-là entre le groupe de marchands connu sous le nom de Ligue hanséatique et le roi, redonnait aux marchands de la Hanse (le mot signifie « association » ou « compagnie ») le droit de commercer librement dans tout le Danemark. Ce droit leur avait été retiré en 1363, après deux années de guerre entre Valdemar et la Hanse. En 1369, cependant, les armées de la Hanse battirent à plate couture Valdemar et, avec la paix de Stralsund, les marchands reçurent aussi le droit de nommer leurs propres officiers pour contrôler le commerce, de recevoir les deux tiers des revenus de quatre des forteresses suédoises de Valdemar, et même d'opposer leur veto aux héritiers du trône danois. Pour une Europe encore dominée par l'Église et la noblesse, une ligue de marchands dotée de tels pouvoirs était chose inouïe.

Mais d'où venait cette ligue qui dictait ses conditions aux rois ? En fait, ses origines remontent au moins à 1241, lorsque deux des plus grandes villes commerçantes d'Allemagne du Nord, Hambourg et Lübeck, signèrent un traité d'alliance et d'entraide pour leur commerce. Moins de cinquante ans plus tard, 19 villes s'étaient alliées ; au bout d'un siècle, plus de 70 — depuis Reval en Estonie et Riga en Lettonie jusqu'à Cologne sur le Rhin. On comprend mieux ce regroupement lorsqu'on sait qu'à l'époque le nord de l'Europe était tyrannisé par des pirates pour qui couler les navires après s'être emparé de leur cargaison était une occupation légitime et même respectable. Mais ces ligues devaient recevoir l'approbation royale, d'où le secret qui entoura la Hanse les premiers temps, avant qu'elle soit officiellement reconnue par l'empereur germanique Charles IV en 1375. Une fois qu'elle fut établie, cependant, personne ne fut assez puissant pour l'écraser.

Lübeck, à l'extrémité occidentale de la Baltique, fut la capitale de la Hanse et la plus riche de ses villes, sorte de Venise du Nord. Mais alors que Venise s'était enrichie en faisant avec l'Orient le commerce de produits exotiques, comme la soie et les épices, Lübeck et ses alliées prospérèrent avec le commerce plus humble mais tout aussi profitable de la cire, des fourrures, du blé, du bois, et surtout du hareng, dont les eaux de la Baltique regorgeaient. Salé ou fumé, le hareng était exporté avec le blé et le seigle que les bateliers transportaient de Pologne et de Russie jusqu'aux ports hanséatiques, comme Dantzig ou Riga. Au retour, les marchands chargeaient leurs bateaux de vin, de textiles et d'autres produits. De Londres jusqu'à Novgorod, la Hanse dirigeait un immense réseau commercial qui fit sa richesse. Partout, sa monnaie était acceptée, et les navires qui se joignaient à ses convois n'avaient plus à craindre les pirates.

Mais malheur aux marchands qui essayaient de contourner les règlements de la Hanse ! Un jour, un marchand de Brême continua à faire du commerce avec la Flandre alors que la ligue avait jeté l'interdit sur ce pays. Pour n'avoir pas puni le marchand, la ville de Brême fut expulsée de la Hanse en 1356, si bien que « pendant les trente misérables années qui suivirent, elle s'appauvrit ; l'herbe poussait dans les rues, et la pauvreté et la désolation étaient partout dans son enceinte ». En une autre occasion, le commerce de la ville de Brunswick fut anéanti jusqu'à ce que dix de ses principaux citoyens défilent nu-pieds dans les rues de l'orgueilleuse capitale de la ligue en 1374 et demandent à genoux la réadmission de leur cité au conseil de Lübeck.

Londres était l'une des cent vingt villes dans lesquelles la ligue avait établi des factoreries, c'est-à-dire des comptoirs commerciaux autonomes où les marchands vivaient selon les lois de la Hanse. Parmi les autres, on peut citer Bruges, en Belgique, le plus grand port européen de l'époque, Novgorod dans le nord de la Russie, où les Allemands construisirent leur

Alors que des marchands hanséatiques richement vêtus discutent affaires, des navires à voiles carrées apportent leurs marchandises à Hambourg, port important de la Hanse. La ligue hanséatique devait sa richesse et sa puissance au monopole qu'elle avait sur le commerce maritime dans le nord de l'Europe.

propre petite ville avec ses magasins, ses églises et ses maisons de style allemand, et la ville norvégienne de Bergen, où ils représentaient à peu près un quart de la population. Le commerce y était si lucratif que la factorerie employait trois mille artisans et marchands.

Comme dans la plupart des autres colonies, les marchands de la Hanse menaient une vie presque monastique à Bergen. Ils avaient fait vœu de garder le célibat et devaient dormir dans les murs de la factorerie pour ne pas risquer de révéler des secrets commerciaux dans l'intimité d'un lit hospitalier. Avant d'être admis, les marchands devaient subir une cruelle initiation, par exemple être battus jusqu'à en perdre connaissance ou se jeter dans les eaux glacées d'un fjord. Ces cérémonies d'initiation servaient à écarter ceux qui avaient le cœur mal accroché. Mais l'appât du gain était si grand que les candidats furent toujours beaucoup trop nombreux. Pendant plus d'un

siècle après son célèbre traité avec le roi de Danemark, la Hanse prospéra. Pourtant, au début du XVIᵉ siècle, le vent commença à tourner. Tout d'abord, le hareng quitta les frayères de la Baltique pour celles de la mer du Nord, où les rivaux de la Hanse, les Hollandais, se mirent à leur tour à pêcher ce poisson. Ensuite, l'expansion du protestantisme eut notamment pour effet de faire baisser la consommation de poisson par la suppression des jeûnes. Mais plus grave encore était l'établissement de nouvelles routes commerciales, après qu'Ivan le Terrible eut ouvert à tous les marchands le port de Narva sur la Baltique, créant ainsi une concurrence pour les marchands de la Hanse. En 1603, 14 villes seulement continuaient à verser des droits à la ligue. En 1648, seules Hambourg, Brême et Lübeck étaient encore des villes indépendantes. Toutes les autres avaient été annexées par des princes locaux, jaloux de leurs richesses.

La révolte des paysans de 1381
Un roi de quatorze ans calme une rébellion

E N ce jour de juin 1381, l'Angleterre frôlait la catastrophe. Deux troupes de forces inégales s'affrontaient sous les murs de la cité de Londres : d'un côté, une petite troupe de nobles à cheval avec leurs serviteurs, rassemblés autour de leur roi de quatorze ans ; de l'autre, une foule rebelle de près de 20 000 paysans et artisans. Les rebelles avaient lancé plusieurs attaques sur Londres, prenant pour cible les hommes qu'ils tenaient pour responsables des échecs des armées anglaises en France, ainsi que des impôts élevés qu'il avait fallu percevoir pour faire les frais de la guerre. Mais leur démonstration de force avait aussi des objectifs sociaux. Sans doute acceptaient-ils encore l'autorité de Richard II, mais ils exigeaient que tous soient égaux, quelle que fût la naissance, et que les terres de l'Église soient redistribuées. C'était tout le système seigneurial qui était donc en jeu. Leur ressentiment était allé grandissant, car l'amélioration récente des conditions de vie des paysans leur avait fait comprendre que les dés n'étaient pas jetés une fois pour toutes. Serfs et vilains avaient pu demander de meilleurs salaires après que la peste noire (1347-1351) eut fait des coupes claires dans la population active. Les autorités avaient alors réagi en adoptant une

loi, le *Statute of labourers* (1351), pour contrôler les salaires et les prix. Mais comme toujours, les salaires étaient plus faciles à contrôler que les prix, qui continuèrent donc à augmenter.

Le désir d'une plus grande liberté et d'une plus grande égalité s'était répandu très vite parmi les gens du peuple, comme en témoigne une phrase que l'on répétait partout à l'époque : « Quand Adam grattait le sol et qu'Ève filait la laine, qui donc était gentilhomme ? » La colère grandit lorsqu'en 1377, 1379 et 1380 le conseil de régence qui gouvernait le pays au nom du jeune Richard II imposa la capitation pour payer les énormes dépenses de la guerre avec les Français. Tout le monde, riche ou pauvre, devait verser la même somme, si bien que cet impôt parut particulièrement odieux.

La rébellion, essentiellement limitée au sud-est de l'Angleterre, éclata à la fin du printemps 1381. Refusant de payer leurs impôts, des paysans, armés d'épées, d'arcs et de haches, commencèrent à marcher de ville en ville, incendiant les maisons des riches, détruisant les archives des collecteurs d'impôts, ouvrant toutes grandes les portes des prisons. C'est ainsi qu'un certain John Ball, un bouillant prêcheur itinérant qui avait été jeté dans une prison ecclésiastique à cause de ses sermons

La vie des paysans était très dure au Moyen Age. Levés dès l'aube pour soigner le bétail, ils travaillaient de longues heures pour un salaire de misère, le plus souvent sur les terres de leur châtelain.

Les exigences de Wat Tyler étaient extraordinaires pour l'époque. En particulier, il disait qu'aucun homme ne devait plus être serf, idée véritablement révolutionnaire pour son temps. Certains pensent que son intention était de s'emparer de la personne du jeune roi, devant les murs de Londres. Sur cette gravure, Richard II est représenté deux fois. A droite, il harangue ses troupes ; au centre, il s'approche des paysans, juste après le meurtre de Tyler, pour les assurer de son appui.

subversifs, retrouva la liberté et, sans tarder, poussa ses libérateurs à la révolte. Les paysans eurent bientôt un chef séculier en la personne d'un fougueux soldat de fortune, Wat Tyler, dont l'énergie, l'ambition et la force de caractère trouvèrent à se donner libre cours.

Le conseil de régence, d'abord méprisant, puis très vite terrifié, ne put empêcher les insurgés de marcher sur Londres. Les rebelles purent même pénétrer dans la Tour de Londres, pourtant bien gardée, et s'emparer de deux membres importants du conseil : Simon Sudbury, archevêque de Canterbury, et Robert Hales, le trésorier que les rebelles tenaient responsable de la capitation et qu'ils décapitèrent immédiatement. Puis les paysans saccagèrent quelques riches demeures, par exemple, le palais de Savoie, résidence de Jean de Gand, oncle et principal conseiller du jeune roi. Selon les ordres de Wat Tyler, rien ne devait être volé mais tout serait détruit. C'est ainsi que l'on vit les paysans arracher des murs de splendides tapisseries, les tailler en pièces, les brûler ou les jeter dans la Tamise ; des centaines de magnifiques vêtements s'envolèrent en fumée ; les meubles disparurent dans le crépitement des étincelles. Un seul homme fut pris en train de désobéir aux ordres de Tyler, et parce qu'il avait tenté de glisser une pièce

d'argent dans sa poche, on le jeta dans les flammes qui consumèrent bientôt le palais de Savoie. Cet incident montre bien à quel point les insurgés croyaient en la justice de leur cause et voulaient détruire tout ce qui pour eux représentait l'inégalité et l'injustice féodale.

Des conseillers terrorisés, ainsi que cinq cents hommes d'armes, c'était tout ce qui restait au roi pour contenir la colère des paysans, et Richard II se dressait presque seul devant ces rebelles déchaînés. Les paysans avaient pourtant accepté de négocier leurs exigences avec le roi. Mais lorsque les deux troupes se rencontrèrent devant les murs de Londres, ce jour de juin 1381, il semblait bien que personne ne pourrait jamais désamorcer la colère des révoltés.

Le jeune roi était monté sur un grand cheval de bataille, coiffé de sa couronne, son sceptre d'or à la main. Mais il ne devait guère impressionner cette foule prête à tout. Lorsqu'il put enfin parler, il accéda à toutes les demandes des rebelles. La révolte des paysans (que les historiens appellent la révolte de Wat Tyler) semblait devoir aboutir, sans effusion de sang, à la victoire de Wat Tyler et de ses compagnons hurlants. Soudain, pour une raison restée inconnue, tout se gâta. Tyler, qui s'était pris de querelle avec l'un des chevaliers de Richard, fit un geste de menace. L'instant d'après, il gisait à terre, transpercé par l'épée du maire de Londres.

Dans un rugissement de colère, les insurgés se déployèrent, menaçants. En toute hâte, les archers bandèrent leurs arcs. Mais avant que la confusion tourne au massacre, un fait extraordinaire se produisit : le jeune Richard, sans y être poussé par ses conseillers, s'écarta du groupe qui l'entourait et s'avança tout seul en criant d'une voix forte : « Bonnes gens, que voulez-vous ? Je suis votre capitaine, je suis votre roi. Apaisez-vous. » Le peuple allait-il se déchaîner sur cet adolescent qui en ce moment dramatique s'offrait aux coups de cette foule enragée ? Au lieu de cela, voyant leur chef mort et leur souverain qui levait la main avec tant de majesté, les rebelles se calmèrent. Richard promit de faire droit à leurs demandes, et la foule se dispersa. L'insurrection était calmée.

Mais l'histoire finit mal. Les seigneurs avaient eu le temps de se ressaisir. Ils rassemblèrent des troupes pour écraser les derniers insurgés, et la sympathie que le roi avait montrée pour le sort de ses sujets s'évanouit bientôt. Les promesses qu'il avait faites ne furent jamais tenues, et la révolte des paysans prit fin avec un geste symbolique : la tête de Wat Tyler remplaça celle de l'archevêque de Canterbury sur le pont de Londres.

Le testament qui ensanglanta l'Europe
Faux et usage de faux

LA personne qui écrivit le document que les historiens connaissent sous le nom de Donation de Constantin n'aurait pu imaginer que l'on brûlerait un jour sur le bûcher ceux qui contesteraient sa validité. Très probablement, il ne s'agissait que d'un loyal serviteur du pape, un scribe du VIIIᵉ siècle dont le seul but était de servir l'Église.

La Donation de Constantin prétendait être un édit publié par l'empereur romain Constantin le Grand en l'an 315. Selon la légende, Constantin allait mourir de la lèpre lorsqu'il fut miraculeusement guéri au moment d'être baptisé par le pape Sylvestre, évêque de Rome. Reconnaissant, l'empereur aurait décidé de remercier l'Église en lui donnant à perpétuité une partie de son empire. Ainsi, Constantin aurait décrété que « Sylvestre et ses successeurs » régneraient sur la cité de Rome « et sur toutes les provinces et villes d'Italie et de l'Ouest... à tout jamais ».

Le document ajoute que Constantin céda à Sylvestre le palais du Latran, à Rome, et qu'il charria lui-même les douze premiers paniers de terre du terrain qui allait voir plus tard s'élever la basilique Saint-Pierre. Puis, comme il ne convenait plus que deux monarques résident dans la même ville, il partit à Byzance où il se fit construire une nouvelle capitale impériale.

C'est cet extraordinaire « testament » qui donna ensuite aux papes toutes les excuses dont ils avaient besoin pour intervenir dans les affaires temporelles, à partir du VIIIᵉ siècle. Pas moins de dix papes et leurs alliés citèrent la Donation à l'appui de leurs aventures militaires. Les prétentions temporelles de la papauté atteignirent leur point culminant en 1300, lorsque le pape Boniface VIII, revêtu de l'armure d'un empereur et entouré de cardinaux portant la pourpre des Césars, aurait dit en public : « Je suis empereur. Je suis Auguste. » Pour l'Italie du Moyen Age en particulier, cette idée allait être désastreuse, car les luttes incessantes qui opposèrent le pape à d'autres princes ambitieux ensanglantèrent la péninsule pendant des centaines d'années. Ce n'est en fait qu'à la fin du XIXᵉ siècle, lorsque le pape perdit son emprise sur la politique temporelle, que put enfin commencer la réunification politique de l'Italie.

Il peut sembler étrange que la Donation de Constantin ait été prise au sérieux par les laïcs comme par les clercs, car de nombreux indices montrent qu'elle est manifestement fausse. Bien que le premier manuscrit connu date du IXᵉ siècle, elle fut presque certainement composée durant la deuxième moitié du VIIIᵉ siècle, pour démontrer que le pape n'était pas seulement indépendant d'un empereur temporel, mais encore son supérieur. Certains savants pensent qu'elle vit le jour pour aider le pape Étienne dans sa lutte contre les barbares qui menaçaient Rome, entreprise pour laquelle il bénéficia de l'appui du roi franc Pépin le Bref, père de Charlemagne. La plupart croient cependant que l'idée de ce faux naquit dans la chancellerie papale, sous l'inspiration d'un haut personnage du nom de Christophore.

Pourtant, malgré les doutes que l'on commença à exprimer dès le xᵉ siècle, la falsification ne fut généralement pas reconnue comme telle avant près de sept cents ans. Bien sûr, les puristes qui contestaient le rôle du pape dans les affaires temporelles doutaient que Constantin ait eu le droit de céder ainsi la moitié d'un empire, mais peu contestaient l'authenticité du document proprement dit. La grande fraude ne fut découverte qu'au xvᵉ siècle, lorsque deux savants ecclésiastiques soumirent finalement le texte à une étude approfondie. Il s'agissait d'un Allemand, Nicolas de Cusa, et d'un Italien, Lorenzo Valla, qui, tout à fait indépendamment l'un de l'autre, décidèrent de passer la Donation au peigne fin, et comprirent rapidement qu'elle était entachée de graves erreurs et qu'elle faisait notamment état de faits historiques dont Constantin ou ses contemporains n'auraient pu avoir connaissance.

Par exemple, le document parle abondamment de la ville de Constantinople et de sa puissance alors que Constantin se trouvait encore à Rome en 315 et qu'il n'avait pas encore fondé sa nouvelle capitale. Les fonctionnaires romains y sont appelés des satrapes, mot qui n'allait être inventé que plus tard, tandis que le document donne le nom de pape à l'évêque de Rome, près de deux cents ans avant que l'usage de ce titre se généralise. De plus, Constantin parle de lui-même comme du vainqueur des Huns, quelque cinquante ans avant que ceux-ci fassent leur entrée en Europe. De plus, s'il avait voulu donner à l'Église la moitié de son empire, un souhait d'une telle importance aurait certainement été mentionné dans les documents de l'époque. Or la seule mention du legs antérieure au ixᵉ siècle figure dans la Donation elle-même. Personne d'autre, pas même l'évêque Eusèbe de Césarée, biographe et contemporain de Constantin, ne semble en avoir entendu parler.

Le 7 novembre 1433, Nicolas de Cusa présenta ses conclusions au concile de Bâle, qui les accepta sans objections. Sept ans plus tard, Lorenzo Valla poursuivit les travaux de Nicolas pour aboutir à une condamnation sans appel de la Donation et, par voie de conséquence, du droit du pape à la puissance temporelle. Bien que Valla fût à l'époque au service du roi Alphonse V d'Aragon, empêtré dans une violente dispute avec Rome au sujet de Naples, et donc qu'il fût dans son intérêt de combattre la cause du pape, l'exactitude de ses conclusions ne laissait aucun doute. Comme l'a dit Voltaire, la Donation de Constantin était bel et bien « la plus audacieuse et la plus magnifique » de toutes les falsifications.

NICOLAS DE CUSA

L'esprit inquisiteur de Nicolas de Cusa et l'étendue de ses connaissances firent de lui l'un des hommes les plus remarquables du xvᵉ siècle. Pourtant, s'il fit souvent œuvre de pionnier, il ne poursuivit que très rarement ses recherches et son lot fut plutôt de semer là où les autres viendraient plus tard récolter. Avant Copernic et Newton, il postula que la Terre tourne sur son axe autour du Soleil, et il mit au point les détails de la réforme du calendrier grégorien... longtemps avant que le pape Grégoire XIII ne les mette en pratique, en 1582. Ses études sur la croissance des plantes furent les premières à démontrer que l'air possède une masse ; et ses travaux de mathématicien — en particulier son concept de l'infini — annoncent déjà la théorie moderne de la relativité. Tour à tour juriste, géographe, homme de science, philosophe et prêtre, c'était aussi un grand humaniste et un théologien de renom. En fait, on a dit de lui qu'il était le modèle de l'homme de la Renaissance.

Fils de pêcheur, Nicolas naquit, probablement en 1401, à Kues, petite ville allemande sur la Moselle. Après avoir étudié à Deventer, à Heidelberg, à Padoue et à Rome, il obtint un doctorat en droit canon et, en 1432, suivit les travaux du concile de Bâle, convoqué pour réformer l'Église. C'est là qu'il annonça que la Donation de Constantin était l'œuvre d'un faussaire. Plus tard, il déchanta devant les excès de zèle du concile qui cherchait à restreindre les pouvoirs de la papauté, et il se rangea du côté du pape. En reconnaissance de son œuvre au service de l'unité de l'Église, il fut nommé cardinal par le pape Nicolas V. Il mourut en 1464.

Malgré tous ses dons, Nicolas ne mena généralement pas ses travaux à terme. Il voyagea sans relâche pour le pape, se rendant même jusqu'à Constantinople pour tenter de ramener à la papauté l'Église grecque. Mais l'Église était destinée à se diviser, et c'est un des paradoxes de l'histoire que la scission de Martin Luther et des autres protestants, au xviᵉ siècle, fût partiellement rendue possible par la dénonciation de la Donation de Constantin. La réforme monastique que tenta Nicolas de Cusa n'eut pas de suites plus durables. Et nous nous souvenons surtout de lui aujourd'hui pour son œuvre de savant. L'une des premières cartes d'Europe est son œuvre ; collectionneur de manuscrits, c'est lui qui a retrouvé les textes de l'*Histoire naturelle* de Pline l'Ancien et d'une douzaine de comédies du poète comique latin Plaute. Il légua toute sa bibliothèque, célèbre à son époque, à une maison de vieillards qu'il avait fondée dans sa ville natale. Cette collection sans prix y a survécu jusqu'à nos jours, pratiquement intacte.

Pompéi, version américaine

La montagne qui se déplaçait

ES récits de villes et de villages engloutis par la mer sont innombrables. Beaucoup plus rare, pour ne pas dire unique, est cette histoire d'un village qui sortit un jour des flots de la mer.

Ozette est un minuscule village de la côte du Pacifique, un havre de paix dans le nord-ouest de l'État de Washington, aux États-Unis. Il se trouve sur une berge relativement élevée qui domine une large plage, normalement abritée des vagues du Pacifique par une barre, à près de 5 kilomètres au large. Il y a cinquante ans, le village était encore peuplé par une tribu d'Indiens, les Makahs, qui vivaient de la chasse à la baleine longtemps avant que les colons venus d'Europe et de l'est de l'Amérique s'établissent dans la région. Vers les années 30, les Makahs s'installèrent dans une petite ville, à 20 kilomètres de là, à cause d'une loi qui voulait que tous les enfants indiens aillent à l'école. Il n'y avait pas d'école à Ozette.

Forcés de s'éloigner des terres de leurs ancêtres, les anciens faisaient revivre le passé de leur tribu en racontant aux plus jeunes les grandes chasses d'autrefois et la vie de leurs aïeux. Même ne reposant sur aucun document de plus de cent ans, les souvenirs de la tribu remontaient jusqu'à l'époque précolombienne. Et l'un de ces récits parlait d'un désastre si ancien que beaucoup avaient peine à y croire. Il était une fois, disaient-ils, une montagne qui tout à coup descendit sur Ozette, couvrant tout sur son passage d'un épais manteau de boue.

Un récit peu vraisemblable, sans doute, mais qui pourtant piqua la curiosité d'un

professeur d'anthropologie de l'université de l'État de Washington, Richard Daugherty. Presque toutes les légendes ont en elles un élément de vérité, et Daugherty pensa donc qu'il pourrait un jour trouver des vestiges d'un passé lointain quelque part aux environs d'Ozette, et que peut-être cette découverte jetterait une lumière nouvelle sur la vie quotidienne des familles indiennes qui vivaient le long de la côte il y a des centaines d'années. Mais comment un archéologue moderne pourrait-il retrouver le chemin de cette montagne de boue qui aurait balayé l'ancien village ?

Au cours de l'hiver 1970, la nature donna à Daugherty ce qu'il cherchait. Poussées par la tempête, d'énormes vagues déferlaient sur la plage et remontaient jusque sur la berge, qui finit par céder et s'effondra dans une avalanche de boue. Peu après, par une froide matinée de février, un promeneur remarqua cet amas de vase et ramassa distraitement un objet lavé par les eaux de la mer. Tout d'abord, il crut qu'il s'agissait d'un morceau de bois flotté, mais il comprit bientôt que l'objet qu'il tenait entre les mains était une pagaie. Pourtant elle était en si bon état qu'il paraissait étrange qu'on eût pu l'abandonner ainsi.

Lorsque Richard Daugherty entendit parler de cette mystérieuse pagaie, il se souvint des tempêtes qui venaient à peine de balayer une partie de la berge sur laquelle se trouvait Ozette. N'était-ce pas l'endroit où la catastrophe dont parlaient les Indiens s'était produite autrefois ? La pagaie aurait-elle pu appartenir à quelqu'un qui l'utilisait il y a cinq cents ans pour partir en mer chasser la baleine ? Son

Cette massue de bois retrouvée à Ozette représente la tête d'une chouette. Un Indien de la tribu Makah l'a peut-être sculptée pendant la morte-saison, avant le début des chasses à la baleine.

Le site d'Ozette. La presqu'île boisée est à l'abri des vagues et des courants de la pleine mer. Les Indiens Makahs qui y vivaient savaient admirablement exploiter les richesses naturelles qui les entouraient, particulièrement celles de l'océan.

LA CHASSE A LA BALEINE

Une baleine grise adulte mesure une douzaine de mètres de long et pèse plus de 20 tonnes. D'un coup de sa nageoire, elle peut réduire en miettes une petite embarcation. Pourtant, pendant deux mille ans, les Indiens Makahs s'attaquèrent à ces monstres de la mer à bord de leurs frêles canots. Ce n'est qu'au XXe siècle que les Makahs abandonnèrent la chasse à la baleine, qui leur procurait autrefois viande, huile et os.

Les préparatifs commençaient bien avant le début de la saison des chasses. Les Makahs comptaient naturellement sur leur force, leur courage et leur adresse. Mais ils croyaient aussi que la « puissance des esprits » déciderait en fin de compte de l'issue de leur aventure, si bien que de nombreuses cérémonies se déroulaient plusieurs semaines avant qu'ils prennent la mer. Un vieil Indien qui vit encore se souvient d'avoir

vu son père s'éloigner à la nage vers le large, plonger et souffler comme une baleine, « pour montrer que son cœur était bon » pour la grande aventure.

Au jour dit, la chasse commençait. Huit hommes prenaient place dans chaque canot. Prêts à faire un long voyage s'il le fallait, ils emportaient avec eux des provisions et de l'eau, ainsi qu'un dispositif ingénieux pour se tenir au chaud : une boîte garnie de sable, du bois sec et quelques charbons ardents qu'ils mettaient dans des coquilles de palourde. Ainsi pouvaient-ils faire du feu sans revenir à terre.

Silencieusement, ils suivaient leur proie, puis s'approchaient d'elle si près que la baleine aurait immanquablement fait chavirer le bateau à la moindre erreur. Quand le mastodonte faisait surface pour respirer, c'était le moment de frapper. Un Indien se levait, un harpon à la main, prêt à le lancer au moment favorable. Des vessies de phoque attachées à la corde du harpon freinaient la baleine blessée quand elle tentait de plonger. Finalement, épuisée, incapable de s'enfuir, elle restait immobile à la surface. C'est alors que les chasseurs tailladaient ses chairs avec leurs lances armées de coquilles de moules jusqu'à lui transpercer le cœur.

L'allégresse était de courte durée, car il fallait encore ramener la baleine jusqu'au rivage. Les chasseurs commençaient par lui lier la bouche pour l'empêcher de prendre l'eau. Puis ils attachaient des vessies de phoque pour faire flotter la carcasse. En vue de la terre, ils n'avaient plus qu'à attendre que la marée montante porte leur victime avec elle jusqu'au rivage.

intuition ne le trompait pas. On découvrit bientôt, tout près de l'endroit où le promeneur avait trouvé la pagaie et à peu de profondeur, une hampe de harpon, des fragments d'une boîte de bois et un chapeau de paille. Les analyses scientifiques démontrèrent que tous ces objets dataient d'avant l'arrivée de Christophe Colomb. Sous l'épaisse couche de boue qui les protégeait du contact de l'air, ils avaient traversé les siècles.

Mais une découverte encore plus étonnante attendait les archéologues : les vestiges d'un mur de bois mis au jour lorsque la berge s'était effondrée. Sans aucun doute, il s'agissait des vestiges d'une ancienne maison makah qui renfermait peut-être un trésor archéologique. Daugherty commença patiemment à dégager la maison de son manteau de boue. Mais la construction était trop fragile pour qu'on puisse creuser. Daugherty et ses étudiants durent donc chasser au jet d'eau des tonnes de terre — une entreprise de longue haleine, mais qui valait la peine d'être tentée.

La maison qu'ils découvrirent était très grande — environ 21 mètres de long sur 14 de large. Elle était divisée en plusieurs parties, chacune dotée d'un foyer et de couchettes de terre battue, ce qui donne à penser que plusieurs familles vivaient probablement ensemble. Leurs possessions étaient éparpillées un peu partout, comme elles devaient l'avoir été lorsque l'avalanche meurtrière s'abattit sur Ozette. Les archéologues découvrirent ainsi un fragment de couverture blanche où un motif bleu et noir était encore visible après cinq siècles, un bol de bois représentant la silhouette d'un homme, des filets de pêche et quelques feuilles d'aulne encore vertes qui se mirent aussitôt à noircir au contact de l'air. Une belle nageoire de baleine, sculptée dans le cèdre et incrustée de plus de sept cents dents de loutres de mer, témoignait aussi des dons artistiques de l'ancienne tribu.

Mais le principal intérêt de la découverte était naturellement ce qu'elle révélait sur la vie de cette population de la côte. Par exemple, les Indiens faisaient parfois cuire leur nourriture en laissant tomber des pierres chauffées à blanc dans des boîtes de bois remplies d'eau. Un trou qu'une de ces pierres avait percé en brûlant le fond d'une des boîtes montrait d'ailleurs que les cuisiniers étaient parfois distraits. Les chercheurs retrouvèrent un bol de bois rempli d'huile de phoque. Et alors que le repas familial cuisait sur le feu, les enfants s'amusaient avec les jouets que leur père avait fabriqués pour eux : des battes de bois en forme de raquettes de ping-pong, des volants taillés dans des tiges de sureau, et même un petit arc avec de minuscules flèches.

La vieille légende indienne se vérifiait avec une vérité poignante. Un chiot qui dormait en boule trouva la mort au même moment que ses maîtres. Un peigne à demi décoré qui aurait orné la chevelure d'une jeune fille makah gisait là où on l'avait laissé tomber, et les rognures de bois ne furent jamais balayées. Les archéologues retrouvèrent quelques squelettes, mais pas assez pour le nombre des couchettes. Peut-être quelques habitants purent-ils prendre la fuite quelques instants avant la catastrophe. Nous ne le saurons jamais.

Tamerlan le Terrible
De monstrueuses pyramides de crânes

DE tous les monstres de l'histoire, aucun n'est plus sanguinaire — s'il faut en croire les récits de ses ennemis — que Tamerlan, le seigneur de la guerre tartare qui, au XIVe siècle, bâtit un vaste empire depuis la Chine jusqu'au cœur de l'Asie Mineure. Né près de Samarkand (aujourd'hui en Union soviétique) en 1336, Tamerlan vécut près de soixante-dix ans, et il est passé à l'histoire comme l'un des conquérants les plus brutaux que l'humanité ait connus.

Pour les Occidentaux d'aujourd'hui, il est surtout connu sous les traits que peint le contemporain de Shakespeare, Christopher Marlowe, dans une étonnante pièce, *Tamerlan le Grand,* tragédie de l'ambition sans limites. Pour les gens de son temps, son nom était synonyme de la plus effroyable barbarie, car son armée d'archers mongols, montés à cheval, et de Tartares, armés de cimeterres, ravagea l'Asie de la Syrie et de la Turquie jusqu'aux confins de la Chine. Partout où il passa, ce fut l'horreur et l'épouvante.

Lorsque ses adversaires se rendaient sans combattre, Tamerlan pouvait être magnanime. Mais malheur à tous ceux qui lui résistaient !

Tamerlan, qui voulait la gloire dans la mort comme dans sa vie tumultueuse, se fit enterrer dans ce magnifique mausolée de Samarkand.

DE DAMAS AU TADJ MAHAL
Sans Tamerlan, l'un des plus beaux monuments du monde n'aurait peut-être jamais vu le jour. Car la caractéristique la plus remarquable du Tadj Mahal, en Inde — son dôme central —, n'aurait peut-être pas figuré dans le répertoire des architectes indiens si Tamerlan, en plus d'être un guerrier sanguinaire, n'avait été aussi le protecteur des arts et des sciences en Islam.

A l'époque de Tamerlan, un seul dôme semblable existait, un dôme de bois qui dominait la grande mosquée de Damas. Tamerlan, qui s'intéressait à l'architecture et faisait apporter à Samarkand des maquettes de monuments pour qu'on le copie, l'admira très certainement lorsqu'il assiégea la ville syrienne, en 1400.

Quand Damas tomba, en janvier 1401, les Tartares la mirent à sac et sa grande mosquée fut rasée par le feu. Mais Tamerlan se souvenait du dôme. Il le fit copier à Samarkand pour son propre tombeau, le Gour-Emir, dont les parties subsistent encore. De là, cette forme caractéristique se répandit vers le nord, où elle donna naissance au bulbe des églises chrétiennes de Russie, notamment celles du Kremlin, et vers le sud, de l'autre côté de l'Himalaya.

Ce style s'implanta en Inde à la suite des exploits de l'un des descendants directs de Tamerlan, Baber, qui renversa le sultan de Delhi en 1526 et fonda la dynastie des Grands Moghols. C'est l'un des membres de cette dynastie, l'empereur Shah Jahan, qui mit 20 000 hommes au travail pendant dix-huit ans pour bâtir au bord d'une rivière, à Agra, un mausolée pour son épouse favorite Mumtaz. Ce mausolée, le Tadj Mahal, achevé en 1648, est un extraordinaire chef-d'œuvre. Son dôme central est directement issu de la mosquée que le cruel ancêtre de Shah Jahan avait fait brûler près de deux cent cinquante ans plus tôt.

Est-ce ici le visage de Tamerlan, le cruel seigneur de la guerre tartare ? Cette reconstitution, faite d'après le crâne du tyran, est l'œuvre d'un anthropologue russe, le professeur Gerasimov.

En 1401, à Damas, en Syrie, Tamerlan répondit aux cris de pitié que lui lançaient des milliers d'habitants de la ville, accompagnés de leurs femmes et de leurs enfants, en leur disant de se réfugier dans la grande mosquée. Selon un historien du temps, ses lieutenants poussèrent 30 000 femmes, enfants, prêtres et autres réfugiés dans l'édifice de bois, fermèrent toutes les issues, puis mirent le feu à l'énorme sanctuaire. Dans un autre geste de « clémence », le conquérant promit aux édiles de Sivas, en Turquie, que le sang des défenseurs de la cité ne serait pas répandu s'ils se rendaient. Il tint sa promesse : les 4 000 soldats arméniens qui avaient mené la résistance turque furent tout simplement enterrés vivants. Les chrétiens de la ville furent étranglés ou ligotés et jetés dans les douves. Quant aux enfants, on les rassembla dans un champ où la cavalerie mongole les piétina sous ses sabots.

La décapitation collective semble avoir été l'une des occupations favorites de Tamerlan et de ses compagnons. Un jour que des Tartares avaient pris une garnison de croisés à Smyrne, sur la côte turque, et que des navires de renfort venus d'Europe apparaissaient à l'horizon, les hommes de Tamerlan les repoussèrent en lançant sur eux un déluge de têtes humaines, celles de leurs prisonniers. Après la capture de la ville d'Alep, en Syrie, les têtes de 20 000 de ses habitants furent empilées en pyramides de 5 mètres de haut et de 3 mètres de côté. Ces macabres monceaux, où toutes les têtes étaient tournées vers l'extérieur, servaient d'avertissement à ceux qui n'auraient pas craint le courroux de Tamerlan.

LE BOITEUX DE FER

Tamerlan est une déformation occidentale de Timur Lang, c'est-à-dire Timur le Boiteux. A l'origine, on l'appelait simplement Timur, mot qui signifie « fer ». Jeune homme, il fut blessé par une flèche au genou droit, probablement à l'occasion d'un coup de main contre une tribu rivale, et cette blessure le laissa boiteux toute sa vie. C'est pourquoi il était connu sous le nom de Timur Lang, particulièrement parmi ses ennemis persans et arabes, à qui nous devons l'essentiel de ce que nous savons de sa vie.

En 1941, à Samarkand, lorsque des archéologues soviétiques ouvrirent une tombe couverte de jade que l'on savait être celle de Tamerlan, ils découvrirent le squelette d'un homme d'environ 1,70 m, une haute taille pour un nomade tartare. Le squelette était déformé par une infirmité de la jambe droite. La main et le bras droits paraissaient aussi difformes. Malgré ces infirmités, le squelette était celui d'un homme extrêmement fort et musclé, et les historiens confirment que, si Timur ne pouvait marcher longtemps à cause de sa jambe, à cheval, il se transformait en un guerrier indomptable et en un voyageur infatigable.

La plus grande de ces pyramides sinistres fut dressée en 1387, après que des rebelles eurent massacré 3 000 des soldats de Tamerlan qui occupaient Ispahan (aujourd'hui en Iran). En guise de représailles, Tamerlan ordonna à ses commandants de recueillir des têtes humaines, fixant à chacun d'eux un quota qu'il devait remplir. Parmi les soldats, qui étaient tous musulmans comme Tamerlan, certains hésitèrent à tuer des coreligionnaires, si bien qu'ils achetèrent leurs têtes à des camarades moins scrupuleux. Il s'ensuivit un révoltant marché de la mort. Pour commencer, les têtes iraniennes se vendaient 20 dinars pièce. A la fin, lorsque les quotas furent tous remplis, le prix était tombé à un demi-dinar. Quand l'armée quitta enfin les lieux, 70 000 têtes s'entassaient devant les murs de la ville.

Tamerlan passa toute sa vie d'adulte à faire la guerre. L'odeur de la bataille était si forte à ses narines que, même lorsqu'il rentrait dans sa capitale de Samarkand pour célébrer ses victoires, il préférait vivre sous une tente de campagne, hors de la ville, plutôt que d'habiter un somptueux palais. Lorsqu'il mourut, en février 1405, il était en route pour une autre guerre qui devait lui faire conquérir toute la Chine. Pourtant, le brutal conquérant de l'Asie ne mourut pas par l'épée. Il quitta ce monde dans son lit, terrassé par la maladie.

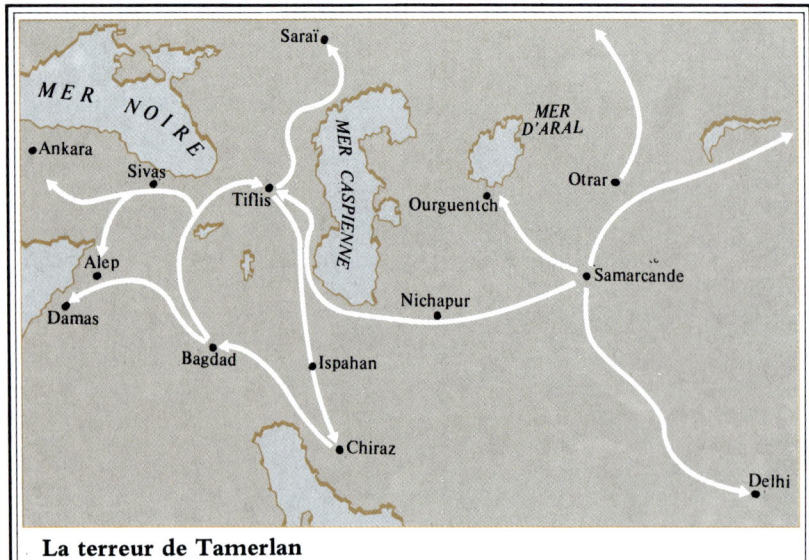

La terreur de Tamerlan
En près de quarante ans de guerres incessantes, Tamerlan conquit un immense empire sur lequel il fit régner la terreur, détruisant tout sur son passage. La carte illustre ses principales campagnes.

Le bûcher de Rouen

A-t-on vraiment tué Jeanne d'Arc ?

LES livres d'histoire sont formels : non, disent les historiens, aucun mystère n'entoure la mort de Jeanne d'Arc, qui fut, un matin de mai 1431, brûlée sur la place publique, à Rouen. Tout le long de la route qui menait au bûcher, une énorme foule de spectateurs s'était massée, tenue à distance par huit cents soldats anglais. Couverte de la tête aux pieds et accompagnée de deux prêtres, Jeanne d'Arc trouva la mort après un procès dont l'issue était décidée d'avance, malgré sa défense lucide et courageuse. Et ce matin-là, la populace vit la fin cruelle de cette paysanne de dix-neuf ans qui était devenue le symbole vivant de la résistance des Français face aux Anglais.

Dix mille paires d'yeux virent les flammes envelopper le corps de la jeune fille, déclarée sorcière et hérétique ; un grand nombre de spectateurs l'entendirent invoquer le nom de Jésus et celui des saints qui l'avaient inspirée dans sa mission : « bouter hors les Anglois ». Elle mit longtemps à mourir, mais finalement, dans un dernier « Jésus » à peine murmuré, elle expira. Le peuple vit alors le bourreau tisonner le bûcher pour montrer son cadavre calciné.

Pourtant, un peu plus tard, de nombreux Français allaient être convaincus de la vérité d'une rumeur persistante, qui voulait que Jeanne d'Arc n'ait pas été brûlée au bûcher, et certains pensent encore aujourd'hui que ce n'est pas vraiment Jeanne qui mourut en cette matinée du mois de mai 1431.

La jeune bergère, pieuse et chaste, qui se vêtit d'habits masculins pour conduire les armées françaises à la victoire contre les Anglais était, naturellement, le genre de personne qui inspire la foi dans les miracles. Sous sa conduite, les Français avaient obligé les Anglais à lever le siège d'Orléans. Jeanne avait rallié la ferveur populaire à la cause du dauphin et elle s'était tenue à ses côtés lorsqu'il avait été couronné Charles VII en 1429, roi légitime de la France. La cérémonie marqua cependant l'apogée de son aventure. Par la suite, elle échoua devant Paris, et au cours d'une campagne, le printemps suivant, elle tomba aux mains des Anglais, qui réclamèrent son exécution. Cette jeune fille qui faisait des miracles, qui parvenait à électriser les soldats français et à les faire marcher contre les Anglais avec un enthousiasme que rien ne pouvait arrêter, cette jeune fille à peine sortie de l'adolescence était décidément trop dangereuse.

Après qu'il eut montré le corps calciné de la Pucelle d'Orléans, le bourreau, comme le petit peuple l'interpellait, fit repartir le feu, si bien qu'il ne resta plus que des cendres, que l'on jeta dans la Seine. Aussitôt, on commença à parler de faits miraculeux qui avaient entouré la scène dont le peuple avait été témoin. Un soldat anglais était sûr qu'une colombe s'était envolée du bûcher au moment où l'esprit de Jeanne quittait son corps. D'autres prétendaient avoir vu le mot « Jésus » inscrit en lettres de feu. Bientôt, la rumeur courut que le

La mort au bûcher était rapide, car le bourreau étranglait généralement sa victime pour abréger ses souffrances. Mais le bûcher de Jeanne était trop haut pour que le bourreau puisse y monter. Sur la photo, Jeanne au bûcher, dans l'adaptation cinématographique de la pièce de Bernard Shaw, Sainte Jeanne.

cœur et les entrailles de Jeanne n'avaient pas été consumés par le feu. Bientôt, on dit même que la Pucelle avait survécu au bûcher et qu'elle vivait encore.

Les deux frères de Jeanne, comprenant que ce désir partagé par tant de Français de croire que leur héroïne n'était pas morte pouvait leur rapporter gros, montèrent un odieux stratagème. En 1436, cinq ans après sa mort, ils attisèrent les rumeurs qui n'ont cessé depuis de courir. Un beau jour, les deux hommes apparurent dans les rues d'Orléans, accompagnés d'une jeune femme montée sur un cheval et vêtue d'une armure. C'était leur sœur Jeanne, disaient-ils à qui voulait les entendre, sauvée du feu parce qu'au dernier moment une autre femme avait pris sa place au bûcher. En fait, la femme qui se cachait sous l'armure était une aventurière, Claude des Armoises. Avant de jouer le personnage de Jeanne, elle avait fait une carrière haute en couleur dans les rangs de l'armée du pape, en Italie. Son air martial et ses prouesses à cheval enchantaient le peuple, qui ne demandait qu'à croire que la Pucelle vivait encore.

Les habitants d'Orléans furent à tel point convaincus par l'histoire des deux frères qu'ils cessèrent de faire dire des messes à sa mémoire, comme ils l'avaient fait depuis la mort de leur héroïne. Les frères de Jeanne et leur protégée furent choyés et comblés d'honneurs — tout d'abord à Orléans, puis dans d'autres régions de France — jusqu'à ce que la supercherie soit dévoilée, après quatre années fort profitables. En 1440, à Paris, Claude des Armoises fit des aveux complets sur le rôle qu'elle avait joué dans cette cruelle comédie. Pourtant, certains continuèrent à croire malgré tout que Jeanne d'Arc n'était pas morte sur la place publique de Rouen.

En 1456, la vraie mission de Jeanne était accomplie, et Charles VII régnait sur presque toute la France. Les deux frères et leur mère demandèrent un procès en réhabilitation de leur sœur, faussement accusée d'hérésie et de sorcellerie. La réhabilitation fut prononcée en 1456, mais aucun des deux frères ne fut appelé à déposer, sans doute parce que leur tentative d'exploiter le nom de Jeanne leur avait aliéné les hommes d'Église et les juges séculiers. Quant à la libertine Claude, elle donna plus tard naissance à des enfants dont les descendants prétendent encore qu'elle était en fait la Pucelle d'Orléans.

En 1430, au siège de Compiègne, Jeanne fut prise par des soldats bourguignons qui la vendirent aux Anglais.

UN PROCÈS TRUQUÉ

Jeanne d'Arc fut la victime d'une odieuse intrigue politique, et le procès de Rouen ne fut qu'un simulacre de justice. En la personne de Jeanne devait disparaître un symbole du patriotisme français. Son juge, l'évêque de Beauvais, Pierre Cauchon, appartenait au conseil de la couronne d'Angleterre et était chapelain de la reine. C'est lui qui organisa et négocia avec les bourguignons, alors alliés de l'Angleterre, la capture de Jeanne d'Arc. Les archives du procès de Rouen nous donnent d'innombrables preuves de l'étonnante force d'âme de la petite bergère de Domrémy. Par exemple, voici les paroles qu'elle prononça dans la chambre de torture, selon le procès-verbal du 9 mai 1431 :

« Même si vous me brisez les membres et que vous m'arrachez l'âme du corps, je ne saurais rien vous dire d'autre. Et si me contraignez à parler, j'irai disant que vous m'avez contrainte à parler. J'ai interrogé mes voix pour savoir si je devais me soumettre à l'Église. Elles m'ont répondu que si je voulais que mon Seigneur m'aide, je me devais de Lui donner toute ma confiance. Et moi, je sais qu'Il a toujours été le maître de mes actes et que jamais le mal n'a eu de prise sur moi. Mes voix m'ont dit : "Aie confiance dans le Seigneur…" »

Le prototype de Dracula

Un personnage peu recommandable

LES histoires de vampires ont inspiré d'innombrables écrivains, grands et petits. Parmi tous ces ouvrages, le célèbre *Dracula* de l'écrivain anglais Bram Stoker, publié en 1897, occupe une place bien particulière dans notre imaginaire collectif. Tout le monde a entendu parler de *Dracula* ou vu « le » film (il en existe en fait d'innombrables versions). Mais qui sait que le terrible comte de Stoker s'inspire d'un personnage réel qui vécut en Europe de l'Est il y a plus de cinq cents ans ?

Aussi bien le cadre géographique du roman — la Transylvanie — que le nom de son personnage principal reposent sur des faits réels. Une des provinces de la Roumanie médiévale était la Valachie, entre les Alpes de Transylvanie et le Danube. Au XVᵉ siècle, elle faisait office d'État tampon entre le royaume de Hongrie et l'Empire ottoman de Turquie, qui avait atteint le faîte de sa puissance avec la prise de Constantinople en 1453. A l'époque,

le souverain de la Valachie était connu sous le nom de Vlad Dracule, ce qui veut dire Vlad le Dragon, car il avait pris le dragon pour emblème. Et lorsque son fils, qui s'appelait lui aussi Vlad, hérita du trône quelques années plus tard, on lui donna le titre de Dracula — le Fils du Dragon.

Né vers 1430, le prince Vlad Dracula connut la cruauté dès sa plus tendre enfance. Encore jeune garçon, les Turcs le gardèrent en otage dans une forteresse appelée Egrigoz (« les yeux qui louchent »). Plus tard, il vit assassiner son père et enterrer vivant un frère aîné. Pendant les années de délire de son règne, Vlad Dracula allait mettre à profit tout ce qu'il avait appris — et bien plus encore — sur la violence et la sauvagerie.

En fait, il fut surtout connu de son temps sous le nom de Vlad Tepes, Vlad l'Empaleur, car l'empalement sur un pieu de fer ou de bois était sa méthode favorite pour dépêcher dans l'au-delà les prisonniers turcs, ou quiconque

Vlad Tepes, le cruel souverain de Valachie au XVᵉ siècle, que cette gravure sur bois de l'époque nous présente sous les traits d'un prince charmant, a donné naissance à l'effroyable personnage du comte Dracula.

LE MYTHE DU VAMPIRE

Depuis toujours, l'homme croit aux vampires. D'une maigreur cadavérique, ou encore gonflé comme une sangsue, l'image du vampire assoiffé de sang, qui s'échappe la nuit de son tombeau pour se rassasier de ses victimes, se nourrit des frayeurs les plus noires et les plus profondes de l'humanité. Les gens aux yeux bleus ou aux cheveux roux, les nouveau-nés qui sortent du sein de leur mère avec toutes leurs dents : autant de vampires pour l'imagination populaire au cours des âges.

Le mythe du vampirisme s'est enraciné profondément dans l'imagination des populations de l'Europe centrale et orientale, particulièrement dans les régions reculées de Transylvanie (« la terre au-delà des forêts »), au cours des siècles qui suivirent la mort du prince Vlad Dracula, à la fin du XVᵉ siècle. Les histoires terrifiantes que l'on racontait sur sa soif de sang étaient renforcées par de fréquentes épidémies de peste, avec la terreur qu'elles inspiraient, notamment la crainte d'être enterré vivant. Les esprits superstitieux croyaient facilement aux histoires « vraies » qu'on racontait sur le *nosferatu* — le « mort-vivant » — qui sortait la nuit de sa tombe pour se repaître du sang des vivants. L'histoire connaît de nombreux cas de cadavres d'hommes soupçonnés de vampirisme qui furent exhumés pour qu'on leur transperce le cœur, ou qu'on les décapite et les brûle.

La macabre carrière du comte Dracula reçut un apport de « sang frais » en 1931, lorsque parut la première version cinématographique parlante du roman de Bram Stoker. Le thème épouvante à tel point les spectateurs, pour leur plus grande joie semble-t-il, qu'on a évalué à plus de 400 les adaptations portées à l'écran. Sur la photo, Christopher Lee s'apprête à faire une autre victime.

avait le malheur de susciter son courroux. Et, subtil raffinement, il ordonnait souvent qu'on émousse et qu'on graisse un peu la pointe du pieu afin de prolonger l'agonie de la victime en retardant la perforation d'un organe vital.

Son sadisme trouva de nombreux autres exutoires, plus ingénieux les uns que les autres. Un jour que des émissaires turcs eurent l'audace de ne pas se découvrir en sa présence, il ordonna qu'on leur cloue leur fez sur le crâne. Pour montrer combien il détestait les faibles, il fit rassembler une foule de mendiants et d'infirmes, les conduisit dans une grande salle apprêtée pour un banquet, fit barricader toutes les issues et mit le feu. L'homme avait aussi son côté puritain. Durant son règne, les femmes reconnues coupables d'adultère étaient écorchées vives ou soumises à d'autres châtiments « appropriés », qu'il est sans doute préférable de laisser à l'imagination.

Au sommet d'un rocher, le château médiéval de Bran, en Roumanie, où habitait Vlad Tepes, Vlad l'Empaleur.

Un portrait de Vlad Dracula nous le représente sous les traits d'un jeune prince bien fait, élégamment vêtu. Et certains historiens, surpris qu'il n'ait pas l'*air* si méchant, soutiennent que ce sont ses ennemis politiques qui noircirent délibérément son image. Ils font aussi observer qu'il mena une courageuse campagne contre l'envahisseur turc, aidant ainsi l'Europe chrétienne à échapper à l'islam, qu'il prit la défense des paysans contre les impitoyables boyards (les seigneurs féodaux d'Europe orientale) et qu'il rétablit l'ordre dans un pays déchiré par les invasions et les troubles civils. Ses défenseurs mentionnent aussi quelques actes de charité, tel le don d'un gobelet en or pour la fontaine d'un village de Valachie. Certains vont même jusqu'à dire que le feu de joie qu'il fit des mendiants et des infirmes était en fait un courageux effort pour enrayer une menace de peste.

Pourtant, les preuves penchent fortement en faveur des historiens qui, et c'est le plus grand nombre, voient en Vlad Dracula un monstre de cruauté, une exception même à une époque qui vit naître des hommes comme César Borgia et, au siècle suivant, Ivan le Terrible. On calcule que Vlad empala, écorcha, étrangla, fit bouillir ou griller, ou de quelque autre manière ingénieuse mit à mort au moins 50 000 personnes durant un court règne de moins de dix ans. Juste retour des choses, il connut une fin violente en 1476. Peut-être fut-il assassiné par des rivaux ou tué par les Turcs. Quoi qu'il en soit, la vieille loi du talion joua : il fut décapité et on ficha sa tête sur un pieu, sort assez commun pour les tyrans d'alors.

La vie de Vlad Dracula coïncidant avec les premiers perfectionnements de l'imprimerie (Gutenberg, 1440), ses atrocités furent bientôt connues d'un vaste public. Un ouvrage allemand de 1499 contient une gravure sur bois où l'on voit le prince roumain festoyer au milieu d'une forêt de cadavres empalés. Certains récits très anciens de ses méfaits parlent de cannibalisme et de rites sanguinaires. Rien ne prouve cependant que le prince aimait le goût du sang — encore qu'il en appréciait certainement la vue. On ne saurait pourtant s'étonner que, parmi les histoires vraies, la rumeur ait fait de lui avec les années un vampire.

Au début de notre siècle, on ouvrit la tombe où on le croyait enterré, sur une île au beau milieu d'un lac, quelque part en Roumanie. Surprise : elle était vide. Avait-on enlevé le cadavre par une nuit obscure, dans un lointain passé, pour lui planter un pieu en plein cœur ?

La splendeur des Médicis

Les banquiers qui firent la grandeur de Florence

Un dimanche d'avril 1478, la cathédrale de Florence était pleine à craquer pour la grand-messe. Les simples citoyens se tenaient debout, coude à coude, dans la nef, alors que sous le dôme se pavanaient les grandes familles, hommes et femmes resplendissant dans leurs velours, leurs brocarts et leurs joyaux scintillants. Parmi eux, tout près du maître-autel, se tenaient les membres d'une riche famille de banquiers, les Médicis, qui régnaient pratiquement sur Florence depuis près d'un demi-siècle. On pouvait y voir le chef de la famille, Lorenzo (Laurent le Magnifique), un homme au teint basané de vingt-neuf ans, et son jeune frère Julien, fort joli garçon.

Au moment solennel de l'élévation, une dispute éclata entre les fidèles qui se trouvaient près de l'autel. Deux d'entre eux, Bernardo Baroncelli et Francesco de' Pazzi, sortirent leurs épées et se jetèrent sur le jeune Julien de Médicis. On dénombra plus tard dix-neuf blessures sur son corps. Au même instant, deux hommes déguisés en prêtres tirèrent des dagues de sous leurs vêtements ecclésiastiques et se précipitèrent sur Laurent. Il tomba à terre et les quatre assassins s'enfuirent dans la rue, où d'autres conjurés les attendaient pour pousser le peuple de Florence à se libérer de la « tyrannie » des Médicis.

Mais les assassins avaient fait une lourde erreur. Le peuple se souleva en effet, mais de colère et de douleur, pourchassant les meurtriers et leurs complices, qui furent finalement tous découverts et tués. L'histoire nous a laissé un souvenir macabre de la vengeance du peuple florentin : le jeune artiste Léonard de Vinci vit le corps de l'un des assassins qui pendait à une fenêtre du Palazzo della Signoria (le Palazzo Vecchio) et en fit une esquisse dans ses carnets.

Julien succomba à ses blessures, mais Laurent survécut et continua à tenir, durant seize ans, les rênes du pouvoir de la république florentine, comme son père et son grand-père l'avaient fait avant lui. Les Médicis dominèrent Florence pendant trois siècles, de 1434 à 1737. Simples banquiers à l'origine, ils devinrent extraordinairement riches et puissants, avant d'être sacrés grands-ducs de Toscane et enfin de dégénérer et de se transformer en des princes amollis par le luxe et le vice. Les Médicis du xve siècle sont ceux qui imprimè-

rent leur marque dans l'histoire en encourageant le mouvement de la Renaissance en Italie. Et de tous, ce fut Laurent le Magnifique qui fit le plus pour la culture et la brillante vitalité de Florence.

Le premier membre de la famille qui s'occupa vraiment de la vie politique et culturelle de la cité fut Cosme, le grand-père de Laurent. Il avait quarante ans en 1429 lorsqu'il hérita de l'empire financier de son père, formé de comptoirs bancaires dans la plupart des villes italiennes et un peu partout en Europe. L'homme le plus riche de Florence aurait pu avoir une vie facile, mais il continua à gérer les affaires de la famille et même à exploiter une ferme comme un simple paysan, bêchant et plantant de ses propres mains. Inévitablement, il fut attiré dans le tourbillon de la politique. Comme le dira plus tard son petit-fils Laurent : « Tout va mal à Florence pour ceux qui ont de l'argent, mais pas de part dans le gouvernement. » La cité était en principe gouvernée par la Seigneurie, un conseil de neuf hommes choisis d'une façon apparemment démocratique. Mais ce conseil était en fait l'apanage de la riche famille des Albizzi lorsque Cosme commença à acheter des appuis politiques. A mesure que sa puissance grandissait, les Albizzi se sentirent menacés. En 1433, ils l'accusèrent

Encore jeune homme, Léonard de Vinci fit ce croquis de l'un des conjurés qui tentèrent d'assassiner certains Médicis.

Les Médicis se servirent de leur immense fortune pour diriger Florence. Ici, des employés de la cité reçoivent leur salaire, tiré des coffres des maîtres de la ville.

de trahison et parvinrent à le faire exiler à Padoue.

La manœuvre se retourna contre eux. Les Médicis retirèrent tous leurs fonds de Florence, si bien que les citoyens et le gouvernement lui-même en souffrirent. Moins d'un an plus tard, Florence invitait Cosme à revenir et les Albizzi perdaient tout crédit. Par la suite, Cosme resserra son étreinte sur la Seigneurie, qui bientôt ne fut plus qu'un conseil à sa solde. Pourtant, Cosme usa judicieusement de son pouvoir. C'était un dictateur, mais pas un despote, et le peuple de Florence — à part les familles rivales, comme les Albizzi et les Pazzi — ne se souleva jamais contre lui. C'est Cosme, le premier de la famille, qui commença à encourager les artistes, les architectes et les écrivains qui firent de Florence la véritable capitale de la Renaissance.

Son fils, Pierre le Goutteux, lui succéda en 1464, mais souffrant d'une maladie qui affligea un grand nombre de Médicis, il mourut cinq ans plus tard seulement, alors que son fils Laurent avait à peine vingt ans. Malgré la jeunesse de Laurent, les Florentins l'invitèrent à diriger le gouvernement. Laurent hésitait, mais la Seigneurie était résolue à maintenir la cité sous la domination bénéfique des Médicis. Il finit par accepter et occupa sa charge avec magnificence pendant vingt-trois ans, jusqu'à ce qu'il trouve une mort prématurée, à l'âge de quarante-trois ans, en 1492.

Laurent le Magnifique était laid — teint basané, traits taillés à coups de serpe, nez proéminent, voix aiguë et criarde. Pourtant, un charme extraordinaire se dégageait de cet homme. Étonnant mélange de talents et d'humeurs, on pouvait le voir un jour buvant à la taverne avec des compagnons braillards, et le lendemain entouré de savants, pris dans une longue discussion philosophique. Il écrivait avec un égal bonheur des chansons paillardes et d'excellents sonnets. Comme son grand-père, il encouragea les arts avec tous les moyens à sa disposition. C'est à l'œil pénétrant et à la bourse généreuse de Laurent que Michel-Ange doit le début de sa carrière. Les coffres des Médicis étaient au service de tous ceux qui se consacraient à la renaissance du savoir classique. Sous Laurent, Florence devint le centre étincelant d'une culture qui donna un souffle nouveau à l'Italie, et en fin de compte à toute l'Europe.

En plus de ses autres qualités, Laurent était un homme d'État suprêmement compétent, et il protégea Florence avec habileté contre ses nombreux ennemis, non pas en faisant la guerre, mais en négociant et en construisant des alliances. Il maintint si bien l'équilibre du pouvoir en Italie que, lorsqu'il mourut, le roi de Naples parla de lui sans hésitation comme d'un héros : « Cet homme vécut assez longtemps pour sa propre gloire, mais il mourut trop tôt pour l'Italie. »

L'ÉTAT FLORENTIN

Pendant plus de trois siècles, la cité de Florence fut dominée par la famille des Médicis.

Au XVe siècle, la cité de Florence (60 000 habitants) régnait sur un État composé de territoires voisins et d'une demi-douzaine d'autres villes — dont Pise, Livourne et Arezzo — avec une population totale d'environ 400 000 habitants. L'État florentin était en théorie une république démocratique, mais le droit de vote était en fait limité à environ 5 000 hommes, membres des 21 guildes de la ville de Florence ; ces guildes étaient organisées selon une hiérarchie qui donnait aux plus prestigieuses d'entre elles — avocats, marchands, banquiers, certains artisans — l'essentiel du pouvoir. Il n'y avait pas de gouvernement élu au sens moderne du terme. On choisissait un groupe de neuf citoyens en tirant au sort dans un sac de cuir parmi les noms de ceux qui paraissaient aptes à occuper une charge. Les « élus » devenaient membres de la Seigneurie pour deux mois seulement. L'un d'eux jouait le rôle de gonfalonier (porte-étendard), jouissant de plus de pouvoir et de prestige que les autres.

En pratique comme en théorie, ce conseil central se démettait de ses fonctions à l'expiration de son mandat, cédant la place à un nouveau conseil, dirigé naturellement par un autre gonfalonier. Mais comme l'argent faisait la loi à Florence, les véritables dirigeants de l'État étaient ses plus riches citoyens. Cosme de Médicis n'occupa sans doute la charge de gonfalonier que trois fois au cours de sa longue vie — à la différence d'un grand nombre de ses descendants victimes de la goutte, il vécut jusqu'à soixante-quinze ans —, mais une fois établi le fait que la puissance financière de sa famille était indispensable au bien-être de la cité, il resta le véritable maître de la Seigneurie, quels que fussent les noms que l'on tirait du sac de cuir tous les deux mois.

Les rivaux ne manquaient pas. Mais Cosme et Laurent le Magnifique l'emportaient tant par la force de leur personnalité que par leur richesse. Sous leur régime, Florence jouit d'une telle prospérité et d'une telle célébrité que, jusqu'à la mort de Laurent, il aurait paru impensable de contester vraiment le pouvoir des Médicis.

Prétendant au trône

Un jeune marchand flamand revendique le trône d'Angleterre

L E trône d'Angleterre a souvent été revendiqué par divers « prétendants » qui réclamaient ce qu'ils croyaient devoir leur revenir. La plupart avaient au moins une goutte de sang royal dans les veines, mais quelques-uns ne furent que des soldats de fortune beaux parleurs. L'un des plus intéressants parmi ces imposteurs venus de nulle part est un jeune homme, Perkin Warbeck, qui osa défier Henri VII, premier roi de la dynastie Tudor.

En 1491, Warbeck revendiqua pour lui le trône d'Angleterre. Bien fait de sa personne, vêtu de soie, il avait fière allure, et l'on pouvait certainement croire que du sang royal coulait dans ses veines. Comme il avait environ dix-huit ans, bien des gens se persuadèrent qu'il était le duc d'York, frère cadet d'Édouard V.

Les deux frères — les « enfants d'Édouard » — avaient mystérieusement disparu (très probablement assassinés) dans la Tour de Londres en 1483, alors qu'ils étaient âgés de dix et douze ans. L'histoire de son évasion miraculeuse de la Tour se répandit rapidement, et l'élégant jeune « duc » trouva facilement des appuis, non seulement en Irlande et en Angleterre, mais encore en France et en Écosse, les deux plus puissants ennemis d'Henri VII.

Les droits de celui-ci à la couronne d'Angleterre auraient été fort compromis si Édouard V ou le duc d'York avaient été encore vivants, et ses ennemis étaient tout prêts à le détrôner si un autre roi se présentait.

L'un des champions de Warbeck fut Marguerite, duchesse de Bourgogne, sœur de Richard III et tante des princes disparus. Elle

Forteresse fondée par Jules César et reconstruite au cours des siècles, la Tour de Londres servait d'ouvrage de défense, mais aussi de palais royal et plus tard de prison. C'est sous un escalier semblable que l'on découvrit en 1674 les ossements de deux jeunes garçons, âgés d'environ douze et dix ans, peut-être ceux d'Édouard V et de son jeune frère le duc d'York.

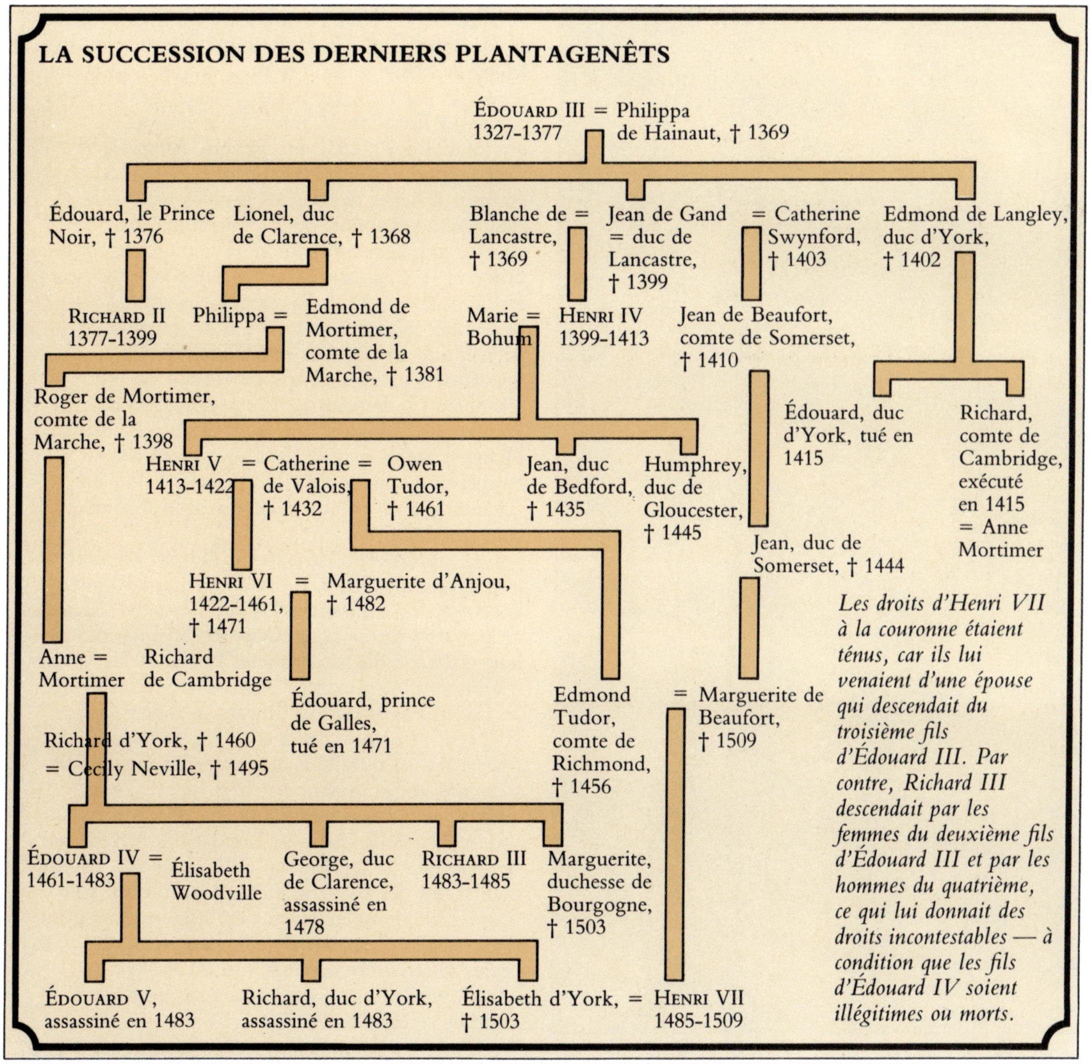

LA SUCCESSION DES DERNIERS PLANTAGENÊTS

ÉDOUARD III = Philippa
1327-1377 — de Hainaut, † 1369

Édouard, le Prince Noir, † 1376 — Lionel, duc de Clarence, † 1368 — Blanche de Lancastre, † 1369 = Jean de Gand = duc de Lancastre, † 1399 = Catherine Swynford, † 1403 — Edmond de Langley, duc d'York, † 1402

RICHARD II 1377-1399 — Philippa = Edmond de Mortimer, comte de la Marche, † 1381 — Marie = Bohum HENRI IV 1399-1413 — Jean de Beaufort, comte de Somerset, † 1410

Roger de Mortimer, comte de la Marche, † 1398 — Édouard, duc d'York, tué en 1415 — Richard, comte de Cambridge, exécuté en 1415 = Anne Mortimer

HENRI V 1413-1422 = Catherine de Valois, † 1432 = Owen Tudor, † 1461 — Jean, duc de Bedford, † 1435 — Humphrey, duc de Gloucester, † 1445

HENRI VI 1422-1461, † 1471 = Marguerite d'Anjou, † 1482 — Jean, duc de Somerset, † 1444

Anne = Mortimer Richard de Cambridge — Édouard, prince de Galles, tué en 1471 — Edmond Tudor, comte de Richmond, † 1456 = Marguerite de Beaufort, † 1509

Richard d'York, † 1460 = Cecily Neville, † 1495

ÉDOUARD IV 1461-1483 = Élisabeth Woodville — George, duc de Clarence, assassiné en 1478 — RICHARD III 1483-1485 — Marguerite, duchesse de Bourgogne, † 1503

ÉDOUARD V, assassiné en 1483 — Richard, duc d'York, assassiné en 1483 — Élisabeth d'York, † 1503 = HENRI VII 1485-1509

Les droits d'Henri VII à la couronne étaient ténus, car ils lui venaient d'une épouse qui descendait du troisième fils d'Édouard III. Par contre, Richard III descendait par les femmes du deuxième fils d'Édouard III et par les hommes du quatrième, ce qui lui donnait des droits incontestables — à condition que les fils d'Édouard IV soient illégitimes ou morts.

QUE SONT DEVENUS LES ENFANTS D'ÉDOUARD ?

Richard III a-t-il assassiné ou fait assassiner ses deux jeunes neveux, dont l'un était le roi légitime ? L'image de Richard, bossu monstrueux dont les méfaits sont à la mesure de sa disgrâce physique, est en partie celle que Shakespeare peint dans son *Richard III*. Or Shakespeare s'inspira d'historiens du XVIᵉ siècle qui n'avaient d'autre choix que de dépeindre le dernier des Plantagenêts d'Angleterre sous les couleurs les plus noires. Après tout, la dynastie Tudor, si magnifiquement représentée par Henri VIII et Élisabeth Iʳᵉ, avait été fondée par Henri VII dont les droits à la couronne étaient contestables et qui avait déposé Richard III par la force des armes. Il n'était que naturel que les loyaux serviteurs des Tudors cherchent à vilipender la mémoire de ce dernier. Mentirent-ils ou dirent-ils la vérité lorsqu'ils accusèrent Richard d'avoir cruellement mis à mort ses neveux, deux jeunes garçons innocents, dans la Tour de Londres ?

Voici les faits : lorsque Édouard IV mourut en 1483, il laissa ses deux fils — Édouard V, âgé de douze ans, et le duc d'York, âgé de dix ans — à la garde de leur oncle Richard. Sous prétexte de mieux les protéger, Richard fit loger les jeunes princes dans les appartements royaux de la Tour de Londres en attendant le jour du couronnement. Le mariage de leurs parents n'avait jamais été bien accueilli par le peuple anglais, surtout parce que leur mère était une roturière, et peu après la mort d'Édouard IV, on avait commencé à en contester la validité. Le mariage déclaré invalide, les princes devinrent illégitimes, et leur oncle Richard put ainsi prétendre au trône. Il devint roi et, de ce jour, on n'entendit plus jamais parler des princes que l'on avait vus jusqu'alors jouer dans la cour de la Tour de Londres.

La machination qui fit invalider le mariage d'Édouard IV, et donc déposer légalement ses fils, fut-elle l'œuvre de Richard III ? A-t-il trahi la mission qu'on lui avait confiée et s'est-il brutalement défait des princes ? C'est probable. Pourtant, Richard était devenu roi parce que les enfants avaient été légalement déclarés illégitimes. Pourquoi aurait-il pris le risque de s'attirer la colère du peuple en les faisant assassiner ? Par ailleurs, on a dit qu'Henri VII avait autant à gagner de la mort des princes que Richard. Henri avait mis fin à la vie et au court règne de Richard par la force des armes en 1485, année où Édouard V aurait eu à peu près quatorze ans s'il avait été vivant. Avant de s'emparer du trône, Henri s'était engagé à épouser la sœur des jeunes princes, ce qui le rapprochait d'autant de la couronne. Mais comme il n'aurait tiré aucun avantage de cette union si son épouse avait été bâtarde — et peut-être crut-il que les preuves concernant sa légitimité étaient fausses —, il ordonna la destruction de tous les témoignages et la proclama légitime, ce qui par le fait même rétablissait la légitimité de ses frères. Si les « enfants d'Édouard » avaient alors été vivants, Henri se serait trouvé dans une situation dangereuse : fils légitimes d'Édouard IV, ils auraient pu revendiquer la couronne à meilleur titre que lui.

Il est intéressant de noter qu'Henri attendit près d'un an après la mort de Richard III pour l'accuser de l'assassinat des deux enfants. Serait-ce que les princes étaient encore vivants lorsque leur oncle perdit son trône et la vie, et Henri est-il vraiment le coupable ? Mais si les jeunes princes ne furent pas assassinés durant le règne de Richard, pourquoi celui-ci ne les fit-il pas apparaître en public pour mettre un terme aux rumeurs qui couraient sur leur mort ? Deux siècles après ces événements, on découvrit sous un escalier de la Tour de Londres les ossements de deux jeunes garçons que l'on identifia comme étant ceux des petits princes, encore qu'il soit impossible de dater le jour de leur mort et donc d'accuser l'un des deux principaux suspects. Ces restes se trouvent aujourd'hui à l'abbaye de Westminster, entourés de ceux de nombreux Anglais célèbres.

Le thème de l'enfance innocente frappée par une mort précoce revient souvent à l'époque victorienne. Il trouve son expression dans ce tableau de sir John Everett Millais, les Princes dans la Tour (1878), où le peintre représente les deux princes que Richard III aurait fait assassiner.

détestait cordialement Henri, et ce fut avec enthousiasme qu'elle prit fait et cause pour ce « neveu revenu des morts », qu'elle installa chez elle et qu'elle prépara à jouer son nouveau rôle. Avec son aide et celle de Jacques IV d'Écosse, qui non seulement lui reconnut le titre de duc, mais lui fournit une épouse de sa propre parenté, l'agréable jeune homme parvint à réunir assez de fidèles pour tenter une série de révoltes armées, mais sans succès.

Henri VII fit de son mieux pour déjouer ces machinations et captura le prétendant à la première occasion, en 1497. Warbeck, échappé à la surveillance de ses gardiens, fut rapidement repris, mis au pilori et forcé de lire une confession publique. Il fut ensuite envoyé à la Tour de Londres et pendu en 1499. L'essentiel de ses aveux : loin d'être un prince anglais, il s'appelait Perkin Warbeck et était né à Tournai. Sa condition était celle d'un marchand de soieries (ce qui expliquait pourquoi il pouvait s'habiller si bien) et ses droits au trône n'avaient aucune validité. A n'en pas douter, Perkin Warbeck était un excellent acteur.

LA LOI QUI DONNA A RICHARD III SA COURONNE

Au Moyen Age, une promesse de mariage avait autant de valeur que le mariage lui-même, et les fiançailles royales se déroulaient habituellement en présence des dignitaires du royaume. Peu après la mort d'Édouard IV, un homme d'Église, Robert Stillington, évêque de Bath et de Wells, déclara qu'il avait célébré, bien des années plus tôt, une cérémonie au cours de laquelle Édouard avait promis sa foi à une jeune dame, fille d'un duc. Ainsi, le mariage ultérieur du roi avec une autre femme pouvait être considéré comme illicite, et les rejetons de ce mariage illégitimes. En sa qualité de protecteur du royaume et de premier dans l'ordre de succession parmi les membres légitimes de la famille d'Édouard IV, Richard semble avoir été fondé à revendiquer la couronne — à moins que les révélations de Stillington ne soient fausses, ce qui est fort possible à une époque où toute la vie politique n'était qu'intrigue.

La bataille de Bosworth (1485) vit la mort de Richard III, dernier Plantagenêt, et l'accession au trône d'Henri VII, premier Tudor. Ici, Laurence Olivier joue le rôle de Richard III dans son film tiré de la célèbre pièce de Shakespeare.

La Cène de Léonard de Vinci

A la recherche d'un chef-d'œuvre

DEPUIS quelque temps déjà, des techniciens s'affairent à une opération critique qui doit durer encore quelques années. Équipés de scalpels, de pinces, de coton hydrophile et de microscopes, ils essaient d'insuffler une nouvelle vie à un malade dont la mort imminente est annoncée depuis longtemps. La salle d'opération : Santa Maria delle Grazie, un monastère du xve siècle, à Milan ; le « malade » : l'un des chefs-d'œuvre de l'art mondial, *la Cène* de Léonard de Vinci. La fresque de 9 mètres de long sur 4,5 m de haut, peinte sur le mur d'un réfectoire, illustre une scène intensément dramatique. Assis à la table, entouré des douze disciples, le Christ vient d'annoncer : « En vérité je vous le dis, l'un de vous me trahira. »

Cet instant est brillamment évoqué dans le groupement dramatique des personnages. A gauche du Christ, Jean et Pierre s'avancent, angoissés, interrogateurs : « Seigneur, est-ce moi ? » Entre eux, le traître, Judas, se recule. Dans les autres groupes, chacun des disciples est un portrait magistral. Les visages sont

La Cène de Léonard de Vinci a commencé à se détériorer pratiquement dès qu'elle fut achevée, en 1498. Au cours des siècles, elle a subi de nombreuses restaurations maladroites. Aujourd'hui, les spécialistes qui la restaurent patiemment espèrent lui redonner tout l'éclat qu'elle avait à l'origine, et surtout l'esprit que lui avait insufflé l'artiste.

étonnés, anxieux, perplexes, désespérés, alors que les attitudes et les gestes sont ceux de la crainte et de l'incertitude. Pourtant, malgré cette impression de choc brutal, une harmonie fluide envahit toute la composition ; ces émotions intenses se résolvent dans la calme symétrie dont le Christ est le centre. Depuis 1498, année où elle fut achevée, la fresque est saluée comme un incomparable chef-d'œuvre, une vision qui vient inexorablement à l'esprit dès que l'on évoque la veille de la Passion.

C'est probablement en 1495 que Ludovic Sforza, duc de Milan, demanda à Léonard de peindre cette fresque dans le monastère. L'artiste y consacra plus de trois ans. Un contemporain, Matteo Bandello, écrit : « Bien des fois, j'ai vu Léonard partir tôt le matin travailler sur l'échafaudage de *la Cène* ; il y restait de l'aube jusqu'au coucher du soleil, ne posant jamais le pinceau, mais continuant à peindre sans manger ni boire. Puis, trois ou quatre jours passaient sans qu'il touche l'œuvre. Pourtant, il consacrait plusieurs heures par jour à l'étudier et à critiquer ses personnages. » On raconte — mais l'histoire est probablement fausse — que le Judas de Léonard est inspiré du prieur du monastère, qui s'était plaint de la lenteur des travaux. Curieusement, Judas ressemble au Christ, comme si Léonard avait voulu que le traître soit le reflet déformé du Sauveur.

Le peintre se trouva devant un problème délicat : par quel moyen protéger la fresque des ravages de l'humidité et de la moisissure ? Toujours inventif, il appliqua sur le mur un enduit de craie, de poix et de mastic. Malheureusement, l'expérience n'eut pas les résultats escomptés. Avec le temps, le pigment se détacha de la base, et la détérioration de la fresque était visible dès 1517, deux ans avant la mort de l'artiste. En 1566, quelqu'un faisait observer qu'on ne voyait rien, si ce n'est « un fouillis de taches ». Un siècle plus tard, l'état de *la Cène* parut si désespéré qu'un frère n'hésita pas à agrandir la porte qui s'ouvrait sous la fresque, coupant ainsi les pieds du Christ. Pourtant, *la Cène* n'a jamais été vraiment « un fouillis de taches », et elle continue de briller de ses feux, malgré la lèpre du temps, malgré les avanies de l'histoire.

A l'époque de Napoléon, par exemple, des soldats se servirent du réfectoire pour engranger le fourrage de leurs chevaux. Au cours de la Seconde Guerre mondiale, des bombes détruisirent le toit de l'édifice et son mur droit. Pis encore, la fresque a subi les assauts de restaurateurs bien intentionnés mais maladroits : six tentatives depuis le début du XVIIIe siècle, pour la plupart des « reconstitutions » qui consistaient à peindre par-dessus les couleurs de Léonard de Vinci. Vers le milieu du XXe siècle, *la Cène,* fanée, craquelée, n'était plus que l'ombre d'elle-même. Pourtant, depuis 1980, cette désintégration a cédé la place à ce qui promet d'être une renaissance lente mais presque miraculeuse. Les travaux de restauration scientifique ont commencé par un examen méticuleux. Centimètre par centimètre, les spécialistes nettoient les restes des « restaurations » destructrices et reconstituent l'original aussi fidèlement qu'il est humainement possible. Mais travailler avec des solvants et des scalpels sur cette mosaïque de peinture qui s'effrite est une tâche d'une complexité incroyable. Il n'y a pas si longtemps, Giuseppina Brambilla, chef de l'équipe de restauration, disait à un curieux : « Vous voyez cet éclat de bleu ? » Montrant une petite tache de couleur sur la nappe blanche de la fresque, elle ajoutait : « Elle a coulé de l'endroit où Léonard l'avait mise à l'origine, dans la tunique de l'un des apôtres. » Et, naturellement, son travail était de la remettre là où elle devait être.

La fresque est un véritable puzzle — et un puzzle dont plusieurs pièces manquent. Par endroits, lorsque le plâtre lui-même s'est effrité, plus aucune trace ne subsiste des coups de pinceau du maître. Même ainsi, les résultats sont absolument remarquables. En 1982, le quart droit de la fresque était pratiquement terminé. Simon le Cananéen, Jude et Matthieu sortaient enfin de l'ombre accumulée par les siècles. Chemin faisant, Giuseppina Brambilla et ses collègues découvrirent quelques faits surprenants sur les intentions de l'artiste. La barbe de Simon, par exemple, avait considérablement poussé au cours des siècles, sous le pinceau des restaurateurs ; Léonard ne lui avait donné qu'un petit bouc. A l'origine, les aliments qui se trouvaient sur la table étaient entamés — une orange en quartiers et une miche de pain déjà rompue —, mais une main inconnue avait « corrigé » ces détails trop humains en peignant une orange et un pain intacts. Ailleurs, les couleurs vibrantes remplacent graduellement l'obscurité. A nouveau, les tuniques des apôtres se reflètent sur les couverts d'argent.

Ce travail de restauration est une véritable révélation. Et tous les amateurs d'art attendent impatiemment le moment où ils pourront redécouvrir cette fresque et la vision rayonnante d'un extraordinaire génie.

L'HOMME UNIVERSEL

« Dix hommes en un seul », Léonard de Vinci (1452-1519) fut l'archétype de l'homme de la Renaissance : peintre, sculpteur, homme de science, architecte, anatomiste, ingénieur militaire et inventeur.

Né à Vinci, en Toscane, Léonard était le fils illégitime d'un tabellion local et d'une paysanne. A quatorze ans, son père l'emmena à Florence pour étudier les arts, et il y avait déjà affirmé ses talents de peintre à l'âge de vingt ans. Dix ans plus tard, il partit à Milan, où il resta dix-sept ans à la cour de Ludovic Sforza, plus tard duc de Milan. C'est alors qu'il écrivit un grand nombre des 7 000 pages de ses *Carnets,* où figurent notamment les plans de machines volantes, d'un parachute, d'un hélicoptère, d'un scaphandre de plongée sous-marine, d'un char d'assaut et d'une ville construite sur plusieurs niveaux.

Inventeur, Léonard fut le prince des visions prophétiques. Artiste, il donna à l'humanité deux œuvres qui sont probablement les plus célèbres peintures du monde. *La Joconde,* immaculée, est en sécurité derrière sa vitre pare-balles au musée du Louvre, à Paris. Quant à *la Cène,* jusqu'à une date récente, elle n'était guère plus qu'une ruine émouvante sur un mur de réfectoire.

Après avoir passé la majeure partie de sa vie dans son Italie natale, où il acquit honneur et célébrité, Léonard fut invité à la brillante cour de François Ier et il termina ses jours en France, en 1519, au manoir du Clos-Lucé, près du château d'Amboise.

Léonard de Vinci conçut dans son esprit d'innombrables machines qui n'allaient pas voir le jour avant plusieurs siècles, comme le montrent ces deux croquis d'un char d'assaut, une arme qui fut utilisée en 1916.

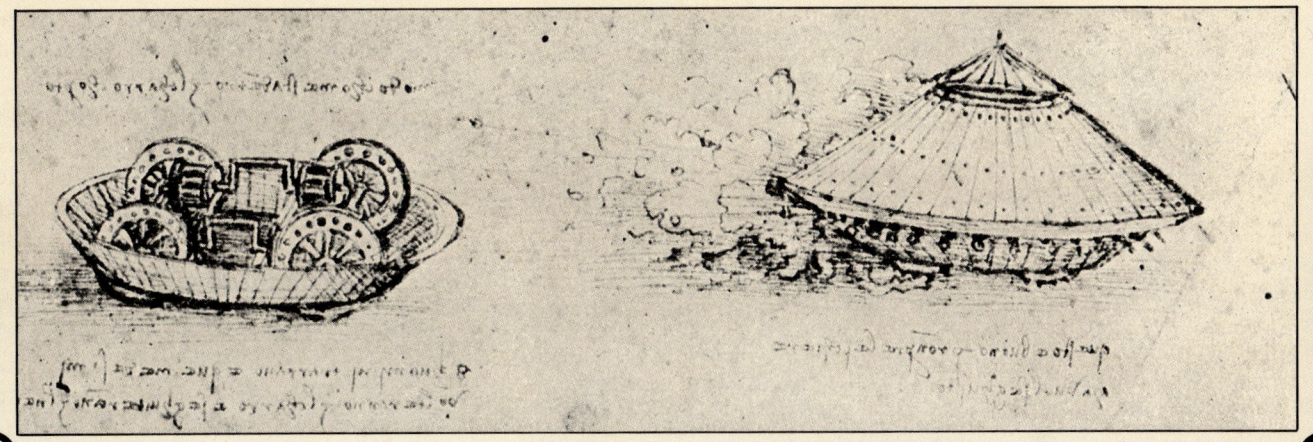

Lucrèce Borgia

Intrigante démoniaque ou victime innocente ?

Pour Lucrèce Borgia, fille illégitime du pape Alexandre VI, le 18 août 1500 allait faire date. Dans une chambre de malade, au Vatican, la jeune femme de vingt ans soignait son deuxième mari, blessé d'un coup de poignard. Lorsqu'elle revint après quelques minutes d'absence, elle le trouva mort dans son lit, étranglé, comme elle avait de bonnes raisons de le croire, sur les ordres de son propre frère, César Borgia.

On n'a jamais pu prouver que César Borgia était l'auteur du meurtre de son beau-frère, mais le climat politique de l'époque et le caractère violent de l'homme font qu'il est presque certain qu'il dépêcha le mari de sa sœur dans l'autre monde pour débarrasser la famille Borgia d'une alliance qui ne lui était plus utile. Bien que Lucrèce eût commencé par pleurer son mari — elle avait adoré le jeune Alphonse de Bisceglie, neveu du roi Frédéric de Naples — elle était, quelques semaines plus tard, plus joyeuse et pleine d'entrain que

jamais. N'était-ce pas la preuve — s'il fallait vraiment une preuve — que Lucrèce était une vraie Borgia et qu'elle se mouvait à l'aise dans ce monde d'intrigues, de passions et de meurtres ?

Les accusations portées contre Lucrèce Borgia au cours des siècles sont aussi graves qu'odieuses. Les uns après les autres, les historiens ont dit qu'elle n'était pas avare de ses charmes, qu'elle eut des relations incestueuses avec son frère César et avec son père le pape, que les autres hommes qui traversèrent sa vie connurent une mort violente, frappés lorsqu'ils s'y attendaient le moins, et que son plus grand plaisir était de contempler cinquante serviteurs du Vatican et cinquante prostituées toutes nues rivaliser de prouesses sexuelles. Non, ce n'était certainement pas un ange, mais une bonne part des plus violentes attaques dont elle est l'objet doivent plus à la propagande anti-Borgia qu'à la vérité.

La plus grave accusation qui pèse contre Lucrèce, qu'elle se serait donnée à des hommes de son propre sang, est aussi la plus facile à réfuter. Le premier qui l'accusa d'inceste fut Giovanni Sforza, son premier mari, qu'elle avait épousé à l'âge de treize ans ; Sforza ne porta cette accusation que pour se défendre lui-même. Leur mariage n'avait été qu'une simple union politique, et quand il parut nécessaire de le dissoudre aux Borgia, ils invoquèrent l'impuissance de Sforza, sans tenir compte que celui-ci avait eu un enfant d'une précédente épouse. Le mari mis en cause précisa d'ailleurs qu'il avait possédé Lucrèce au moins mille fois durant leur mariage — peut-être avec quelque vantardise, puisque leur vie commune fut bien loin de durer mille jours. Mais l'orgueil de Sforza avait été blessé, surtout lorsque les gens décidèrent de croire les Borgia. C'est donc ulcéré qu'il accusa le pape de vouloir se débarrasser de lui afin de prendre sa place dans la couche de Lucrèce. L'accusation, fruit de la colère et de l'humiliation, était insensée, et pas le moindre indice ne vient l'étayer.

Il est facile de comprendre pourquoi cette histoire fut rapidement acceptée comme argent comptant. A l'époque de la rupture de son premier mariage, Lucrèce semble avoir eu une affaire de cœur avec un page espagnol, un beau jeune homme dont on découvrit le corps dans le Tibre peu après qu'elle fut tombée enceinte.

Dans une scène d'un feuilleton télévisé anglais laissant transparaître les étroites relations qui unissaient le pape libertin à sa charmante fille, le pape Alexandre VI orne d'un collier le cou de Lucrèce Borgia.

Pour protéger l'enfant en lui donnant le nom des Borgia, tout en préservant Lucrèce de la disgrâce, le pape déclara publiquement que l'enfant était celui de César Borgia et d'une Romaine dont on taisait le nom. En privé, cependant, pour des raisons restées inexpliquées, le pape endossa lui-même cette paternité. Lorsque la rumeur commença à courir que l'inconnue n'était autre que Lucrèce, les accusations d'inceste se multiplièrent jusqu'à arriver aux oreilles de Machiavel et de Guichardin, et ces historiens les transmirent à la postérité comme un fait avéré.

Lucrèce ne fut jamais aussi noire qu'on nous l'a représentée. Elle avait ses faiblesses, ni plus ni moins qu'un bon nombre des dames de son époque, et, comparée au reste de sa famille, c'était même finalement une jeune fille assez comme il faut. On remarque ainsi que lorsque le moment vint de son troisième et dernier mariage, l'ambassadeur de son futur mari, Alphonse d'Este, étudia son « caractère » et écrivit — bien que sans illusion sur les Borgia — dans un rapport secret : « Sa beauté est incontestable et ses manières ajoutent à son charme. Elle semble si douée que nous ne pouvons, et ne devrions la soupçonner d'un comportement inconvenant. Outre sa grâce parfaite en toutes choses, son affabilité modeste et ses bonnes manières, elle est catholique et montre qu'elle craint Dieu. » Bien sûr, l'ambassadeur était diplomate, mais son rapport paraît sincère, car plusieurs autres témoignages contemporains lui font écho.

Lucrèce avait à peine vingt et un ans à l'époque de ce mariage et, après avoir quitté le Vatican pour Ferrare, elle ne revit jamais plus ni Rome ni son père. Elle abandonna pour de bon le monde pervers des Borgia pour devenir l'épouse d'Alphonse d'Este, duc de Ferrare, une duchesse fort aimée pour ses bonnes œuvres, qui construisit notamment des couvents et des hôpitaux. La liste des dix-sept livres qu'elle emporta avec elle à Ferrare révèle sa vive piété, ainsi que le savoir d'une femme qui pouvait écrire des poèmes en trois langues — français, espagnol et italien. Son passé était derrière elle, entaché de rien de plus sinistre que quelques affaires de cœur de jeunesse et une fâcheuse tendance à tourner la tête quand sa famille donnait libre cours à ses passions. Elle ne méritait pas qu'on nous la dépeigne sous les mêmes traits que le reste des Borgia. Pendant le restant de sa vie, à part un écart de

---

LES SINISTRES BORGIA

Rodrigo Borgia, qui devint le pape Alexandre VI, eut au moins huit enfants de femmes différentes. Mais ce sont les trois fils et la fille qu'il eut de Rosa Vannozza dei Cattanei qui furent les plus proches de son cœur. Sur les quatre, seule Lucrèce et le fils cadet atteignirent un âge raisonnable. Jean, le préféré, mourut dans la fleur de l'âge, assassiné, s'il faut en croire Machiavel, car César et lui se disputaient les faveurs de Lucrèce ; quant à César, il fut tué à la guerre à l'âge de trente-deux ans.

Les Borgia étaient issus d'une obscure famille espagnole. Bien que tous les enfants fussent nés en Italie, ils parlaient toujours l'espagnol entre eux et, jusqu'à la fin de leurs jours, préférèrent s'habiller à la mode de leur pays d'origine. C'était des étrangers en Italie, qui n'avaient de loyauté qu'envers eux-mêmes et ceux de leur clan. Malgré leurs talents incontestables, ils ne parvinrent jamais à gagner les cœurs et les esprits de la population, ni même la confiance de leur entourage. Ils furent détestés et craints dans toute l'Italie, et généralement à juste titre.

La puissance de la famille datait de l'élection de Rodrigo Borgia au trône de saint Pierre en 1492. Sans doute s'était-il frayé un chemin jusqu'au Vatican à coups d'espèces sonnantes et trébuchantes — il fut élu au quatrième tour de scrutin, après bien des machinations —, mais sa compétence d'administrateur et d'homme politique le désignait cependant pour ce poste. A l'époque, les Français et leurs alliés italiens menaçaient les États pontificaux, et il fallut toute la ruse et la brutalité de Rodrigo pour contenir les ennemis de l'Église. En cela, il fut admirablement soutenu par son fils César, capitaine général des armées de l'Église. A eux deux, le père et le fils tinrent la papauté entre leurs mains au cours d'une période très difficile et, chemin faisant, s'acquirent une effroyable réputation.

Durant toutes ces années, l'un des ambassadeurs de Florence auprès du camp de César fut le philosophe et homme politique Nicolas Machiavel. Certes, il n'aimait pas les Borgia, mais il admirait grandement l'habileté de César, et c'est à lui qu'il dédia son ouvrage classique sur l'art politique, *le Prince*. En réalité, on ne sait jusqu'où aurait pu s'élever César si les événements avaient pris un tour différent. Toujours est-il que son père mourut en 1503 — empoisonné, ce qui ne fit qu'ajouter un nouvel épisode aux nombreuses histoires d'empoisonnement de la famille Borgia — et avec sa disparition s'éteignit la puissance de la trop célèbre famille. Le nouveau pape était l'ennemi juré de César, et il fit en sorte que son ascension trouve une fin brutale. César dut s'enfuir en Espagne, où il entra dans les rangs de l'armée de son beau-frère, le roi de Navarre. C'est à son service qu'il trouva la mort dans une petite escarmouche, en 1507.

Le pape Alexandre VI

César Borgia

courte durée avec un poète vénitien, elle fut une bonne épouse et une excellente mère, protectrice des arts, personnage influent à la cour de son pays d'adoption. Lorsqu'elle mourut en couches en 1519, usée par une onzième grossesse, tous ceux qui la connaissaient la pleurèrent. Son mari, dont l'indifférence première avait laissé la place à un profond amour, fut si ému par sa mort qu'il perdit connaissance aux funérailles et qu'il fallut l'emporter. Les condoléances qui affluèrent à Ferrare de toute l'Italie étaient sincères. Lucrèce avait su se faire aimer. Ce n'est que plus tard, lorsque les historiens commencèrent à réécrire l'histoire des Borgia selon leurs propres inclinations, que naquit la légende de Lucrèce, l'infâme.

La grande mosquée de Cordoue, deuxième du monde, entreprise en 785 et agrandie au cours des deux siècles qui suivirent. Après la reconquête de Cordoue en 1236, elle fut consacrée au culte catholique. Au XVIᵉ siècle, on construisit une chapelle au sein du monument arabe.

La reconquête de l'Espagne
Quand la chrétienté chasse l'islam

En 1492, alors qu'elle était assiégée depuis un an et demi, Grenade, dernier bastion maure en Espagne, se rendit aux armées de leurs majestés très catholiques, le roi Ferdinand d'Aragon et son épouse la reine Isabelle de Castille. C'était le point final d'une lutte que la chrétienté livrait depuis plusieurs siècles pour arracher l'Espagne aux mains des infidèles.

Au début du VIIIᵉ siècle, des armées arabes et berbères avaient traversé le détroit de Gibraltar et conquis la majeure partie de la péninsule Ibérique, à l'exception des montagnes du Nord, et pendant les huit siècles qui suivirent, les musulmans se maintinrent en Espagne. Toutefois, lorsque les Maures se divisèrent en petits royaumes après l'an 1002, les royaumes chrétiens du Nord profitèrent de l'occasion pour les repousser graduellement vers le sud. La *reconquista* (la reconquête) devint plus populaire lorsqu'elle se transforma en une croisade religieuse, et le mouvement atteignit son apogée lorsque Ferdinand et Isabelle, dont le mariage unissait les deux plus puissants royaumes chrétiens d'Espagne, prirent possession de l'Alhambra, le magnifique palais des anciens princes de Grenade.

A l'époque, on vit dans la reconquête de Grenade la défaite de la barbarie païenne devant les forces de la civilisation chrétienne. Aujourd'hui, notre interprétation est beaucoup plus nuancée. Sous la domination des Maures, une société richement pluraliste et extraordinairement cultivée s'était développée dans le sud de l'Espagne. La médecine, l'astronomie, les mathématiques, la philosophie et

Triomphants, Ferdinand et Isabelle reçoivent la reddition du royaume maure de Grenade, dernière place forte de l'islam en Espagne. L'événement marqua un tournant dans l'histoire de ce pays, qui adopta tout entier une foi catholique intolérante et agressive. Pourtant, le souvenir de près de huit cents ans de présence islamique en Espagne allait imprégner toute la vie du pays pour les siècles à venir.

les métiers nobles y furent si appréciés que la péninsule devint la porte par laquelle le savoir de l'Orient gagna le reste de l'Europe. D'importantes innovations maures, comme les techniques d'irrigation et les nouvelles cultures — oranges, citrons et canne à sucre, par exemple —, apportèrent énormément au reste du continent. Et sous la souveraineté arabe, les grandes villes d'Espagne devinrent des centres incomparables de culture et de savoir.

La plus brillante de toutes était Cordoue, capitale de l'Andalousie musulmane, qui tomba devant les armées chrétiennes en 1236. Ses rues étaient pavées et brillamment éclairées, et les riches y disposaient à profusion d'une eau pure. Les citoyens prospères vivaient dans de grandes maisons où, les soirs d'été, ils prenaient le frais sur des balcons de marbre, tandis que des conduits d'air chaud, sous le sol de mosaïque, adoucissaient la rigueur des hivers. Le rossignol chantait dans des jardins débordant de fleurs, d'arbres fruitiers, de jets d'eau et de bassins où s'ébattaient des poissons rouges. Célèbre pour ses arts et sa mode, Cordoue était aussi l'aimant qui attirait les savants de toutes les croyances dans les innombrables bibliothèques publiques qu'elle possédait.

En partie parce que les musulmans étaient minoritaires en Espagne, en partie parce que certains personnages bibliques comme Moïse et Jésus étaient des prophètes vénérés dans leur religion, les Maures se montrèrent remarquablement tolérants à l'égard des chrétiens et des juifs. Les citoyens non musulmans devaient payer la capitation, dont le montant était proportionnel à la fortune de chacun. Cette source de revenus était si utile que les Maures firent même de leur mieux pour décourager les conversions à la foi islamique. Tant que les sujets non musulmans n'insultaient pas publiquement Mahomet ou la doctrine islamique, on les laissait parfaitement libres de pratiquer leur religion.

Dans les territoires de l'Espagne chrétienne, avant la victoire finale de 1492, le judaïsme était également toléré. En fait, l'importante et prospère communauté juive finança largement les armées chrétiennes. Paradoxalement, la conquête de Grenade marqua la fin de cette coexistence pacifique. Poussés par l'Église, Ferdinand et Isabelle entreprirent d'extirper de l'Espagne toutes les minorités. Contraints de choisir entre l'expulsion ou la conversion, quelque 165 000 juifs espagnols — peut-être davantage — optèrent pour l'exil, souvent après avoir vu tous leurs biens confisqués. Ceux qui restèrent, convertis, se trouvèrent à

la merci de l'Inquisition espagnole, qui n'avait cessé de devenir plus brutale depuis 1478, date de sa fondation par la reine Isabelle.

Quant aux musulmans vaincus, leur sort fut d'abord meilleur que celui des juifs, mais la tolérance religieuse relative dont ils bénéficiaient disparut bientôt. Les conditions de la reddition de Grenade stipulaient que les fidèles de l'islam seraient traités avec respect et clémence. Quelques années après, cette garantie fut ouvertement violée. Et en 1501, tous les Maures qui vivaient encore dans la péninsule Ibérique eurent à faire le même choix que les juifs : partir ou se convertir.

Les jardins du Generalife, à Grenade, où les architectes maures utilisèrent abondamment les jeux d'eau des fontaines et des bassins. Prestigieux témoignage de la grandeur de la civilisation islamique en Espagne, l'Alhambra fut construit au XIVe siècle pour les princes de Grenade.

Le découvreur du Nouveau Monde

Explorateur extraordinaire ou aventurier sans scrupules ?

Malgré la célébrité de Christophe Colomb, nous ignorons tout de ses traits, car aucun de ses nombreux portraits ne fut peint de son vivant. Cette image d'un peintre anonyme se trouve au Civico Museo Storico de Côme, en Italie.

LE découvreur du Nouveau Monde, le pionnier qui ouvrit un continent entier à la civilisation et changea le cours de l'histoire, l'homme qui accomplit tout cela sous les risées de ses adversaires, encouragé seulement par son extraordinaire foi en lui-même : ainsi Christophe Colomb est-il passé à l'histoire comme l'un des plus grands héros de tous les temps.

Et pourtant, la médaille a son revers, un revers qui nous montre Christophe Colomb sous les traits d'un menteur, d'un fourbe, d'un maladroit, d'un tyran, et peut-être même d'un dément assoiffé de grandeur. Ses origines sont obscures : tout ce que nous en savons, c'est qu'il naquit à Gênes, en Italie, vers 1451. Il partit pour la première fois en mer vers l'âge de quatorze ans et passa le début de sa vie d'adulte à courir les océans. Le goût de la mystification semble lui être venu très tôt. Selon une biographie assez douteuse qu'écrivit son fils Fernando, Christophe Colomb prétendait — sans doute faussement — qu'en février 1477 il avait réussi à dépasser l'Islande.

Mais Christophe Colomb est surtout connu,

et à juste titre, pour ses quatre grandes traversées de l'océan Atlantique, qui allaient ajouter les Antilles et la côte est de l'Amérique centrale à la carte du monde connu. Autodidacte, il avait enduré sept misérables années de moqueries et de frustrations alors qu'il cherchait un patron pour son « entreprise des Indes », voyage qui devait le mener jusqu'en Chine et au Japon par la route de l'Ouest.

On sait qu'il finit par persuader le roi Ferdinand d'Aragon et la reine Isabelle de Castille de financer le voyage. Peu importe que ses calculs mathématiques aient été si faux que la terre qu'il découvrit n'aurait pu être aucun des deux pays visés. Ce premier voyage fut le triomphe de la foi et de la volonté d'un homme, en dépit de l'opposition croissante de son équipage. Malheureusement, ce sont précisément ses qualités qui ont finalement entraîné Christophe Colomb à sa perte. Ce tempérament autoritaire et emporté qui lui permettait de maîtriser des marins rebelles en temps de crise se transforma en despotisme sans éclat lorsqu'il s'occupa plus tard d'administrer les terres qu'il avait découvertes.

A son époque, Colomb n'était certes pas seul à poursuivre les honneurs, la richesse et le pouvoir. Mais la grandeur de ce navigateur visionnaire fut constamment ternie par les bévues qu'il ne cessa de commettre. Au cours de cette première longue traversée, en 1492, ses hommes avaient été poussés par la promesse d'une récompense de la reine Isabelle : une rente à vie pour le premier homme qui verrait la terre. De retour en Espagne, Christophe Colomb réclama la récompense pour lui-même et la remit à sa maîtresse, Beatriz Enriquez, mère de son fils Fernando.

Honoré du titre ronflant d'amiral de la mer Océane pour ses découvertes, Colomb insista aussi pour qu'on le nomme vice-roi des Indes. Lorsqu'on lui donna satisfaction, il se trouva bientôt accablé par d'innombrables fonctions administratives (gouverneur colonial, urbaniste, ingénieur, magistrat) qu'il n'était absolument pas préparé à exercer convenablement. Fermement décidé à ce que le monde entier partage sa conviction que cette terre qu'il avait nommée Hispaniola (partagée aujourd'hui entre Haïti et la république Dominicaine) était effectivement la terre des Indes (bien qu'elle n'eût rien révélé encore des fabuleuses richesses de l'Orient), il promulgua une loi selon

Cette gravure sur bois, extraite de l'édition de la première lettre où Christophe Colomb décrit sa découverte de l'Amérique, montre l'arrivée des navigateurs espagnols. Le navire n'est pourtant pas une caravelle espagnole, mais une galère vénitienne qui n'aurait jamais pu résister à la houle de l'océan Atlantique.

laquelle tous les colons européens devaient signer une déclaration affirmant qu'Hispaniola était l'Inde. On rapporte même que les imprudents qui refusaient étaient sévèrement punis : on leur coupait tout simplement la langue.

La vice-royauté de Christophe Colomb fut un tel échec qu'on le rappela en Espagne en 1500, lorsque Ferdinand et Isabelle décidèrent qu'il était sans doute un excellent amiral, mais certainement pas un gouverneur. Dans l'un des plus célèbres épisodes de la légende de Christophe Colomb, l'amiral est arrêté et mis aux fers sur un navire. Traité avec respect pendant le voyage, Christophe Colomb refusa cependant qu'on lui enlève ses fers, peut-être pour s'attirer la sympathie du couple royal. Si tel était le cas, il eut en partie gain de cause et retrouva la faveur royale.

Déçu dans ses aspirations de grandeur, Christophe Colomb, qui avait déjà écrit à la reine Isabelle en 1500 pour lui dire que ses voyages avaient été inspirés par Dieu, se mit à rédiger son *Livre des prophéties*. Il s'agissait d'une collection de textes bibliques qui prétendaient montrer qu'il était l'agent de Dieu, celui qui mettrait les richesses de l'Asie aux pieds des monarques de l'Espagne, celui qui leur fournirait l'or nécessaire pour financer une grande croisade, la guerre sainte qui redonnerait enfin Jérusalem à la chrétienté.

Le roi et la reine autorisèrent un nouveau voyage à condition que Christophe Colomb ne revienne pas sur les lieux où il avait déployé ses talents de vice-roi. Têtu comme toujours, il désobéit promptement à ces ordres. Mais le nouveau gouverneur d'Hispaniola lui refusa l'autorisation de débarquer, et il fut contraint de poursuivre son voyage, à la recherche de l'or insaisissable des Indes.

Comprenant que ce dernier voyage était lui aussi un échec, Christophe Colomb rentra en Espagne, brisé, malade. Soutenant encore qu'il avait bel et bien découvert les Indes, il écrivit au conseil royal d'Espagne : « Mes promesses n'étaient ni petites ni vaines. Notre Rédempteur a conduit mes pas jusque-là : aux Indes, j'ai placé plus de terres sous Sa domination qu'il n'y en a en Afrique ou en Europe, et plus de 1 700 îles, outre Hispaniola, qui embrassent plus que la totalité de l'Espagne. »

Il mourut dans la misère le 20 mai 1506. Largement par sa faute, il avait perdu le gouvernement des terres qu'il avait découvertes et qui, sans qu'il puisse le savoir, allaient un an plus tard être baptisées non pas de son nom, mais de celui de son ami, Amerigo Vespucci. Pourtant, une chose demeure intacte dans la mémoire de la postérité : son incomparable talent de navigateur que ses échecs comme meneur d'hommes et comme porte-étendard de la civilisation européenne dans le Nouveau Monde ne sauraient faire oublier. « Avoir accompli ce qui était hautement improbable, écrit son biographe Felipe Fernandez Armesto, ne suffisait pas à Colomb — il voulait conquérir l'impossible. Il mourut dans un splendide échec : il n'était pas arrivé jusqu'en Orient. Mais son échec embrassait un succès plus grand encore : la découverte de l'Amérique. »

Reconstitution moderne de la Santa Maria, *le navire amiral de Christophe Colomb au cours de son premier voyage. C'était sans doute un trois-mâts d'environ 100 tonnes, où les 40 hommes d'équipage se trouvaient certainement très à l'étroit.*

Hambourg, 203, 288, 289
Hammourabi (code d'), 59-60
Han (dynastie des), 52, 175
Hannibal, 130-133
Hanséatique (ligue), 287-289
Hapi, 44
Hara-kiri, 240-243
Harappa, 33, 60
Harem, 213, 255
Hareng, 288, 289
Harner (Michæl), 279-280
Harold d'Angleterre, **232-233**
Hâroûn al-Rachid, **212-213**
Harpe, 42
Harpon
  magdalénien, 20
  makah, 294
Haschisch, 217
  voir aussi Cannabis
Hastings (bataille d'), 233, 234
Hatshepsout, 64,67-69
Hawkins (Gerald), 229
Hébreux, **64-65**
  voir aussi Juifs
Hécate, 96
Hécatée de Milet, 108
Hector, 198
Hélicoptère, 307
Hélios, 126
Henri Ier d'Angleterre, 248-249, 253
Henri II d'Angleterre, 243-244, 253
Henri III d'Angleterre, 253
Henri V d'Angleterre, 274
Henri VII d'Angleterre, **303-305**
Henri VIII d'Angleterre, 196, 275
Henri IV de France, 273
Hérat, 266
Herculanum, **166-168**
Hérésie, **259-260,** 297, 298
Hermès, 112, 113
Hérodote, 44, 50, 73, 92, 96, 97, **107-108**
Héron l'Ancien, 125
Hesi-rê (tombe de), 50
Heyerdahl (Thor), 33
Hiéron II, 124
Hiérophante, 77
Hilotes, 99
Himalaya, 200
Hindouisme, 60-61
Hiong-nou (tribu), 192
Hippalus, 153
Hipparque, 180-181
Hippocrate, 58, 103, 186
Hippodrome, 198, 199
Hiro Hito, 178
Hispaniola, 312-313
Histoire des animaux (Aristote), 116
Histoire naturelle (Pline l'Ancien), 292
Hitler (Adolf), 61
Hittites, 28, 35, 36
Homère, 38, 76, 86-88, 107
Homo erectus, 10
Homo sapiens, 10, 19
Homosexualité, 99, 102
Hongrie, 210, 299
Honshu, 179
Hopewells, 80
Hôpitaux (premiers), 187
Horace, 138, 140
Horloge
  d'Alfred le Grand, 225
  à eau, 39, 120, 125

Horus, 69
Ho-ti (empereur), 175
Hsienyang, 127
Hsiung-nu, 192
Hsi-yu chi (Voyage vers l'Ouest), 202
Hsuan-Tsang, **200-202**
Huang Ti Nei Ching Su Wen, 46
Hui Chung, 46
Hui Shen, 52
Huitzilopochtli (temple de), 278-279
Hulwan (bibliothèque de), 227
Humains (sacrifices), *voir* Sacrifices humains
Huns, 105, 191-193, 292
Hyksos, 35
Hypatie, 120
Hypocauste, 159
Hypogée, **54-55**

I

Ibn al-Haytham, *voir* Al-Hazen
Ibn Battuta, **280-282**
Ibn Faldan, 203
Ibn Rustin, 203
Icare, 56
Icènes, 160-162
Idiotai, 89
If, 273, 275
Igor de Kiev, 205
Ildico, 192
Iliade (l'), **86-88,** 107, 119
Impôts
  assyriens, 83
  chimús, 264
  égyptiens, 44
  féodaux, 289-290
  incas, 263
  musulmans, 311
  normands, 234-235
  romains, 141, 154
Imprimerie, 209, 300
Incas
  et Chimús, 264
  conquête espagnole, **99-100, 261-263**
  et Jivaros, 62-63
  et Mochicas, 177
  et Nazcas, 228
  et roue, 35
Inchtuthil, 187
Inde
  conquise par Alexandre, 117
  et Chine, 200-202
  et Christophe Colomb, 312-313
  mongole, 295
  et Romains, **152-153,** 170
  système des castes, **60-61**
Indes occidentales, 99
Indo-européennes (langues), 61, 66
Indra, 61
Inflation, 183
Innocent III, 259
Inquisition, 99, **259-260,** 311
Intouchables, **60-61**
Irlande, 123, 203, 204, 303
Irrigation
  aztèque, 279
  égyptienne, **44-45,** 226
  musulmane, 311
  Shang, 71
  sumérienne, 39
Isabelle de Castille, 310-313

Ishtar (porte d'), 126
Iskander (professeur Zaki), 51
Islam
  et chrétienté, 236-237, 238, 244, 256, 300
  et culte de Mithra, 174
  empire abbasside, 212-213
  en Espagne, 310-311
  en Éthiopie, 182
  et guerre, 296
  en Inde, 61
  au Mali, 280-282
  Mamelouks, 270
  et savoir, 121, **226-227**
  au Sri Lanka, 215
Islande, 204, 255, 312
Ispahan, 296
Istanbul, *voir* Constantinople
Isthmiques (jeux), 88
Italie, 204, 256, 291-292, 301-302
  voir aussi Rome
Ithaque, 87
Ivan le Terrible, 134, 289, 300
Iyo, 179

J

Jacques IV d'Écosse, 305
Jaguar, 52
Japon
  famille des Fujiwara, 230-232
  famille impériale, **178-179**
  samouraïs, 240-243
Jarretière (ordre de la), 196, 198, **282-284**
Jati, 61
Jaune (fleuve), 71
Javelot (lancer du), 88
Jean II le Bon, 282
Jean de Gand, 290
Jeanne d'Arc, 274, **297-298**
Jen Chung, 46
Jérôme (saint), 189
Jérusalem, 73, 154-156, 182, 198, 236, 237, 238, 245, 247, 313
  trésor de -, **165-166**
Jeux antiques, 88-90, 169-172, 199
Jimmu, 178
Jivaros, 62-63
Joconde (la), 307
Josué, 198
Joutes, 252-254
« Joyau d'Alfred », 224
Judas Iscariote, 305-306
Judas Maccabée, 198
Jude (saint), 307
Judée, 154-155, 165
  voir aussi Palestine
Juifs
  à Alexandrie, 119
  et Assyriens, 82
  en captivité à Babylone, 59
  et contraception, 58
  dans l'Empire romain, 154-155
  l'Exode, 64-65
  en France, 239
  et Frédéric II, 256
  en Inde, 61
  et islam, 213, 311
  et Phéniciens (Cananéens), 73
  pratiques religieuses, 37
  voir aussi Hébreux, Judée et Palestine
Julien (empereur), 174, 187

Justinien Ier (empereur), 198-200
Jutland, 23, 147, 148

K

Kaboul, 201
Kamal, 216
Kamikaze, 241-243
Kaminaljuyu, 52
Karnak, 67-68
Karpov (Anatoly), 135
Kazakhs, 105
Keller (Ferdinand), 40-41
Khartoum, 45
Khayzuran, 213
Kheops, 126
Khephren, 126
Khorat (plateaux du), 29
Khorsabad, 83
Kiev, **204-205,** 266
Kinsai, 277
Kirghiz, 105
Kit Carson, 22
Knöbl (Kuno), 53
Knorr, **206-207**
Knud le Grand, 134
Ko, 71
Kojiki (Relation d'événements anciens), 178
Kokachim (princesse), 277
Korchnoï (Victor), 135
Kosok (Paul), 229
Kostienki, 19
Koumiss, 105
Kouta Moussa, 280-281
Krakatoa (éruption du), 63
Kremlin, 295
Kritai, 109
Kritios d'Athènes, 172
Kroeber (Alfred), 228
Kubilay Khan, 267, 276, 277
Kukeôn, 77-78
Kuku Khotan (plaine de), 238
Kuo, 46
Kshatriya, 60
Kubilay Khan, 267, 276, 277
Kyoto, 241
Kyushu, 178, 179, 241

L

Labarum, 184
Labyrinthe (légende du), 56
Lacédémone, *voir* Sparte
Laconie, 99
Lacustres (villages), 40-41
Lagash, 39
Lagny-sur-Marne, 252
Lalibela, **245-247**
Lamachos, 112-113
Langues et écritures
  anglaises, 225
  aztèques, 279
  basques, 66-67
  carolingiennes, 209
  chinoises, 69
  cunéiforme, **38-39, 53-54**
  développement des -, 20
  druidiques, 149
  étrusques, 93-95
  grecques, 86-88
  indo-européennes, 61
  japonaises, 231
  monastiques, 220-221
  phéniciennes, 74
Laquedives (îles), 215
Larco Hoyle (Rafael), 177
Larramendi (Manuel de), 66
Latifundia, **135-136**

Latran (palais du), 291
Laurion, 105, 106
Leif, 205
Lentilles optiques, 226-227, 247
Leochares, 126
Léon III (pape), 209
Léonard de Vinci, 301, **305-307**
Léopold d'Autriche, 237
Lesbos, 99, 102
Lespugue (Vénus de), 12
Leucippe, 111
Lewis (David), 17
Leyde (Lucas de), 134
Li (mont), 127-128
Liban, 74
Limoges (siège de), 283
Limpopo, 257
Lin, 41
Lindisfarne (monastère de), 203
Linné (Carl von), 116
Lions, 164, 169-172
Lirey, 250
Little Salt Spring, 23, 24
Livingstone (David), 182
Livourne, 302
Livre d'Abraham le Juif (le), 239-240
Livre du Jugement dernier, voir Domesday Book
Livre de la momie, 94, 95
Livre des prophéties (le) [Colomb], 313
Loi
  anglaise, 225
  assyrienne, 83
  babylonienne, **59-60**
  médiévale, 305
  romaine, 208
Londres, 161, 287, 288, 289-291
Louis le Pieux, 217
Louis VII le Jeune, 244
Louis XIII, 134
Louvre (musée du), 307
Lubeck, 288, 289
Lunettes, 247
Luther (Martin), 292
Lyre, 42, 163, 164
Lysistrata (Aristophane), 103

M

Macédonien (empire), **117-119**
Machiavel (Niccolo), 309
Machines volantes, 307
Machu Picchu, 263
Magan, 33
Magdaléniens, 20
Mahomet, 96, 174, 227, 270, 311
Maiden Castle, 122
Makahs, **293-295**
Makeda, 182
Makura no Soshi (Notes de chevet), 231
Malabar (côte de), 152-153, 214, 277
Malaisie, 153
Maldives (îles), 281
Mali (empire mandingue du), **280-282**
Mallowan (Max), 32
Malory (sir Thomas), 196, 197
Malte, 54-55
Mamelouks, **270-271**
Mammouths, 12, 21
Mandylion, 250

Crédits des illustrations et remerciements

B = bas, C = centre, G = gauche, D = droite, H = haut

Prof. Leslie Alcock: **197** HD. Aldus Archive: **263.** Russell Ash: **171.** Ashmolean Museum, Oxford: **224.** Australian Information Service, London: **23.**
Michael Baigent: **165** H et B. BBC Television: **244** B; **308.**
Bibliothèque Nationale: **120** (Sonia Halliday); **155** (Giraudon); **209** (Edimedia); **227** (Sonia Halliday); **260** (Giraudon); **267** (Weidenfeld & Nicholson); **268** (Giraudon); **274** (Edimedia). Biofotos: **287** (G. Kinns). Bodleian Library, Oxford: **225** B; **234**; **276** B (Robert Harding Associates). Lee Bolton: **240.** Janet & Colin Bord: **197** HC. Bridgeman Art Library: **61**; **74.** British Library: **65**; **83**; **213**; **223** H et B; **231**; **248**; **253**; **280.** British Museum: **34**, **38** B, **44** B, **57**, **96**, **110** (Michael Holford); **133** (Photoresources); **145** B (Michael Holford); **153**; **196** H (Robert Harding Associates); **208** (Michael Holford). Bulloz: **116.**
Camera Press: **135**; **182.** J. Allan Cash: **226**; **300.** Peter Chèze-Brown: **197** BD; **258** H et B. City Art Museum of St. Louis (Eliza K. McMillan Fund): **81** H. Peter Clayton: **50** B. Colorsport: **88**; **89** D. Daily Telegraph Colour Library: **273**; **303** (Tim Mercer).
Department of the Environment (Crown Copyright): **283.**
École Nationale Supérieure des Beaux Arts, Paris: **77.** Edimedia: **236**; **286**; **298.** Ekdotike Athenon: **117**; **118.** E-T Archive: **243.** Mary Evans Picture Library: **92**; **247.**
Werner Forman Archive: **2-3**; **25** H; **168** B; **281**; **310** H. Fotomas Index: **167.**
Gemäldegalerie/Bildarchiv Preussischer Kulturbesitz: **134.** Georg Gerster/John Hillelson Agency: **81** B; **179**; **246.** Richard Greenhill/(c) Sindbad Voyage: **215**; **216.** Susan Griggs Agency: **6**; **168** H; **254** H. Sonia Halliday: **44** H; **45**; **68** (Verity Weston); **79**; **169**; **183**; **185** H; **199** (Jane Taylor); **245.** Robert Harding Associates: **100**; **127** H et B; **128**; **197** BG; **282**; **295**; **311**; **312** H. James Harris et Kent Weeks, la radiographie d'Amenhorep Ier provient de *X-Raying the Pharaohs.* (c) 1973 Charles Scribner's Sons, avec l'autorisation de Charles Scribner's Sons. Hermitage Museum, Leningrad: **103.** Thor Heyerdahl: **32** B. Michael Holford: **48**; **52** D (Ianthe Ruthven); **129**; **156**; **190**; **196** B; **232** H et B; **233**; **278** (Ianthe Ruthven). Horniman Museum, London: **62** (Michael Holford).
Image Bank: International Photobank: **197** HG.
Kobal Collection: **145** H; **170**; **297**; **299** B; **305.**
Lauros-Giraudon: **193**; **270.** Erich Lessing/John Hillelson Agency: **87.** Louvre, Paris: **38** H (Michael Holford); **59** (Edimedia).
William MacQuitty: **37**; **52** G; **67**; **146.** Manchester Museum Mummy Project: **50** H. Mansell Collection: **91**; **114**; **154**; **164**; **191**; **201**; **290**; **312** B. Meteorological Office, London: **185** B (R.N. Hughes). Roland & Sabrina Michaud/John Hillelson Agency: **47**; **200.** Marion & Tony Morrison: **228**; **229**; **261** G et D; **262.** Musée Baron Gerard, Bayeux: **103.** Musée d'Antiquités National, St. Germain-en-Laye: **13** (Jean Vertut). Musée de l'Homme, Paris; **11.** Musée des Beaux Arts, Tours: **254** B (Lauros-Giraudon). Museo Correr, Venice: **276** H (Giraudon). Museum of Mankind, London: **279.** Museum of the American Indian, Heye Foundation, New York: **21**; **80.** National Archeological Museum, Athens: **101.** National Gallery, London: **86.** National Library of Medicine, Bethesda, Maryland: **50** C. National Maritime Museum, London: **180** B (Michael Holford). National Museum, Copenhagen: **147**; **148** (Werner Forman Archive). National Palace Museum, Taiwan: **266.** George Ortiz Collection, Switzerland: **99.** Ostia Museum: **172** (Michael Holford).
Photoresources: **12**; **55** H et B; **140**; **152.** Picturepoint: **108.** Popperfoto: **242.** Public Record Office, London: **235.** Dr. Peter Reynolds/Butser Ancient Farm Project Trust: **122** H. Rex Features: **46.** Ann Ronan Picture Library: **125**; **180** H. Theodore Rowland-Entwistle: **14.** Royal Holloway College, University of London: **304** (Bridgeman Art Library).

Carl Sagan Productions Inc: **121.** Salmer Archives: **66**; **310** B. Scala: **94** H et B; **188**; **239**; **250**; **252**; **301** H et B; **306**; **309** B. Science Museum, London: **313** (Hamlyn Group). Screenpro Films: **251.** Ronald Sheridan: **32** H; **89** G; **109** H et B; **143** B; **163** H et B; **166**; **177**; **184**; **186**; **225** H; **284** B. Sidney Sussex College, Cambridge: **219.** David Simson: **149.** Smithsonian Institution: **28**, **29** (Ruth Kirk); **143** H (Photri); **293** H et B (Ruth & Louis Kirk). Sotheby, Parke Bernet & Co: **205** (peint par Carl Haag). Staatliche Museen, Berlin: **71**; **72** (Bildarchiv Preussicher Kulturbesitz). Staatsarchiv, Hamburg: **288** (E-T Archive). Statens Historiska Museet: **203** (Werner Forman Archive). David Strickland: **160.** Sygma/John Hillelson Agency: **178.** Syndication International: **284** H.
Tate Gallery, London: **56.** Peter Throckmorton: **75** H et B. Gianni Tortoli: **54.** Turkish National Museums: **35** (Michael Holford). Universitäts Bibliothek, Heidelberg: **244** H. University of Colorado Museum: **22** (Joe Ben Wheat).
Vatican Library: **124** (Scala); **218**; **255**; **309** H (Scala). Victoria & Albert Museum, London: **36**, **212** (Bridgeman Art Library). John Watney: **25** B. Weidenfeld & Nicolson: **241.** Wellcome Museum for the History of Medicine: **25** C (Angelo Hornak). Mike Wells/Aspect Picture Library: **122-3.** Henry Wilson: **60.** Xinhua News Agency: **70.**
ZEFA Picture Library: **43** D; **277** (David Thurston).

Dessins de Giovanni Caselli: **10**, **15**; **30-1**; **40**; **104**; **131**; **136-7**; **141**; **150-1**; **158-9**; **173**; **206-7**; **220-1**; **264-5**; **294.**
Autres dessins par David Ashby.
Cartographie : Eugene Fleury et Sélection du Reader's Digest, Paris.

ÉNIGMES ET SECRETS DU PASSÉ
publié par
SÉLECTION DU READER'S DIGEST

Composition : Coupé, Sautron.
Photogravure : Reprocolor, Milan.
Impression : Fink, Ostfildern
Reliure : Sigloch, Künzelsau

PREMIÈRE ÉDITION

Achevé d'imprimé en janvier 1986
Dépôt légal en France : février 1986
Dépôt légal en Belgique : D 1986 0621.4

IMPRIMÉ EN ALLEMAGNE
Printed in Germany